Guillaume Bernays

Schicksale des Grossherzogthums Frankfurt und seiner Truppen

Eine kulturhistorische und militärische Studie aus der Zeit des Rheinbundes von

Guillaume Bernays

Guillaume Bernays

Schicksale des Grossherzogthums Frankfurt und seiner Truppen
*Eine kulturhistorische und militärische Studie aus der Zeit des Rheinbundes von
Guillaume Bernays*

ISBN/EAN: 9783743319509

Hergestellt in Europa, USA, Kanada, Australien, Japan

Cover: Foto ©ninafisch / pixelio.de

Manufactured and distributed by brebook publishing software
(www.brebook.com)

Guillaume Bernays

Schicksale des Grossherzogthums Frankfurt und seiner Truppen

Schicksale

des

Großherzogthums Frankfurt

und seiner Truppen.

***

Eine kulturhistorische und militärische Studie
aus der Zeit des Rheinbundes.

Von

Guillaume Bernays,

weiland Advokat zu Antwerpen, † 7. Januar 1882.

Mit einer Karte von Spanien.

Berlin 1882.
Ernst Siegfried Mittler und Sohn
Königliche Hofbuchhandlung
Kochstraße 69. 70.

Vorwort.

———

Guillaume Bernays, dem das vorliegende Werk seine Ent-
stehung verdankt, weilt nicht mehr unter den Lebenden.
Am 7. Januar dieses Jahres ward er von tückischer Hand getödtet.
Geheimnißvolles Dunkel ruht noch über der grauenvollen That; mit
Spannung sieht ganz Belgien dem Ausgang eines Prozesses entgegen,
der in den Annalen der Kriminalistik kaum seines Gleichen finden dürfte.

Bernays, seiner Geburt nach ein Deutscher, sah schon in zarter
Jugend seine Familie nach Belgien auswandern und schloß sich dem
neuen Vaterlande, dem er eine glänzende Erziehung verdankte, bald
mit voller Hingebung an. Im Alter von 22 Jahren begann er in
Antwerpen im Jahre 1870 seine Laufbahn als Advokat. Seine Beredtsamkeit, sein scharfer Verstand, die Eleganz des Ausdrucks, das Schlagende
seiner Argumente machten ihn in überraschend kurzer Zeit ebenso geachtet
als gefürchtet. In der Ausübung seines Berufs fiel er durch die ver-
hängnißvolle Kugel. Mitten in dem geräuschvollen und aufregenden
Treiben seines juristischen Lebens bewahrte er eine fast wunderlich er-
scheinende Vorliebe für militärgeschichtliche Studien, die ihn, verbunden
mit einer tiefen Anhänglichkeit an sein einstiges deutsches Vaterland, dazu
führten, speziell die Schicksale der Rheinbundtruppen unter Napoleon I.
zu verfolgen und den hierauf bezüglichen kärglich fließenden Quellen
nachzuspüren. — In der Aufsuchung der letzteren bewies Bernays eine
rastlose Energie. Von seiner überaus kostbaren Zeit opferte er einen
ansehnlichen Bruchtheil, um durch Studien in den verschiedensten Archiven
und Arbeiten an Ort und Stelle Stoff für eine Geschichte der Rheinbund-
truppen zu gewinnen. So wurden in den Jahren 1878—1881 die
Archive von Paris, Wien, Frankfurt, Berlin, Würzburg und Aschaffenburg durchsucht und eine Fülle von Material zusammengetragen. Freilich

war und blieb dasselbe noch immer mehr wie lückenhaft, und es hätte noch vieler Jahre beburft, um dasselbe zu dem beregten Zweck voll= ständig zu gewinnen. Vielleicht auch hätte es sich nie ganz zusammen= tragen lassen.

Der Unterzeichnete, der an diesem Quellenstudium Theil nahm, konnte nach dem Tode seines unglücklichen Freundes dasselbe nicht fort= setzen und mußte sich begnügen, aus dem bereits gewonnenen und ge= sichteten Stoff einen selbstständigen Kern auszuscheiden. Da die Studien über das Großherzogthum Frankfurt und die Schicksale seiner Truppen als abgeschlossen gelten konnten, so wurde dieser Theil nunmehr aus dem allgemeinen Rahmen gelöst und zu einem eigenen Stimmungsbild verarbeitet, das durch kulturhistorische Streiflichter mehr Wärme und Leben erhalten sollte. Wo es anging, wurden allgemeinere Betrachtungen, soweit sie zur Beurtheilung der eigenartigen Verhältnisse des Rheinbundes von Interesse schienen, angefügt.

Das Buch kann und soll nur ein kleiner Beitrag zu der Geschichte jener für Deutschland so unsäglich traurigen Zeit sein und hauptsächlich interessante Details bringen, die in allgemeiner gehaltenen Geschichts= werken vergeblich gesucht werden dürften. Seinem verewigten und tief betrauerten Freunde wollte aber mit der Herausgabe der gemeinschaftlich betriebenen Studien ein bescheidenes Denkmal der Pietät setzen

Benrath, den 7. Juni 1882.

Freiherr v. Ardenne.

Inhalts-Verzeichniß.

Erstes Kapitel.

Nach dem Frieden von Luneville; Dalberg und der primatische Staat; Stimmungen im deutschen Volk.

Ein österreichischer Veteran*) erzählt in dem schlichten Tagebuch seiner Erinnerungen, daß, als im Jahre 1801 die Kunde kam, es sei Friede geworden, im ganzen Lande, von Stadt zu Stadt, von Dorf zu Dorf, die Glocken erklungen seien, um dem Allmächtigen für die Errettung aus Kriegesnöthen zu danken; aber ihm und seinen Kameraden habe der hallende Ton wie das Grabgeläute des deutschen Waffenruhms geklungen.

Die Völker wußten mit dem Bekanntwerden dieses Friedens von Luneville noch nicht, was sie gewonnen oder verloren — vielfach ahnten sie kaum, wer künftighin ihr Gebieter werden sollte. Nur die Politiker, die unterrichtet zu sein glaubten, flüsterten sich mit geheimnißvoller Behaglichkeit zu, der gewaltige erste Konsul der französischen Republik habe erklärt, der Weltfriede solle nun beginnen, Frankreich habe mit dem Rhein seine natürlichen Grenzen gewonnen und den ihm gebührenden Platz unter den Nationen erfochten. Konnte man doch im „Moniteur" lesen: „Non, la France ne passera jamais le Rhin et ses armées ne le franchiront plus, à moins qu'il ne faille garantir l'empire germanique et ses princes, qui lui inspirent tant d'intérêt par leur affection pour elle et par leur utilité pour l'équilibre de l'Europe."

Leise wagte man deshalb in Deutschland zu hoffen, daß das Kriegsgewitter, das seit 10 Jahren am Rhein und in Italien gewüthet, sich endlich ausgetobt habe — man war so kriegessatt und streitesmüde — die Hoffnung auf Ruhe war naturgemäß die Mutter des Friedensgedankens. Welch' lähmendes Entsetzen würde aber die guten deutschen Bürger befallen haben, wenn sie im Herzen des Mannes, der damals

---

*) Ritter von Rienmayer.

die Geschicke Europas allein bestimmte, hätten lesen können, daß alle
bisherigen Errungenschaften ihm nur als ein Ruhepunkt galten, um auf
demselben Athem zu schöpfen — dann aber weiter zu klimmen, immer
weiter in schwindelnde Höhe, um dereinst entweder die Menschheit gefesselt zu seinen Füßen zu sehen oder in ungeheurem Sturz eine Welt
mit sich in die Tiefe zu reißen.

Im Völkerleben wie im Dasein des einzelnen Menschen giebt es
Perioden, wo nichts verhaßter erscheint, als das sich Aufraffenmüssen
aus bannender Lethargie, als die Nothwendigkeit kaltblütigen Erkennens,
kraftvollen Handelns. Eine solche Zeit dumpfer Betäubung hatte sich
wie eine frostige Nebelwolke zu Anfang dieses Jahrhunderts auf das
nationale Leben Deutschlands niedergesenkt; Schiller gab diesem Gefühl
unbewußten Ausdruck mit den Worten:

„Die Menschen in der Regel finden sich in ein verhaßtes Müssen
weit besser, als in eine bittere Wahl."

Und gerade diese bittere Wahl war es, die der jugendliche fränkische Abenteurer, wie die Diplomaten und Soldaten der alten Schule
ihn nannten, dem deutschen Reich mit dem verächtlichsten Hohn aufdrang;
es allein sollte über seine innere Gestaltung entscheiden, es selbst sich
zerfleischen in seinen diplomatischen Tücken und Treulosigkeiten — von
ferne wollte sich dann der Stifter dieses lügenhaften Friedens über das
balgende Durcheinander seiner Gegner belustigen, wie Jason, nachdem
er den Stein des Streites in die Reihen seiner Widersacher geworfen.
Im sechsten Artikel des Luneviller Friedens war festgesetzt worden, daß
der Thalweg des Rheines die Grenze zwischen der französischen Republik
und dem deutschen Reiche bilden solle — im siebenten, daß den erblichen
Fürsten, die sich auf dem linken Rheinufer außer Besitz gesetzt fanden,
eine Entschädigung zu gewähren sei, die das Reich in seiner Gesammtheit (collectivement) zu tragen habe. Ein Reichstag zu Regensburg
solle über die neue Konfiguration Deutschlands entscheiden, dem ersten
Konsul der französischen Republik bleibe jedoch die Bestätigung dieser
Beschlüsse vorbehalten. Damit war eine verderbliche Saat des Miß-
trauens gesät, der Krieg Aller gegen Alle in Permanenz erklärt worden.

Es wird dem Sohne der Jetztzeit, dem Angehörigen großer,
auf ihre Einheit stolzer Nationen, schwer, sich in die Verhältnisse des
altersschwachen deutschen Reiches hineinzudenken. Die Sophistik moderner
Politik, die nur geneigt ist, das Vergangene nach Maßgabe der gerad-
jetzt herrschenden Maximen zu beurtheilen, kann in der damaligen Gestaltung Deutschlands nichts weiter sehen, als die beklagenswertheste

Zerrissenheit, den lächerlichsten Egoismus, die klar zu Tage liegende politische Schuld, die zu einem Weltgericht führen mußte.

Es ist leicht, an der Hand des Geschehenen nachzuweisen, daß Alles so habe kommen müssen, wie es eben gekommen. Schwer ist es, denen gerecht zu werden, welche durch die gigantische Größe des Gegners klein und jämmerlich erscheinen. Ein glückliches Zeitalter fällt leicht in den Dünkel des Pharisäers, der selbstgefällig spricht: Herr, ich danke Dir, daß ich nicht bin wie jene.

Wie stand es denn aber nun mit der „inneren Neugestaltung" Deutschlands in den Jahren 1801—3?

Im November 1801 war man nach vielfachen Schwankungen an den deutschen Höfen dahin übereingekommen, 8 Mitgliedern des deutschen Reiches die Ordnung der inneren Territorialverhältnisse zu übertragen, jedoch mit dem beschämenden Zusatz, daß zu ihren Beschlüssen das placet der französischen Regierung einzuholen sei. Wir finden neben den alten Kurstaaten Böhmen, Brandenburg, Mainz ꝛc. auch noch den Orden Hoch- und Deutschmeister unter diesen berathenden Reichsgliedern.

Der Kurstaat Mainz hatte bis zum Ende des achtzehnten Jahrhunderts seine Hauptstadt und den größten Theil seines Länderbesitzes auf dem linken Rheinufer gehabt. Um die Stadt Mainz war bitter gestritten worden — zweimal war sie von den Deutschen verloren worden, um vorläufig fest in fränkischer Hand zu bleiben. Ein schmaler Landstrich zwischen Rhein und Main und das Bisthum Erfurt waren die Ueberreste des einst 173 Quadratmeilen zählenden Landes, des früher mächtigsten in der Trias der deutschen geistlichen Staaten. Aber auch der dürftige gerettete Ueberrest war nichts weniger als sicherer Besitz in den Händen des jetzigen Kurfürsten, des eben erwählten Karl v. Dalberg, denn die beiden großen Vormächte Deutschlands hatten hauptsächlich unter der Bedingung in den Verlust des linken Rheinufers sich gefunden, daß durch sogenannte Säkularisationen der kleineren reichsunmittelbaren Staaten, vornehmlich aber der geistlichen, ihnen reichliche Entschädigung erwüchse. Preußen hatte längst ein Auge auf das ihm so wichtige Erfurt geworfen, und Bayern betrachtete die vom eigenen Territorium umschlossenen Länderfetzen von Kurmainz beinahe als selbstverständliche Beute. Man hatte für die Lande, deren Untergang man etwa beschließen konnte, einen besonderen Namen erfunden, „Indemnisationslande", wodurch wohl ausgedrückt werden sollte, daß, wer die Macht in sich fühle, sie zu nehmen, das ungestraft solle thun dürfen, vorausgesetzt, daß er sich mit Napoleon darüber abfinden könnte. Denn in Paris lag damals lediglich die Entscheidung über Wohl und Wehe, über Leben und Tod. Mit unverhohlener Freude beobachtete man dort die Agonieen des alternden deutschen Reichs — ein einfach Neugieriger hätte den Todeskampf interessant, aber komplizirt gefunden. Preußen wollte die Säkularisation möglichst ausgedehnt wissen, Oesterreich sie thunlichst beschränken, Bayern fürchtete Oesterreich, dieses mißtraute Preußen; die nach hunderten zählende Schaar kleiner Territorialherren, bis zum einfachen Reichsfreiherrn hinab, sah sich von jedem mächtigeren Nachbar in seiner Existenz bedroht. Lachend rieb sich dann über dieses Schauspiel Napoleons Minister Talleyrand die Hände und hatte die Stirn, einem deutschen Gesandten zu sagen: le corps germanique s'il n'existait pas, il faudrait l'inventer.

Unter diesen Verhältnissen und in einer Zeit, die von nationalem Gemeinsinn auch nicht das Allerminbeste wußte, die in diplomatischen Ränken die Grundsätze Macchiavell's für ganz berechtigt fand und das Erröthen über geheime ehrlose Schliche verlernt hatte, — in diesem Chaos, das alle Rechtsbegriffe verschlang, kann es nicht Wunder nehmen, daß in Paris ein wahres Wettrennen nach der Gunst mächtiger und einflußreicher Personen entstand. Die Korrespondenz des Kurmainzischen Abgesandten Graf Beust mit seinem Souverän Dalberg*) schildert diese Kämpfe hinter den Coulissen mit einer Unbefangenheit, die ergötzlich wirken müßte, wenn sie nicht einen Einblick in die erschreckende Gesunkenheit der damaligen diplomatischen Welt gestattete; dabei bleibt für die Deutschen nur erfreulich, daß die homines corrupti am Ende nicht sie, sondern die Franzosen waren. Der Wortlaut einer dieser sauberen Kontrakte mit personnes essentielles à Paris möge hier in abgekürzter Form Platz finden, weil er mehr als alles Andere die Verkommenheit der damaligen Zeit charakterisirt:

„Moi comte de Beust m'engage a vous faire payer et rembourser la somme d'un million livre tournois, aussitôt que S. A. E. (Son Altesse Eminentissime war der Titel des Kurfürsten) sera mise en état de faire ce payement par sa conservation dans tous ses états actuels sur les rives droites du Rhin et sur les deux rives du Meyn ainsi que par la réunion de l'Evêché de Fulde à ses dits états électoraux. Si au cas contraire la dite conser-

*) Wiedergegeben in der meisterhaften Biographie des letzteren von Frhrn. von Beaulieu Marconnay.

vation entière n'eût pas lieu, aucune somme quelconque ne doit ni ne pourra être exigée."

Ob im vorliegenden Falle Talleyrand selbst die personne essentielle gewesen, ist nicht ersichtlich, wenn auch nicht unwahrscheinlich — ließ sich doch der allmächtige Minister nicht nur durch Gold, sondern auch durch die Gunst schöner deutscher Frauen bestechen, deren Tugend man zu Nutzen des Vaterlandes opfern zu dürfen glaubte. Wie dem auch sei! Nicht nur die Gesandten krochen vor ihm, sondern auch ein Theil der Souveräne. Eröffnete doch der Kurfürst einen seiner Briefe an ihn mit der Tirade:

„Citoyen ministre: vos lumières influent sur les destinées de l'Europe — les aperçus de votre génie contribueront à guider notre Zèle pour le bienêtre et la tranquillité future de l'Allemagne."

Ohne Erfolg blieb denn dies Krümmen des Rückens und dieses Verleugnen jeder eigenen Würde nicht. Mainz blieb als einziger geistlicher Staat bestehen, wenn auch seine Grenzen arg beschnitten wurden. Der am 27. April 1803 zum Reichsgesetz erhobene Beschluß der Regensburger Deputation übertrug den erzbischöflichen Stuhl von Mainz auf die Domkirche von Regensburg. Mit ihm sollten nach dem Tenor der Stipulation auf ewige Zeiten verbunden bleiben die Würde eines Kurfürsten, Reichs-Erzkanzlers, Metropolitan-Erzbischofs und Primas' von Deutschland. An Länderbesitz erhielt der neue Staat die Fürstenthümer Regensburg und Aschaffenburg, sowie die Grafschaft Wetzlar, zusammen etwa 23 Quadratmeilen mit 70 000 Einwohnern. Zu dem Ertrag der Domänen, der auf 650 000 Gulden geschätzt wurde, traten weitere 350 000, die aus dem Rheinoctroy fließen sollten. Den Zoll auf dem Rhein sollte der neue Kurfürst mit der französischen Regierung gemeinsam erheben — ein böses kollegialisches Verhältniß.

Bei aller Verschlagenheit, die der Mainzische Gesandte in Paris und der Delegirte am Reichstag zu Regensburg *) an den Tag gelegt hatten, hätte Kurmainz doch wohl die Schicksale von Trier und Köln getheilt, wenn nicht Napoleon in seiner durchbringenden Menschenkenntniß in Dalberg, dem Souverän dieses Landes, eines der geschicktesten und willfährigsten Instrumente zur weiteren Dienstbarmachung Deutschlands erkannt hätte. Das Wesen dieses Fürsten ist ein so wunderbares Gemisch von werkthätiger Liebe und verbrecherischer Schlaffheit, von aufloberuder Begeisterung und starrer Gleichgültigkeit, von überfließender

*) Albini.

politischer Rechtlichkeit und feiler Servilität, daß ein Studium desselben schon psychologisch interessant erscheint; die Erklärung aber der in diesen Blättern geschilderten Ereignisse fordert sie als nothwendig. Das Weiche, Verschwommene, Gefühlsselige, was die Gebildeten jener Tage fast alle zur Schau tragen zu müssen glaubten, bildete die Grundlage seines Charakters und steigerte sich oft bis zur krankhaften Sentimentalität. Die Leute, die über eine Vogelleiche Thränen vergießen und in einer unermeßlichen Korrespondenz an eine Welt von Freunden im Grunde nichts Anderes thaten, als die Gefühle ihres werthen Herzens einer ewigen sorgfältigen Beobachtung zu unterziehen — diese Leute waren keine Männer der That und so wenig zu fürchten wie fette Bonvivants, von denen Shakespeare seinen Cäsar sagen läßt:

„Laßt wohlbeleibte Männer um mich sein
Mit glatten Köpfen, und die Nachts gut schlafen."

Dalberg war aber von den sentimentalen Deutschen der Wehleidigsten einer; man begreift kaum, daß der deutsche Adel, der noch im dreißigjährigen Krieg mit ingrimmiger Wonne das Schwert schwang, im 18. Jahrhundert noch ehrlich und stolz auf den Schlachtfeldern seiner Souveräne zu sterben verstand, zu Hause aber in froher Sinnlichkeit zu lieben, zu trinken und zu jagen wußte, auf einmal gänzlich dem entnervenden Gefühlsdusel seiner Zeit zum Opfer ward. Perthes *) erzählt uns, daß, als im Sommer 1791 in Erfurt die Nachricht von der vereitelten Flucht und der Gefangennahme Ludwigs XVI. eingetroffen sei, Dalberg eine Abendgesellschaft in seinem Hause bei sich hatte. Da sei dann der wunderliche Mann, begleitet von einem Schwarm weiblicher Anbeter, auf seinen Balkon getreten, dem der Mond gerade über stand. Auf ihn und die Welt von Sternen den Blick erhebend, sagte er: „Was sind die Begebenheiten dieser kleinen Erde gegen den unermeßlichen Himmel? Ein König und eine Königin, ihr Reich fliehend, was ist das gegen die Welten über uns! Alles scheint uns klein und vorübergehend, unser Lebensmoment vor Allem, gegen den unwandelbaren Himmel!" Auf diese Phrase folgte ein Beifallssturm seiner Bewunderer. Wer aber in solchen Momenten, wie der eben geschilderte einer war, das mächtige Wehen der Geschichte so wenig empfindet, um sich auf abgeschmackten Gemeinplätzen zu bewegen, den wird ihr scharfer Hauch wegfegen wie einen Strohhalm, wenn an ihn die Stunde der Prüfung kommt. Die

*) Politische Zustände und Personen in Deutschland zur Zeit der französischen Fremdherrschaft.

Gemeinschaft mit überschwänglichen Frauen, ihre süßliche Vertraulichkeit mit Dalberg, die ihm den Namen „Goldschatz" eintrug, der eifrige Briefwechsel mit ihnen hat Dalbergs Charakter entschieden den Stempel des Weibischen aufbrücken helfen. Es mag zugegeben werden, daß diese Damen, unter denen hauptsächlich Karoline v. Wolzogen, Frau v. Beulwitz, auch Charlotte v. Schiller glänzten, in anderer Weise außerordentlich anregend auf Dalberg gewirkt haben — für die Periode des Kampfes haben sie ihn nicht gestählt. Seine leeren Phrasen über Humanität und Völkerbeglückung, die er in den Briefen an jene Heldinnen des Salons zu schreiben für gut fand, diese ästhetische Faselei über Fragen, die aller Präzision entbehrten, finden wir in seinen politischen Aktenstücken der ernstesten Art vor, ja sogar in seinem bedeutendsten schriftstellerischen Wagstück, dem Aufruf an das deutsche Volk im Jahre 1805, dem er in seiner Eigenschaft als Erzkanzler und custos legum mittheilen zu müssen glaubte, daß zur Erhaltung des Reichs „eine Vereinigung der Gemüther, die Befolgung der Reichsgesetze und eine einstimmige Ver-wendung (sic!) aller Deutschen" nöthig sei, um einen guten ehrenvollen, dauerhaften Frieden zu erwirken.*) Eine weitere hervorstechende Eigen-schaft Dalbergs war ein konsequent durchgeführter, wenn auch unbe-wußter Selbstbetrug.

Als er noch Statthalter im sicheren Erfurt war, als das Grollen der großen Revolution noch nicht den friedlichen Schlaf der Menschheit schreckte, da flossen seine philosophischen und diplomatischen Abhandlungen über von Grundsätzen wahrhaft katonischer Strenge und Gewissen-haftigkeit. Aus dem Wust seiner literarischen Thätigkeit fällt uns ein Brief in die Hand, in dem er erklärt, ein Fürst, der in die Verlegen-heit käme, ein Unrecht auf dem Throne thun zu sollen, müsse als ehr-licher Mann sogleich abdanken und wenn er trockenes Brot zu essen ge-zwungen wäre. Diesen herben Grundsatz zu befolgen kam Dalberg hundertfach in die Lage. Napoleon hat ihm keinen Schergendienst erspart, den seine grenzenlose Nichtachtung des Rechts nur irgend verlangen konnte. Dafür von hunderten nur ein Beispiel:

Im Jahre 1810 brandschatzten plötzlich französische Truppen die Stadt Frankfurt und nahmen ihr unter dem Vorwande der Konfiskation englischer Waaren etwa 12 Millionen Gulden ab. Die Frankfurter

---

*) Die Vorsicht im Ausdruck erinnert an die Aeußerungen des damals un-umschränkt in Hannover herrschenden Ministers v. Lenthe, der das Heer vermehren wollte „ohne Ombrage zu erregen" und dazu rieth, „das Bajonnet im Kampfe mit Moderation zu gebrauchen".

Bürgerſchaft ſandte an Talberg, der gerade in Hanau reſidirte, die dringendſten Bitten um Hülfe. Eine ſchwache Verwendung Dalbergs bei den franzöſiſchen Generalen blieb natürlich ohne Erfolg. Beaulieu erzählt uns:

„Als der Großherzog dieſe Meldung empfing, ſank er zuſammen= gebückt in einen Seſſel, erhob ſich aber bald wieder und ging hin und her, die Lippen auf einander gepreßt, die Stirn in tiefe Falten gelegt, manchmal unwillig mit dem Fuße ſtampfend. Zuletzt brach er bitter und kalt, mit einer gewiſſen ſchmerzlichen Ironie in die Worte aus: „Ja, ja, wer das Verkehrte berichtigen könnte, Zufallſpiele umkehren, zu Vernunftſpielen — — —.“ Sodann tief ſeufzend, mit wachſendem Verdruſſe, krampfhaft, wahrhaft ergrimmt, Leonhards Arm faſſend, flüſterte er ihm zu: „Lieber Freund, wen der Teufel in den Klauen hat — — —“ und mit einer Bewegung, als wollte er etwas Un= würdiges von ſich weiſen, eilte der unglückliche Großherzog zum Zimmer hinaus.“

Sollte man es für möglich halten, daß Dalbergs Selbſtbetrug es über ſich gewann, noch in demſelben Jahre ſein bis zum Ekel wieder= holtes Citat aus Horaz ſeinem Miniſter Albini zu ſchreiben:

„Cum fractus illabatur orbis, impavidum feriant*) ruinae.“

Paßte für dieſen Mann nicht beſſer der Satz, den er in einer auf= richtigen Stunde dem Polio entlehnt hat, und der ihm in ſeiner Freude an altklaſſiſchen Schlagwörter in einer Geſellſchaft entfuhr:

„Ego taceo — non enim facil est, in eum scribere, qui potest proscribere.“

Das zwitterhafte Weſen, das ſich in ſeiner ganzen Natur zeigte, trat ſelbſt in ſeinen religiöſen Anſichten hervor. Er war ein treuer ka= tholiſcher Prieſter, ein eifriger Verfechter der Rechte der Kirche und des Papſtes — ſelbſt Napoleon gegenüber verſuchte er ſie fort und fort geltend zu machen. Dabei war er aber zugleich ein Mann der Auf= klärung, ein Feind abergläubiſcher Gebräuche, ja ein Freimaurer und Illuminat (Perthes, Zuſtände und Perſonen in Deutſchland zur Zeit der franzöſiſchen Herrſchaft. Seite 397).

Rechnen wir zu dieſem Schwanken des Charakters, zu dieſem Widerſpruch zwiſchen Wort und That eine klar zu Tage tretende Scheu, ſich der von Napoleon verfolgten Freunde anzunehmen,**) ein beinahe

---

*) Der Conjunktiv feriant ſtatt des Futurs ferient findet ſich unterſtrichen.

**) Im Jahre 1809 hatte Napoleon bekanntlich Stein mit den Worten ge= ächtet: „Le nommé Stein, cherchant à exciter des troubles en Allemagne, est déclaré

felges Schweigen selbst zu den Thaten bestialischer Grausamkeit (z. B.
nach der Ermordung des Prinzen von Enghien, des Buchhändler Palm), so
würde Dalbergs oft bewiesene und bis zuletzt durchgeführte Anhänglichkeit
an Napoleon nichts weiter sein, wie die Aeußerung sklavischer Furcht,
wenn sich nicht nachweisen ließe, daß die schmachvolle Unterwürfigkeit
zum guten Theil durch eine unglaublich zu nennende politische Kurz=
sichtigkeit hervorgerufen worden ist. Dalberg sah in Napoleon lange
Jahre hindurch nicht einen Unterdrücker, sondern einen Retter des
deutschen Reichs etwa in derselben Befangenheit, in der Teutschlands
größter Tondichter auf den Sieger von Marengo als Freiheitshelden
seine sinfonia croica komponirte.*) Diese politische Kurzsichtigkeit
hatte sich schon bei der Begründung des deutschen Fürstenbundes gezeigt.
Mit dieser Vereinigung deutscher Staaten, Preußen an der Spitze,
hatte der große Friedrich ein Jahr vor seinem Tode das Werk seines
Lebens zu krönen gesucht. Jedes Kind konnte einsehen, daß die Spitze
dieses Bündnisses sich gegen Oesterreich richtete, dem Friedrich seit dem
ersten Jahre seiner Regierung die Oberherrschaft von Deutschland zu
entreißen versucht hatte. Der einzige Mensch vielleicht, der dem Bunde
eine andere Bedeutung zulegte, der sich in dem phantastischen Glauben
wiegen konnte, derselbe sei zu Ehren kaiserlicher Majestät und zu des
deutschen Reiches Herrlichkeit geschlossen, war Dalberg. Mit geradezu
kindlicher Naivität predigte er den Deutschen in einer Fluth von Schriften,

ennemi de la France et de la confédération du Rhin." Der nachmalige preußische
Minister Eichhorn überbrachte Dalberg Briefe Steins, seines ehemaligen vertrauten
Freundes, mit der Bitte, sich der in seinen Staaten konfiszirten Güter der Familie
Stein anzunehmen. Dalberg wand sich aalglatt und frostig um die Beantwortung;
endlich sagte er zu Eichhorn:
    „Zuerst bin ich Fürst Primas und als solcher habe ich Pflichten, die mir
heilig sind. Kommen diese nicht in Kollision, so gilt mir der Freund das Höchste.
Ich werde thun, was ich kann; leicht stellen Sie sich aber vor, daß ich sehr wenig
thun kann. Man muß zusehen und den schicklichen Zeitpunkt abwarten."
    *) In dieser Stimmung ward folgender Brief an Napoleon geschrieben
(2. November 1802): „Général premier consul! La lettre dont vous m'avez honoré,
comble mes voeux. Il est donc vrai, que le puissant génie qui influe sur les
destinées du monde desire de consolider la concorde du corps Germanique.
L'Allemagne jouira des fruits de la paix; la suppression des péages du Rhin
ouvre un débouché à ses productions; les liaisons commerciales s'étendront entre
la France fabriquante et l'Allemagne agricole; l'ordre et la concorde seront réta-
blis, le culte religieux maintenu et la liberté des consciences affermie! J'ai devoué
ma vie à mes devoirs; la paix de l'âme est ma récompense, et l'estime de Bonaparte est ma gloire etc."

Briefen, Allokutionen seine politische Weisheit, ja, richtete deswegen sogar ein langes Schreiben an Kaiser Joseph; — der große geistvolle Monarch beantwortete es mit feinster Ironie, die zwischen den Zeilen zu lesen dem heutigen Leser soviel Vergnügen macht, als damals dem Adressaten die Lektüre des ganzen Briefes, den er für baare Münze nahm. Da nun zur Zeit des Reichsbeschlusses von Regensburg Dalberg das Weiterbestehen seines Staates nur der Napoleonischen Protektion danken zu müssen glaubte, so ist es bei seinem Charakter nur naturgemäß, daß er in dem fränkischen Revolutionshelden das Heil der Welt erblickte und sich mit der fanatischen Begeisterung schwacher Seelen an die starke anschloß. Dieser Enthusiasmus wurde noch durch eine weitere Quelle genährt, die ihn reichlich genug speiste. Dalberg hatte nämlich eine übertriebene Meinung von der Wichtigkeit seiner Stellung als Erzkanzler. Bis zum Ueberdruß finden wir in seinen Briefen die Andeutung, daß er als solcher Deutschland die Wahrheit zu sagen habe, daß er der custos legum, der Wahrer des Rechts sei. Da nun Napoleon in ihm das Erzkanzlerthum gerettet hatte, schloß Dalberg in wunderbarer Logik, müsse er es auch mit Deutschland gut meinen. Wie wir in der Folge sehen werden, rannte sich der wunderliche Mann immer fester in diesen Glauben hinein. Als er den Irrthum später hätte mit Händen greifen können, verschloß er hartnäckig die Augen — von allen deutschen Fürsten war er nach dem König von Sachsen der Einzige, der mit verzweiflungsvollem Griff sich an Napoleon zu halten suchte, als dieser seinen Fall selbst nicht mehr in Abrede zu stellen wagte. Deutsche Treue ist dieses Ausharren nicht zu nennen, denn als im Jahre 1814 Napoleons Abdankung bekannt wurde, da zeigte Dalberg plötzlich wieder deutsche Sympathien, die da freilich nur Achselzucken hervorrufen konnten.*)

Und was für Hoffnungen hatte Deutschland dabei auf Dalberg in seiner Jugend gesetzt. Deutschlands Dichterheroen, Goethe, Schiller, Herder, Körner, dann ferner Humboldt, Joseph II. verkehrten mit ihm als Freunde und labten sich an seiner sprudelnden Geistesfrische — wäre Dalberg am Ende des 18. Jahrhunderts gestorben, die Geschichtsforscher hätten aus dem Urtheile seiner damaligen Zeitgenossen schließen müssen, er hätte der Mann zu Deutschlands Rettung werden können. Und so zeigte derselbe Charakter als Fürst und Politiker seiner Zeit

---

*) Bezeichnend ist, daß Namensvettern Dalbergs, die in der preußischen Armee dienten, öffentlich erklärten, sie wollten keine Gemeinschaft mit ihrem mächtigen Verwandten mehr haben.

sich weniger gewachsen als irgend eine der Schattenfiguren, die ihn umstanden. So traurig Dalbergs Gestalt als Fürst uns entgegentritt, desto sympathischer darf sie uns als Mensch erscheinen. Der Name „Goldschatz", den seine Freundinnen ihm gaben, war keine Benennung flüchtiger Weiberlaune. Er hatte in der That ein goldenes Herz, das von Mitleid und Theilnahme überquoll. Er legte sich die schwersten Opfer auf, um der Armuth helfen zu können, sparte sich den Zucker (historisches Faktum) ab, um die Minderausgabe zu milden Zwecken zu verwenden. Nach seiner Entthronung theilte er seine letzten 47 Gulden mit einer alten Frau. Sein eifrigstes Streben ging dahin, seine früheren Diener und Alle, die mit ihm in nähere Berührung gekommen, durch Pension von Noth und Elend zu retten. Für seine braven Sol-daten hat er am wenigsten übrig gehabt, ja wir werden sogar Zügen schneidender Härte begegnen. Am meisten zeigt sich Dalberg als Sa-mariter nach seiner Entthronung, am gefühllosesten in den letzten Jahren seiner Herrschaft. Für die in Rußland Blessirten hatte er so wenig übrig, wie Napoleon für die Ueberwundenen von Trafalgar. Möglich, daß Dalberg auch hierin sich nach dem Kaiser formte, dem Unglück ein Verbrechen war.

Dalberg war nach dem allen ein Mensch, der in ruhigeren Zeiten ein würdiger, vortrefflicher Priester und ein milder Fürst gewesen wäre — die Napoleonische Luft wehte aber zu scharf für ihn; sie riß ihn aus dem ihm zusagenden Boden und übertrug ihn an einen dornigen und steinigen Platz, wo seine zarten Wurzeln sich nicht kräftig festsaugen konnten, sein ganzer Organismus verkümmern mußte. Diesem Gemisch von Herzensgüte und Menschenfurcht, von überfließender Idealität und bureaukratischem Egoismus, von priesterlicher Eitelkeit und modernster Freigeisterei, von schwächlicher Nachsicht und despotischer Härte wurde ein Staatswesen anvertraut, das mehr als jedes andere den ephemeren Charakter seiner Entstehung an sich trug. Es entstand um zu vergehen; mit ihm der Ruhm seines Monarchen, dessen letzte Worte auf dem Todtenbett „Gottes Wille" auch seine Grabschrift zu sein verdiente.*)

*) Bei allem Wohlwollen sind die Worte nicht unwahr, die Wilhelm v. Humboldt an Karoline v. Wolzogen, Dalbergs schwärmerische Freundin, in einem Briefe des Jahres 1831 richtete:

„Dalbergs, auch nach meinem Urtheil, in seiner Zeit ganz einzig dastehendes Wesen der Vergessenheit entrissen und für die Zukunft dargestellt zu sehen, wünsche ich gar sehr. Nur Sie können es. Man müßte es aber so machen, daß man weder auf seine schriftstellerische noch auf seine politische Seite Gewicht zu legen

Wenn wir bei der aphoristischen Schilderung des Fürsten auf helle Lichter und tiefe Schatten gestoßen sind, so wird uns die Betrachtung des Volksbewußtseins, sagen wir der Volksseele, dieselben, vielleicht noch unvermitteltere Gegensätze, enthüllen. Die Deutschen haben eine wunderliche Scheu, sich mit der historischen Sonde in die Zeit ihrer tiefsten politischen Erniedrigung hineinzuwagen — ja selbst die Zeit ihrer Befreiungskriege hat weder einen berufenen Dichter noch einen Geschichtsschreiber gefunden — erst jetzt hört man, daß der preußische Generalstab die Pflichten des letzteren zu übernehmen gedenkt. Deshalb ist die Zeit der Napoleonischen Fremdherrschaft in Süd- und Westdeutschland*) eine noch jetzt vielfach verhüllte oder unverstandene.

Unrecht haben diejenigen, welche in den deutschen Stämmen von Anfang der französischen Invasion an einen inneren Groll, einen verschämten, unbewußten, deutschen Patriotismus suchen zu dürfen glauben, der sich in der Stunde der möglichen Befreiung zur wohlthuenden, hellaufflackernden Flamme allgemeinen Volksaufstandes entwickelte — diejenigen irren aber auch, die in der stummen, grabesstillen Unterwerfung der kerndeutschen Stämme ein schimpfliches Aufgeben jedes nationalen Ehrgefühls erblicken wollen. Die Wahrheit liegt auch hier in der Mitte.

Als vorherrschendes Gefühl der Massen der Bevölkerung im Jahre 1803 kann die Ueberzeugung gelten, daß die deutsche Reichsverfassung, die eben mühsam der Form nach in Regensburg noch einmal zusammengeflickt worden war, nicht mehr zu halten sei, und man einer sorgenvollen Zukunft entgegengehe. Denn auch dem Blödesten war offenbar, daß ein tausendjähriges gewaltiges Reich nicht ohne Weltbrand zur Scheiter gehen kann. Da gab es denn eine Menge Doktoren und Quacksalber, ‑

brauchte; in beiden giebt er Blößen. Man muß ihn zeigen, worin er wirklich einzig war, in dem großen Adel des Gefühls und der Gesinnung, der unendlichen Grazie, dem erregbaren Sinne, dem unerschöpflichen Reichthum an Anregungen zu Ideen, wenn auch nicht immer Ideen daraus wurden, woraus auch sein Witz entsprang, seiner Freiheit von allen kleinlichen Rücksichten. Diese Seiten am Menschen verlöschen im Leben; die Geschichte deutet sie kaum an: sie sind aber doch die Angeln der Weltbegebenheiten, da sie von Geschlecht zu Geschlecht das Innerste der Menschen anregen und bilden."

*) In Preußen lagen die Dinge anders. Ein ungeheures Unglück hatte das stolze, siegessichere, von schwerer Schuld nicht frei zu sprechende Volk überrascht. Aber der Niederlage folgte fast auf dem Fuß die innere Wiedergeburt und dieser die großartigste Erhebung aller Zeiten. Von diesem Geist ist im übrigen Deutschland, der Wahrheit die Ehre, nur sehr wenig zu spüren gewesen.

die den Leib des „kranken Riesen" vorzeitig tödten wollten, um wie sie
sagten, seine „Glieder lebensfähigen Staatskörpern einzufügen".
Größerer
politischer Schwulst ist wohl nie geschrieben worden als in diesen Tagen,
dabei wohl auch selten in einer politischen Literatur ein größerer Ge-
dankenmangel zu Tage getreten. Denn Furcht regierte den Griffel und
bildete die unerbittliche lähmende Censur der eigenen Probleme.
Napoleon sagte 1803 nach der Ermordung Pichegrus: Ich habe die
Liebe mit der Furcht vertauscht und will die Partie gewinnen. So
tauchen denn die Vorschläge zu Deutschlands Regeneration wie farb-
und blutlose Gespenster auf, ohne Saft und Kraft, ohne auch nur
eine Spur lebenskräftigen Wesens. Der Mangel jeden Kerns wird,
freilich ungeschickt genug, durch einen tönenden Bombast verdeckt, dem
man anmerkt, daß das Wortgeklingel die Furcht verjagen, die Gefahr
verdecken soll.

Es dürfte eine Probe hier nicht am unrechten Platz sein, die beweist, ·
daß Goethes Ausspruch: „wo Begriffe fehlen, da stellt zur rechten
Zeit ein Wort sich ein", damals seine vielfache Geltung fand. Ein
deutscher Politiker gab eine Schrift heraus „Germanien oder Deutschlands Wiedergeburt", in der er hauptsächlich den Gedanken entwickelt,
Deutschland könne und werde durch eine Nationalversammlung und
Volksrepräsentation gerettet werden. Das klang sehr kühn, und es ist
deshalb sehr ergötzlich, zu bemerken, wie der Verfasser vor sich selbst
erschrickt. Er leistet unter Anderem deshalb folgenden Satz, der nebenbei
als stylistisches Ungeheuer gelten kann:

„Wenn man nun nicht leugnen kann, daß die durch diese Konstitutionen
festgesetzte Nationalrepräsentation, statt einer die Macht der Regierung
beschränkenden Gewalt vielmehr nur ein mit ihr über die öffentlichen
Angelegenheiten deliberirendes corps sei, daß die sogenannten National-
repräsentanten statt Exponenten des Willens der Nation, nur Vorträge
ihrer Meinungen und ihrer Wünsche sind, so muß man doch auch gestehen, daß solche von der Nation delegirte corps, welche durch Konstitutionen gebildet worden, wenn sie auch nicht über Gegenstände der
Gesetzgebung, der inneren Verwaltung, des Finanz- und des öffentlichen
Schuldenwesens zu entscheiden, sondern nur mit der Regierung zu kon-
feriren bestimmt sind, gleichwohl bei so Vielem, was sie in anderer
Beziehung für das allgemeine Wohl thun können, auch doch wirklich
noch immer für die Respektirung der bürgerlichen Freiheit und für die
Beobachtung aller Konstitutionsgesetze eine Art der Gewähr leisten, die,
wenn sie auch nicht so stark ist als die, welche die Britten durch ihre

sich mit den Monarchen in die höchste Gewalt theilenden Parlamente erhalten, gleichwohl noch immer sehr wichtig bleibt."*)

Wir haben dieses Werk, das der Prosa eines Lessing mit Fäusten ins Gesicht schlägt, in drei Literaturzeitschriften kurz nach seiner Entstehung einer wohlwollenden Besprechung unterzogen gefunden. — Das Schwülstige, Verschwommene, Unklare beherrscht überhaupt in wahrhaft erschreckender Weise jene Zeit — kein Wunder, wenn kein Ziel erreicht wurde, da Niemand sich klar wurde, welches Ziel er erreichen wollte. Der wenigen Patrioten aber, denen noch an der Erhaltung der alten Ordnung der Dinge etwas lag, war nur eine äußerst geringe Zahl. Ihr schwächlicher Warnruf verhallte kaum vernehmbar in dem bröhnenden Gang der Er=eignisse. Ein Schulrath Schuhe, ein guter philisterhafter Patriot, schrieb eine Anzahl lesenswerther Artikel über die Güte der alten deutschen Reichsverfassung. Wenn der gute doktrinäre Mann am Schluß eines derselben die Deutschen mit den Griechen vor der Katastrophe von Chäronea vergleicht und ihnen wie Demosthenes zuruft: „δέδοικα, μή τι δαιμόνιον ἐλαύνῃ τὰ πράγματα" (ich fürchte, ein Verhängniß treibt uns dem Abgrunde zu), so schilderte er damit freilich die Lage richtig.

Die Deutschen hörten aber so wenig auf ihn, wie die Griechen einst auf ihren ungleich größeren Redner. — Weitaus die meisten Deutschen jener Tage kümmerten sich gar nicht um das Vaterland, sondern sahen es mit geradezu unbegreiflicher Lauheit und Schläfrigkeit zu Grunde gehen. Ein Freiherr v. Eggers gab eine Schrift heraus „Deutschlands Erwartungen" ꝛc.**), in der er nach der Liebhaberei seiner Zeit für klassische Citate seinen Mitbürgern Catos Donnerworte zuruft: expergiscimini tandem Quirites et capessite rem publicam (wacht endlich auf, Bürger, und bekümmert Euch um den Staat). Dann finden wir weiter den Satz: „Es muß jedem Menschen von Verstand und Ge=fühl unglaublich sein, wenn er es nicht selbst gesehen, mit welcher gräßlichen Kälte viele Deutsche Deutschlands Untergang entgegen gehen. Auch fehlt es nicht an jener Art von Köpfen, die alles Bestehende hassen, weil sie an keine Ordnung zu gewöhnen sind." Außer diesen zahmen Umstürzlern gab es noch Feuergeister, die dem neu aufgehenden franzö=sischen Gestirn als der Morgensonne der Freiheit, menschlicher Entwickelung, als der möglichen Verwirklichung von Platos Republik entgegen=jauchzten — und es waren nicht die Schlechtesten der Nation, die sich

---

*) Winkopp, Rheinbund, Heft 25—27, Seite 181.
**) Gedruckt bei Vieweg in Braunschweig.

so vom alten Deutschland abwandten. Ich nenne Görres, den schlagfertigen Vertheidiger republikanischer Gedanken, Johannes v. Müller,*)
damals Deutschlands größten Gelehrten, und wer wollte die größten
deutschen Dichter von verwandter Sinnesart freisprechen? Das deutsche
Nationalgefühl verkroch sich damals schüchtern in die entlegensten und
verborgensten Ritzen — müde und angeekelt von der Gegenwart flüchtete
es in die Romantik altdeutscher Heldensagen. Die romantische Schule
Tiek's gab ein leises, winziges, geistiges Aequivalent an Teutschthum
für den riesigen realen Verlust im Staatsleben. Achim v. Arnim und
Brentano, ein Frankfurter, beschenkten um diese Zeit Deutschland mit
dem Schatz seiner alten Volkslieder, „des Knaben Wunderhorn". Wie
die Sachen einmal in Deutschland standen, mußte das Verhängniß seinen
Gang gehen — und dieser steigerte sich zu so lawinenartigem Sturz,
daß die Zeitgenossen betäubt und zerschmettert wurden, und selbst wir
Epigonen in weiter Vergangenheit noch vermeinen, sein Donnern vernehmen zu können.

1804 setzte sich Napoleon zu Fontainebleau die Kaiserkrone auf das
Haupt und brach damit mit seiner republikanischen Vergangenheit. Jeder
Fürst fühlte damit die seinige fester wachsen. Die Freiheitsidealisten
konnten nun zunächst sehen, wo sie blieben. Daß von Freiheiten des
Volkes unter der neuen Regierung nicht viel die Rede sein würde, dafür
bürgte schon ein damals bekannt werdender Ausspruch Napoleons, er
könne einen konstitutionellen Fürsten nur für ein cochon d'engrais
halten. Bekannt ist, daß der neue Kaiser neuen Kampf und Sieg suchte
und fand. Das Jahr 1805 schloß nach einer Reihe unerhörter Siege
mit der Dreikaiserschlacht bei Austerlitz. — Napoleons ruhmvollster
Feldzug war damit geschlagen. Er schrieb vor Beginn der Feindseligkeiten an Josephine: „rassure-toi; je te promets la campagne
la plus courte et la plus brillante." An der Seite der französischen
Heere hatten diesmal schon Bayern und Württemberger mitgekämpft,
und zwar so tapfer und brav, daß sie selbst die Anerkennung der miß-
günstigen französischen Generale sich erzwangen. Ja mehr noch! deutsche
Offiziere, die nach England geflüchtet waren, ließen sich zu diesem Feldzuge in den süddeutschen Armeen anwerben und verleugneten vollständig
ihre bisherigen politischen Grundsätze.**) Die oben angedeutete Anrede
Dalbergs an die Deutschen hatte nichts Anderes zur Folge, als eine

---

*) Dieser schrieb an Böttiger: „Ich trage meine an das Alte verschwendete
Kraft jetzt auf das Neue über. Man muß sich umdenken."
**) Aus dem Leben einer deutschen Fürstin von Freifrau v. Dalberg.

stammelnde Entſchuldigung des Verfaſſers, als der gewaltige Napoleon
ihm ſchrieb:

„J'ai vu avec peine les démarches pour réveiller l'esprit
germanique, surtout lorsque votre Altesse n'avait point jugé à
propos d'en faire au moment où la Bavière avait été occupée par
l'Autriche*) et le territoire germanique envahi par les barbares
du Nord.“

Damit war ſchon ausgeſprochen, daß Napoleon den lockeren Verband
Deutſchlands nicht mehr anerkannt wiſſen wollte. Wie in Zeiten po-
litiſchen Jammers der Tyrann ſtets von ſeinen Kreaturen überboten
werden wird, ſo regten ſich in dieſen Tagen ſübdeutſche Stimmen, die
dreiſt und keck behaupteten, Oeſterreicher und Preußen ſeien überhaupt
keine Deutſchen. Der königliche Archivar zu Bamberg, Paul Oeſterreicher,
gab ein ſogenanntes Archiv heraus, in deſſen erſten Aufſätzen der Satz
figurirt: „Es iſt bekannt, daß die Einwohner von Holſtein, der Mark
Brandenburg, von Pommern, Lauſitz, Böhmen, Mähren und Oeſterreich
Abkömmlinge der Wagrier, Obotriten, Sorben, Czechen, Mährer,
Avarer und anderer Zweige des großen Hauptſtammes der Wenden ſind.“
Es iſt ferner bekannt, daß dieſe nicht nur nicht deutſcher Abkunft
waren, ſondern mit den Deutſchen blutige Kriege geführt haben ꝛc. Der
Verfaſſer beweiſt dann ferner, daß die Franzoſen Abkömmlinge der
Franken ſeien, unter Karl dem Großen die Wenden bekriegt hätten,
an Seite ihrer Stammesgenoſſen, der Bayern, Schwaben, Heſſen ꝛc. So
ſeien die Franzoſen eigentlich Deutſche und Napoleon der würdige Nachfolger Karls des Großen.“ Ja, der gelehrte Pallhauſen bewies in einem
eigenen Werke, die Bayern ſeien keine Deutſchen, ſondern die Nachkommen der keltiſchen Boyer, alſo Gallier und Stammverwandte der
Franzoſen. Die bayeriſche Staatszeitung brauchte die Worte: „Hoch
lebe Napoleon, der Wiederherſteller des bayeriſchen Königthums.“ Damit
ſollte angedeutet werden, das keltiſche Reich der alten Boyer ſei endlich
vom Joche der Deutſchen wieder frei geworden. (Menzel, Geſchichte
der letzten 120 Jahre, II., 32.)

Ich glaube nicht, daß politiſche Sophiſtik jemals tollere Orgien
geſeiert hat.**) Das Tieftraurige an dieſem Gewäſch war nur, daß es

---

*) Durch die Truppen des General Mack.
**) Oeſterreichiſche Blätter haben allerdings im Jahre 1866 den Preußen auch
den Mangel deutſcher Abkunft vorgeworfen und ihnen mit dreißigjähriger baye-
riſcher und ſchwäbiſcher Einquartierung gedroht, um die Nationalität zu veredeln.

Hörer fand, aufmerksame Hörer, und daß die guten Deutschen es mit derlei Trostgründen ernst nahmen, um den leise klopfenden Mahner in ihrem Innern zu beruhigen. Nach dem Frieden von Preßburg 1805 glaubte Napoleon Deutschland Alles bieten zu können, ohne sogar die sammetnen Handschuhe über die eiserne Faust ziehen zu brauchen. Er herrschte eine Deputation deutscher Diplomaten mit den Worten an: „Je n'aime pas ce mot vague et nivelleur de „convenances".

Zweites Kapitel.

Entstehung des Rheinbundes.

Schon im Jahre 1804, als Napoleon eine Anzahl deutscher Fürsten, darunter Dalberg, nach Mainz beschied, um ihnen in hochfahrendster Weise seine Wünsche zu erkennen zu geben, war die Rede davon gewesen, eine dritte Macht — einen Bund in Deutschland — zu gründen, der event. Preußen, Rußland und Oesterreich entgegenzutreten im Stande sei. Häusser erzählt (vergleiche Beaulieu II. Seite 26): Napoleon habe, als Dalberg auf direkte Insinuationen schwache Einreden versuchte, zornig geäußert: „Gut, wenn die Reichsfürsten meine Protektion nicht wollen, so werde ich ihre Länder dem geben, der in meine Pläne eingeht." Napoleon soll nach einer Mittheilung der Frau v. Wolzogen in diesen Tagen eine solche Freude an dem Auseinandergehen des deutschen Reiches geäußert haben, daß Dalberg und der alte Kurfürst von Baden nach einer Unterredung mit ihm sich weinend in die Arme sanken. Ist diese Erzählung wahr, dann ist Dalberg in der Folge entweder blind oder ein Verräther gewesen. Oder wie soll man sonst ein Schreiben vom 19. April 1806 an den französischen Gesandten Hedouville erklären, worin es heißt: „Die deutsche Verfassung kann nur regenerirt werden durch ein Reichsoberhaupt von großartigem Charakter . . . . . . Könnte er (der Kaiser von Oesterreich) doch Kaiser des Orients sein, um den Russen zu widerstehen, damit das occidentalische Reich wieder auflebe im Kaiser Napoleon, sowie es war unter Karl dem Großen, zusammengesetzt aus Italien, Frankreich, Deutschland."

Wahrscheinlich hat bei Abfassung dieses Briefes französische Eingebung die Feder geführt. — Napoleon ließ sich von seinen Opfern gern um das bitten, was er von ihnen haben wollte. Dann fehlte aber der beißende Hohn nicht. Als die Holländer um einen französischen Prinzen als Staatsoberhaupt bitten mußten, brach der Kaiser in ein helles Gelächter aus und citirte La Fontaines Fabel: „Des grenouilles qui demandent un roi."

Napoleon war aber nicht der Mann, in solchen Fällen sich lange bitten zu lassen.

So folgte die Ausführung dem Gedanken. Am 12. Juli 1806 erklärten Dalberg, die (nach dem Preßburger Frieden 1805 mächtiger geworbenen) Könige von Bayern, Württemberg, die Großherzöge von Baden und Berg,*) der Landgraf von Hessen-Darmstadt, der Herzog von Nassau, die Fürsten von Hohenzollern, Salm, Isenburg, Aremberg, Liechtenstein und von der Leyen, das deutsche Reich nicht mehr anzuerkennen; zugleich verbanden sie sich zu dem sogenannten Rheinbunde unter dem Protektorat**) Napoleons. — Auf diese Erklärung hin entsagte bekanntlich Franz II. dem Titel eines deutschen Wahlkaisers — das deutsche Reich hatte nach tausendjährigem ruhmvollen Bestehen zu existiren aufgehört. Wie es hinter den Coulissen mit der anscheinend spontanen Gründung dieses Bundes ausgesehen, beweist der Briefwechsel Dalbergs und seines Gesandten in Paris, Grafen v. Beust. Danach ließ Talleyrand in der Nacht die Bevollmächtigten der kleinen Staaten wecken, las ihnen den Vertrag vor und verlangte ihre Unterschrift. Die verblüfften Diplomaten schützten Mangel einer Vollmacht vor — wüste Drohungen brachten sie zu zitternder Unterschrift. Dalberg wüthete — natürlich nur gegen seinen widerstandslosen Gesandten, sprach sein gewohntes: „impavidum ferient ruinae“ und unterzeichnete nachher in stummem Gehorsam. Dazu verstand sich Dalberg, der einem Adelsgeschlechte angehörte, das mehr wie jedes andere mit den Ehren des alten deutschen Reiches zusammengewachsen war. Bei jeder Kaiserkrönung pflegte der neue Kaiser, im Reichsornat auf dem Thron sitzend, zu fragen: „Ist kein Dalberg da?“ worauf das vortretende Mitglied dieses Geschlechts vom Kaiser den Ritterschlag empfing.

Alle diese Erinnerungen wurden nun in die Rumpelkammer der Vergessenheit geworfen, und von diesem Zeitpunkt ab ist Dalberg der fanatischste Anhänger Napoleons und ein ebenso enthusiastischer Bewunderer der neuen Alliance, wie vordem des deutschen Fürstenbundes. Wenn er in jener Zeit emphatisch sagte: „non tam in nostra potestate oblivisci quam tacere“ — in unserer Macht steht es nicht, vergessen

---

*) Ein von Napoleon gestifteter Gelegenheitsstaat mit der Hauptstadt Düsseldorf.

**) Ob die Fürsten wohl damals daran dachten, daß der französische Minister Scepeaux de Vieilleville einst seinem länderfüchtigen König Heinrich II. (1551) gesagt hat, ein Beschützer des römischen Reiches zu werden, sei mehr werth, als der Besitz der deutschen Kaiserkrone selbst?

zu können, wohl aber zu schweigen — so bewies er durch sein Betragen das gerade Gegentheil. Er schwieg nicht, aber er vergaß.

Es lag in Napoleons Prinzip, diejenigen seiner Vasallen, die ihm nie Schwierigkeiten zu machen wagten, mit einem Länder-Trinkgeld zu bedenken, das stückweise von da und dort zusammengerafft wurde, so recht um die gänzliche Willkür des Gebers zu zeigen.*) So erhielt jetzt bei Gründung des Rheinbundes Dalberg die Souveränetät über die Stadt Frankfurt, die Grafschaft Rheineck, die Besitzungen der Fürsten und Grafen von Löwenstein-Wertheim, einige des deutschen und Malteser Ordens und gewann dadurch eine um so glänzendere Stellung, als Napoleon ihn zum Fürsten Primas, d. h. zum Vorsitzenden des deutschen Bundesraths, machte und ihn öffentlich mit außergewöhnlicher Zuvorkommenheit behandelte. Das schloß freilich nicht aus, daß der Kaiser den sonderbaren Schwärmer, wenn er ihm Vorschläge über Volkswohl und wahre Souveränetät machte, erstaunt ansah und ihm die eisige Höflichkeit fühlen ließ, die man einem Menschen zeigt, den man geringschätzen zu dürfen glaubt. Von da ab lernte Dalberg, daß man wohl mit Napoleons Kopf, nie aber mit seinem Herzen unterhandeln könne. Es war klar, daß die größeren Glieder des Bundes, besonders Bayern und Württemberg, in proportionalem Verhältniß arrondirt werden mußten. Bei Bayern geschah es in so verschwenderischer Weise, daß dessen Minister Montgelas sowohl als dessen General v. Wrede von da ab der Utopie sich hingaben, Bayern eine Großmacht werden zu sehen, wie zur Zeit der katholischen Liga.**) Gerade diese Großmachtsbestrebungen Bayerns waren es aber, die den kleineren deutschen Fürsten den Rheinbund als einen sicheren Hafen ansehen ließen, in welchem die bisherige politische Seeräuberei ihnen nichts mehr anhaben könne. Napoleon hatte sich zum Protektor des neuen Bundes erklärt; die einfachen Artikel des Traktats, der sich im Gegensatz zu dem schwerfälligen Kanzleistyl

---

*) Salzburg mußte im Zeitraum von sieben Jahren fünfmal seinen Herrn wechseln. Napoleon beabsichtigte durch dies Vernichten jeglicher Stabilität staatlicher Verhältnisse die Bande zu lösen, die die deutschen Stämme an ihre Fürsten knüpften. Er hat aber dabei die Zähigkeit des deutschen Volkscharakters unterschätzt.

**) Sogar noch im Jahre 1813 schrieb der erstere an letzteren: „Ce serait une très belle idée de rendre le Roi insensiblement chef et centre d'une ligue du Sud de l'Allemagne — cela vous donnerait la force de Tilly, dans la position duquel j'aimerais tant à voir votre Excellence. Si cette idée est un rève, au moins est ce un beau songe et je me féliciterai de l'avoir conçu." (Heilmann, Fürst Wrede, Seite 268.)

früherer deutscher Verträge einer wahrhaft durchsichtigen Klarheit erfreute, besagten etwa Folgendes:

„Kein Bundesmitglied darf das andere mit Krieg überziehen. Streitigkeiten schlichtet der Bundesrath bezw. der Protektor.

Wird ein Bundesmitglied in einen auswärtigen Krieg ver= wickelt, so wird es die Gesammtheit des Bundes; Frankreich stellt dazu jedesmal mindestens 200 000 Mann.

Die einzelnen Bundesfürsten erhalten volle Souveränetät, und wird der Kaiser sich nicht in die inneren Angelegenheiten mischen."

Es lag offen auf der Hand, daß es Napoleon durch diesen Vertrag hauptsächlich darum zu thun war, deutsche tapfere Truppen in großer Anzahl in seine Hand zu bekommen. Es ist daher interessant, die an= fängliche Kontigentspflicht der einzelnen Glieder zu vergleichen.*) Es hatten zu stellen:

Bayern . . . . 30 000 Mann,
Württemberg . . . . 12 000 =
Baden . . . . 8 000 =
Berg . . . . 5 000 =
Darmstadt . . . . 4 000 =
Nassau und die übrigen Bundesgebiete 4 000 =

Summa 63 000 Mann.

Als der Wortlaut dieser Verträge fast gleichzeitig mit dem Aufhören des deutschen Reiches den Völkern bekannt wurde, hätte man einen Sturm des Unwillens oder wenigstens ein würdevolles resiguirtes Schweigen erwarten sollen. Dem war aber nicht so. Das Studium der Volksstimmung jener Tage gewährt ein eigenthümlich interessantes, wenn auch wenig erquickliches Bild. Zunächst fällt die Fülle literarischer Kundgebungen auf, die über den zu erwartenden Segen des neuen Bundes sich in einer Fluth von Vermuthungen ergossen. Ein Zeitgenosse (v. Strombeck) schreibt: „Trauer und Niedergeschlagenheit erschien nicht als die allgemeine Stimmung; uns war zu Sinne, wie ungefähr einem deutschen Auswanderer zu Sinne sein mag, der den Boden der neuen

*) Diese stieg nach und nach auf das Doppelte und Dreifache. Rechnet man dazu, daß bald Sachsen, Westfalen, Mecklenburg und fast alle deutschen Fürsten dem Bunde beitraten, ferner ein Drittel Deutschlands dem französischen Reich selbst inkorporirt war, so läßt sich leicht berechnen, welche unermeßliche Menge deutschen Blutes für Frankreichs Ehre geflossen ist.

Welt betritt. Mit Sehnsucht denkt er zurück an das, was er verlor, aber neue Hoffnung, obschon nicht ohne Bangigkeit für die Zukunft, belebt ihn doch auch und macht, daß er sich nicht unglücklich fühlt."

So gemäßigt wie dieser Ehrenmann ließ sich aber der volle Chor der anderen Stimmen nicht aus. Wir übergehen diejenigen, die selbst religiösen Frevel nicht scheuten, um Napoleon unserem Herrgott gleich zu stellen, und auch Narren, wie den gelehrten Posselt, der eine Felswand der Nordalpen abschleifen und mit einem riesigen N schmücken lassen wollte, damit es weit hinein leuchte in die deutschen Lande.

Für uns ist die Meinung interessant, die sich der Kleinbürger, Beamte und Bauer von der neuen Ordnung der Dinge machte. Es tritt uns da eine wunderbare Befangenheit des Urtheils entgegen. Vornehmlich wurde der Bund als eine Friedensgarantie aufgefaßt. Man glaubte sicher, daß keine Macht denselben unter seinem Protektor würde anzugreifen wagen, aber man verschwieg sich wunderbarer Weise, daß Napoleon bisher stets der Angreifer gewesen*) und es zu bleiben gesonnen sei. Aengstlichere Gemüther schrieen aber doch schon nach Festungen an den Grenzen Preußens und Oesterreichs.**) Der bereits oben erwähnte Schulrath Schuhe schrieb den „Versuch eines Beweises", daß die Hoffnung zu einem ewigen Frieden zwar Chimäre, aber die Hoffnung zu einem langen Frieden eine auf den Rheinbund gegründete Realität sei. Eine Reihe anonymer Schriftsteller, die hinter theilweise deutschthümelnden Titeln sich versteckten — wir nennen hier Elpizon, Thuiston, Arminius — theilten durchaus diese Anschauung. Hand in Hand mit dieser ging eine naive und rührende Dankbarkeit gegen Napoleon für sein Versprechen, sich nicht in die inneren Verhältnisse der einzelnen Staaten mischen zu wollen. Man ward hier unwillkürlich an den Spott des Mephistopheles erinnert:

„Den Teufel merkt das Völkchen nie,
Und wenn er sie beim Kragen hätte."

Denn anstatt Napoleons kalten Egoismus zu verstehen, priesen die Deutschen vielmehr seine Mäßigung, daß er am Rhein stehen geblieben und nicht über den Grenzstrom hinüber gegriffen habe, in dem Augenblick, wo Frankreichs Arm sich bis tief in das Herz Deutschlands

---

*) Freiherr v. Eggers, Der Rheinbund, erschienen bei Vieweg in Braunschweig 1808.
**) Winkopp, Rheinischer Bund, Heft 1—3, Seite 61.

fühlbar machte. Man war in der That geneigt, durch den Bund Deutschlands Einheit angebahnt zu sehen. Sagte doch der gute Pastor Pahl in einer viel gelesenen Schrift: „Wir bemerken, es gab nach dem Preßburger Frieden keine deutsche Nation mehr, und bei den so sehr getheilten Gemüthern war es unmöglich, sie zu sammeln. Wie groß steht nun Napoleon da, der zu dem Abt Heule in Paris gesprochen hat: „Bisher war das deutsche Volk durch Zerstückelung unglücklich, von nun an wird es durch Einheit glücklich sein." Broschüren der Doktoren Crome, Behr, Jauß und Anderer variirten dieselbe Melodie — es kann zuletzt kaum Wunder nehmen, daß einer dieser Autoren ausruft, das Einzige, was man fürchten könne, sei, daß Napoleon ein Mensch bleibe und nicht ewig leben könne. Von dieser Anschauung bis zur exaltirten Begeisterung eines Hofrath Görner war nur ein Schritt. Dieser wunderliche Patriot schrieb in seinen Briefen zweier Staatsmänner*):

„Wenn ich den ganzen Mechanismus überdenke: im Mittelpunkt den Bundestag, der durch die deutschen Fürsten den Völkern Leben giebt, sie verbindet und vereint, diese im weiten fernen Raum des Kreises; das Ganze gehalten von Napoleons fester Hand, so kann ich nicht umhin, aufzujauchzen und dem deutschen Vaterlande glückliche Tage zu versprechen."

Wir dürfen nicht glauben, alle diese wie Ausflüsse politischen Wahnsinns klingenden Tiraden seien widrige Schmeicheleien gewesen, berechnet, vom Ohre französischer Behörden oder gar des Protektors selbst vernommen zu werden. Nein, der Glaube der mißhandelten Deutschen, sie könnten durch Napoleon ihre nationale Wiedergeburt erringen, war ein rein und wahr empfundener. Wir stehen hier vor einem der tiefsten Geheimnisse des deutschen Gemüths. Die lange und brennend empfundene Beschämung über das nationale Elend ließ selbst den Irrwisch Napoleonischer Versprechungen als die Fackel ansehen, die aus dem Labyrinth engherziger Kirchthurmpolitik herausführen könne. Der deutsche Charakter war zu ehrlich, um den Geist unermeßlich frecher Lüge zu fassen, der dem Bonapartismus von jeher aus jeder Pore gedrungen ist. Treitschke sagt irgendwo: „Die Lüge, die diabolische Halbwahrheit ist das Wesen des Bonapartismus, wie einer jeden nivellirenden despotischen Gewalt." Napoleon selbst aber spottete einst:

„Metternich est tout près d'être un homme d'État — il ment très bien."

---

*) Göttingen 1808 bei Justus Friedrich Dankwerts erschienen.

So vertraute das deutsche Volk den Versprechungen des Tyrannen und gab Gut und Blut für ihn bis zur Erschöpfung, bis nach jahrelanger, unerhörtester Bedrückung ihm die Augen aufgingen und es den Frevel begriff, der an ihm begangen worden.

Wir geben zu, daß nicht Alle, die zu jener Zeit sich in die offenen Arme der fremden Gewalthaber stürzten, lauteren Sinnes gewesen sind. In Westfalen, wo das gemeine Volk spröde an sich hielt, war es der Adel, der in feiler Käuflichkeit sich um den Hof des liederlichen Jerome drängte, in Paderborn äußerte der Klerus nach Preußens Niederlage die ungemessenste Freude über die neue Demüthigung Deutschlands; — dem großen Gelehrten Johannes v. Müller war es vorbehalten, ein wirklicher Ueberläufer in das französische Lager zu werden.*) So sündigte man auf den Höhen der Bildung mit Bewußtsein, im Volke irrte man durch frommen Glauben. Dies war der Unterschied bei Gleichheit der Gefühlsäußerungen.

Noch einer echt deutschen Charaktereigenthümlichkeit müssen wir hier Erwähnung thun. Denselben Leuten, die mit einer unleugbaren Freudigkeit sich dem gewaltigen Scepter Napoleons beugten, bangte vor der neuen Souveränetät ihrer Landesfürsten. Obwohl die alte deutsche Reichsverfassung fast nie auch nur das Geringste zum Schutz gegen Vergewaltigung seitens der kleinen Territorialherren gethan, obgleich sie ruhig den Menschenschacher des 18. Jahrhunderts geduldet hatte, lag doch im Herzen des Volkes das stille unbewußte Vertrauen, daß der deutsche Kaiser doch am Ende über Allem stehe, eine Art unparteiischer Instanz bilde. — Das war nun vorbei, und die Fürsten des Rheinbundes sollten nach dem Wortlaut des Traktats „souverän" sein. Die Freiheitsgedanken, die die französische Revolution auch in Deutschland entfesselt, regten sich denn auch in dieser verqueren Richtung, und es entstand ein wunderliches Debattiren über die Rechte der Landesfürsten und der Völker. Auch hier wurde nur leeres Stroh gedroschen, doch merkte der feine Instinkt des Volkes bald, daß nicht sowohl die Unterthanen, als in erster Linie die Fürsten die Gehorchenden seien, und daß es mit der Souveränetät gute Wege habe. Von dieser Erkenntniß aber bis zur Parteinahme für die Fürsten gegen die fränkische Despotie war nur ein Schritt, und auch in dieser Wandlung spiegelte sich in

---

*) Er äußerte in Kassel bei einer offiziellen Rede 1808: „Der aber, von dem die Welt schweigt, weil Gott die Welt in seine Hände gegeben, erkannte in Germanien die Vorwache und Brustwehr von Süd und West. Also für gemeine Politik zu erhaben, wollte er statt gedemüthigter Soldaten geehrte Bürger."

wunderbarer Weise die Vielköpfigkeit, der Unabhängigkeitssinn, die Treue und die Ritterlichkeit germanischen Wesens. Wenn wir das Gesagte zusammenfassen und uns vergegenwärtigen, daß Napoleon es in den ersten Zeiten des Rheinbundes verstand, durch die Einführung indirekter Steuern eine scheinbar gesunde Finanzpolitik in den einzelnen Staaten anzubahnen,*) daß das klare französische Recht dem oft kaum entwirr= baren Chaos und dem schleppenden Gang der deutschen Rechtsprechung ein Ende machte, daß der bis dahin gedrückte Bürger= und Bauern= stand plötzlich in absoluter Gleichheit mit den Angesehensten vor dem Gesetz stand, daß eine Aera des Friedens, des gesunden Erwerbs, der inneren Ordnung, der religiösen Freiheit angebrochen zu sein schien, so kann man es am Ende nur erklärlich finden, daß die Völker des Rhein= bundes die Schlange im Grase nicht bemerkten und sich mit dem Worte trösteten, die die deutsche studirende Jugend auf den Bierbänken sang: ubi bene — ibi patria.

Am 9. September 1806 wurde im alten Römersaale der Stadt Frankfurt unter dem Donner der Kanonen und dem Läuten aller Glocken dem Fürsten Primas sein neues Gebiet durch den französischen Kom= missar Lambert übergeben — die üblichen feierlichen Reden,**) Feste, Illuminationen folgten; man berauschte sich nicht ungern in der Kurz= weil des Augenblicks.

An den Grenzen des neugebackenen Staates wurden aber die „Hoheitspflöcke" mit dem Wappen, dem alten kurmainzischen Rade, und der Unterschrift: „Souveränes Gebiet des Fürsten Primas" und auf der Rückseite mit der Inschrift: „Rheinische Konföderation" aufgestellt.

Das eine Gute hatte die neue Ordnung der Dinge gehabt: das Farbenkonglomerat auf der Karte Deutschlands war lichter geworden.

*) Der westfälische Staatsrath Malchus meinte deßhalb: Wenn nur die Finanzen vortrefflich sind, so ist Alles vortrefflich. Der deutsche Philister ahnte so wenig wie Napoleon, daß die Menschheit etwas Anderes ist, als eine wohl= geordnete Maschine, daß ein Volk unter straffer Verwaltung, mit geordneten Finanzen und schlagfertigen Soldaten sich unermeßlich unglücklich fühlen kann.

**) Den Wortlaut des süßlichen Wortgeklingels findet man in Winkopps Rheinbund, Heft 1—3, Seite 221 u. folg.

Drittes Kapitel.
Primatische Truppen 1806—1808.

Diejenigen sollten Recht behalten, die in Napoleon keinen Friedens-fürsten hatten erblicken können. Durch ganz Süddeutschland ging im Jahre 1806 der dröhnende Marsch der französischen Kolonnen. Mit einem Erstaunen, das ein wenig mit Behaglichkeit verquickt war, sahen die kleinen Rheinbundstaaten die Anstalten zu einer der großartigen Völkerwanderungen, wie Napoleon sie in Scene zu setzen wußte. Sollten doch ihre Truppen zum ersten Male an der Seite der sieggewohnten Bundesgenossen fechten — der Ausgang des Krieges konnte kaum zweifelhaft sein, und man sah ihm nicht ohne eine gewisse Schadenfreude entgegen. Denn der zu bekämpfende und niederzu-werfende Gegner war das stolze Preußen, das freilich in dieser Zeit dieses Epitheton nicht ohne Beschränkung verdiente. Es hatte sich, um den Frieden zu erhalten, seit Jahren von Napoleon täuschen, zu mancher Willkürlichkeit hinreißen lassen — jetzt war der Krieg doch unvermeidlich geworden, und es half wenig, daß der preußische Minister des Aus-wärtigen ein langes, vortrefflich stylisirtes Exposé veröffentlichte, worin der Welt dargelegt wurde, wie systematisch Napoleon die Karten ge-mischt hatte, um zum Kriege zu treiben.*)

Umgekehrt wagte Napoleon aus seinem Hauptquartier Bamberg (7. Oktober 1806) ein Schreiben an seinen Senat zu veröffentlichen, worin der Satz vorkam: „Wir sind sehr betrübt über das beständige Uebergewicht, welches der Geist des Bösen in Europa erhält, der un-ablässig beschäftigt ist, die Pläne zu durchkreuzen, die Wir für das Wohl Europas, für die Ruhe und das Glück der Zeitgenossen entwerfen." Wem die öffentliche Meinung in Deutschland damals Recht gab, muß dahingestellt bleiben. In diesem Moment die Wahrheit zu sagen, war verderblich, sie zu denken schon gefährlich. War doch am 26. August der Buchhändler Palm aus keinem anderen Grunde erschossen worden, als weil er Napoleon mißliebig war und dieser ein Schreckmittel brauchte. Hatte doch der Kaiser auch nach der Ermordung des Herzogs von Enghien nach Jakobinerart ausgerufen:

„Die Welt soll wissen, wessen wir fähig sind."

---

*) Dieses preußische Manifest erschien auch in den Hamburger, Nürnberger und Augsburger Zeitungen.

Einen Tag nach Abfendung jenes Briefes an den Senat gab Napoleon fein erftes Kriegsbulletin heraus. Es heißt darin: „Marſchall, fagte der Kaiſer zum Marſchall Berthier, man giebt uns auf den 8. (Tag der Kriegserklärung) ein Ehren = Rendezvous. Noch nie hat das ein Franzos verfagt; da man aber fagt, daß dafelbſt eine ſchöne Königin ſich befinde, ſo wollen wir galant ſein und marſchiren, ohne Nachtquartier zu machen. Der Kaiſer hatte Recht, ſo zu ſprechen, denn die Königin von Preußen befindet ſich wirklich bei der Armee, gekleidet als Amazone in der Uniform ihres Dragoner-Regiments. Zwanzig Briefe ſchreibt ſie des Tages, um von allen Seiten das Feuer anzublaſen. Man glaubt eine Armide zu ſehen, die in ihrer Verirrung ihren eigenen Palaſt anzündet."

Mit dergleichen Mitteln ſuchte Napoleon damals die edle Königin lächerlich zu machen, die er ſeit dem ſogenannten Frauenkongreß in Pyrmont*) haſſen und fürchten gelernt hatte, und die er mit Vorliebe mit der Trojaniſchen Helena verglich. Die Beleidigungen häuften ſich — man glaubte die Sprache der Konventsmitglieder gegen die unglückliche Königin Marie Antoinette wieder aufleben zu ſehen. Dieſes unritterliche, gemeine Verfahren machte zuerſt viele Anhänger des Kaiſers ſtutzig — in Preußen legte es den erſten Grund zu dem ſpäteren verzehrenden Haß.

In dieſer ehernen Zeit ſah ſich auch der Primatiſche Staat gezwungen, mit dem Blut ſeiner Unterthanen für des Bundes — oder vielmehr Napoleons — Intereſſe einzutreten.

Es wurde ihm aufgegeben, in aller Eile ein Truppenkontingent Infanterie von 968 Köpfen**) aufzubringen. Die Söhne der bisherigen

---

*) Kurz vor dem Kriege hatte die Königin das Bad Pyrmont beſucht und hier mit der Herzogin von Weimar (Schweſter des Kaiſers Alexander), der Prinzeſſin von Koburg (Gemahlin des Großfürſten Konſtantin), der Kurprinzeſſin von Heſſen Geſpräche geführt, in denen Napoleons übel gedacht worden war.

**) Die kleinen Kontingente des Rheinbundes betrugen:

			NB. Dazu trat ſpäter:	
Fürſt Primas	968			
Die beiden Naſſau	1680		Anhalt	800
Ahremberg	379		Schwarzburg	650
Geſammthaus Salm	323		Lippe	650
Iſenburg	291		Reuß	450
Beide Hohenzollern	290		Walbeck	400 ꝛc.
Liechtenſtein	40			
von der Leyen	29			
	4000			

Eine Miniatur-Ausgabe der alten deutſchen Reichsarmee.

freien Städte Frankfurt und Regensburg, sowie die Lande, die bislang
unter dem milden Regiment des Krummstabes hatten wohnen dürfen,
kannten keine Konskription. Im Gegentheil die Söhne Frankfurts
brüsteten sich mit dem Vorrecht, nie persönlich die Muskete tragen zu
brauchen. In der verwöhnten sybaritischen Stadt hatte man das in
Preußen seit 1737 bestehende Kantonalgesetz Friedrich Wilhelms I. als
die Quintessenz brutaler Willkür brandmarken zu dürfen geglaubt, und
jetzt stellte der Freiheitsapostel Napoleon das ungeheuerliche Ansinnen,
daß jeder körperlich gesunde Bürger zur Vertheidigung des Vaterlandes
berufen werden und darin seine größte Ehre suchen müsse. Das war
eine starke Ernüchterung! Was half es, daß Napoleon seine Vasallen
in dem Schreiben, worin er ihre Kontingente einberief, très grands et
chers amis nannte. Das war zwar sehr schmeichelhaft, machte aber
die Blutsteuer nicht erträglicher. Ein Schrei der Entrüstung ging
deshalb durch die Tagesliteratur — die Proteste häuften sich, die Reichen
wollten Geld geben, aber kein Blut, die Künstler, Aerzte, Prediger,
Gelehrten, selbst die Kunsthandwerker verschanzten sich hinter ihrem Beruf
und wollten dem Staat mit der Palette, der Feder, der Lanzette, mit
Gott weiß was Allem, nur nicht mit der Muskete dienen. Ein sehr
gelehrter Herr, vormaliger Patrimonial-Oberarzt Steiger — (wie er sich
einführt, Mitglied der allgemeinen kameralistisch-ökonomischen Sozietät
zu Erlangen) veröffentlicht eine zwanzig Paragraphen zählende Streit-
schrift, in der es unter Anderem heißt:

„Ist es etwa auch das sicherste Mittel, den Menschen vollends
auszubilden, daß man ihn als Soldat hinstelle, so daß nichts mehr zu
wünschen wäre, als daß die ganze Nation Soldat würde? Ein Gedanke, vor dessen Realisirung wir nun allerdings nicht mehr sicher sind,
der aber auch zu den fürchterlichsten unter allen Gedanken gehört."

Man sieht, die Leute sagten damals etwa dasselbe, was im englischen
Parlament noch jetzt als beifallssichere Phrase gelten kann. Die „all-
gemeine Wehrpflicht", jetzt in Deutschland ein vom Volke gehütetes
Kleinod, war damals noch ein Schreckensbild.

Der Protest der Stadt Frankfurt und die geschickten Unterhandlungen des nachmaligen Staatsraths Georg Steitz mit dem Marschall
Augerau, der die Konskription zu leiten hatte, brachten es für diesmal
noch zu Wege, daß die Frankfurter Bürgersöhne von der „Assentirung"
verschont blieben und nur Beisassen und Soldatensöhne eingezogen

wurden.*) Aus den Kabres der alten Frankfurter Stadtsoldaten,**) die mit dem Strickstrumpf die Wache bezogen hatten, und einem nach dem Staatsminister Albini genannten freiwillen Jägerkorps, zu dem noch die ausgehobenen Rekruten traten, wurde das verlangte Kontingent mühselig genug zusammengestellt.

Die Formation seiner kleinen Truppenmacht, die Napoleon ganz willkürlich nach 1806 auf 1500 Mann erhöhte***) (1 % der Bevölkerung, die auf 150 000 Seelen angeschlagen wurde), machte Dalberg viele Sorge. Er, der Friedensfürst und Mann der Feder, sollte sich nun auf einmal mit Pulver und Blei abgeben. So viel es anging oder vielmehr soweit der Marschall Augereau ihn in Frieden ließ, wurde die Formation nicht beschleunigt, auch hielt Dalberg seinen Liebling, den Minister Albini, möglichst von der gefährlichen Beschäftigung zurück. Zu einem Briefe vom 1. Oktober schlägt er ihm sogar vor, die Militär-direktion ganz in die Hände des Generalmajor v. Zweyer zu legen, „so lange bis ein Sturm vorüber ist, in welchem Sie sich ohnerachtet Ihres unerschütterlichen Muthes und patriotischen Eifers wegen gegründeten rechtmäßigen Hindernissen und Verhältnissen nicht kompromittiren können." Beigefügt war diesem Brief noch die Bemerkung, daß Augereau ihn erschrecklich tribulire, den anderen deutschen Fürsten mit gutem Beispiel voranzugehen.

Der kleine Staat hatte damals vier Garnisonen — Frankfurt, Wetzlar, Regensburg und Aschaffenburg. Letzteres sollte den Sammel-punkt für das Feldbataillon bilden, das Napoleon als vorläufiges Kon-tingent im Kriege gegen Preußen beanspruchte. (Der Rest der Truppen sollte in Frankfurt, der Residenz, verbleiben.) Am 8. Oktober setzten sich die Detachements in Marsch, wie Zweyer an Dalberg schreibt, überall von der wärmsten Theilnahme der Bevölkerung begleitet. In Aschaffenburg formirte sich das Bataillon in eine Jäger-, eine Grenadier- und sieben Voltigeur-Kompagnien unter dem Kommando des Oberst

---

*) Die Juden blieben militärfrei, weil man ihnen damals keine soldatischen Tugenden zutrauen zu dürfen glaubte. Vom Jahre 1810 trat dann die Konskription in ihr ganzes strenges Recht.

**) Dieselben bestanden vordem aus 3 Stabs- und 7 Kreiskontingents-Kom-pagnien, 1 Kompagnie Feuerwerker, 1 Veteranen — zusammen 500 Flinten, die aber nie geladen worden waren.

***) Diese und alle folgenden Daten, die Organisation, Verpflegung rc. der Primatischen Truppen, sind offiziellen Aktenstücken des Würzburger Archivs ent-nommen.

v. Weinrich, in der Stärke von 1204 Mann und 17 Pferden.*) Die Stärke der Kompagnien variirte zwischen 125 und 139 Köpfen.

Marschall Augereau, oder wie er damals schon genannt werden mußte, Duc de Castiglione, musterte das Bataillon mit finsteren Blicken und mit heftigen Ergüssen des Tadels. Jedoch ließ er ihm anstatt der verrosteten und unbrauchbaren Donnerbüchsen, die Dalberg in der Eile aufgekauft hatte, neue französische Gewehre aus dem Zeughaus in Mainz verabreichen. Fragen wir uns nach dem Geist, der in den Reihen dieses wunderlich zusammengewürfelten Bataillons geherrscht haben muß, so war er bei den Mannschaften vorläufig wohl nichts weniger als kriegerisch. Wo sollte denn auch der Enthusiasmus herkommen — war doch bisher in Deutschland das Waffenhandwerk lediglich ein Privilegium der geworbenen Berufssoldaten gewesen, denen es freilich im Frieden so schlecht erging, daß sie jedem Krieg entgegenjubelten. Jetzt waren zum ersten Male deutsche Konskribirte unter der Fahne. Junge Soldaten, in die Kadres alter erprobter Krieger eingereiht, können die bravsten Truppen abgeben, wenn eine ernste große Idee sie erfüllt — dafür sind die jungen preußischen Bataillone des Jahres 1813 ein überzeugendes Beispiel. Aber jetzt? Welche Idee sollte wohl das Frankfurter Bataillon im Kriege gegen Preußen begeistern — fochten sie denn für ihren armseligen Fürsten und ihr neu zusammengewürfeltes Vaterland? Der dümmste Bauernbursche sagte sich wohl, daß er einzig für den Ehrgeiz Napoleons seine Haut zu Markte trage. Um so großartiger und bewundernswerther steht dieser gewaltige Mann aber deshalb da, weil er diesen heterogenen, unkriegerischen Elementen, sobald er sie nur kurze Zeit unter seinen Fahnen hatte, einen wahrhaft heroischen soldatischen Geist einzuhauchen verstand, der sie zur freudigsten Aufopferung begeisterte. Es lag eben etwas undefinirbar Fascinirendes in dem Einfluß, den

---

*) Wir geben hier einige Daten aus der Verwaltung des Bataillons. Die monatliche Verpflegung und Erhaltung kostete 11 502 Gulden 35½ Kreuzer. Dazu an Naturalien 383 Rationen Fourage und 4330 Portionen Brot. Die Gehaltssätze betrugen monatlich für den Oberst   — 182 Gulden

⸗	⸗	Major	= 108	⸗
⸗	die	Kriegskommission	= 65	⸗
⸗	den	Kapitän	= 87	⸗
⸗	⸗	Adjutanten	= 37	⸗
⸗	⸗	Oberlieutenant	= 32	⸗
⸗	⸗ ·	Lieutenant	= 27	⸗

der große Kaiser auf seine Mitwelt, besonders aber auf seine soldatische, ausübte. Bei deutschen Soldaten kam die tief eingewurzelte Treue hinzu, die bei Napoleon später noch aushielt, als seine Sache längst verloren war. Im Offizierkorps spielte noch ein wichtiger Faktor mit — der Ehrgeiz. Was hatten diese Herren, die früher in Kurmainz oder irgend einem kleinen deutschen Fürsten gedient hatten, für Aussichten gehabt. Jetzt öffnete sich ihnen eine glänzende Aera der Auszeichnung, des Ruhmes, der Beförderung, der Belohnung. Bedenken wir, auf welchem Boden die Offiziere bei der Zerfahrenheit der Ansichten in Deutschland, wie wir sie oben geschildert, standen; bedenken wir, daß bei ihnen, wenn sie sich nicht ganz von dem Strome der öffentlichen Meinung freizu= machen wußten, auch nicht eine Spur von deutschem Patriotismus vor= handen sein konnte — dann werden wir auch diese Männer nicht ver= urtheilen können, die, anscheinend gleichgültig gegen die Schmach des gemeinsamen Vaterlandes, gern gegen die eigenen Stammesbrüder zu Felde zogen. Lassen wir auch nicht außer Acht, daß im deutschen Cha= rakter noch ein guter Theil des alten Landsknechtssinnes steckt. Wie in der Zeit Karls V. und des dreißigjährigen Krieges deutsche Knechte so gern und willig dem Papste als dem Kaiser, der Republik Venedig als dem Großtürken, dem Schweden= wie dem Franzosenkönig dienten und auf hundert Schlachtfeldern mit Strömen ihres unruhigen Kriegerblutes fremden Ruhm erkämpften, so wachte jetzt in den Herzen der teutonischen Jugend der alte geheimnißvolle Wandertrieb, die Freude am Kampfe wieder theilweise auf und trieb sie in das Mordgewühl der Napoleo= nischen Schlachten. Sie theilte das Schicksal mit ihren Ahnen, den frommen Landsknechten. Beide haben weder Dank noch Lohn erhalten. Von den Ufern des Tajo bis zum Ural bleichen ihre Gebeine — kein Sänger aber hat ihre Thaten noch je besungen. Gequält, mißhandelt und verachtet von ihren hochmüthigen Bedrückern, die sie Bundesgenossen nennen mußten, haben die deutschen Regimenter unverdrossen ihre Schul= digkeit gethan, vielfach bis zur gänzlichen Vernichtung. Bedauern wir daher die armen Mißleiteten und ehren wir ihre Asche.

In diesem Kriege sollte es dem Primatischen Bataillon indeß erspart bleiben, deutsches Blut zu vergießen. Sei es, daß der Marschall dem Kaiser keine günstige Schilderung von seiner Schlagfertigkeit gemacht hatte, sei es, daß Napoleon es wegen seiner späten Formation nicht mehr in erster Linie verwenden konnte, kurz, er bestimmte es zum Etappendienst. Während daher die übrigen Truppen des Rheinbundes schon vielfach die großen Schlachten dieses Krieges mitschlugen, verblieben die Primatischen Truppen in Braunschweig, Erfurt und Magdeburg. Sie litten dabei so arg von Krankheiten, daß ihnen im April 1807 ein Fünftel ihrer Sollstärke als Ersatz nachgeführt werden mußte. Im Juli dieses Jahres waren die Truppen in Frankfurt wieder einmarschirt und hatten dem zu Folge Gelegenheit, die Durchreise des Kaisers durch die Stadt am 24. Juli mitfeiern zu helfen.*) Dieselbe mußte nach dem ausdrücklichen Wunsche Dalbergs eine großartige werden. Eine prächtige via triumphalis, an deren Ende Triumphbogen aufgestellt waren, sollte das Auge des verwöhnten Imperators ergötzen. Man las eine lange, die römische Klassizität nachäffende Inschrift: Napoleoni Imporatori et Regi Augusto Pio Felici Invictissimo, Orbis totius Pacificatori etc. An den Nebenseiten des Triumphbogens stand:

Tilsit — immortalité
Austerlitz — prudence
Friedland — victoire
Presburg — piété.

Die Geschmacklosigkeit dieser Gegenüberstellung dürfte sich selbst charakterisiren. Die Oberpostamts-Zeitung (sie wurde später wegen Freisinnigkeit unterbrückt) begeisterte sich zu folgendem Gedicht:

„Er kehrt zurück — Napoleon
Der Große, ohne Gleichen,
Fortunens erster Lieblingssohn,
Von Keinem zu erreichen!
Er kehrt zurück der große Held
Als Ueberwinder aus dem Feld.

Als Friedensgeber kehret Er
Zurück in seine Staaten
Gleich einem Schutzgeist, groß und hehr,
Im Hochgefühl der Thaten,
Wie sie vor Ihm kein Anbrer that,
Der je das Erdenrund betrat."

Im Leitartikel aber stand zu lesen:
„Seit vier Tagen war Alles in hiesiger Stadt in froher Bewegung. Se. Majestät dem Kaiser Napoleon, Europens Friedensstifter, die

---

*) Stricker, Geschichte Frankfurts, Seite 12. Lange, Geschichte Frankfurts, Seite 363. Oberpostamts-Zeitung vom 25. Juli.

höchste Ehrfurcht, Bewunderung und den frohesten Dank für das allbe-
glückende Geschenk — den Frieden — bei der glücklichen Rückkehr nach
Frankfurt auf eine würdige Art zu bezeugen" :c. :c.

Wie es in Wahrheit in Frankfurt aussah, schildert ein Brief Karl
Ritters*) vom 8. August. Wir lesen da:

„Es hieß: Napoleon der Kaiser kommt! Heut Abend! Sogleich
wurde Alles bereitet, ein Triumphbogen am Weidenhof auf der Zeil
gebaut, Illuminationen angesagt; die ganze Stadt steckte sich in Uniform,
die ganze Heerstraße wurde mit Bürgermilitär geschmückt.**) Der Fürst
selbst fuhr bis an die Grenze auf das Zollhaus, um seinen Gebieter
zu empfangen; aber siehe da, er kam nicht. Nachts um 12 Uhr ging
der Zug auseinander und ward um 5 Uhr Morgens wieder bestellt.

In größter Herzensangst, als käme ein fürchterlicher Racheengel
angezogen, fuhr ihm der Fürst wieder entgegen und harrte wieder vergeblich von der Frühe bis in die Nacht.

Die fürchterlichste Hitze quälte die armen Bürger auf dem heißen
Pflaster; überall Lärm, Müßiggang, Plage, Puppenparade, Angst,
Freudenmusik, Mißmuth, vergebliches Hoffen, und selbst der Fürst hatte
zitternd vor Angst kein Mittel gefunden, sich bestimmte Nachricht über
die Ankunft des Kaisers zu verschaffen. Dieser jammervolle Zustand
dauerte volle vier Tage zum Aerger aller Rechtlichgesinnten. Da hörte
man plötzlich das Signal der Ankunft. Alles trat unter die Waffen,
alles flog an die Fenster und auf die Balkone, die Straßen waren voll von
einer gaffenden Menge; da erhob sich eine Staubwolke, sie rollte immer
näher; da traten acht Pferde wie im Dämmerlicht heraus, und eine
schwarze Kutsche flog wie das Bild einer ombre chinoise an der Menge
vorüber, die kaum sah, ob jemand darin saß, oder nicht. Die ganze
Geschichte dauerte wenige Minuten; durch den Triumphbogen, den er
vielleicht nicht einmal ansah, jagte der Kaiser in das Schloß des Fürsten."

Man sieht, die Stimmung bei Volk und Fürst war nicht mehr die
rosigste, bei ersterem nicht, weil der Protektor 20 % des Jahreseinkom-
mens eines jeden Bürgers als Kriegssteuer forderte,***) bei letzterem,
weil er anfing zu fühlen, daß seine Herrlichkeit als Vorsitzender des
Rheinbundes nichts weiter sei, wie ein leerer Titel. Thatsächlich ist,
während des Bestehens des letzteren, auch nicht ein einziges Mal eine

---

*) Ritters Leben, I, 481.
**) Die Linie bildete Spalier von der Eschenheimer Gasse bis zum Taxis-
schen Palast.
***) 1805 hatte er Frankfurt bereits 12 Millionen abgepreßt.

Bundestagssitzung zu Stande gekommen. Der frühere Erzkanzler des deutschen Reiches hatte sich deshalb besonders leicht in seine Stellung als Rheinbundfürst gefügt, weil er geglaubt hatte, als Primas eine ähnliche Rolle spielen zu können. Die Erkenntniß des Irrthums war für den eitlen Mann ein herber Schmerz. Für ihn aber und sein Land, dessen Interesse er mit menschlichem Wohlwollen zwar vertreten zu können wünschte, thatsächlich aber nie zu vertreten wagte, sollten bald weit bitterere und schwerere Prüfungen eintreten. Im August des Jahres 1807 wurde Dalberg unter dem Vorwande nach Paris berufen, mit dem Kaiser über eine Verfassung des Rheinbundes zu berathen. Der wahre Grund war der Wunsch Napoleons, daß Dalberg die Trauung seines lüderlichen Bruders Jerome mit der Prinzessin Katharina von Württemberg celebriren möge, zu der sich ein anderer Priester nicht hergeben mochte, da Jerome bereits in Amerika ein Weib genommen hatte, und der Papst in die Trennung der rechtsgültigen Ehe nicht einwilligen wollte. Die Rede, die Dalberg bei dieser Gelegenheit hielt, ist das Süßlichste und Platteste, was die deutsche Sprache nur hervorbringen kann.*)

Seine Gefügigkeit brachte ihm dabei nicht den Dank des Kaisers ein, denn dieser lernte den schwachen Mann nur verachten, vielmehr aber den Haß der Hierarchie, die in ihm einen Apostaten zu erkennen glaubte.**) Trübe und niedergebeugt kehrte Dalberg im März 1808 nach Frankfurt zurück, um es bald darauf zu einem Ausflug nach Erfurt zu verlassen. Bekanntlich fand im Oktober dieses Jahres der Fürstenkongreß statt, wo Napoleon seine Pariser Schauspieler vor einem Parterre von Königen auftreten ließ und zu gleicher Zeit mit diesen selbst Komödie spielte. Dalberg beeilte sich, den Schwarm der Vasallen durch seine Gegenwart zu vergrößern. Ihm geschah der Affront, daß Napoleon, der ihn sonst nach den Regeln der Etiquette zu behandeln pflegte, in einer Assemblee mit den kalten Worten an ihm vorüberschritt: „ancienne connaissance“. Schmerzlicher mag dem gelehrten deutschen Kirchenfürsten ein Irrthum gewesen sein, den er selbst beging. Er erwähnte nämlich bei einer Hof- tafel, wo die Rede auf die staatlichen Verhältnisse des Mittelalters kam, die goldne Bulle und versetzte sie ins Jahr 1409. Napoleon korrigirte ihn sogleich und nannte die richtige Jahreszahl 1356. Das war für den früheren Reichserzkanzler eine geradezu vernichtende Belehrung.

---

*) Den Wortlaut siehe bei Beaulieu II, 156.
**) Das freilich mit Unrecht. Dalberg blieb Zeit seines Lebens guter Christ und getreuer Katholik. Schon die Braut Schillers hatte von ihm gesagt: „Er hat etwas so Katholisches“.

Vergeblich suchte Dalberg in Erfurt sich an der Anhänglichkeit des
Volkes (er war zu kurmainzischen Zeiten hier Statthalter gewesen)
aufzurichten, selbst seine alten Freunde, Goethe und Wieland, vermochten
nicht, ihn zu erheitern. Er fühlte sich uneins mit seinem Innern und
konnte die anklagenden Stimmen um so weniger übertäuben, als er nun
mit immer heftigeren Schritten auf der entwürdigenden Bahn eines
Napoleonischen Schleppenträgers vorwärts getrieben wurde. Das
Mißbehagen war in Erfurt allgemein. Talleyrand wagte dem Kaiser
Alexander zu sagen, als dieser nach Osten und Napoleon nach Westen
abzufahren im Begriff standen:

„Sire! Si vous pouviez vous tromper de voiture.“

Ein anderer französischer Diplomat fühlte sich zu der Aeußerung
veranlaßt:

„On craignait les suites de l'enivrement que sa puissance
pouvait exciter en Napoléon. Une secrète tristesse se mêlait
déjà à l'admiration.“

Drittes Kapitel.

Abmarsch eines Primalischen Bataillons nach Spanien im Jahre 1808 und erste kriegerische Erlebnisse.

Napoleon stand jetzt auf dem Zenith des Ruhms. Wohl nie hat weder vor ihm noch nach ihm ein Mensch mehr die Welt zu seinen Füßen gesehen wie er. Frankreich verehrte ihn gleich einem Gotte. Seguier, der Präsident des Appellationsgerichtes, sagte von ihm: „Napoleon steht jenseits der menschlichen Geschichte, er gehört der Heroenzeit an, er überragt die Bewunderung selbst, nur die Liebe kann sich zu ihm aufranken." Und doch war gerade jetzt dieser Titan im Begriff, sich selbst in Fesseln zu schlagen. Die Art und Weise, wie Napoleon durch seinen gewissenlosen Emissär, General Savary,*) die spanische Königs= familie am 20. April 1808 nach Bayonne lockte, ist bekannt. Die unwürdigen Epigonen eines großen, stolzen königlichen Geschlechts ent= sagten dort in feiger Angst ihrem Erbe und gaben damit Napoleon die ge= wünschte Handhabe, die pyrenäische Halbinsel für seine Familie mit Beschlag zu belegen.**) Menzel sagt: „Ohne Zweifel lag etwas unendlich Lockendes für Napoleon im Benehmen der spanischen Bourbons. Die Königin, die den unnatürlichsten Haß gegen ihren Sohn zur Schau trug und mit uner= träglicher Geschwätzigkeit jedem die Beweise davon aufdrang, während sie in einem für ihre Jahre lächerlichen Putz ihren Günstling Godoy in Gegenwart Anderer liebkoste, rief zuweilen selbst auf Napoleons eiserner Stirn die Röthe der Scham hervor."

Als Murat, der auf Napoleons Geheiß heimlich in Spanien ein= gefallen und, ohne daß das Volk wußte, ob es ihn bekämpfen oder vorbeiziehen lassen sollte, bis nach Madrid gekommen war, dort auf Befehl Napoleons die übrigen Mitglieder der königlichen Familie verhaften und

---

*) Den er immer benutzte, wenn er etwas besonders Abscheuliches im Schilde führte. Derselbe sagte bei allen Bedenken: quel enfantillage — il ne faut pas manquer sa fortune.

**) Bei dieser Gelegenheit soll Napoleon geäußert haben, in kurzer Zeit wird meine Dynastie die älteste Europas sein.

nach Bayonne schleppen ließ, da gerieth Madrid in tobenden Aufruhr, fiel fast ohne Waffen über die Franzosen her und konnte nur nach blutigstem Straßenkampf niedergerungen werden. Durch den unge= heuersten Verrath, den je ein Volk zu erdulden gehabt, entbrannte hierauf die ganze spanische Nation in lodernder und unversöhnlicher Rachsucht. Der neue spanische König von Napoleons Gnaden, Joseph, erreichte zwar unter dem Schutz der französischen Bajonette am 20. Juli 1808 seine Residenz Madrid, aber schon auf der Hinreise berührte ihn der zornige düstere Blick der stolzen Kastilianer auf das peinlichste. Herolde in Wappen= röcken ritten durch die grabesstillen Straßen Madrids mit dem alten Rufe: „Kastilier, Kastilier, Kastilier, hört, hört, hört, für den König, unsern Herrn, den Gott bewahre, Don Joseph Napoleon."

Wie eine lächerliche Farce klang es, als der neugebackene Herrscher sich noch die Titel Karls V., — Erzherzog von Oesterreich, Herzog von Burgund und Brabant, Graf von Habsburg, Flandern, Tyrol bei= legte — die Spanier antworteten mit einem grimmigen Lachen und einer allgemeinen beispiellosen Erhebung, die ihn zwang, bereits nach zwölf Tagen seiner kaum gewonnenen Residenz wieder den Rücken zu kehren. —

Der siebenjährige Krieg, der jetzt auf der pyrenäischen Halbinsel ausbrach, gehört zu den merkwürdigsten Erscheinungen der Geschichte. Er ist ein nahezu unentwirrbares Chaos von Kämpfen, in denen der Forscher, der mit wachsender Spannung ihre Entwickelung verfolgt, ver= geblich einen übersichtlichen Standpunkt zu gewinnen versucht. Der Krieg ist eben überall — sein Gebiet läßt sich nicht begrenzen, die Dauer seiner Episoden nicht bemessen. Die großen französischen Heere, welche die einzelnen Provinzen niederzuhalten versuchen, gleichen in ihren Unternehmungen verzweifelnden Löschmannschaften, die bei einem ungeheuren Brand wohl auf kurze Zeit einen Theil der Gluth mit ihren Wassermassen bändigen können, die aber das feindliche Element mit gierig züngelnden Flammen an tausend anderen Stellen emporlodern sehen. Krampfhafter und heftiger werden ihre Bestrebungen, der feurige Ring schließt sich enger und enger um sie. Wenn sie früher für einen Anderen die verzehrende Gluth zu löschen unternahmen, so sehen sie bald, daß sie für sich selbst kämpfen müssen, erst um ihre Ehre, dann um ihr Leben. Da wird der Kampf dann ein verzweifelndes Ringen, eine schonungslose Vernichtung. Schritt für Schritt zurückgedrängt und ein= geschlossen, kämpfen sie endlich mit der dumpfen Entschlossenheit der Agonie — bis das stolze Gebäude der französischen Invasion krachend zuſammenbricht, um unter den glimmenden Trümmern eine halbe Million Leichen zu begraben. In dem unentwirrbaren Durcheinander dieſes Völkerbrandes laſſen ſich aber immerhin drei Perioden unterſcheiden. In der erſten iſt das Feuer erſt noch im Entſtehen, die Bekämpfer des= ſelben zahlreich, muthig und geſchickt — der plötzlich emporlodernde Brand wird niedergebrückt. Dieſe Epoche wird durch das Erſcheinen Napoleons in eigener Perſon gekennzeichnet. Ihm folgen 300 000 er⸗ probte Krieger unter den beſten ſeiner Marſchälle — in ſtolzem Sieges⸗ zuge führt der Kaiſer ſeinen entflohenen Bruder nach Madrid zurück, wo er am 22. Dezember einen zweiten, furchtbar blutigen Einzug halten darf. — Immerhin hatte ſchon dieſe Epoche den noch nicht dageweſenen Anblick einer gefangenen franzöſiſchen Armee dargeboten,*) andere waren durch die kaltblütige Tapferkeit einer unter General Moore ge= landeten engliſchen Heeresabtheilung aufgehalten, ſogar geſchlagen worden. Napoleon ſelbſt erkannte, daß er hier nicht in gewohnter Weiſe mit einigen wuchtigen Schlägen den Krieg beendigen könne — der Gegner war eben unfaßbar, ſchlüpfrig wie eine Schlange, tollkühn wie ein Mückenſchwarm. Was vermag der herkuliſchſte Arm gegen einen ſolchen. Ingrimmig und mit Recht für ſeinen Feldherrnruhm beſorgt, verließ Napoleon im Anfang des Jahres 1809 Spanien, um im Kriege gegen Oeſterreich ſich wohlfeilere Lorbeeren zu holen. Mit ſeiner Abreiſe ſtehen wir an der zweiten Periode der gigantiſchen Kämpfe. In ſieben großen Gruppen vertheilt, ſchlagen ſich die Marſchälle Victor, Macdonald, Maſſena, Soult, Suchet, Beſſières ꝛc. in den verſchiedenen Provinzen. Nach und nach zeigt ſich bei ihren Gegnern ein feſter Kern, um den die Mittel des Volksaufſtandes ſich kryſtalliſiren. Die engliſche Armee unter Welleslen wird das Rückgrat des ſpaniſchen Widerſtandes. An ihrer froſtigen Defenſive zerſchellen die wüthenden Angriffe des franzö⸗ ſiſchen Elans; unmerklich gewinnt die engliſche Invaſion Terrain, unter⸗ ſtützt durch die glühende, verzehrende Sonne Spaniens und durch die großen Todesengel, ihre Alliirten — Krankheit und Hunger. Im Rücken und inmitten der franzöſiſchen Armeen geſchehen dabei die Wunder der Vertheidigung offener Städte ſeitens des ſpaniſchen Fanatismus. Todes⸗ müde leuchen die Sieger auf den Trümmern von Saragoſſa, Gerona, Valencia, Tortoſa, Tarragona. Immer unhaltbarer und gefährlicher werden die franzöſiſchen Etappenlinien. Hunderte von Guerrillas unter

---

*) General Dupont mußte mit 15 000 Mann bei Baylen kapituliren. Es war die erſte bedeutende Niederlage, die Napoleon erlitt.

den tollkühnsten Parteigängern umschwärmen die französischen Garnisonen — sie werden selbst den mit Mauer und Graben umgebenen gefährlich. Tausend Schritt vor den Thoren herrscht Spanien, im Innern der verlassenen Stadt Frankreich und auch da nur soweit, wie die Schatten seiner Bajonette reichen. Der Krieg fängt an, eine Magenfrage zu werden. Der Kampf dreht sich um die Eskortirung der Proviantkolonnen — um einen Bissen Brot, ein Bund Stroh werden heiße Gefechte geliefert — der Feldzug löst sich auf in eine unermeßliche Reihe von Scharmützeln, Ueberfällen, Hinterhalten, ermüdenden Verfolgungen, dabei wird die Fechtweise grausam bis zu indianischer Wildheit. Der Vernichtungskrieg ist auf dem Höhepunkt der Wuth angekommen.

Mit dem Beginn des Zuges gegen Rußland wird die dritte Periode der spanischen Kämpfe eingeleitet. Napoleon sieht sich gezwungen, seine besten Truppen aus Spanien wegzuziehen. Die Zurückbleibenden sehen die Hoffnungslosigkeit ihrer Anstrengungen ein — ihr Widerstand entbehrt von da ab jeder Freudigkeit. In der denkwürdigen Schlacht an den Arapilen wird die französische Hauptarmee unter Marmont zerschmettert, und der Siegeslauf Wellingtons endigt erst jenseits der Pyrenäen. Alle Erscheinungen, die der Krieg gezeitigt hat, treten in dieser letzten Zeit in schneidendster Schärfe hervor. Alles Elend, das der Krieg nur über die Menschheit bringen kann, wird über die unglücklichen Gegner wie aus einem Füllhorn geschüttet. Wunderbar ist die Ausdauer, das todesmuthige Ausharren auf beiden Seiten. Keine That des Verraths, kein Zeichen der Schwäche!

Erst als in den Jahren 1813 und 1814 der entscheidende Würfel gefallen, ganz Deutschland längst der Koalition Europas gegen Frankreich beigetreten, verlassen die Reste der deutschen Hülfsvölker die Reihen ihrer bisherigen Bundesgenossen, nicht aber, um die Waffen gegen diese zu erheben, sondern um sie niederzulegen. Als Napoleon gefangen in St. Helena weilte, entfuhr ihm einst die Aeußerung:

„Dieser unglückliche Krieg hat meinen Untergang bereitet, er hat meine Macht zertheilt, meine Verlegenheiten vervielfältigt, das Vertrauen in meine Redlichkeit erschüttert. Alles griff zu den Waffen. Die Spanier in Masse betrugen sich wie ein Mann von Ehre. Darüber ist nichts zu sagen, außer etwa, daß sie für ihren Heldenmuth schlecht belohnt worden sind." *)

Wenn wir nun unternehmen, das kleine Kontingent, welche der Pri-

---

*) Las Casas.

matische Staat zu diesen Riesenkämpfen zu stellen hatte, auf seinem
dornigen Pfade zu verfolgen, so müssen wir davon abstrahiren, die Kon=
tinuität der großen Ereignisse schildern zu wollen. Der Rahmen würde
für das Detail des kleinen Bildes zu groß, das wir zu malen
unternehmen. Der Hintergrund desselben soll aber einen Blick auf die
Schicksale der anderen deutschen Truppen gewähren, die Schulter an
Schulter mit den Frankfurtern für deutsche Treue und deutschen Waffen=
ruhm eintraten. Das Ganze soll in seiner Stimmung ein Miniaturbild
jener wunderlichen Zeit abgeben, in der alle Größe und alle Schwäche
germanischer Eigenart sich so drastisch verschwisterten.

Die Lage der Rheinbundfürsten war eine sehr verschiedene, als die
Frage der Stellung ihrer Kontingente an sie herantrat. Die Großen
unter ihnen besaßen eine Vergangenheit, bedeutend genug, um ihnen eine
gewisse Selbstständigkeit auch innerhalb der würgenden Bande des Rhein=
bundes zu sichern. Bayern und Württemberg wußten es durchzusetzen, daß
ihnen die Heeresfolge nach Spanien erlassen wurde. Die übrigen Staaten
empfanden um so herber das Machtgebot des Protektors. Während aber
die kerndeutschen Staaten wie Baden, Hessen, Nassau nur stumm wenn
auch rasch zu gehorchen hatten, mußten die Fürsten von Berg, West=
falen und der Primas als Gebilde Napoleonischer Laune freudige,
enthusiastische Bereitwilligkeit zeigen. Es mag Dalberg bitter angekommen
sein, den Befehl an General Zweyer zu unterzeichnen, ungesäumt ein
Regiment Infanterie zu 2 Bataillons auf Kriegsstärke zu bringen; es
habe die Bestimmung, nach Spanien abzumarschiren.

Man kann denken, welche Bestürzung dieser Befehl in dem kleinen
kaum gegründeten Staate hervorrief. Ein Bericht Zweyers an den
Fürsten (dat. 4. August 1808) legte dar, daß die sämmtliche marsch=
fähige Infanterie *) dermalen aus 1478 Mann bestände; es müßten
daher noch 600 Rekruten ausgehoben werden, um die Sollstärke von
1857 Mann erreichen und ein kleines Depot bilden zu können. Der
Fürst ließ sofort die Konskription eintreten, und war dieselbe im vollen
Gange, als ein staubbedeckter Courier, der Tag und Nacht von Paris
gereist war, vom Grafen Beust ein Schreiben übermittelte, mit der er=
freulichen Nachricht, Napoleon wolle sich mit der Gestellung eines
Bataillons begnügen. Dalberg befahl nun, in aller Stille den Rekruten=

*) Es existirte außerdem eine schwache Kompagnie Artillerie, welche aber
weder in Spanien noch in Rußland und erst 1813 in Deutschland zur Geltung
gekommen ist.

zug auszusetzen; fügte auch seinem Schreiben an Zweyer den selbst-
gefälligen Satz hinzu: „Wir thun alles Mögliche zur rechten Zeit."
Am 11. August kam der weitere Befehl, das 980 Köpfe starke
Bataillon solle sofort nach Mainz unter das Kommando des General
Kellermann rücken. Dieses „sofort" setzte Dalberg in keinen geringen
Schrecken. Die Couriere jagten sich, um die in Regensburg und
Aschaffenburg stehenden Truppentheile in Eilmärschen nach dem Sammel-
punkt Frankfurt heranzuziehen. Zu einem Schreiben an den Hauptmann
Kayser in Regensburg (dat. 15. August) heißt es sogar, derselbe solle
unter strengster Verantwortung zwei Stunden nach erhaltener Ordre
abmarschiren. Dasselbe enthielt noch eine bittere Beleidigung. Es war
der Zweifel an seiner Bereitwilligkeit ausgesprochen, ins Feld zu ziehen.
Der brave Offizier fiel später in der blutigen Schlacht von Talavera
1809. Auch ernannte der Fürst die Offiziere des Feld-Bataillons, welches
er dem Kommando des ehrliebenden, braven und tüchtigen Oberstlieutenant
v. Welsch anvertraute. Aus eigener Initiative erließ er aber den dra-
konischen Befehl: „Die Herren Offiziers werden außer einem kleinen
Mantelsack, worinnen auch die Uniform eines jeden seyn muß, nichts
mitnehmen, Koffer werden aber gar nicht gestattet." Für einen Feldzug
in Spanien war das eine eigenthümliche Maßregel und, wie sich bald
herausstellte, gar nicht durchzuführen. Am 24. August war das Bataillon
853 Köpfe stark in Frankfurt versammelt. Wir führen seine innere
Gliederung hier an, weil sie genau dem französischen Muster glich und
als solche von Interesse ist. Der Stab bestand aus

1 Oberstlieutenant — gros major, *)
1 Bataillonskommandant — chef de bataillon, *)
1 Adjutant — adjudant major,
1 Rechnungsführer — officier payeur,
1 Bataillonschirurg — chirurgien major,
1 Unterchirurg — sousaide chirurgien,
2 Bataillonsadjutanten — adjudants sous-officiers,
1 Fahnenträger — porte drapeau,
1 Bataillonstambour — caporal tambour,
1 Schneider — maitre tailleur,
2 Wagenknechten — charretiers.

Man erstaunt billig über diesen Reichthum an Offizieren. Das

---

*) Man muß sich die Stellung dieser beiden Offiziere etwa denken, wie die
des Kommandanten eines Schiffes und seines ersten Offiziers.

Bataillon selbst bestand aus 6 Kompagnien und zwar aus einer Grenadier-, einer Voltigeur- und 4 Füsilierkompagnien. Jede Kompagnie zählte 140 Köpfe, nämlich

1 Hauptmann — capitaine,
1 Oberlieutenant — premior lieutenant,
1 Lieutenant — lieutenant,
1 Feldwebel — sergent major,
1 Fourier — caporal fourrier,
4 Korporale — sergents,
8 Gefreite — caporaux,
2 Spielleute — tambours,
121 Gemeine — soldats.

Die Grenadier-Kompagnie hatte 6 Zimmerleute (sapeurs) zu ge-stellen, welche an der Tete des Bataillons zu marschiren hatten. Hierzu sollten Leute mit langen Bärten genommen werden. Mit ihren leuchtenden weißen Schurzfellen, das blinkende Beil über der Schulter und die hohe Grenadiermütze aus schwarzem Bärenfell auf dem Kopf hatten diese Sapeurs etwas ungemein Martialisches. Die Voltigeur-Kompagnie hatte statt der Tambours zwei Halbmondbläser (corneurs). Dieser Unterschied bedeutete keine Spielerei, sondern entsprach einem taktischen Bedürfniß. Wenn nämlich auch Napoleon das zerstreute Gefecht in seine Armee eingeführt und damit seine in langen schwerfälligen Linien kämpfenden Gegner vielfach geschlagen hatte, so war doch diese Fechtart durchaus nicht etwa die ausschließliche, wie die furchtbare Feuerwirkung der modernen Waffen sie vorschreibt; vielmehr war sie im Wesentlichen der leichten Infanterie, den Voltigeurs, anvertraut, und da ihre Kampfes-weise vielen Modalitäten unterlag, zu welchen die Trommel als Signal-geberin nicht ausreichte, so sollten die Corneurs diesen Mangel ersetzen. Außer dem Tirailliren bestand das Hauptmanöver der Napoleonischen Infanterie in den viergliedrigen Salven und Schnellfeuer. Hierbei knieten die beiden vorderen Glieder nieder. Die Geschwindigkeit des Ladens und Feuerns war bei gewandten Truppen sehr bedeutend. Man schoß fünfmal in der Minute. Der Hauptaccent ruhte aber auf der Bajonettattacke in tiefer, schwerer Kolonne — man wird bei dieser Formation unwillkürlich an den Gewalthaufen der alten Landsknechte erinnert. Napoleon liebte es mit der Schlacht zu spielen, sie hinzuhalten und dann mit diesen wuchtigen Massen die Schlachtlinie des Gegners zu durchstoßen. Austerlitz — Friedland — Ligny sind hierfür die markantesten Beispiele. Die Grenadier-Kompagnie innerhalb jedes

Bataillons stellte eine Art Elitetruppe vor — es war für jeden Mann eine Ehre, aus einer anderen Kompagnie in die Grenadiere versetzt zu werden. Diese Maßregel hatte zwar vielleicht die Erweckung eines regen Ehrgeizes zur Folge, entzog aber zugleich das gute Material den Füsilier-Kompagnien und raubte der Truppe die Gleichartigkeit. *)

Dalberg glaubte seinem Bataillon als Kriegsherr eine Proklamation nach Napoleonischer Sitte nicht vorenthalten zu sollen. Aber den zündenden Donnerworten des großen Musters entsprachen wenig die vernünftelnden philisterhaften Sätze des Nachahmers. Hier eine Probe: „Ich will der ausmarschirenden Truppe nicht sowohl die genaueste Erfüllung ihrer Militärpflicht anbefehlen, sondern sie vielmehr auf den alten, in so manchen Reichskriegen sich erworbenen Ruhm und Ehre des ehemalig kurmainzischen Militärs aufmerksam machen; Folgsamkeit gegen die Herren Offiziere, Entschlossenheit vor dem Feinde, Unverdrossenheit, Eifer und Pünktlichkeit im Dienste, Reinlichkeit in der Abjustirung, Verträglichkeit mit dem civile sind diejenigen guten Eigenschaften, welche ein braves Militär achtungswerth machen und auszeichnen." Diese Verträglichkeit mit dem Civil mögen die Soldaten späterhin in Spanien wohl schwerlich haben zur Ausführung bringen können. Am 26. erhielt Welsch den Befehl zum Abmarsch nach Mainz. Das Bataillon wurde in der Nacht auf Kähne verladen und zog am folgenden Tage in Mainz ein, wo es sofort von Kellermann und einem französischen General Duprat gemustert wurde. Es bestand das Examen gut — die Franzosen waren besonders über die riesigen Gestalten der Grenadiere, das straffe Marschiren, das schnelle Feuern erstaunt. Der Kaiser erhielt einen günstigen Bericht.**) Um möglichem Tadel vorzubeugen, hatte Dalberg es über sich gewonnen, ein serviles Schreiben an Kellermann abgehen zu lassen. Er erklärt darin den General für den größten „capitaine", den die Geschichte aller Zeiten kenne. ***) Falls der Kaiser

---

*) Die täglichen Kosten eines Bataillons auf Kriegsfuß betrugen 336 Fl. 40½ Kr. Die Offiziere des Primatischen Bataillons erhielten ihren Friedensold vom Fürsten weiter, die Kriegszulage von Napoleon.

**) Derselbe lautete:
„Ce bataillon est fort beau; la compagnie de grenadiers surtout et le premier rang sont de la plus grande beauté. L'uniforme est: habit blanc sans revers, collet et parements rouges, passepoil rouge. La compagnie de voltigeurs a l'habit vert, coupé comme le surtout des Hussards; collet, parements et revers rouges, les grenadiers ont pour coiffure le bonnet à poil; les voltigeurs ont un schako vert et noir; les compagnies de fusiliers ont le chapeau." Costa de Serba S. 9.

***) Archiv von Würzburg.

auf ein vollſtändiges Regiment ſeitens des Primas rechne, werde er verſuchen, zu zeigen, daß nichts im Menſchenleben dem wahren Eifer unmöglich ſei." Duprat erhielt eine goldene Tabatière und hatte die Höflichkeit, ſich ſchriftlich dafür zu bedanken. Sehr groß kann das Intereſſe, das Dalberg an ſeinem ausmarſchirenden Bataillon nahm, kaum geweſen ſein, denn er theilte Welſch mit, daß er von ihm nur allmonatlich einen Rapport erwarte.

Das Bataillon hatte aus dem Kabinet des Kaiſers eine direkte Marſchroute bis Bayonne erhalten. Die Märſche waren ſtark, auf je drei folgte ein Ruhetag. Wenn man erwägt, welche gewaltigen Truppenmaſſen ſich in dieſer Zeit in Frankreich in Bewegung ſetzten, daß dieſe getrennt marſchirten, aus den verſchiedenſten Nationen beſtanden, und eine Kreuzung der Kolonnen faſt unvermeidlich ſchien, ſo kann man dem franzöſiſchen Generalſtab und ſpeziell Berthier,*) der dieſe Marſchrouten auszuarbeiten hatte, die volle Anerkennung nicht verſagen. Der Marſch des Bataillons ging über Landſtuhl, Saar-brücken, St. Avold, Metz, Brienne, Troyes, Sens nach Orléans. Wer glauben ſollte, ein ſolcher Marſch durch das ſchöne Frankreich ſei damals ein Vergnügen geweſen, der vergißt den Hochmuth und den kaltherzigen Egoismus, der das franzöſiſche Volk damals gegen ihre Bundesgenoſſen, und vor allen Dingen die deutſchen, beſeelte. Endloſe Scherereien mit den Maires, welche die Truppen nicht einquartieren wollten, ſo oft man ihnen auch den kaiſerlichen Befehl zeigte, Aerger über die Verpflegung, die ſchlechten Quartiere, die Frechheit der Gaſtwirthe und die übermüthige Sprache der franzöſiſchen Polizei, wenn einmal der gequälte deutſche Soldat mit ſeiner derben Fauſt ſich Recht ver-ſchaffen wollte, dabei pekuniäre Ueobervortheilung aller Art — das waren die Begleiter dieſes Marſches durch das Land der großen Nation. Letztere hatte ſeit langen Jahren das Elend des Krieges nicht bei ſich geſehen; ſie hatte weder Mitleid mit den armen Leuten, die einem ſicheren Tode entgegengeführt wurden, noch war ſie geneigt, auch

---

*) Napoleon gab nur allgemeine Direktiven und überließ es Berthier, den ſchnell hingeworfenen Gedanken aufzufaſſen und in das Praktiſche zu überſetzen. Berthier beſaß kein Feldherrntalent, hat aber durch ſeine Thätigkeit, die ſich am beſten durch das Wort „Generalſtabsgeſchäfte" wiedergeben läßt, um ſeinen Herrn ſich die allergrößten Verdienſte erworben. Er hatte eine Tugend, die den franzö-ſiſchen Marſchällen ſonſt unbekannt war, die der „minutiöſen Genauigkeit und Gewiſſenhaftigkeit".

die kleinsten Unbequemlichkeiten einer friedlichen Einquartierung zu tragen. Für seine französischen Truppen, die in eben diesem Jahre von der Ostsee ab= und durch Deutschland marschirten, mußte der Kaiser anders zu sorgen. Die Städte mußten sie mit Musik empfangen, ihnen Feste und Schmausereien veranstalten, ihren Marschällen Douceurs zahlen und ihren Heldenmuth in öffentlicher Rede preisen.

Eine weitere Unbequemlichkeit für die deutschen Truppen lag in den fortlaufenden Inspektionen seitens der französischen Generale. In jedem größeren Waffenplatz mußte das Bataillon Revue passiren, so zuerst in Metz vor dem General Royer, der wenigstens bewirkte, daß 794 Gewehre gegen ganz neue französische umgetauscht wurden, dann in Troyes, in Sens und in Orléans. Dort sprach der Divisions= general Leval dem Bataillon seine Anerkennung mit den Worten aus, daß unter allen deutschen Truppen, welche zur Armee marschirt seien, dieses Bataillon das erste und das beste sei, und daß er morgen hier= von die Meldung an Se. Excellenz den Herrn maréchal Herzog zu Danzig machen werde.*) Dieses Lob, das den guten Deutschen so sehr wie ihrem Fürsten schmeichelte (Dalberg schrieb deßhalb einen erfreuten Brief an Welsch), war gar so ernst nicht zu nehmen. Aus den Tagebüchern eines nassauischen (Hergenhahn) und eines badischen Offiziers (Riegel) sehen wir, daß der höfliche General deren Truppen= theile in gleicher Weise belobt hatte. Als das Bataillon am 21. Sep= tember in Orléans einrückte, hatte es in Metz und anderen Hospitälern bereits 1 Offizier, 3 Korporale, 1 Tambour und 59 Gemeine krank zurücklassen müssen; die ganz abnorme Hitze des Jahres soll an diesem starken Abgang schuld gewesen sein. In Orléans erfuhr das Bataillon auch, daß es in das 4. Armeekorps eingereiht sei, welches vier Divisionen zählen sollte. Es gehörte zur Division Leval, und diese war bunt= scheckig genug zusammengesetzt. Wir geben hier deren Ordre de bataille als Beweis, mit welch souveräner Willkür der Kaiser die Nationalitäten durcheinander mischte.

1. Brigade — Oberst v. Porbeck (Badenser).

Infanterie=Regiment Baden,
„   „   Nassau,
eine badische Batterie.

*) Lefebore, dessen Korps die Primatischen Truppen in Zukunft angehören sollten.

2. Brigade — General Chassé (Holländer).
Infanterie-Regiment Holland,
3. Husaren-Regiment Holland,
eine holländische Batterie (3. Kompagnie reitende Artillerie),
eine holländische Kompagnie Sappeurs-Mineurs.
3. Brigade — General Grandjean (Franzose).
Infanterie-Regiment Hessen — Erbprinz,
ein Bataillon Frankfurt,
ein Bataillon Pariser Garde,
eine halbe Batterie Hessen.

Diese Mittheilung war das Einzige, was das Bataillon über seine Bestimmung erfuhr. Der Pariser Moniteur sprach von dem spanischen Aufstande in den wegwerfendsten Ausdrücken. Man schmeichelte sich daher, einen kurzen Spaziergang nach Madrid machen zu können, besonders' als es hieß, der Kaiser wolle in eigener Person die Armee dorthin führen. Auch wurde in Orléans seine Proklamation bekannt: „Soldaten, ich brauche Euch! Die scheußliche Anwesenheit des Leoparden (das englische Wappenthier) besudelt Spanien. Euer Adler jage ihn bis zu den Säulen des Herkules. Ihr seid die neuen Römer, Ihr siegtet am Euphrat und am Tajo. Siegt abermals; was Ihr für meinen Ruhm thun werdet, wird ewig in meinem Herzen leben.“

Zugleich mit dieser Anrede wurden Liederbücher an die Soldaten vertheilt; den Inhalt hatte der Minister des Innern zusammenstellen lassen müssen; vielleicht hoffte Napoleon, durch Gesang die Soldaten ihr Leid vergessen zu machen. Wichtiger als dies war für die Frankfurter eine Sendung Mäntel und Schuhe, die sie aus den unermeßlichen centralen Magazinen von Paris erhielten; auch neue Pompons für die Czakos kamen an, die Kompagnien erhielten sie nach der in der französischen Armee üblichen Farbenfolge, nämlich hellblau, weiß, gelb und grün.

Am 29. September brach das Bataillon von Orléans auf und erreichte in Gewaltmärschen über Châteauroux, Perigueux, Mont de Marsan am 18. Oktober Bayonne. In dieser zweiten Periode des weiten Marsches kam es mit Truppen aus aller Herren Länder zusammen, besonders aber mit Polen, deren Napoleon über 30 000 Mann zu diesem Feldzug entboten hatte. Die schöne Kavallerie derselben imponirte vor Allem. Die Landstraßen füllten sich immer mehr, je mehr man dem vorläufigen Ziel des Marsches sich näherte. Die Märsche wurden so ermüdend und aufreibend, daß drei Kapitäne des Bataillons, welche wegen ihres hohen Alters (sie waren zwischen 50 und 60 Jahren) die Fatiguen des Feldzuges nicht aushalten zu können glaubten, an Dalberg ein Gesuch um Rückberufung einreichten. Die Antwort, die der Fürst ihnen zu Theil werden ließ, war fast entehrend für die Braven, von denen zwei einen tapferen Soldatentod in Spanien finden sollten.*) In Bayonne herrschte das regste Leben, und die Einwohner benutzten die Durchzüge der Truppen auf das eifrigste. Hauptmann Riegel schreibt in seinem Tagebuche: „Das Spanische, Italienische, Teutsche, Französische, Polnische Gold floß den hiesigen Kaufleuten in Strömen zu. Schuhmacher, Schneider und andere Handwerker konnten nicht genug fordern. Die Goldarbeiter betrogen die zurückkehrenden Soldaten um zwei Drittel seiner Beute, wenn sie ihm ein reich mit kostbaren Steinen besetztes Prälatenkreuz oder einen goldenen Christus abkauften. Auch dafür sorgte das Hartgefühl der Einwohner, daß die neuen Ankömmlinge während des Marsches über die Pyrenäen nicht von zu vielem Golde beschwert wurden.“

Die Stadt mag ein Bild geboten haben, wie etwa Wilna während des russischen Krieges.

Von Bayonne aus konnte das erstaunte Auge den imposanten Bergriegel der Pyrenäen in seiner ganzen Großartigkeit überschauen. Die Wunder des Hochgebirges fanden aber wenig enthusiastische Beschauer, weil das Uebersteigen des mächtigen Grenzwalles die aufreibendsten Märsche erforderte. An dem entzückenden Biarritz vorbei, wo unsere Frankfurter zum ersten Mal die langen grünen Wogen des Atlantischen Oceans ihre schaumigen Kämme gegen die unmittelbar am Meeresstrande vorüberführende Heerstraße wälzen sahen, ging es bei glühender Hitze nach St. Jean de Luz. Von da führte eine gepflasterte Kunststraße die Berge hinauf zum Städtchen Urogne, das eine Nachbarin der Wolken zu sein schien, so hoch lag es schon im Gebirge. Von da stieg die Straße in mäandrischen Windungen bis zur Wasserscheide empor. Die Kolonne lockerte sich, mühsam keuchten die des Bergsteigens Ungewohnten die steilen Hänge hinan. Es hatte schon stark geschneit, und eine empfindliche Kälte empfing die auf der Paßhöhe Rastenden. In einer beinahe senkrechten Tiefe erblickten sie den spanischen Grenzfluß, die Bidassoa. Noch dämmerte das letzte Tages-

---

*) Es waren Joh. W. Schweizer, J. Kaiser, A. Klent.

licht, als das Bataillon am 19. Oktober über die rothangestrichene hölzerne Brücke marschirte. Zwei Sechspfünder starrten hier das jenseitige Ufer an und wahrten Frankreichs Grenze. Die Hinübergeschrittenen empfing Spaniens Boden. — Wenn sonst eine Armee die feindlichen Grenzpfähle erreicht, dann macht sich wohl ein enthusiastischer Ruf, eine kriegerische Begeisterung geltend. Hier zog die Kolonne schweigend einher. Das Bataillon marschirte allein; die Badenser, Nassauer, Hessen hatten bereits am 13. und 14. die Grenze überschritten. Das Wetter schien den neu Eintretenden eine böse Vorbedeutung sein zu sollen. Ein französischer Augenzeuge schildert Wetter und Wege mit den Worten:

„Les premiers jours de marche en Espagne n'étaient pas de nature à modifier les pénibles impressions du départ. Une pluie persistante, des chemins qui n'étaient, le plus souvent, que le lit d'un torrent, rendaient plus difficile encore une marche déjà fatigante par elle même, car il fallait s'avancer en colonne de manoeuvre et s'éclairer comme à portée de l'ennemi."*)

Waren die Gedanken der Einmarschirenden düster, so hat doch wohl schwerlich einer derselben geahnt, daß von ihnen Allen kaum 150 Mann das Vaterland wiedersehen sollten.

Nun war das erste spanische Quartier. Leer waren die Straßen. Einige verlassene Klöster nahmen die Hungrigen und Müden auf. Auf verfaultem Stroh, das von Ungeziefer wimmelte, fanden sie keine Erquickung — das zähe Fleisch einiger Kühe und einige Schläuche mit Wein, der garstig nach dem Bockfell schmeckte, stillten nothdürftig Hunger und Durst. — Oberstlieutenant v. Welsch hatte den Befehl, zunächst nach Vittoria zu marschiren, wohin der vertriebene König Joseph sich ge- flüchtet hatte — ganz Spanien war mit Ausnahme der Nordost-Ecke auf dem linken Ufer des Ebro für die Franzosen in dieser Zeit ver- loren. In Kürze standen die Verhältnisse etwa so:

Den linken Flügel der spanischen Armee bildete das Korps des Generals Blake, zwischen dem Meere und dem Ebro mit der Front vor dem Städtchen Bilbao, 40 000 Mann. Rechts von ihm, zu beiden Seiten der großen Heerstraße nach Madrid, folgte die Armee von Estremadura (20 000 Mann) mit dem Hauptquartier Burgos. Dieser mit dem Hauptquartier Tudela die Armee von Andalusien (20 000 Mann) unter Castaños. Mit dem Rücken gegen Saragossa

---

*) Costa de Serda, Seite 14.

gelehnt folgte weiter die Armee von Aragon (25 000 Mann) unter dem löwenkühnen Palafox. Auf dem äußersten rechten Flügel schloß die Armee von Katalonien den französischen General Duhesme in Barcelona ein. Ein spanisches Reservekorps (10 000 Mann) hielt auf der Straße nach Madrid den Paß von Somosierra besetzt, eine englische Armee von 30 000 Mann stand im Begriff, sich unter General Moore bei Valladolid zu versammeln. Die spanischen Armeen waren zwar zahlreich, allein außer ihrem wilden Muth besaßen sie nur Pulver und Blei. Alles, was sonst ein Heer schlagfertig macht, Artillerie, Kavallerie, Trains, Munitionskolonnen, Brückenequipagen, Lazarethe fehlten ihnen gänzlich — vor allem aber jede innere Disciplin und geschulte Offiziere und Generale, die ihr Handwerk verstanden. Nichtsdestoweniger ordnete die Volksregierung, die Centraljunta, mit derselben fanatischen Wuth, wie ehemals der französische Nationalkonvent, an, die Generale müßten siegen oder sie seien Verräther, deshalb müßten sie vorwärts gehen, die Franzosen angreifen und den heiligen Boden Spaniens ganz befreien. Die große Offensivbewegung sollte die beiden französischen Flügel bei Bilbao und Pampeluna umfassen und dann das Centrum erdrücken. Sobald es unter solchen Verhältnissen auf große Feldschlachten ankam, war Napoleon den Spaniern weit überlegen. Auf französischer Seite standen die Korps von Lefebvre und Victor der Armee von Blake gegenüber, Soult und Ney mit fünf Divisionen im Centrum zwischen Miranda und Vittoria, hinter ihnen die Garde und die Reservekavallerie, um in gewaltigem Stoß die Armee von Estremadura über den Haufen zu rennen. Den linken Flügel bildete Moncey mit vier Divisionen gegen Palafox. — St. Cyr rückte über Perpignan in Katalonien ein, um Duhesme zu entsetzen. Der Kaiser hatte seinen ungestümen Marschällen auf das Strengste anbefohlen, sich nur auf die Defensive zu beschränken und seine Befehle abzuwarten. Er selbst wollte, wie Thiers sagt,*) den Feldzug endigen par un de ces coups de tonnerre qui l'avaient amené en vainqueur à Vienne et à Berlin. — So näherte er sich an der Spitze der sogenannten großen Armee — ein zweiter Attila — den Pyrenäen. Als die große Offensive der Spanier am 11. Oktober bereits sich fühlbar machte, und General Blake,**) nachdem er in

---

*) Histoire du Consulat et de l'empire.

**) Derselbe war in diesen Tagen durch das Korps des Generals Romana (10 000 Mann) verstärkt worden. Diesen Kerntruppen, welche bisher in französischem Sold auf Seeland festgehalten worden waren, war das Unglaubliche ge-

kühnem Marſch die cantabriſchen Berge bei Eſpinoſa überſchritten, ſich auf die Vorpoſten des Generals Merlin bei Bilbao ſtürzte und dieſen bis Zornoſa zurückdrängte, ertheilte Napoleon den nach und nach ein=treffenden deutſchen Truppen den Befehl, ſich nicht in Vittoria, ſondern hinter dem bedrohten rechten franzöſiſchen Flügel, und zwar bei Durango, zu ſammeln. Das Frankfurter Bataillon=hatte durch dieſe Kontreordre äußerſt anſtrengende Märſche, da es über Toloſa Vittoria ſchon erreicht hatte und nunmehr wieder nach Durango zurück mußte.*) Wir können nicht umhin, einen Bericht des Franzoſen Lavallée, welcher die Deutſchen begleitete, hier theilweiſe anzuführen. „On allait ren-contrer un chaos de montagnes où l'on trouve à chaque pas des éboulements, des crevasses, des défilés profonds, où trois cents hommes suffiraient pour arrêter une armée; des plaines nues, dont rien de vivant que le genêt et la bruyère ne coupe l'uniformité; des pentes déboisées, qui n'amassent plus les nuages, où les pluies glissent sur les rochers et n'engendrent que des torrents; des ravins impraticables par leurs eaux en hiver, par leurs escarpements en été; des ruisseaux encaissés dans une lisière de verdure, où l'on suit à la trace les plan-tations et les hameaux; des rivières aux eaux rares, aux flancs décharnés, coupées de barres et de sauts multipliés, où la na-vigation est presque impossible, les gués dangereux, les ponts peu communs; des routes très rares, qui sont ou des defilés ou des fondrières; des villages distants et à demi sauvages; des habitants fiers, sobres, courageux et farouches: pays éminemment propre à la guerre défensive et d'une conquête presque im-possible; grand corps, dit Suchet, qui manque d'embonpoint, mais qui a encore des nerfs et des muscles."

Das hier entworfene Bild ſchildert in anſchaulichſter Weiſe den damaligen Charakter Spaniens und die Noth, die ein einfacher Marſch ſchon mit ſich bringen mußte — auch paßt dieſe Schilderung nicht etwa nur auf das cantabriſche Gebirge, ſondern auf faſt alle Theile Spaniens. Am 24. Oktober trafen die Frankfurter in Durango ein, wo General Leval das Kommando der Diviſion übernahm; letzterer fehlten noch die Holländer, die erſt Ende Oktober eintrafen. Die Vorpoſten unter

General Merlin standen bei Zornosa den Spaniern dicht gegenüber. Diese französische Division war auf 4000 Mann gesunken und auf das Aeußerste abgemattet. Die Napoleonischen Soldaten dieser Epoche waren aber noch von zähester Ausdauer und von echt kriegerischem Geist belebt. So hielten sie den anstrengenden Vorpostendienst bis zum 25. Oktober aus, wo die deutschen Regimenter sie ablösten. Hauptmann Riegel schreibt über die Nacht vom 25. zum 26.:
„Schlechtere Wege habe ich nie gesehen. Auf grundlosem Boden standen unsere armen Plänkler bis über die Knöchel im Schlamme, der durch den in der Nacht ausgetretenen Durangofluß noch vermehrt ward. Schimmernd leuchteten die unzähligen Biwakfeuer beider Heere durch die trübe Nacht von den hohen Bergen hernieder, einzelne Schüsse und das beständige Anrufen unserer und der feindlichen Pikets — qui vive! — quien vive! — erhöhten das Schauerliche der Dunkelheit."

Durch Ueberläufer wurde dem General gemeldet, daß seitens der Spanier für den anderen Morgen ein allgemeiner concentrischer Angriff beabsichtigt sei. Da ein Gefecht in dem engen, von Bergen rings umschlossenen Thale, das nur einen einzigen Ausgang hatte, dem Marschall sehr gefährlich zu werden drohte, so beschloß er, die vorgeschobenen Truppen (Divisionen Merlin und Leval) durch einen Nachtmarsch dieser Situation zu entziehen, sie mit dem Gros seines Korps dicht vor Durango zu vereinigen und dort eine concentrirte Stellung einzunehmen. Der Nachtmarsch war für die Truppen über die Maßen beschwerlich, aber er glückte. Freilich brauchten die Kolonnen die ganze Nacht, um zwei Wegstunden zurückzulegen. Die Spanier waren am andern Morgen sehr erstaunt, den eingeschlossenen Gegner entwischt zu sehen.*) Sie rückten am 26. nach und bestanden ein kleines Vorpostengefecht bei Venta Berna, dicht vor Durango — allein ihren Bewegungen fehlte das Einheitliche, Entschlossene. Blake schien offenbar zu zögern und verlor Zeit, wo jede Minute ein unersetzlicher Verlust war. Er überraschte zwar am 27. die deutschen Vorposten des linken Flügels, die sich, mehrere Hundert Mann stark, nur durch ein halsbrechendes Rutschen eine steile Bergwand hinab retten konnten, auch wurde General Leval beinahe dabei gefangen. Das Manöver wiederholten die Spanier auch auf dem rechten Flügel, wurden aber dort von den Badensern blutig zurückgewiesen. Die Frankfurter standen in Reserve den ganzen Tag

---

*) Der nassauische Oberlieutenant v. Schwarz hatte den gefährlichen Auftrag durchgeführt, mit 50 Mann zurückzubleiben und die Biwakfeuer zu unterhalten.

unter Gewehr. Bei dem Gefecht der Babenfer war auch ihre 3. Füſilier-
Kompagnie mit betheiligt; ſie erhielt aber nur aus ſo weiter Entfernung
Feuer, daß ſie keine Verluſte hatte. Freilich wäre dieſe Diſtanz für
heutige Begriffe eine ſehr nahe geweſen, wie man ſich überhaupt den
Kontakt der Gegner in den Napoleoniſchen Schlachten als einen ſehr
engen denken muß. Man kam ſehr oft in die Lage, das Weiße im
Auge des Feindes zu ſehen, und kaum eine entſcheidende Affaire wurde
geendet, ohne daß eine der beiden Parteien ſich mit dem Bajonett auf
die andere in tiefen geſchloſſenen Kolonnen ſtürzte. Auch ſtanden die
Vorpoſten ungleich näher als in den modernen Kriegen. Die Schluß-
ſcenen des Tages ſchildert Riegel mit den Worten:

„Unſerer Muſik kriegeriſche Töne ſchallten weit herum in die tiefen
Thäler, verkündend den beim freundlichen Scheiden der Sonne noch
herrlich errungenen Lorbeer. Unſerer Feuer Rauchſäulen trug ein ſtarker
Nordweſt hinüber zum grollenden Feinde, der, nur durch ein enges Thal
von uns getrennt, uns ſo nahe war, daß wir alle ſeine Bewegungen
wahrnehmen und ſogar der Befehlshaber gebietenden Ruf hören konnten".

Lefebvre, der an dieſem Tage in Durango eingetroffen war, ſagte
den deutſchen Truppen in ihrer Sprache ſehr viel Schmeichelhaftes. Da
er eine hohe, ritterliche Erſcheinung und brav wie ein Löwe war, ſo
ſtieg ſein Lob den guten Deutſchen zu Kopf; ein Kämpfer jener Zeit
läßt ſich in ſeinen Aufzeichnungen zu der etwas nach Sentimentalität
ſchmeckenden Aeußerung hinreißen:

„Stolz auf dieſes Lob, blickte er mit Wonnegefühl und in ſüßer
Erinnerung auf die Trophäen des glücklich beſtandenen Kampfes . . . . .
Was erträgt der Soldat nicht freudig, wenn ſeinem Muthe die gebüh-
rende Ehre wird." Die Wahrheit dieſes letzten Satzes wußten die
franzöſiſchen Heerführer von jeher zu ſchätzen.

Trotz des Befehls des Kaiſers, ſich defenſiv zu halten, konnte der ehr-
geizige Marſchall, als am 28. und 29. die Diviſion Vilatte des 1. Korps
und die Diviſion Sebaſtiani ſeines eigenen ſowie die Holländer der Diviſion Leval als Verſtärkung eingetroffen waren, der Verſuchung nicht
widerſtehen, die Spanier anzugreifen. In dieſen Tagen hatte Ruhe ge-
herrſcht, nur ſtießen die Vorpoſten der letzteren laute Verwünſchungen gegen
ihre Feinde aus, ergingen ſich in unnachahmlichen Geberden der Verachtung und drohten mit den Fäuſten.*) Am 30. griff der Marſchall den

---

*) Coſta de Serda, Seite 17.

Feind auf der ganzen Linie an.*) Ein dichter Nebel hinderte mehrere Stunden den Beginn des taktisch hochinteressanten Gefechts.

Lefebvre hatte seine Truppen in drei Angriffskolonnen getheilt, die diesen Namen um so mehr verdienten, als sie in der That in dichten Bataillonsmassen vorgingen, nur umschwärmt von einer Wolke von Voltigeuren. (Die Division Sebastiani hatte daran Mangel, und wurden daher die Badischen für diesen Tag an sie abgegeben — diese scharfe Trennung von leichter und schwerer Infanterie ist um so auffallender, als Napoleon selbst des öftern äußerte, er wolle nur eine Infanterie, aber eine gute; in seinen späteren Feldzügen verwischte sich der Unterschied auch mehr und mehr.) Wir würden diesem Gefecht eine detaillirtere Besprechung widmen, wenn das Primatische Bataillon nicht an diesem ersten Schlachttage verurtheilt gewesen wäre, die Bagage und die Artillerie im Lager zu schützen. Letztere konnte nämlich wegen des überaus steilen und bergigen Terrains gar nicht benutzt werden mit Ausnahme von zwei Haubitzen, die man mit ungeheurer Anstrengung durch Ochsen auf eine Bergkuppe geschafft hatte. Immerhin hatten die Frankfurter, als der Nebel fiel, ein imposantes und überaus lebendiges Gefechtsbild vor ihren Augen. Der Kampf entbrannte auf der ganzen Linie auf das Allerheftigste. Die schlecht geleiteten und vielfach ärmlich bewaffneten irregulären Haufen der Spanier konnten dem schneidigen Angriff auf die Länge nicht widerstehen und wurden nach und nach aus allen ihren Positionen geworfen. Nach achtstündigem Kampfe war Zornosa genommen, Blake mußte zwar seine zersprengten Haufen in die Gebirge zu retten, ließ aber doch 1200 Todte und Verwundete zurück; erst in Balmaseda westlich Bilbao vermochte er sich wieder nothdürftig zu sammeln. Der Verlauf dieses an und für sich unwichtigen wenn auch hartnäckigen Gefechts ist das Prototyp aller der Kämpfe, welche in dieser Periode ausgefochten wurden. Die ungestüme Tapferkeit der Spanier bleibt resultatlos gegen die nicht geringere ihrer wohl disziplinirten und meist vortrefflich geführten Gegner. Napoleon sah die Ueberlegenheit seiner Truppen in dem Grade ein, daß er seinen Generalen geradezu anempfahl, sich von den Spaniern überflügeln zu lassen, um ihre Stellung dann zu durchstoßen und die abgeschnittenen Flügel desto sicherer zu vernichten. Es dauerte lange, und die Spanier mußten die

---

*) „Er drückte vor dem Gefecht die Hand eines jeden Offiziers, dem er begegnete, sein Gesicht strahlte vor Freude, er glich mehr einem Jünglinge, als einem Sechziger."

herbsten Erfahrungen machen, ehe sie sich entschlossen, auf die offene Feldschlacht zu verzichten. Kam es doch mehrere Male vor, daß spanische Soldaten ihre Generale ermordeten, weil diese nicht den Befehl zum Angriff ertheilen wollten; so erging es dem General Feyre, weil er 1809 Soult nicht entgegen gehen wollte. Als die Nation dann endlich ihren Irrthum einsah, im kleinen Krieg ihr Heil versuchte und durch eine ganze Reihe von Gefechten das Resultat einer einheitlichen großen Schlacht zu gewinnen erstrebte — da wurde sie den französischen Waffen erst wahrhaft gefahrvoll. Als der lang andauernde Krieg dann Feldherren und Soldaten erzogen, sie mit der Kunst der Führung und Bewegung großer Massen vertraut gemacht hatte, dann konnten sich die spanischen Heerestheile wieder in offener Feldschlacht dreist mit den besten französischen Regimentern messen; Wellington hat später von dieser erlernten Tüchtigkeit der Spanier reichlichen Gebrauch zu machen gewußt.

Am 1. November folgte Lefebvre dem flüchtigen Feind nach Bilbao, nachdem er die vierte Füsilier-Kompagnie des Frankfurter Bataillons und ein kleines Detachement holländischer Husaren zum Schutz der Bagage in Durango zurückgelassen hatte. Die drei Divisionen Leval, Sebastiani und Vilatte gingen auf Parallelstraßen vor, wenn man die elenden Wege so nennen kann. Die wilden Greuel, an denen dieser Krieg so überreich werden sollte, zeigten sich auf diesem Marsch zum ersten Mal. Die hungrigen Soldaten der Division Leval suchten in den verlassenen Orten Larrabezua, Lezagua und Zamudio nach Lebensmitteln und plünderten dabei die Kirchen. In rohem Frevel streuten die Pariser Gardisten die Hostien auf die Straßen oder zertraten sie höhnend. Einzelne zurückgebliebene Spanier sahen dies schweigend an, aber ihre Blicke wurden Dolche. Vor Bilbao vereinigten sich die Kolonnen wieder, vom Feinde war nichts sichtbar geworden.

Am 2. November hatte das Korps Ruhetag — von seinen Biwakplätzen sah es in die reizendsten Thäler, die von Wohlhabenheit strotzten. Am Horizont breitete sich in unendlicher Ausdehnung das Biscayische Meer. Da die Intendantur nichts lieferte, wurden Kommandos zum Auftreiben von Lebensmitteln ausgeschickt. Dieselben kehrten schwerbeladen zurück — doch war es nicht bei der Wegnahme von Lebensmitteln geblieben. Das Raub- und Plünderungssystem, das sich in dem Jahre lang dauernden Kriege entwickelte, war es vor Allem, was die Spanier erbitterte und zum Verzweiflungskampf antrieb — dann aber auch der Frevel, dem ihre Weiber fast schutzlos ausgesetzt waren. Die viehischen

Brutalitäten, dabei mit der entsetzlichsten Grausamkeit gemischt, haben besonders den Ruf der französischen Truppen befleckt. Die Deutschen und Holländer hielten, besonders im Anfang des Feldzugs, auf strengste Disziplin. Später lockerte sich freilich auch diese, und die Deutschen gaben den Franzosen dann wenig nach. Diese Sucht zu marodiren oder, wie man sich auszudrücken beliebte, zu privatisiren, nahmen die Napoleonischen Regimenter als festeingewurzeltes Laster nach Rußland mit. Ihr ist zum Theil die rapide Auflösung der Armee schon vor der Katastrophe von Moskau zuzuschreiben. Den Abend des Tages beschreibt Riegel mit den Worten:

„Die Lager glichen einem Tröbelmarkte; kostbare Betten und unschätzbares Hausgeräth, Mönchskutten und Weiberröcke, Meßgewänder und Guitarren, Küchengeschirr, feine Leinwand, volle und zerschlagene Flaschen lagen in bunter Mischung durcheinander. Die Offiziere hatten alles aufgeboten, ihre Leute beisammen zu halten; allein was vermögen gute Worte, was Drohungen, wenn Wein das Gehirn der rohen Menge umnebelt."

Am 3. ging der Marsch weiter gegen Balmaseda — die Division Vilatte hatte die Avantgarde. Die Wege waren so eng und steil, daß die langen Kolonnen nur mühsam vorwärts kamen und kaum das Dorf Zalla (auf der Hälfte des Weges gelegen) erreichten. Das Biwak wurde en colonne serrée*) bezogen, theils weil für eine bequemere Formation der Platz mangelte, theils weil die Nähe des Feindes zu einer gedrängten Aufstellung nöthigte. Das Biwak lag in tiefem Schlamm, die Luft war schneidend kalt, der Morgen brachte neuen Regen, Lefebvre wagte nicht hier anzugreifen, weil er die vereinigte Armee Blakes und Romañas vor sich zu haben glaubte, dann aber auch, weil er schon ohne Befehl die Offensive begonnen und das Gefühl hatte, Napoleons Billigung nicht zu erhalten. Er ließ daher Vilatte in Balmaseda und marschirte am 4. nach Bilbao zurück — den Truppen war der Grund dieses Rückmarsches freilich unbekannt — dort blieben die Divisionen am 5. und 6. stehen. In der reichen und blühenden Stadt verübten einzelne Marodeurs wieder so entsetzliche Greuel, daß der Marschall Lefebvre mehrere Regimenter, darunter auch die Frankfurter, alarmiren und sich nach abgehaltenem Appell die Tornister zeigen ließ. Da sie kein geraubtes Gut enthielten, sprengte er zornfunkelnden Auges zu seinen Franzosen. Die vereinigt gebliebene Division Vilattes wurde

*) Costa de Serba, Seite 19.

an diesem Tage von den Spaniern angegriffen und mit Verlusten langsam zurückgedrängt. In unruhiger Erwartung, Gewehr bei Fuß und
mehrfach durch falschen Alarm emporgeschreckt, blieben die Truppen bis
zum 7. Morgens in und bei Bilbao stehen — da hieß es plötzlich,
Napoleon sei in Vittoria angekommen und habe den Oberbefehl übernommen. Ein Pilet polnischer Lanciers, die Lefebvre Depeschen über-
brachten, waren die Träger dieser Nachricht. Ein unbeschreiblicher Jubel
durchbrauste darauf hin das Lager. Die Truppen waren wie elektrisirt
und konnten kaum den Moment des Vormarsches erwarten. Auch die
Offiziere fühlten sich in den allgemeinen Enthusiasmus hineingezogen.
Eine stolze Siegeszuversicht durchglühte auf einmal selbst die verzagten
Gemüther. Wahrlich um diese Zaubermacht, die Napoleon auf die
Herzen seiner Krieger ausübte, war der große Mann mehr als um
alles Andere zu beneiden. Bei seinem Eintreffen in Vittoria zeigte er
sich indeß tief verstimmt. Er hatte auf der Straße bis dahin Truppentheile gesehen ohne Schuhe, ohne zureichende Mäntel, ohne Maulthiere;
er hatte auf das Strengste befohlen gehabt, daß ihnen diese unentbehrlichen Ausrüstungsstücke reichlich zugetheilt würden. Die Räder
seiner komplizirten Staatsmaschine schienen hier zum ersten Mal nicht
kunstgerecht in einander zu greifen. Weiterhin war es für den Sieg-
und Ehrgewohnten peinlich gewesen, auf seiner Reise auf spanischem
Boden von keinen demüthigen Magistraten empfangen zu werden, die
zitternd die Schlüssel ihrer Stadt unter einem Schwall loyaler Phrasen
übergaben. Oede und leer hatte er die finstern Gassen der verwüsteten
spanischen Städte gefunden — an den Rändern der Landstraßen bleichten
die Knochen seiner Soldaten, um die magere Hunde sich stritten. Wo
ein Einwohner des Landes sich zeigte, da starrte er den fremden Imperator,
der so unsägliches Leid ihm gebracht, mit den Blicken eines herausfordern-
den, rechtschaffenen Hasses an, und sein stolzer Rücken krümmte sich nicht.
Napoleon mußte sich gestehen, daß dieses Volk sich nicht nach der gewöhnlichen Manier von ihm werde beglücken lassen.
Was ihn aber von Allem am meisten ergrimmte, waren die be-
gangenen Fehler seiner Generale. Wie Lefebvre auf dem rechten, so hatte
Ney auf dem linken Flügel durch ungestümes Vorbrechen die umgehenden
Heeresabtheilungen der Spanier zwar geschlagen, sie aber dadurch vor viel
härterem Schicksale bewahrt, denn Napoleon wollte, wie oben angedeutet,
dieselben sich zwar in die Flanke kommen lassen, dann aber abschneiden
und in großen Schlägen vernichten. So weit es anging, suchte er auch jetzt
noch diesen Plan zu verwirklichen. Lefebvre erhielt den Befehl, am 9. von

Bilbao aufzubrechen und Blake langsam gegen Espinosa zu drängen, Victor sollte aber in Eilmärschen diesen letztern Ort vorher gewinnen, um den Feind dort zwischen zwei Feuer zu nehmen. Mit der Hauptarmee (Soult, Ney, Garde, Kavallerieforps) wollt der Kaiser geraden Wegs auf Madrid stoßen, während am Ebro auf dem linken Flügel Marschall Moncey zurückbleiben sollte.

Unbegreiflich ist es, daß Lefebvre, die Erfahrung der letzten Tage vergessend, bereits am 7., also zwei Tage zu früh von Bilbao zunächst gegen Valmaseda aufbrach. Sebastiani hatte die Avantgarde, etwas links rückwärts Leval, noch weiter links Villatte; Artillerie und Kavallerie mußten bis auf einige Züge Husaren auf diesem abenteuerlichen Gebirgszuge zurückgelassen werden. Unsere Frankfurter eskortirten an diesem und einem der folgenden Tage den kleinen Zug Maulthiere, welcher der Armee die nöthigste Munition, Medikamente rc. nachführte; doch war die Anstrengung der Truppe bei diesem Dienst so groß, daß Oberstlieutenant Welsch aufs dringendste bat, ihn wieder in die Front zu nehmen, was denn auch sogleich geschah. Starkes Gewehrfeuer in der linken Flanke hatte schon am 7. angezeigt, daß die Division Bilatte mit dem Feinde handgemein geworden sei. Lange Reihen von Biwakfeuern am westlichen Horizont weißsagten auch den andern Truppen des Korps, daß der folgende Tag ein Treffen bringen würde. Ohne irgend welche Vorbereitung durch Feuer stürzte sich Lefebvre mit seinen drei Divisionen am Morgen des 8. auf den Feind, der den tollkühnen Angriff zwar mit dem heftigsten Feuer begrüßte, seine dominirenden Höhen aber nicht hartnäckig vertheidigte, vielmehr gegen Valmaseda zurückging. Nur der spanische linke Flügel schloß sich dieser rückwärtigen Bewegung nicht rechtzeitig an, sondern schwenkte, da er nur schwache Posten vor sich sah, rechts ein und versuchte die Flanke der Division Leval zu fassen. Die Regimenter Baden und Nassau, gefolgt von den Frankfurtern und Parisern als zweites Treffen, stürzten sich die steilen Hänge hinauf, die der Feind soeben besetzt hatte, und es gelang ihnen, sie ihm fast augenblicklich zu entreißen. So kam es, daß die Frankfurter keinen, die übrigen deutschen Regimenter nur geringen Verlust hatten. Von den Spaniern lagen 3000 Mann todt und verwundet am Boden. Nach dem Urtheil Aller hatten sie brav gekämpft, aber viel zu hastig und deshalb zu hoch geschossen.

Die Besitznahme von Valmaseda endigte den Tag — der Ort brannte und wurde geplündert, Heerden wild gewordener Schafe und Stiere liefen blökend und brüllend durch die Straßen — lachend schossen die Soldaten sie nieder. In den Kellern wurden die Fässer aufgeschlagen

— mancher Trunkene fand dann unter den Trümmern der brennenden Häuser ein gräßliches Ende. Wir können uns nicht enthalten, zur Charakterisirung dieser Scenen die Worte eines Augenzeugen anzuführen: „Die Generale treten in die Mitte dieser Kannibalen, all ihr Ansehen aufbietend; allein vergebens, sie müssen selbst in ihre Häuser flüchten, welche die Flamme zu ergreifen anfängt, und der Marschall selbst kann nur noch mit vieler Mühe seine Pferde aus dem brennenden Stalle retten. Das Heer muß endlich ins Gewehr treten. Zornentbrannt steckt die weinberauschte Pariser Garde die auf dem Marktplatz stehenden Pulverfässer an, und einige der Mordbrenner fliegen selbst mit in die Luft. Mehrere von ihnen bemächtigen sich des Hauses, wo die wenigen geschonten Gefangenen untergebracht sind, und schießen einige derselben nieder. Die Zuchtlosigkeit bei diesem Bataillon kannte keine Grenzen mehr."

Am 9. ging es weiter gegen Espinosa — bereits in Berron kreuzte sich das Korps aber mit dem ersten unter Victor. Letzterer glaubte Blake noch in Balmaseda und hoffte, ihm in den Rücken gelangen zu können. Die Unterredung zwischen den Marschällen wurde eine sehr heftige, und Lefebvre mußte sich bittere Vorwürfe wegen seines abermaligen verfrühten Angriffs sagen lassen. Dies hatte die Folge, daß Victor die Division Vilatte, die seinem Korps ursprünglich angehörte, an sich zog, um bei Espinosa womöglich Blake noch erreichen zu können. Da Lefebvre die Regimenter Holland und Hessen in Durango, Bilbao und Balmaseda als Etappentruppen hatte zurücklassen müssen, so bestand sein Korps augenblicklich nur aus der Division Sebastiani und der Hälfte der Division Leval. Letztere lagerte in der Nacht bei Nava — am andern Morgen war wenig mehr von dem Städtchen übrig. Der Marsch führte am 10. konzentrisch zu Victor nach Quintanilla Sopenna — zum ersten Male durch Gegenden, die den Feind noch nicht gesehen. Der Anblick bewohnter Dörfer und auf dem Felde arbeitender Leute erschien fast befremdlich; erst am 11. früh zwei Uhr wurde das Biwak erreicht. Von Quintanilla erfolgte am 11. nach einigen Stunden der Ruhe der Aufbruch, um den bei Espinosa gestellten Feind anzugreifen. Bald verkündete hallender Kanonendonner, daß Marschall Victor dort schon handgemein geworden sei. Der aufregende Ton trieb die Bataillone zur höchsten Eile. Der Weg ging am Cernija=Bach entlang bis Aguera — der Lärm des Kampfes wollte nicht näher kommen; — irgend welche akustischen Verhältnisse hatten es in den gekrümmten Thälern mit sich gebracht, daß er auf weiteste Entfernung hin hörbar gewesen war. In Aguera verstummte er plötzlich; doch kam hier die Nachricht, daß das erſte Korps bereits alle Arbeit gethan und nach überaus heißem Kampfe die Armee Blakes total geſchlagen habe. Die Ueberreſte wurden am 13. durch eine Diviſion des zweiten (Soultſchen) Korps abermals auf- geſcheucht, ſo daß Blake nur mit 4—5000 Mann in das Cabernigethal nach Arnedo, dem Herzen des Aſturiſchen Gebirges, gelangen konnte. Dieſe und die blutigen Schlappen, welche die übrigen ſpaniſchen Heerestheile erlitten (Kaſtaños und Palafox bei Tubela, die Armee von Eſtremadura bei Burgos 10. November, bei Somoſierra am 30. durch Napoleon ſelbſt ꝛc.), würden den Widerſtand der Nation zu brechen geeignet geweſen ſein, wenn ſich ihnen eine energiſche Verfolgung hätte anſchließen können. Dieſe war aber bei der alpinen Natur des Landes um ſo unmöglicher, als die ſpaniſchen Heere momentan gänzlich aus- einanderliefen und ſich in Hunderte von kleinen Banden zerſtreuten. So wie ihnen dann die Möglichkeit gegeben wurde, den geretteten Reſt ihrer Armeen wieder zu erreichen, ſo thaten ſie es unverzüglich. In der Zeit der Zerſplitterung aber blieben ſie nichts weniger als unthätig, ſondern führten kleinen Krieg auf eigene Fauſt. So kommt es, daß ſpaniſche Heere, die bis zur Vernichtung geſchlagen ſcheinen, überraſchend ſchnell wieder anſchwellen und furchtbar werden — anſtatt durch die Niederlagen ſich muthlos machen zu laſſen, ſchürte der Spanier durch die Erinnerung an ſeine Schmach das Feuer ſeines Haſſes. Da nun überdem am Kavallerie, Artillerie und Trains in dieſer Periode des Feldzuges die Spanier nur das Nothwendigſte hatten, ſo konnten ſie koſtbares Heeresmaterial kaum verlieren und waren um ſo eher im Stande, ſich wieder zuſammenzuſchaaren. Die Franzoſen laſen auf den Schlachtfeldern nichts auf als die verroſteten Eiſenflinten und Dolche der Gefallenen. Wenn irgendwo das Gleichniß von der Fruchtloſigkeit des Schlages ins Waſſer paßte, ſo war es hier.

Ein ſtarker Marſch führte am 14. das Lefebvreſche Korps nach Reynoſa, wo es auch das Soultſche antraf, das am vergangenen Tage hier ge- fochten und beiſpielloſe Gräuel verübt hatte.*) Letzterem wurden die Regimenter Naſſau und Baden ſowie die Pariſer Garde beigegeben, um es auf einem abenteuerlichen Zuge nach Santander zu begleiten — (dieſe Expedition bezweckte, die engliſche Armee unter Moore vom Meere abzuſchneiden, glückte indeſſen nicht), während die Frankfurter in Reynoſa zurückblieben. Somit war vorläufig die Diviſion Leval aufgelöst — in Durango, Bilbao, Vittoria, Reynoſa ſtanden Theile von ihr — der

---

*) Riegel, I, Seite 401.

Reſt zog unter fremdem Kommando weiter. Eine Kompagnie der Frank-
furter, die in Durango zurückgeblieben war, hatte dort von irgend einem
General Befehl erhalten, nach Logroño zu marſchiren — abgeſchnitten
von ihrem Truppentheile, hatte ſie die ſchwerſten Schickſale zu gewärtigen.
Wir finden dieſe Zerſplitterung in den ſpaniſchen Feldzügen bis zur
Selbſtvernichtung geübt. Detachirten Truppentheilen gelang es nur
äußerſt ſelten, ſich wieder an ihre Gros anzuſchließen, da jeder fremde
Befehlshaber ſie feſthielt und zu den gefährlichſten und aufreibendſten
Dienſten ſo lange verwendete, bis ſie aufgebraucht waren. Selbſt be-
tachirte Diviſionen konnten ſich dieſem Schickſale nicht entziehen. Anderer-
ſeits verlangte jede ſtrategiſche Bewegung die Sicherung der Etappenlinie
und zwang daher gebieteriſch zur Abgabe von bedeutenden Kommandos,
welche die vormarſchirenden Heereskörper unverhältnißmäßig ſchwächte. Die
Frankfurter waren bisher in kein ernſtes Gefecht verwickelt worden und
doch hatten ſie außer dem Stabe in Reynoſa nur noch ſechs dienſt-
fähige Offiziere. Wir entnehmen den Berichten Welſchs folgende Stellen
(dat. Reynoſa, 13. November):

„Nachdem wir bis vorgeſtern täglich den Feind vom Anbruche des
Tages bis in die Nacht gedrängt und ſpät ins Biwak kamen, wir ferner
überall verlaſſene Häuſer antrafen, und daher jedes Mal die Armee ſich
ihre Subſiſtenz ſelbſt verſchaffen mußte, da wir ferner durch das ſtarke
Vorrücken ſechs Tage ohne Brot waren, ſo mußte ſich der Stand der
Kranken äußerſt anhäufen. Hier wurden diejenigen Leute der Brigade,
welche krank oder ohne Schuhe (!) waren, abgetheilt und nach Bilbao
zurückgeſchickt. Ich mußte als krank zurückſchicken Hauptmann Harrach,
Oberlieutenant Schweitzer, Auler, Lieutenant Dielmann und Schuler,
nebſt 1 Sergeant und 70 Soldaten. Heute meldeten ſich wieder
vier Offiziers krank, Hauptmann Kaiſer, Oberlieutenant v. Knobt,
Decken und Lieutenant Görz, welche wirklich äußerſt übel und hinfällig
ſind. Es bleiben mir alſo noch 6 Offiziere zum Dienſt übrig.“

Welſch ſetzt dann noch etwas naiv hinzu:

„Die Beſtimmung unſerer Brigade iſt nun, in Caſtilien und
Biscaja herumzuziehen, die Kommunikation zwiſchen Santander und
Bilbao zu ſichern, die Einwohner einzuladen, wieder zu ihrem Herde
zurückzukehren und ihre Arbeit fortzuſetzen, und die ſich uns allen-
falls (sic!) noch entgegenſtellenden Hinderniſſe zu beſeitigen und die
Feinde zu zerſtreuen.“

Die Spanier verſtanden aber dieſe Pacifikationsverſuche ſchlecht,
und nicht Einer von ihnen ließ ſich durch Zureden bewegen, in ſeine

Hütte zurückzukehren. Dafür schlossen sie die Garnison in Reynosa selber ein, und wenn auch nach den schweren Niederlagen Blakes vorläufig keine zahlreiche Guerrilla sich bilden konnte, so waren die kleinen Trupps, welche die Stadt umschwärmten, doch vollkommen im Stande, in der Besatzung das Gefühl hervorzurufen, belagert zu sein. Starke Patrouillen durchzogen die Weinberge und Schluchten, geschlossene Kommandos trieben die geringen Viehheerden, die sich noch finden ließen, in die sorgfältig gehüteten Thore. Oede und einer Wüste gleich lag die Gegend, nur ab und zu hallte das Echo eines Schusses durch die Thäler als Zeichen, daß ein Attentat auf einen Soldaten geschehen oder daß eine Schildwache auf einen an sie herankriechenden Bauern geschossen. Ein Befehl Napoleons hatte jeden nicht einem regulären Korps angehörigen, mit den Waffen in der Hand betroffenen Spanier für vogelfrei erklärt. Von seinem Standpunkt hatte er recht; seine Soldaten betrachteten aber von da ab jeden Spanier, den sie überhaupt sahen, als ein interessantes Stück Wild, ihn niederzuschießen als eine aufregende Jagd. So schwoll schon im ersten Jahre des Feldzuges der gegenseitige Haß ins Ungeheure. Man hatte sich daran gewöhnt, die Bauern brigands zu nennen. — Dieser Name blieb dann für die Guerrillas bestehen. Die verächtliche Bezeichnung drückte ganz die Denkungsart der Napoleonischen Truppen aus — glich doch auch der kleine Krieg binnen kurzem ganz dem Kampf zwischen Räuber und Gensdarmen. Vierzehn Tage blieben die Frankfurter in Reynosa stehen, dann erhielten sie plötzlich den Befehl, in Eilmärschen der großen Armee auf Madrid zu folgen. Die nach Santander detachirten deutschen Truppen der Division Leval wurden angewiesen, sich der Bewegung anzuschließen, und marschirten zwei Tagemärsche hinter dem Primatischen Bataillon auf der großen Straße über Aquilar del Campo, Palencia nach Valladolid. Hier schloß die Division in sich auf und marschirte dann im Ganzen nach Madrid; sie gelangte am 9. Dezember Abends bis eine Stunde vor die Hauptstadt. Die forcirten Märsche brachten wieder viel Kranke. Welsch giebt die Zahl seiner Gewehre auf nur noch 240 an. Schon am 4. war der Kaiser mit italienischen und französischen Garden in die Hauptstadt eingezogen, nachdem er durch die eindringliche Sprache seiner Kanonen den Madridern dargethan, daß ernstlicher Widerstand ihre Stadt vernichten würde. Charakteristisch war seine erste Proklamation an das spanische Volk:

„Ihr verdienet harte Bestrafung, aber ich werde Gnade üben. Ich will selbst loben, was Hochherziges in Euren Anstrengungen gegen mich gelegen sein mag. Aber Ihr müßt einsehen, in welcher Täuschung Ihr befangen waret. Versaget Euer Ohr den giftigen Zuflüsterungen Englands und vertraut Euch mir, der ich den Willen und die Macht habe, Euch glücklich, Euch groß zu machen." Diese Worte gingen Hand in Hand mit der Aufhebung der nur noch dem Namen nach bestehenden Inquisition, der Aufhebung von zwei Drittheilen aller Klöster und einer allgemeinen Amnestie. Aber diese freiheitlichen Dekrete verfingen bei den Spaniern nicht; das Volk zeigte vielmehr eine so drohende Haltung, daß Napoleon es vorzog, seinen Bruder allein in die Stadt zu senden (am 22. Dezember), während er in einem Landhaus der Vorstadt sich einquartierte. Als die deutschen Truppen am 9. Abends vor Madrid ankamen, bezogen sie in seiner Nähe Biwaks und sendeten Fouragirkommandos in die Stadt. Dieselben kehrten aber mit leeren Händen zurück. Das Requiriren war hier bei Todesstrafe verboten, während das übrige Spanien der ärgsten Plünderung überlassen war. Verkaufen wollten aber die hartnäckigen Spanier nichts an die fremden Eindringlinge — daher galt es für die Deutschen, nach den Anstrengungen des Tages und angesichts der reichen Stadt zu hungern. Dafür wurde ihnen die Mittheilung, daß der Kaiser sie am morgenden Tag in eigener Person Revue passiren lassen werde. Dieser Befehl setzte die müden Hände in Bewegung; Waffen und Lederzeug wurden geputzt und das Aussehen der Mannschaften nach Kräften gebessert. Die höheren Offiziere verbrachten die Nacht in fieberhafter Spannung, denn eine Revue vor dem Kaiser wollte mehr bedeuten, wie eine Schlacht. Napoleon pflegte bei diesen Gelegenheiten mit durchbringendem, Alles umfassendem Blick durch die Reihen zu gehen, mit kurzen, barschen Worten die Soldaten nach Allem zu fragen, was den innern Dienst und ihr Wohlergehen betraf. Waffen und Adjustirung unterlagen dabei der schärfsten Kontrole. Alten, langgedienten Soldaten begegnete der Kaiser mit hinreißender Leutseligkeit — das Zeichen seines äußersten Wohlwollens bedeutete das Kneifen des Ohrläppchens. Nach dem Abgehen der Fronten wurde eine taktische Idee ausgegeben; die Führer hatten zu zeigen, ob sie den Auftrag schnell erfaßten, geschickt ausführten. Die Truppe wurde dabei auf ihre Ordnung, Feuerdisziplin, Geschick im Tiraillement geprüft; von einem Parademarsch war seltener die Rede. Fiel die Revue gut aus, so lohnte ein Lob aus des Feldherrn Mund die hervorragende Tüchtigkeit; eine Anzahl Kreuze der légion d'honneur war für die Truppe das Zeichen Kaiserlicher Gnade. Protektion schützte nicht vor herbem Tabel; der Kaiser verlangte von all seinen Offizieren gleiche Tüchtigkeit im Dienst und deshalb erreichte er sie. Nach dieser Schablone verlief der Morgen des 10. Dezember.

Dem Kaiser fiel die Schwäche des Frankfurter Bataillons unangenehm auf; Welsch antwortete bescheiden aber bestimmt, daß eine Kompagnie ihm genommen sei (die nach Logroño detachirte), und daß er alle Kranken habe nach Bilbao schaffen müssen, was allein 7 Offiziere und 200 Mann ausmache. Auf Napoleons Stirn stieg eine finstere Wolke auf, und er befahl barsch an General Leval, diese Leute sofort wieder heranzuziehen. Jeder Kompagniechef hatte dem Kaiser Rede zu stehen — die Fragen sprangen von einem Thema zum andern. Der Kaiser war nicht leicht zu verstehen, und die Beantwortung in französischer Sprache machte Mühe — auch machte der Kaiser, während die Deutschen beklommen nach dem richtigen Ausdruck suchten, oft eine Geberde der Ungebuld. Bei dem Regiment Nassau fand er einen Soldaten ohne Bajonett — er herrschte den Bataillonskommandeur an: dites au capitaine, que l'empereur aime mieux voir un soldat sans culottes quo sans bayonnette. — Vor Beginn der Revue hatte Marschall Lefebvre Welsch und seinem Bataillon fünf Kreuze der Ehrenlegion zugesagt — nach derselben wollte er das Versprechen nicht gemacht haben, weil das Bataillon zu schwach sei. Bei dem Ordensregen, der nun folgte, gingen die Frankfurter daher leer aus. Dies war um so schmerzlicher, als der Fürst Primas jedem seiner Soldaten, der die légion d'honneur erhielte, eine jährliche Pension von 100 Thalern zugesichert hatte.*) Am 13. hielt der Kaiser Revue über das ganze 4. Korps, einen Theil des 2., die Reservekavallerie ꝛc. ab. Das militärische Schauspiel war in hohem Grade glänzend. Den Schluß bildete ein Defiliren der ganzen Infanterie in Bataillonsmassen im Sturmschritt. Das 4. Korps sah prächtig aus, aber der Kaiser grollte seinem Führer, den er infolge dessen auch bald nach Frankreich zurückberief. Vorläufig trug er ihm jedoch die Verfolgung der aus

---

*) Bei den taktischen Bewegungen machten die Führer, besonders des badischen Regiments, in der Befangenheit Fehler — der Kaiser bemerkte sie aber lächelnd. Er hatte es nicht ungern, wenn seine Gegenwart fast lähmend wirkte. Am schlechtesten kam das Regiment Hessen weg. Es erhielt scharfen Tabel, und der Kaiser sagte von ihm im 17. Bulletin aus Spanien: le régiment de Hesse n'a pas soutenu la réputation des troupes de ce pays et n'a pas répondu à l'opinion, qu'elles avaient donnée d'elles dans la campagne de Pologne. Das Regiment war aber so brav wie die andern und gab davon bald Beweise.

Madrid vertriebenen feindlichen Streitkräfte auf mit dem Befehl, das Land bis zum Tajo von Insurgenten zu säubern;*) ihm folgten die Kavallerie-Divisionen Milhaud und Lasalle. Die Deutschen der Division Leval erhielten den überraschenden Befehl, in Madrid zu bleiben und den König Joseph zu schützen, gewissermaßen als seine Garde zu dienen. Hatte dieser Befehl anfänglich wie eine Bevorzugung aus- gesehen, so sollten die Truppen bald das Gegentheil inne werden. Zu- nächst waren die Quartiere, wie gewöhnlich, erbärmlich; sämmtliche Leute und Offiziere wurden in einige abgelegene Klöster gesperrt, wo sie buchstäblich an Allem Mangel litten. Die Offiziere mußten sich selbst beköstigen. Da die Marketender in der Umgegend der Hauptstadt nicht rauben durften, so waren auch deren Kantinen leer. Diese leidige Einquartierungsfrage trug ebenfalls viel zur raschen Desorganisation der Truppen bei. In den kalten, öden Steinhallen, die der Soldat mit Hunderten seiner Kameraden theilen mußte, die ihm die Grundbedin- gungen des Lebens raubten — Luft und Licht, konnte er sich nie er- holen, besonders da es in dem wenig Getreide bauenden Land fast immer an Stroh fehlte. In die Bürgerhäuser die Soldaten zu ent- lassen, wagte man nur in den seltensten Fällen, da dann an ein Zusammenhalten der Truppe für die Länge nicht zu denken war, und außerdem die Spanier an den vereinzelten Leuten stets ihre Rache zu kühlen suchten. Es verschworen sich in diesem Kriege thatsächlich alle Umstände, um ihn für jeden Betheiligten zu einer wahren Geißel zu machen. Zu Hunger und gefängnißartigen Quartieren trat in Madrid ein geradezu aufreibender Wachtdienst. An allen Thoren und öffent- lichen Plätzen wurden starke Pikets ausgesetzt, und fortwährender Patrouillengang bei Tag und Nacht mußte eine nothdürftige Sicherheit der Straßen erzwingen. Trotz aller Vorsichtsmaßregeln fand man doch jeden Morgen die Leichen ermordeter Soldaten in ihnen liegen**) — ergriff man die Thäter, so wurde ihnen ein schnelles Ende gemacht, sie wurden auf dem Markte, der Plaza de Cebada, garottirt, d. h. an Pfählen durch allmäliges Anziehen einer Schlinge erdrosselt. Rechnet man zu diesem Dienst die Heranziehung zu Schanzarbeiten am Buen

*) Er selbst zog aus, um den englischen General Moore zu fangen, der von Lissabon in Spanien eingefallen war. Bekanntlich glückte ihm das Vorhaben nicht und er mußte sich begnügen, die Engländer im Nordwesten Spaniens bei Corunna wieder auf ihre Schiffe zu jagen.
**) Der badische Major v. Hochfelden schätzt in seinem Tagebuch den täglichen Abgang der Garnison durch diese Morde auf dreißig bis vierzig Mann (Seite 17).

Retiro und der China (Porzellanfabrik), so gewinnt man ein Bild des Lebens, das das Primatische Bataillon in Madrid führte. Auch für die Offiziere bot es nicht die ersehnten Genüsse der Großstadt, wenn auch eine Wolke Pariser Gesindels dem Heere hierher gefolgt war, um ein Zerrbild des schwelgerischen galanten Lebens der Seinestadt an die Ufer des Manzanares zu verpflanzen. Zu alledem war eine begreifliche Theuerung der nothwendigsten Bedürfnisse eingerissen. Nach einem Rapporte Welschs vom 1. Januar 1809 kostete ein Hut 4 Louisdor, ein Paar Stiefel 2½ und so fort. Welsch beantragte, freilich vergeblich, bei Dalberg eine Gratifikation für die Offiziere. Wie man in Madrid über die Lage der Armee dachte, deutet der Schlußpassus des Rapports an:

„Gestern erhielte die teutsche Division Befehl, auf den ersten Wink zur weitern, mir unbekannten Bestimmung marschfertig zu sein. Von der Stellung der Armee ist nichts Gewisses zu sagen, indem der Kaiser den 22. Dezember jählings Nachts mit dem größten Theile der Armee hier aufgebrochen, um, wie man sagt, den angelandeten Engländern entgegen zu gehen, die aber so auf flüchtigem Fuß sein sollen, daß sie nicht zum Stehen zu bringen sind. Sie werden aber ihrem Schicksal schwerlich entgehen."

Fünftes Kapitel.
1809.

Unter den geschilderten Verhältnissen war jede Veränderung ein Gewinn. Die deutsche Division Leval begrüßte daher den Befehl zum Abmarsch mit Freuden — sie hatte die Bestimmung, eine polnische Division in Talavera de la reyna abzulösen bezw. mit dieser vereint das Land auf dem rechten Ufer des Tajo von Aranjuez bis Almaraz hinaus zu sichern, und zwar gegen den spanischen General Cuesta, der um die Trümmer der Armee von Estremadura alle Hülfsmittel der südlichen Provinzen vereinigte. Die Kavallerie-Division Lasalle stand vorgeschoben am untern Tajo. In Madrid wurde von dieser neuen Vereinigung des Feindes wenig Aufsehens gemacht; man las in der einzigen offiziellen Zeitung: „quelques rassemblements de l'ennemi dans l'Estremadure étaient composés de la canaille sans armes, sans munitions et sans canons." In kleinen Märschen gelangte die Division nach Talavera. Das Frankfurter Bataillon war in der Stärke von 13 Offizieren und 373 Mann aus Madrid ausgerückt — die 4. Füsilier-Kompagnie aus Logroño hatte Hauptmann Klenk herangeführt, auch war eine Anzahl Kranker aus Bilbao eingetroffen. Dennoch klagt Welsch in einem Rapport vom 25. Januar schwer über die Schwäche des Bataillons, tröstet sich aber damit, daß zwei holländische Bataillone, die mit dem Primatischen eine Brigade bildeten, zusammen kaum die Stärke des letzteren erreichten.*) Die Frankfurter

---

*) Napoleon hatte in Madrid die Ordre de bataille des 4. Armeekorps geändert, es bestand aus der

    1. Division (Franzosen), General Sebastiani,
    2.   "   (Deutsche),   "   Leval,
    3.   "   (Polen),   "   Valence.

Summa 12—13 000 Mann und 36 Kanonen.
Die Division Leval bestand nun aus:

1 Regiment Badenser,
1   "   Nassauer,
1   "   Hessen,
1 Bataillon Frankfurter,
2 Bataillonen Holländer,
1 Bataillon Westfalen, ⎫
1   "   Preußen, ⎬ nach Art der jetzigen französischen Fremdenlegion ge-
1   "   Irländer, ⎭ bildet, waren sie meist aus Deserteuren zusammengesetzt und im Gefecht wenig nütze. Sie blieben auch nur wenige Wochen im Divisionsverbande.

rückten von Madrid zunächst nach Aranjuez, um die dortige Brücke über den Tajo zu decken. Sie erreichten ihr Ziel am 16. Januar, erfuhren aber dort zugleich, daß der Marschall Victor, der sich gegen den Südosten Spaniens gewendet hatte und in dessen Rücken sie die Brücke halten sollten, eine neu zusammengelaufene Armee bei Uglez total geschlagen habe. Man sprach von vielen eroberten Fahnen und Kanonen, Tausenden von Gefangenen. Die Anwesenheit der Frankfurter war nunmehr in Talavera nöthiger als in Aranjuez, und in Eilmärschen, den Tajo zur Linken, vereinigte sich das Bataillon mit der Division am 20. Die Frankfurter und ein Theil der Hessen blieben in der Stadt selbst. Die Nassauer und Holländer wurden nach Almaraz und Arzobispo vorgeschoben. Die Gelände, die die deutschen Truppen durchzogen, waren weniger vom Kriege mitgenommen und boten reichlichere Verpflegung, auch gestattete die breite Heerstraße ein gemächlicheres Marschiren — bald aber hörte man rings Schreckensgeschichten von Meuchelmord. Hochfelden erzählt:

„Soldaten, die sich in geringer Zahl oder einzeln in die unbesetzten Ortschaften begaben, um Wein zu holen, wurden von den Bauern auf das Schrecklichste umgebracht; die Kühnheit der Spanier ging so weit, daß sie in der kleinen Stadt Talavera einzelne Soldaten Nachts in den Straßen überfielen, öfters aber Feuer auf die Schildwachen gaben, sogar die Kanonen zu vernageln sich erfrechen wollten."

Sieben Tage blieb das Bataillon hier stehen — es hatte Gelegenheit, täglich an den Straßenecken Proklamationen in spanischer, französischer, lateinischer, deutscher und polnischer Sprache zu lesen, die alle darauf hinausliefen, die Alliirten der Franzosen von diesen abwendig zu machen — jetzt blieben aber diese Bemühungen noch ganz erfolglos und fanden selbst dann keinen Widerhall in der Brust der Deutschen, als man von einem neuen Kriege Napoleons gegen Oesterreich zu sprechen anfing. Die geheimnißvollen Bande der Waffenbrüderschaft hielten zu dieser Zeit noch in unveränderter Stärke.

Lachend wickelten die deutschen Soldaten die abgerissenen Affichen um ihre schadhaft gewordenen Patronen, um sie bei nächster Gelegenheit den Spaniern wieder zuzusenden.

Am 27. marschirte das Bataillon allein nach Arzobispo, um die dortige Brücke über den Tajo zu besetzen. Sie war von Stein und so schmal, daß nur ein Fuhrwerk Platz darauf hatte — in der Mitte erleichterten zwei feste Thürme aus der Maurenzeit die Vertheidigung. Auf dem linken Tajo-Ufer reichten die Felsen der Sierra de Guadelupe bis unmittelbar an den Strom. In finsterer Majestät zogen die Bergriesen in ununterbrochener Reihe dahin — Wachtfeuer der Spanier krönten sie — ihre trotzigen Gestalten zeigten sich vielfach am andern Ufer, auf den fast senkrechten Abfällen der Berge. Zum Glück für die Frankfurter war es unmöglich, dort Artillerie einzufahren, sie würden sonst schwerlich den einsamen und doch höchst wichtigen Posten haben halten können. Seine Bedeutung lag in dem festen Uebergang über den Tajo, deren es außer der Brücke bei Talavera nur noch einen in Almaraz weiter stromab gab — diesen hütete das brave Regiment Nassau und die badische Artillerie.

— Wenn der feindliche General Cuesta die Offensive ergreifen wollte, so mußte er eine der 3 Brücken forciren — bei der jetzigen schwachen Besetzung war der Reiz zu einem Versuche der Art verführerisch genug. Die deutsche Division, die in diesen Augenblicken kaum 4000 Bajonette zählte, war, da man die Hessen nach Puebla de Montalban, einem Städtchen tajoaufwärts, detaschirt hatte, auf 30 Stunden Wegs verzettelt — nirgends waren mehr als einige hundert Mann bei einander, an ernstlichen Widerstand war im Grunde gar nicht zu denken. General Cuesta beschloß daher, die Brücke von Almaraz zu nehmen, weniger weil er eine sofortige Offensive gegen Madrid plante, sondern weil er sie sich zu einem späteren Vorgehen offen halten wollte. Bereits am 26. Januar erschienen spanische Truppen vor der Brücke von Almaraz und fingen zunächst an, sie mit Haubitzen zu beschießen. Die Brücke stellte einen ungeheuren Viadukt dar und überspannte das Thal mit mehreren über 100 Schritt langen Bogen — das Planum hielt sich in der Höhe von etwa 200 Fuß. Der Uebergang war für Artillerie und Fuhrwerk durchaus praktikabel und um so wichtiger, als die Straße nach Truxillo, also in das Herz von Estremadura, darüber hin führte. Die Nassauer wurden hierauf am 27. von den Spaniern ungestüm angegriffen, nachdem diese den Sturm durch ihr Artilleriefeuer genügend vorbereitet zu haben glaubten. Die Leichen häuften sich, und gar manche nahm der Tajo mit in den atlantischen Ozean. Den ganzen Tag währte der ungleiche Kampf. Am Abend erhielten die Nassauer und die badische Artillerie, die fast die letzten Kartouchen verfeuert hatte, von Leval den Befehl, in der Stille sich nach Navalmoral (an der Straße nach Madrid, ½ Meile nördlich von Almaraz) zurückzuziehen. Ein blendend heller Mondschein verrieth den Spaniern den Abmarsch dieser Handvoll Deutscher. Sie störten ihn aber nicht, froh ihres gelungenen Werkes nur unschädliche Salven knatterten hinter den Abziehenden her.*) 20000

*) Ein Unteroffizier und drei Soldaten, die mit einem Brotwagen sich verspäteten, wurden von den Spaniern massakrirt, der gefallene und begrabene

Spanier schützten von da ab das wichtige Ausfallthor nach Castilien — freilich mehr in einer Bereitschaftsstellung auf dem linken Tajo-Ufer; der Brückenkopf auf dem rechten wurde nur von einer schwachen Avantgarde besetzt. In dieser Situation wollte General Leval am bedrohtesten Punkte wenigstens eine nennenswerthe Truppenanzahl versammeln. Das Bataillon Primas sowie der Rest des nassauischen Regiments wurden daher nach Navalmoral gezogen — die Vorposten standen denen der Spanier auf Gewehrschußweite gegenüber.

Am 3. Februar machte diese Brigade, welche als Avantgarden-Brigade bezeichnet wurde, eine wahrhaft glänzende Rekognoszirung gegen die Brücke. Es war nämlich General Leval aufgefallen, daß die Spanier so wenig Truppen diesseits zeigten, und er vermuthete daher, daß sie den Uebergang zur Sprengung eingerichtet hätten. Die Rekognoszirung sollte darüber Klarheit verschaffen. Mit wirklich bewundernswerthem Muth gingen die drei deutschen Bataillone, kaum 1000 Mann stark und nur unterstützt von zwei französischen Kavallerie-Regimentern,*) gegen die Höhen vor, welche die Brücke nördlich begrenzen. Die dort postirten Spanier gaben wie gewöhnlich ein heftiges, aber schlecht gezieltes Feuer ab und flohen vor dem Bajonettangriff, vielleicht absichtlich, nach der Brücke. Auch auf derselben hielten sie nicht Stand, sondern gewannen schnell das linke Ufer.

Auf diesem standen etwa 2000 Mann in Gefechtsformation sichtbar, und eine starke Artillerie ließ ihre Kartätschlagen über die Steinquadern der Brücke fegen, daß die einzelnen Kugeln pfeifend und sauseub ricochettirten und vor den Füßen der Deutschen einschlugen. Wenn man die Rekognoszirung durch einen Sturm auf die Brücke vollenden wollte, so mußte dieser blutige Opfer kosten. Da erbot sich der Nassauische Hauptmann v. Weihers, mit fünf Leuten allein die Rekognoszirung auszuführen — bis auf 30 Schritte kam er an die Brücke heran und konstatirte, daß sie gänzlich intakt sei — unter einem Kugelregen kehrte er verwundet zurück. Sein Benehmen war eine Heldenthat und nichts weniger.**)

Hauptmann Trapp ausgescharrt und an einen Baum gehängt. (Costa de Serba, Seite 39.)

Als die Deutschen Almaraz später wieder nahmen, erschossen sie dafür zwei in den Kellern aufgefundene Bürger. (Hochfelden, Seite 19.)

*) Avantgarde des Marschall Victor, der an diesem Tage schon in Talavera stand.

**) Hergenhahn, Antheil der nassauischen Truppen am spanischen Kriege. Seite 31.

Die Brigade zog sich am Abend gegen Navalmoral, von den Frankfurtern waren nur einige Mann blessirt. Die folgenden Tage vergingen
in schwüler Stille. Das Primatische Bataillon wurde nach Perateda
de la mata (dicht bei Navalmoral) verlegt — ab und zu rollte der
dumpfe Ton eines Kanonenschusses durch das Thal des Tajo — dicke
Nebel brüteten fast den ganzen Tag über seinen Wassern. Es waren
Tage banger Erwartung. In der That bereiteten sich wieder wichtige
Entscheidungen vor. König Joseph, der sich in Madrid wenig sicher
fühlte und den spanischen General Cuesta durchaus vom Tajo vertrieben
wissen wollte, hatte den Marschall Victor nach seinem Siege bei Uglez
herangezogen und ihm den Auftrag ertheilt, den General Cuesta am
mittleren Tajo anzugreifen. Victor kam bereits am 6. Februar nach
Oropesa *) — die deutsche Division trat an diesem Tage mit den beiden
Kavallerie-Divisionen Lasalle und Latour Maubourg unter seine Befehle.
Außer Massena gab es wohl keinen französischen Marschall, der wie
Victor gänzlich gleichgültig gegen die Opfer war, die ein Sieg ihm
kostete. Er beabsichtigte, bei Arzobispo ohne Kavallerie und Artillerie
überzugehen, diese aber über die Brücke von Almaraz heranzuziehen,
sowie er den Feind in der rechten Flanke gepackt habe. Zu diesem
Zweck sollte die deutsche Division den Uebergang bei Almaraz forciren;
ein wahrhaft verzweifeltes Unternehmen. Um dies im gegebenen Moment
überraschend ausführen zu können, erhielt General Leval den Befehl, die
Höhen dicht vor der Brücke am 10. Februar wegzunehmen und zu
halten. Die Division war mit Ausnahme der Holländer **) bei Navalmoral versammelt. General Leval bildete aus sämmtlichen Voltigeur-
Kompagnien eine Vorhut und ging mit dieser unter Befehl des badischen
Major Grolmann gegen die Höhen vor. ***) Sie wurden in raschem
Anlauf erstiegen — zum allgemeinen Erstaunen fand man sie verlassen.
Kaum aber zeigten sich die Truppen auf der Krete, so begrüßten sie die
Lagen der spanischen Batterien die, 35 Geschütze zählend, auf dem
jenseitigen Höhenzug aufgefahren waren. Längs des Flusses sah man
steinerne Brustwehren, Parapets und krenelirte Mauern; auf der Brücke
war eine Barrikade errichtet — zwei Geschütze bestrichen sie von dort
der Länge nach. Es war klar, daß ein Sturm auf diese Positon zu

---

*) Liegt etwa halbwegs zwischen Talavera und Almaraz.
**) Diese standen in Arzobispo.
***) Auch hier treffen wir wieder die eigenthümliche Trennung der Napoleo-
nischen Infanterie — diese Voltigeurs erinnern beinahe an den verlorenen Haufen
der Landsknechte.

den größten Wagestücken gehören mußte, die ein Krieg mit sich bringen konnte. Die Deutschen bereiteten sich für die Blutarbeit des nächsten Tages vor — eine feierliche Stimmung hatte sich ihrer bemächtigt, doch war sie weit entfernt von Muthlosigkeit. Ganz wider Erwarten traf jedoch in der Nacht der Befehl vom Marschall ein, auf Navalmoral zurückzugehen. Kavallerie-Patrouillen hatten in der Sierra de Gredos (also wenige Meilen in der rechten Flanke der Deutschen) eine Menge aufständischer Bauern angetroffen, und Victor überschätzte deren Bedeutung. Erst als er sich vergewissert hatte, daß von da kein Angriff drohe, ging er am 14. Februar bei Arzobispo, seinem früheren Plane gemäß, über den Tajo und ertheilte zu gleicher Zeit der deutschen Division den Befehl, am 15. die Brücke bei Almaraz zu stürmen.*) Das bisher schöne Wetter hatte sich in das Gegentheil verkehrt. Kaum wollten die Gewehre losgehen, da der Regen wolkenbruchartig herabfluthete. In Wind und Wetter formirten sich am Morgen des 15. die deutschen Sturmkolonnen — voran wieder das zusammengesetzte Voltigeur-Bataillon. Ohne weitere Einleitung des Gefechts stürzten sich die Schützenschwärme von den bald wieder erstiegenen Höhen gegen die vielumworbene Brücke — ihnen folgte in Bataillons-Kolonnen die Division, in zwei Treffen gegliedert. Der Augenblick äußerster Spannung war gekommen. Da übertönte plötzlich ein gewaltiger Krach den Donner der spanischen Geschütze. Vor den frankfurter und nassauischen Voltigeurs, die soeben die Brücke erreicht hatten, sank ein gewaltiges Stück derselben in die hochaufspritzenden Fluthen des Tajo.**) Hiermit war den Operationen vorläufig ein

*) In diesen Tagen kehrte Napoleon nach Frankreich zurück, nachdem er in Valladolid von seinem Bruder Joseph Abschied genommen hatte. Er verließ Spanien in galliger Stimmung. Ein Theil der Garde-Truppen, die er hier zurückließ, hatte zu meutern gewagt. Diese Kerntruppen wollten ihm nach Frankreich folgen, da sie, wie er, einsahen, daß in Spanien weder Ruhm noch Ehre, noch gutes Leben zu erwarten sei. Napoleon gerieth darüber in unbeschreiblichen Zorn, ließ jene Bataillone ins Gewehr treten und schritt mit tödtlichen Blicken die Fronten ab. Endlich entriß er einem der Grenadiere das Gewehr, zog ihn aus der Reihe und herrschte ihn an: „Elender, Du verdienst, daß ich Dich niederschießen lasse!" schleuderte ihn wieder zurück und sagte zu den andern: „Ich weiß, Ihr wollt nach Paris zurück, zu Euren Weibern, aber wartet, ich will Euch noch 20 Jahre unter den Waffen halten." (Menzel.)

**) Welsch sagt in seinem Rapport vom 1. März: „Die Feinde demolirten die Brücke, indem sie durch Hebelwerk die Schlußsteine herauszogen, und ließen sie so im Angesicht der Unseren in den Tajo fallen, so zwar, daß dieselbe auf eine Breite von 150 Schuhen gesprengt ist. Man fing sogleich mit allen Sappeurs an, die Kirche von Almaraz und die größten Häuser abzubrechen, um eine Floßbrücke zu verfertigen, an welcher immerwährend fortgearbeitet wurde.

gebieterisches Halt gesetzt — die beiderseitige Artillerie feuerte noch einige Zeit auf einander, die Truppen zogen sich aber außer Schußweite zurück.

Wenn die Spanier vielleicht taktisch nicht eben richtig handelten, die Brücke zu sprengen, wo ihr Einsturz noch keinen der Feinde gefährdete, so hatten sie in strategischer Hinsicht den Marschall doch in arge Verlegenheit gesetzt. Er war jetzt nur auf die schmale, unbequeme Brücke bei Arzobispo und die weit entfernte von Talavera angewiesen — zudem war ein strategisches Umfassen des Feindes von zwei Seiten her unmöglich gemacht. Es muß zugegeben werden, daß die Napoleonischen Marschälle die Dinge zu nehmen wußten, wie sie einmal lagen, und am allerwenigsten an Unentschlossenheit litten. Sogar mit einer gewissen Hast wurde daher die deutsche Division von Almaraz weg nach Arzobispo gezogen. Die nach jenem Ort bereits auf dem Marsche befindliche Artillerie erhielt Kontreordre und sollte vorläufig bei Arzobispo parkiren, während der Marschall mit den Divisionen Vilatte und Ruffin sich in die grandiosen Bergmassen der Sierra von Guadelupe und Toledo wagte. Die Teutschen erhielten den Befehl, ihm, so rasch es eben gehen wollte, dahin zu folgen.

Nach zwei Wochen ängstlicher Defensive also wieder ein ungestümer Vormarsch — das Unvermittelte, eines allgemeinen großen Plans Ermangelnde der französischen Kriegsführung tritt hier wieder in schroffer Weise hervor. Die französischen Heere glichen einem rasenden Stier, der da und dorthin seine wuchtigen Anläufe macht, Alles niederrennt und doch von den leichten Banderilleros so lange in seiner Flanke gestachelt wird, bis er abgemattet niedersinkt. Möglich, daß die Spanier ihre Taktik instinktiv aus ihrer Arena entlehnt haben.

In der Nacht zum 17. brach die deutsche Division auf und erreichte nach mühseligem Marsch durch die Sümpfe und Klippen der Gebirge von Belvis de Monroy und Baldehuncar am Mittag des folgenden Tages das den Frankfurtern wohlbekannte Arzobispo.

Am 19., obwohl von Hunger und Anstrengung erschöpft, passirten die Deutschen den Tajo und erreichten auf überaus schlimmen Bergpfaden die vorangeeilten französischen Waffenbrüder*) im Biwak von Mohedas. Lauter enthusiastischer Willkomm wurde ihnen hier zu Theil — die Franzosen stürzten den Deutschen entgegen, umarmten und küßten sie in ihrer Lebhaftigkeit und theilten den letzten Bissen mit ihnen. Die guten Deutschen waren dergleichen nicht gerade gewohnt — in den Auf-

---

*) Es war speziell die Reiter-Division Lasalle.

zeichnungen von sechs Offizieren, die uns vorliegen, hat nicht einer vergessen, diese herzliche Gemeinschaft in dem sogenannten „Steinlager" rühmend und gerührt zu erwähnen. Steinlager wurde dieses Biwak von den Soldaten genannt, weil ein Meer von Felsblöcken, die Trümmer von jahrtausendlanger Abbröckelung der Gebirge, ihnen hier zum Lager dienten — rings umstarrten sie dunkle Granitmassen, eine sternenlose Nacht machte die Umgebung zu einer schauerlichen. Was sollte eine Armee in solchem Felsenlabyrinth anfangen? Der Marschall Victor mußte sich wohl selbst diese Frage vorlegen. Er hatte die Absicht gehabt, den Feind konzentrisch zu fassen. Derselbe war im Allgemeinen hinter der Galija rekognoszirt worden — Engpässe, die den Thermopylen an Defensivkraft wenig nachgegeben haben werden, bildeten den einzigen Zugang. Dennoch erhielten die Divisionen Vilatte und Ruffin*) als linke oder Frontalkolonne den Befehl, den Feind bei Venta de la Magdalena anzugreifen, die Deutschen und die Division Lasalle sollten ihn flankiren und im Rücken über den Col de San Vincente packen. Die Hauptkolonne hatte bereits am 19. ein blutiges aber erfolgloses Gefecht gehabt, am 20. sollte der Angriff wiederholt werden, die Deutschen waren bereits mehrere Stunden unterwegs, als sie den Befehl erhielten, umzukehren und bei Carras Calejo Stellung zu beziehen. Sie sollten dort die Armee des Marschalls vor einem Flankenangriff schützen, da sich dieselbe plötzlich Hals über Kopf nach Arzobispo zurückzog. Zwei Beweggründe hatten den Marschall zu dieser plötzlichen Aenderung seiner Entschlüsse veranlaßt: einmal hatte er eingesehen, daß die starke und von reichlicher Artillerie garnirte feindliche Stellung nicht ohne eigenes Geschütz forcirt werden konnte, dann aber hatte ihn eine Depesche des Königs erreicht mit der Nachricht, daß die eben erst bei Uglez geschlagene spanische Armee du centro auf Toledo marschire, mithin Madrid direkt bedrohe. Diese Bewegung war um so entscheidender, als die polnische Division, die bislang in Toledo gestanden, nach Saragossa gezogen werden sollte, um dort das Belagerungsheer zu verstärken. Jene heldenmüthige Stadt hatte einen Widerstand ohne Gleichen geleistet und hielt noch jetzt im letzten Stadium der Belagerung zwei volle französische Armeekorps fest. Da Toledo durchaus wieder besetzt werden mußte, so sollte die deutsche Division dorthin eilen, sobald die Polen abmarschiren würden — die Operationen Victors gegen Estremadura

---

*) Ihnen war die Dragoner-Division Latour Maubourg beigegeben. Was sollte aber Kavallerie in diesen Bergen?

mußten einstweilen ruhen und er sich darauf beschränken, die Tajolinie defensiv zu halten. Wiederum ein durchgreifender Wechsel der ganzen Kriegslage.

Zunächst deckten die Deutschen noch den Rückzug der französischen Divisionen am 21. vorwärts Arzobispo, während die Kavallerie-Divisionen wieder aufgescheucht und von Victor in die Gebirge vorgesendet wurden. Der Marschall trieb hier ein unbesonnenes und gefährliches Spiel mit den Kräften seiner Truppen, die ihn dafür herzhaft verwünschten. Ueber diesen Rückzug schreibt Riegel:

„So unbeschreiblich ermüdend auch unser nächtlicher Marsch sein mochte, so herrlich und imposant erschien uns dagegen der Anblick der Gebirge von Villar del Pedroso, wo ein Theil der Bilatteschen Division lagerte. Die ungemeine Menge Wach- und Kochfeuer stellte unter mannigfaltigen seltsamen Gestalten eine riesenmäßige Beleuchtung dar, die sich fast mit jedem Schritte, von den Schlangenwindungen des Weges begünstigt, unter andern Formen zeigte. Licht und Schatten mit dunklen und gelbrothen Nüancen wechselten unaufhörlich und machten nach Verschiedenheit des Standpunktes des Einen oder des Andern den Zwerg zum Riesen und den Borriko zum Kameel. Hinterwärts dieser absichtslosen Illumination nahm uns dunkle Finsterniß wieder in ihre schwarze Umarmung, bis wir mühsam die Höhen von Navalmoralejo erreichten, wo uns der junge Tag mit seinem freundlichen Licht begrüßte."

Die Schönheit der Natur entschädigte aber wenig für den empfindlichen Mangel an allen Nahrungsmitteln, der sich in der allerdrückendsten Weise fühlbar machte. Der Soldat laute seinen trockenen Schiffszwieback und trank Wasser dazu. Selbst der Marschall hatte kein anderes Getränk, da Traineurs ihm die Weinschläuche auf seinen Packthieren aufgeschnitten hatten. Hier erreichte die Frankfurter ein Schreiben aus der Heimath, worin ihnen der Fürst sagen ließ, wie sehr ihn die Strapazen des Bataillons schmerzten. Der Brief schloß mit den Worten: „Indeß wird dies sich nun auch bald ändern, da die Hauptsache in Spanien gethan ist." Dalberg hatte eben seine Kenntniß nur aus dem Pariser Moniteur, der diese Tonart von Monat zu Monat während der ganzen Dauer der spanischen Wirren modulirte. Da der Courier sich erbot, Briefe zurückzunehmen, so stiegen plötzlich Feder und Tinte im Preise. Die Gelegenheit, nach der Heimath zu schreiben oder gar von dort Briefe zu erhalten, war selten und wurde später noch weit seltener. Das segensreiche Institut der „Feldpost" existirte damals

noch gar nicht, wäre auch in Spanien wegen der Guerrillas nicht ein=
zuführen gewesen. Bis zum 29. blieb die deutsche Division in ihrer
Stellung vor Arzobispo und ging dann über den Tajo, um die Brücken
bei Arzobispo und Talavera wieder zu besetzen. Ein Theil der deutschen
Regimenter wurde aber nach Arenas, einem kleinen Städtchen auf dem
rechten Ufer des Tietar, gesendet, um dasselbe zu strafen, weil dort
25 westfälische Chevaulegers ermordet worden waren. Glücklicher=
weise blieb dem Primatischen Bataillon die Theilnahme an dieser schänd=
lichen Expedition erspart, da ihm die Bewachung der Brücke von
Arzobispo übertragen wurde. Um aber ein Charakterbild dieses Krieges
zu geben, möge hier ein Theil des französischen offiziellen Berichtes
folgen, der gewiß nicht in zu grellen Farben gehalten sein wird.

„Un spectacle navrant attendait les vainqueurs,*) quand,
parvenus sur l'autre versant, ils redescendaient à grand pas sur
la jolie petite ville d'Arenas, blottie au fond de la vallée; des
milliers d'hommes, de femmes, d'enfants s'enfuyaient éperdus, en
poussant des cris de terreur; les troupes entrent dans la ville,
où tout ce qui n'avait pu s'échapper est massacré; puis elles se
mettent à la poursuite des fuyards et en tuent encore un grand
nombre. On avait trouvé dans les caves des quantités consi-
dérables de vin, et le soir, les soldats égarés par l'ivresse
mettaient le feu à la ville, qui bientôt ne fut plus qu'un vaste
brasier. Le lendemain la colonne se ralliait en dehors des
ruines fumantes et l'avis suivant était affiché sur les arbres et
devant les portes:

La ville d'Arenas a été châtiée pour avoir assassiné des
cavaliers français.“

(La villa de Arenas es castigada por aver matado algunos
caballeros franceses.)

Gewährsmänner**) versichern, daß die französischen Dragoner zwei

---

*) Es war vor Arenas zu einem kleinen Gefecht mit Guerrillas gekommen,
die der Curé von Ramacastannas führte. Der fanatische Priester, rings von
Feinden umgeben, weigerte sich, sich zu ergeben, und starb, wie ein Wüthender um
sich schlagend, von Bajonetten durchbohrt.

**) Riegel, General v. Schäfer, Oberstlieutenant Brückner und der Franzose
Chass'.

Wenn Stricker in seiner Schrift „Die Deutschen in Spanien“ Arenas dadurch
gerettet werden läßt, daß ein badischer Offizier Reisighaufen rings um die Stadt
anzündete, um glauben zu machen, die Stadt brenne, so wird sich dieser Vorgang

kranke spanische Mädchen lebendig in die Flammen geworfen haben, und ähnliche Schreckensscenen mögen sich mehrere ereignet haben. Riegel schildert die weniger gräßlichen Bilder, die sich in Arenas abspielten, mit folgenden Worten: „Hier sah man einen Holländer mit Käsen in der einen Hand, mit einem mächtigen Weinkruge in der andern, seine weiße Uniform mit Rollen frisch gebeizten, triefenden Rauchtabaks um-wunden, dort einen Franzosen auf ähnliche Weise ausstaffirt und über-dies mit einer Tracht spanischer Frauenkleider beladen, hier wiederum einen Teutschen rings mit Würsten und Schinken behangen, dort eine belfernde, verbuhlte Marketenderin der Last des Raubes und des Weins erliegen und sich im Staube wälzen. Singend durchzogen Andere mit schwerer Zunge die Straßen, ein taumelnder Leiermann voran; Andere tanzten in Mönchshabiten, eine alte Weiberhaube auf dem Kopfe, nach dem Takte einer halbbesaiteten Fidel; Andere fluchten; Viele zankten, ohne zu wissen warum, oder standen als unsinnige Prediger und Possenreißer auf den Ballons; hier balgten sich zwanzig Besoffene um ein einziges Huhn, während sie dreißig frei um sich mit lautem Geschrei herumflattern ließen 2c."*)

Die deutsche Kolonne wurde von den rauchenden Trümmern von Arenas, unter denen zehn Betrunkene begraben blieben, plötzlich abberufen. Sie sollte die Frankfurter in Arzobispo und die Hessen in Talavera auf dem nunmehr nöthig gewordenen Marsche nach Toledo aufnehmen. Wie eine Schaar Raubvögel schwärmten spanische Bauern um die Nachhut und massakrirten sechs Marode, die am Wege liegen blieben. Vergebens flehten die Unglücklichen in herzzerreißenden Worten ihre Kameraden an, sie mitzunehmen; es fehlte an Maulthieren und Wagen, und auf einer Tragbahre von Gewehren konnten sie wegen der steilen Gebirgspfade nicht mitgeführt werden. So blieben sie zurück; es war deutlich zu sehen, wie die Spanier mit Rachegeschrei über sie herfielen.

Das Frankfurter Bataillon hatte den Befehl, von Arzobispo aus auf der Straße nach Toledo der Division als Avantgarde um einen Tagemarsch vorauszugehen. Am 25. Februar marschirte es daher nach Talavera, und erhielt Oberstlieutenant Welsch dort von General

---

wohl bei einer andern Gelegenheit vollzogen haben. Unsere Quellen sprechen auch in späterer Zeit vielfach von den „Ruinen" von Arenas, so daß das Schicksal dieses unglücklichen Ortes außer allem Zweifel steht.

*) Wunderlich erscheint die Reflexion des sonst philanthropischen Verfassers, daß das Strafgericht über die spanische Nation hereingebrochen sei zur Sühne der Frevel, die die conquistadores in Amerika verübt hätten.

Leval den mündlichen Befehl, am andern Tage nach Cebollio vor-
zurücken. Noch in der Nacht kam jedoch Kontreordre mit der Sieges-
nachricht, Saragossa habe kapitulirt.*) Der Herd des Aufstandes in
Nordspanien war also erloschen; zwei französische Armeekorps wurden
disponibel, die Polen konnten in Toledo belassen werden,**) und die
deutsche Division beim Marschall Victor verbleiben. Abermals hatten
sich also die Verhältnisse durchaus geändert. Welsch schreibt in seinem
bezüglichen Rapport: „Die Eroberung dieses wichtigen Platzes, welcher
seither zwei Armeekorps beschäftigte, wird uns nun in Stand setzen,
uns mit voller Ueberlegenheit auf jene Armee zu werfen, welche die
Eingänge von Estremadura besetzt hält, um sie vollends aufzureiben
und zu zerstreuen." Zugleich meldete Welsch aber auch nach Frankfurt,
daß das Bataillon sämmtliche Pferde verloren habe, daß rheumatische
und Nervenfieber tödtlich unter den Mannschaften grassirten und daß
er bringend einen Ersatz (renfort) haben müsse, um einigermaßen den
weiteren Anforderungen des Krieges genügen zu können. Der Fürst
fühlte sich denn auch bewogen, am 2. März ein Kommando von
108 Köpfen unter Major Vogt dem Bataillon nachzusenden.

Marschall Victor war nicht der Mann, den bei Saragossa siegreichen Lannes abzuwarten, um mit ihm die Lorbeeren zu theilen, die
er nun selbst zu pflücken hoffte, nachdem die deutsche Division wieder
zu seiner Disposition stand. Er kam deshalb auf seinen früheren Plan
zurück, der darauf hinaus lief, bei Talavera mit der Kavallerie-
Division Lasalle und der deutschen Division, bei Arzobispo mit den
Divisionen Vilatte und Ruffin den Tajo abermals zu überschreiten.

---

*) Die Kapitulation, die den Einwohnern Sicherheit verbürgt hatte, wurde
von den Franzosen auf das Infamste gebrochen, die Stadt geplündert, viele
Bürger erschlagen. Den heldenmüthigen Vertheidiger der Stadt, Palafoz, schleppte
man krank in französische Kerker, wo er bis 1814 schmachtete. 54000 Saragossaner
waren während der Belagerung umgekommen, von den Vertheidigern lebten noch
4000, die skeletartig abgemagert waren und kaum mehr gehen konnten. Diese
zweite Belagerung hatte aber auch den Franzosen 8000 Mann an Todten gekostet.
In Deutschland erweckte die heldenmüthige Vertheidigung die ersten sehnsüchtigen
Regungen nach Freiheit. Heinrich v. Kleist rief Palafoz zu, er habe
„Des Stromes Wuth gewehrt,
Der stinkend wie die Pest, der Hölle wie entronnen,
Den Bau sechs festlicher Jahrtausende zerstört."
**) In der dortigen Gegend gährte der Aufstand in der bedenklichsten Weise.
Das 20. Dragoner-Regiment wurde in Mora überfallen und verlor die Hälfte
seines Bestandes.

Diese beiden Kolonnen, ohne Artillerie, sollten sich dann alsbald ver=
einigen, nach ihrer rechten Flanke einschwenken, den General Cuesta aus
seinen Positionen verdrängen, dadurch die wiederhergestellte Brücke bei
Almaraz frei machen und über diese die Kavallerie=Division Latour
Maubourg, Artillerie und Trains an sich ziehen.

Ehe diese Bewegungen beginnen konnten, mußte sich aber der
Marschall dazu verstehen, seinen abgehetzten Truppen einige Ruhe zu
gönnen, Ersatzkommandos *) abzuwarten, Munition heranzuziehen und
dergleichen mehr. Dennoch zählte die Division Leval beim Beginn der
neuen Offensive nicht mehr als 3400 Gewehre. Als wenn die mili=
tärischen Verhältnisse einem fortwährenden „boulevorsement" ausgesetzt
bleiben sollten, wurde ihre Eintheilung wiederum geändert. Es bildeten
fortan die

I. Brigade. General v. Schäfer (Nassau).
  Voltigeur=Bataillon aus 8 Kompagnien, darunter die
  Primatischen (Avantgarde),
  zweites Regiment Nassau.

II. Brigade. General Werle.
  Regiment Baden.

III. Brigade. General v. Schäfer (Hessen).
  Ein Bataillon Hessen (das andere war nach Segovia
  betaschirt),
  ein Bataillon Frankfurt.

IV. Brigade. General Chassé.
  Regiment Holland.

Diese Ordre de bataille zeigt, daß die Brigaden nur aus Regi=
mentern bestanden — die also doppelten und dreifachen Befehlsinstanzen
unterworfen waren. Dieser Reichthum an höheren Befehlshabern ist
für die Truppe nie günstig und führte naturgemäß bald zu ärgerlichen
Konsequenzen, im Gefecht aber zu bedenklichen Mißverständnissen. Es
wurde das Fridericianische Wort einigen Offizieren des Bataillons
erinnerlich: ordre, controordre, désordre.

Am 14. März hielt Victor eine Revue über die deutsche Division
bei Talavera ab, die den Tag vorher den Fall Saragossas durch
Glockengeläut und ein feierliches „Herr Gott, Dich loben wir" gefeiert
hatte. Am 15. sollte die Offensive beginnen — Hand in Hand mit

---

*) Die Nassauer erhielten z. B. 6 Offiziere, 223 Mann Verstärkung.

dem Vordringen des Marschalls Soult in Portugal — man glaubte, man sei am Anfang vom Ende.

Die Deutschen erreichten an diesem Tage nach neunstündigem Marsch über Coralrubio — Albea nuova — die Gegend war ganz verlassen — auch vom Feinde keine Spur zu sehen; das Wetter und die Wege waren entsetzlich (lo mouvement commença le 15 mars par un temps affreux), das Biwak war natürlich nicht besser, *) am 16. nach zehnstündigem Marsch, das bekannte Navalmoralejo passirend, das Dörfchen Peraleda de Garbin. Ein feindlicher Husarenposten wurde hier ohne Widerstand belagirt. In der Nacht wurde schwache Fühlung durch Patrouillen mit den Divisionen Ruffin und Vilatte gewonnen, die an diesem Tage Val de la casa mit ihren Spitzen erreicht hatten. Für den 17. wurde ein konzentrisches Vorgehen der drei Divisionen gegen den Feind verabredet, welchen der unermüdliche Lasalle in einer fast unangreifbaren Stellung bei Messa de Jbor hinter dem Flüßchen Galija entdeckt hatte.

Bei dieser Bewegung tritt wieder recht klar zu Tage, wie sehr die Franzosen ihren damaligen Gegnern taktisch und strategisch überlegen waren. Der spanische General Cuesta war drei Wochen lang ganz unbelästigt geblieben, er stand aber noch unverändert in der Stellung, die er am 25. Februar inne gehabt hatte. Freilich hatte er sich hier bis an die Zähne verschanzt, allein die Stärke einer Defensivstellung hat noch nie allein eine Schlacht gewinnen lassen. Außerdem beging General Cuesta den Fehler, die Bedrohung seiner Rückzugslinie außer Acht zu lassen. Er sah ruhig zu, wie der Feind ihn umklammerte, wo es ihm wohl gelingen konnte, einen oder den anderen der getrennten Heerhaufen zu überfallen. Die Bewegungen der Feinde konnten ihm nicht unbekannt geblieben sein, denn jeder Einwohner war der treueste Spion, und überdies verfügte er über eine genügende Kavallerie. —

Welch anderes Bild auf gegnerischer Seite. Die französischen Marschälle hatten von ihrem Meister gelernt, getrennt zu marschiren, aber vereint zu schlagen. Fast in jedem Gefecht versuchen sie, den Feind von mehreren Seiten zu packen, auf die feindliche Rückzugslinie zu drücken oder nach lang hinhaltendem Gefecht durch einen Massenstoß den Feind an geeigneter Stelle zu durchbrechen. Ihre Taktik war den Spaniern gegenüber stets von Erfolg begleitet — doch verwöhnte sie die

---

*) Man hatte den Truppen diesmal auf vier Tage Zwieback und Wein mitgegeben.

Unthätigkeit ihrer Gegner, und sie wagten es, nach und nach ihre Linien behufs der Flankirung des Feindes so auszudehnen, daß sie zu dünn wurden. Als sie dieses Manöver dann auch gegen die deutschen und englischen Truppen Wellingtons anwenden wollten, bekam ihnen das sehr übel. *) Wir lassen über die Begebnisse des 17., soweit sie die Pri-matischen Truppen betrifft, den einfachen und schmucklosen Bericht des wenig federgewandten Oberstlieutenant Welsch folgen:

„Wir marschirten den 17. auf Messa del Jbor, wo der Feind drei der stärksten Stellungen, so eine Gegend nur darbiethen kann, mit 10000 Mann Infanterie, 1000 Mann Kavallerie und gut mit Artillerie besetzt hatte. Zwei Stunden vor Messa del Jbor fanden wir ihn in der ersten wenigstens mit 4000 Mann aufgestellt. Diese starke Stellung verließ er, ohne einen Schuß zu thun, um sich in die zweyte, noch stärkere zurückzuziehen, als er mit dem schnellsten Sturmmarsch uns auf sich einbringen sah. Diese Stellung hinter einem starken Bergstrom,**) auf den steilsten Gebürgen, voll von Felsenklüften und wilden Gesträuchen, wurde von der Division mit größter Bravour und Geschwindigkeit ohne vielen Verlust erstürmt. Das Bataillon hatte den rechten Flügel der ersten Linie. Von hier floh der Feind in die dritte, nach Ausspruch aller französischen Generale ***) die stärkste, so die Natur darbiethen kann. Der im Kanonenfeuer vorliegende und sowohl mit Infanterie als Kavallerie besetzte Ort Messa del Jbor wurde von meinem Bataillon und einem der Hessen genommen, und sonach wurde vom

Regiment Nassau den linken Flügel
vom Bataillon Primas den rechten Flügel } formirend
vom Bataillon Hessen die Mitte

diese letzte stark verschanzte Stellung erstürmt und glücklich genommen, sieben Kanonen erobert, wovon zwei das Bataillon Primas nahm und den größten Antheil an der Eroberung der fünf anderen hatte, indem das Bataillon Hessen und Primas durch Erglimmung eines über alle Begriffe hohen und mit dichtem Gestrüppe bewachsenen Felsenberges dem Feinde in die linke Flanke kam und ihn dadurch nöthigte, diese fürchterliche Stellung in der größten Eile zu verlassen. In dieser attaque formirten das Regiment Baaden und Holland die Reserve. Bey diesen 3 Ge-fechten hatte das Bataillon nur 1 Offizier, Lieutenant Dielmann, durch

---

*) Ein sprechendes Beispiel hierfür ist die spätere Niederlage Marmonts bei den Arapilen 1812.
**) Der Galija.
***) Die Anführung dieser Autorität ist bezeichnend.

cinen starken Sturz vom Felsen beschädigt, und 17 Unteroffiziere und
Soldaten todt und blessirt, sowie einige vermißt. Die übrigen Regimenter litten ungleich mehr, indem sie dem Kartätschenfeuer ausgesetzt
waren, besonders das Regiment Nassau, welches mehrere todte und
blessirte Offiziers wie über 200 todte und blessirte Soldaten hatte und
so verhältnißmäßig die übrigen. Nach der Bataille rief bei Vorbey-
passirung des Bataillons der Herr Divisionsgeneral Leval öffentlich:
„Vive le bataillon prince Primas! il a décidé la bataille."
Ich kann hierbei die Kaltblütigkeit und richtige Beurtheilung der Herren
Offiziers, den Eifer, Folgsamkeit und gute Ordnung der Mannschaften
bei allen diesen unmenschlichen Strapatzen, so sie bey Ersteigung der
Felsenberge, über drei Viertel mit nackten Füßen, verwundet durch die
Steinklippen und Dornhecken, erlitten, nicht genug anrühmen. Die
namentliche Bekanntmachung der Individuen, welche sich besonders aus-
zeichneten, muß ich mir annoch vorbehalten."

Aus diesem Bericht geht zunächst hervor, daß die Truppen Cuestas
aus rasch zusammengelaufenem Volk*) bestanden, das einen Ansturm
alter versuchter Soldaten nicht aushielt; dann aber, daß die Spanier
sich zu sehr auf den Schutz der Natur und auf die Steilheit ihrer
Berge verlassen hatten — nur deshalb gelang es den Frankfurtern, sie
in ihrer Flanke zu überraschen.**) Welsch hat in seinem Bericht aus-
gelassen, daß zwischen dem 1. und 2. Angriff eine 1½ stündige Pause
entstand, die die Spanier dazu benutzten, ihre exponirten und theilweise
abgeschnittenen Außenposten an sich zu ziehen. Riegel erklärt diese
Zögerung durch die ingrimmige Bemerkung, weil es à Monseigneur
le duc do Belluno gefiel, ein déjeuner à la fourchette einzunehmen.
Auch sonst wurden die Maßregeln der französischen Führer von den
deutschen Truppen bitter getadelt. So hatte das Regiment Nassau bei
dem ersten Vorgehen mit dem Bajonett angefangen zu feuern, weil der
Divisionsgeneral Leval mit seinem Stabe in die Leute hineinsprach und
sie ihn so verstanden, als sollten sie Pelotonfeuer abgeben.

Kaltblütig rief der nassauische General seinen braven Grenadieren
zu, er werde jeden erschießen lassen, der auf einen Andern höre, als auf
ihn. Ohne einen weitern Schuß zu thun, warf sich diese wahrhaft herrliche Truppe auf den Feind. Sie hatte denn auch weiterhin Grund,

*) Es waren jedoch außer der Bauernmiliz auch drei Bataillone Walloner
Garden dabei.
**) Durch einen ganz ähnlichen Fehler verloren die Russen im Krimkriege die
Schlacht bei Inkermann.

sich über Peval zu beschweren, indem er sie dicht vor der Hauptposition der Spanier befehligte, als erste Truppe im Centrum durch das enge Dorf Messa del Jbor zu debouchiren, dessen Ausgang unter dem Feuer der feindlichen Artillerie auf 500 Schritt Entfernung lag. — Hier hätten unbedingt die Flügel der Division zuerst angreifen müssen. So war die Wirkung der spanischen Geschütze eine fürchterliche — Schuß auf Schuß traf, das Regiment Nassau verlor die Hälfte seiner Leute. Eine einzige Kartätschlage rieß den Fahnenträger und 16 Mann nieder. Bemerkens= werth bleibt bei diesem Gefecht, daß das kombinirte Voltigeur-Bataillon nicht zur Aktion kam, da Marschall Victor selbst in die Details der Führung eingriff, und es in den ersten Stadien der Affaire gegen eine unersteigliche Felswand detachirt wurde, von welcher die Spanier es ungestraft mit Steinen bewarfen. Der Verlust der letzteren war äußerst gering — sie hatten nur gefeuert, um dann davon zu laufen, doch hatte die Artillerie brav ausgehalten, und hatte ihr Verlust sich bezahlt ge= macht. Die Deutschen hatten mehr gelitten — die Einbuße war aber ungleich vertheilt. Es verloren

Regiment Nassau	10	Offiziere	31	Unteroffiziere und	271	Soldaten.	Summa	315	Köpfe.
„ Baden	2	„	5	„	43	„	„	50	„
„ Holland	4	„	14	„	47	„	„	65	„
Bataillon Hessen	—	„	4	„	23	„	„	27	„
„ Primas	1	„	1	„	17	„	„	19	„
Voltigeur-Bataill.	—	„	2	„	20	„	„	22	„

Summa 17 Offiziere 60 Unteroffiziere und 421 Soldaten. Summa 498 Köpfe.

Um das Heroische in der Haltung der deutschen Truppen zu kenn= zeichnen, führen wir noch folgenden kleinen Zug an:

„Als der Obrist von Kruse das Deployiren der beiden Bataillons= Kolonnen (Nassau)*) befahl, wurde diese Bewegung mit einer Ruhe und Ordnung vollzogen, die auf dem Exerzirplatze nicht größer sein konnte. Alle Führer sprangen vor, und der Adjutant Ostermann des ersten Bataillons richtete sie mit so viel Genauigkeit ein, daß der General von Schäfer gegen den Obristen die Pedanterie des Adjutanten tadelte."

Die Division Vilatte erreichte während des Gefechts nur ein kleines

---

*) Es war der Moment nach dem verlustreichen Debouchiren aus Messa del Jbor. Das Deployiren ist ein Herstellen der Linie aus der Kolonne durch doppelte Schwenkung der hinteren Züge, deren Führer nach dem französischen Reglement in eigener Person die neue Richtung markiren mußten. Das Deployiren ist ein Parademanöver und im modernen Gefecht unbrauchbar geworden

Spanisches Korps bei Fresnedojo, schlug dies mit leichter Mühe und machte 300 Gefangene. Der Bericht, den Marschall Victor an den Kaiser sandte, schloß mit den Worten:

„La division Leval a montré uno ardeur et un courage dont je ne puis trop faire l'éloge. Les officiers et les soldats, qui la composent sont dignes d'être alliés de la France. Le général Leval la conduit avec beaucoup d'habilité; il en est très aimé; il sait lui inspirer une grande confiance, et si toutes les troupes, qui doivent composer cette division, étaient réunies, il en tirerait un très grand parti."

Die Division bezog ein blutiges und düsteres Biwak an dem Kirchhof von Messa del Jbor. Sie zählte am Abend des Gefechts nur noch 3000 Mann. In der Kirche mitten auf dem Friedhofe wur-ben die Verwundeten verbunden und amputirt.

Es war eine ernste Nacht! Die Ungewißheit, was werden sollte, löste der Marschall selbst, der um 7 Uhr früh in das Biwak geritten kam und den Soldaten laut zurief, er werde noch heute die Haupt-position des Feindes bei Miravete stürmen und dadurch die Brücke von Almaraz frei machen.

Die Division brach demzufolge sofort auf und gelangte, nachdem sie zuerst einen falschen Weg eingeschlagen und dadurch 1 1/2 Stunden verloren hatte, auf die richtige Straße nach Puente del Almaraz — einem Dörfchen, das der vielgenannten Brücke gleichen Namens nahe liegt. Auf dem Marsche ritt Marschall Victor an Oberst Welsch heran und sagte ihm viel Schmeichelhaftes über das Benehmen seines Bataillons am gestrigen Tage*). Er werde das dem Kaiser melden. Welsch hörte auch, wie General Leval zum Marschall sagte — „hier vous avez vu Nassau, et aujourd'hui je vous montrerai Baden." —

Der Marsch wendete sich rechts (nördlich) durch Valdecannas. Eine Viertelstunde westlich des Dorfes wurde die feindliche Arriere-gardenstellung sichtbar — sie krönte die Felsen von Riscogordo und hatte einen rauschenden Bergbach, die Desuella cabras, vor der Front. Wir sehen hier eine ähnliche taktische Offensive vor sich gehen, wie am gestrigen Tage. Ohne weitere Vorbereitungen stürzen sich die Regimenter vorwärts, gewinnen, ohne zu stocken, Terrain, erklettern im heftigsten feindlichen Feuer die steilsten Böschungen und gewinnen mit verhältniß-mäßig geringem Verlust festungsähnliche Stellungen. Für militärische

---

*) Welsch, Rapport vom 21. März.

6 *

Leser wollen wir bemerken, daß das Vorgehen auf kurze Momente durch sogenannte Bataillonsdechargen (Salven) unterbrochen wurde, wobei das erste Glied niederknieen mußte — ein im Feuer gewiß schwieriges Manöver, das als Prüfstein für die Kaltblütigkeit einer Truppe gelten kann. Wir finden auch im Vorgehen des Regiments Baden noch das Pelotonfeuer — eine Kompagnie blieb dabei halten und feuerte, während die anderen vorgingen. Dann lief eine zweite Kompagnie vor, hielt, feuerte und so fort. Wir sehen, das alte Exerzitium Friedrich des Großen war im Napoleonischen Reglement nicht ausgemerzt — nur war der Taktschritt bei den Vorwärtsbewegungen weggefallen und hatte dem pas accéléré Platz gemacht. Welsch rapportirt über das Gefecht kurz in folgender Weise:

„Wir fanden den Feind bei Valdecannas gegen 11 Uhr auf den Gebirgen in einer langen Linie mit einem Schwarm von Tirailleurs umgeben aufgestellt. Nachdem ihn der Herr Maréchal und der Herr Divisionsgeneral rekognoszirt hatten, wurde das Regiment Baden beordert, ihn en fronto und Primas mit Hessen in Flanke zu attaquiren. Nachdem sich derselbe lange und standhaft vertheidigt hatte, wurde er durch das Bataillon Primas und Hessen in der Flanke genommen, worauf er eiligst die Flucht ergriff und sich durch seine Kavallerie decken ließ. Wir stürmten, nachdem wir im Thale durch einen starken und tiefen Bergstrom gesetzt, den Berg in der Ueberzeugung, hier würde uns noch eine Decharge von oben zu Theil. Allein das Regiment Nassau hatte ihn auf seinem rechten Flügel unterdessen tournirt, und er floh schnell. Wir verfolgten ihn unablässig von Berg zu Berg bis gegen die Brücke von Almaraz, wo er sich eine Stunde von der Brücke auf das Gebirge setzte, welches die Straße nach Truxillo beherrscht und en fronto unbezwinglich ist. Allein der Herr Maréchal hatte die Infanterie-Division Vilatte und die Kavallerie-Division Lasalle durch die Gebürge mit uns auf gleicher Höhe marschiren lassen, und diese kamen den Spaniern in der Nacht so unvermuthet in den Rücken, daß sie eiligst flohen. Die Division Vilatte nahm ihnen noch 7 Kanonen ab, und wir erhielten beym Vorrücken ihr ganzes Lager. Jetzt waren wir Meister der Straßen nach Truxillo."

Von anderer Seite erfahren wir, daß die Truppen durch das Ersteigen der schroffen Höhen und durch das partielle Verfolgen des Feindes so auseinander kamen, daß ein nur einigermaßen gewandter Gegner mit Leichtigkeit sie einzeln hätte umfassen und vernichten können. General Cuesta versuchte aber nicht einmal ein solches Manöver, sondern mußte mit

Zähneknirschen sehen, daß seine exaltirten Banden sich treiben ließen wie eine Heerde Schafe. Dabei darf man den Spaniern nichts weniger wie Feigheit vorwerfen, denn sie wußten in der bald folgenden Schlacht von Medellin wie Helden zu sterben. Es zeigte sich aber auch wiederum hier, daß zusammengelaufenes Milizvolk den Ansturm guter, regulärer Truppen nicht auszuhalten vermag und versuchen wird davon zu laufen, auch wenn es auf der Spitze eines Kirchthurms stände. Zwei Kompagnien Badenser wurden rechts detachirt, um mit der Brücke von Almaraz Fühlung zu gewinnen. Lauter Jubel empfing sie, als sie den auf dem rechten Tajo-Ufer stehenden Waffengenossen (Sappeuren, der Artillerie und der Kavallerie-Division Latour Maubourg) die frohe Gewißheit brachten, daß sie, die so lange isolirt in der peinlichsten Lage gestanden, nun plötzlich befreit seien. Es wird Cuesta stets zum Vorwurf gereichen, daß er nicht einmal versucht hat, den Bau der Floßbrücke zu hindern, vielmehr die Sappeure ruhig hämmern und zimmern ließ, wo er sie mit wenigen Kanonenschüssen hätte verjagen können.

Auf den Höhen von Romangordo ließ Victor die Musikbanden aufmarschiren und den leicht errungenen Sieg feiern. Die Badenser hatten 3 Offiziere, 36 Mann, die übrige Division nur 1 Offizier, 15 Mann Verlust zu beklagen. Von den Frankfurtern hatte Hauptmann Klenck einen Prellschuß auf die Brust bekommen, blieb aber bei der Truppe.

Der Marschall schrieb über das Gefecht an den Kaiser:

„Le 18, la division Leval s'est portée sur les ennemis, qu'elle avait combattus la veille par Valdecanuas et les a attaqués avec une impétuosité extraordinaire; malgré la difficulté du terrain et leur résistance, elle les a chassés de toutes leurs positions et les a conduits, de rochers en rochers, jusqu'au col de Miravète, où ils se sont de nouveau réformés derrière leurs batteries et leurs retranchements."

Der tollkühne Plan Victors, auf dem linken Tajo-Ufer ohne alle Artillerie Cuesta überzurennen und sich die Brücke von Almaraz zu öffnen, war jetzt wunderbarer Weise geglückt und die großen errungenen Erfolge nur durch die Deutschen erfochten. Der Marschall ließ sie das in ungezwungenster Weise fühlen, lief am Abend des Tages in den Biwaks umher, radebrechte sogar deutsch und versicherte den Offizieren, er getraue sich, die für den andern Tag zu erwartende Entscheidungsschlacht allein mit den Deutschen zu schlagen.

Nachdem die Division theils bei Higuera, theils (und darunter die Frankfurter) auf den erstrittenen Höhen von Romangordo biwakirt hatte,

ging der Marſch gegen die neue Stellung der Spanier am Engpaß von
Miravete. Zum größten Erſtaunen Aller fand man ſie verlaſſen*) und
zwar offenbar in ſolcher Eile, daß Zelte, Magazine, Lagergeräth aller
Art, bepackte Wagenkolonnen ſtehen gelaſſen worden waren. Der hier
erbeutete Proviant war hoch willkommen. Im Laufe dieſes 19. wurde
mit allen Kräften daran gearbeitet, die Brücke von Almaraz vollends
wieder herzuſtellen — am 20. rollte die erſte franzöſiſche Kanone über
die ſchwankenden Bohlen.

Am 20. ging der Vormarſch gegen Truxillo weiter, die Avantgarde
der Diviſion bildete diesmal ein Bataillon des 9. franzöſiſchen Linien-
Regiments. Victor hatte in dieſen und den folgenden Tagen ſeine Diviſionen wie eine Gabel ⎣⎦ echelonnirt. So fühlte der Feind ſich

0 0

ſtets einer Umfaſſung ausgeſetzt und war geneigt, dem Centrum auch die
ſtärkſten Arrieregarden-Stellungen ohne Kampf zu überlaſſen. Als General
Laſalle indeß allzu leichtſinnig aus Meajadas Angeſichts einer ſtarken
feindlichen Kavallerie debouchirte, wies dieſe ihm grimmig die Zähne und
hieb ihm 150 Mann ſeiner Chaſſeurs zuſammen. Cueſta zog ſich nach
dieſem Rencontre unbehelligt über die gewaltige Strombarriere der Guadiana, ohne die Brücke an ſeinem Uebergangspunkt Medellin hinter ſich
abzubrechen — eine unbegreifliche Verſäumniß. Als die Deutſchen ſich
Truxillo, der Hauptſtadt von Eſtremadura, näherten, wies ein Adjutant
Victors ſie an, um die Stadt herum nach Santa Cruce de la Sierra
zu marſchiren, da innerhalb derſelben das gelbe Fieber herrſche. Obgleich die Truppen gehofft hatten, in der reichen Stadt Ruhe und gute
Quartiere zu erhalten, ſo gehorchten ſie doch ſelbſtverſtändlich. Nicht
ſo die ihnen folgende franzöſiſche Diviſion Vilatte. Die Soldaten
ſchrieen:*)

„Comment! on nous veut fruster du butin de cette bicoque;
sacré nom de dieu le maréchal est fin, pour y pouvoir piller seul
et à son loisir, il fait valoir sa peste; que le diable enlève lui

---

*) Die Poſition war ſo ſtark, daß die Spanier die Anbringenden mit Fels-
ſtücken hätten zermalmen können. Auf dieſem klaſſiſchen Boden vernichteten einſt
Cäſars Legionen die des Sextus Pompejus, Romangordo iſt das ehemalige Munda.

*') Unſer Gewährsmann iſt Riegel, II, 187.

et sa fièvre jauno, nous partagerons premièrement.“ Auf dieses hin löſten ſich wirklich die Reihen — Alles lief in die Stadt, die Diviſionen Ruffin und Latour Maubourg folgten, und in wenigen Stunden hatte ſich wieder eines der unheimlichen Dramen abgeſpielt, die in dieſem Feldzug den franzöſiſchen Namen ſo oft ſchändeten. Die franzöſiſche Armee trank ſich hier einen viehiſchen Rauſch an, und Cueſta, der an dieſem Tage (dem 20.) nur eine Stunde von der Stadt ſtand, hätte ſie ohne Gefecht vernichten können.

Die Deutſchen ſetzten allein Vorpoſten aus, warteten aber ver= geblich auf die Diviſionen Vilatte und Ruffin, die ſich zu beiden Seiten anlehnen ſollten. Der Vorpoſtenkommandeur General v. Schäfer ſandte zum Marſchall, erhielt aber vom Kammerbiener den Beſcheid, quo Monseigneur ne voudrait pas être éveillé avant minuit, où le chef de cuisine avait ordre de tenir le souper prêt. Am 21. ging der Marſch bis Puerta del Santa Cruce,*) und dort wurde vorläufig Halt gemacht, um Artillerie und Trains endlich heran kommen und die Truppen ſich erholen zu laſſen.

Die Muße der folgenden Tage benutzte Oberſt Welſch, um ſeinem Souverän ausführliche Rapporte zu ſenden und diejenigen Offiziere und Mannſchaften namhaft zu machen, die ſich bisher hatten hervorthun können. Er nennt in erſter Linie den Major Fritſch, der im Gefecht vom 17. das Bataillon mit größter Kaltblütigkeit geführt, jeden Moment benutzt habe, um dem Feinde eine treffende Salve zuzuſenden. Er ſei es auch geweſen, der an der Spitze der Grenadier-Kompagnien die ſteilſten Höhen im Feuer erklettert und zwei Kanonen genommen habe. Gleich gutes Zeugniß erhalten der Adjutant Damboer,**) Lieutenant Hartmann, Krämer und dann vor Allen der Kapitän der Voltigeur-Kompagnie v. Taunſtein. Von den Mannſchaften empfiehlt er Sergeant Jörgens und Winter, Grenadiere Baur und Nebel, Sergeantmajors Matern, Günther, Dörrmühl, Koch, zuletzt erwähnt er noch den Voltigeur Joh. Scheer mit folgenden Worten:

„Nachdem die Brücke bei Almaraz durch den Feind geſprengt war, und der Herr Diviſionsgeneral ſehr zu wiſſen wünſchte, wie groß die geſprengte Oeffnung ſei, ſo fragte der Voltigeurhauptmann v. Taunſtein, wer freiwillig ſo kühn ſein wolle, ſich unter dem heftigen Infanterie-

---

*) Das Regiment Holland wurde in Truxillo als Etappentruppe zurück= gelaſſen.
**) Für dieſen tüchtigen Offizier verwandte ſich der heſſiſche General v. Schäfer bei Dalberg perſönlich.

feuer des Feindes an die Brücke zu wagen? Voltigeur Scheer trat vor, ging unter dem heftigsten Kugelregen, welchen er allein auf sich zog, an die Brücke, besichtigte selbe und brachte den ganz richtigen Rapport, wie die Folge zeigte, daß die gesprengte Oeffnung 140 Fuß ausmache. Diese bewunderungswürdige That spricht für sich selber." Die Stärke des Bataillons inkl. Voltigeurs giebt Welsch auf 328 Mann an; 41 habe er auf den Märschen liegen lassen müssen und werde er wahrscheinlich auch nicht einen von ihnen jemals wiedersehen. Er bittet erneut um Ersatz, da auch die anderen Regimenter durch „Renforts" verstärkt würden. So habe Holland 700, Nassau über 200, Hessen 150 Mann erhalten und Baden erwarte den seinen täglich. Zuletzt führt er auch an, daß Soldaten, die einmal in Hospitäler kämen, nie zum Bataillon zurückkehrten, denn wenn sie wirklich einmal geheilt werden sollten (sic), so behielten sie die verschiedenen Platzkommandanten zum Dienst zurück.

Die Franzosen waren von jeher Meister in rühmenden Tages=befehlen, wie sie es neuerdings wieder in Tunis gezeigt haben. So erließ denn Victor folgende ordre du jour:

„Mr. le maréchal, duc etc. etc. s'empresse de témoigner à la division allemande toute sa satisfaction de la conduite distinguée, qu' ont tenue pendant les journées du 17 et 18 ses braves troupes, qui quoique très inférieures en nombre à l'ennemi l'ont poursuivi l'epée dans les reins de montagnes en montagnes par des chemins impraticables, l'ont débusqué de toutes ses positions et retranchements etc. etc."

General Leval erließ nach diesem Vorbild eine ähnliche ordre du jour, deren Schluß war:

„Il croit ne pouvoir mieux rendre à leur bravoure son hommage particulier, qu'en les assurant, que leur conduite a été si audacieuse et si distinguée, qu'il les comptera au nombre des plus agréables et des plus honorables de sa vie militaire."

Welsch schickte seinem Souverän diese Tagesbefehle — wie Dalberg sie aufgenommen haben wird, bedarf nach dem früher Gesagten keiner Erläuterung.

Am 25. März brach Victor, nachdem seine Artillerie angekommen, wiederum auf und erreichte am Abend Villa de Reyna und Gegend; er rekognoszirte am 26. mit dem deutschen Voltigeur=Bataillone, dem

Regiment Nassau und einiger Kavallerie über Réna*) gegen die Brücke von Medellin und konstatirte, daß diese intakt sei, Cuesta aber eine Stellung auf dem linken Ufer der Guadiana auf den Höhen von Don Benito bezogen habe. Dieselbe hatte vor der Front die tiefe und reißende Ortigosa, welche bei einem Angriffe erst überschritten werden mußte.

Am 27. erreichte Victor mit dem Gros Réna an der Guadiana, ließ dort das Bataillon Primas, die Hessen, 6 Kanonen und 2 Eskadrons zurück, um diesen außerordentlich wichtigen Punkt zu halten, und zog sich nach der Brücke von Medellin, um von dort Cuesta anzugreifen. Oberst Welsch führte in Réna das Kommando und fand sich einer feindlichen Abtheilung von 10 000 Mann gegenüber, nur durch den Spiegel des Stromes von ihnen getrennt.**) Die nun folgende Schlacht bei Medellin ist eine der merkwürdigsten und blutigsten des ganzen Krieges. Wir begleiten dahin den Hauptmann v. Tannstein und seine Kompagnie Voltigeure, die noch immer mit sämmtlichen Voltigeuren der deutschen Division ein freilich sehr zusammengeschmolzenes Bataillon bildete. Am 27. Abends erreichte die Division, hier nur noch aus den Voltigeuren, den Regimentern Baden und Nassau, und einigen badischen Geschützen bestehend, Medellin, das die Division Vilatte bereits in Besitz genommen hatte. Die Deutschen gingen noch über die Ortigosa, vertrieben einige spanische Kavallerie und lagerten Angesichts der vom Feind besetzten Höhen von Don Benito. Es regnete in Strömen.

Das Terrain, in dem die Schlacht von Medellin sich abspielte, unterschied sich wesentlich von dem Felsenchaos, in welchem die Deutschen bisher geschlagen hatten. Nieder-Estremadura besteht fast durchweg aus sehr fruchtbaren, sanftgewellten Ebenen — nur am fernsten Horizont streichen in kühnen-Konturen die massigen Raubgebirge.

Bei Medellin passirt man die langsam strömende Guadiana auf einer breiten steinernen Brücke; diese wird durch einen einzeln stehenden, von einem festen Schloß gekrönten Berg durchaus beherrscht. Die Spanier hatten indeß verabsäumt, ihn zu besetzen. Die Straße nach Don Benito wendet sich nach dem Uebergang scharf östlich und über=schreitet die Ortigosa. Die Höhen von Don Benito bestehen aus zwei

*) Nicht zu verwechseln mit Villa de Reyna.
**) Die Plänkeleien währten diesen und den ganzen folgenden Tag. Welsch ließ die Truppen Gewehr im Arm ruhen und erwartete stündlich den Uebergang der Spanier.

annäherub parallelen Hügelreihen, die durch ein flaches Thal getrennt sind. Truppen, welche innerhalb dieser Senkung stehen, können von Medellin aus nicht gesehen werden. Es giebt kaum ein besseres Terrain für Kavallerie, als diese sanfte Abwechselung von Berg und Thal. Deshalb allein hatte Cuesta diese für die damaligen Feuerwaffen nicht besonders geeignete Defensivstellung gewählt. Er wollte mit seinen Reitergeschwadern die französische Armee in Stücke hauen — er hatte 7000 Reiter zur Verfügung, soviel wie Seydlitz einst bei Zorndorf und Murat später bei Leipzig.*) Seine Infanterie bestand aber beinahe durchweg aus Miliz-Regimentern, nur die Wallonen-Garde, das Linien-Regiment Toledo, die Schweizer unter Troxler gaben ihnen ein wenig Halt. In der oben erwähnten Thalsenke verbarg Cuesta seine Armee, so daß die Franzosen auf dem vorderen Höhenrand nur eine schwache Arrieregarde zu sehen glaubten. Victor beorderte ein Dragoner-Regiment zum Rekognosziren, es wurde aber von der spanischen Kavallerie übel empfangen und bis an die deutsche Infanterie zurückgetrieben. Der Vormittag verstrich, um den französischen Divisionen Zeit zum Uebergang über die Ortigosa zu geben — nur ab und zu knallte dumpf ein Kanonen-schuß durch die nebelfeuchte Frühlingsluft — sonst war Alles still. Victor hatte die Deutschen in vier Bataillone formiren lassen und ahmte die Taktik Gustav Adolphs**) nach, indem er sie alternirend mit Kavallerie-Regimentern in das erste Treffen stellte. Es stand somit das $\frac{II.}{Baden}$ auf dem äußersten linken Flügel, dann kam die Kavallerie-Division Lasalle, dann das $\frac{I.}{Baden}$, dann fünf Eskadrons Dragoner der Division Latour Maubourg, dann die Voltigeure und Regiment Nassau. — Die Infanterie war in Karrees formirt. Hinter dieser vorderen Schlachtreihe entwickelten sich die Divisionen Ruffin und Vilatte. Man hatte geglaubt, die Spanier würden sich angreifen lassen, und war daher sehr erstaunt, als sie plötzlich in langsamem Schritt und imposanter Haltung die Höhen

---

*) Seit dem Anfang des Jahres 1809 hatten die Spanier mit wunderbarer Emsigkeit ihre Kavallerie und Artillerie organisirt. Während sie im Jahre vorher dieser Spezialwaffen ganz entrathen mußten, besaßen sie sie jetzt in überreichlichem Verhältniß zur Stärke ihrer Infanterie.

**) Es ist dies um so merkwürdiger, als diese Vermischung beider Waffen als unpraktisch seit lange von der Kriegskunst perhorreszirt war. Friedrich der Große wendete sie nur noch in seiner ersten Schlacht, bei Mollwitz, an, und seitdem nie wieder.

herabstiegen.*) Die Infanterie war im Allgemeinen in zwei Treffen gegliedert, die Kavallerie meist auf dem linken Flügel postirt. Um den Feind möglichst weit in die Ebene zu locken, gab Victor den Befehl, das erste Treffen möge sich schachbrettförmig (en échiquier) zurückziehen. So ging die französische Kavallerie durch die Intervalle der deutschen Bataillone zurück und machte dann wieder Front, um diese durchzulassen. Bei einer dieser alternirenden Bewegungen fielen plötzlich mehrere spanische Kavallerie-Regimenter über die Division Lasalle her und warfen sie in nicht guter Verfassung zwischen die deutschen Vierecke — zugleich er- schien auf dem spanischen linken Flügel ein ungeheures Reitergeschwader. Von der Division Ruffin war ein französisches Infanterie-Regiment in gleiche Höhe mit den Deutschen vorgerückt — er wurde von dem wüthenden Anprall der Spanier geworfen. Die Dragoner Latour Maubourgs stürzten sich dem Gewühl entgegen — vergebens, sie wurden im Nu überritten und mit hinweggerissen. Wild fluthete das Meer der feindlichen Reiter um die kleinen deutschen Bataillone, die wie Inseln von ihnen umspült wurden. Das Schicksal des Tages hing an einem seidenen Faden — stand hier die deutsche Tapferkeit nicht ihren Mann, so war die Schlacht verloren. Aber die erprobte Truppe war auch diesem bangen Moment gewachsen. Mit scharfem, kurzem Krachen schlugen die Salven in die spanischen Reihen, diese ballten sich zusammen, wirbelten um die Bataillone herum, ohne einbrechen zu können. „Geleilt in drangvoll fürchterliche Enge" waren sie weder im Stande, den zum Choc nöthigen Anlauf zu nehmen, noch sich dem Feuer zu entziehen. Die Ordnung löste sich, die Befehlshaber schrieen und tobten durcheinander, da und dort brach auch ein besonders Todesmuthiger durch den Wald der Bajonette, um gleich zehnfach durchbohrt niederzusinken. Der ganze spanische Angriff kam zum Stocken — die Spanier hatten den kavalle- ristisch nie zu entschuldigenden Fehler begangen, ihren Reitern keinen genügenden Rückhalt zu lassen — daher wurde der Umschwung der Schlacht für die Spanier ein wahrhaft vernichtender. Als die Deutschen merkten, daß die feindliche Kavallerie, bezimirt und außer Athem, anfing zu stutzen und zu schwanken, warfen sich die Voltigeure,**) das Regiment Nassau und das $\frac{\text{I.}}{\text{Baden}}$ unter dem Schlagen des Sturmmarsches und

---

*) Die Linien waren scharf gerichtet. Die dunkelbraune Kleidung der Milizen ohne jedes helle Abzeichen gab den anrückenden Massen etwas Düsteres.

**) Major Göbele war durch einen Prellschuß blessirt, Hauptmann v. Tann- stein führte das Voltigeur-Bataillon.

mit brüllendem Vivat*) auf den Feind. Hier geschah das in der
Kriegsgeschichte höchst seltene, in dieser Kampagne aber sich öfter wieder-
holende Schauspiel, daß starke und muthige Infanterie mit der blanken
Waffe Kavallerie angreift und wirft. Die Spanier fingen an zu fliehen.
Lasalle und Latour Maubourg waren zu gewiegte Kavallerieführer, um
sich diesen unvergleichlich günstigen Augenblick entgehen zu lassen. Ihren
rasch gesammelten Regimentern voran, flogen sie den Flüchtigen nach,
erreichten sie und vertrieben sie gänzlich von dem Schlachtfelde. Daburch
wurde der linke Flügel der spanischen Infanterie gänzlich entblößt.
Nichts destoweniger blieb er in fortwährendem Vorrücken, ohne sich nur
durch ein einziges Bataillon in der Flanke zu sichern. Bald waren
die langen spanischen Linien auf Gewehrschußweite an die Deutschen
herangekommen, die sie Gewehr bei Fuß erwarteten. Rechts von ihnen
entwickelte sich die Division Ruffin, links Vilatte — auch von diesen
hörte man keinen Schuß. Als die Franzosen sich en bataille formirt
hatten, gab Victor das Zeichen zum allgemeinen Bajonettangriff; eines
der großartigen Schlachtenbilder entrollte sich, an denen gerade die
Napoleonische Zeit mit ihren klar abgegrenzten, tiefen Kolonnen so reich
ist. Der rechte französische Flügel bebordirte den linken spanischen
bedeutend. Schon dieser Umstand würde den letzteren äußerst gefährdet
haben. Allein in demselben Moment, wo die deutschen und französischen
Bataillone sich auf die schwerfälligen spanischen Linien stürzten und sie
umklammerten, brach die französische Kavallerie, die sich abermals schnell
gesammelt hatte, in den Rücken der spanischen Infanterie ein. Von
diesem Moment kann man von keinem Gefecht, sondern nur noch von
einem Morden sprechen. Riegel sagt: „Die unermeßlichen Linien der
Spanier, bald durchbrochen, aufgerollt und über den Haufen geworfen,
flohen, wie Wolken vom Winde gejagt, vor unseren unaufhaltsam vor-
bringenden Kolonnen in der Richtung gegen die Kapelle de la Vega und
Billanuova de la Seréna, ohne daß sich ein Regiment gesetzt oder vertheidigt hätte, Gewehre und alles Gepäck von sich werfend."
Die Spanier hatten als Feldgeschrei ausgegeben: „Für Ferdinand VII.
Sieg oder Tod." Diese Worte trugen sie auf roth und gelben Bändern
um ihre Arme und Hüte. Diese Worte waren keine Phrase, wie es
ähnliche so oft gewesen sind, sondern die Spanier, die den Sieg nicht
hatten erringen können, mußten wenigstens heldenhaft zu sterben. Nicht

---

*) Das deutsche Hurrah, von den Russen entlehnt, wurde erst in den Be-
freiungskriegen der herrschende Schlachtruf.

nur baten sie um keine Gnade, sondern in störrischer Todesverachtung verweigerten sie sogar den angebotenen Pardon. Während die Miliz-Regimenter flohen, ließen sich die wenigen der Linie auf der Stelle, wo sie gestanden, tödten. Die Leichen lagen fast noch ausgerichtet am Boden. Augenzeugen (Hauptmann v. Lassolaye und Major Krieg) schreiben: „Man sah Stellen, wo die feindlichen Bataillone schichtenweis, wie sie in der Linie gestanden, zu Boden gestreckt lagen. Auf einer derselben, von ungefähr zwanzig Fuß im Durchmesser, zählte ich dreiundachtzig todte Spanier."

Volle drei viertel Stunden dauerte die Massacre, dann dachte man erst daran, Gefangene zu machen. Es wurden deren noch etwa 3000 Mann an den Ufern der Guadiana zusammengetrieben, viele waren verwundet. Nach übereinstimmendem Geständniß wurden vorher auch alle Verwundeten getödtet; eine Greuelthat, die man als Repressalie freilich erklärlich findet, wenn man erfährt, daß die Spanier bei ihrem ersten siegreichen Vorrücken vor den Augen der Deutschen und Franzosen Alles, was am Boden lag, mit Bajonetten durchbohrten. Man schätzt die Zahl der Todten auf spanischer Seite zwischen 12 000 und 18 000.*) Cuesta selbst war verwundet, hatte seine ganze Artillerie, alles Heergeräth verloren. Seine Niederlage war so vollständig, daß er mehrere Tage nach der Schlacht nicht im Stande war, ein einziges Infanterie-Bataillon zusammen zu bringen. Auf französischer Seite waren etwa sechshundert Mann todt und verwundet, von diesen kamen wieder hundertunddreißig auf das brave Regiment Nassau, von dem die Armee mit Recht sagte: „Nassau a décidé la bataille".**) Die Frankfurter Voltigeur-Kompagnie hatte zwölf Verwundete — Kapitän v. Tannstein hatte sich wieder in hervorragender Weise ausgezeichnet. Wir geben hier den Schluß des offiziellen Berichtes Victors an den Kaiser mit dem Bemerken, daß dieser über den Mar-

*) Es existirt keine statistische Zusammenstellung der Opfer, welche dieser unglückselige Krieg gekostet hat. Nach geringster Schätzung haben die spanischen und englisch-deutschen Heere eine halbe Million an Todten verloren, die Franzosen und ihre Alliirten kaum weniger. An Einwohnern dürften noch mehr dem Elend des Krieges zum Opfer gefallen sein, starben doch in Saragossa allein deren 54 000. — Napoleon hat während seiner zwanzigjährigen Kriege Frankreich allein zwei Millionen Männer, die Blüthe der Nation, geraubt; in Frankreich ist das durchschnittliche Körpermaß seither fast um einen Zoll geringer geworden. Der siebenjährige Krieg kostete Preußen (nach Archenholz) 200 000 Todte, seinen Feinden etwa das Dreifache; der Krieg von 1870/71 Deutschland und Frankreich nach eigenen Angaben 45 000 bezw. 120 000 Todte.
**) Von da ab nannte man Nassau eine „wandelnde Citadelle".

schall lachte und sagte, er sei ein Farceur. Aus diesem Grunde wollte man später die Schlacht als entscheidenden Sieg kaum gelten lassen:

„Tous les bataillons que Cuesta avait rangés pour nous combattre, soit en ligne soit en colonnes, sont restés dans le même ordre sur le champ de bataille. Tout ce qui les composait, officiers et soldats, a été tué. Je pense qu'il y a plus de 12 000 morts. Ce spectacle est vraiment affreux. Cependant, on ne doit pas déduire de ce massacre qu'il a été fait impitoyablement sur des prisonniers.*) Ces hommes morts se sont défendus jusqu'à la dernière extrémité en criant eux mêmes „pas de quartier"**) en très bon français. Cuesta leur avait, sans doute, appris à prononcer cet arrêt qui a terminé leur vie. Il n'est, d'ailleurs, que la suite du principe proclamé par la Junte de Séville, le 10 février. Un décret rendu par elle, ce jour là, condamne à mort toute l'armée française, sans exception. — Le général Leval a conduit au feu la division allemande d'une manière très distinguée. Les officiers et les troupes de Baden, Nassau et de Francfort ont montré la plus grande bravoure etc. etc."

Da in diesen Tagen auch General Sebastiani bei Ciubad Real (liegt auch an der Guadiana) die Spanier entscheidend schlug, so hätte Victor durchaus entweder der geschlagenen Armee Cuestas folgen und sie vollends vernichten müssen, oder aber mit Soult cooperiren, der zu dieser Zeit siegreich in Portugal eindrang. Beide Marschälle würden dann wohl sicher Lissabon erreicht und die eben gelandeten Engländer unter Wellesley auf die Schiffe gejagt haben. So blieb Victor aus Eifersucht gegen Soult unthätig, dieser mußte, geschlagen und aufgerieben, Portugal verlassen, die Engländer gewannen Terrain in Spanien, und von da ab tritt der Krieg in sein zweites, noch blutigeres und unversöhnlicheres Stadium. —

Nach der Schlacht von Medellin biwakirte die deutsche Division auf dem eroberten blutgetränkten Schlachtfeld bei Benito.***) Nach)

---

*) Mit diesem „impitoyablement" steht die Grausamkeit auf gleicher Stufe, mit der Victor am Abend der Schlacht 403 gefangene Spanier, die nur geringe militärische Abzeichen trugen, erschießen ließ.

**) Major Krieg will gehört haben, daß sich Einzelne durch den Ruf vive Napoléon zu retten versucht hätten — freilich ohne Erfolg.

***) Als sich die Deutschen diesem Städtchen näherten, fand man schon von allen französischen Regimentern einzelne Soldaten in den Straßen und Häusern,

einer Angabe von Welſch war das Voltigeur-Bataillon ſeit den letzten fünfzehn Tagen um die Hälfte geſchmolzen — wahrſcheinlich mehr infolge des unausgeſetzten Avantgardendienſtes, als der wenn auch ſtarken Verluſte im Gefecht. Welſch, welcher mit dem Reſt der Frankfurter, den Heſſen und dem Artillerie-Train an der Brücke von Réna zurückgelaſſen worden war und ein ſtarkes feindliches Korps ſich gegenüber hatte, hörte deutlich den Donner der Schlacht und glaubte, jeden Augenblick angegriffen zu werden. Allein der Feind verſäumte auch hier eine Diverſion zu machen, die Victor im Falle des Gelingens von Madrid abgeſchnitten hätte. Als die Schlacht entſchieden war, zogen die Spanier Réna gegenüber ab; Welſch erhielt den Befehl, ſich der Diviſion wieder anzuſchließen — er erreichte ſie am 29. auf dem Schlachtfelde. Daſſelbe ſah infolge ungeheurer Regengüſſe und weil die Todten wegen ihrer Zahl nicht begraben werden konnten, entſetzlich aus. Einen gräßlichen Tod fanden die meiſten ſchwer Verwundeten. Um den Geiſt zu charakteriſiren, der nach der Schlacht die ſpaniſchen Gefangenen beſeelte, diene folgende Epiſode. Die betrunkenen Sieger zwangen einige von ihnen mit dem Bajonett, zu rufen: viva Napoleon. Spaniſche Offiziere ſahen dieſem Beginnen finſter zu — als aber einer ihrer Leute, von der Bajonettſpitze geſtachelt, ſich zwingen ließ, den König Joſeph leben zu laſſen, ſtachen ſie ihn ſelbſt ſofort nieder. Dieſen tödtlichen Haß hatte ſich dieſe königliche Puppe von dem Volke zuzuziehen gewußt, das er wagte beherrſchen zu wollen.*)

Wegen des anhaltenden Unwetters wurden die Truppen in Cuartiere verlegt. Der fieberhaften Haſt des bisherigen Feldzuges folgte

---

wo ſie die Einwohner tödteten, viele, die ſich auf die Dächer gerettet hatten, gleich Vögeln herunterſchoſſen. Die Truppen kamen ermattet von der drückenden Sonnenhitze nach Don Benito, fanden alle Keller mit köſtlichen, lange entbehrten Weinen gefüllt, und bald taumelten die berauſchten Soldaten jubelnd in den Straßen umher. Stürmend ging es nach der Kirche, die offen ſtand, die Wachskerzen brannten auf den Altären, und man ſah, daß die Einwohner ſo eben ihren Gottesdienſt verrichtet und Heil für ihre Waffen erfleht hatten. Der heilige Ort wurde der Schauplatz viehiſcher Gräuel. (Major Krieg.)

*) Unſere Gewährsmänner erzählen einzelne herzerſchütternde Details. Sechs Tage nach der Schlacht wurden noch Verwundete lebend angetroffen, die ſich von Gras und Kräutern genährt hatten. Ein Unglücklicher hatte ſeine abgeſchoſſene Hand verzehrt. Einem Dritten, der ſich nicht rühren konnte, hatten Ameiſen die Augen zerſtört. Keine chriſtliche Barmherzigkeit hatte nach dieſen Unglücklichen das Schlachtfeld durchſucht. Nach Anhörung ſolchen Elends lernt man die Segnungen des rothen Kreuzes ſchätzen.

eine Zeit gefährlicher und unbegreiflicher Ruhe. Die Deutschen kanton-
nirten in Medellin, der Marschall nahm Quartier in Merida mit der
Division Ruffin; westlich davon war Vilatte am rechten Ufer der Guadiana echelonnirt. Die Kavallerie streifte umher und wagte es, auch
die von den Spaniern noch gehaltene, wichtige Festung Badajoz zur
Uebergabe aufzufordern. Die Garnison fiel aber über den Parlamentär
her und ermordete ihn aufs Grausamste mit seinen Begleitern. Es war
ein schlechter Dank für die Deutschen, daß man ihnen allein, acht Tage
nach der Schlacht, das Geschäft der Leichenbestattung übertrug. Die
glühende spanische Sonne hatte schon das Ihrige gethan, um die Körper
in Putrefaktion zu versetzen; heftige Krankheiten waren die unvermeidliche
Folge. In Truxillo wurde zwar ein Lazareth eingerichtet, aber da es
durchaus an Aerzten, an Medikamenten, vor Allem aber an Pflege gebrach,
so fanden nur äußerst Wenige dort ihre Herstellung. Es ist eine Eigenthümlichkeit der französischen Nation, daß sie sich von Alters her bis
auf den heutigen Tag wenig um ihre Verwundeten und Kranken bekümmert*) — eine andere und mehr zu schätzende ist die Fähigkeit, den Komfort
des Lebens wenigstens in seiner äußern Form mitten unter Mangel und
Elend zu bewahren und mit liebenswürdiger Leichtlebigkeit damit die gesellschaftlichen Gebräuche glücklicherer Zeiten zu verbinden. So bekamen der General Leval und sein ingeniöser Koch es fertig, in dem durchaus verwüsteten
Medellin eine Anzahl Diners zu veranstalten, zu denen die deutschen
Offiziere Einladungen erhielten. Welsch rapportirt über eines derselben
nicht ohne eine gewisse Genugthuung, Leval habe folgenden Toast aus-
gebracht: „Vive Napoléon, vive lo Prince Primas! Vive la confédération du Rhin et tous ceux, qui sont pour lui." — Er setzt
hinzu, daß der Herr Divisionsgeneral sich sehr glücklich fühle, die Deutschen zu kommandiren, was er bei jeder Gelegenheit zu erkennen gäbe.
Auch sei er von Offizieren und Soldaten auf das Aeußerste geehrt und geliebt.
Man darf nicht glauben, Welsch habe damit allein seinem Fürsten etwas An-
genehmes sagen wollen — dazu war er eine zu biedere Soldatennatur, die
wohl etwas verschweigen, aber nicht erheucheln konnte. Hätten alle französischen Führer gedacht und gehandelt wie General Leval, so würden die
Deutschen ihre Waffenbrüderschaft mit ihren Unterdrückern noch ungleich
fester geschlossen haben, als es so schon der Fall war. Nur die fortwährend Zurücksetzungen, die stets sich äußernde Gleichgültigkeit gegen
ihre Verluste, das hochfahrende Benehmen, wenn die Deutschen einmal

---

*) Man denke an die eben erst abgeschlossene Expedition nach Tunis.

das Gleiche beanspruchten wie die Franzosen — dieses Alles legte den
Keim zu der nach und nach wachsenden Entfremdung. Es wiederholt
sich im Heere hier genau derselbe Prozeß wie im Volke — nur vollzieht
er sich bei jenem noch langsamer wie bei diesem. Merkwürdig ist die
stets gleich bleibende Zuversicht aller Mitglieder der Armee auf ein baldi=
ges, glückliches Ende der spanischen Wirren. So schreibt Welsch am
10. April aus Medellin: „Wir werden hier nicht mehr lange weilen,
sondern neuen Siegen entgegen eilen und auf diese Art bald die Ruhe
der spanischen Nation herstellen. Die Festung Badajoz wird vermuthlich
uns zuerst beschäftigen, und dann werden wir der Junta in Sevilla zu
Leibe gehen, wenn sie nicht unterdessen sucht, das hohe Meer zu gewin=
nen." Daß in dem verzweifelten Kampf der Spanier ein Akt nationaler
Heldengröße zu erblicken sei — davon findet sich in den vielfachen Kor=
respondenzen aus jenen Tagen auch nicht die Spur einer Andeutung.
So blind pflegt der Soldat gegen seinen Gegner zu sein, daß selbst die
grundehrlichen und braven deutschen Naturen nichts weiter in sich fühlten
als tödtlichen Haß gegen die spanische Nation oder souveräne Verachtung
ihrer militärischen Anstrengungen.

Die Unthätigkeit in Medellin brachte wenig Erholung für die Trup=
pen. Einige Wochen nach der Schlacht hatte Cuesta bereits wieder eine
zahlreiche Armee um sich versammelt. Der Vergleich mit den Köpfen
der Hydra mußte sich unwillkürlich dem aufdrängen, der nach jeder
Niederlage die spanischen Armeen fast aus der Erde wachsen sah. Die
Junta, an deren Spitze jetzt der kluge und energische General Romaña
stand, wußte aber auch mit eiserner Gewalt alle Kräfte des Volkes zur
Bekämpfung der Invasion sich dienstbar zu machen. Jeder Greis, jeder
Knabe mußte sich zur Fahne stellen, der Begriff des Besitzes hörte auf,
so lange das Vaterland in Gefahr war. Zur Beitreibung dieser Steuer
an Gut und Blut brauchten aber fast nirgends Zwangsmaßregeln ange=
wendet zu werden. Das Volk that Alles freiwillig und freudig wie
bei der späteren glorreichen Erhebung 1813 in Preußen.

Die deutsche Division hatte deshalb bald wieder einen anstrengenden
und verlustreichen Vorpostendienst gegen die leichten Truppen Cuestas,
die kühn bis an die Guadiana heranstreiften. Auch wurden die Fouragir=
kommandos beinahe regelmäßig mit Guerrillas handgemein und damit
die Verpflegung immer schwieriger. — Die Bataillone wurden, um
möglichen Ueberfällen zu begegnen, jeden Morgen um 4 Uhr alarmirt
und mußten mehrere Stunden unter dem Gewehr stehen bleiben, bis
Meldungen von den Kavalleriepatrouillen kamen, es sei vom Feinde

nichts Bedeutendes zu sehen. Das eine Gute hatte die Muße in Me=
bellin, daß das Bataillon gute Schuhe und neue Montirung erhielt.
Die ersteren hatte man den todten Spaniern von den Füßen gezogen —
von ihren braunrothen Mänteln waren den Mannschaften Hosen gemacht
und dazu blaues Tuch zu Waffenröcken requirirt worden. Die geschmack=
volle weiße Uniform war damit in Spanien wenigstens zu Grabe
getragen. *)

In einem Rapport vom 1. Mai meldet Welsch, daß er fünf Offi=
ziere im Hospital habe, nämlich:

Oberlieutenant Jäger und
Lieutenant Dielmann } in Truxillo,

Lieutenant Schuler in Talavera und

Hauptmann Harrach und
Oberlieutenant Auler } in Jean de Luz.

Von letzteren Beiden seien trübe Nachrichten gekommen.

Die Division Lapisse, die stärkste in der Armee, habe bei Alcantara
einen 3000 Mann starken Haufen Rebellen (sic!) vernichtet und sich
dann mit dem Armeekorps in Merida vereinigt. Die allgemeine Lage
der Armee sei nun folgende:**)

Das 1. Armeekorps (Victor) bei Merida und Medellin in
Estremadura.

Das 2. Armeekorps (Soult) steht beinahe in gleicher Höhe mit
dem 1. in Portugal.

Das 3. Armeekorps (Ney) hält die nördlichen Küsten von Ga=
lizien und Asturien besetzt.

Das 4. Armeekorps (Sebastiani) steht an der Sierra Morena
und hat die Eingänge und Pässe nach Andalusien in seiner
Gewalt.

Das 5. Armeekorps (Lannes) ist nach der Einnahme von
Saragossa nach Frankreich zurückgegangen.

Das 6. Armeekorps (Kellermann) streift durch Altkastilien, Na=
varra und Biscaya und

---

*) Die Artillerie und Kavallerie, sowie die Offiziere der Infanterie machten
sich mit herrlichen andalusischen Pferden beritten, die hier frei auf der Weide
herumliefen. Für umgekommene Dienstpferde waren den Offizieren bisher Ent=
schädigungen von 15—25 Louisd'or bezahlt worden.

**) Wenn hierbei auch einige Irrthümer unterliefen, so haben wir doch diese
Angaben nicht unterdrücken zu dürfen geglaubt, weil sie erkennen lassen, wie man
bei der Armee die Lage der Dinge auffaßte.

das 7. Armeekorps (Gouvion St. Cyr) zieht sich an den östlichen Küsten durch Arragonien herunter und wird in gleicher
Höhe mit dem 1. und 4. in Murcia und Granada einbringen.

Daß die Engländer unter Wellesley Soult empfindlich geschlagen
hatten, wußte Welsch natürlich nicht. Fast in keinem Feldzuge wurde
so die Wahrheit verheimlicht, als in diesem. Ebenso blieben die unglücklichen Operationen Neys in Galizien ein Geheimniß.
Die lange Unthätigkeit Victors machte seine Feinde kühn. Der
Marschall erfuhr am 11. Mai, daß ein Korps Portugiesen und Engländer über Alcantara (am Tajo) gegen ihn anrücken und ihn zugleich
General Cuesta an der Guadiana angreifen werde. Victor ließ 100 Holländer, verstärkt durch je 25 Mann der deutschen Regimenter, im Fort
von Meriba zurück und gewann in einem Gewaltmarsch in der Nacht
vom 12. zum 13. Mai Mirandilla. Von dort ging es in immerwährend sich steigernden Marschleistungen nach Alcantara. Die Divisionen Lapisse und Vilatte entrissen zwar dem Feinde das Städtchen
nach heißem Kampf, gewannen aber dadurch keine Vortheile, denn derselbe zog sich in bester Ordnung, nachdem er die Brücke über den Tajo
gesprengt hatte, zurück. Während aber hier Victor an der portugiesischen
Grenze Abenteuer suchte, war Cuesta über die Guadiana gegangen und
berannte Meriba*) aufs Heftigste — das 1. Korps war dabei in Gefahr, von Madrid abgeschnitten zu werden. Der Marschall machte daher
Kehrt und eilte in gleicher Hast zurück, wie er gekommen — Cuesta wich
ihm aus und ging wieder über die Guadiana. Eine Woche ermüdender
Märsche und kleine Gefechte hatten dem Armeekorps fast 1000 Mann
gekostet. Dabei blieb die Besorgniß vor einem konzentrischen Angriff
bestehen. Victor entschloß sich daher, unter allen Umständen die Straße
nach Madrid und vor Allem die wichtige Brücke von Almaraz zu sichern.
Die deutsche Division erhielt diesen Ehrenposten. Sie erreichte die ihr
so wohlbekannte Gegend am 23. Mai. Die Lage Victors war in der
That eine gefahrvolle. Soult hatte sich nach Zamora (am Duero) zu-

---

*) Die Handvoll eingeschlossener Teutscher vertheidigte sich dabei wahrhaft
heldenmüthig. Von den Frankfurtern waren daran betheiligt die Lieutenants Delen
und Schuler mit 31 Mann. Der Befehlshaber der Citadelle, der Holländer Storm
be Grave wies alle Anerbietungen der Spanier zu einer ehrenvollen Kapitulation
energisch zurück. Ein wüthendes Bombardement führte bei ihm keine Sinnesände-
rung herbei. Er konnte mit mehr Recht wie Dalberg sagen: „impavidum ferient
ruinae".

rückgezogen und stand somit 25 Meilen entfernt — die Engländer von Portugal aus und Cuesta und die Armee der Mancha*) von Süden her drohten, ihn wie in einer Zange zu zermalmen. Er mußte, ohne vorzeitig Estremadura aufzugeben, vor Allem den Zeitpunkt erfassen, um ohne zu großen Verlust über den Tajo zu gelangen. Der Uebergang der Deutschen über diesen Strom währte zwei ganze Tage, so wenig genügend erwies sich die Rekonstruktion der Brücke von Almaraz — die Infanterie ging theilweise auf Flößen über, der Stab des Bataillons Primas mit einer Kompagnie fand dabei fast sein Grab in dem reißenden Strome. Eine wahrhaft tropische Sonne sandte in diesen Tagen, wo die Division auf freiem Felde liegen mußte, ihre glühenden Strahlen auf die Häupter der hungernden und durstenden Soldaten. Dabei rächten sich die Mianen der in Arenas Gemordeten. Das ganze Land am Tietar war im vollen Aufstand. Mannschaften, die in der Nacht sich aus dem Lager schlichen, um Wein zu suchen, fand man regelmäßig ermordet — dennoch reizte die Unglücklichen die Gier nach dem ersehnten Trunk immer von Neuem zu dem gefährlichen Wagniß.**) Victor war sich in dieser Zeit nicht recht klar, was er thun sollte. Estremadura zu verlassen, das er eben so glücklich erobert, dazu wollte sich sein Ehrgeiz schwer verstehen — den Engländern entgegen zu gehen, dazu fühlte er sich zu schwach — endlich entschloß er sich, ihren Angriff abzuwarten. Als sie ihm aber nicht den Gefallen erwiesen, ihn zwischen Tajo und Guadiana anzugreifen, sondern nördlich auf dem rechten Ufer des ersteren langsame Fortschritte machten, da entschloß sich Victor, Estremadura aufzugeben, und überschritt am 17. Juni mit den Divisionen Ruffin und Vilatte ebenfalls die Brücke von Almaraz, nachdem er die Citadelle von Merida und Truxillo hinter sich zerstört hatte. Diese Zeit der Unentschiedenheit brachte für die Deutschen nur eine An-

*) Dieselbe, die Sebastiani am 27. März bei Ciudad Real geschlagen, die sich aber von diesem Schlag erholt hatte. Die Franzosen hielten ihr gegenüber Toledo besetzt.

**) Welsch rapportirt unter dem 18. Juni: „Der Mangel an Lebensmitteln, Fourage und den nöthigsten Bedürfnissen ist so groß, daß sie der gemeine Mann gar nicht kaufen kann. In den ersten vier Tagen hatte der Mann nur eine halbe Ration, oder vielmehr ein halbes Pfund Brot und Fleisch. Bauern bringen kleines Brot von 1½ Pfund zum Verkauf, welches man mit zwei Kossetten (1 Gulden rheinisch) bezahlt. Branntwein ist gar nicht, Wein sehr schlecht und theuer zu haben. Dieser wird aus den Bergen von Bauern gebracht, die spioniren wollen; das Städtchen Almaraz selbst ist ein Steinhaufen und kein Haus mehr bewohnbar. Der Herr Divisionsgeneral selbst bivakirte mit uns."

zahl recht wenig nothwendiger Hin- und Hermärsche. Bald schob man sie ein wenig vor, dann etwas zurück von Almaraz, bald hetzte man kleine Detachements in die Gebirge. Bei einer dieser Razzias mußte der angeschwollene Tietar durchwatet werden. Um der Fluth zu wider-stehen, passirte man ihn in dichter Kolonne im Sturmmarsch. Der nassauische Major Felix ertrank jedoch bei dieser Gelegenheit, der Frank-furter adjudant-sousofficier Hartmann stürzte sich ihm nach, ver-mochte ihn aber nicht zu retten. Wichtig war aber für die dezimirten Bataillone das Eintreffen mehrerer Ersatzabtheilungen. Das Regiment Baden erhielt 600 vortrefflich ausgerüstete Leute — das Bataillon Primas erhielt 128 Mann Ersatz unter Major Vogt (darunter 32 Re-konvaleszenten, die dieser unterwegs gesammelt hatte). Die Neuange-kommenen brachten noch den Feuereifer junger Soldaten mit, der nach dem ersten Gefecht kaltblütiger Pflichterfüllung zu weichen pflegt. Die Franzosen neunen diesen Kampfesmuth l'enthousiasme du départ. Die Neophyten wurden in das Lagerleben zunächst durch den Mangel ein-geführt. Die tägliche Ration betrug pro Kopf ½ Pfund Brodt, ⅛ Pfund Fleisch — das war Alles. Was der Verpflegung an Reichlichkeit abging, ersetzte das Lager durch eine Fülle von Skorpionen — wurden die Soldaten gestochen, so zerdrückten sie das Insekt und ließen es, in Oel getaucht, einige Tage auf der Wunde liegen, dadurch glaubten sie den verderblichen Folgen zu entgehen.

Kaum war Victor glücklich über den Tajo, so erhielt er am 19. Juni von König Joseph den Befehl, die deutsche Division schleunigst nach Toledo zur Unterstützung des Korps Sebastiani zu entsenden, wohin er selbst mit seinen Garden und allen irgend in Madrid entbehrlichen Truppen aufgebrochen war. Da Victor erst in Talavera be la Reyna selbst Stellung beziehen wollte, die Straße nach Toledo aber über diese Stadt führt, so marschirte die deutsche Division eine Zeit lang vor ihm her. Am 26. erreichte sie nach unerhörten Anstrengungen Toledo; die Straßen waren von den Leichen der Ihrigen besät, die der Hitzschlag getödtet hatte, darunter 13 Mann des Bataillons Primas. (Rapport v. Welsch vom 9. Juli 1809).

Victor schrieb an Peval unterm 4. Juli:

„Cette division m'a inspiré le plus vif intérêt; elle mérite sous tous les rapports la considération, que l'on doit à des braves gens. Elle a rendu des services à Messa del Ibor, à Medellin, à Merida, à Truxillo et ailleurs — elle a déjà rendu des services signalés, auxquels je ne puis donner trop de louanges."

Aber auch hier konnte ihr keine Ruhe gegeben werden. Die Armee des Königs befand sich schon wieder an der Guabiana, und erst am 30. konnte sie diese bei Almagro erreichen. Sie kam aber gerade nur zu rechter Zeit, um die Spitzen der Arrieregarde des spanischen Generals Venegas in den Felsschluchten der Sierra Morena verschwinden zu sehen. Zurück nach Toledo! lautete plötzlich wieder die Parole — die Deutschen, nachdem sie vor dem König Revue*) paffirt, mußten dieselbe Straße zurückeilen, deren Meilensteine sie die vergangenen Tage mit wankendem Schritt und fiebernden Augen gezählt hatten.

Am 6. Juli traf die Division wieder in Toledo ein — die Frankfurter wurden nach Arjos detachirt, Sebastiani war in Mabrijedos, etwa halbwegs zwischen Tajo und Guabiana stehen geblieben. Costa de Serba sagt:

"Les troupes allemandes conservent cette position jusqu'au 25 juillet. Ce précieux répit, au milieu de leurs marches constantes, leur permettait de se refaire un peu et de se préparer aux nouveaux combats qui s'annonçaient."

Was die Truppe bei diesen marches constantes aber gelitten hat, schildert Major Krieg wie folgt:

"Während des von frühem Morgen bis Nachts unausgesetzt fortdauernden Marsches, der brennenden Sonnenhitze bloßgestellt, litten wir den furchtbarsten Mangel an Wasser. Der Soldat erlag der Last des Tornisters, der Patronentasche, des Gewehrs. Ja selbst die Einwohner, an dies heiße Klima gewöhnt, verbargen sich den Tag über zwischen ihren Mauern. Es dauerte oft mehrere Tage, bis man ein halb ausgetrocknetes Flüßchen fand, und nur von Zeit zu Zeit stießen wir auf gegrabene tiefe Brunnen, deren eiskaltes Wasser den Soldaten, mit Begierde trinkend, den Tod brachte; viele sanken auf dem Marsch erschöpft zu Boden, mehrere litten an Blutsturz, einige wurden närrisch, viele blind und andere erst nach überstandener Strapaze tödtlich krank. Kam die Truppe des Abends an den Ort, wo das Biwak bezogen wurde, so saßen wir auf trockenem heißem Boden, ohne Brot, ohne Fleisch und öfters ohne Wein. Die von den Einwohnern verlassenen Wohnungen wurden geplündert, Speise und Trank bis in die entfernten

---

*) Jourdan, der Generalstabschef des Königs, schreibt an den Kaiser: "La division de la confédération était dans un très bon état."

Gebirge aufgesucht, wegen Mangel an Holz die Häuser abgedeckt, Tische und Stühle verbrannt, und so verließen wir jedes Mal den Ort unseres Nachtlagers in der größten Verwüstung. Kaum eine kurze Strecke entfernt, eilten schon die unglücklichen Bewohner herbei, die wenigen Ueberreste ihres Hausraths zu retten und uns Verwünschung und Flüche nachzusenden."

Welsch schreibt in seinem Rapport vom 9. Juli:

„Andere Regimenter ließen 80 bis 90 Mann bei diesen forcirten Märschen im Hospital zurück, ohne jene, welche auf dem Wege liegen blieben, allein ich muß hier dem Bataillon zum Ruhme berichten, daß es die Strapazen mit beispiellosem Muthe ertragen und nur 9 Mann während dieser 17 harten Tage zurückgelassen hat. Am 17. Juni ist das Besetzungskommando von Merida wieder beim Bataillon eingerückt."

Am 14. Juli versuchte Vanegas dasselbe Manöver noch einmal, um den General Sebastiani in Athem zu halten. Er zeigte sich vor den Defileen der Sierra Morena und lockte in der That die französische Armee wieder bis an die Guadiana. So hatte die deutsche Division denselben unheimlichen Marsch mit genau gleichem Mißerfolg abermals zu machen. Kaum in Herencia angekommen, wurde sie wieder nach Toledo zurückberufen. Diesmal aber hatte wenigstens der Rückmarsch seinen Grund. Wellesley hatte sich nämlich mit General Cuesta vereinigt und war in langsamen Märschen auf dem rechten Tajo-Ufer bis Talavera de la Reyna gekommen, um dort mit gewohnter Vorsicht eine feste Stellung zu beziehen. Er war aber damit in unheimliche Nähe der Hauptstadt gekommen und mußte von hier vertrieben werden, wenn nicht der Besitz derselben in Frage gestellt sein sollte. Auf Soult war vorläufig nicht zu rechnen, denn dieser stand noch an der Nordgrenze Portugals — König Joseph raffte daher zusammen, was die Garnison Madrid ent-behren konnte, zog Sebastiani an sich*) und vereinigte sich am 25. Juli bei Toledo mit Victor. Die Stärke dieser in der Eile kombinirten Armee mochte wohl 45000 Mann betragen. (Wellesley hatte etwa 25 000 Deutsche und Engländer und vielleicht 40 000 bis 50 000 Spanier. Aber die eingebildeten Hidalgos gehorchten ihm nicht und leisteten in der Schlacht sehr geringe Dienste.) Die Lage war eine überaus gespannte, entschei-dende. In Madrid bereiteten sich der Hof, alle Behörden und die fran-

---

*) Dieser täuschte mit 3000 Mann, die er in Toledo zurückließ, Vanegas über seinen Abmarsch vollständig. Dies erscheint um so wunderbarer, als es letzterem doch nicht an richtigen Nachrichten fehlen konnte.

zöfisch gesinnten Spanier zur Abreise vor — panischen Schrecken erregte ein englisches Seitendetachement unter Wilson, der plötzlich bei Navalcar-nero, einen Tagemarsch südwestlich Madrid, erschien. Eiligst zog daher der König tajoabwärts; bereits am 26. kam er vor Talavera an. Von dem Plateau von Santa Olalla, wo die Armee biwakirte, sah man auf dem langen Höhenzuge, der auf der andern Seite die schäu-mende Alberche begleitete, die formidable Stellung des Feindes. Thiers*) giebt von ihr folgende kurze und korrekte Schilderung:°

„La position occupée par l'ennemi était une suite de mamc-lons dont le plus élevé se montrait à la droite de notre armée, couvert de troupes anglaises et d'artillerie, dont les autres, en s'abaissant vers Talavera, se voyaient à notre gauche, également ment couverts de troupes et d'artillerie, celles-ci appartenant à l'armée espagnole. Au centre de cette position était une grande redoute, hérissée de canons, gardée en commun par les troupes des deux nations. Plus loin à notre gauche, des bouquets de chênes et d'oliviers, des abatis, des clôtures, s'étendaient jusqu'à Talavera et servaient d'appui au courage de l'armée espagnole."

Mit Vorbedacht mochte Wellesley seine nicht ganz schlachtfesten Bundesgenossen an den gegen Ueberflügelung schützenden Tajo angelehnt haben. Vom französischen Lager aus sah man viele Bewegung beim Feinde, der seine Stellungen noch nicht ganz eingenommen zu haben schien. Der König beschloß, von diesem Umstand durch einen plötzlichen Angriff Nutzen zu ziehen. Alle Truppen mußten trotz ihrer Ermüdung die Alberche durchfurten — das 1. Korps, das die Tête hatte, nahm darauf die Richtung gegen die Hauptstellung der Engländer auf dem linken Flügel und gerieth sogleich in ein heftiges Gefecht.**) Kurze Zeit schien es, als wenn der tolle Angriff glücken würde — allein die Deutschen und Engländer waren keine ungeübten Gegner wie die Spa-nier, die man ohne Weiteres mit dem Bajonett über den Haufen rennen konnte.

Die angelsächsischen Bataillone ließen die Stürmenden bis an den Rand des von ihnen besetzten Plateaus gelangen, gaben ihnen ein rollen-des, gut gezieltes Salvenfeuer und warfen sie dann mit wuchtigem Gegen-

*) Histoire du consulat et de l'empire.
**) Das 4. Korps marschirte desgleichen auf, hielt sich aber ebenso wie die Reserve, zu der an diesem Tage die deutsche Division gehörte, außer Schußbereich.

stoß den Thalhang wieder hinab. Hinter der Alberche sammelte der König sein Heer, als der Abend dunkelte, es lagerte Gewehr im Arm und dem Feind so nahe, daß man deutlich die Schimpfreden der Spanier vernehmen konnte, die hierin wenigstens durchaus den Homerischen Helden glichen. Gegen Mitternacht wurde plötzlich Alles durch ein heftiges Feuern alarmirt. Der Grund des Schießens sowohl als die Flucht eines Regiments Dragoner, die sogar ihren Adler verloren, war damals ein Räthsel. Allerdings war ein starkes Gewehrfeuer vor der Front, aber wo und gegen wen? Keine Kugel kam weder zu den Dragonern, noch zu der deutschen Division, welche einige hundert Schritt hinter ihnen stand.

Napier erklärt diesen Spuk, indem er erzählt, daß die Spanier, gegen Mitternacht durch Pferde alarmirt, ein lebhaftes Kanonen- und Gewehrfeuer eröffnet hätten, welches ohne irgend einen Zweck zwanzig Minuten angehalten habe.

Der König mußte nun den Entschluß fassen, ob er hinter der Alberche in fester Stellung bleiben und die Annäherung der Armee Soults abwarten, oder aber den Angriff am folgenden Tage erneuern wollte. Der Stabschef des Königs, Jourdan, äußerte sich darüber dem Kaiser gegenüber in dem Sinne, daß unter andern Umständen es gewiß klüger gewesen wäre, sich defensiv zu halten. Der König habe aber gewußt, daß Vanegas sich Toledo nähere und daß die dort zurückgelassenen 3000 Polen diesen Platz nicht lange würden haben halten können; damit bedrohte Vanegas aber direkt Madrid. Außerdem habe man von Soult keine Nachricht und auch keine Mittel gehabt, ihn zu benachrichtigen. Die Gefahr sei nahe gewesen, der König habe der Tapferkeit seiner Truppen vertraut und deshalb den Angriff befohlen. So kam es am 28. Juli zu der blutigen Schlacht von Talavera de la Reyna.

Am Morgen griff Victor mit dem 1. Korps von Neuem den linken englischen Flügel an. Das 4. Korps setzte sich links davon mehr gegen das Centrum in Bewegung — seinen linken Flügel bildete die deutsche Division, hinter ihr standen die französische Kavallerie-Division Milhaud und die Reserven des Königs. Um Mittag war die Armee aufmarschirt und der Befehl zum allgemeinen Angriff gegeben. Die heiße, vibrirende Luft eines glühenden Sommertages lag erdrückend auf den in Schweiß gebadeten Truppen. Dennoch flogen sie voran — die deutsche Division, die sich etwas zurück halten sollte,*) war bald über die Schlachtlinie

---

*) Costa de Serba, Seite 62.

hinausgeeilt. Da sie viel zu schwach war, um bis an den Tajo sich auszudehnen, und überdem die feindliche Stellung in ihrer Front einen einspringenden Winkel bildete, so wurde sie bald von den englischen Brigaden Campbell und Mackenzie, sowie der spanischen Kavallerie, im Ganzen von etwa 15 000 Feinden, konzentrisch angegriffen. Die Schilderung des hin- und herwogenden Kampfes im Allgemeinen übergehend, lassen wir den Rapport des Frankfurter Großmajors Fritsch hier folgen in der Annahme, daß die schlichten Aufzeichnungen eines Augenzeugen, wörtlich wiedergegeben, ein Schlachtenbild anschaulicher machen, als eine noch so sorgfältige Zusammenstellung anderweitig gesammelter Daten. Fritsch schreibt:

„Von zehn Uhr ab rückte das 4. Armeekorps vor. Die deutsche Division machte den Vortrab und mußte hart unter den Batterien des Feindes in einer mit Weinbergen und Olivenbäumen besetzten Ebene sich entwickeln. Der Angriff geschah heftig, man avancirte von allen Seiten. Die Voltigeurs machten die Avantgarde; das Regiment Nassau formirte den rechten, Holland und Baden die Mitte, Hessen und Primas den linken Flügel. Das Regiment Nassau, welches am ersten deployiren konnte, stürzte sich mit dem gewöhnlichen Ungestüm in den Feind, durchbrach seine Linie und machte ein ganzes englisches Regiment mit seinem Stabe zu Gefangenen. Nicht so glücklich operirte das Regiment Baden. Das ungünstige Terrain, wo der Feind überall gedeckt und hinter Aufwürfen stand, machte, daß dasselbe, auf ein heftiges Kartätschenfeuer stoßend, wankte und ausbrach. Ihr Oberst v. Porbeck, ein Mann voll militärischer Talente und Ehrgefühl, sammelte das Regiment wieder und führte es von Neuem vor, wo er aber in diesem Augenblick, nachdem er schon vorher einen Schuß in die Seite erhalten, von einem Kartätschenschuß mit seinem Pferde zu Boden gestreckt wurde.*) Mit ihm, als der Seele des Regiments, war auch sein Ruhm dahin. Es floh nach starkem Verlust**) an Offizieren und Soldaten in Verwirrung zurück und kam nicht mehr zum Vorschein. Dies zog den Rückzug des Regiments Holland nach sich, welches aber alsbald hinter unserem Flügel sich sammelte und wieder mit Nachdruck vorrückte, beide Regimenter entblößten die linke Flanke der Nassauer, und in einem Augenblick waren

---

*) Eine Kugel brang ihm durch sein Kommandeurkreuz in die Brust. Drei Tage nach seinem Tode kam seine Beförderung zum General und seine Rückberufung nach Deutschland an. Er sollte Generaladjutant seines Souveräns werden.

**) Todt blieben 5 Offiziere und 80 Mannschaften, verwundet 10 Offiziere, 300 Mannschaften, die volle Hälfte der Kombattanten.

sie von den Feinden so umringt, daß sie die colonno d'attaque formiren mußten, um sich Luft zu machen. In dieser kritischen Lage kam der Herr General v. Schäffer von Nassau zu unserer Brigade gesprengt, dessen Kommandeur in diesem Augenblicke rechts seitwärts geritten war, um zu sehen, wie diesem Unfall zu begegnen sei, und forderte mich zur Rettung der Seinigen auf. Ich ließ sogleich das Karree im Sturmschritt vorrücken und gab dem Feind etliche so gut angebrachte Dechargen, daß das Regiment Nassau von dieser Seite frey wurde, welches aber durch diese gedrängte Lage gezwungen war, die meisten Gefangenen laufen zu lassen und nicht mehr als den Obersten, den Bataillonschef, sechs Offiziere und sechszig Gemeine erhalten konnte. Das Bataillon Fürst Primas mit dem Regiment Hessen auf dem linken Flügel formirten das Karree und blieben unter dem heftigsten Kanonen- und Kleingewehrfeuer und ohngeachtet sie dreimal von der feindlichen Kavallerie chargirt wurden, standhaft stehen. Primas bildete hier die Tête, und unsere braven Grenadiers dienten lange zum Schilde des ganzen Karrees, bis ihr starker Verlust es nöthig machte, die Tête mit einer Sektion der ersten und einer der zweiten Kompagnie breiter zu machen. Unser Verlust ist daher stärker als der der Hessen. Wir hatten an Todten den Kapitän v. Knobt und dreizehn Unteroffiziere und Soldaten, an Blessirten aber den Herrn Großmajor v. Welsch im Arm, Hauptmann Kaiser im Fuß, Hauptmann v. Tannstein im Arm, Oberlieutenant Breidenbach im Fuß, Lieutenant Goerz im Hals und vierundsechszig Unteroffiziere und Soldaten. Der Verlust des Hauptmann Knobt ist für das Bataillon unersetzlich, indem er ein Muster eines Peletonchefs*) sowohl im Innern der Kompagnie als in allen feindlichen Gelegenheiten war. Die Wunde des Großmajors Welsch und der andern Offiziere können langwierig und gefährlich sein. Sie sind zur Heilung nach Madrid abgegangen. Wie lange sie dort verweilen können, weiß ich nicht, da uns der zahlreiche Feind stets auf dem Fuße verfolgt. Nachdem die deutsche Division durch ihren Verlust sehr geschwächt war, rückten zwei Divisionen Franzosen **) mit einer Division Polen Nachmittags 2 Uhr in unsere Bataillelinie vor, während dem sich das 1. Korps immer tapfer auf den Höhen herumschlug. Diese Divisionen waren nicht glücklicher wie wir, und ihr Loos war geschwinder entschieden, denn die englische Kavallerie hieb in das 75. und 28. Regiment ein; was hier-

---

*) Französischer Ausdruck für Kompagniechef.
**) Es war nur eine.

von dem Säbel entrann, wurde gefangen. Der König rückte mit der 15 000 Mann starken Reserve und der ganzen Kavallerie *) vor, deployirte hinter unserm linken Flügel und blieb so stehen. Die Schlacht dauerte bis gegen Abend, wo wir trotz alledem das Schlachtfeld behaupteten. Vor Mitternacht aber marschirte der König mit der Reserve und so das 4. Korps nach Mitternacht gegen Toledo rückwärts ab, das 1. Armeekorps blieb noch drei Tage in seiner Stellung, wie am Tage der Schlacht, bis es ebenfalls seinen Rückzug gegen Madrid begann."

In Wirklichkeit hatte Wellesley **) die Schlacht gewonnen, denn er hatte den Angreifer zurückgeworfen, ihm elf Kanonen und viele Gefangene abgenommen und ihm einen enormen Verlust zugefügt (etwa 12 bis 15 000 Mann, der talentvolle General Lapisse war gefallen). Allein der englische Feldherr konnte sich wie Hannibal nach Cannae sagen lassen: scis vincere, victoria proficere nescis." Das 4. französische Korps hatte schon am Nachmittag gegen fünf Uhr den Befehl zum Rückzug erhalten, als eine Reihe von Victor entsendeter Adjutanten es wieder veranlaßten, vorläufig stehen zu bleiben. Der Marschall hatte geglaubt, auf englischer Seite Rückzugsbewegungen wahrzunehmen; allerdings wurden auch die vordersten Truppen ein wenig zurückgezogen. Dem englischen Feldherrn dient zur Entschuldigung seiner Unthätigkeit der Umstand, daß bereits am 1. August die Spitzen der Armee Soults in Plasencia, also fast in seinem Rücken, erschienen. Er mag an dem Schlachttag schon von dieser Bewegung unterrichtet gewesen sein; dann zeigt die Annahme der Schlacht von viel Selbstvertrauen. Wenn aber Wellington allen Grund hatte, einen Angriff im Rücken durch Soult fürchten zu müssen, so war im gleichen Verhältniß für den König Joseph die spanische Armee unter Vanegas ein Gegenstand der Unruhe. Er eilte daher, Toledo wieder zu gewinnen, um dort sich vorzulegen oder südlich des Tajo einen entscheidenden Schlag thun zu können. Die deutsche Division, welche von 4000 Mann 1007, also ein Viertel, in der Schlacht hatte liegen lassen, folgte der Armee als Arrieregarde — das Bataillon Primas erhielt aber zum Lohn für seine Bravour die Eskorte der Verwundeten und Gefangenen nach Madrid, eine ebenso verantwortliche als gefährliche und aufreibende Aufgabe — die dem Major Fritsch durch General Sebastiani mit den Worten versüßt werden sollte:

*) Divisionen Milhaud und Merlin.
**) Seit dieser Schlacht Wellington Herzog v. Talavera genannt.

„Der König und ich setzen das Vertrauen darauf, daß Sie, da Sie gestern so tapfer gefochten, heute eben so menschlich die unglücklichen Kriegsopfer behandeln werden."

Was half aber da die beste Absicht, menschlich sein zu wollen, wenn man selbst an Allem Mangel litt. Fritsch schreibt darüber an Dalberg:

„Dies traurige Geschäft, welches sich aus Mangel an Trans-portmitteln bis heute (1. August) zum Theil verzögerte, macht, daß ich beinahe die Arrieregarde des 1. Korps ausmache, wodurch ich mit dem Feinde engagirt und durch die Vormarschirenden, welche die Gegend von allen Lebensmitteln leeren, dem schrecklichsten Hunger ausgesetzt werde. Um Ew. Hoheit eine bessere Ueberzeugung hiervon zu geben, muß ich mit gebeugtem Herzen niederschreiben, daß es heute der vierte Tag ist, wo ich kein Brot und der dritte, wo ich kein Fleisch für meine Mann-schaft erhalten habe. Wir müssen uns mit aufgesuchtem Kümmel und dürrem Gemüse ernähren. Doch sind diese Braven noch gutes Muthes. Ich kann ihre Standhaftigkeit, ihre Ausdauer in Mühseligkeiten und ihr Stehen im heftigsten Feuer nicht genug rühmen. Besonders muß ich denen braven Grenadiers und Voltigeurs, welche beinahe völlig aufgerieben sind, volle Gerechtigkeit widerfahren lassen. Sie verdienen mit Recht den Namen Eliten."

· Belohnt wurden diese Braven weder durch ihren Souverän noch durch Napoleon, der nur dort verschwenderisch mit seiner Gnade war, wo er selbst kommandirte. Der heiß ersehnte Regen der Kreuze de la légion d'honneur blieb aus, wenn auch Sebastiani an den Kaiser rapportirte:

„Les divisions française et allemande du IV. Corps se sont couvertes de gloire. Le brave colonel du régiment de Baden, le baron de l'orbeck, a été tué à la tête de son corps; le major Welsch commandant le bataillon de Francfort, a été grièvement blessé. Je dois une mention particulière au général Schaefer (de Nassau) et au baron de Kruse, qui se sont fait remarquer par leur valeur et leur sangfroid etc. etc."

Als Lohn kam der Befehl von Paris, die Division dürfe nicht mehr die „deutsche" genannt werden, sondern habe fortan den Namen zu führen: „division de la confédération du Rhin." Wellington blieb bis zum 3. August in unerklärlicher Ruhe bei Talavera — erst dann, als Soult ihm bereits den Uebergang über den Tajo bei Almaraz verlegt hatte, erwachte er aus seiner scheinbaren Starrheit und zog sich über Arzobispo auf das linke Ufer. Soult (50 000 Mann stark) nahm über Oropesa die Fühlung mit der Armee des Königs auf, und dieser hatte nun die Arme frei, um sich mit aller Kraft gegen Vanegas wenden zu können. Das Bataillon Primas nahm an diesem Zuge nur mit einem Detachement theil (Oberlieutenant Schuler mit der verwaisten Voltigeur-Kompagnie), während das Gros des Bataillons, nachdem es die Gefangenen in Madrid abgeliefert, nach Chinchon, halbwegs zwischen Aranjuez und Madrid, in Kantonnements verlegt wurde.

Wir folgen wie bei Medellin der Voltigeur-Kompagnie zu der blutigen Schlacht von Almonacid.

Am 8. August war die französische Armee bei Toledo versammelt, das linke Ufer des Tajo hielten die Spanier besetzt. Hier, wie immer, sollten die Deutschen die Kastanien aus dem Feuer holen; General Leval erhielt den Befehl, über die beiden Stadtbrücken (San Martino und Alcantara) den Strom zu passiren und den Feind von den das Thal beherrschenden Höhen hinab zu werfen. Wenn das Debouchée geöffnet, sollten die französischen Divisionen nachfolgen. Mit der gewöhnlichen Resignation erfüllten fünf Bataillone, die Voltigeure und die Regimenter Hessen und Baden diesen Auftrag. Sie überfielen in der Nacht zum 9. die feindlichen Vorposten, nahmen mehrere Pikets gefangen, jagten den Feind mehrere Leguas zurück und erreichten, ihn verfolgend, Burgillos.*) Die Franzosen waren unmittelbar gefolgt. Am 10. war Rasttag, um das Reserve-Korps (die spanischen Garden und einige französische Regimenter) und die Kavallerie-Division Milhaud in gleiche Höhe kommen zu lassen. Diese waren bei Aranjuez über den Tajo gegangen und hatten spanische Vortruppen bei Villamejos geschlagen. Am 11. gingen diese beiden Hauptkolonnen des französischen Heeres konzentrisch gegen Almonacid vor, wo General Vanegas seine etwa 30 000 Mann starke Armee aufgestellt hatte.**) Der linke Flügel fand seinen Stützpunkt

*) Die badische Artillerie verlor hier ihren letzten Offizier, Lieutenant Klaiber. Diese Batterie hat stets mustergültig gefochten. Der Chef der Artillerie, General Lénarmont, schrieb über den bei Talavera blessirten Hauptmann Delassolaye: „officier d'une haute bravoure et de beaucoup de talent; il a su imprimer le meilleur esprit à sa compagnie, qui s'est couverte de gloire dans toutes les circonstances."

**) Daß er hier eine Schlacht annahm, war unklug; selbst wenn er siegte, würde er nicht über den Tajo gelangt sein, da Soult mit einer mächtigen Armee dort dem König als Rückhalt diente. Vanegas durfte sich erst dann auf einen ernstlichen Kampf einlassen, wenn Wellington wieder die Offensive ergriff.

in einem hohen Berg, der sich scharf in der von Norden nach Süden streichenden Bergkette abhebt; das Centrum stand auf einem plateauartigen Vorsprunge des Gebirges nördlich von Almonacid, der rechte Flügel verlängerte sich, etwas rückwärts gebogen, über dieses Städtchen hinaus. Die Reserven hielten die steilabfallenden Hänge einer Hügelreihe im Rücken der Armee besetzt, mit einem alten maurischen Schloß als Reduit. Die Kavallerie (4000 Pferde) stand auf den Flügeln, 40 Geschütze waren amphitheatralisch aufgepflanzt.

General Sebastiani, der anstatt des Königs den Oberbefehl auf französischer Seite führte, erkannte mit gewohntem Scharfblick, daß der Sieg von dem Besitz des hohen Berges abhängig sei, welchen der linke Flügel der Spanier inne hatte. Er befahl daher der deutschen und polnischen Division, jene Höhe zu nehmen, und zwar sollte letztere die Front, erstere die Flanke angreifen. Beide Divisionen formirten Bataillonskarrées (colonne serrée par division), schwenkten ein wenig links und gingen Gewehr im Arm auf die feuersprühende Position los. Bei der deutschen Division hatte das kleine Voltigeur-Bataillon die Ehre, weit vor der Front das Feuer zunächst auf sich zu ziehen. Das Centrum und der linke Flügel der französischen Armee blieben ein wenig zurück — so daß Sebastiani vollkommen die Fridericianische schräge Schlachtordnung zur Durchführung brachte.

Die feindliche Reiterei, achtzehn Eskadrons, wagte nicht, die schwachen Bataillone der deutschen Division während ihres Umgehungsmanövers anzugreifen. Der kombinirte Angriff der Deutschen und Polen gelang daher endlich, obgleich letztere zweimal von dem eroberten Bergrücken herabgeworfen wurden.*) Ueberhaupt fochten die Spanier in dieser Schlacht kaltblütig, zäh und hartnäckig, ihre Artillerie schoß ganz vorzüglich. Die Entscheidung gab hier das Voltigeur-Bataillon und das Regiment Baden, das die Scharte von Talavera auszuwetzen bestrebt war. Es deployirte in Linie und rückte mit klingendem Spiel gegen den Feind. Die schwierige Bewegung wurde mit solcher Ordnung und Entschlossenheit ausgeführt und bot dabei einen so schönen militärischen Anblick, daß der König das Regiment durch seinen Adjutanten beglückwünschen ließ.**) Kaum war der Schlüsselpunkt der feindlichen Stel-

---

*) Sie verloren bei diesem Angriff allein 47 Offiziere, unter ihnen den braven Oberst Grafen Sobolewsky, Chef des 7. Infanterie-Regiments.

**) Sebastiani schreibt in seinem Rapport: „Ce mouvement fut exécuté avec un ordre et une précision admirable. Le mamelon est enlevé au pas de charge

lung genommen, so rückten die französischen Divisionen des Centrums und linken Flügels vor, warfen die Spanier aus Almonacid heraus und trieben sie in die Stellung ihrer Reserven. Dieselbe, enger als die in erster Linie, konnte von der französischen Armee leicht von beiden Seiten umfaßt werden. Wieder turnirten die Deutschen den linken feindlichen Flügel und drückten ihn in Unordnung weiter zurück — die spanische Kavallerie versuchte in diesem Stadium der Schlacht, das Schicksal des Tages zu wenden. In festgeschlossener Attacke kam sie herangebraust und gelangte bis auf hundert Schritt vor die deutschen Karrees. In den Intervallen derselben waren die badischen und hessischen Batterien aufgefahren, und diese gaben auf diese kurze Entfernung ein wahrhaft verheerendes Kartätschenfeuer ab.*) Roß und Reiter stürzten haufen- weise übereinander und flohen dann in eiligem Laufe zurück; rasch ge- sammelt stürzten sie sich aber bereits nach Verlauf einer halben Stunde auf die links von den Deutschen avancirende polnische Division. — Diese ließ sie auf dreißig Schritt heran und gab ihnen dann vernich- tende Salven. Damit verschwand die spanische Reiterei vom Schlacht- feld. Unentwegt setzten die Bataillone ihren Vormarsch fort, von dem Sebastiani sagte:

„Toute l'armée se trouve, en même temps, de l'autre côté de la montagne, poursuivant l'ennemi avec un ordre et une précision difficiles à obtenir même sur un champ de manoeuvre."

Diesen richtigen Moment benutzten die französischen Kavallerie- Divisionen Milhaud und Merlin, um in die erschütterte spanische Infanterie einzubrechen, die an ihrer geschlagenen Reiterei keine Helferin mehr hatte. Das Gemetzel von Medellin wiederholte sich hier im Kleinen.**) Eine schwache Reserve, die Vanegas noch klüglich intakt gehalten hatte, sicherte ihn vor gänzlichem Verderben. Man sieht, die spanischen Generale

---

sous un feu terrible d'artillerie et de mousqueterie. Les généraux Leval et Schaefer (de Nassau) marchant en tête culbutaient tout ce qui se trouvait devant eux."

*) Von der Infanterie geschah kein Schuß; ein Zeichen großer Ruhe und hervorragender Feuerdiszeplin.

**) Die spanischen Feldzüge zeichnen sich durch ganz hervorragende Thaten großer geschlossener Kavalleriekörper aus. Die Generäle Montbrun, Lasalle, Mil- haud, Merlin, Sebastiani, Latour Maubourg, Krasinski und Andere waren in der Führung ihren Gegnern entschieden überlegen, wenn auch ihre Truppe an und für sich es nicht sein mochte. Unter den französischen Reiter-Regimentern in Spanien zeichnete sich besonders das 27. Regiment der chasseurs à cheval aus, welches aus Belgiern gebildet, von dem Herzog von Arenberg befehligt war.

fingen an zu lernen. An Todten und Verwundeten hatten beide Gegner etwa gleich viel, je 3000. Die Spanier hatten aber 4000 Gefangene verloren. Die deutsche Division verlor 36 Todte und 170 Blessirte. Unter letzteren figuriren 13 Frankfurter. Die Voltigeur-Kompagnie zählte am Abend der Schlacht nur noch 35 Mann. In den folgenden Tagen wurde Vanegas über die Guadiana getrieben, dann aber der Rückzug über den Tajo angetreten. Die Schlacht von Almonacid blieb so wirkungslos, wie die von Medellin und Talavera.*) Die deutsche Division bezog in Chinghon und Colmenar rechts des Tajo Quartiere. Die reiche, fruchtbare Ebene gestattete wenigstens gute Verpflegung und die nächsten Wochen eine relative Ruhe. Major Fritsch fand hier Gelegenheit, die Rapporte abzusenden, denen wir die vorstehenden Daten über die Schlacht von Talavera und Almonacid verdanken. Er schließt sie mit den Worten: „Ein hohes General-Kommando**) wird hier nicht ungnädig aufnehmen, Hochdero Aufmerksamkeit auf die blessirten Offiziere zu lenken. Sie sind alle vom alten Stamme***) und unter diesen 4 Pelotouchefs begriffen. Die festen Stützen der Phalanx sind jetzt zum Unglück herausgeschossen. Wer wird im nächsten Feuer das unerschütterliche Beyspiel geben, um dadurch das Ganze halten zu machen?" Diesem fast wehmüthig klingenden Ausruf schließt Fritsch die Namen derer an, die sich besonders ausgezeichnet hatten. Wir treffen viele bekannte Persönlichkeiten darunter. Vor Allem den tapfern adjudant-major Damboer und die beiden adjudant-sous-officiers Hartmann und Kraemer, ferner die Sergeanten Jörgens und Dorrmühl und den Kadet Hermann. Des Weiteren erfahren wir, daß Hauptmann Vogt als Würdigster für den tödtlich verwundeten Hauptmann Kaiser die Grenadier-Kompagnie führen soll, daß die beiden ältesten Oberlieutenants trotz ihrer Bravour nicht als die geeigneten Persönlichkeiten erscheinen, um Kompagnien zu führen, und daß dazu jüngere Offiziere in Vorschlag gebracht werden. †) Endlich fesselt unsere Aufmerksamkeit eine Korrespondenz über den Kapitän Harrach und Oberlieutenant Auler. Diese beiden Offiziere waren krank im Hospital zu Bilbao zurückgelassen worden. Der Typhus ergriff sie, und sie genasen nur langsam. Nach halbjährigem Krankenlager schleppten sie sich müh-

---

*) Ja, sie hatte den Nachtheil, daß Vanegas und Cuesta sich vereinigten.

**) Damit war der General Zweyer gemeint.

***) Das heißt: alte kurmainzische Offiziere.

†) Eine harte und beleidigende Maßregel. Die in solchem Krieg im Avancement Uebergangenen mußten moralisch zu Grunde gehen.

selig nach Madrid, um von da zu ihrem Bataillon zu stoßen. Dasselbe stand aber damals in Almaraz. Die beiden elenden bleichen Gestalten fielen in Madrid dem König Joseph auf, der ihnen den Befehl ertheilte, sofort nach Deutschland zu reisen, um dort ihre Genesung abzuwarten. Sie erbaten sich den Befehl schriftlich und befolgten ihn sodann. Als sie in Frankfurt ankamen, bereitete ihnen Dalberg einen bösen Empfang, indem er sie als Deserteure behandelte und vor ein Kriegsgericht stellen ließ. Dieses aber sprach die Unglücklichen einstimmig frei. Wir verstehen es daher, daß Fritsch seinen Souverän bittet, er möge die nach Frankfurt instrabirten blessirten Offiziere gnädig aufnehmen. Dalberg ging soweit in der Adulation des Kaisers, daß er jeden Verwundeten als ein unwillkommenes Eingeständniß betrachtete, daß auch die französischen Waffen Verluste haben könnten. Dabei war die Angst, dem Protektor des Bundes zu mißfallen, eine geradezu sklavische geworden. Das Bataillon in Spanien hatte, wie oben erzählt, sich anders uniformirt, die Offiziere mußten ihre Equipirung selbst erstehen. Unter den damaligen Umständen war diese begreiflicher Weise sehr theuer. Das frühere deutsche Verpflegungsreglement setzte als Beihülfe nur eine Monatsgage fest, das französische eine den Verhältnissen entsprechende Summe. Fritsch hatte die letztere erbeten. Dalberg antwortete ausweichend und ängstlich, er müsse erst in Paris anfragen, ob er sie bewilligen dürfe. Hier konnte man dem gelehrten Fürsten eines seiner beliebten Citate ins Gesicht schleudern: „dum deliberatur Romae, perit Saguntum." Was soll man nach diesen Vorgängen von folgendem Schreiben Dalbergs an Fritsch denken:

„Mit tiefem Kummer und Theilnehmung habe ich Ihr Schreiben gelesen. Ich bin entschlossen, alles Mögliche zu thun und zu bewilligen, was zum Trost und zur Unterstützung dieser braven Männer gereichen kann, welche im Felde der Ehre gelitten und sich den wohlverdienten Ruhm der Tapferkeit erworben." Wortgeklingel aber keine That.*)

Unterdessen waren die Truppen in Chinghon nichts weniger als auf Rosen gebettet. Die Hitze war eine unerträgliche und den Söhnen des Nordens ungewohnte. Dabei fing das Brigantenwesen in großem Maßstabe zuzunehmen an. Bereits mußte jeder einzelne Courier durch Kommandos von 50 bis 100 Mann eskortirt werden, und viele dieser Detachements hatten dabei ernste Kämpfe zu bestehen. Von ihren

*) Erst Mitte September wurden den Offizierkorps 1000 Gulden zur Equipirung überwiesen — dann erst trafen auch die Beförderungen ein. Die Franzosen machten ihre Ernennungen auf dem Schlachtfelde.

Truppentheilen getrennt, lagen je eine Kompagnie Nassau, Baden und Primas (letztere unter Hauptmann Schweizer) am Tajo mehrere Stunden auseinander, um die Furthen zu beobachten. Tag und Nacht hatten sie keine Ruhe; bald zeigten sich feindliche Kavalleriepatrouillen am jenseitigen Ufer, bald machten Guerrillas das diesseitige unsicher. Umsonst wurde der Divisionsgeneral Leval gebeten, diese Kompagnien entweder verstärken oder einziehen zu lassen. Die Antwort war, man habe jetzt nichts zu fürchten, und die Truppen sollten sich pflegen. Die Folge dieser Unvorsichtigkeit war eine sehr traurige. Die Kompagnien Nassau und Baden wurden in einer Nacht überfallen und bis auf den letzten Mann massakrirt. Nachher begnügte man sich, ein Strafgericht über die Dörfer zu verhängen und diese zu verbrennen. Die Kompagnie Primas entrann durch die Wachsamkeit eines Marketenderweibes dem gleichen Schicksal.*) Der Hauptmann Schweizer, der sie führte, ein beinahe 60jähriger Mann, der bei Beginn des Feldzuges um seine Rückberufung vergeblich gebeten (vergl. Seite 47), brach jetzt vollkommen zusammen. Fritsch stellte ihm das beste Zeugniß aus. Das rührende Abschiedsgesuch des Unglücklichen möge hier Platz finden:

„Ich kann nicht umhin, ganz gehorsamst zu berichten, daß mich seit mehreren Tagen eine große Körperschwäche und innere Krämpfe befallen, welche mich außer Stand setzen, vor der Hand dem Armeedienste zu folgen. Das Hospital ist zu kostspielig. Da ich nun in diesen traurigen Verhältnissen weder vor- noch rückwärts zu kommen im Stande bin, so bitte ich, nach weiser Einsicht inbetreff meiner vierzigjährigen Dienste hochgefälligst Rücksicht zu nehmen. Ich hätte so gern ausdauern mögen, und an Anstrengung hierzu habe ich es nicht ermangeln lassen, aber die Natur hat hier Grenzen gesetzt und mich auf letzterem Marsche durch befallene Ohnmachten belehrt, daß diese Grenzen nicht zu überschreiten sind."

Ein gleiches Gesuch reichte sein Altersgenosse, Hauptmann Klenk, ein; Fritsch unterstützte sie mit männlich offenen Worten. Es ist möglich, daß sie bei Dalberg Eindruck machten; wir finden die Namen der beiden Greise nicht mehr in den Effektivlisten des Bataillons.

Fritsch kann weiterhin nicht verhehlen, daß die Mannschaften völlig abgerissen seien; vor Allem sei es nöthig, sie mit neuen Mänteln zu versehen, da diese zugleich auch als Betten dienen müßten, denn seit dem Einrücken in Spanien hätten die Leute noch kein anderes Lager als

---

*) Die Details dieser Affaire sind verloren gegangen.

8*

die bloße Erde oder das Pflaster unter den Hallen oder auf den Straßen gehabt. Fünfzehn Soldaten wagten es, zu den Guerrillas zu desertiren — einige davon wurden aber von den Spaniern erschlagen, wahrscheinlich ehe sie sich über ihr Vorhaben hatten verständlich machen können. Durch die Rückkehr einiger Mannschaften aus den Lazarethen hob sich der Präsenzstand des Bataillons indeß wieder auf 450 Mann.

Während in den Monaten September und Oktober die großen Operationen hauptsächlich durch die Unthätigkeit Wellingtons*) einen Stillstand erlitten, regte sich der kleine Krieg in seiner tausendköpfigen Gestalt. Fast ermüdend ist schon die Betrachtung der fortwährenden Kreuz- und Quermärsche, denen die deutsche Division sich unterziehen mußte; es ist daraus leicht zu ermessen, wie schwer den Truppen ihre Ausführung fallen mußte. Der Oberbefehl der feindlichen Hauptarmee war von der Junta dem General Cuesta entzogen und dem General Eguia anvertraut worden. Derselbe hielt sich nicht lange in der Sierra Morena verborgen, sondern überschritt bald mit Theilen seiner sich rasch reorganisirenden Armee die Guadiana und brachte es, bald hier bald dort auftauchend, zu Wege, daß die Franzosen in der Jagd nach ihm einem Phantom nachzulaufen schienen. So marschirte die deutsche Divi= sion in der Zeit vom 1. bis 14. September nach Henares (Primas und Hessen nach Arganda), von da wieder in die alten Quartiere von Chinghon und Colmenar, um am 17. nach Toledo aufzubrechen. Der Marsch dahin war durch die fortwähreuden Angriffe zahlreicher feind= licher Kavallerie und sogenannter Contrebandiors (der Schmuggel mit englischen Waaren fing an, eine große Rolle zu spielen) ein verlustreicher und aufreibender. In den fortlaufenden Gefechten fiel der ausgezeichnet brave Korporal Seerer der 4. Kompagnie, mehrere Mannschaften wurden blessirt. Von Marschkolonnen war keine Rede, die Bataillone mußten en colonne serrée marschiren oder wenigstens in Zugkolonne.

In Toledo mußten die Deutschen bis zum 30. den schwierigen Garnisondienst versehen und wurden dann in der Zeit vom 1. bis 11. Ok= tober nach Yepes dislozirt. Durch Mangel an Lebensmitteln gezwungen, streiften gemischte Detachements durch die Berge. Mit lautem Jubel wurde eines derselben bei seiner Rückkehr begrüßt, als es 50 Ochsen, 100 Schweine und 500 Schafe mitbrachte. Die in der Mancha immer

---

*) Die Spanier hatten ihn und seine Truppen so hochmüthig behandelt, daß er ihnen mit seiner Wiedereinschiffung drohen mußte. Anscheinend ließ er sie jetzt absichtlich fühlen, daß sie ohne ihn nichts erreichen könnten. So blieb er monate= lang bei Merida stehen.

dreifter auftretenden Spanier glaubte Victor,*) der am Tajo das 1. und
4. Korps jetzt befehligte, energisch zurückwerfen zu müssen; mehr wie
30 000 Mann, darunter die Reiter-Division Paris (früher Lasalle; dieser
brave General war bei Wagram gefallen), konnte er jedoch nicht vereinigen, so sehr war die Präsenzstärke der Truppen gesunken. Entschlossen brach er in die Mancha ein, sah aber zu seinem Erstaunen den
Feind überall zurückweichen. Er überschritt die Guadiana und erreichte
Almagro und Manzanares.

Ueber den Marsch dahin berichtet Major Krieg:

„Den 14. Oktober brachen wir auf und marschirten bis tief in die
Nacht. Zwei Stunden vor Manzanares machte die Kolonne halt und
ruhte aus. General Werle**) hatte den Befehl, den Feind Nachts in
Manzanares zu überfallen; wir formirten die Schlachtordnung in Angriffskolonnen und avancirten wohl eine Stunde lang in größter Ruhe und
Stille auf den weiten Ebenen, die Kavallerie auf der Straße vorwärts
der Kolonnen. Wir trafen Brunnen im Felde, wie es deren besonders
in der Provinz Mancha viele giebt, und die zur Erquickung des Land-
mannes gegraben sind. Sie sind oft 20 Schuh tief und haben 6 bis
8 Schuh im Durchmesser, sind der Erde gleich und daher bei finsterer
Nacht sehr gefährlich. Es stürzten einige unserer Leute in solche Brunnen
und waren nicht zu retten. Alles begab sich sonach auf die Landstraße,
Regiment hinter Regiment. So waren wir etwa eine halbe Stunde
marschirt, als plötzlich eine allgemeine Unordnung und die größte Verwirrung entstand. Es hatte nämlich die an der Tete befindliche Kavallerie
geglaubt, den Feind zu spüren, sie feuerte und ging im Galopp zurück,
der ihnen folgende Zug kehrte um, jagte auf das Regiment zurück und
riß dasselbe mit sich fort. Es kam in der finstern Nacht von der Straße
ab und stieß auf ein Bataillon Polen, das in Karree stand. Sogleich
sprengten die Chasseurs in der Meinung, die Spanier zu chargiren,
darauf los, wurden aber mit einem lebhaften Feuer zurückgewiesen. Nun
feuerte Alles, überall glaubte man den Feind zu sehen, vorn und von
allen Seiten; die Artillerie wendete, sprengte in unsere Kolonnen, ein

---

*) Soult war zum Generalkapitän aller Armeen in Spanien ernannt. Da
aber Napoleon von Paris aus die großen Operationen leiten wollte, so gehorchten
ihm die in den entfernteren Provinzen fechtenden Marschälle nur widerwillig oder
gar nicht.

**) Dieser kommandirte jetzt die Polen, die Deutschen General v. Schäfer für
den erkrankten Leval.

Regiment warf sich in das andere, alles schrie: Halt, formirt das Karree.
Einige Soldaten warfen Gewehr und Tornister weg und flohen, viele
wurden überritten und überfahren, Deutsche, Franzosen, Polen, alles
lief durcheinander, Pferde ohne Reiter, Bagagewagen ohne Führer,
Marketender, Weiber, die ihre Kinder verloren hatten. Es war eine
heillose Unordnung, die, wenn ein geringes feindliches Korps in der
Nähe gewesen wäre, sehr unglücklich hätte enden können."

An eine Ueberraschung war unter diesen Umständen nicht zu denken.
Mit Mühe konnten die Truppen endlich bewogen werden, da zu bleiben,
wo sie gerade standen. Auch hier sah man die Bestätigung des alten
Erfahrungssatzes, daß selbst die bravste Truppe der Gefahr einer Panik
ausgesetzt bleibt. Fünf Tage blieb nun die Kolonne vor Manzanares
liegen. Der Feind war nach dem Heidenlärm in jener Nacht aus der
Stadt verschwunden, mühsam fand die Kavallerie seine Spur wieder.
Am 21. wurde wieder ein Marsch südlich zurückgelegt. Man lagerte
am Abend bei Baldepennas, der hier wachsende herrliche Wein machte
das Biwak zu einem Lustlager. Am 22. nahm die Armee eine Stunde
vor Elviso Stellung. Das himmelanstrebende Gebirge der Sierra
Morena lag vor ihr in majestätischer Pracht. Der Feind stand am
Fuße der Berge in stark verschanzter Position — ihn hier anzugreifen,
wagte selbst der Leichtsinn eines Victor nicht — ein Flankenmarsch der
Deutschen nach Torrenuova hatte nicht den gewünschten Erfolg, den
Feind zum Rückzug oder zum Vorgehen zu veranlassen.

Da berief der in Madrid bedrängte König die Armee nach dem
Tajo zurück.

Dieser Monarch fühlte sich von jedem leisen Schwanken des Schlachten-
glücks bedroht — die vier Jahre, die er in Madrid residiren durfte, waren
nichts weniger wie eine Sinekure, er verbrachte sie, um einen militärischen
Ausdruck zu gebrauchen, in fortwährendem Alarmzustand. Auch jetzt
erschien wieder eine schwere Wolke an seinem oft getrübten Lebenshimmel.
Der General Marchand war am 5. Oktober bei Tamames*) vom
Herzog del Parque geschlagen worden, zudem war die spanische Hauptarmee, deren Oberbefehl an Ariezaga übergegangen war, theilweise ohne
daß Victor es bemerkt hatte, rechts abmarschirt und bedrohte Aranjuez
und somit Madrid. Ja einige Tage schien es sogar, als würde es den

---

*) Diese Schlacht gehört zu der Gruppe der Kämpfe in Leon. Der Herzog
erfocht zwar bei Medina am 23. Oktober noch einen kleinen Sieg, wurde aber von
Kellermann am 28. in einer Schlacht bei Alba be Tormes geschlagen. Die
genannten Schlachtfelder liegen in der Gegend von Salamanca.

Spaniern gelingen, Victor die Rückzugsstraße nach Toledo zu versperren. Dieser marschirte daher Hals über Kopf die nun sattsam bekannte Straße über Madrijedos und Consuegra zurück nach Toledo.

Am 6. November traf zwischen den ersteren der genannten Städte die spanische Kavallerie auf die Arrieregarde Victors und trieb sie vor sich her gegen Toledo — zugleich aber zeigten sich starke Abtheilungen vor Aranjuez — es schien, als ob an beiden Stellen vom Feinde der Uebergang versucht werden sollte. Bereits am 10. November hatten 1500 französische Reiter südlich Aranjuez ein hartes aber glänzendes Gefecht gegen spanische Kavallerie zu bestehen. Der Entschluß war für Victor nicht leicht, wo er seine Hauptkräfte konzentriren solle. Er wählte das Richtige — nämlich offensiv vorzugehen und als Uebergangspunkt Aranjuez, weil er von dort die direkteste Rückzugslinie auf Madrid hatte.

Die deutsche Division verließ Toledo am 11. November, erreichte an demselben Tage Aranjuez, nahm auf dem linken Tajo-Ufer Stellung und besetzte die Furthen von Villamanrique und Fuenteduenna. Sie stand hier vereinigt mit den Polen und der Division Sebastiani und den Reitern Merlins, die von Madrijedos direkt auf Aranjuez abgebogen waren.*) Das Wetter fing an kalt zu werden; häufiger Regen hatte die Wege durchweicht. Die Strapazen, Krankheiten und Entbehrungen hatte die Zahl der Deutschen trotz der Renforts auf 3300 Mann sinken lassen. Die Situation des schwachen 4. französischen Korps war eine sehr mißliche. Victor, der dessen rechte Flanke verlängern sollte, war noch nicht angekommen. Eine lange Linie feindlicher Biwakfeuer zeigte die erschreckende Nähe der ganzen feindlichen Armee, dazu war der Tajo angeschwollen und drohte, die Brücken zu zerstören und damit den einzig möglichen Rückzug abzuschneiden. Erleichtert athmeten die schwachen Bataillone auf, als in der Nacht vom 12./13. November der Feind plötzlich auf Ocanna zurückging. Am 14. verließ er auch diese Stadt, warf sich aber am 15. plötzlich auf Villamanrique, schlug dort zwei Brücken und schob eine starke Avantgarde auf das rechte Tajo-Ufer. Dadurch wurde die Verbindung zwischen Victor und Sebastiani unterbrochen. Ersterer konnte dabei Toledo nicht verlassen, da auch dort ihm beträchtliche feindliche Streitkräfte gegenüber standen. Die Deutschen, die am 14. Abends schon Ocanna besetzt hatten, durften vorläufig nicht auf dem linken Tajo-Ufer gelassen werden. In der Nacht

---

*) Das 1. französische Korps war vorläufig noch vor Toledo geblieben.

wurden sie alarmirt und eiligst wieder über die Brücke von Aranjuez zurückberufen. Wie oft waren sie nun schon im Laufe dieses Feldzuges über die trüben Fluthen des mächtigen Stromes hin und hergezogen.*) Da auf Victor nicht zu rechnen war, wurde die Soult'sche Armee, die noch immer den unbeweglichen Engländern gegenüberlag, um Hülfe angegangen. In Eilmärschen kam denn auch das 5. Korps unter Marschall Mortier heran und vereinigte sich am 18. bei Aranjuez mit dem 4.; zugleich verstärkte der König diesen Heerestheil, dessen Oberbefehl Soult in eigener Person übernahm, von Madrid aus durch die 2. Brigade der Division Dessolles und seine Garden.

An demselben Tage ging General Sebastiani mit der ganzen Kavallerie durch eine Furth bei Aranjuez über den Tajo, erstieg die Höhen auf dem andern Ufer und erblickte, auf der Krete angekommen, plötzlich in langen Linien die weit überlegene spanische Reiterei vor sich. Kein Eclaireur hatte sich vorher sehen lassen, es schien, als habe der Feind absichtlich den Uebergang nicht gestört, um die Franzosen dann besto sicherer zu vernichten.**) In solchen Augenblicken ist furiose Attacke für eine überraschte Reitertruppe die einzige Rettung. Von der Stelle aus gingen denn auch die Regimenter in Echelons vom rechten Flügel zur Attacke über und rannten die Spanier, ehe diese ihre Pferde recht in Gang bekamen, vollständig über den Haufen. Bei dieser schneidigen Waffenthat verlor General Paris, der Nachfolger des vielgenannten Lasalle, Freiheit und Leben. Er fiel schwerverwundet in die Hände der Spanier und starb am folgenden Tage. Auch er war wie Lasalle ein moderner Ritter ohne Furcht und Tadel gewesen.

Dieser glänzende Erfolg, um den sich die polnischen Lanciers besonders verdient gemacht hatten, war von guter Vorbedeutung für den folgenden Tag, an dem es augenscheinlich zu einer Entscheidung kommen mußte. Thiers (histoire do l'empiro) schreibt von diesem Moment: „On distinguait, en effet, derrière le rideau, actuellement déchiré,

---

*) In dieser Zeit des Mangels und der Noth entdeckten die Deutschen in Bayonne mehrere große Weinkeller. Die Polen, ihre Lagerbrüder, eilten hinzu. Jeder der Soldaten wollte der erste sein, die Tinajas (große Weinbehälter von Erde) zu öffnen. Sie stürmten alle zugleich in die Keller; ein Pole fiel dabei in eine Tinaja, in welcher er ertrank, ohne daß einer nur daran dachte, den Unglücklichen zu retten. Dies hinderte indeß nicht, daß aus dem nämlichen Weinbehälter, in dem der Pole lag, der letzte Tropfen ausgeschöpft und getrunken wurde.

**) Für guten Patrouillendienst auf französischer Seite spricht die Plötzlichkeit des Renkontres aber auch nicht.

de la cavalerie espagnole, le gros de l'armée d'Ariezaga, qui se portait de Santa Cruz sur Ocanna pour y livrer bataille."

Mit dieſer wichtigen Meldung kehrte Sebaſtiani zurück, und auf ſie hin beſchloß Soult, den Feind am folgenden Tage (19. November) anzugreifen.

Die kleine Stadt Ocanna liegt auf dem Nordrande des Plateaus der Mancha. Eine Erdſpalte, welche von der Höhe dieſes Plateaus ſich zum Tajo hinzieht, läuft in beinahe elliptiſcher Form um das Städtchen herum und bietet dieſem einen vortrefflichen natürlichen Schutz. Dieſe Schlucht, welche dem linken franzöſiſchen Flügel gegenüber mit einer kaum bemerkbaren Terrainfalte begann, wurde mit jedem Schritt breiter und tiefer, bis ſie vor dem rechten ſich zu einem mächtigen Hinderniß geſtaltete. Damit war der Angriffspunkt gegeben — die Attacke mußte den rechten ſpaniſchen Flügel treffen. Wie immer, ſo ſollten die Deutſchen auch hier die wohlfeile Ehre und Gefahr des erſten Angriffs haben. Der von ſeiner Krankheit wieder geneſene Leval ſollte dazu durch die franzöſiſche Diviſion Girard in zweiter Linie und durch die geſammte Kavallerie Sebaſtianis unterſtützt werden, welche, auf dem äußerſten dießſeitigen linken Flügel durch lichte Olivenhaine gedeckt, hoffen durfte, ſich ohne zu große Verluſte in gleicher Höhe mit der Infanterie halten zu können. Kleine Waldparzellen, die, zerſtreut wie Blumenbouquets, vor der ſpaniſchen Aufſtellung lagen, waren leicht von feindlichen Vortruppen beſetzt, mußten aber, einmal genommen, taktiſche Stützpunkte für den dießſeitigen Angriff werden. Um 11 Uhr Vormittags ſetzte ſich Leval in Bataillons-Kolonnen in Bewegung. Das deutſche Voltigeur-Bataillon, aufgelöſt vor der Front, vertrieb bald aus den Vorhölzern einige ſpaniſche Schwärme, die ſich faſt ohne Gefecht auf ihre Hauptſtellung zurückzogen. Bald entſpann ſich der Kampf auf der ganzen Linie. General Ariezaga, welcher unſchwer die Abſicht des Gegners errathen konnte, zog in Eile ſeine beſten Truppen und ſo viel Artillerie wie möglich auf ſeinen rechten Flügel; ein Hagel von Geſchoſſen überfluthete bald die Deutſchen und die Polen, welche davon unerſchüttert ihre Bewegung fortſetzten.*) Die Spanier fingen an, mit ihrem rechten Flügel einen Haken rechts rückwärts zu bilden. Die Deutſchen und

---

*) Es hatte ſich bei den Bataillonen folgender Gebrauch eingebürgert, um in der colonne serrée avanciren und feuern zu können. Die erſte Diviſion (alſo das halbe Bataillon) gab eine viergliederige Salve, theilte ſich dann aus der Mitte mit rechts und links um, fiel auf beiden Seiten ab, ſchloß ſich wieder an die Queue an und lud, während die zweite Diviſion, die nun vorn war, das

Polen, durch dieses halbe Zurückgehen ermuthigt, drängten um so ungestümer und gewannen Terrain, bis die feindliche Linie von ihren Reserven aufgenommen wurde. Hier kam aber die Schlacht zum Stillstand. Die Spanier gingen mit donnerndem Geschrei vor, ihre Artillerie begleitete sie vor der Front,*) schoß die hessische und badische Batterie zusammen und zog blutige Furchen durch die dicht gedrängten Bataillone. In diesem kritischen Moment wurde General Leval schwer verwundet. Ein leichtes Stocken (un certain flottement), ein Wirbeln der Bataillone um ihre Fahnen zeigte sich — dieses beängstigende Zeichen, das so oft der Vorläufer einer Niederlage gewesen ist. Das wachsame Auge Mortiers ließ es indeß nicht dazu kommen. Er befahl der französischen Division Girard, die den Deutschen in der gleichen Formation (also colonne serrée par division) folgte, durch deren Intervalle sich hindurchzuziehen und so das erste Treffen zu formiren. Die Franzosen eilten im Geschwindschritt an ihren Waffenbrüdern vorbei, sie leicht und elegant begrüßend. Diese schlossen hinter ihnen wieder fest zusammen und folgten in Eile (soutiennent vigoureusement ce mouvement). Zu gleicher Zeit ließ Soult das 5. Korps gegen das spanische Centrum vorrücken — es überschritt kletternd und springend die Erdspalte und nahm im ersten Anlauf das Städtchen Ocanna.**) Fast alle Schlachten dieser Epoche haben das gemeinsame Moment eines allseitigen Vorgehens im Moment der Entscheidung. So griff auch die französische Kavallerie auf dem linken Flügel nunmehr ein, während Mortier eine Dragoner-Brigade durch das gesprengte Centrum vorwarf. In solchen Augenblicken verleugnete sich die spanische Tapferkeit. Gleiches Entsetzen trat an die Stelle kaltblütiger Bravour. Die französischen Reiter wütheten in einem Haufen Wehrloser — müde vom Morden trieben sie an 20 000 Gefangene zusammen — nur die einbrechende Nacht gestattete einigen Resten der Armee Ariezagas,***) in die Berge zu flüchten. Unser

---

Manöver wiederholte. Die deutschen Soldaten nannten diese Fechtweise: „vorn weg, hinten dran."

*) Wir finden diese Verwendung der Artillerie vielfach; sie erinnert an den Gebrauch der Bataillonsgeschütze.

**) Bei diesem Vorgehen betheiligte sich in ruhmvoller Weise das deutsche Voltigeur-Bataillon, das etwas zu weit rechts gerathen war. Nach Ueberwindung der Schlucht stürmte es ein großes steinernes Gebäude, das den Spaniern als Reduit diente, und kämpfte dann in Ocanna selbst von Straße zu Straße.

***) Der Bericht dieses Generals über die Schlacht an die Junta war eine ungeschickte Befolgung des Spruches:

„quae non sunt, simulet, et quae sunt, dissimulentur."

wacerer Welſch, der, von ſeiner Wunde geneſen, einige Tage vor der Schlacht wieder die Führung des Primatiſchen Bataillons übernommen hatte, hat den Gang der Schlacht nach ſeiner Weiſe rapportirt. Wir geben die Beſchreibung trotz einiger Irrthümer in der Beurtheilung der großen Verhältniſſe hier wieder:

„Am 19. November bewegten ſich die beiden Armeekorps (4. und 5.) unter Kommando Sr. Majeſtät des Königs und des Herrn Marſchalls und Majorgenerals Herzog von Dalmatien gegen Ocanna. Der Feind, 55 000 Mann ſtark, lehnte ſeinen linken Flügel an Ocanna und deckte ſeinen rechten mit 10 000 Mann Kavallerie. Die deutſche und polniſche Diviſion eröffneten die Schlacht und griffen den Feind mit gewohntem Muthe an. Das 5. Korps ſtellte ſich hinter uns in Schlachtordnung.*) Ein fürchterliches feindliches Artilleriefeuer empfing unſere anrückenden Kolonnen. Die Brigade des Generals v. Schäfer (es iſt hier der Heſſe gemeint, da der Naſſauer in die Heimath berufen war. Anmkg. d. V.) war mit Diviſions in Peloton-Diſtance geſchloſſen. Zwei Kanonenkugeln nahmen ſogleich aus der erſten Diviſion unſeres Bataillons neun Mann weg, worunter ſechs die Füße verliehren. Die Brigade erhielt einige Augenblicke hernach die Ordre, auf den linken Flügel zu marſchiren, um unſere Kavallerie zu ſoutiniren. Wir defilirten im heftigſten Artilleriefeuer die ganze Bataille-Linie und gingen ſogleich mit unſerer leichten Kavallerie vor. Die drei Voltigeur-Kompagnien zogen ſich ſchnell aus der Kolonne und brachten den Feind, der mit Force die polniſchen Tirailleurs zurückdrängte, durch einige Dechargen zum Weichen. Der Feind zog ſich in Unordnung zurück und ließ ſeine Kanonen im Stiche. Unſere kühnen Voltigeurs verfolgten ihn auf dem Fuße und fingen ſchon an, ebenfalls in die feindlichen Kavallerie-Kolonnen, worin ſie Unordnung bemerkten, zu feuern. Die Brigade rückte immer nach. Die ſpaniſche Kavallerie demaskirte die zweite feindliche Linie,. und dieſe wurde in einem Nu über'n Haufen geworfen und zwar ſo, daß die totale Flucht erfolgte. Nun ſetzten ſich die polniſchen Lanciers, die ganze leichte Reuterei und die dritte Diviſion Dragoner in Galopp und hieben ein. Die Tambours ſchlugen Sturm, und wir tournirten ſo ſchnell, daß wir die Gefangenen aus erſter Hand machten. Mehr als 25 000 Feinde ſtreckten in den Olivenwäldern das Gewehr. Der Sieg war entſchieden. Ein freudiges Vive le Roi auf unſerer ganzen Bataille-

*) Thatſächlich nur die Diviſion Girard.

linie verkündigte die Ankunft Sr. Majeſtät. Er redete die Gefangenen gnädig und herablaſſend an und verſicherte ihnen Gnade. — Es wurde nun raſch verfolgt. Die ganze Kavallerie der beiden Armeekorps ging voran, und man glaubt nicht, daß von dieſer Armee ein Mann Infanterie in die Sierra Morena zurückkäme. Das 5. und 1. Korps*) ſind dem Feinde auf dem Fuße. Das 4. ging den 21. nach Aranjuez, die königliche Garde mit Sr. Majeſtät nach Madrid. Das Bataillon hat ſich in dieſer Schlacht wieder mit jenem unerſchütterlichen Muthe, mit jener ruhigen Aufmerkſamkeit in Ausübung der Manövers ausgezeichnet, durch welche es ſich in den vorhergehenden Schlachten den verdienten Ruhm erwarb. Kein Mann wich im heftigſten Kanonen- und Grenadenfeuer aus ſeinem Platze. Die Bleſſirten benahmen ſich mannhaft und wurden, ohne im Geringſten die Ordnung in der Kolonne zu unterbrechen, von den Kameraden weggetragen. Alle Herren Offiziers und Soldaten verdienen mit Recht das größte Lob."

Die Verluſte der deutſchen Diviſion bezifferten ſich wie folgt:

	Todte.	Bleſſirte.
Regiment Naſſau	18	53
⸗ Baden	26	95
⸗ Heſſen	15	48
Bataillon Primas	7	33
Regiment Holland	74	89
Batterie Baden	1	4
⸗ Heſſen	—	2
⸗ Holland	2	5
Summa . . .	143	329
davon:	(3 Offiziere)	(14 Offiziere).

Da die ganze Armee nur etwa 1200 Mann verlor, ſo hatte die ſchwache deutſche Diviſion wieder faſt die Hälfte des ganzen Verluſtes zu tragen gehabt. Die Spanier ließen 4000 Todte auf dem Platz, ſie verloren 32 Fahnen, 46 Geſchütze, etliche 20 000 Gefangene. Es war der ſchwerſte Schlag, den die ſpaniſchen Waffen bisher erlitten. Aber auch dieſe bemüthigende Niederlage brachte die Junta nicht um ihre Zuverſicht. Mit erneutem Eifer warb ſie rings im Lande — das Un-

---

*) Dieſes unter Victor war bei Toledo über den Tajo gegangen und warf ſich auf Ariezagas Rückzugslinie.

erhörte machte sie möglich, schon in wenigen Monaten wieder gerüstet dazustehen. Der König Joseph beging den unbegreiflichen Fehler, etwa 8000 der Gefangenen in seine Regimenter einzustellen. Sie liefen neu bewaffnet und uniformirt bei erster Gelegenheit wieder davon.*)

Von den Frankfurter Blessirten interessirt uns besonders Hauptmann Vogt und der Kadet von Welsch, der brave Sohn des Kommandeurs. Er fiel der Wunde nicht zum Opfer, sondern genas im Hospital zu Madrid. Hervorgethan hatten sich besonders Oberlieutenant Jäger (Führer der Voltigeur-Kompagnie) der Sergeantmajor Schütz und der Chirurgus Stößel. Französische Orden gab es dafür nicht, obwohl Mortier an den Kaiser berichtete:

„Les divisions polonaise et allemande engagèrent le combat et montrèrent une grande valeur. Les régiments allemands ont tous rivalisé d'ardeur et de dévouement.“

Dalberg hatte indeß goldene und silberne Tapferkeitsmedaillen gestiftet und schickte von ersteren 6, von letzteren 12 an das Bataillon. Sie wurden durch eine Tapferkeitbelohnungs-Kommission vertheilt, erregten aber wenig Freude.

Den Tag nach der Schlacht erhielt die deutsche Division, die nicht mehr als 2500 Bajonette zählte, die wenig willkommene Nachricht, sie sei bestimmt, die ungeheure Menge von Gefangenen nach Madrid zu eskortiren. In der Schlacht stets die ersten, mußten sich die unglücklichen Rheinbundtruppen immer den unangenehmsten und widerwärtigsten Dienst aufbürden lassen, für den ihre stolzen Alliirten sich zu gut dünkten. (Als Seitenstück hierzu können die Schicksale von 14 000 Westfalen, Würzburgern und anderen Deutschen dienen, die zu derselben Zeit unter St. Cyr Gerona belagern halfen. Bei einem Sturm am 4. Juli kamen 2000, bei einem folgenden am 3. August 3000 Deutsche um. 8000 Westfalen unter General Morio konnten am Schluß der Belagerung nur ein schwaches Bataillon formiren.) So ging denn am 21. November der traurige Zug von Statten. Die Spanier trugen neue, von England gelieferte Mäntel. Unbarmherzig riß man sie ihnen vom Leibe, um die eigene Blöße zu decken. Die Tornister zersetzten die gierigen Soldaten und durchwühlten die verborgensten Falten. In Madrid sperrte man

---

*) Hätte Joseph preußische Kriegsgeschichte studirt, er hätte vielleicht den Fehler Friedrichs nach der Kapitulation der Sachsen bei Pirna nicht nachgeahmt.

die Gefangenen in die Säle und Höfe des Königspalastes Retiro und in die Räume des Museums, reichte ihnen nur die dürftigste Nahrung und ließ sie gleichgültig verschmachten. Wo einer den Kopf am Fenster zu zeigen wagte, belehrte ihn eine Kugel über die Humanität seiner Wachen. Kein Verwandter wurde zu den Gefangenen gelassen, man trieb die weinenden Frauen und Kinder mit Peitschen auseinander. Es gehörte gallische Dreistigkeit dazu, um in der Madrider Zeitung vom 22. November sagen zu können:

„Der französische Soldat hat sich mehr als menschlich gegen die Gefangenen bewiesen; es schien, als habe er sich den Dank des Bruders seines Kaisers durch die gute Behandlung seiner verirrten Unterthanen erwerben wollen."

Die Deutschen erhielten in Madrid einige Tage Ruhe — dabei war der Begriff in dem Sinne aufzufassen, daß sie nicht marschirten und dafür auf dem Pflaster einiger Klosterhöfe liegen durften. Bitter wurde die Stimmung der Primatischen Offiziere, als sie erfuhren, daß ihr Souverän Dalberg einige Subjekte der Landmiliz in sein stehendes Heer aufgenommen habe, die ihnen nun das kärgliche Avancement noch weiter kürzen sollten. In fast drohendem Tone protestirten sie bei Welsch dagegen — deutsche Offiziere würden diesen einem angestammten Herrscher gegenüber nie anzuschlagen gewagt haben. Das merkwürdige Schriftstück lautet:

„Das Offizierkorps muß das langsame Avancement und die Versetzung der Landmiliz in die Linie schmerzlich empfinden, indem es leider erfahren muß, daß sie sich die Knochen auf den Schlachtfeldern zerschmettern ließen, nicht um das Avancement durch eigene, die Gefahren so würdig überstandene Subjekte besetzt zu sehen, sondern nur um jenen die Plätze zu öffnen, welchen es nicht beifiel, bey Anfang der preußischen, spanischen und österreichischen Kampagne sich zum Feldbdienste zu melden — sondern nur dann sich drängen, wenn die gefahrvolle Arbeit beinahe gethan ist."

Dalberg wollte sich um diese Einrede nicht kümmern, vielmehr ergrimmte er als „souveräner" Fürst über diese Dreistigkeit seiner Unterthanen. Er entlud seinen Zorn gegen den General Zweyer, seinen Kriegsminister, der ihn pflichtschuldigst weitergab, die Milizoffiziere wurden jedoch nur als Jüngste in den Etat einrangirt.

Die Reste des Primatischen Bataillons waren müde zum Tode. Selbst sein braver Führer, Oberstlieutenant von Welsch, fühlte sich am

Ende seiner Kräfte. Unter dem 23. November reichte er sein Abschiedsgesuch mit den Worten ein:

„Dem pp. berichte ich schließlich, daß diese campagne meine Gesundheit gänzlich zu Grunde gerichtet und die ungeheuren Fatiguen meine
Körperkräfte geschwächt haben. Ich habe mit der größten Anstrengung
das Bataillon nie verlassen, sondern alle Mühseligkeiten und Gefahren
redlich getheilt. Nur die Heilung meiner Blessur konnte mich einige
Zeit von selben trennen. Ich habe allen Bataillen beigewohnt und bin
aus keiner gegangen, ohne daß ich nicht selbsten oder mein Pferd blessirt
wurde 2c."

Das Bataillon hatte seit einem Vierteljahr nicht ausgelöhnt
werden können, da aus Frankfurt die Gelder nicht bis zur Truppe wegen
der Guerrillas gelangen konnten. Sie lagen irgendwo in einer größern
Garnison oder vielleicht in Vittoria, Valladolid, und konnten erst dann nach
Madrid weitergehen, wenn ein starkes Detachement zufällig diesen Weg
einschlug. Man kann es dem Primatischen Offizierkorps nicht verübeln,
wenn es Welsch wiederholt darum anging, die sogenannte „Extrakasse"
an sie zu vertheilen. Diese Kasse war durch den Erlös von überflüssigen,
verkauften Lebensmitteln, Beutegeldern 2c. entstanden. Die Bitte mag
nicht geschickt genug gestellt, vielleicht zu bringend wiederholt worden sein,
kurz Welsch zieh sein Offizierkorps des Mangels an Delikatesse; letzteres
beschwerte sich bei Dalberg, der, anstatt eine Entscheidung zu treffen,
eine langwierige Untersuchung anstellen ließ, die sich bis in das Jahr 1810
hineinzog. Auch mußte ein Offizier, Lieutenant Klump, kriegsgerichtlich
kassirt werden, weil er auf eigene Faust abenteuernd in Spanien her-
umgezogen war und sich lange Zeit dem Dienst entzogen hatte. So
traten kleine Widerwärtigkeiten zu dem großen Elend des Krieges, das
den Nervenstarken nur deshalb erträglich dünkte, weil nach den erfochtenen
Siegen ein baldiges Ende aller Mühseligkeiten in sicherer Aussicht zu
stehen schien.

Wie ein Donnerschlag traf jedoch im Monat Dezember die Deutschen
die Nachricht, sie sollten 11 000 Gefangene nach Bayonne eskortiren.
Was ein solcher Gefangenentransport durch die insurgirten Provinzen
Castilien, Alava und Guipuzcoa zu bedeuten haben mußte, konnte sich
jeder Tambour sagen. Die Schrecken dieses Marsches sollten aber die
düsteren Prophezeiungen der größten Pessimisten weit über Erwarten
bestätigen. Dem Obersten von Kruse (Nassau) wurde die Leitung der
Eskorte übertragen mit dem ungeheuerlichen Befehl, die Gefangenen,

die unterwegs nicht weiter könnten, erschießen zu lassen; in Bayonne habe er über jeden Fehlenden Rechenschaft abzulegen. Kruse erzählt, er sei an der Spitze der Kolonne marschirt und habe den Tauben und Blinden gespielt, wenn die Schüsse krachten, die dem Leben der Elenden ein Ende machten; ebenso habe er die Augen zugedrückt, wenn Einzelne davon gelaufen seien oder wenn Landsleute ihnen Kleider zugesteckt hätten, um als Bauern oder Mönche verkleidet zu entrinnen. Es bleibt immer- hin zu bedauern, daß deutsche Soldaten sich zu diesen Henkerdiensten hergaben, die durch keine Philosophie der Welt vertheidigt werden können. Der Krieg in seiner furchtbaren Gestalt hatte auch die sanften Gemüther der Deutschen verwildert, ja verthiert. Bei der Lektüre der Gräuel, die auf diesem Gefangenentransport zum Himmel schrieen, muß jedem Leser das Blut in die Wangen steigen. Kruse lieferte in Bayonne nur 8000 Mann ab, 2000 waren unterwegs umgekommen, etwa 1000 entlaufen. Da die Deutschen bei diesem Marsch einen großen Theil Spaniens durchzogen, so lernte das Volk sie kennen und hassen.

Die Erzählungen der Entsprungenen mögen es mit zu Wege gebracht haben, daß in den folgenden Jahren die Spanier einem Deutschen so wenig Pardon gaben wie einem Franzosen, während sie vorher geneigt waren, den Ersteren milder zu behandeln. Glücklicher- weise hatte das Primatische Bataillon nur einige kleinere Begleit- kommandos zu diesem Marsche zu geben, und blieb ihm so zum größten Theile der entehrende und zu gleicher Zeit furchtbar aufreibende Dienst erspart. Es blieb bis Mitte Dezember in Madrid. Dann erhielt Welsch den Befehl, mit allen Rekonvalescenten der Division, der Artillerie, den Bagagen (zusammen etwa 700 Mann) aufzubrechen und nach Palencia (zwischen Burgos und Valladolid zu marschiren, wo sich die deutsche Division wieder vereinigen sollte. In Begleitung des Generalstabsoffiziers der Division, Major Allemand, erreichte er am Weihnachtsabend Palencia. Vergebens war die Hoffnung, dort das heilige Fest, so weit es gehen wollte, nach deutscher Weise zu feiern. Die Guerrillas schwärmten in so bedeutender Zahl um die Stadt und im nahen Gebirge, daß General Kellermann, Gouverneur der Provinz Leon, einen Streifzug gegen sie beschließen mußte. Nach dem egoistischen Grundsatz, der in diesem Feldzug durchweg befolgt wurde, jede fremde Truppe, die das eigene Gebiet betrat, nach Möglichkeit, ja bis zur gänz- lichen Vernichtung, auszunutzen, befahl Kellermann an Welsch, sich der Expedition anzuschließen. Die kaum aus den Spitälern gekrochenen Soldaten, die sich nur mühsam bis hierher geschleppt hatten, wurden nun in die Reihen des Primatischen Bataillons gestellt, welches zunächst nach Aguilar ging, dort sich mit dem 51. und 58. französischen Regiment vereinigte und nun eine dieser aufreibenden, fruchtlosen Hetzen über Berg und Thal machte, die fast nie die ortskundigen Brigands zu erreichen vermochten. Da der Soldat dabei fast keinen Feind sah, nur ab und zu eine Kugel pfeifen hörte, die ein Spanier aus sicherem Versteck der müde dahin stolpernden Kolonne zusandte, so hielt er diese Kreuz- und Quermärsche für unnütz und that nur verdrossen seine Pflicht. Am 31. Dezember erreichte die Kolonne Reynosa — das blutige Jahr 1809 war zu Ende.

Siebentes Kapitel.

1810. Rückblick; allgemeine Verhältnisse in Deutschland; Feldzug in Spanien; Zustände im Großherzogthum Frankfurt.

Welch einen Feldzug hatten die deutschen Truppen hinter sich. 1808 kaum auf Spaniens Boden angelangt, werden sie der spanischen Haupt- armee unter Blake und Romaña entgegengeworfen — diese wird unter ihren Schlägen bei Durango, Valmaseda und Espinosa vernichtet — ein wilder Verfolgungszug jagt ein englisches Hülfskorps auf seine Schiffe. Dem Siegeszug Napoleons nach Madrid folgen die Deutschen, um Angesichts der Hauptstadt des Landes einer strengen Revue durch den Imperator selbst unterzogen zu werden, dann aber über einen Monat inmitten der fanatischen Bevölkerung ein trauriges Dasein zwischen öden Klostermauern zu führen. Mitte Januar eilen sie neuen Thaten entgegen, sie erreichen zum ersten Mal den Tajo bei Aranjuez, um dort dem Marschall Victor als Rückhalt zu dienen. Dessen Sieg bei Ucletz macht sie dort überflüssig. Sie gewinnen den mittleren Tajo, um eine lange Zeit, auf 30 Stunden verstreut, die drei wichtigen Brücken über den Strom gegen das Andringen einer feindlichen Armee zu schützen. Am 15. Februar sinkt die Brücke von Almaraz in die Tiefe — die Zeit der Ungewißheit ist vorüber; über Arzobispo sollen die Deutschen die kühne Offensive Victors eröffnen, ein königlicher Befehl heißt sie jedoch Toledo gewinnen; auf dem Marsche dahin begriffen, werden sie zurückgerufen, sie stellen sich wieder an die Spitze von Victors Heer, schlagen die Treffen von Messa del Jbor und Miravete und jagen den Feind über die Guadiana; am 28. März kämpfen sie in der Vernich- tungsschlacht von Medellin. Eine kurze Zeit der Ruhe ist den keuchenden Siegern gegönnt. Mitte Mai zeigt sich ein neuer Feind, die Engländer — ein rascher Zug nach Alcantara läßt die Gegner zum ersten Mal sich messen; unterdeß giebt Storm de Grave in Merida den Spaniern den Beweis, wie eine Haud voll Deutscher sich gegen erdrückende Ueber- macht zu vertheidigen versteht. Wieder sehen die gelichteten deutschen

Bataillone den mittleren Tajo — rings um Almaraz werden die Uferberge des Tietar von ihnen durchstreift, Guerrillas, Hunger und Hitze
quälen die Erschöpften bis Ende Juni. Da ruft sie das vordringende
Heer des Vanegas nach Aranjuez und von dort zweimal über die
Guadiana bis zum Fuß der Sierra Morena; in glühendem Sonnen-
brand erliegen die Söhne des Nordens fast der unerhörten Anstrengung,
und doch sind sie es wieder, die bei Talavera am 27. Juli mit spartanischem
Muth dem Engländer sich entgegenwerfen und ein volles Drittel der
eignen Stärke auf dem Bett der Ehre zurücklassen. Wiederum sieht sie
nach dieser Schlacht das bekannte Toledo. Ein rasches Vorbrechen aus
diesem Versteck*) führt endlich gegen Vanegas zu Schlacht und Sieg. Bei
Almonacid erliegt auch dieser tapfere Feind einer höheren Waffentüchtigkeit.
Ueberfälle der Briganten lassen auch jetzt in den Ruhequartieren die abge-
hetzten Krieger nicht aufathmen; bereits am 1. September beginnt die
aufreibende Jagd auf Cuestas Nachfolger, Eguia. Aganda — Chinghon
— Toledo — Yepes sind die Hauptetappen einer endlosen Reihe von
Märschen und Kontremärschen, die mit Gefechten gegen Briganten wechseln.
Mitte Oktober geht abermals ein haftiger Vorstoß bis zur Sierra
Morena, deren schneegekrönte Gipfel noch immer der Invasion einen
Damm entgegengesetzt hatten. Auch diesmal ruft der Angstschrei des
bedrängten Königs die vorwärts Eilenden zurück — Aranjuez sieht die
Deutschen wieder in ihrer Noth, bis mit dem wuchtigen Schlage von
Ocanna die Kraft des südlichen Spaniens gebrochen zu sein scheint.
Als Leichenbestatter und dann als Eskorte von Gefangenen müssen die
Deutschen den ganzen Fluch des Krieges tragen. Sie durchziehen einen
großen Theil des verwüsteten Landes als Henkersknechte. Am Schluß
des Jahres finden wir sie an der großen Straße über Valladolid,
Vittoria bis Bayonne zerstreut, während ein kleiner Theil von ihnen,
einem fremden Befehlshaber folgend, die Gebirge von Leon durchirrt,
um auch hier nichts Anderes zu finden als den Tod durch Meuchelmord,
Krankheit, Hunger und Ermüdung.

Nach dieser Rückschau schweifen unsere Blicke unwillkürlich an den
Rhein, um zu prüfen, wie es in der Heimath der Braven zu einer
Zeit aussah, wo sie unter fremdem Himmel für eine fremde Sache
heldenhaft zu kämpfen und zu sterben mußten. Die Persönlichkeit Dalbergs

---

*) Toledo bedeutet im Altspanischen oder Iberischen eine erhabene Warte oder
Hochwacht, was im heutigen Spanisch „atalaya". Seine Lage rechtfertigt den
Namen.

feffelt dabei zuerst wieder unsere Aufmerksamkeit. Man wird sich erinnern, daß dieser Fürst im Jahre 1805 einen Aufruf an die Deutschen erlassen hatte, der in gewundener und versteckter Weise sie zur Eintracht ermahnen sollte. Wir haben auch das Entsetzen zu schildern versucht, was den damaligen Reichserzkanzler ergriff, als Napoleon diese Proklamation für eine gegen ihn gerichtete feindselige Handlung erklärte. Als nun im Jahre 1809 ein abermaliger Kampf gegen das Haus Habsburg in Aussicht stand, da beeilte sich der Primas des Rheinbundes, den schwarzen Fleck in seiner Konduitenliste auszumerzen, und erließ eine Ansprache an die Deutschen folgenden Inhalts:*)

„Der Krieg ist ausgebrochen. Die bayerische Nation (sic), geachtet durch ihre Redlichkeit, ihre Tapferkeit, ihre Liebe zu ihrem Souveraine, ist den in einer solchen Krisis unvermeidlichen Verheerungen ausgesetzt; ihr geliebter Monarch, sowie die erlauchten Personen seiner Königlichen Familie sahen sich genöthigt, die Residenz zu verlassen, und Bayern hat Nichts gethan, wodurch es sich dieses Unglück sollte zugezogen haben. Es ist unzweifelhaft, daß die Könige und Souveraine, deren Vereinigung den rheinischen Bund bildet, lebhaft empfinden, daß die Unverletzlichkeit ihres Gebietes, die Sicherheit ihrer Besitzungen, die Erhaltung des Friedens, diese Quelle des öffentlichen Wohls, die wesentlichen Beweggründe ihrer Vereinigung waren, daß ihre wechselseitige Eintracht und das Zutrauen in ihren Schirmer und Beschützer, Seine Majestät den Kaiser Napoleon, die Grundveste ihrer Sicherheit aus- machen; daß keine Anstrengung ihnen unmöglich erscheint, wenn es darauf ankommt, die politische Existenz ihrer Staaten, die von dem allgemeinen Wohl unzertrennlich ist, zu erhalten. Dies ist die öffentliche Meinung; es sind die Völker, welche man beruhigen muß, wenn man verbreitet, daß die Souveraine, welche sich beeiferten, in die rheinische Konföderation einzutreten, wider ihren Willen in eine Verbindung eingetreten seien, welche doch ihre Sicherheit ausmacht; welche sie in den Stand setzt, für ihr und ihrer Unterthanen Wohl alle, von der souveränen Unab- hängigkeit unzertrennlichen Vortheile zu entwickeln. Da wir als Primas die Ehre haben, das Organ der rheinischen Konföderation zu sein, so erfüllen wir diese Pflicht. Ja, Völker, der Heroismus des erhabenen Beschützers und die vereinten Anstrengungen der konföderirten Könige und Souveräne werden mit göttlichem Beistande den festen und dauer-

---

*) Sie erschien an dem Tage der Schlacht von Eckmühl.

haften Frieden (des Himmels schönstes Geschenk) aufs Baldigste zurückführen."

So lange politische Aktenstücke geschrieben worden sind, ist ein kraft- und saftloseres Gewäsch wohl noch nie einer Feder entflossen. Man wird dabei finden, daß der Ausdruck „deutsch" ängstlich von Dalberg ver- mieden wurde. Die schwache Stimme des Napoleonischen Schleppen- trägers verhallte glücklicher Weise fast ungehört in dem Donner der Schlachten. Nach der Niederwerfung Oesterreichs mochte wohl in Süd- und Westdeutschland nur eine sehr geringe Anzahl von Patrioten vor- handen sein, die zu wagen hofften, dereinst wieder Tage deutscher Unabhängigkeit zu erblicken. Im Uebrigen hatte sich eine grenzenlose Stumpfheit der Massen bemächtigt, die den unnatürlichen und empörenden Stand der Dinge gar nicht begriffen oder, wenn sie ihn begriffen, mit stummer Resignation ertrugen. Es war jede frische Regung, jedes Pulsiren des öffentlichen Lebens verschwunden; die kraftvollen Stämme Deutschlands, deren Söhne wir in Spanien ihren Feind mit echt germanischer Tapferkeit niederdreschen sehen (ein Ausdruck Carlisles), sind an der Flamme des eigenen Herdes in einen bleiernen Schlaf versunken. Nur wo der alte deutsche Erbfehler, die scholastische Haar- spalterei, der rechthaberische Gelehrtenstreit seine Blüthen treiben durfte, da finden wir die Deutschen wach und eifrig. Eine Kommission deutscher Juristen, die in Gießen über einige, den deutschen Rechtsverhältnissen entsprechende Abänderungen des Code Napoleon sich schlüssig machen sollte, gerieth sich so in die Haare, daß der Kaiser ärgerlich die deutschen „Ideologen" nach Hause schicken mußte. Mehr als alles Andere schändete aber die damalige traurige Zeit die ausgesprochene Verurtheilung des Freiheitskampfes der Tyroler. Welche Fluth von belehrenden und ermahnenden Schriften erschien in der Zeit, als vom Brenner und Iselberg die Tyroler Stutzen knallten. Schlechte Holzschnitte stellten Hofer als Räuberhäuptling dar. Uns liegen die Memoiren eines gotha- altenburgischen Offiziers vor, der den sächsischen Truppen angehörte, die sich zur Knebelung der erbitterten Alpensöhne hergeben mußten. In dem ausführlichen Werk findet sich keine Spur einer Theilnahme, viel weniger einer Bewunderung für den reckenhaften Volksstamm, der in heiligem Ingrimm gegen den Unterdrücker sich wehrte, nicht an die Folgen des Beginnens, nicht an die Aussichtslosigkeit des Kampfes denkend, sondern fromm seinem Recht und seinem Gott vertrauend. Statt dessen macht sich eine unverhüllte Schadenfreude breit, wenn von der Dämpfung des Aufstandes die Rede ist. Der Mann, der für nationale Großherzigleit kein Gefühl hat, weiß es in bombastischen Ausbrücken zu preisen, daß Napoleon seinem Bataillon nach einer Revue zu Wien eine Garnitur Schuhe schenkt. Man wende nicht ein, daß sich zu jener Zeit in den Rheinbundstaaten keine patriotische Weckerstimme habe erheben dürfen. Das wird Niemand leugnen — wer aber hieß die Deutschen sich selbst in den Koth hinabziehen, wo ihnen ein stolzes, finsteres Schweigen die Achtung ihres Feindes und der Nachwelt gesichert haben würde? Was sollen wir aber endlich von den sogenannten Patrioten*) des Rheinbundes sagen, die sich mit Entrüstung darüber beklagten, daß eine gewisse Lauigkeit der Völker und Fürsten gegen die Konföderation sich bemerklich mache, daß damit ein gewisser Hang zur Isolirung Hand in Hand gehe, daß die Einheit des Bundes dahinschwände, ja daß an Stelle des Nationalgeistes beschränkter Partikularismus trete? Uns schwindelt vor solcher Begriffsverwirrung. Vielleicht wird diese aber noch von jenem Gutmüthigen**) überboten, der mit milden Worten davon abräth, an Preußen und Oesterreich die kränkende Zumuthung zu stellen, dem Rheinbund beizutreten; er appellirt dabei an die Humanität der Deutschen. Neben diesen Phantasmagoristen gab es die Koterie der Resignirten, die sich mit dem wunderlichen Glaubenssatze zu trösten suchten, wie Rom einst zwar Griechenland mit den Waffen besiegt habe, von diesem aber durch Geist und Bildung unterworfen sei, so werde jetzt Deutschland durch die Tiefe seines Wissens und der geistigen Anschauungen seinen Siegern zu imponiren verstehen. Denen wenigstens hätte die Verfolgung Chateaubriands, des einzigen bedeutenden französischen Dichters, seitens Napoleons die Augen öffnen können. Die Kunst und Wissenschaft kann nur in der Freiheit wachsen und gedeihen. Jeder Despotismus liebt das Nivellirende, die prudente mediocrité, und wird nie gestatten, daß größere Geister aus der breiten Masse der Alltagsmenschen sich erheben. Dabei machte die Verbreitung der französischen Sprache solche Fortschritte, daß die deutschen Fürsten mit ihren Generalen und Ministern in dem fremden Idiom korrespondirten und die Zeitungen es nie der Mühe werth hielten, auch nur eines der französischen Edikte, Dekrete oder Verträge ins Deutsche zu übersetzen.

Es darf Niemand wundern, daß in der unsagbar elenden politischen Zeit die Völker der Rheinbundstaaten sich dem lockenden, schmeichelnden Sinnengenuß, der plumpen Realistik hingaben, die von Paris aus als

---

*) Darunter der früher schon genannte Professor Behr.
**) Verfasser einer anonymen Schrift: „Deutschlands Wiedergeburt.“

Parole zur Beglückung des Universums ausgegeben wurden. Treitschke äußert sich einmal über diese Vergiftung der Volksseele in folgenden, wahrhaft klassischen Worten:

„Auf die schlechten, oder doch auf die niederen Leidenschaften der Menschen ist dieser (Napoleons) Staatsbau gegründet. Er stützt sich auf den gemeinen Ehrgeiz, welcher der Scheelsucht so nahe steht, auf Habsucht und Eitelkeit und nicht zuletzt auf die Furcht. Mit scharfem Blick durchschaut der Herrscher das knechtische Bedürfniß der Ruhe und Sicherheit, das die Trembleurs der besitzenden Klassen erfüllt. Was noch übrig ist von politischem Idealismus wird erstickt in dem Taumel der Sinnlichkeit, den der Herrscher grundsätzlich befördert. Béranger hat die wenigen wahrhaft unsittlichen seiner Gedichte unter dem Kaiser= reich geschrieben. Er gestand später, in solchen Tagen des Despotismus scheine das Gift der Unsittlichkeit durch alle Poren der Gesellschaft zu dringen. Eine byzantinische Etiquette mit zahllosen Rangstufen hält die Eitelkeit in Athem, und aus den Häusern der neuen Prinzen und Börsen= könige; der Marschälle und Großbeamten ergießt sich über das Land geschmacklose Ueppigkeit, brutale Genußsucht. Gänzlich fremd bleibt diesem Hofe der siegestrunkenen Glücksritter und geistlosen Landsknechte jener holde Zauber leichtfertiger Anmuth und vornehmen Kunstgenusses, jener liebenswürdige, schönheitstrunkene keltische Leichtsinn, welche dereinst am Hofe Franz des Ersten und in den besseren Tagen Ludwigs des Vier= zehnten gewaltet hatten."

Der Primatische Staat konnte sich dem allgemeinen Aufgebot gegen Oesterreich im Jahre 1809 nicht entziehen, allein er war glücklich genug, wenigstens in diesem Kampfe das Blut seiner Söhne nicht fließen zu sehen. Am 10. April wurde dem französischen Gesandten in Frankfurt der Befehl, vom Fürsten Primas 600 Mann zur Besatzung der Cita= delle in Erfurt zu verlangen. Dem Ansinnen wurde natürlich sofort entsprochen, die Kadres durch Rekruten gefüllt; im Mai marschirte das Bataillon unter Major Horadam nach Erfurt ab. Der Fürst glaubte in einem Briefe (datirt Frankfurt, 19. Juni 1809) den Befehlshaber noch besonders auf seine Pflicht aufmerksam machen zu müssen. Das Schreiben lautete:

„Werthester Herr Major!

Zur unwandelbaren Richtschnur diene Ihnen, daß die Besetzung der Erfurter Citadelle auf Ersuchen des Kaisers Napoleon geschehen, daß Sie und Ihr Bataillon den anvertrauten Posten behaupten, daß

Sie denselben nur in dem einzigen Fall verlassen können, wenn der Kaiser Napoleon Sie durch den Fürsten Berthier selbst abruft. Auf Ihre Tapferkeit und den Muth Ihrer braven Truppen, auf Ihr Ehrgefühl und Klugheit verlasse ich mich mit vollem Vertrauen."

Das Bataillon wurde nicht in die kriegerischen Ereignisse verwickelt — selbst der abenteuerliche Zug des Braunschweiger schwarzen Herzogs, sowie das Losbrechen Schills, diese beiden Frühlingsboten der norddeutschen Erhebung, ließen keinen noch so leisen Wellenschlag an die Mauern Erfurts gelangen. Am Ende des Jahres kehrte Horadam mit seiner Truppe nach Frankfurt zurück.

Dieser Städtename sollte sich nach Napoleons Laune in den Namen eines Staates verwandeln. Am 16. Februar schloß er mit dem nach Paris geeilten Fürsten Primas einen Vertrag, welcher das kaum entstandene, ihm unterstellte Staatswesen wiederum veränderte. Dalberg sollte belohnt werden, eine Gebietsvergrößerung paßte in das System des Kaisers, der auch einige bisher primatische Länderstriche anderweitig zu vergeben wünschte. So entstand das neue Großherzogthum Frankfurt.

Es bestand aus den bisherigen Besitzungen des Fürsten, zu denen die Fürstenthümer Fulda und Hanau traten. Ganz ohne bittere Pille blieb der Besitzwechsel nicht, denn Regensburg mußte an Bayern abgetreten werden, auch waren acht zu Hanau gehörende Enklaven als innerhalb der Gebiete von Hessen und Würzburg gelegen von der Ueberlassung ausgeschlossen. Nach dem Tode des Fürsten Primas sollte das Großherzogthum Frankfurt nicht, wie früher stipulirt war, auf den Kardinal Fesch, sondern auf Napoleons Stiefsohn Eugène Beauharnais übergehen. Diese Abänderung hatte die plötzlich vom Kaiser verfochtene Ansicht zum Grunde, ein geistlicher Fürst dürfe keinen Territorialbesitz sein eigen nennen, Dalberg solle der letzte seines Zeichens sein. Eine Beschränkung der Einkünfte machte die neuen Acquisitionen noch weniger werthvoll. Dabei hatte das Großherzogthum von nun an 2800 Mann Kontingent zu stellen. Wenn zu diesen zweifelhaften Errungenschaften für den eitlen Mann noch die herbe Erfahrung trat, er habe es mit dem Hause Habsburg durch seine bisherige Politik gründlich verscherzt, so muß man es begreiflich finden, daß Dalberg als neukreirter Großherzog in sehr übler Laune nach Frankfurt zurückkehrte und einer feierlichen Einholung durch die unvorherzusehende Stunde seiner Ankunft (früh 4 Uhr) zu entgehen wußte. Die Abneigung Oesterreichs oder sagen wir die Verachtung wurde ihm dadurch insinuirt, daß der Kaiser

Franz nur dann seine Einwilligung zur Eheschließung seiner Tochter Marie Louise mit Napoleon geben zu wollen erklärte, wenn Dalberg nicht die Trauung celebriren würde. Napoleon hatte sich nicht enthalten können, mit einer gewissen Schadenfreude seinem Primas von dieser Klausel selbst Mittheilung zu machen.

——————

Von dem Gaukelspiel der Politik flüchten wir uns zu dem klareren, wenn auch wenig erfreulicheren Bild der kriegerischen Erlebnisse des Frankfurter Bataillons im spanischen Feldzuge des Jahres 1810.

Bei Beginn desselben schien es, als ob den Franzosen die Unter=werfung Spaniens gelingen würde. Nach der Schlacht von Ocanna hielt keine der spanischen Armeen mehr das freie Feld, und die Eng=länder schienen in ihrer Lethargie erstarren zu wollen. Napoleon aber hatte nach der definitiven Niederwerfung Oesterreichs erklärt, er werde mit 300 000 Mann die Unterjochung Spaniens vollenden. Am 2. Dezember 1809 hatte der Kaiser bei seinem Krönungsfeste den ihn umstehenden Fürsten des Rheinbundes versichert, jetzt werde er den englischen Leoparden von der pyrenäischen Halbinsel vertreiben, und diese Allocution mit den denkwürdigen Worten geschlossen: „Der Triumph meiner Waffen wird der des guten Genius über den bösen sein". Dem Wort war insofern die That gefolgt, als große Heereszüge sich wieder in das unglückliche Land ergossen. Während in den nördlichen und östlichen Provinzen stehende Armeen das schon gewonnene Terrain erhalten sollten, zogen zwei mächtige Heere unter Soult und Masséna nach An=dalusien und Portugal, um diese Provinzen endlich zu unterwerfen und die Engländer in das Meer zu jagen. Fast ohne Schwertstreich gewann Soult Sevilla. Glückstrahlend zog König Joseph ein in die Hauptstadt des Südens. Die dunkelfarbigen Abkömmlinge der Mauren starrten ihn nicht mit dem Ausdruck ingrimmigen Hasses an wie die stolzen Castilier und Catalanen. Unter dem frohen, leichtsinnigen Volke fühlte sich Joseph zum ersten Male als König. Die Junta von Sevilla floh nach Cadix an der Südspitze Spaniens, wohin Soult ihr folgte, wäh=rend Sebastiani Granada siegend durchzog. An den festen Mauern von Cadix fand Soult aber einen unerhörten Widerstand — er und sein Stellvertreter Victor kämpfen hier ein volles Jahr vergeblich, während das Land um sie her sich jetzt in wahrhaft rasender Wuth erhebt. Einen ähnlichen Verlauf hatte der große Zug Massénas nach Portugal. Nach monatelangem Ringen gegen die Engländer war es ihm gelungen, die wichtigen Städte Ciudad Rodrigo und Almeida zu erstürmen; Wellington wurde von der Uebermacht nach Portugal gedrängt. Aber durch sein System zähster Defensive in günstigster Stellung ermüdete er die unruhigen französischen Generale und veranlaßte sie, ihr bestes Blut umsonst zu vergeuden. Endlich in die dreifache Schanzenlinie von Torres Vedras zurückgeworfen, hielt Wellington eine halbjährige furcht- bare Belagerung Masséna's aus, der als eigensinniges Glückskind Bellona's Sturm auf Sturm versuchte, um die uneinnehmbare Position zu gewinnen. Wie endlich Soult vor Cadix, so mußte hier im Jahre 1811 Masséna unverrichteter Sache abziehen. Was die Kugel und das Bajonett der Engländer verschont hatte, erlag auf dem entsetzlichen Rückzuge nach Burgos. Derselbe brachte das fürchterlichste Elend über die Armee und ist wohl dem aus Rußland an die Seite zu stellen.

Glücklich operirte von den französischen Heerführern nur Suchet in Valencia und Catalonien. Dieser energische und talentvolle General wußte nicht nur zu siegen, sondern in relativem Grade auch die Unter- worfenen zu gewinnen. Bei seiner Armee herrschte eiserne Disziplin, und wenig Ausschreitungen gegen die Einwohner kamen vor. Dadurch wurde der Aufstand beschränkt und nahm wenigstens nicht den Charakter tigerhafter Wuth an, wie im übrigen Spanien. Seine Truppen wurden daher auch besser gepflegt und blieben mehr geschont. Hätte Napoleon lauter so geschickte Werkzeuge sich ausersehen wie Suchet, er hätte seine stolze Voraussagung vielleicht sich bewahrheiten sehen.

Die deutschen Truppen hatten nicht das Glück, einem Suchet unter- stellt zu werden, auch wurden sie nicht zu den beiden großen Eroberungs zügen in den Thälern des Tajo und Guadalquivir verwendet. Ihre Bestimmung war eine anscheinend friedlichere, und doch sollten sie bald sie mehr verwünschen lernen, als alles Ungemach, was sie das Jahr vorher betroffen hatte. Seitdem Soult den Oberbefehl in Spanien übernommen, war dem König Joseph nur das Kommando über die sog. Armée du centre geblieben. Sie bestand aus wenigen Divisionen und war über die weiten Provinzen des inneren Königreiches verstreut. Sie sollte im Allgemeinen die Mancha, beide Castilien und einen Theil von Leon besetzt halten und pacificiren. Dieses Friedenswerk setzte aber die damit betrauten Truppen dem sicheren Ruin aus; denn eben so wenig wie sie einen Weltbrand hätten löschen können, waren sie im Stande, das spanische Volk zur Ruhe und Unterwerfung zu bringen, das in diesem und im folgenden Jahre besonders in geradezu beispielloser Ein helligkeit zum wüthendsten Volkskriege sich erhob. Napoleon hatte in

kaum begreiflicher Kurzsichtigkeit reichliches Oel in die Flammen zu
gießen verstanden. Auf sein Anstiften hin mußte König Joseph eine
Reihe von Dekreten erlassen, wonach alle Klöster aufgehoben und
deren Eigenthum konfiszirt wurde; ferner sollte kein Adel mehr anerkannt werden als derjenigen Persönlichkeiten, die ihn, den König, um
Bestätigung bitten würden. Alle, die dies unterließen, sollten ihres
Vermögens verlustig gehen. Diese Bestimmung war um so unklüger,
als in Spanien der dritte Mensch glaubt ein Hidalgo zu sein, und oft
der Schäfer auf dem Felde einen stolzen Namen führt, den er als einzigen kostbaren Besitz hütet. Damit aber nicht genug! Alle Orden
sollten aufgehoben sein, außer den neu gegründeten, alle Beamten sollten
ihre Besoldung verlieren, wenn sie nicht unter Bezeugung ihrer Unterwerfung beim Könige um die Weitergewährung bäten. Endlich konfiszirte
Joseph alles Silber und legte den vermögenden Klassen eine erdrückende
Zwangsanleihe auf. Man erkennt, daß wenig Menschen in Spanien
übrig bleiben konnten, die nicht hart und beleidigend von diesen Dekreten
betroffen worden wären. Wenn hier aber im Ganzen nur Privat-
interessen in das Spiel kamen, so verstand es Napoleon selbst, dem
nationalen Stolz der Spanier die allerherbste Wunde zu schlagen.
Er riß nämlich von dem heiligen, untheilbaren Reiche die Provinzen
Catalonien, Aragon, Biscaya und Navarra los und schuf sie um in
französische Militärgouvernements, unabhängig von Josephs Regierung.
Diese letztere Vergewaltigung reizte die Spanier in dem Grade, daß man
Personen sah, die unbewaffnet unter Wuthgeheul mit Zähnen und Nägeln
die Gensdarmen anfielen, die es wagten, die betreffenden Affichen an
die Straßenecken zu heften. Hatten im vergangenen Jahre die einzelnen
Provinzen gewetteifert in der Aufstellung geordneter, regulärer Armeen,
so kam von jetzt ab die Hauptkraft des Landes dem kleinen Krieg, der
Guerrilla, zu Gute. — Diesen Umschwung der Verhältnisse sollten die
Franzosen und deren Alliirte bald zu ihrem Entsetzen erkennen; bisher
hatten sie die Spanier eher verachten als fürchten gelernt. Wo sie mit
ihnen in der Schlacht handgemein geworden waren, da hatten sie sie
erwürgen können wie eine Lämmerheerde. Das hatte aber weniger in
der Verächtlichkeit des spanischen Soldaten als in der Beschränktheit
seiner Heerführer Grund und Ursache gehabt. Letztere hatten entweder
den Angriff der gewandten französischen Generale in starrer Defensive
erwartet und waren so entweder von einem Flügel aufgerollt oder von
zwei Seiten umfaßt oder gar rings umstellt worden. Zudem hatten sie
stets ihre kostbare und tüchtige Kavallerie in einem zu frühen Stadium

der Schlacht gegen intakte feindliche Infanterie geopfert. Vor deren feuersprühenden Karrees war die spanische Ritterlichkeit zu Schanden geworden, ihre Kavallerie bereits vernichtet, wenn der Abend die Entscheidung brachte. Klüglich hatten die Franzosen ihre Reitergeschwader geschont; wenn die spanische Infanterie dann mürbe, dezimirt, erschüttert war, ließen sie sie wie einen Wettersturm los — der Säbel und die Lanze hatten die Gemetzel von Medellin, Almonacib und Ocanna zu Wege gebracht. Die stolzen Spanier hatten sich endlich vor der Erkenntniß gebeugt, daß sie die Führung in den Schlachten an den unwillig ertragenen Engländer abgeben müßten. Mit desto freudigerem Behagen stürzten sich daher die Besten der Nation in den kleinen Krieg, der sie unabhängig machte vom Fremden, täglich ihnen Gelegenheit gab, den heißen Rachedurst zu kühlen, die verhaßten Eindringlinge zu sehen, zu belauschen, zu überlisten, einzeln zu fangen und zu tödten. Die Noth brach auch hier Eisen. Die Führer der gefährlichsten Guerrillen waren keine Krieger ihrem Beruf nach, aber sie wurden es durch Instinkt, durch den Volkscharakter, durch ihren Verstand — vor allem aber durch den Haß. So war der gefürchtete Mina ein Hirt, Empecinado (der Pechmann) ein Köhler, Merino ein Priester, Juan Sanchez ein Gutsbesitzer. Letzterer wollte seine Gattin und Schwestern rächen, die die Franzosen entehrt und dann gemordet hatten. Die lange Reihe von Gräueln, die auch in diesen Blättern haben angedeutet werden müssen, lassen den Schluß zu, wie vielen Spaniern in ähnlicher Weise Ehre und Lebensglück geraubt war. Das christlichste Volk der Welt hat aber am allerwenigsten die christliche Tugend der Verzeihung jemals geehrt, und ihre Priester wußten die glühende Rachsucht wohl damit zu nähren, daß sie die gottlosen Franzosen als Feinde der Kirche und Gehülfen des Antichrist's*) bezeichneten, deren Ermordung ein Gott wohlgefälliges Werk sei. Gegen diese entflammten Fanatiker schlugen sich die Truppen nothwendiger Weise stets in unverhältnißmäßiger Minderzahl. Die Spanier waren gewöhnlich die Angreifer und suchten nur dann ein Gefecht herbeizuführen, wenn die Ueberlegenheit ihnen sicher war. Dieses Verhältniß wurde noch eklatanter dadurch, daß die Franzosen und ihre Hülfstruppen an kleine Garnisonen gebunden waren, deren nächsten Umkreis sie nur dann verlassen durften, wenn etwa eine der größeren Razzias von dem Gouverneur der Provinz angeordnet war. Wie selten

---

*) Man ging in Spanien damals so weit, die Bezeichnung des Antichrists in der Apokalypse „ἀπολύων" mit dem Namen Napoleon in Verbindung zu bringen.

kamen aber überhaupt noch geschlossene Truppentheile zum Kampfe.
Die kleinen Detachements von 30 bis 40 Köpfen, die einen Courier
eskortirten; die Kommandos, die unter Führung eines Unteroffiziers
Wasser oder Holz holten, vielleicht nur wenige Schritte vor der Stadt,
eine Wagenkolonne mit Verwundeten oder Rekonvaleszenten, das Gepäck
und die Begleitung eines nach Frankreich zurückkehrenden oder von dort
kommenden Generals — das waren die Operationsobjekte der Guerrillas.
Von ihren Anschlägen mochte ihnen nur der zehnte Theil glücken, aber
ein kleiner Erfolg kam zum andern — und wenn sie stets zurückgeschlagen worden wären, so hätte ihr Dasein, ihre Existenz allein dadurch
sich bezahlt gemacht, daß sie im feindlichen Invasionsheere das ver-
zweiflungsvollste Gefühl der Unsicherheit, der stets vorhandenen Gefahr
hervorriefen und zur Abwendung derselben eine ungeheure Menge von
Kräften banden, in Athem hielten, sich selbst verzehren ließen, die auf
den Schlachtfeldern die Ueberlegenheit den französischen Waffen hätten
sichern müssen. Je mehr aber nun die Nation einsah, daß sie mit ihrer
Art zu kämpfen auf dem richtigen Weg zum Ziele sei, desto muthiger
und selbstbewußter trat sie auf, während bei den Gegnern in proportionalem Verhältniß die Zuversicht schwand. Wenn die Banden daher
erst schwach und wenig zahlreich gewesen waren, so schwollen sie bald
an wie Gebirgsbäche nach einem Wolkenbruch. Mina hatte zu Zeiten
mehrere Tausend Bewaffneter um sich und wagte große Schläge gegen
die endlosen Convois, die unter starker Bedeckung von den Pyrenäen
nach der Hauptstadt oder in umgekehrter Richtung zogen. So fing er fast
den im Jahre 1811 nach Frankreich zurückkehrenden Masséna — und
wenn dieser ihm auch entging, so boten doch 1200 französische Leichen
auf der Stelle des Ueberfalls dafür sühnenden Ersatz. Unheimlicher
noch als durch die Grausamkeit der Kriegführung, durch das Mißver-
hältniß der Kräfte, durch den Verlust jeder Erholungspause wurde
dieser Krieg für die regulären Truppen dadurch, daß sie weder von
einander selbst noch vom Feinde Nachricht hatten, sondern vielmehr
immer wie mit verbundenen Augen den tückischen Dolchen sich ausgesetzt
sahen. Was half es, daß Kavalleriepatrouillen in nicht genug anzu-
erkennendem Muthe Tag und Nacht die halsbrecherischen Gebirgspfade
durchstreiften, so lange noch die Kraft der versteiften abgetriebenen
Mähren dies irgend zuließ; — wenn es nicht im Interesse der Insurgenten lag, sie mit Schüssen zu begrüßen, so verkrochen sie sich in das
Felsenlabyrinth ihrer Schlupfwinkel, bis die Hufschläge in der Ferne
verklangen. Die heimkehrende Patrouille hatte dann im Gebirge nichts

gefunden, wie vielleicht einen Schäfer, der auf eindringliches Fragen nur die störrische Antwort hatte: niente — Nichts! Legte sich auf beruhigende Meldungen hin die kleine Besatzung eines exponirten Postens zur Ruhe, so war sie sicher, in der Nacht durch Flammenschein und das Geheul der eindringenden Guerrillas geweckt zu werden. Zu Spionendiensten gaben sich aber nur wenige Spanier her, und wer sollte sie bezahlen, da die französische Heeresverwaltung sich weigerte, dazu Gelder zu bewilligen. Und wer wollte am Ende wissen, ob der schmutzige Maulthiertreiber, der soeben auf eine gute Nachricht hin grinsend seinen Lohn in die Tasche schob, nicht ein gewandter Schauspieler war, der den verhaßten Fremden erst ihr Gold entlockte, um sie dann desto sicherer zu verrathen. So wurde es bald zwingende Nothwendigkeit, daß jeder detachirte Posten, jedes Briefrelais, jedes Wachtkommando sich durch Mauer und Graben schützte. Wo die natürliche Schutzwehr nicht ausreichte, mußte mit Pallisaden und Faschinen nachgeholfen werden; die Dächer wurden abgedeckt, mit Erde beworfen, Wasser und Mundvorrath in den Kellern angehäuft, die Fenster verblendet, durch die Mauern Scharten gebrochen. In diesen Blockhäusern lag dann ein deutscher Offizier mit einem halben Hundert seiner armen Landsleute, fern von jeder Hülfe — im besten Fall tödtlicher Langweile preisgegeben. Waren aber Guerrillas in der Nähe, dann horchte sein scharfes Ohr in der schlummerlosen Nacht nach dem Geschrei der Eulen, und sein Auge versuchte auf dem Rondengang spähend den dichten Schleier der Nacht zu durchdringen. Täuschend glich seine Lage dem einsamen Ansiedler im fernen Westen der neuen Welt, der auf eigene Faust gezwungen ist, einen unbarmherzigen Krieg gegen die ihn umgebenden Rothhäute zu führen. Wie aber dort der Squatter sich bewußt ist, als Eindringling dem erbangesessenen Volke Alles geraubt zu haben, so konnte auch der deutsche Krieger sich nicht verhehlen, daß er ähnliche Schuld trage an dem Elend, das ihn rings umgab. Dann aber sagte er sich, daß nicht eigener Fürwitz ihn zu dem abentenerlichen Zuge verführt habe in dies verruchte Land — und in tiefinnerstem Herzen mochte ein Fluch aufsteigen gegen den Anstifter so unsäglichen Jammers. Zu dieser Annahme muß ein Jeder gelangen, der mit vorurtheilsfreiem Auge hinab taucht in die verborgene und wenig befahrene Tiefe dieses historischen Schachtes — er wird diese Goldkörner der Erkenntniß sich auch nicht rauben lassen durch die Schlacken des offiziösen Gewäsches, das in dienstlichen Berichten, Zeitungsartikeln und Dekreten eine von Salbung triefende Loyalität zur Schau trug. Das Eine konnten die Truppen Josephs ihren Feinden nicht nachsagen, sie nämlich über ihre Denkungsweise im Unklaren gelassen zu haben. Im Jahr 1810 erließ Mina als König der Berge das bekannte Dekret, worin es hieß:

„Ich erkläre den Krieg auf Tod und Leben allen französischen Offizieren, Soldaten und deren Kaiser. Jeder Offizier und Soldat, der mit oder ohne Waffen in der Hand gefangen wird, sei es im Kampfe oder anderwärts im Lande, wird an der Landstraße in Uniform gehangen, und man wird dessen Namen und Regiment auf seinen Körper heften. Wer sich herausnimmt, diesen Erlaß zu kritisiren, wird erschossen. Wer die Partei solcher Verurtheilten nimmt, wird mit acht Jahren Eisen bestraft. Dieser Erlaß muß alle vierzehn Tage in den Kirchen verlesen werden — wer sich weigert, dies zu thun, wird, ob Priester, Richter oder Notar, innerhalb vierundzwanzig Stunden militärisch gerichtet."

Auch Mina war ein König, der Gesetze geben konnte; die kastilischen Berge hießen reino de Mina (das Königreich des Mina), und seine Unterthanen waren treuer wie die des Schattenkönigs in Madrid.

Am 24. Dezember 1809 waren die deutschen Eskorten des großen Gefangenentransports in Bayonne angekommen; man gönnte ihnen nur am ersten Weihnachtstage eine Erholung, bereits am 26. ward der Rückmarsch angetreten und am 4. Januar Burgos und Gegend erreicht. Diese Stadt, die fast ausschließlich aus Kirchen zu bestehen scheint, gilt bei den Spaniern als heilig. Sie war auch der Herd der ersten Empörung gewesen. An dem Thurm der Kathedrale hatten alle spanischen Führer in Gegenwart einer nach Tausenden zählenden Menge den Fremden unauslöschlichen Haß geschworen und bis zur Ankunft der Franzosen hatte die geweihte Fahne des Aufstandes hoch oben geflattert. Die Umgebung dieser Stadt blieb daher während des ganzen Krieges in flammendem Aufstand, wenn die Franzosen auch nach und nach eine Wüste aus ihr zu machen mußten. Ein Frankfurter Kadet, der mit einem Detachement von Bayonne zurückkam,*) schildert eine Hinrichtung gefangener Brigands, der er beiwohnen mußte:

„Während meiner damaligen Anwesenheit in Burgos war ich Zeuge der Hinrichtung von fünf spanischen Bauern, die wegen der Ermordung französischer Soldaten zum Tode verurtheilt worden waren. Als abschreckendes Beispiel sollte die Exekution auf dem Markte der Stadt vorgenommen werden. Man hatte dort ein Gerüst errichtet, auf welchem

---

*) Frankfurter Hausblätter, Jahrgang 1880, Seite 840.

sich fünf von einander getrennte Sitze befanden. Hinter einem jeden dieser Sitze war ein Pfahl als Rücklehne angebracht. Die ganze Garnison stand unter den Waffen und hatte den Marktplatz besetzt. Die fünf Gefangenen wurden nun unter starker Bedeckung in die Mitte des um das Schaffot gebildeten Karrees geführt und ihnen dort das Todesurtheil verlesen. Ein jeder war von einem Geistlichen begleitet und hielt ein Kruzifix in den Händen. Mit der größten Seelenruhe und Entschlossenheit bestiegen sie das Gerüst, wohin ihnen die Geistlichen unter fortwährendem Zuspruch folgten, und setzten sich auf die dort befindlichen Sitze. Der Hals eines jeden wurde nun an den hinter ihm befindlichen Pfahl angelegt, um beide Theile ein mit einer Schraube versehenes Halseisen gelegt, diese rasch einige Male herumgedreht und dadurch in wenig Augenblicken die Erdrosselung vollendet."

Der junge Offizier wurde von dem abschreckenden Schauspiel noch tief ergriffen, während die alten an viel ärgere Gräuel gewöhnten Soldaten gleichgültig oder sogar lachend zusahen.

Die deutsche Division zog nach wenigen Tagen der Ruhe nach der Gegend von Segovia, um sich dort zu sammeln. Das Gros des Primatischen Bataillons, das mit den Rekonvaleszenten der Division, wie man sich erinnern wird (vergl. S. 28), und einigen französischen Regimentern eine größere Razzia gegen die Guerrillas hatte unternehmen müssen, kam am 12. Januar, ohne irgend etwas erreicht zu haben, nach seinem Ausgangspunkt Palencia zurück. Von den Rekonvaleszenten waren begreiflicher Weise sehr Viele dem Marsch durch die schneeigen Pässe der Leoner Gebirge zum Opfer gefallen; aber auch die Gesunden waren zum Tod ermattet. Nichts desto weniger hetzte sie ein Befehl des Gouverneurs, Herrn v. Salignac, noch an demselben Tage wieder fort, und zwar in die eben erst verlassenen kantabrischen Berge. Am 15. erreichte das Bataillon die Orte Aquilar del campo und Reynosa, befand sich also fast am Ufer des biscayischen Meeres, während seine deutschen Waffenbrüder tief in das Innere von Spanien hineinzogen und fünfzehn Tagemärsche von ihm entfernt den traurigen Wachtdienst an der großen Straße Segovia—Valladolid übernehmen mußten.

Ein Unglück für die Deutschen war es, daß ihr braver Divisionsgeneral Leval krank in Madrid weilte und später eine andere Verwendung erhielt. So führten das Kommando der Division nur provisorisch einzelne Brigadegenerale, die sich für eine Konzentration derselben kaum zu verwenden wagten oder, wenn sie es thaten, kurz abgewiesen wurden. General Kellermann, der Führer der sogenannten Armée du Nord wußte die deutsche Division ein volles Vierteljahr in dieser für ihn bequemen Zerstreuung festzuhalten und ihre Dienste auszunutzen. Welsch fand in Reynosa wieder Zeit, einen Rapport an den Großherzog zu senden, in dem er sich mit wachsender Bitterkeit über den bedauerungswürdigen Zustand seiner Leute beschwert:

„Man kann sich", schreibt er, „keinen Begriff machen, was Offizier und Soldaten durch mehrere Wochen lange forcirte Märsche und Abgang an Brodt, Schuhen und starken Dienst erlitten haben; von Anbruch des Tages bis in die späte Nacht um zwölf, eins, zwei, auch öfter bis drei Uhr in den andern Tag wurde marschiret und dann auf den höchsten Pyrenäengebirgen*) bivakirt; so bis zum Niedersinken entkräftet, durchnäßt von innen**) und von außen warf man sich nieder, ohne daß der Mann sich durch einen Trunk Wein oder Branntwein laben konnte. Oefter ohne Feuer sahen wir uns beim Anbruch des Tages auf dem Bivak angefroren und gleichsam erstarrt. Dies auch die Ursache so vieler Kranken, welche noch immer anwachsen und bey der nun bald eintretenden enormen Hitze nachtheilig wirken wird. Bey diesen ungeheuren Märschen bey tag und Nacht, bey der hier herrschenden Regenzeit war ich bei passirung der Pyrenäengebirge zwei Monate lang ohne Pferde, welche ich krank zurücklassen mußte, machte also meine Märsche stets zu Fuß, wobey ich öfter glaubte, liegen bleiben zu müssen, dabey eben so viele Monate ohne Bagage — mit zerrissenen Stiefeln, weil weder Zeit noch Gelegenheit war, solche machen zu lassen."

Wehmüthig fügt Welsch dann noch hinzu, er habe General Leval mehrfach an die versprochenen Kreuze der Ehrenlegion zu erinnern gewagt und sei auch stets vertröstet worden. Zum Schluß meint er aber selbst resignirt: „Man wird uns wohl vergessen haben." Dalberg fühlte sein Herz durch so vieles Elend erweicht. Schon am 17. Januar hatte er an General Zweyer ein Restript erlassen, welches dieser an Welsch weiter gab mit dem Ausdruck seiner eigenen Theilnahme. Der Großherzog hatte Zweyer aufgetragen:

„Diesem würdigen Mann (Welsch) bitte ich in meinem Namen recht viel Schönes zu sagen. Ich habe längst dem würdigen Groß-

---

*) Er meint offenbar den Seitenast der kantabrischen Berge.
**) Hierbei hat der brave Kommandeur wohl schwerlich an eine willkommene Libation gedacht. Die mangelnde Stilistik seiner Rapporte läßt indeß immer erkennen, was er hat sagen wollen, wenn man auch bemerkt, wie sauer ihm das Führen der Feder wird.

major v. Welsch das Avancement als Oberst zugedacht; die Zeit seiner Rückkehr überlasse ich gänzlich seiner eigenen Bestimmung.

Ich ersuche den Herrn General ihm dieses nebst einem freundlichen Gruß zu schreiben.
gez. Carl."

Welsch erklärte dem Großherzog, als er sich ein wenig besser fühlte, trotz seiner zerrütteten Gesundheit in Spanien bleiben zu wollen. Erst auf wiederholte Restripte entschloß er sich zur Rückkehr nach der gewiß ersehnten Heimath, verzögerte diese aber noch um mehrere Monate, bis er Alles im Bataillon geordnet und besonders die überaus verwickelte finanzielle Lage desselben ins Klare gebracht hatte. Wir begegnen seinen Rapporten daher noch bis in den Sommer 1810 hinein. Er schrieb den nächsten am 31. Januar aus Palencia, wohin ihn mit dem Bataillon der Befehl des ruhelosen und unstäten General Kellermann wieder gerufen hatte. Die in den kantabrischen Gebirgen verbrachten Wochen hatten den aufreibenden Gendarmendienst gebracht, den wir in der vorhergehenden Betrachtung der allgemeinen Verhältnisse der sogenannten Armée du centro zu beleuchten versucht haben. In ermüdender Zahl treten die „Renkontres mit den Brigands" auf. Bald wird dort ein Unteroffizier erdolcht gefunden, bald findet ein Chirurg seinen Tod, indem er, um an einem Brunnen zu trinken, die marschirende Kolonne auf hundert Schritte verläßt. In Herrera, Ozorno und Tromista, elenden verfallenen Nestern in Kastilien hatten je ein Offizier und fünfzig Mann zurückgelassen werden müssen. Zur Charakteristik dieser Wohnorte möge die Beschreibung eines modernen Geographen dienen; im Jahre 1810 werden sie nicht freundlicher ausgesehen haben: .

„Die Dörfer haben etwas seltsam Oedes und Verfallenes. Man kann durch ganze Dörfer fahren, ohne eine einzige Fensterscheibe zu sehen. Die Häuser haben, wie bei uns die Stallungen, nur Fensteröffnungen und, wenn es üppig hergeht, zuweilen einen hölzernen Laden daran. Ein Theil des Ortes ist oft nur noch unbewohnte Ruine, während auch viele der Häuser, in welchen noch Menschen sind, ungestört sich anschicken, zusammenzufallen. In einiger Absonderung vom Dorf, gewöhnlich auf einer Anhöhe, steht die Kirche. Diese hat wunderbar kleine Fenster; es ist offenbar darauf gezählt, daß man nicht seine Andacht aus einem Buche herauslese; manchmal sind sie wie Schießscharten so eng, daß man fast nur mit einem Auge hinein- oder heraussehen könnte ꝛc."

Da die Berichte aus den französischen Hospitälern an Genauigkeit nicht weniger als Alles zu wünschen übrig ließen, so hatte Welsch eine besondere Kommission niedergesetzt, die durch direkte Korrespondenz und durch persönliche Revision an Ort und Stelle über das Schicksal der in den Lazarethen befindlichen Frankfurter sich Gewißheit zu verschaffen hatte. Diese Kommission beendigte in Palencia ihre Berichte und meldete Welsch, daß sie den Tod von 300 Kranken und Verwundeten des Bataillons konstatirt habe. Das Effektiv desselben sank damit auf 508 Mann, d. h. die Sollstärke. Da von diesen aber noch viele in den Spitälern lagen, so waren kaum 300 Mann bei der Fahne. Noch am Abend des 31. Januar erhielt Welsch den Befehl, nach Valladolid aufzubrechen, wo er am 2. Februar eintraf. Das daselbst wiedervereinigte Bataillon hatte von hier eine endlose Reihe kleiner Expeditionen zu bestehen, auch hauptsächlich Couriere zu eskortiren. Diese unglücklichen Sendlinge, die Tag und Nacht reisen mußten wie ein Koffer und wegen der abscheulichen Wege nicht anders als auf Maulthieren reitend fortkommen konnten, vermochten sich vor Müdigkeit oft kaum mehr im Sattel zu halten und mußten von den Soldaten gestützt werden. Die Kommandos, die einem Courier gewöhnlich mitgegeben wurden, hatten nur in selteneren Fällen eine größere Stärke als 25 Mann, die bei dem Mangel an Offizieren meist ein älterer Sergeant befehligte. Obgleich bei diesen Eskorten fast nie ein Angriff der Guerrillas vermieden werden konnte, und Verwundete und Gefangene einen sicheren, gräßlichen Tod erwarten mußten, so meldeten sich doch viele Soldaten freiwillig dazu. Sie entgingen dadurch zunächst dem Wachtdienst in den Garnisonen, den sie vor Allem fürchteten. Die einzelne Schildwache, die Nachts an den Thoren stand, der ambulante Posten, der einige hundert Schritt von seinem Nebenmann entfernt, eine Strecke des Walles, der Stadtenceinte begehen mußte, die Visitirpatrouille, die die einzelnen Posten kontrolirte — diese alle waren besonders der heimtückischen Ermordung ausgesetzt. Das Alleinstehen im Finstern, das Vernehmen von tausend Geräuschen, von denen jedes durch das Herankriechen mordlustiger Spanier hervorgebracht sein konnte, zerrüttete auch das gesundeste Nervensystem und machte jede andere Gefahr vor dieser zurücktreten. Bei den Streifereien durch das Land glaubten aber außerdem die Soldaten sich für manche Entbehrungen und Leiden schadlos halten zu können, besonders da sie den Augen der Offiziere sich dabei entziehen konnten. Die Gemüther auch der deutschen Soldaten waren aber bereits in dem Grade verwildert, daß Mord, Brand und Plünderung ihnen eine willkommene Zerstreuung waren. So sahen die abgeschiedenen Gebirgsthäler gar viele Szenen, die der Erzählungen eines Simplicius Simplicissimus gespottet hätten. Am

10*

entſetzlichſten geſtalteten ſie ſich aber, wenn Marketender mit ihren Weibern ſich heimlich einem Kommando angeſchloſſen hatten. Dieſe Amazonen hatten Alles abgeſtreift, was an weibliche Natur erinnern konnte — bis an die Zähne bewaffnet, lieferten ſie ſogar allein, wenn ſie ſich zuſammengerottet hatten, förmliche Geſechte, und wehe dem un= glücklichen Dorf, in welches ein Schwarm dieſer weiblichen Teufel ſich ergoß.

Am 15. Februar erfuhr der wackere Welſch, daß Dalberg bei ſeinem Aufenthalt in Paris ihm und dem Major Fritſch die im Herzen gewiß längſt erſehnte Dekoration der légion d'honneur erwirkt habe. Dieſes einfache und einzige Ehrenzeichen, das Napoleon verlieh, wurde dadurch ſo überaus werthvoll, weil es nur dem bewährten Verdienſt zu Theil wurde — Orden, die man ſich im Dampf der Suppenſchüſſeln verdienen konnte, kannte das Napoleoniſche Heer nicht.

In Valladolid entſtand das Gerücht, der große Kaiſer werde ſelbſt nach Spanien kommen, um mit einigen Schlägen wieder wie zwei Jahren vorher das wieder gut zu machen, was ſeine Marſchälle ver= dorben. Der Wunſch war hier wie ſo oft der Vater des Gedankens. Napoleon hatte den Boden Spaniens zu heiß gefunden; zudem ſchmeichelte es ſeiner Eitelkeit, der Welt gegenüber zu zeigen, daß er den dortigen Kampf für etwas Untergeordnetes halte, das er ſeinen Generalen über= laſſe — darin war auch Verachtung gegen die verhaßten Engländer ausgedrückt.*) Die Armee hoffte aber bis zum Jahre 1812 auf die Ankunft des Kaiſers, und nicht ohne einen Anflug von Rührung kann man die Worte von Welſch leſen: „Der Kaiſer kommt. Alles deutet auf baldige große Ereigniſſe und auf die endliche Eroberung der beyden Königreiche Spanien und Portugal, obſchon man glauben kann, daß die Beendigung dieſes wüthenden Inſurrektions=Krieges noch nicht ſo bald erfolgen werde."

---

*) Der Vicomte de Remuſat ſagt am Schluß der Memoiren ſeiner Mutter: „L'empereur n'aimait pas l'affaire d'Espagne; elle l'ennuyait. Elle ne lui avait jamais donné un bon et glorieux moment. Il entrevoyait, qu'il l'avait mal commencée, faiblement conduite, qu'il en avait singulièrement méconnu la difficulté et l'importance. Il s'efforçait de la mépriser, pour n'en être pas humilié. Il la négligeait pour en éviter les soucis. Il avait une répugnance puérile, si elle n'était pas pire, à se hasarder dans une guerre qui ne parlait pas à son imagination."
Dieſe Imagination behauptet Napoleon freilich ſchon vor St. Jean d'Acre begraben zu haben.

Das Letztere sollten die deutschen Truppen in den Monaten Februar
und März wieder recht deutlich empfinden. Selbst die Soldaten, die
man auf die Kirchthürme als Beobachtungsposten stellte, mußten eingeschlossen und verbarrikadirt werden, damit sie die Bauern nicht
todtschlugen. Diese fingen jetzt an, ein doppeltes Leben zu führen.
Wochenlang streiften sie als Guerrillas in den Bergen, um dann wieder
einige Tage als harmlose Landleute sich zu geberden. Hauptmann Krieg
schreibt:

„Der Dienst der Partheigänger hatte für diese Leute große Vorzüge
vor jenem in der Armee, denn sie durften ihre Verwandte, Freunde u. s. w.
nicht verlassen, und wenn so ein Bauer acht Tage lang mit seinen
Kameraden herumgestreift war, und es ihm nicht mehr gefiel, ging er
wieder auf einige Tage nach Hause und arbeitete. Kamen wir in's
Ort, so stund der nämliche Mann in Bauernkleidern, wie die übrigen
Einwohner vor uns und weder einer seiner Mitbürger noch sein ärgster
Feind hätte ihn verrathen."*)

Unter der Vorspiegelung, es sei eine Landung der Engländer bei
Santander zu befürchten, hielt Kellermann die deutsche Division fort und
fort zurück. Anfang März schien das Erscheinen der Feinde an der
Biscayischen Küste wirklich in Aussicht zu stehen. Ein Theil der Armée
du nord wurde daher bei Valladolid zusammengezogen und passirte am
4. eine große Revue. Den Offizieren, die lange auf einsamer Wacht
gestanden, soll der Anblick geschlossener Divisionen wahrhaft wohlthuend
und herzerhebend gewesen sein. Endlich am 15. März kam für die
deutsche Division mit Ausnahme des Regiments Hessen, das in Segovia
zurückbleiben mußte (dies unglückliche Regiment ging später bei der Er-
stürmung von Badajoz zu Grunde), der ersehnte Befehl zum Marsch
nach Madrid. Endlich durfte man hoffen, wieder ein soldatisches Leben
führen zu dürfen, nachdem man monatelang wie ein Hund sich hatte
verstecken müssen. Welsch übergab das Bataillon an Major Fritsch und
bereitete seine Abreise nach Deutschland vor — in seiner Begleitung befand sich der schwerblessirte Kapitän von Tannstein, dessen Arm nach
dem Ausdrucke Welsch's sich in den bedenklichsten Umständen befand.**)

---

*) Die französischen Franktireurs im Jahre 1870/71 haben es in ähnlicher
Weise verstanden, aus ihrer Verkleidung Nutzen zu ziehen.

**) Welsch beschwerte sich später bitterlich über die Chikanen der französischen
Behörden in Frankreich; sie hätten ihm unter den nichtigsten Vorwänden die Gewährung der billigsten Forderungen versagt.

Der nächste Rapport ist der Feder des Major Fritsch entflossen und ist aus Madrid vom 25. März datirt. Er enthält über den Marsch nach der Hauptstadt keine weitere Angabe und über den Aufenthalt daselbst nur die Klage über die äußerst schlechten Quartiere; die öden Kasernen enthielten nicht einmal Thüren, die Zimmer weder Stroh noch irgend das Geringste, der Soldat müsse auf den glatten Steinen liegen. Dann meldet er jedoch, die Division habe wieder einen Kommandeur in dem französischen General Lorge, „welcher die Vermuthung vergewissert, daß wir bald zur Belagerung einer Festung oder zu einer der großen Armeen nach Granada oder Portugal abgehen werden."

Nach vielen zeitweiligen Verschiebungen erlitt die Ordre de bataille der Division in Madrid wieder eine durchgreifende Veränderung. Sie sollte dermalen nach Ausscheidung der Hessen aus zwei Brigaden bestehen, nämlich:

1. Brigade — General Chassée (der später so berühmt gewordene Vertheidiger von Antwerpen).
   Regiment Holland,
   Regiment Nassau.

2. Brigade — General von Neuenstein (Badenser).
   Regiment Baden,
   Bataillon Frankfurt.

In der Hoffnung auf wahrhaft kriegerische Verwendung sollten die Deutschen sich arg getäuscht sehen. Ganz wider Erwarten erhielten sie den Befehl, die Mancha zu besetzen, die verrufenste aller Provinzen Spaniens, ein wahres Wespennest der lecksten und grausamsten Banden. Ende März verließ die 1. Brigade das ungastliche Madrid und marschirte über das Schlachtfeld von Ocanna, das sie mit eigenen Gefühlen betreten haben mag, in die wirren Hügelketten der Mancha, um dort hauptsächlich die große Heerstraße von Villaharta bis Elviso am Fuße der Sierra Morena zu besetzen. Auch hier bezeichnet, wie im vergangenen Jahre so oft, diese mächtige strategische Barriere die Grenze ihres Wirkungskreises. Wenige Tage später folgte General Lorge mit der 2. Brigade. Unsere Frankfurter lagen am 5. April in Ocanna selbst. Von da aus schrieb Fritsch: „Wir werden den Weg über Andalusien und Murcia fortsetzen, wie es die an uns angeschlossenen großen convois vermuthen lassen." Bald mußte aber diese Hoffnung schwinden. General Lorge wurde zum Gouverneur der Provinz Toledo ernannt, und damit war die deutsche Division an die Mancha gebunden. Es war ein Glück für sie, daß sie nicht wußte, auf wie lange. In einem Privatschreiben an General Zweyer erinnert in dieser Zeit Major Fritsch an das Wort des Horaz: „praesens futuri temporis exitum caliginosa nocto premit deus."

Um Toledo hatten sich im vergangenen Jahr für die Frankfurter die wichtigsten Kriegsereignisse gedreht. In einem Umkreis von acht Meilen lagen Talavera, Almonacid, Ocanna. Auch jetzt sollte es der Mittelpunkt ihres jahrelangen heroischen Ausharrens werden. Im Gegensatz zu dem moderneren Madrid ragte die Stadt in grauer, alt-ehrwürdiger Pracht, Fels auf Felsen gebaut, der, in mehrere Kuppen zerborsten, siebenhügelig erscheint wie Rom. Brausend schließt sie der Tajo mit trüben Wellen auf der Südseite ein — auf der öden Land-seite deuteten maurische Thürme und Basteien auf die uralte Bestimmung der Stadt — des Ausfallthors gegen Castilien. Ein Wirrsal enger Gassen schlängelt sich bergauf, bergab — die Dächer stoßen oben fast aneinander — wie ein scharfer leuchtender Streifen erscheint oben das tiefe Blau des Himmels; in die feuchten kühlen Häuserschluchten dringt aber kein Strahl der sengenden Sonne. Die Häuser kehren ihre freundliche Seite nach dem inneren Hof — nach außen führt nur ein schmales Pförtchen, Fensterchen schmal wie Schießscharten lugen scheu nach der menschenleeren Straße. Ueber das altersgraue Häusermeer ragt ein Wald von Thürmen, dicht wie der Mastenreichthum eines be-lebten Hafens; wenn alle ihre Glocken erklingen lassen, vibriren die Ton-wellen in tausendfachem Chaos, die Steinquadern scheinen die Klänge einzusaugen und in unendlich modulirtem Echo wieder von sich zu geben. In dieser Stadt, sonst voll echt castilischen Lebens, jetzt aber voll düsterer nationaler Trauer, standen die Frankfurter in den Jahren 1810 und 1811 vielfach auf Tage, Wochen, Monate in Garnison, öfter noch waren sie in das umgebende Geläude der Mancha zerstreut — aber den Kranken wie denen, die einen kurzen Urlaub erhalten hatten, diente die Stadt als Zuflucht, so wenig auch sie Bequemlichkeit und Frohsinn des Lebens zu bieten im Stande war.

Den Monat April brachten die Frankfurter zunächst in Toledo und seinen Vorstädten zu. Da ihr Dienst sie aber ganz auf die Gegend südlich des Tajo und auf die Mancha anwies, so wurden sie von den dortigen Guerrillas geradeso in Mitleidenschaft gezogen, als wenn sie bereits mitten unter ihnen kantonnirt hätten. Eine französische Quelle ſchildert uns die kriegeriſche Thätigkeit der Deutſchen in dieſer Provinz in folgenden Aphorismen:

„En 1810 la Manche comptait à elle seule, 27 chefs de bande, dont plusieurs étaient des voleurs de grands chemins, qui déjà avaient passé par les galères. Dans ces conditions, il devient impossible à l'historien, même le plus consciencieux, de suivre pas à pas les colonnes mobiles dans leurs innombrables courses. A peine, de temps à autre, un fait plus saillant, échappé à l'oubli, peut-il être signalé. Plus de mouvements stratégiques, plus de ces grandes rencontres comme les batailles de l'année précédante. La relation des campagnes do 1810/11, dans les provinces du centre, ne peut être présenté que sous la forme d'un journal sommaire, indiquant, à leur jour, les évènements principaux, sans chercher à les encadrer dans un plan général d'opérations qui ne pouvait exister contre des adversaires de cette nature.“

Auch wir müſſen uns begnügen, einige Rapporte des Major Fritſch in ihrer dürftigen Darſtellung als Aufzählung dieſer Kämpfe bei= zubringen:

„Die häufigen Horden von Brigands griffen unſere Detachements überall an, wurden aber jedesmal mit Verluſt zurückgeſchlagen. So am 14. April der Lieutenant Schuler, und am nämlichen Tage verthei= digte ſich Lieutenant John, welcher mit einem Detachement von Toledo nach Orgaz auf der Route war mit 40 Mann gegen 150 Brigands zu Pferde, indem er in einer alten Kapelle Poſition faßte, von Morgens 10 bis Nachts 10 Uhr und tödtete ihnen viele Pferde und Leute. Herr Hauptmann Schuler und Oberlieutenant Deelen*) mit 100 Mann attackirten die Brigands am andern Tage, tödteten ihren Chef, deſſen Orden ich als etwas Beſonderes (sic) hier beyſchließe und ſchlugen ſie mit beträchtlichem Verluſt zurück.“

Das Unweſen in der Provinz wurde indeß bald ſo arg, daß die Frankfurter ſüdlicher gelegt werden mußten. Sie erreichten Ende April das wohlbekannte Manzanares ſüdlich der Guadiana, fanden aber hier die Verhältniſſe im Vergleich zum vergangenen Jahr gewaltig verändert.

---

*) Dieſer ſowie Oberlieutenant Schweitzer, trotz ihrer Tapferkeit wegen Mangels an Bildung früher im Avancement übergangen, wurden im nächſten Monat Kapitäns.

Aus Angreifern waren sie ganz die Angegriffenen geworden. Die kleinen Engagements mehrten sich alltäglich — hier noch einige Proben aus Fritschs Rapporten:

„Korporal Huck (4. Kompagnie), welcher mit 10 Mann einen Courier begleitete, wurde von 40 Brigands zu Pferde rasch angegriffen. Allein er war geschlossen und ging auf sie los, tödtete mehrere und hatte sie schon in die Flucht geschlagen, als Lieutenant Krämer ihm mit Verstärkung zu Hilfe kam. — Oberlieutenant Schweitzer, welcher einen trésor von Segovia nach Madrid begleitet hatte und dort den Officierpayeur*) mit unsern neuen Montur-Stücken von Bayonne kommend antraf, begleitete von Toledo mit seinen 50 Mann unsere Fourgons hierher. Er wurde von einer weit überlegenen Anzahl Brigands zwischen Mora und Consuegra angegriffen, allein er ließ sich nicht aufhalten, marschirte stets vorwärts und vertheidigte sich so brav, daß die Brigands zurückgingen. Er verlor dabei nur drei Blessirte. Ich muß hierbey dem hohen Generalkommando das tapfere Betragen des Kaporal Huck sowie die entschlossene, schöne Handlung des Kaporal Fingerhut (3. Kompagnie) besonders anrühmen. Als Lieutenant John sich beynahe zwölf Stunden vertheidigt hatte und ihm Niemand zu Hilfe kam, fragte er, wer sich wohl bey eintretender Nacht entschließen wollte, durch die Brigands zu schleichen, um nach Almonaçia drei Leguas (drei Wegstunden) weit zu laufen und dort den Platz-Kommandanten zu präveniren; durch eine solche schöne Handlung würde sich der Thäter eine Medaille verdienen. Kaporal Fingerhut trat heraus und sagte: auch ohne eine Belohnung bin ich bereit, mein Leben zu wagen, um meine Kameraden zu retten; ich werde meine Armatur ablegen und mich, wenn die Nacht einbricht, durch die Posten schleichen und sicher Entsatz bringen. — Dem Braven ist das Waagstück geglückt. Als Oberlieutenant Schweitzer attackirt wurde, waren einige Offiziers von andern Korps in seiner Suite, welche auf einmal bei dem Anprallen der Brigands ängstlich wurden und zum Retiriren schrieen. Einige Soldaten des Bataillons, welche die Ehrenmedaillen tragen, versicherten sogleich, daß sie sich für entehrt halten, nie mehr die Dekoration tragen und sich eher in ihre Bajonette stürzen würden, ehe sie einen Schritt zurück marschirten. — Solche Gesinnung herrscht im ganzen Bataillon und ich will mit den 400 Mann wie sie sind mir wohl getrauen, einem feindlichen von 1000 Stand zu halten."

Am 10. Mai erhielt Fritsch die Ordre, mit der Grenadier-Kompagnie

---

*) Zahlmeister.

Almagro zu beſetzen und dort das 1. ſpaniſche Linien-Regiment abzu-
löſen. Dieſe ſpaniſchen Truppen Joſephs waren an Zahl zwar ſehr
gering, fochten aber mit verzweifeltem Muthe, weil ſie wußten, daß es
ihnen als Abtrünnigen beſſer geweſen wäre, in die Hände von Teufeln
zu fallen, als in die ihrer Landsleute. Eine noch größere Zerſplitterung
erlitt das Bataillon durch die Verlegung der 1. Kompagnie in die
Citadelle von Manzanares, der 2. und halben 4. nach Baldepennas, der
Boltigeure, 3. und halben 4. nach St. Cruce de Mudela. Dieſe Detachements reizten durch ihre Schwäche und Vereinzelung die Brigands zum
Angriff, und ſo verging kaum mehr ein Tag, ohne daß Theile des
Bataillons irgend wo ein kleines Gefecht zu beſtehen gehabt hätten.
So ſchlug z. B. Sergeant Staab der 3. Kompagnie mit 25 Mann
80 Brigands zu Pferde, welche ihm zweimal an der Venta, einem ein-
ſamen Gaſthauſe zwiſchen St. Cruce und Elviſo auflauerten, auf dem
Hin- und Rückwege in die Flucht. Almagro ſelbſt wurde belagert —
Fritſch, der hier eingeſchloſſen war, mußte ſich durch die Heranholung der
1. Kompagnie ſelbſt entſetzen. Während dieſe durch Signalſchüſſe der
hartbedrängten Garniſon ihr Herannahen verrieth, machte dieſe zwei
entſchloſſene Ausfälle, wurde dabei aber von 180 feindlichen Reitern
plötzlich angegriffen und entkam nur mit Verluſt wieder in die ſchützenden
Thore. Am 23. wurde Baldepennas in gleicher Weiſe heimgeſucht —
die Brigands waren ſchon in das Städtchen eingedrungen, als Hauptmann Schuler, der hier befehligte, ſie erſt gewahr wurde. Die ſtets unter
Gewehr ſtehende ſtarke Wache (eine halbe Kompagnie) ſtürzte ſich ſofort
mit dem Bajonett auf die mit lautem Geheul und Schimpfen Herbei-
laufenden, während die Trommel die nach Waſſer und Holz entſendeten
Detachements herbeirief. Nach blutigem Straßenkampf gelang es erſt,
die Brigands über die Stadtmauer zu treiben — von da ab wurde
das maſſive Rathhaus zu einer Feſtung gemacht, die nur von geſchloſſenen
Kommandos verlaſſen werden durfte. Am 21. Mai erhielt Fritſch die
Nachricht, daß ein berüchtigter Bandenführer, Don Ventura, ſeit fünf
Tagen die Garniſon von Ciudad Real blockire und nahe daran ſei, ſie
zu überwältigen. Zugleich traf die Ordre vom Generalgouverneur
d'Armagnac aus Madrid ein, er ſolle ſchleunigſt ſein Bataillon ſammeln
und die Bedrängten entſetzen. So leicht ging das Zuſammenziehen der
verſtreuten Kompagnien nicht von Statten, da nicht einzelne Ordonnanzen
zur Ueberbringung des Befehls genügten, ſondern dazu wieder halbe
Kompagnien verwendet werden mußten. Indeß war es Fritſch gelungen,
am 24. Mai die Seinigen zu verſammeln. Durch einen betrunkenen

Mönch erfuhr er, daß Ventura über 1100 Reiter und 400 Mann Infanterie verfüge, die alle englische Gewehre führen sollten. Zur Vertheidigung der Blockhäuser in Almagro, wo die Pferde, Wagen und Kasse des Bataillons zurückbleiben mußten, ließ Fritsch 100 Mann zurück und machte sich dann Abends zehn Uhr mit 300 Gewehren auf den Weg, um, durch das Dunkel der Nacht gedeckt, unvermuthet zwischen zwei und drei Uhr des Morgens das feindliche Lager überfallen zu können. Allein in Miguelturra erhielt er um zwei Uhr, als er die feindlichen Feuer schon leuchten sah, den unwillkommenen Befehl, eine Kanone und einen Zug Kavallerie zu seiner Verstärkung abzuwarten. Weil er nicht wissen konnte, ob in dem Ort selbst nicht Feinde verborgen waren, formirte Fritsch auf freiem Felde das Karree und sah zu seinem Leidwesen die ihm so vortheilhafte Dunkelheit nach und nach dem Lichte des Tages weichen. Morgens fünf Uhr wurde er vom Feinde entdeckt und zunächst von 60 Reitern, die zur Tränke ritten, wüthend angegriffen. Eine einzige ausgeschwärmte Voltigeur-Sektion mußte indeß durch tödtliches Feuer aus nächster Nähe diesen Ansturm zurückzuschlagen. Die Schüsse lockten in kurzer Zeit weitere 300 Reiter herbei, die sich bald auf das Doppelte verstärkten. Dieselben machten jedoch keine geschlossene Attacke, sondern begnügten sich, wie einst die Reitergeschwader Jugurthas und ihre Nachkommen, die heutigen Araber, um ihren Gegner herumzuschwärmen und von fern ihn mit Geschossen zu überschütten. Bei dem nun entstehenden Feuergefecht waren die Frankfurter insofern nicht im Vortheil, als die Kugeln häufig in ihre dichtgedrängte Masse einschlugen, während ihre Salven dem flüchtigen, zerstreuten Feind wenig zu schaden vermochten. Fritsch entschloß sich daher, in Karreeformation gegen Almagro zurückzugehen, besonders auch deshalb, weil er das ihm in Aussicht gestellte Geschütz sammt seiner Bedeckung von dorther erwarten mußte. Dieser Rückzug stellte die Kaltblütigkeit seiner Braven auf eine schwere Probe. Es mußten mehrere Dörfer durchzogen werden. Sie fanden sich durch abgesessene feindliche Kavalleristen besetzt, die man erst durch einen Bajonettangriff auf ihre Pferde jagen mußte. In den Dörfern selbst aber belebten sich die bisher in starrer Oede daliegenden Häuser. Alle Projektile, die irgend zur Hand waren, schleuderten die sich wie wahnsinnig gebehrdenden Insassen auf die Häupter der schweigsam Dahineilenden. Zwei Stunden lang dauerte dieser im Marsch durchgefochtene Kampf. Endlich gegen neun Uhr gewahrte Fritsch das anlangende Geschütz, das den Spaniern zum Glück so lange verborgen blieb, daß das Bataillon durch einen raschen Lauf im pas accéléré

dasselbe in seine Mitte bekam. Jetzt bediente sich Fritsch eines originellen Manövers, um sich seine lästigen Bedränger vom Halse zu halten.
Er ließ das Geschütz mitten im Karree abprotzen und laden, dann rasch
eine Lule bilden und dadurch mit Kartätschen feuern — dann rasch
wenden und nach den Seiten dasselbe wiederholen. Die Kartätschlagen, die
einen weiten Streuungskegel hatten und auf 600 bis 800 Schritt trugen,
rissen so gewaltige Lücken in den feindlichen Schwarm, daß dieser davon-
stob. Fritsch zog nun sogleich wieder nach Ciubad Real, um seinen
ursprünglichen Auftrag auszuführen. Da der Feind vor der Wirkung
seines Geschützes große Achtung gewonnen hatte, so ließ er sich von
diesem nur noch aus weiter Ferne beschießen und hielt vor der Stadt
nicht mehr Stand. Fritsch konnte sich daher mit der Besatzung derselben, zwei holländischen Elite-Kompagnien, vereinigen. Der Feind indeß,
der nach dem Ausdruck Fritschs auf einer „schönen" Höhe aufmarschirt
war, scheute weiteren Kampf, theilte sich in drei Kolonnen und verschwand
im Gebirge. Eine der letzteren, 400 Pferde stark, schien die gefährliche
Richtung auf Almagro zu nehmen. Fritsch fürchtete mit Recht für sein
dort zurückgelassenes schwaches Detachement und heftete sich daher so
schnell als möglich dem Feind an die Fersen. Er fand seine Befürchtung bestätigt. Als er gegen sieben Uhr des Abends nach eiligstem
Marsch vor Almagro anlangte, erwehrte sich die Garnison nach drei-
stündigem harten Kampf nur noch mit Mühe der Angreifer. Als diese
aber die heraneilende Entsatz-Kolonne bemerkten, warfen sie sich schnell
auf ihre Pferde. Ihren Verlust schätzte Fritsch auf 40 Mann, den
seinigen giebt er auf 7 an. Noch an demselben Abend wurden jedoch
die beiden Unteroffiziere Hett und Bergmann, die die Blockhäuser verließen
und in den Straßen Almagros nach Wein suchten, auf das Grausamste
ermordet. Man fand sie nach Fritschs Angabe von 100 Dolchstichen
durchbohrt. Er erwähnt hierbei bedauernd den unausrottbaren Leichtsinn der Leute, die sich nicht daran gewöhnen könnten, ihre Haut weniger
unklug zu Markte zu tragen. Wenn die Frankfurter in diesem Jahre
keine Schlappe von den Guerrillas erhielten, so konnten sie von beson-
derem Glück sagen. Die Badenser, mit denen sie im Brigadeverband
standen, machten schlimmere Erfahrungen. Einige Berichte über unglückliche Gefechte mögen hier um so eher Platz finden, als Fritsch sie zur
Charakterisirung der spanischen Kriegführung seinem Souverän unter-
breiten zu sollen glaubte.

Der Lieutenant Heres wurde am 15. Mai von Consuegra nach

Puerto Lapiche*) mit 50 Voltigeuren abgesendet, um dort die von einem Courier gebrachten Briefe abzuholen. Eine Stunde vor dem Ziel seines Marsches wurde er von 400 berittenen Brigands von vorn und in der linken Flanke angefallen, während 200 spanische Infanteristen, die zur Rechten in einem dichten Olivenwald versteckt lagen, ihn mit ihrem Feuer überschütteten. Er merkte bald, daß er in einen cul de sac gerathen sei. Der erst achtzehnjährige junge Mann verlor aber nicht den Muth und dachte am allerwenigsten daran, sich gefangen zu geben, obwohl ihn ein vornehm aussehender Reiter in gutem Französisch dazu mit der Zusicherung aufforderte, es solle ihm und seinen Leuten kein Leid geschehen. Heres wies den Parlamentär kurz ab und brach sich mit dem Bajonett durch den Olivenwald Bahn, um auf eine in der Nähe liegende, unbewaldete Bergkuppe zu gelangen, von wo aus er nach allen Seiten freies Schußfeld zu gewinnen hoffte. Es gelang ihm auch, die zwischen den Stämmen verstreuten und heftig feuernden Spanier überzulaufen und eine an der jenseitigen Waldlisiere liegende Schäferei zu gewinnen. Dieselbe war mit einer Mauer umgeben und hätte wohl so lange als improvisirtes Kastell dienen können, bis aus den umliegenden Garnisonen Entsatz kam. Ein alter Sergeant, voll Erfahrung in dieser Art von Kämpfen, bat den Offizier im Namen der Mannschaften, sich hier einzunisten. Heres hielt aber die Besetzung der Hügelkuppe für vortheilhafter und verfolgte dahin seinen Weg. Schon war er an dem Fuß der steilen Böschung angelangt, als der Gipfel sich plötzlich mit Bauern füllte, die seine kleine Schaar unter Triumphgeschrei mit einem Hagel von Kugeln begrüßten. So zwischen zwei Feuer gerathen, sah Heres in schneller Reihenfolge seine braven Voltigeure um sich herum fallen. In diesem Augenblick kam der Führer der feindlichen Guerrillas, der ihn schon einmal zur Uebergabe aufgefordert hatte, abermals zu ihm vorgeritten und winkte mit einem weißen Tuche. Da Heres immer auf ihn hatte schießen lassen, so waren schon zwei Pferde unter ihm geblieben. Er bestieg das dritte mit der Nachlässigkeit eines vornehmen Mannes. Heres, außer sich vor Zorn und Wuth, in eine Falle gerathen zu sein, schrie seinen Leuten zu, auf den Parlamentär zu feuern. Eine Salve riß ihm den Hut vom Kopf, er grüßte darauf elegant und machte in kurzem Galopp Kehrt. — Heres aber schrie ihm nach: „Nicht lebendig, sondern todt sollt ihr Hunde mich haben!" Nun ging das

---

*) Bekannt durch Don Quichotes lustige Abenteuer.

Gemetzel an — die Badenser wurden alle niedergeschlagen. Mit Sehn=
sucht erwartete man in Consuegra die Zurückkunft des Detachements.
General von Neuenstein schickte endlich zwei Offiziere mit hundert Mann
aus, es zu suchen. Durch eine blutige Wagenspur ward das Gefechts=
feld endlich gefunden — fünfzehn der Unglücklichen lebten noch, alle
schwer oder tödtlich verwundet — Heres und 35 Voltigeurs lagen bleich
und todt. Die Leiche des achtzehnjährigen Helden nahmen die Badenser
mit nach Consuegra, flochten einen Lorbeerkranz um seine Schläfe und
beerdigten ihn mit militärischen Ehren.

Ein ähnliches, noch verlustreicheres Gefecht fiel am 19. Mai in
Lillo vor. Wir folgen hierbei dem Bericht des Hauptmanns von Krieg:
„114 Mann wurden unter Kommando des Lieutenant von Holzing
aus Mora nach Lillo (7 Leguas, Wegstunden entfernt) abgesandt, um
Lebensmittel für die Garnison von Mora einzubringen; gegen Abend
kamen sie in besagtem Orte an, die Bürger empfingen sie freundlich
und versicherten, daß in ihrer Gegend nichts zu befürchten wäre; der
kommandirende Offizier aber, der den Worten der Spanier nicht traute,
wählte sich das Rathhaus auf dem Markte zum Aufenthalt, traf die
nöthigen Vorkehrungen zur Vertheidigung, quartierte sich mit der ganzen
Mannschaft in dies Gebäude und stellte seine Wachen und Posten sorg=
fältig aus; er übergab sodann dem Magistrat die Requisition der Kom=
mandantschaft in Mora, damit für den kommenden Morgen die Wagen
gepackt und bereit wären. Kaum war es Mitternacht, als die Schild=
wachen Lärm hörten und Feuer gaben; ein Partijankorps, von den
Bürgern herbeigeholt, befand sich in Lillo; sie besetzten die Häuser auf
dem Platze und feuerten auf das Rathhaus. Das Detachement hielt
sich bis zum Tag; dreimal wurde zur Uebergabe aufgefordert, aber dem
Feinde kein Gehör gegeben. Dieser steckte endlich das Haus in Brand,
und nun war Holzing genöthigt, sich mit dem Bajonett durchzuschlagen;
ein Kugelregen aus allen Fenstern und Straßen überfiel das Detachement,
der Lieutenant Holzing empfing zwei Wunden und sank sogleich zur
Erde, vergebens suchten die Uebrigen durchzukommen, was nicht nieder=
gehauen ward, wurde von den Spaniern als kriegsgefangen abgeführt,
darunter die schwerverwundeten Lieutenants von Holzing und Knapp;
unterwegs wurden sie auf die grausamste Weise mißhandelt, in den Ort=
schaften, wo sie durchkamen, von den Bauern, ihren Weibern und Kindern
mit Steinen und Koth beworfen, mit Dolchen bedroht, so daß die militärische
Bedeckung nur mit Mühe sie vor der Ermordung schützen konnte. Dabei
wurden sie von den spanischen Soldaten rein ausgeplündert, nicht ein=

mal, sondern mehr als zwanzig Mal durchsucht, ob sie nicht etwa noch Geld bei sich versteckt hätten."

Wir müssen Major Fritsch beistimmen, wenn er seinen bezüglichen Rapport mit den Worten schließt:

„Alle Besatzungen in La Mancha sind itzo wahre Gefangene; niemand darf es wagen, ohne Gefahr ermordet zu werden, den retranchirten Platz zu verlassen, dessen Schutz in einer Reihe Pallisaden und in einem Gatter besteht. Wir alle wünschen lieber vor den fürchterlichsten Batterien in der Linie der Armee zu stehen, als sich gegen diese enragés täglich zu schlagen, denen die grausamste Art zu morden das größte Vergnügen ist. Von allen den feindlichen Brigands sind aber der Diaz und Francischetti die Allerschlimmsten."

Die ungeheure Anspannung in diesem Kriege mußte in Erschlaffung umschlagen. Man schlug sich noch immer brav, aber mechanisch, fast mit geschlossenen Augen. Die Gleichgültigkeit gegen den Tod wurde eine eisige und trug kaum mehr das Gepräge heldenhafter, selbstbewußter Aufopferung. Während aber in den Provinzen der Todesengel seine Ernten hielt, stahlen die französischen Generale in den großen Städten mit einer schier unglaublichen Schamlosigkeit. Sie nahmen aber nicht allein Alles, was sie fanden, sondern hielten es auf offenem Markte feil.*) Die Generale d'Armagnac, La Houssaye, Blondeau u. A. sah man in Madrid selbst solche Auktionen leiten. Kein Wunder, daß dieser ungeheuren Korruption gegenüber die Wuth der Spanier gar keine Grenzen mehr kannte, daß ihnen die Rachsucht zuletzt aus allen Poren drang. Im Sommer dieses unheilvollen Jahres 1810 fand man unmittelbar vor den Thoren Madrids eine Menge Franzosen, deren spanische Anhänger und Hausbeamten König Josephs an Bäumen aufgehängt. Als letzterer einen hübschen Knaben, den Sohn eines seiner eigenen Höflinge, im Scherze frug, was er mit seinem kleinen Säbel thun wolle, erwiderte das Kind: „Franzosen tödten."**)

So fühlte sich der Bruder des allmächtigen Kaisers in seinem eigenen Hause nicht mehr sicher, wie er denn auch seine Familie niemals nach Madrid hat kommen lassen. Er trug eine auffallende Melancholie zur Schau, und in dem Gefühl, welche Opfer seinetwegen der Krieg verschlang, sehnte er sich danach, den Braven, die für ihn kämpften, so oft wie möglich Dank zu sagen. Als er daher, von einer Division

---

*) Wir werden diese Gewohnheit 1813 in Danzig wieder finden.
**) Menzel, Geschichte der letzten 120 Jahre, III, 309.

eskortirt, Anfang Juni von Andalusien kommend, die Mancha passirte, ließ er es sich angelegen sein, jede noch so kleine Garnison auf seinem Wege zu besichtigen. Fritsch schreibt:

„Seine Majestät haben alle meine Detachements in den Stationen, wo sie garnisonirten, sehr ausgezeichnet behandelt und dem Bataillon durch öffentliche Lobeserhebung vor allen Andern Gerechtigkeit widerfahren und alle dekorirten Mannschaften des Bataillons sich vorführen lassen."

Am 6. Juni traf der Hauptmann Schiller mit einem Renfort von 160 Köpfen und dem neuen „habillement" (dasselbe war in Madrid verfertigt worden, an Stelle der weißen Waffenröcke waren, wie bereits oben bemerkt, blaue getreten) in Almagro ein. Er hatte fast ein halbes Jahr zu dem Marsch von Frankfurt bis zur Mancha gebraucht — in Spanien hatte er nur mit größter Mühe sich den auf seinem Wege liegenden französischen Korps entziehen können, die ihn zum Dienst pressen wollten. Bei der Nordarmee war er auch wirklich einige Wochen zurückgehalten worden. In den Spitälern waren 27 Mann geblieben, 7 davongelaufen. Das Bataillon kam dadurch wieder zu einer Kombattantenzahl von fast 500 Mann — da in der Mancha nicht in dem Grade wie in den übrigen Provinzen Spaniens Typhus und Ruhr wütheten, so konnte Fritsch berichten:

„Die Mannschaft ist gesund und die, welche zuvor die Fatiguen aushielten, sind nun fest und ausgewettert und trotzen jeder Gefahr und Mühseligkeit. Alles arbeitet und strebt nach dem großen Zwecke, mit Ehren gekrönt und mit dem Rufe der Menschlichkeit, welche das Bataillon im höchsten Grade ausübt, einst ins Vaterland zurückzukehren."

Die gerühmte Humanität wird wohl cum grano salis zu verstehen sein — ihre Ausübung wäre in solchen Kriegen ja die That von Heiligen gewesen.*)

Wenn bisher das Bataillon nur leichtere Scharmützel mit den Guerrillas gehabt hatte, sollte es am 27. Juni Gelegenheit haben, sich mit ihnen auf Tod und Leben zu schlagen. Ganz in der Stille schlichen sich in der Nacht vom 26. zum 27. Juni 400 berittene Brigands und deren hundert zu Fuß in die Vorstädte des weitläufig gebauten Almagro. Einzelne Posten wollten vielfaches Hundegebell gehört haben — da aber

---

*) Unter dem 9. Juni wurde Fritsch zum Großmajor (Oberstlieutenant) und Vogt zum chef de bataillon ernannt. Der Korporal Fingerhut erhielt die silberne Medaille und der Fourier Rößler 66 Gulden für eine unbekannt gebliebene That.

sonst Alles ruhig blieb, so wurde die Garnison nicht alarmirt; eine kleine Patrouille durfte die Wache aber nicht in die finsteren Gassen zu schicken wagen, da diese sonst unfehlbar von den Dolchen der Spanier niedergestochen worden wäre. Auch nicht einer der Bewohner wurde an seinen Landsleuten zum Verräther. Am Morgen des 27. hatten die Straßen Almagros ihr gewohntes, ödes Aussehen. Um 4 Uhr rasselten die Alarmtrommeln. — Die Schildwachen stiegen auf den Thurm des Rathhauses, lugten überall umher, ob nichts Verdächtiges zu sehen sei, und gaben dann der Morgenpatrouille das Zeichen, daß sie abmarschiren könne. Diese Patrouille bestand aus einem Sergeanten, einem Korporal und fünfzehn Soldaten — sie machte die Runde um die Stadt, kehrte dann zurück und meldete, ob das Bataillon wagen könne, zum Exerziren vor die Thore zu rücken. Die eingedrungenen Spanier hatten die Absicht gehabt, das Bataillon auf dem Marsch dahin anzugreifen; als ihnen aber nun die Patrouille in die Hände lief, konnten sie der Versuchung nicht wiederstehen, zu feuern. Die Patrouille stutzte und erwiderte zunächst ruhig das Feuer — als aber von allen Seiten Schüsse krachten, aus jedem Fenster, aus jeder Dachluke die Kugeln auf das Pflaster schlugen, entsank den jungen Soldaten, die erst mit dem Neufort gekommen und nicht an das Feuer gewöhnt waren, der Muth, und sie liefen davon. Sechs alte Soldaten, die gewohnt waren, zu stehen und die Brigands zu verachten, vertheidigten sich, so lange es gehen wollte, und versuchten, sich fechtend zurückzuziehen — sie fielen aber bald unter den feindlichen Kugeln, und den Verwundeten gaben die Dolche den Rest.

Als Fritsch früh vier und ein halb Uhr das heftige Schießen in den Straßen vernahm und daraus die Gefahr erkannte, in der die abgesendete Patrouille schweben mußte, ließ er aus seinem „retranchirten" Rathhaus zunächst dreißig Mann der „Reserve" unter Lieutenant Schütz ausrücken, um die Patrouille anzunehmen. Diese Leute drängten zwar die auf den Straßen herumjagenden Reiter zur Stadt hinaus, wurden auf dem freien Felde jedoch von der zahlreichen feindlichen Kavallerie umschlossen, so daß sie einen Knäuel formiren und sich den um sie herumschwärmenden und feuernden Feind mit Salven vom Leibe zu halten suchen mußten. Fritsch entnahm aus diesem Feuer, daß Lieutenant Schütz in eine mißliche Lage gerathen sei. Da er nicht wagen durfte, mit dem Bataillon sein Retranchement zu verlassen, da er dieses sonst bei seiner Rückkehr leicht von den Spaniern hätte besetzt finden können, so mußte er sich begnügen, den Hauptmann Schiller mit fünfzig Mann zur Unterstützung zu entsenden. Schiller löste seine Leute an der Enceinte der Stadt auf und gelangte so versteckt bis dicht hinter die feindliche Reiterei, welche noch immer um den kleinen Knäuel des Lieutenants Schütz herumjagte. Ein plötzliches, verheerendes Rückenfeuer ließ den Schwarm der Spanier auseinanderstieben, die beiden Abtheilungen der Frankfurter konnten sich vereinigen und bewerkstelligten dies unter geringem Verlust. Jetzt wurde aber die ganze Stadt lebendig. Die beiden Offiziere erhielten, als sie in das Retranchement zurückkehren wollten, das heftigste Feuer aus den Häusern. Fast wie durch Zauberei war in der Hauptstraße Almagros, die sie passiren mußten, eine Barrikade entstanden. Die Spanier hatten einige Wagen mit Wollsäcken dort zusammengefahren, die Räder dann auf einer Seite abgezogen und die Fahrzeuge umgestürzt. So erhielten die Frankfurter von dieser improvisirten Brustwehr aus ein so scharfes Feuer, daß sie dies Hinderniß nicht sogleich überwinden konnten und in eine gefährliche Lage geriethen. Fritsch mußte noch achtzig Mann aussenden, die die Barrikade im Rücken faßten und so den Eingeschlossenen Luft machten. Athemlos gelangten die Braven unter dem Rachegeschrei der Spanier zu dem zu einer kleinen Festung umgeschaffenen Rathhaus. Ueber die schnell herabgelassene Zugbrücke stürzten sie sich in dichtgeschlossener Kolonne in den innern Hof und waren vorläufig gerettet. Ein enragirter Verfolger versuchte mit einem Beil die Taue der rasch wieder emporgewundenen Zugbrücke zu zerschlagen — kaum einige Schritte von den Mündungen eines Dutzend Gewehre. Eine Salve der Thorwache streckte ihn nieder. Die Besatzung des kleinen Kastells nahm nun rasch die vielgeübte Vertheidigungsstellung ein. Die Fenster und Schießscharten wurden besetzt, im Hofe stand die Reserve — auf dem Boden die Löschmannschaften bei den Wasserfässern. Durch gutgezieltes Feuer wurde der Marktplatz bald von den Spaniern gesäubert, und gelang es, die Häuser am Markt und die Pallisadirungen an den Straßeneingängen, die zu ihm führten, wieder mit starken Detachements zu besetzen. Den Schluß des Berichtes Fritschs lassen wir in etwas abgekürzter Form hier wörtlich folgen:

„Mein Platz wurde nun vier Stunden, von fünf Uhr Morgens bis neun Uhr lebhaft attackirt, so daß man mehrere zugemauerte Hinterthore der Häuser, so auf den Platz führen, anfinge mit Gewalt durchbrechen zu wollen. Ich mußte alle diese Häuser besetzen lassen und detachirte den Oberlieutenant Rosenstengel mit dreißig Mann aus dem Platze, um diese Straße rückwärts beschießen zu lassen, welches so gut wirkte, daß sie eiligst dieselbe räumten. Hier machte meine Mannschaft zwei Pferde Beute und tödtete mehrere Pferde und Menschen. In diesem kritischen Augenblicke kam auf meinen, des Tages zuvor gegebenen Befehl eine Kompagnie des Bataillons von Ciudad Real marschirt, welche den Baguemestre *) der Division, Ortwein, hierher eskortirte, um ins Hauptquartier zur Verrichtung seines Geschäfts zu gehen und mehrere Nothwendigkeiten für die dortigen Kompagnien abzuholen. Durch ihre ausgestellten Avisposten hiervon benachrichtigt, versammelte sich der Feind in einem Augenblicke, um diese auf dem Wege zu überfallen. Ich kommandirte aber sogleich den Herrn Hauptmann Schiller mit achtzig Mann, um sich, es koste was es wolle, mit der Kompagnie des Herrn Hauptmann Teckeu zu vereinigen. Dies wurde eine halbe Leguas von hier unter fortwährendem Gefecht glücklich bewerkstelligt. Man sah vom Thurme, wie sie vereinigt den Feind sogleich mit dem Bajonett attacirten, warfen und ihm in der Flucht mehrere Salven gaben. Für diesen Tag hatte denn damit das Fechten ein Ende. Der Feind, welcher sich eine Stunde von hier zu Balenzuella postirte, hatte in diesem Gefecht einen merklichen Verlust an Mann und Pferden. Alle Straßen in und außer der Stadt waren mit Blut begossen und nach erfolgtem Bericht des Alcalden (!) begruben sie in andern Ortschaften über zwanzig Todte und schleppten viele schwer Blessirte mit sich. Das Bataillon hatte fünf Todte und fünfzehn Verwundete, was bei solchem Gefecht nicht viel besagen will."

Fritsch selbst wurde am Schenkel blessirt.

In der Nacht vom 27. zum 28. Juni rückte der Feind abermals in größter Stille in die Stadt, um im Schutz der Dunkelheit einen Handstreich gegen das Rathhaus selbst zu wagen. Er versuchte daher zunächst wieder die rückwärts liegenden zugemauerten Thore der Häuser am Markt zu durchbrechen — zu gleicher Zeit arbeitete er sich durch die Mauern eines Klosters, an welches das Rathhaus sich anlehnte, um in dieses selbst zu gelangen. Das leise kratzende Geräusch und die dumpfen Klänge der Spitzhacken entgingen aber in der todtenstillen Nacht

---

*) Trotz der Herrschaft der französischen Sprache, die zu damaliger Zeit erklärlich erscheint, muß doch die Französirung des gut deutschen „Wagenmeister" in „vaguemestre" Wunder nehmen. Dieses Wort erhielten die deutschen Soldaten französirt zurück, wie das bekannte „sabretache", Säbeltasche, „loustigk", der Spaßmacher 2c. Auch das aus dem Französischen überkommene „Marschall" ist ursprünglich ein kerndeutsches Wort und bedeutet Kämpfer zu Pferde, von „march", das Roß, und „schalk", der Knecht, Krieger.

dem geschärften Ohr der Schildwachen nicht. Der Ausfall einiger Kompagnien machte die gefährdeten Straßen wieder frei. Einen gewalt= samen Angriff wagten die Spanier, als sie ihr Vorhaben entdeckt sahen, in dieser Nacht nicht mehr, allein am Morgen des 28. wurden sie durch dreihundert Pferde verstärkt und griffen daher um vier Uhr früh mit erneuter Wuth an. Fritsch, der erkannte, daß er es mit der be= rüchtigten Bande des Clores, eines entlaufenen Sträflings, zu thun hatte, welche von den Spaniern selbst wie die ärgste Räuberschaar ge= fürchtet wurde, äußert sich über sein weiteres Verhalten charakteristisch genug folgendermaßen:

„Ich beschränkte mich diesen Tag aus verschiedenen Rücksichten, theils wegen Mangels an Munition, die sich durch vorherige Attacken zu vermindern anfing, als weil die Einwohner der Stadt die Brigands vorige Nacht in ihren Häusern aufnahmen, ohne mir nur die geringste Anzeige von ihrem Einrücken zu geben, auf die Vertheidigung des Platzes und ließ zur Strafe der Einwohner, um sie den Unterschied guter disziplinirter Truppen gegen die Grausamkeit und Raubsucht ihrer eigenen kennen zu lehren, die übrigen Theile der Stadt methodisch und ruhig plündern, bis ich dann gegen das Ende sie mit ihrer Beute zur Stadt hinaus werfen ließ. Hierbey ermordeten sie selbst mehrere Ein= wohner und Weiber. An diesem Tage hatte ich keinen Verlust, der Feind aber mehrere Todte und viele Blessirte. Den 30. wurde Herr Hauptmann Vogt in Ciudad Real attaquirt. Er warf mit seinen zwei Kompagnien den Feind mehrmalen aus dieser ungeheuer weitschichtigen Stadt. Aber da sie immer wieder von einer anderen Seite erschienen und die Truppe dadurch zwangen, sich nach dem Fort zu ziehen, so hätte Hauptmann Vogt einen harten Stand gehabt, wenn nicht ein Bataillon des ffünfundfünfzigsten Linien=Regiments von hier aus dort während des Gefechtes eingetroffen wäre, welches dann demselben ein Ende machte. Nun ist selbes von dort mit dem General Godinot nach Cordova abmarschirt. So habe ich, wie Hauptmann Vogt, die Brigands um so sicherer wieder zu erwarten, als ihr Vortrab eine Stunde von hier in Valenzuella heute früh elf Uhr eingerückt ist. Dieß ist ein grausamer Krieg! Die Franzosen halten ihn selbst über den in der Vendée. Hier gilt nichts als Sieg oder Tod und am Ende — doch der Tod.“

Zu all den Leiden und Entbehrungen dieses Feldzuges gesellte sich nun auch der Wassermangel. In den Jahren 1810 und 1811 herrschte in Spanien eine ganz außergewöhnliche, fast tropische Hitze, so daß zu dem Elend des Krieges zwei auf einander folgende Mißernten das Land heimsuchten. Die Folgen derselben waren um so schrecklicher, als wegen Flucht der Bevölkerung überhaupt nur ein Theil der Aecker bestellt war.*) Durch das Austrocknen der Brunnen und Cisternen entstand ein vollkommener Nothstand. Das Wasser mußte in Fässern aus den Gebirgsbächen geholt werden. Die Eskorten waren natürlich dabei täglichen Angriffen ausgesetzt. Das Wasser wurde in den Forts ausgegeben wie auf einem Schiff. Das brackige, verdorbene Getränk erzeugte viele Krankheiten, besonders bösartige Fieber. Das Bataillon hatte daher bald wieder einunddreißig Kranke. Diese Ziffer ist aber im Vergleich zu den Verlusten anderer Truppentheile als eine abnorm günstige zu betrachten.**)

Es giebt im militärischen Leben, wie in dem des einzelnen Menschen, qualvolle Perioden einer aufreibenden widerwärtigen Thätigkeit, die jede Veränderung als eine Verbesserung begrüßen lassen muß. So hießen die Frankfurter in ihrer Abgeschlossenheit mit höchster Freude den Befehl willkommen, am 7. Juli nach Manzanares zu marschiren, um dort das Hauptquartier der Division zu decken. Man durfte dort doch hoffen, ab und zu durch einige Couriere mit der Heimath in die nothdürftigste Verbindung treten, mit irgend welchen Leuten ein Gespräch über Krieg und Kriegsgeschrei führen, kurz, irgend etwas erfahren zu können. Unserer zeitungshungrigen Zeit würde es unerträglich erscheinen, Jahre lang in einer fast einsiedlerischen Einsamkeit ausharren zu müssen, ohne über den Gang der großen Ereignisse auch nur das Allermindeste erfahren zu können. Wenn aber Ungewißheit unter allen andern Umständen ein mißliches Ding ist, so ist sie für den Soldaten geradezu qualvoll.

---

*) Die Noth war im Frühjahr 1812 so groß geworden, daß man in Madrid vornehme bleiche Frauen bei den Soldaten um ein Stückchen Brot betteln sah.
**) Das Regiment der sächsischen Fürstenthümer war im Frühjahr 1810 mit 2300 Mann in Spanien eingerückt. Von diesen waren im September gegen 1000 Mann gefallen und gestorben und 1205 lagen in den Spitälern. Noch trauriger gestaltete sich der Gesundheitszustand im Oktober. Das Regiment, in Gerona stehend, hatte nicht mehr genug Leute, um den am 5. Oktober gestorbenen Lieutenant v. Gilsa II. mit den militärischen Ehren zu begraben. Als die Besatzung von Gerona am 18. Oktober vor einem aus Paris abgeschickten Inspekteur Musterung hatte, betrug der ganze dienstfähige Bestand des Regiments einschl. Offiziere 27 Köpfe. Diese schwachen Reste wurden, nachdem der französische Befehlshaber Beurmann den bereits lange eingetroffenen Befehl zum Rückmarsch unterschlagen hatte, im Januar des folgenden Jahres zurückgezogen, aber nur um sofort nach Rußland zu marschiren. (Jacobs, Feldzüge der Gotha-Altenburgischen Krieger.)

So schrieb denn Fritsch aus Mlanzanares, daß das Bataillon im Ver=
kehr mit andern Truppen wieder auflebe und daß es wieder das Bewußt=
sein habe, für etwas auf der Welt zu sein. Es sei auch nicht mehr so
vielen mörderischen Angriffen ausgesetzt, wenn auch der Dienst im Allge=
meinen noch schärfer sei wie in Almagro. So sei beinahe die Hälfte der
Mannschaften täglich auf Eskorten nach Villa Rubio und St. Cruze. Die
Straße nach letzterem Orte sei so unsicher, daß kein schwächeres Detache=
ment als von hundert Bajonetten dahin abgeschickt werden dürfe. — In
dieser Zeit des nationalen Hasses und der Volkswuth muß es wie ein
Wunder erscheinen, wenn eine Garnison sich so gut mit den Einwohnern
zu stellen wußte, daß sie den letzteren mehr als ein Schutz, denn als
eine Last erschien. Es erregte daher im Divisionsquartier erklärliches
Aufsehen, als die Stadt Valdepennas sich ihre frühere Garnison unter
Hauptmann Schuler zurückerbat. Diese Bitte stach in so eigenthümlicher
und wohlthuender Weise von dem Gebahren der andern spanischen Städte
ab, daß man sich beeilte, den genannten Offizier mit hundert Frank=
furtern wieder in seine früheren Quartiere zu entsenden. Kaum war
er aber daselbst angelangt, als er wieder mit den Guerrillas hand=
gemein wurde.

Am 29. Juli weckte die Deutschen in frühester Morgenstunde der
donnernde Galopp von etwa 300 spanischen Pferden, die in wilder Hast
eine der damals so gewöhnlichen Jagden auf einen berittenen Courier
ausübten. Der französische Offizier, der wichtige Depeschen bei sich
hatte, war ein guter Reiter und wußte, daß er um sein Leben ritt; schon
zwei Stunden etwa dauerte der ungleiche Wettlauf, als er mit beinahe
zusammenbrechendem Pferde das Posthaus von Valdepennas erreichte,
wo ein Relaisposten für die Couriere stand. Es gelang ihm noch, in das
Haus zu flüchten und die Thüre zu verrammeln. Die Spanier, ob=
wohl sie wohl wußten, daß feindliche Truppen im Orte standen, kehrten
sich in ihrem Jagdeifer nicht daran, sondern sprangen von den Pferden,
schlugen unter Jubelgeschrei die Thüren des Posthauses ein und über=
wältigten den Franzosen und die wenigen Insassen des Hauses. Als
Hauptmann Schuler den Lärm hörte, alarmirte er schleunigst seine Ge=
treuen und verließ sein festungsähnliches Reduit, um sich ohne Weiteres
mit dem Bajonett auf die in den Straßen abgesessenen Spanier zu
stürzen. In dieser Lage waren dieselben nicht geneigt, den Angriff an=
zunehmen, sondern schwangen sich schleunigst auf ihre Rosse und jagten
zur Stadt hinaus, nicht ohne daß einige von ihnen, die nicht schnell
genug waren, den Deutschen in die Hände fielen. Nichts desto weniger

gelang es den Spaniern, den gefesselten Courier mit sich zu schleppen. Vor den Thoren der Stadt erhob sich eine schroffe Felsenhöhe, welche die Spanier erreichten, dort zwischen den Klippen absaßen und abzukochen sich anschickten. Schuler glaubte ihnen diese Bravade Angesichts der in Schaaren herausgeströmten Bevölkerung von Valdepennas nicht hingehen lassen zu dürfen — zudem wollte er versuchen, den französischen Offizier, dessen Uniform er genau erkennen konnte, aus den Händen der Brigands zu retten. Als die Spanier daher um ihre Feuer sich gelagert hatten, und die wenigen ausgestellten Schildwachen nach ihrer Gewohnheit sich nicht um den Feind, sondern um den Rauch ihrer Cigaretten zu kümmern schienen, brach er plötzlich im Laufschritt gegen die Höhe los und gelang es ihm, den Gegner gänzlich zu überraschen, ihm zwei Gefangene abzunehmen, fünf Pferde und einige Leute zu erschießen und den an einem Feuer geknebelt am Boden liegenden Courier zu befreien. Letzterer wußte nicht Worte genug des Dankes für seinen Retter zu finden. Von den Frankfurtern war nur einer todt und zwei verwundet geblieben. Die spanischen Gefangenen wurden am andern Tage auf dem Marktplatz von Manzanares kriegsrechtlich erschossen. Seinem Bericht fügt Fritsch die Worte bei:

„So viele Niederlagen bisher die herumstreifenden Horden der Brigands erlitten, so mehren sie sich dennoch täglich durch die in allen Oertern sich erhebenden disporsos*) der spanischen Armee und sind zahlreicher und unternehmender als je." — Wunderlicher als diese Angabe erscheint die Meinung, daß die spanischen Guerrillas zum guten Theil aus deutschen, holländischen, italienischen und französischen Deserteurs beständen, die das Räuberleben angenehmer und einträglicher gefunden hätten, als den ungleich gefährlicheren soldatischen Dienst. So seien jetzt auch wieder sieben Frankfurter zum Feinde übergelaufen, und seien es die schlechtesten Subjekte des Bataillons gewesen (gens do sac et do corde). Wir sehen hierin wieder einen deutlichen Beweis, daß der deutsche Soldat damals die freiheitliche Regung einer stolzen Nation noch immer nicht begriff und den edlen Kampf für die höchsten Güter mit einer tückischen Rebellion identifizirte. Wenn die Guerrillaführer auch gegen ihre gefangenen Feinde grausam verfuhren, so waren sie mit geringer Ausnahme doch nichts weniger wie räuberische Strolche. Viele von ihnen hatten echt ritterliche Gesinnungen, sendeten gefangene Damen

---

*) Frühere Versprengte.

ungekränkt zurück und führten die stolze und edle Sprache der Granden in Calderons Schauspielen. —

Bei der Unregelmäßigkeit, mit der die an sich spärlichen Briefe und Direktiven aus der Heimath einliefen, wagte es Fritsch, das Beispiel der französischen Kommandeure nachzuahmen und die erledigten Offizierstellen nach eigenem Ermessen zu besetzen. Es ist wieder ein äußerst charakteristischer Beweis von der schwankenden unentschlossenen Haltung des Fürsten Dalberg, daß er sich weder zu einem glatten Einverständniß mit diesem, gewiß praktischen Avancementsmodus noch zu einer entschiedenen Ablehnung bequemen konnte. Fritsch erreichte nichts weiter als Reskripte in gewundener Sprache, die die vorgenommenen Ernennungen zwar nicht desavouiren, jedoch die Bestätigung bis nach dem Friedensschlusse verschoben wissen wollten. Eine gerade Soldatennatur, wie Fritsch es war, mag über diese vorsichtige, mißtrauische Halbheit oft einen gesunden Fluch nicht haben unterdrücken können, wenn auch seine Eingaben in dem damals allein gebräuchlichen ultraloyalen Stil gehalten waren, der dicht an byzantinische Servilität grenzte. Von Dalberg kann aber mit Recht gesagt werden, was ein moderner Diplomat einst von dem letzten König von Hannover meinte:

„Wenn man ihn in einem Zimmer einschlösse, wo nur zwei Stühle darin sind, so würde man ihn bei der Wiedereröffnung zwischen beiden auf dem Boden sitzen finden."

Während in der zweiten Hälfte des Jahres 1810 in Andalusien und Portugal die weiter oben angedeuteten wichtigen und entscheidenden Schläge fielen, hielten sich die Verhältnisse im übrigen Spanien in derselben bänglichen Eintönigkeit — nur daß die Guerrillas in ihren Unternehmungen von Tag zu Tag muthiger und thatenfroher wurden. Das galt aber nicht allein von den großen Banden, sondern auch von den einzelnen Persönlichkeiten. Wie unsicher selbst die Straßen einer stark von Truppen besetzten spanischen Stadt am hellen Tage waren, davon sei unter hundert Beispielen hier eines angeführt. Bei einem Spazierritt innerhalb der Mauern von Villa nuova de los Infantes (einer Stadt, in der 1000 Mann Infanterie und 300 Pferde standen, davon ein Piket stets gesattelt auf dem Marktplatz) wurde der Nassauische Hauptmann v. Fürstenwärter plötzlich von einem Spanier angefallen, der mit einer Hand dem Pferde in die Zügel griff und mit der andern einen Dolchstoß nach dem Reiter führte. Um diesem zu entgehen, sprang der Offizier von dem Pferde herunter; sogleich schwang sich der Spanier hinauf und war schneller davon geritten, als jener seinen Degen gezogen hatte.*) So sind denn die Rapporte Fritschs eine fortlaufende Kette von Berichten über die Erlebnisse des kleinen Kriegs, die eine gewisse Einförmigkeit an der Stirn tragen. Fast immer greifen die Spanier einzelne kleine Detachements in der Nacht oder in den frühsten Morgen-stunden oder da, wo das Terrain ganz besonders günstig ist, in großer Ueberzahl an; entweder gelingt es nun den Angegriffenen, durch gut-gezieltes Feuer den Feind zu erschüttern und sich dann mit dem Bajonett Bahn zu brechen, oder aber sie werden eingeengt, umschlossen, in irgend ein Haus, Kloster, Wald u. dergl. gedrängt und dort so lange belagert, bis sie unterliegen und dann gänzlich vernichtet werden. In einzelnen Fällen wird einer solchen hart bedrängten kleinen Truppe noch ein un-vermutheter Entsatz. Ein solches Treffen hatte ein Theil der Frank-furter am 11. September zu bestehen. An diesem Tage sollte der Oberlieutenant Schuler mit 80 Mann einen von Andalusien nach Madrid gehenden „trésor" von 7 Millionen von Valdepennas nach Manzanares eskortiren. Das Geld war in kleinen Fässern verpackt und wurde von 20 bis 30 Eseln auf den Rücken getragen; die Esel hatten Bauern zu Treibern. Die Bewachung dieser großen Anzahl Leute war unter diesen Verhältnissen doppelt schwierig und legte dem Offizier die unangenehmste Verantwortung auf. Der französische Kamerad, der den Transport bis Valdepennas gebracht hatte, theilte Schuler auch mit, daß, da er ein wenig Spanisch verstehe, er aus den Gesprächen der Bauern entnommen habe, daß sie noch diesseits der Guadiana einen Angriff der Briganbs erwarteten und dann mit diesen gemeinschaftliche Sache machen würden. Da Schuler von Niemand eine stärkere Begleitmannschaft verlangen konnte, so mußte er schon seiner eigenen Kaltblütigkeit und dem Muth seiner wenigen Leute vertrauen. Er theilte die Bauern in kleinere Trupps zu je drei bis vier Mann und übertrug die Bewachung je einem Korporal mit zehn Mann. Die Bauern wurden mit Seilen um die Hüften je zwei und zwei an einander gebunden, so daß kein Einzelner weglaufen konnte; auch mußten sie dicht aufgeschlossen marschiren, um die Kolonnen möglichst zusammen zu halten. Am Schluß derselben be-fand sich Schuler mit dreißig Mann. Schmerzlich wurde hier wie bei allen ähnlichen Expeditionen der Mangel an Kavallerie vermißt. Auch nicht ein einziger Eclaireur konnte dem Detachements voraus traben, die hinter jeder Wegekrümmung den Feind vermuthen konnten und mußten.**)

---

*) Hergenhahn, Antheil der Nassauischen Truppen am Kriege in Spanien.

**) Die Division hatte nur eine Escadron Nassauischer Chasseurs bei sich; diese brave Truppe hat sich in ihrer unermüdlichen Thätigkeit in Wahrheit aufge-

Schuler merkte bald an dem ganzen Benehmen seiner unfreiwilligen Begleiter, daß sie den Angriff ihrer Landsleute für nahe bevorstehend halten mußten, auch suchten sie offenbar die Schnelligkeit des Marsches zu verzögern. Sie stellten sich an, als seien sie im höchsten Grade ermüdet und ließen sich kaum durch Kolbenstöße und Schläge vorwärts treiben — andere fingirten ein Ausgleiten und versuchten, die Fässer vom Rücken ihrer Thiere zum Fallen zu bringen, in der Hoffnung, sie dadurch zu zerschellen. Bei diesen Künsten Einzelner trugen die Uebrigen ein so offenkundiges Vergnügen zur Schau, daß selbst der arglofeste Führer hätte Verdacht schöpfen müssen. Bis zu einer einsamen Kapelle etwa halbwegs Manzanares war der Zug unangefochten marschirt, als von dort ein heftiges und schrilles Glockenläuten erscholl. Dies war bei vielen derartigen Kämpfen das verabredete Zeichen der Brigands gewesen, und wirklich ließ ihr Angriff nun nicht länger auf sich warten. Einige mächtige Bäume schlugen vor der Kolonne plötzlich prasselnd über den Weg, sie waren, halb abgehauen, an Seilen niedergezogen worden, zugleich knatterte von vorn und den Seiten ein heftiges Feuer, während von rückwärts eine starke Schaar Berittener mit wildem Geschrei herangejagt kam.

Dieser letzteren warf sich zunächst der Sergeant Huck*) mit ungestümem Muthe entgegen; er ließ die letzte Sektion Kehrt machen, eine Salve geben und stürzte sich dann den andrängenden Reitern mit dem Bajonett entgegen. Diese stutzten, und wenn auch Huck einen Säbelhieb bekam, der ihn schwer verwundet zu Boden streckte, so gelang es den Spaniern wegen einiger gestürzter und todter Pferde nicht, die wenigen Deutschen überzureiten. Letztere benutzten die Leiber der verendeten Thiere zu einer in dem engen Gebirgspfad hinreichenden Schutzwehr, um die feindlichen Reiter abzuhalten. Unterdeß hatte Lieutenant Schuler mit seinen Bauern einen schweren Stand. Als die ersten Schüsse krachten, versuchten sie ihre Esel in die den Weg begleitende Schlucht zu stürzen, um so die Geldfässer zu gewinnen. Aus ihren Kleidern zogen auch Einige blitzschnell Dolche hervor, zerschnitten die sie zusammenhaltenden Stricke und stachen dann in blinder Wuth auf die verhaßten Fremden ein. Diese sowie einige andere Bauern, die Geldfäßchen ergriffen und sich zu ihren Landsleuten zu retten versuchten, wurden sofort niedergeschossen; auch gelang es Schuler, die Geld-

rieben und sich mit Ruhm bedeckt. Naturgemäß litt die Kavallerie in diesem unseligen Krieg noch mehr wie die Infanterie.

*) Er ist schon bei früheren Gefechten erwähnt, vergleiche Seite 153.

fäßchen alle auf einen Haufen zu bringen. Klirrend fuhren oft spanische
Kugeln in den kostbaren Inhalt und verursachten ein so eigenthümlich
gurgelndes und rasselndes Geräusch, daß die Soldaten trotz ihrer verzweifelten Lage in ein Gelächter ausbrachen. Da sie fast keine Deckung
fanden, so fielen mehrere von ihnen rasch hintereinander unter dem
Feuer der Gegner. — Schuler konnte das Geld nicht verlassen und
dabei auch nicht den vor ihm liegenden Verhau beseitigen, ebenso
wenig auch seine Blessirten im Stich lassen. So entstand ein Feuergefecht, in dem die Spanier nothwendiger Weise zuletzt im Vortheil
bleiben mußten. Da knatterten plötzlich im Rücken der spanischen Infanterie eine Anzahl Gewehre, die man am helleren Klange sofort als
französische resp. Frankfurter erkannte. Der Lieutenant Reimherr war
nämlich mit 20 Mann in der Nähe auf einem sogenannten „inter-
mediären" Posten und zwar an einem weithin bekannten Heiligenbild
nostra sennora de la consolacion stationirt gewesen. Das oben erwähnte Läuten der Kapellenglocke und das gleich darauf folgende Feuer
hatten ihn belehrt, daß in der Nähe ein Ueberfall stattfinden müsse.
Schnell entschlossen war er aus seinem Pallisadentambour, der ihm zur
Behausung diente, herausgeschlüpft und kam zur rechten Zeit in den
Rücken der spanischen Fußguerrillas, um dem hartbedrängten Schuler
Luft zu machen. Ueber den Baumverhau kletternd, vereinigten sich die
beiden Frankfurter Detachements. Noch immer war die Lage eine nichts
weniger wie günstige. Da die Esel entweder entlaufen oder störrisch
ohne ihre Treiber nicht fortzubringen waren, so wurden die Geldfässer
an die Soldaten vertheilt, die sie sammt ihren Blessirten wohl oder
übel fortschleppen mußten. In diesem Augenblick griff wieder die spanische Reiterei an. In dem Engpaß fielen aber die Ersten durch Kugeln
und die Folgenden stürzten über die Gefallenen — nachdem der Baumverhau überwunden war, hatte man von den Reitern auch nichts mehr
zu fürchten, die durch jenen an der Verfolgung verhindert wurden. Die
spanische Infanterie hatte sich aber währenddeß von ihrer Ueberraschung
erholt und beunruhigte durch vereinzelte wüthende Angriffe den langsamen
Marsch des Detachements. Nichts desto weniger erreichte dieses mit
dem geringen Verlust von einem Todten und fünf Blessirten das rettende
Manzanares, ohne auch nur eines der Geldfässer dem Feinde zu überlassen. Fritsch schreibt am Ende des bezüglichen Berichtes:

„So sehr ich mit dem Betragen des Oberlieutenant Schuler, sowie
mit der Tapferkeit sämmtlicher Mannschaft Ursache habe, zufrieden zu
seyn, so mache ich mir es doch zur besonderen Pflicht, das schnelle An-

rücken wie das kluge und tapfere Betragen des Lieutenants Reinherr, welcher Alles zur glücklichen Entscheidung beytrug, dem hohen 2c. vorzutragen und zu empfehlen."

Es ist auffallend, wie entschlossen, geschickt und brav die jungen und noch unerfahrenen Offiziere sich bei allen dergleichen Gelegenheiten benahmen — vor Allem hatte nie Jemand über den Mangel an raschem Entschluß zu klagen, auch wenn es sich um Sein oder Nichtsein handelte. Es ging eben in dieser kriegsschwangeren Zeit ein eiserner heroischer Zug durch die Welt, den schon der bartlose Knabe empfand und der dem Sprüchworte Recht giebt: l'epoque fait l'homme.

Mit diesem spartanischen, fast „eisenfresserischen" Wesen der deutschen Soldaten kontrastirt noch immer auf das Unbegreiflichste die kriechende Unterwürfigkeit, die sie den ihnen vorgesetzten französischen Generalen gegenüber zur Schau trugen. Sie hätten blind sein müssen, wenn sie nicht erkannt hätten, daß sie für diese Nichts, aber auch gar Nichts waren als das wohlfeile Mittel zur Gewinnung kriegerischen Ruhmes, daß sie nie eine Belohnung für geleistete Dienste von ihnen erwarten durften, daß sie sich im Vergleich zu den französischen Waffenbrüdern wie die Hunde von den Brosamen nähren mußten, die von der Reichen Tische fielen. Und dennoch lechzten sie nach einer Anerkennung von Seiten dieser besternten Egoisten, und ward sie ihnen auch nur mit wenig Worten zu Theil, so sorgten sie in der dem germanischen Charakter eigenen Selbstgefälligkeit eifrig dafür, daß die Kunde nach der fernen deutschen Heimath dringe. So konnte sich Fritsch nicht enthalten, seinem kurz, knapp und fast mürrisch gehaltenen Rapport über dies Gefecht eine ungleich längere Relation über ein Gespräch anzufügen, das er mit dem französischen General Lorge gehabt hatte. Das karge Lob, das derselbe gespendet, seine Bitte, dem Großherzog Dalberg seinen Respekt zu vermelden, vertreiben sichtlich die Wolken von der sorgenschweren Stirn des Schreibers. Man merkt ihm auch an, daß er sich bewußt ist, seine Zeilen werden auch daheim eine hohe Stirn glätten und das allerhöchste Wohlgefallen hervorrufen. Hand in Hand mit dieser Denkungsweise ging bei den deutschen Offizieren in Spanien das Suchen, die Schlagworte und die eigenartigen Wendungen der französischen Diktion sich zu eigen zu machen. Das Kraftvolle, Bezeichnende des gallischen Idioms liegt ja nicht in seiner Liebhaberei für die tönende Phrase, die Uebertreibung, sondern in einer kurz und scharf sich markirenden Abhebung der einzelnen Satzglieder, der Nebeneinanderstellung von Gegensätzen ohne vermittelnde Partikel, in der Kürze der Sätze, die beinahe etwas

Gehacktes annimmt. Das Prototyp, das Muster dieses Stils mag den Franzosen von jeher ihr romanischer Abgott Julius Cäsar gewesen sein, den sie, ohne es sich eingestehen zu dürfen, ganz für einen der Ihrigen halten. Sein veni, vidi, vici hatte der moderne Cäsar Napoleon in seinen Bulletins mit Glück nachzuahmen gesucht.*) Wen von seinen Kriegern hatten diese nicht entzückt und begeistert; wer war unbefangen genug gewesen, in ihnen die flitterhafte, theatralische Mache zu merken und sie zu belächeln? Als der polnische Oberst Krasinski im Jahre 1808 seine berühmte Attacke auf die Höhen von Somosierra machte, bewunderte die Armee nicht sowohl seine Thaten als seine Worte. Napoleon hatte ihm die feindlichen Batterien gezeigt und ihm zugerufen: vous me prendrez ces canons. Der Pole hatte keine weitere Instruktion erbeten, sondern sein Pferd mit den Worten gewendet: j'aurai cet honneur und hatte sie wirklich in einer beispiellos kühnen Attacke erobert. Dieser Lakonismus wurde eine soldatische Sitte im ganzen napoleonischen Heere; die Deutschen waren aber in diesem Bestreben nicht die Letzten. Dafür nur ein Beispiel aus dem Jahre 1810. Der berühmteste Bandenführer in der Mancha war Franciscetti. Der nassauische Oberst Kruse erhielt von General Lorge den Befehl, ihn mit seinem ganzen Regiment aufzusuchen. Kruse quittirte den Auftrag mit den Worten: je partirai pour chercher Franciscetti, je le battrai et je lui prendrai ses canons. — Als es ihm dann gelungen war, die Guerrillas wirklich in einem heißen Treffen bei Toboso zu schlagen, lautete sein ganzer Gefechtsbericht:

„Je viens de trouver Franciscetti, je l'ai battu et je lui ai pris ses canons."

Wir können hierin nicht allein eine banale Nachäffung des französischen Musters erblicken. Man formt sich nur nach dem, was man liebt oder bewundert. So liegt in der Aneignung fremdartiger Ausdrucksweise bei den treuherzigen Deutschen ein williges, fast freudiges Aufgehen in französisches Wesen. War Napoleon nicht berechtigt, aus solchen Anzeichen zu schließen, er werde aus den Deutschen des Rheinbundes dereinst noch wurzelechte Franzosen machen können? Wie anders mußte ihn auch hierin die Sonderstellung Preußens in der deutschen Staatenfamilie anmuthen. Der grimmige General York, der 1812 an seiner Seite in Rußland kämpfen mußte, gebehrdete sich beim Beifall der französischen Generale wie ein Tiger, den sein Wärter durch ein trennendes Gitter

---

*) Von den Franzosen der Jetztzeit erscheinen als die bekanntesten Vorkämpfer dieser sprachlichen Eigenthümlichkeit Victor Hugo und Gambetta.

zu liebkosen wagt — dem alten Blücher aber wäre wohl jedes französische Wort in der Kehle stecken geblieben. Der unermeßliche Unterschied zwischen Nord- und Süddeutschland tritt kaum in der Erhebung von 1813 so klar hervor, als in der verschiedenen Art und Weise, in der sie vorher bei Napoleon Vasallendienste leisteten. Bayer und Württemberger konnten wenigstens noch bayerisch und schwäbisch fühlen trotz ihrer französischen Hörigkeit, wenn auch freilich nun und nimmer deutsch. Ganz untergetaucht aber in den Strom der fremden Bedrückung erwiesen sich die Unterthanen der übrigen Territorialherren des Rheinbundes — der Verfasser der Schrift „Deutschland in seiner tiefsten Erniedrigung" zielt auch auf sie am unmittelbarsten, ausschließlichsten und traf sie deshalb auch am empfindlichsten mit seinen flammenden Worten.

Außer dem oben genannten Franciscetti machten die Mancha hauptsächlich noch die Banden der Camillo, Dias, Gilo, Abuelo und Medico unsicher. Letzterer, eigentlich Don Juan Palarea genannt, führte seinen Namen von seinem Beruf. Er war nämlich Arzt in Villa Lengua gewesen und hatte sich nur in patriotischem Zorn von seinen Kranken getrennt, um anstatt diesen Heilung den Fremden den Tod zu bringen. Nachdem er mehrere glückliche Handstreiche ausgeführt, erhielt er wie ein glücklicher Führer im dreißigjährigen Krieg Zulauf von modernen Landsknechten, so daß er, der anfänglich mit 20 zerlumpten Kerlen durch das Land gezogen war, bald ein Korps von 1000 gut berittenen Männern um sich sah. Dasselbe nahm den Namen: husares numantinos liborales*) an, wurde von den Kortes als reguläres Korps bezeichnet und erhielt el Medico zum Obristen. Die wenigen seßhaft gebliebenen Spanier hatten zwischen diesen spanischen Nationaltruppen und ihren französischen Besatzungen einen schweren Stand. Wenn eine französische Kolonne die Partisans in einem Orte unvermuthet antraf, oder wenn ein Alcalde nur unterließ, die Ankunft derselben der nächsten französischen Truppe zu melden, so mußte seine Gemeinde eine unerschwingliche Kontribution zahlen, ebenso wenn ein Transport oder dergleichen auf ihrem Territorium angegriffen worden war. Wehe aber

*) Die Bezeichnung „liberal" kam damals zuerst auf. Die junge Partei der damals in Cadiz tagenden Cortes, die die größten Heißsporne in Bezug auf äußere und innere Politik in ihrer Mitte hatte, legte sich diesen Namen bei im Gegensatz zu den Serviles, denen sie vorwarf, die Prärogative der Kirche und des Adels in knechtischer Treue zu vertheidigen. Welchen Rundgang durch die Welt hat dieses Wort gemacht; man möchte auch sagen: „habent sua fata voces."

dem spanischen Dorfe, das für die Franzosen Partei nahm, unter dessen erschreckten Insassen sich ein Verräther an der nationalen Sache fand. Das schrecklichste Strafgericht war sein sicheres Loos — die Franzosen waren aber am allerwenigsten im Stande, es zu schützen. So kam es denn, daß immer mehr früher Wohlhabende verarmten und nun, da sie nichts mehr zu verlieren hatten, erst recht mit Wonne an dem Kriege Theil nahmen, dessen Wüthen sie vorher erschreckt hatte. Welche Zustände herrschten nun in dem unglücklichen Spanien, besonders da es in den Jahren 1810 und 1811, wie schon oben bemerkt, vollständige Mißernten erleben mußte!

Mit den immer mehr anschwellenden Guerrillabanden häuften sich die Gefechte in dem Grade, daß die Rapporte anfangen, von ausführlichen Berichten Abstand zu nehmen, und sich damit begnügen, Ort, Zeit und gegenseitige Verluste summarisch anzugeben. So hatte der Brigadegeneral v. Neuenstein mit badischen Kompagnien*) größere Gefechte gehabt bei Alcazar San Juan, Toboso, Tembleque, Villafranca, Herencia, Orgaz, Tomilloso; die Nassauer hatten sich nicht weniger oft gerauft. Auch bei den Frankfurtern schwindet dem Spezialhistoriker fast die Lust, sie in das Wirrsal der täglichen Scharmützel zu begleiten. Wir begnügen uns daher, die ernsteren der Rencontres anzuführen. Im Monat Oktober hatten die Brigands mehrere Erfolge gehabt; es war ihnen nicht nur gelungen, einzelne Offiziere abzufangen und zu tödten,**) sondern sie hatten auch einen französischen Oberst mit seiner Familie, welchen 100 französische Grenadiere eskortirten, bei Junclos angegriffen, in eine Kapelle gedrängt und, da kein Entsatz kam, bis auf den letzten Mann erschlagen. Wie ein Bauer erzählte, sollte der französische Oberst, als er sah, daß Alles verloren sei, seine Gattin und zwei erwachsene Töchter selbst erschossen haben. Durch diese Erfolge kühn gemacht, griffen selbst Greise und Knaben zu ihren Dolchen, und eine solche Horde fiel in Almonacid über drei badische Offiziere her, die sich nur 60 Schritt aus ihrem Fort wagten. Die Rapporte Fritsch's nehmen daher eine immer düsterere Färbung an. Er schreibt aus Manzanares am 12. Oktober:

„Von der in Spanien herrschenden Theuerung ist man in Deutschland kaum im Stande sich einen richtigen Begriff zu machen. Allein in dieser Hinsicht, Fatiguen, Gefahren und Klima abgerechnet, sind wir

---

*) Das badische Regiment hatte am 1. Juni 1810 wieder 605 Mann Renfort erhalten.

**) So den unglücklichen badischen Hauptmann Hammerer, der bei Consuegra ein grauenvolles Ende fand.

hier in der übelsten Lage. Wir sind wie sonst nur im tiefsten Frieden bei den armen Einwohnern in geplünderten Häusern einquartirt, die ihr Letztes hergeben mußten. Die Lebensmittel werden selten und deßwegen übermäßig theuer. Die Rationen sind gering und schlecht und bestehen für den Obersten wie für den Soldaten aus Brodt, Fleisch und entweder schaalem Essig oder gewässertem Brandtwein und letzteres nicht täglich. Wein wird schon lange nicht mehr ausgetheilt. Der Dienst ist stark und die Herren Officiers sind mit der Mannschaft täglich auf Escorten, wo sie zwei auch drei Tage auf der Route zubringen. Dazu kommen fortwährende Krankheiten und wiederholte Rückfälle auch nach der Heilung. Hauptmann Schiller wurde recidiv, Hauptmann Deeken, Lieutenant Reimherr, Hartmann und John liegen noch am Nervenfieber darnieder. Selbst die Stärksten leiden an Taumel, Erbrechen und Dyssenterie. Das Bataillon zählt außer den im Hospital befindlichen täglich 40 bis 50 Quartirkranke — der einzige Bataillonschirurg Stössel ist aber im Arrest, weil er sonst täglich von 8 Uhr Morgens ab total betrunken ist. Ein badischer Arzt ist zur Pflege und Behandlung der Kranken gemiethet worden.*) Was nutzt aber seine Kunst, wir werden in diesem Lande doch Alle zu Grunde gehen müssen."

In die Formation der Guerrillas kam nach und nach immer mehr System. Die anfänglich ganz bunt und regellos zusammengewürfelten Haufen ordneten sich und bildeten militärische Körper, um so mehr als sie durch die sehr häufigen Desertionen aus den Reihen ihrer Gegner gut geschulte Soldaten in Menge erhielten. Vor allen Andern desertirten die Schweizer in König Josephs Diensten gern zu den Spaniern, welche auch einige Regimenter dieser geborenen Reisläufer bei sich hatten; dienten doch zwei Obersten Reding, Brüder, der eine auf französischer, der andere auf spanischer Seite.**) Aber auch Italiener, Holländer, Deutsche und Franzosen liefen von einem Heere zum andern, besonders wenn ihnen als Gefangenen die Wahl gestellt wurde, zu sterben oder bei der anderen Partei Dienste zu nehmen. Die Spanier, die für ihre nationale Sache kämpften, desertirten begreiflicher Weise nur in ganz

---

*) Es ist kaum zu glauben, daß Fritsch von seiner heimathlichen Behörde wegen der Lappalie, die diesem Arzt zu zahlen war, ernste Vorstellungen gemacht wurden.

**) Als in der Schlacht von Baylen 1808 Schweizer auf einander trafen, schlossen sie Waffenruhe, steckten ihre Fahnen nebeneinander und erzählten sich von der Heimath, während links und rechts Spanier und Franzosen sich die Hälse brachen.

seltenen Fällen und waren in dieser Richtung entschieden die stolzere Partei. In Bezug auf die Art und Weise des Kampfes bemerkte man im Verlaufe des Krieges immer mehr provinzielle Eigenthümlichkeiten. In Galizien, Biscaya, Katalonien führten die Banden ihren Krieg zu Fuß. Als unermüdliche Bergsteiger, gewandte Tirailleurs haben sie ihre Gegner zu Tode marschirt. Die stolzen', finstern Kastilier waren die besten und ruhigsten Schützen. Tagelang konnte eine Guerrilla mit der Geduld eines Raubthieres auf einer Felsenklippe lauern, bis die erwartete Beute arglos ihr vor die tödtlichen Mündungen lief.

In der Mancha, Andalusien, Granada und im ganzen Süden überwog der Dienst zu Pferde. Auf schnellen, unermüdlichen Rossen tauchten die Banden bald hier bald da auf, unfaßbar und schlüpfrig wie ein Aal. In dem bergigen Terrain und den engen Wegen war diese irreguläre Kavallerie nur dann sehr furchtbar, wenn sie ganz un- erwartet erschien und junge Truppen zu Gegnern hatte. Alte kaltblütige Soldaten hielten sie mit ihren wirksamen Salven aus nächster Nähe meist in Respekt — auch konnten diese spanischen Reiter nur selten einen Bajonettangriff ertragen — ein Beweis, daß sie als Schlachtenkavallerie wenig geleistet haben würden. Im kleinen Krieg waren sie aber gerade so brauchbar und schrecklich wie 1812 die Kosaken, die auch in keiner rangirten Schlacht verwendbar waren.

Am 15. Oktober hatte Oberlieutenant Schuler wieder ein ernsteres Engagement mit diesen spanischen Reiterhaufen. Er kehrte mit 70 Mann von einer Eskorte zurück und hatte die Brücke von St. Cruce de Mudela hinter sich, als er von etwa 400 Mann spanischer Kavallerie angegriffen wurde. Dieselbe wagte nach ihrer Gewohnheit keinen resoluten, festen Choc, sondern schwärmte um den Feind herum und beschoß ihn mit ihren langen Flinten. Bei diesem Schießen vom galoppirenden Pferde kam wenig heraus, und Schuler marschirte daher fechtend weiter. Die Erfahrung hatte nämlich gelehrt, daß es sehr gefährlich sei, sich durch die Feinde verleiten zu lassen, irgendwo abseits der Straße Position zu nehmen und sich defensiv zu halten. Man wurde dann bald umschlossen, die feindlichen Reiter saßen ab und durch ihr besser gezieltes Feuer und ihre Ueberzahl geriethen sie dann bald in Vortheil, besonders wenn den Vertheidigern die Munition knapp wurde. Als Hauptmann Schweizer in Valdepennas das Feuern hörte, detachirte er 30 Mann, die dem Schall entgegen gehen mußten; es war das eine Maßregel, die als kameradschaftliche Ehrenpflicht nach und nach in Gebrauch gekommen war. Dabei hatte sich bemerkbar gemacht, daß die Spanier meist in so blinder Wuth mit ihrem eingekreisten Gegner sich verbissen, daß sie die herbeieilende Unterstützung zu spät bemerkten. So geschah es auch diesmal. Als die Spanier Rückenfeuer erhielten, eilten sie, sich zu salviren und einen ihrer Schlupfwinkel, Torres nuovo, zu gewinnen. Sie stießen aber dabei unvermuthet auf 24 holländische Husaren, die sie entschlossen angriffen und ihnen 20 Sättel leer machten. Die Holländer jagten sie in das Gebirgsstädtchen hinein und meldeten Oberlieutenant Schuler, daß sie dort den Feind gestellt hätten. Dieser entschloß sich, den Ort anzugreifen, und warf den Feind, der sich hier schlecht vertheidigte, wirklich hinaus. Darauf wurde der Ort, wie Fritschs Rapport besagt, „methodisch geplündert, wobey die Meinigen nicht zu kurz gekommen sein sollen". Man sieht daraus, daß die anfängliche Scheu der Deutschen vor der Berührung fremden Eigenthums sich bereits dem harten Brauch des Krieges angepaßt hatte — den die Engländer sogar in Freundesland nicht aufgeben mochten. So plünderten diese das am 6. August 1812 ihnen in die Hände gefallene Badajoz auf das Grausamste. Walter Scott, der in seinem Leben Napoleons über diese üble Gewohnheit seiner tapferen Landsleute spricht, vergleicht den englischen Soldaten mit der englischen Dogge, die für ihre Treue und unbändige Tapferkeit auch reichlich Fleisch haben müsse. Bei dem obigen Gefecht waren doch wieder sechs Frankfurter gefallen. Diese täglichen, kleinen Verluste summirten sich in ganz unglaublicher Weise. So hatte Fritsch recht, wenn er seinen Rapport mit der Betrachtung schloß: „Unsere Lage ist noch immer kritischer als je. Vom zahlreichen Feinde gedrängt, das gelbe Fieber in der Nähe, schwere Krankheiten in der Truppe, überall Tod. — Wir werden nächstens einen entscheidenden Schlag thun, dieser und die eingetretene Regenzeit müssen uns helfen. Ich weiß — die Zeitungen verkünden Alles Gute — es ist aber nicht. Man kann noch immer nicht von Cadix nach Bayonne ohne ein komplettes Bataillon reisen und nie ungestraft seinen Kopf vor die Stationen recken. Täglich rafft das Schwerdt wie das Klima mehrere Brave dahin. Doch wie wir uns auch vermindern, wächst unser Muth." Diesem Rapport schloß aber Fritsch noch ein vertrauliches Schreiben an Dalberg an, dessen Inhalt ein ganz bezeichnendes Licht auf die Zustände innerhalb des Rheinbundes wirft.

Er beklagt sich, daß das Bataillon nicht die versprochene Anzahl Kreuze der Ehrenlegion erhalten habe, er sei bisher noch der einzige Inhaber. Da es nun doch schwerlich etwas helfen würde, wenn der jetzige Divisionsgeneral Lorge die bezüglichen Eingaben wiederhole, so bäte das Bataillon den Großherzog, sich doch persönlich bei Napoleon zu verwenden. Der Großherzog von Baden und der von Hessen hätten es vor kurzer Zeit ebenso gemacht, und deshalb seien viele Offiziere seines Regiments jetzt dekorirt; es sei „lästig mit leerer Brust an den Stolzen vorüber zu gehen". Ob Dalberg sich zu dem in seinen Augen ungeheuren Wagniß entschlossen hat, darüber geben die Akten keinen Aufschluß; Fritsch wird aber eine größere Vorsicht in der Abfassung seiner Rapporte anempfohlen, die allerdings mit den Urtheilen der kontinentalen Zeitungspresse in krassem Widerspruch standen. Es muß überhaupt bemerkenswerth erscheinen, daß die Briefschaften Fritschs das ganze Jahr 1810 hindurch unbeanstandet das schwarze Kabinet Napoleons passirten. Der Kaiser glaubte nämlich so sehr aller Würde seiner Soldaten und Unterthanen Hohn sprechen zu dürfen, daß er heimlich die offiziellen und privaten militärischen Briefschaften an der Grenze öffnen und nur diejenigen an ihre Bestimmung gelangen ließ, die entweder über den Gang der kriegerischen Ereignisse sich ausschwiegen oder ihn in den rosigsten Farben malten. So kam es denn, daß man weder in Frankreich noch in Deutschland auch nur ahnte, wie es in Spanien stand. Selbst die bedeutendste deutsche Zeitung, die Augsburger, stellte noch im Jahre 1811 den Aufstand als das thörichte Beginnen einiger irregeleiteten Bauern dar — der tragische Rückzug Massénas aus Portugal, der 50 000 Menschen das Leben kostete, wurde als listige Rekognoszirung bewundert, das unentschiedene Treffen von Fuentes de Onoro als siegreiche Entscheidungsschlacht gepriesen. — Je mißlicher die Lage in Spanien thatsächlich wurde, um so mehr suchte Napoleon sie zu verheimlichen; befahl er doch, daß die Jammergestalten der rückkehrenden deutschen Soldaten erst vier Wochen in den Depots von Frankreich tüchtig genährt werden sollten, damit ihr Anblick in der Heimath keinen Schrecken einflöße. Wenn Dalberg in den Jahren 1811/12 sich beklagt, er erhalte so selten mehr Rapporte aus Spanien, so glaubte man, die Brigands seien daran schuld — es mögen aber brigands do lettres in Bayonne gewesen sein, die die kostbaren Aktenstücke als brutalste aller Censoren vernichteten. — Diese Knechtung des Gedankens, diese Unterdrückung jeglicher Wahrheit mußte sich auf alle Gebiete des öffentlichen Lebens übertragen und sich in derselben Proportion steigern, als des Kaisers Pläne ins Ungeheure wuchsen. Wer in die gewaltige Napoleonische Zeit sich sinnend vertieft, den erdrückt die gigantische Wucht der Probleme, die in jenem Kopfe als Geschwister des Wahnsinnes auftauchen, um eine Welt in Schrecken zu setzen. Immer frecher,

12*

höhnender und roher zertrümmert die Faust des Riesen die Säulen alt königlicher Macht, zugleich die Pfeiler volksthümlicher Eigenart — immer irrsinniger klingen die Entschuldigungen einer unersättlichen Ländergier.

Die Niederlande sind eine Anschwemmung französischer Flüsse, Italien die Seite, Spanien die Fortsetzung Frankreichs. Nach jedem Kriege, der ein Volk in Fesseln schlug, hebt sich der Flug dieser gährenden trunkenen Phantasie in immer unermeßlichere Höhen. Während des Ungewitters in Spanien vermißt sich der Frevler zu dem Ausspruch: „Ich kann hier die Säulen des Herkules finden, doch nie die Grenzen meiner Macht". Während auf der unglücklichen Halbinsel das gräßlichste Elend, das Krieg, Hunger und Pest hervorbringen können, chaotisch durcheinander sich ballt und über einer Million Leichen brütet, da sinnt schon der Ungeheure auf den Kampf mit dem Osten. — Eine solche titanische Gewalt des Umsturzes konnte das, was man öffentliche Meinung, Gedankenfreiheit nennt, nicht dulden; der kalte, nüchterne Instinkt der breiten Volksmassen drohte sonst wie ein fesselndes Bleigewicht sein Vorwärtsstürmen zu hemmen. Deshalb war die Knebelung der Presse bis zum Erlöschen jeder warnenden Stimme von dem Augenblick ab geboten, wo die Völker den gähnenden Abgrund zu sehen vermeinten, der in dem Sturz alles Bestehenden sie sämmtlich zu verschlingen drohte.

Wie ein Angeklagter mit nervöser Spannung in den Gesichtsfalten seiner Richter sein zukünftiges Schicksal herauszulesen und in täppischer Angst durch Schmeicheleien die Gemüther der Geschworenen für sich einzunehmen sucht, so sann das böse, politische Gewissen Dalbergs auf Mittel und Wege, seinem Herrn über Tod und Leben angenehm zu erscheinen. Mit schlauer Feinheit hatte er Napoleon abgemerkt, daß er die Gedankenfreiheit haßte und fürchtete — deshalb erließ er am 10. Oktober 1810 folgendes Dekret:*)

Artikel 1. Alle politischen Zeitungen, in französischer Sprache, welche in Unserm Großherzogthum erscheinen, hören mit dem letzten Dezember d. J. auf und Wir nehmen die diesfalls ertheilten Privilegien zurück.

Artikel 2. Mit dem 1. Januar 1811 wird in Unserer Hauptstadt Frankfurt eine einzige Zeitung, die offiziell sein wird, erscheinen. Im ganzen Umfang des Großherzogthums darf kein anderes politisches Blatt geschrieben werden.

---

*) Beaulieu, Karl v. Dalberg, II, 183 und 184.

Artikel 3. Handelt über den Namen.

Artikel 4. Unser Polizeiminister wird deren Redakteur ernennen.

Artikel 5. Unser Polizeidirektor zu Frankfurt hat die Censur dieses Blattes und ist Uns dafür verantwortlich.

Im Großherzogthum erschienen bisher folgende politische Zeitungen: 1) das französische Journal de Francfort; 2) das deutsche Frankfurter Journal; 3) die Reichs-Postamts-Zeitung; 4) das Staatsristretto; 5) die sogenannten Gespräche im Reiche der Todten; 6) die Hanauer Europäische Zeitung; 7) die Aschaffenburger Zeitung; 8) die Zeitung von Wetzlar. Gegen keine dieser Zeitungen war von Seiten einer Behörde irgend eine Beschwerde erhoben worden; sie wurden mit einem Federstrich kassirt, das Eigenthum ihrer Herausgeber vernichtet, der Erwerb aller dabei beschäftigten Arbeiter zerstört.

Wie hier in Frankfurt türkische Justiz gehandhabt wurde, so geschah dies in allerdings abgeschwächtem Grade in ganz Deutschland. Es war, als verstärke sich der Chor der politischen Lobredner und Hymnensänger zu immer lauterem Jubel, je mehr zu Tage trat, Willkür gehe vor Recht. Freiherr v. Ardenne*) schreibt:

Als Ende 1810 Napoleon alles deutsche Land, das nördlich der Linie Wesel — Lübeck lag (über 4 000 000 Einwohner) aus keinem andern Grunde dem französischen Reiche einverleibte, als wegen des „tel est mon plaisir" hatte kein deutsches Blatt den Muth, auch nur ein Wort des Staunens oder der Ueberraschung zu äußern. Damit aber nicht genug; man gewann es über sich, diese ungeheure Verletzung des Völkerrechts als ein ungeahntes Glück zu preisen. Die „Hamburger Blätter" registrirten mit Befriedigung die Anrede ihres Senats an den französischen Generalkonsul, worin das ehrerbietigste und unbeschränkteste Vertrauen auf die Weisheit des Kaisers und die gegründetste Hoffnung ausgesprochen wurde, nunmehr den alten Wohlstand wieder aufblühen zu sehen. „Der Lübecker Bote" schreibt unter dem 20. Dezember 1810: „Gestern erhielt der Senat die Nachricht (!) von der Vereinigung der Hansestädte mit dem Reiche!" Sobald das in der Stadt bekannt wurde, verbreitete sich allgemeine Freude, und man überließ sich der Hoffnung einer glänzenden Zukunft. Alle Einwohner bezeugten ihr Vertrauen auf das Genie und die Großmuth des Kaisers und ihre Freude, zu der Zahl seiner Unterthanen zu gehören. Sämmtliche hamburger Zeitungen proklamirten bald darauf übereinstimmend einen Artikel, der mit den Worten

---

*) Die deutsche Presse zur Zeit Napoleons I.

begann: „Es ist bemerkenswerth zu sehen, wie die gerechte Sache unge=
achtet aller Hindernisse am Ende den vollständigen Sieg davonträgt."
Im weitern Verlaufe heißt es: „Frankreich macht alle seine Alliirten
größer und mächtiger. Sie bilden ein schönes Ganzes und dadurch,
daß sie einen und denselben Zweck haben, sind sie glücklich. Sie ver=
uneinigt kein getheiltes Interesse. Sie stehen Alle für Einen und Einer
für Alle. Nur von einem solchen Vereine läßt sich mit Recht Glück
und Ruhe vorhersagen. Diese Ruhe wird gewiß noch diejenige über=
treffen, welche vom siebenjährigen Kriege an gerechnet, gegen dreißig Jahre
gewährt hat." Diesen Worten hat das Schicksal freilich mit beißender
Ironie geantwortet. Mit der Schmach des Preßzwanges ging aber in
Deutschland eine noch empfindlichere Schädigung allgemeiner Interessen
Hand in Haud. Napoleon war auf die an und für sich richtige Idee
verfallen, das verhaßte England, dem er mit den Waffen nicht bei=
kommen konnte, durch die Vernichtung seines Handels auf dem Kontinent
zu demüthigen. Es war das bekannte Verbot der Einführung sämmt=
licher englischen Importartikel ergangen und, soweit es der Schmuggel
nicht verlachte, mit eiserner Konsequenz durchgeführt worden. An und
für sich traf diese Maßregel den Handel Frankfurts überaus hart, be=
sonders da Frankreich durch einen hohen Schutzzoll ganz für die Rhein=
bundstaaten abgeschlossen war, während diese, durch keine Zölle geschützt,
von französischen Industrieerzeugnissen überschwemmt wurden. Die Ein=
führung der Kontinentalsperre in Frankfurt war aber der Art, daß sie
die Sache selbst fast über den Modus vergessen ließ. Es waren im
Sommer 1810 4000 Mann französische Truppen in die Stadt einge=
rückt, die es sich in den reichen Quartieren wohl sein ließen, während
die eigentlichen Landeskinder für die gloire de la grande nation im
fernen Spanien sich herumschlugen. Was diese Garnison im Grunde
bezweckte, sollte man bald erfahren. Am 12. September verlangte
Napoleon durch das sogenannte Dekret von Trianon eine Steuer von
40 pCt. für alle englischen Waaren; als die Beitreibung nicht schnell
genug von Statten ging, lasen die Frankfurter am 22. Oktober zu ihrem
Schrecken die Dekrete des Kaisers angeschlagen, wonach von den fran=
zösischen Truppen sofort und ohne Weiteres eine Haussuchung bei allen
Kaufleuten und eine Konfiskation sämmtlicher englischen Waaren statt=
finden werde, sofern letztere nicht freiwillig binnen vierundzwanzig Stunden
den französischen Behörden angegeben seien. Unrichtige Angaben sollten
die Konfiskation des Ganzen nach sich ziehen, der Angeber von ver=
heimlichten Waaren aber ein Fünftel des Werthes als Gratifikation erhalten.

Die Thore Frankfurts wurden wie in einer belagerten Stadt mit starken französischen Wachen besetzt, eine Heerde von Douaniers und Zollbeamten durchstreifte die Straßen, und man konnte bald das aller Gerechtigkeit hohnsprechende Schauspiel sehen, daß große Massen bezahlter und versteuerter Fabrikerzeugnisse unter dem Namen englischer Waaren den Bürgern geraubt und öffentlich den Flammen übergeben wurden;*) man mußte es auch mit ansehen, daß mehr als die Hälfte der in den Vorrathshäusern vorgefundenen Kolonialwaaren als Tarif eingezogen und für kaiserliche Rechnung versteigert wurde; ja, nicht zufrieden damit, zwang man noch die Kaufleute, eine Million Franken baar zu bezahlen, so daß in Allem damals gegen zwölf Millionen in die kaiserliche Kasse geflossen sein mögen. Und dies Alles geschah, ohne Dalberg auch nur das Geringste über das Vorhaben vorher anzudeuten.

Es klang doch wie bittere Ironie, daß ein Anonymus in Frankfurt kurze Zeit darauf eine Broschüre veröffentlichte, in der er die Kontinentalsperre als willkommenes Mittel gegen den Luxus pries. Der arme literarische Schelm wird sich aber wahrscheinlich so gut etwas vorgelogen haben, wie die meisten deutschen Zeitungen, die in dieser ungeheuerlichen nationalökonomischen Freibeuterei das einzige Mittel gegen das herrschende Elend erblicken zu müssen glaubten, ja sie als eine wahrhaft erlösende That priesen. Sagte man doch, daß in der Geschichte des Handels die Kontinentalsperre eine wichtigere und heilsamere Rolle spielen werde als die Entdeckung Amerikas.

Durch die erste Organisation des Primatischen Staates am 10. Oktober 1806 war noch Vieles von der alten reichsständischen Verfassung bestehen geblieben; die Bevölkerung dankte es ihrem Fürsten, daß er ihr die liebgewordenen Gebräuche, Sitten und Gerechtsame gelassen hatte; hängt doch der Deutsche mehr wie irgend ein anderes Volk an seinem wohlverklausulirten und verbrieften Recht, hält aber auch dafür desto treuer die übernommene Verbindlichkeit. Das sollte nun auf einmal Alles anders werden. Der Großherzog brütete seit dem Beginn des Jahres 1810 über einer „Konstitution", die nach seiner Ansicht seiner „Souveränetät" keinen Abbruch thun sollte. Die Definition beider Begriffe wäre Dalberg wohl schwerlich zu geben im Stande gewesen, denn die wunderliche Staatsverfassung, die unter dem Namen eines „Organisationsedikts" am 16. August dieses Jahres proklamirt wurde, war weder eine Konstitution, sondern eine Reihe bedrückender Dekrete,

---

*) Lange, Geschichte der freien Stadt Frankfurt, Seite 344.

noch ließ sie Dalbergs Souveränetät unangetastet, da sie dieselbe gänzlich gefnebelt und gebunden Napoleon zu Füßen legte.

Der Großherzog hatte lange und eifrig über diesem Werke gegrübelt und in seinem Hange, auch die allergewöhnlichsten Abhandlungen in verschiedene Theile und Rubriken zu gliedern, etwa wie die deutschen Pfarrer ihre Predigten, auch seine Gedankenarbeit nach folgenden Rezepten geregelt:*)

1) fide, sed cui vide (trau, schau, wem);
2) oculi plus vident quam oculus (zwei Augen sehen mehr wie eins);
3) festina lente (eile mit Weile);
4) sapientis est, consilium mutare in melius (der Weise nimmt fremden Rath, wenn er gut ist).

Der latinisirende Kirchenfürst hätte an Stelle dieser Weisheitssprüche mit mehr Recht seinem Werke die Ueberschrift geben können:

Parturiunt montes, nascetur ridiculus mus.
(Die Berge werden kreisen und ein lächerliches Mäuschen gebären.)

Das Organisationsedikt beseitigte die bisherige Regierung des Großherzogthums durch ein General-Kommissariat und setzte an deren Stelle drei Ministerien.**) Französische Münze, Maß und Gewicht wurden obligatorisch eingeführt, die allgemeine Konstription zum Gesetz erhoben, der code Napoléon, ohne irgend auf die deutschen Verhältnisse Rücksicht zu nehmen, als einzig gültiges Recht proklamirt. Die Ausführung der Dekrete brachte große Härten mit sich, besonders in Bezug auf das Erbrecht, in welchem die Frankfurter eine große Anzahl alter Gebräuche beibehalten hatten, die die Erhaltung der Vermögen in der männlichen Descendenz bezweckten. Nach dem französischen Recht sollten auf einmal alle Söhne und Töchter gleicher Weise erbschaftsberechtigt

---

*) Vergleiche Beaulieu, II, 186. Derselbe läßt einige dieser lateinischen Sinnsprüche einem sehr bezeichnenden Briefe an den Gouverneur von Aschaffenburg entstammen, dem Dalberg seine Ansichten über die Verfassung darlegte. In vorliegender Fassung finden sie sich wiederholt in einem Konzept, welches das Würzburger Archiv aufbewahrt.

**) Das Ministerium des Innern, der Justiz und Polizei erhielt Freiherr v. Albini, das des Staatssekretariats, der auswärtigen Verhältnisse, der Kriegsverwaltung und des Kultus Freiherr v. Eberstein, das der Finanzen, Domänen und des Handels Graf v. Benzel Sternau.

sein, — damit war die fortwährende Theilung und somit das Aufhören jedes größeren Besitzes in Aussicht gestellt. Das Aergste aber war, daß man dem Gesetz eine auf die vorhergehende Generation rückwirkende Kraft ertheilte und somit eine Menge der unerquicklichsten Rechtshändel ins Leben rief. Hand in Hand ging damit die Kreirung des französischen Notariats und eine schwere Stempeltaxe für jeden Kauf und Verkauf. Am härtesten traf aber den Kaufmannsstand das Enregistrement und die Einkommensteuer. Der Sinn dieser Einrichtungen war der, in detaillirt geführten Listen genaue Angaben über den Vermögensstand jedes einzelnen Bürgers zu gewinnen. Jeder sollte gehalten sein, sich selbst zu schätzen. Dem Defraudanten wurde schwere Buße angedroht, zu gleicher Zeit aber dem Angeber ein hoher Lohn zugesichert. Dadurch mußte jeder kaufmännische Kredit schwer leiden und ein Sykophantenthum groß gezogen werden, das jeder Moral Hohn sprach. Damit aber nicht genug. Die von Napoleon dem Großherzogthum aufgebürdeten Staatsschulden sollten von den Steuerzahlern durch ganz unverständig hohe Amortisationen getilgt werden, die noch drückender dadurch wurden, daß die reiche Judenschaft von all diesen Lasten gegen eine einmalige niedrige Abfindungssumme befreit blieb. Zu diesem Schritt glaubte sich Dalberg veranlaßt zu sehen, weil er plötzlich ein größeres baares Kapital zur Aufstellung seiner erhöhten Kriegsmacht und zur Bestreitung anderer, mit der Erhebung des Staates zum Großherzogthum zusammenhängender Ausgaben nöthig hatte. Da für die Juden im folgenden Jahre die vollständige Gleichberechtigung mit den Vollbürgern ausgesprochen wurde, so begann für diese in der That ein goldenes Zeitalter. Am meisten erschreckte die guten Frankfurter jedoch die Aufhebung ihrer Bürgermiliz und die Umwandlung derselben in eine Nationalgarde von drei Bataillonen. Jeder sollte fortan derselben bis zum 60. Lebensjahre angehören. Nur Beamte und körperlich Unfähige sollten gegen eine jährliche Steuer von mindestens 100 Gulden von dieser Verpflichtung befreit bleiben dürfen.

In dieser Zeit des Menschenverbrauchs als Kanonenfutter sahen sich die behäbigen Philister der reichen Stadt, die die Muskete bisher nur als artiges Spielzeug betrachtet hatten, bereits im Geiste Napoleon in fremde Welttheile folgen und unter tropischer Sonne oder in Eis- und Schneegefilden untergehen. Massendeputationen und stürmische Proteste suchten bei Dalberg diese Verordnung rückgängig zu machen, allein dieser war im Bewußtsein, für seinen erhabenen Protektor zu handeln, felsenfest und wies die Bittsteller ganz im Gegensatz zu seinem sonst weichen Wesen kurz und barsch zurück. Die Urbanität entfloh aus dem banauſiſchen Staate, und in den ſüßlichen Puderduft der alten feudalen Verhältniſſe miſchte ſich der ſcharfe Geruch der Wachtſtube.

Man hat zuweilen Napoleon den letzten der aufgeklärten Monarchen des 18. Jahrhunderts genannt und damit bewieſen, daß es dem Kaiſer gelungen iſt, durch ein feines Syſtem heuchleriſcher Liberalität die Völker zu blenden, nannte er ſich ſelbſt doch mit Vorliebe l'homme des nations. So hatte er, als er im Jahre 1810 acht große Gefängniſſe errichtete, für diejenigen, „die vor Gericht zu ſtellen unpaſſend wäre, denen man aber auch die Freiheit nicht laſſen könne," angeordnet, dieſem Dekret zwei Seiten freiheitlicher Entſcheidungsgründe vorzuſetzen. — Auch ſollten die Völker, die ſchmählich um ihre Freiheit betrogen wurden, dieſen Verluſt nicht empfinden durch das Gaukelſpiel einer Repräſentation, einer ſtän-diſchen Vertretung.*) Auch hierin war die Lüge, die diaboliſche Zwei-deutigkeit das Weſen des Napoleoniſchen Regierungsſyſtems wie das einer jeden rohen despotiſchen Gewalt. So ſollte denn auch den Frank-furtern als Aequivalent für ihre neuen Laſten eine ſtändiſche Verſamm-lung geboten werden, etwa wie man dem Kinde die bittere Medizin durch ein Zuckerbrötchen verſüßt. Da Dalberg der Wahlmodus für dieſe Pſeudo-Volksvertretung zu finden überlaſſen war, ſo wurde er denk-bar ſchwerfällig und in dem Grade unpraktiſch, daß man den Sinn der Beſtimmungen erſt nach mehrfachem langſamem Leſen zu errathen im Stande iſt. Es genüge daher anzuführen, daß die Mitglieder der Ständeverſammlung von den ſogenannten Departementskollegien gewählt werden ſollten und zwar für jedes der vier Departements Frankfurt, Aſchaffenburg, Fulda und Hanau je drei Gutsbeſitzer, ein Handels-mann oder Fabrikant, ein Gelehrter oder Künſtler.

Noch im Jahre 1810 wurde die erſte Ständeverſammlung abge-halten. Glockengeläute, Kanonendonner, feſtlicher Putz der Straßen und der Einwohner, ein feierlicher Aufzug, kurz der ganze Apparat einer Staatsaktion wurde dabei in Bewegung geſetzt. Im alten Römer zu Frankfurt nahm Dalberg unter einem Thronhimmel Platz, ihm zur Rechten die Miniſter, links der Staatsrath,**) vor ihm die Stände.

---

*) In Bayern ſollte eine aus Gutsbeſitzern, Kaufleuten und Fabrikanten ge-bildete Nationalrepräſentation das Volk vertreten; in derſelben ſollten zwar nur die Kommiſſäre des Königs und drei beſonders gewählte (!) Abgeordnete begut-achtend ſprechen dürfen. Aber auch dieſe Verſammlung von Trappiſten erſchien ſo gefährlich, daß ſie niemals berufen worden iſt.

**) Dieſer ſollte auf Anregung des Großherzogs die Geſetzentwürfe verfaſſen, während die Landſtände nur eine berathende Stimme in Steuerangelegenheiten

Der Fürst hielt eine Rede, die von Salbung triefte, von Weisheit
überfloß. Die neue Verfassung, die große Errungenschaft, die Repräsentanten des Volkes (sic!) vor sich zu sehen, wurde bis in den Himmel
gehoben. Nach Anhörung des rhetorischen Schwulstes hätte man wirklich
meinen sollen, Dalberg habe einen seiner früher proklamirten Sprüche*)
wahr gemacht: „Der Endzweck einer jeden Staatsverfassung ist reine
Beseligung, wahre Glückseligkeit." Das Halbwahre in der Natur des
Fürsten, sein konsequenter Selbstbetrug kam in dieser Zeit so recht zu
Tage. Er fühlte, daß sein Volk unglücklich sei, denn als ihm für die
Uniform der Stände eine reiche und kostbare Probe vorgelegt wurde,
lehnte er sie mit den Worten ab: non est convenions luctibus illo
color (für die Trauer paßt diese Farbe nicht). Oder sollte der eitle
Mann wieder nur mit seinem Citatenschatz haben prunken wollen? Mochte
er nun mit oder ohne Bewußtsein gehandelt haben, jedenfalls hatte er
das traurige Resultat erreicht, Alles, was an den einheimischen fest
begründeten Rechtszustand erinnert hatte, niedergerissen zu haben.**) Zu
dem Allen gewann es Dalberg noch über sich, den französischen Grafen
Tacher de la Pagerie zum Gouverneur von Frankfurt zu ernennen und
mit einem jährlichen Gehalt von 30 000 Gulden zu bedenken. Das
war bei der herrschenden Geldnoth eine wahrhaft unverzeihliche Ver-
schwendung, die um so gehässiger erschien, als Graf Tacher ein Verwandter Dalbergs aber auch zugleich Napoleons war. Der Kaiser aber
hatte seine schwere Hand auf die Domänen des Departements Hanau
gelegt, diese ohne den geringsten Rechtsgrund für sein persönliches Eigenthum erklärt und das Großherzogthum gezwungen, ihm als Zinsen dieser
Güter eine jährliche Abfindungssumme von 600 000 Francs zu zahlen.
Wenn dann endlich als Thronerbe des Großherzogthums der Vicekönig
von Italien, Prinz Eugen von Beauharnais, nur mit dem Zusatz ernannt
wurde, nach dem Aussterben seiner männlichen Descendenz solle Frankfurt
gänzlich an Frankreich fallen, so kann man es den unglücklichen Bewohnern
nicht verargen, daß sie diesen Zeitpunkt fast herbeisehnten — wären sie
dann doch wenigstens innerhalb der weiten Zollgrenzen des Kaiserreichs
gewesen, während sie jetzt eine unübersteigliche Schranke davon schied,

---

haben sollten, etwa in dem Sinne, wie der heutzutage von Fürst Bismarck berufene
Volkswirthschaftsrath.

   *) Nach Beaulieu in einer Vorlesung in der Erfurter Akademie der Wissen-
schaften am 3. August 1795 von ihm als Statthalter ausgesprochen.

   **) Auch der Senat der Stadt Frankfurt mußte aufhören. Er hielt am
28. Dezember 1810 seine letzte Sitzung, auch der Bürgerausschuß wurde aufgehoben.

und hätten sie doch als französische Unterthanen ungleich geringere Lasten zu tragen gehabt, denn als Rheinbündler, die eigentlichen Heloten der bevorrechteten Gallier. Eine gleiche praktische Ansicht mag bei den im Jahre 1811 annektirten Hansestädten vorgewaltet haben; sagte doch der Sprecher ihrer Deputation zum Kaiser: „Sire! Zu allen Zeiten waren wir Franzosen an Herz und Vorzügen. Ihre neuen Unterthanen können nicht schwören, Ihnen treuer zu sein, als sie es bereits seit 10 Jahren waren. Uns ist der Gedanke tröstlich und süß, daß unsere Unabhängigkeit ihr Ende erreichte, als das Fatum beschloß, daß Tiber und Elbe nach gleichen Gesetzen fließen sollen."*) Hier hatte nach einem erhaltenen Konzept auch der Tajo noch figuriren sollen. Das Wort findet sich aber gestrichen als Beweis, daß der schüchterne Deutsche den reizbaren Kaiser nicht an den etwas zweifelhaften Flug der französischen Adler in Spanien hatte erinnern wollen. Der Name des stolzen Stromes führt uns zu dem verlassenen Frankfurter Bataillon zurück, das wir in den öden Gebirgen der verwüsteten Mancha verlassen haben, nichts ahnend von dem Hexensabbath, den ihr bewunderter Kriegsherr daheim in ihrem Vaterlande anzustellen für gut befunden hatte. Das letzte Viertel des Jahres 1810 brachte diesen wackern Männern die Wiederholung des seit 9 Monaten Erlebten — Kampf mit den Guerrillas, Noth und Entbehrung. Die einzige Abwechselung in dem Dasein fortwährender Gefahr, tödtlichster Langweile, hoffnungslosen Hinbrütens brachte eine große Revue, zu der die Division Lorge in der Gegend von Manzanares am 25. November zusammengezogen wurde. Den Grund zu dieser militärisch gänzlich ungerechtfertigten Maßregel bildete die Ankunft eines großen Convois aus Andalusien, bei der ein Generaladjutant des Kaisers sich befand. Wer dieser Herr war, besagen unsere Quellen nicht; jedenfalls war er aber ein hochvermögender General, dessen Bericht beim Kaiser etwas galt. Man mußte also bestrebt sein, sich ihn geneigt zu machen, und das glaubte man am besten durch das militärische Schauspiel einer Parade erreichen zu können. Die Bataillone der deutschen Division wurden daher zusammengerufen, die Soldaten mußten ihre sorgfältig gehütete Paradeuniform, die grande tenue, anziehen**)

---

*) Frhr. v. Arbenne, Die deutsche Presse zur Zeit Napoleons I.

**) Der Napoleonische Soldat legte sie, wenn es irgend anging, vor jeder Schlacht an. Denn die Schlacht, sagte der Kaiser, ist der größte Ehrentag des Soldaten. Dafür mußte dieser aber das militärische Galakleid in seinem Tornister schleppen und war dadurch arg überladen.

und defilirten mit gewohnter Präcision vor dem hohen Gaste. Dieselben höflichen Phrasen wurden dem Oberstlieutenant v. Fritsch zu Theil, ebenso das so oft gehörte Versprechen, die ausgezeichnete Haltung des Bataillons dem Kaiser selbst melden zu wollen. Die stolze Befriedigung des deutschen Offiziers spiegelt sich in seinem Rapport wieder wie so oft — die Enttäuschung und Ernüchterung folgte ihr wie immer auf dem Fuße. — So vergingen die Wochen in der eintönigen Mannigfaltigkeit des kleinen Krieges bis zum Jahre 1811.

Siebentes Kapitel.

1811. Der Feldzug in Spanien.

Die Signatur des Winters von 1810/11 giebt Costa de Serda mit den Worten:

„Nous ne pousserons pas plus loin notre résumé, qui suffit à donner une idée des courses sans nombre, des fatigues de chaque jour. La saison devenait rigoureuse; à ces courses d'affaiblissement venaient se joindre des privations de toute nature; „les maladies augmentent," écrivait le général Belliard en décembre, „l'armée manque absolument de capotes et de chemises; il est des soldats qui sont tous nus." Dans ces conditions les effectifs fondaient à vue d'oeil et ce n'est qu'au prix de nombreux envois de renforts, qu'on pouvait les tenir en état de continuer les opérations."*)

Von Operationen im großen Sinne sollte für die deutschen Truppen aber auch im Jahre 1811 nicht die Rede sein, sie vielmehr dazu verurtheilt bleiben, das aufreibende und undankbare Leben weiterzuführen, das im Laufe des Jahres 1810 ihnen bereits alle kriegerische Freudigkeit geraubt hatte. Dabei war der beginnende Feldzug reich an wichtigen Entscheidungen, die eine französische Quelle mit den Worten charakterisirt:

„Les événements vont précipiter leur marche; déjà on peut entrevoir dans un avenir prochain les revers de 1813."

Zu diesen Prophezeiungen nahenden Unheils gab besonders der Rückzug Massénas aus Portugal reichlichen Anlaß. Der vor den uneinnehmbaren Linien von Torres Vedras verzweifelnd kämpfende Marschall war von Spanien und Frankreich gänzlich abgeschnitten. In Monaten

---

*) Gegen 2000 Mann Ersatz hatte die Division im Laufe des Jahres 1810 aus Deutschland erhalten. Sie zählte Anfangs 1811 5673 Bajonette, 663 Pferde und 252 Artilleristen und Trainsoldaten. 401 Mann waren in Gefangenschaft gerathen und 1181 in den Hospitälern.

gelangte weder ein Courier zu ihm, noch konnte er dem König Joseph Nachricht zukommen lassen. Die Ungewißheit war eine so drückende, daß im Januar 1811 der General Drouet mit nicht weniger als 15 000 Franzosen sich von Spanien aus zu Masséna durchschlagen mußte, um nur endlich etwas von ihm zu erfahren. Der stolze Marschall sah endlich ein, daß, wenn er nicht vor den Felsenwällen der Engländer sein Heer vergehen lassen wollte, wie Schnee in der Frühlingssonne, er sich zum Rückzug entschließen müsse. Dieser erfolgte denn unter furchtbaren Verlusten — das Arrieregardengefecht bei Foz de Arouce kostete allein 4000 Mann.*) Die Verwilderung der fliehenden Armee erreichte den höchsten Grad, der Marschall aber selbst entehrte sein Andenken auf ewig durch die brutale Rache, die er an den Portugiesen und Spaniern nahm, deren fruchtbare Thäler er als Flüchtling durchzog. Er ließ bekanntlich alle Olivenwälder niederhauen, den größten unersetzlichen Reichthum des Landes. Bezeichnend für die Rohheit der Franzosen ist es, daß sie den unglücklichen Maulthieren, die nicht weiter konnten, die Sehnen durchschnitten und sie in die Abgründe stürzten, anstatt einen ehrlichen Schuß Pulver an sie zu wenden.**) Bei Fuentes de Onoro entschloß sich Masséna noch einmal, seinen Verfolgern die Zähne zu weisen. Ein beispiellos erbittertes Gefecht brachte keinen Sieg; die Engländer behaupteten das Schlachtfeld, um dann wie bei Talavera in eine starre Unthätigkeit zu versinken. Masséna verließ hierauf die Armee; auf Befehl Napoleons ward Marmont sein Nachfolger — auch dieser sollte sie nach einem Jahre geschlagen und als Krüppel verlassen. Spanien war nicht allein das Grab für die Leiber der Napoleonischen Soldaten, sondern auch für den militärischen Ruhm seiner Marschälle. Der rechte Flügel der Armée du midi unter Soult machte nur eine schwache Diversion zu Gunsten Massénas — nach einer Reihe nebensächlicher Gefechte nahm er die von den Spaniern tapfer vertheidigte Festung Badajoz in Besitz. Damit wäre viel gewonnen gewesen, hätte Soult diesen Sieg verfolgen können oder wollen. Die Eifersucht der Marschälle ließ aber nie ein einheitliches Vorgehen zu, und ihre Armeen gelangten daher trotz aller Tapferkeit zu keinem bleibenden Erfolg.

---

*) Hierbei wurden 20 Maulthiere von den Engländern erbeutet, die die von Junot zusammengeraubten Schätze trugen. Der französische General war offenbar einer der ärgsten Diebe und Tempelräuber gewesen.

**) Der Schweizer Landolt will freilich wissen, sie hätten das unterlassen, um durch diese Schüsse nicht in der weit auseinandergezogenen Kolonne eine Panik zu veranlassen.

Hier galt ganz und voll das „quidquid delirant reges, plectuntur Achivi“.

Die Festungen Badajoz und Ciudad Rodrigo bilden nun den Angelpunkt der großen Operationen, bis weit in das Jahr 1812 hinein. Wellington hatte erkannt, daß ihr Besitz ihm allein gestatte, in das Innere von Spanien vorzubringen, daß sie wie zwei starke Thorhüter ihn schützen würden, wenn er je wieder gezwungen wäre, geschlagen nach Portugal zurückzukehren. Mit der zähen nüchternen Energie, die diesen Feldherrn vor allen anderen auszeichnete, mit der realistischen Genügsamkeit, die nur das zunächst Liegende, Praktische auffaßte und alle himmelanstürmenden, fernliegenden Plane als Utopien verachtete, hat Wellington die Belagerung dieser Plätze wieder und wieder versucht. So oft ihn eine glänzende Offensive französischer Armeen zurückdrängte, immer kehrte er wieder „avec l'acharnement de la mouche chassée“, wie ein Franzose sagt, um endlich seine Ausdauer gekrönt zu sehen. Die Zeit bis zum Falle der beiden Festen füllt eine lange blutige Reihe von kleineren Treffen. — Langsam und schwerflüssig schien der Gang der Ereignisse wie der Strom erkaltender Lava — und doch kochte im Innern dieser Fluth glühende Leidenschaft, flammende Thatkraft, verzehrendes Feuer. Während an der Grenze Portugals die Hauptscenen des Kriegstheaters in tragischster Weise sich abspielten, häuften sich im übrigen Spanien die Belagerungen und Vertheidigungen in fast üppig zu nennender Fülle.

Auf den Wällen von Valencia, Lerida, Tortosa, Tarragona, Murviedro (das alte Saguntum) ließ Suchet seine siegreichen Fahnen flattern. Jeder dieser Namen bedeutet ein Meer von Blut, eine ungemessene Summe heroischer Anstrengungen in Angriff und Abwehr. Unbesiegt blieb Cadiz, ein zweites Gibraltar, unbesiegt auch die zahllose Menge der spanischen Felsenburgen, wenn man die jungfräulichen Gipfel der Pyrenäen und Sierren so nennen will. Aus den verwüsteten Thälern, aus den eingeäscherten Dörfern rettete sich zu ihnen empor ein gequältes, mit Füßen zertretenes Volk, um in verbissenster Zähigkeit seinen Befreiungskrieg bis zum guten Ende durchzukämpfen. Es schmerzt den deutsch denkenden Geschichtsschreiber, die braven Söhne germanischer Erde auf der Seite der Unterdrücker zu sehen — sie selbst Unterdrückte im bittersten Sinn des Wortes, um alle idealen Güter Betrogene, Verlassene, Vergessene.

Die deutsche „Division“ verdiente ihren Namen nicht mehr, denn die Holländer waren abgezogen und als nunmehrige Franzosen in französische Regimenter eingetheilt, das schöne wackere Infanterie-Regiment Hessen aber nach Badajoz gezogen, wo es im folgenden Jahre sein Grab finden sollte. So waren noch unter einheitlichem Kommando die Regimenter Nassau, Baden und das Bataillon Frankfurt, allein auch diese schwachen Reste waren über eine Strecke von vierzig bis sechzig spanischen Meilen vertheilt. Die Frankfurter standen, nachdem sie kurze Zeit wieder in Toledo gewesen, von Neuem in ihren alten Garnisonen Manzanares und Almagro. Sie hatten das Unglück, in ihrem bis dahin höchst geachteten Zahlmeister (officier payeur) einen Betrüger erkennen zu müssen, der die dem Bataillon anvertrauten Gelder zum Theil defraudirt hatte. Es mußten 8000 Franks vom Bataillon ersetzt werden, da sich das großherzogliche Finanzministerium nicht dazu entschließen wollte, den Verlust zu tragen.

Wenn daher der Oberstlieutenant Fritsch auch 560 Gulden Repräsentationsgelder und das Offizierkorps eine einmalige Unterstützung von 1500 Gulden erhielt, so gab der Staat nur mit der einen Hand, um mit der andern doppelt zu nehmen. Da die Abholung der Löhnungsgelder, die für die Truppen in der Mancha stets in Madrid erfolgen mußte, dem Zahlmeister nicht mehr übertragen werden konnte, so mußte ein Offizier damit betraut werden. Die Rückkehr dieser mit Geld versehenen kleinen Detachements war aber für die Guerrillas stets ein besonderer Anlaß zu Unternehmungen. Man konnte sicher sein, daß jeder Löhnungstag seine Steuer an Blut kostete. Hauptmann Jäger war zu beregtem Zweck Anfang Januar nach Madrid gesandt worden und glücklich bis auf einen Marsch an Manzanares zurückgekehrt. Der Weg von seinem letzten Quartier Villarubio bis zum Ziel seines Marsches führte an einer besonders gefährlichen Stelle, den Ojos der Guadiana, vorüber. Hier durchfließt der Fluß eine Reihe sumpfiger Teiche, strömt nur im Winter und bei starkem Regen perennirend hindurch und verschwindet dann völlig in einer weit und breit mit Binsen und Sumpfpflanzen bedeckten moorigen Ebene. Hier hatten die Guerrillas einen ihrer beliebtesten Schlupfwinkel, den sie mit dem Kibitz und dem Reiher theilten. Der Hauptmann Jäger wußte das zur Genüge und sendete daher bereits Abends fünf Uhr von Villarubio einen vertrauten Boten an Oberstlieutenant Fritsch mit der Bitte, den folgenden Tag ihm mit einem starken Detachement bis an die Ojos entgegen zu kommen. Aus einem später nicht mehr aufzuklärenden Grunde gelangte der Spanier anstatt um Mitternacht erst Morgens 9½ Uhr in Manzanares an und behauptete, sich verirrt zu haben. Da dies wenig glaublich erschien, ahnte Fritsch eine Verrätherei, raffte schnell achtzig Bajonette zusammen, die er in Manzanares noch verfügbar hatte, und eilte, so rasch es gehen wollte, seinem Offizier entgegen. Bald wurde auch das Geknatter heftigen Gewehrfeuers hörbar; es fand sich, daß Hauptmann Jäger seit neun Uhr an der erwähnten Stelle mit einer weit an Zahl überlegenen berittenen Guerrilla im Kampfe lag. Wie die Indianer der Pampas schwärmten die Spanier auf ihren edlen andalusischen Rossen durch das hohe Riedgras und Ginstergebüsch und schossen ihre Gewehre ab, ohne aber sich nach ihrer Gewohnheit zu einem festgeschlossenen schneidigen Angriff entschließen zu können. Der Hauptmann Jäger hatte zu seiner Verfügung fünfzig Mann des Regiments Nassau, zwölf Frankfurter Voltigeurs und fünfzehn Dragoner des französischen 13. Regiments. An der langen Wagenkolonne vertheilt, hätte diese Handvoll Leute die Spanier nicht lange abhalten können. Jäger ließ daher die Infanterie Karree formiren und durch die wenigen Dragoner die Wagen, so schnell es gehen wollte, zu einer Wagenburg zusammenfahren. In diese sich dann hineinwerfend, konnte er dem Anprall der feindlichen Reiterschaaren wohl zu widerstehen hoffen. Auf seinem eiligen Marsch traf Fritsch dreißig polnische Reiter (Lanciers) an, die auf dem Rückweg nach Manzanares begriffen waren. Er vermochte sie dazu, mit ihm umzukehren, setzte sich mit dem Adjutant Damboer an ihre Spitze und jagte in langem Galopp dem Feind entgegen, während seine Grenadiere im Laufschritt zu folgen versuchten. Sowie der Feind die heranbrausende kleine Schaar erblickte, gab er den Kampf sofort auf, blitzschnell verschwanden die spanischen Reiter in dem hohen Grase, welches jede Verfolgung unmöglich machte. Eine plötzliche Stille nach dem Lärm des Gefechts trat ein; „man hätte meinen sollen, ein Traum habe einen geneckt", sagte Jäger. Die Spanier ließen neun Todte und sechzehn Blessirte zurück. Die Frankfurter hatten nur zwei Blessirte. — Der Convoi gelangte dann ohne weitere Anfechtung nach Manzanares. Die Frankfurter hatten im Jahre 1811 vielfach Gelegenheit, dergleichen Kämpfe mit den Brigands in Gemeinschaft mit einer Eskadron reitender nassauischer Jäger durchzufechten. Diese brave Truppe verbreitete unter den Guerrillas der Mancha Tod und Schrecken. Ihr Führer war der tollkühne Major v. Rieneck, über den in der Mancha, dem Geburtsland Don Quixotes, der Geist des thatendurstigen Ritters gekommen zu sein schien. Nicht allein die Berichte von Fritsch, sondern auch die des nassauischen Major Hergenhahn, sowie die des General Lorge und des nassauischen Oberst Kruse sind einstimmig in dem Lobe dieser Centauren, die in diesem ermüdenden Feldzuge und in einem Terrain, das so manches gut berittene Kavallerie-Regiment lahm gelegt hätte, in der That das Aeußerste geleistet haben, was eine Reitertruppe überhaupt zu leisten im Stande ist. Der Verfasser gesteht, daß, als ihm die ersten Rapporte über die blutigen Metzeleien zu Gesicht kamen, die diese wenigen deutschen Reiter unter ihren Gegnern so vielfach angerichtet haben wollten, ihn starker Zweifel an der Wahrhaftigkeit derselben überkam. Vor Allem schienen ihm die Zahlenangaben, sowohl was die Stärkeverhältnisse als die Verlustziffer anbetraf, unglaublich zu sein. Oft attakiren die nassauischen Chasseurs einen vier- bis fünffach überlegenen, wohlberittenen Feind, stets werfen sie ihn im ersten Choc über den Haufen, greifen ihn überhaupt ohne Besinnen an, so wie sie ihn erblicken, und schlagen ihm dann so viel Leute nieder, daß der Säbel jedes einzelnen Reiters von Blut getrieft haben muß. Da nie von Verwundeten und Gefangenen die Rede ist, sondern nur von Todten, so müssen diese Handgemenge ganz und gar das gewesen sein, was der Franzose so treffend mit seinem „Carnage" bezeichnet. Oft liegen 150 bis 200 feindliche Leichen auf der Wahlstatt, während die Nassauer nicht den zehnten Theil des Verlustes zu beklagen haben. Dabei hören die Regeln über die taktische Verwendung der Kavallerie ganz auf — nicht die Linie ist die Form des Angriffs, sondern in den engen Gebirgswegen, auf den Brücken, durch Sümpfe und Moore greift die Sektions-Kolonne an — ein Flankenangriff von acht Pferden, sonst eine Spielerei, bekommt Bedeutung und führt zu den größten Resultaten; nicht der platten Ebene ist man zur Attacke bedürftig, sondern der ungestüme Anlauf geht über Felsengeröll, durch Dorngestrüpp, über Mauern und Erbspalten.

Der Zweifel an diesen Thaten wich aber der Bewunderung, als ein Vergleich verschiedenartigster Gefechtsberichte eine seltene, durch nichts Anderes als durch strenge Wahrhaftigkeit herzustellende Uebereinstimmung bekundete, als eine Zusammenstellung der Verluste der braven Eskadron ergab, daß drei Viertel den Reitertod in den unzähligen Gefechten doch endlich gefunden hätten, an ihrer Spitze die glänzenden Führer Major v. Rieneck, Rittmeister v. Normann, Lieutenant v. Eschwege — als endlich dem Verfasser die Ordensvorschläge der französischen Generale Lorge, Chassé, d'Armagnac zu Gesicht kamen, die die Dekoration für die Nassauer in ganz ungewohnter, fast stürmischer Weise vom Kaiser forderten. Was mußte ein deutscher Offizier gethan und geleistet haben, ehe ein französischer General sich zu schreiben entschloß:

13*

„Je demande avec empressement mêlée d'admiration sincère la croix pour le major de Rieneck, officier d'une bravoure presque sans exemple."

Leider können wir den deutschen Reitern nicht auf ihrer Spur folgen — hier nur eine kleine Andeutung ihrer größeren Gefechte im Jahre 1811:

15. Juni	bei	Villarubio,
4. „	„	los Infantes,
5. Juli	„	Calzaba,
16. „	„	Mestanze,
17. „	„	Lezuza,
7. August	„	Villa Roblebo,
24. „	„	Abenoja,
25. „	„	Agudo,
7. September	„	Loquellamos,
ohne Datum	„	las Novas,
2. November	„	Villa nuova de la Fuente zc.

Es wird zugegeben werden müssen, daß diese eine Eskadron gering gerechnet dem Feinde während des Jahres 1811 einen Verlust von 1000 Mann beibrachte — bei wie vielen Gefechten siegte sie aber schon durch ihr Erscheinen, wie hoch ist deshalb ihr indirekter Nutzen anzuschlagen. Es kann dabei nicht die Bemerkung zurückgehalten werden, daß es den Spaniern bei allen Renkontres mit den deutschen und französischen Truppen an der kaltblütigen Ruhe fehlte, die bei einer Schlappe allzu große Verluste verhütet und bei einem Siege denselben vollständig macht. Niemand wird den Spaniern Tapferkeit absprechen wollen, denn ein Volk, das so um seine Freiheit kämpfte, wie die Spanier es thaten, ist ein Heldenvolk. Allein wunderbar ist es doch, daß sie bei ihren Reiterangriffen nicht geradenwegs auf den Feind losgingen und ihn überzureiten versuchten. Bei den zahllosen Kämpfen der berittenen Guerrillas packt den Leser oft eine unwillkürliche Ungeduld; man fragt: Wann machen sie Ernst mit ihrem Angriffe. Noch räthselhafter ist aber die lähmende Panik, die bei jeder Niederlage eintritt. Offenbar denken die Geworfenen kaum mehr an thätigen, persönlichen Widerstand. Der Spanier verstand dann wohl, heldenhaft, ohne Klagelaut, ohne Bitte um Erbarmen zu sterben, nicht aber, sein Leben theuer zu verkaufen. Wir sehen deshalb in den Kämpfen der Guerrillas, wenn der Erfolg nicht mit ihnen ist, das Schauspiel der Würgereien sich stets wiederholen, das uns im großen Maßstabe bereits bei der Betrachtung der Schlachten von Medellin, Almonacid nnd Ocanna frappirte. — Welch unermeßliche Menschenopfer muß aber Spanien in diesen endlosen siebenjährigen, sich täglich an allen Orten wiederholenden Kämpfen gebracht haben, — man kann wohl sagen, das ganze Land schwamm in einem Meer von Blut.

Im Jahre 1811 bemerken wir bei den deutschen Truppen in der Mancha die Gewohnheit, die Begleitung der Convois, der Couriere ꝛc. aus verschiedenen Truppentheilen zu mischen. Jedes Bataillon, das Wagen fortschickte oder empfing, kommandirte einige Leute, und so wurden die Eskorten so mannigfaltig zusammengesetzt, daß es eine Unmöglichkeit wird, aus den zahllosen Kämpfen die Thaten einzelner Truppentheile herauszulesen. Wir beschränken uns daher darauf, nur die Gefechte noch zu erwähnen, in denen eine spezielle Antheilnahme der Frankfurter sich deutlich nachweisen läßt.

Zunächst wurde das Bataillon zu einigen großen Raubzügen verwendet, die der Gouverneur in dem Bergwerksdistrikt von Almaden unternahm. Dort befinden sich die größten Quecksilbergruben der Welt — es wurden dort Metalle im Werthe von 15 Millionen geraubt — die Frankfurter erhielten dann den Auftrag, die Beute nach Madrid zu bringen. Merkwürdiger Weise unterließen es diesmal die Brigands, den kostbaren Zug anzugreifen. Mit dem Marsch nach Madrid war wieder ein mehrtägiger Aufenthalt in Toledo verbunden. — Ende Januar war das Bataillon aber wieder in seinen Gefängnissen in der Mancha. Die wetterharten erprobten Soldaten hatten sich, so unglaublich es klingt, auch an dieses Leben gewöhnt und damit gezeigt, daß der Mensch selbst eine Hölle wird gleichmüthig ertragen lernen, wenn man ihm Zeit zur Gewöhnung läßt. Man nahm die Gefechte mit den Brigands so gleichgültig und als etwas Selbstverständliches hin, wie etwa das Sausen der Kugeln bei einem monatelangen Bombardement oder die sich täglich wiederholenden Leichenzüge bei einer tödtlichen Epidemie. Der Soldatenwitz unterließ es auch nicht, sich in seiner Weise der Guerrillas zu bemächtigen, indem er diesen Namen auf die Insekten anwendete, die ihn kriechend und hüpfend am meisten beunruhigten. So sprechen sich denn auch die Berichte Fritschs immer lakonischer über diese Renkontres aus. — Die Sprache derselben wird aber warm und geradezu emphatisch bei der Bitte, dem Großherzog die Glückwünsche des Offizierkorps deshalb zu Füßen zu legen, weil der Kaiser geruht habe, ihn mit dem großen Adler der Ehrenlegion zu dekoriren. Wir erfahren dabei, daß Fritsch ein halbes Jahr ohne Briefe und ohne militärische Erlasse aus der Heimath geblieben ist, eine Illustration für die

Sicherheit der großen Poststraße nach Bayonne. Unterbrochen wurde die Langeweile des Garnisonlebens auf unwillkommene Art durch eine Wiederholung der großen Gefangenentransporte vom Jahre 1809. Soult, Victor und Sebastiani, die sich in Andalusien und Granada nicht recht sicher fühlten und ihre Truppen besser brauchen konnten als zur Bewachung der zahllosen Gefangenen, die jedes gelungene Treffen, jede geglückte Belagerung ihnen gebracht hatten, beschlossen, diese lästigen Trophäen nach Frankreich zu senden. In der Mancha schon mußten ihnen aber die Truppen der Armée du centre die Escorte abnehmen und bis Bayonne durchführen. Den Deutschen fiel die Begleitung bis Madrid zu. Fritsch schreibt am 5. März aus Manzanares:

„Das Bataillon hatte bisher wegen der Ankunft vieler Gefangenen große und fatiguante Märsche bis nach Madrid zu machen. Die letzte Escorte einer Kolonne von 6000 Gefangenen geschah unter Kommando des Herrn Bataillonschef Vogt beym übelsten Regenwetter, wodurch die Wege bodenlos, die Bergströme ohne Brücken zur größten Höhe angelaufen waren. Viele Gefangenen, schwach und klein, fanden ihr Grab darin, und den Meinigen verursachte es eine Menge Recidive an Gicht und kaltem Fieber."*)

---

*) Die Frankfurter Hausblätter von 1880 haben Erinnerungen eines alten Frankfurter Offiziers gebracht; dieselben, in sehr gedrängter Form wiedergegeben, haben für die Feldzüge von 1808—1812 nur wenige unbekannte Details ans Licht gebracht. Erwähnenswerth scheint folgende Notiz:

„Einer der Streifzüge, dem es gelang, eine Guerrillabande zu überfallen, war unter dem Kommando des Oberstlieutenant v. Hagen im Monat April 1811 von Manzanares abgegangen. Die Stärke unserer Kolonne bestand aus einer Escadron nassauischer reitender Jäger, einer Abtheilung polnischer Lanciers und sechs Kompagnien deutscher Truppen. Wir hatten schon die ganze Gegend von Almagro in der Richtung nach Almaden und von dort bis an die Gebirgspässe der Sierra Morena durchzogen, ohne daß uns der Feind, der sich der Annäherung ihm überlegener Streitkräfte stets zu entziehen wußte, in Gesicht gekommen wäre. Eines Tages, als wir bereits in die Quartiere eingerückt waren, erfolgte gegen Abend der Befehl zum sofortigen Aufbruch. Wir kehrten auf demselben Weg, den wir am Tage gemacht hatten, nach dem am Morgen verlassenen Dorfe zurück. Bei der Annäherung gegen den Ort wurde die Avantgarde mit Flintenschüssen empfangen. Sie drang, ohne sich aufhalten zu lassen, vor, während die Kavallerie um den Ort herumsprengte, um alle Ausgänge desselben zu besetzen. Die vollständig überraschten Guerrillas wurden entweder im Ort von der Infanterie niedergestoßen oder fielen unter den Säbeln der außerhalb aufgestellten Kavallerie. Die auf diese Weise überfallene, ungefähr 160 Mann starke Abtheilung war unsern, nach ihrer Vermuthung auf dem Rückmarsch befindlichen, Truppen nachgefolgt und hatte sich in dem von uns am Morgen verlassenen Ort derart in

Der Sommer von 1811, ja schon der Anfang des Frühlings brachte ganz Europa die kochende Hitze, der es den spätern Genuß eines selten feurigen Weines verdankte. In Spanien war die Gluth eine wahrhaft verzehrende, und über die unglücklichen Deutschen brach die ganze Unbill des Klimas der spanischen Hochflächen herein, das ein neuerer Reisender kurz und treffend mit den Worten schildert:

„Ein stets heiterer, wolkenloser Himmel, Mangel an Regen und an Quellen, excessive Hitze im Sommer und Kälte im Winter, durch kurzen Herbst und Frühling von einander geschieden, schneller und scharfer Wechsel zwischen Tages- und Nachttemperatur. Von Juni bis September herrscht die trockene Hitze, zuweilen durch den von Afrika her wehenden Glutwind Solano gesteigert; nur der starke Thau ersetzt einigermaßen den Regen. Höhenrauchartige Hitznebel hüllen zuweilen die Landschaft in düsteres Grau. Der Regen stellt sich im September ein, und dann gießt es oft á cantaros, in Krügen, wie der Spanier sagt. Von Oktober bis Februar friert und schneit es. Bei so mannigfach ungünstigen Momenten ist die Armuth der Vegetation erklärlich: weite Flächen liegen beinahe ganz kahl und geben der Landschaft ein eintöniges Gepräge. Ein großer Theil der öden Flächen ist, wie die Lüneburger Haide mit dem Haidekrante, so mit der nordischen Bärentraube, dem gayubal der Spanier, überwuchert."

Das Stimmungsbild, das wir hier erhalten, hat wenig Verführerisches und Erheiterndes, und wir halten es für wenig wahrscheinlich, daß die deutschen Offiziere unter den dermaligen Verhältnissen geneigt gewesen wären, irgend welche geselligen Festlichkeiten zu veranstalten. Allein die Macht der Gewohnheit bricht, wie wir vorhin schon erwähnten, den Pfeilen der Parzen die Spitzen ab, und wir lesen mit Erstaunen, daß der Oberstl. v. Fritsch Repräsentationsgelder von seinem Generalkommando erbittet, weil er das Bedürfniß habe, seine Offiziere ab und zu bei sich zu Tisch zu sehen, wenn auch das Land wenig biete

voller Sicherheit geglaubt, daß sie sogar die nöthigen Vorsichtsmaßregeln völlig außer Acht gelassen hatte. Das Dorf wurde nach beendetem Kampfe der Plünderung preisgegeben, die wüthenden und berauschten Soldaten verübten dabei Exzesse, die den Krieg in seiner scheußlichsten Gestalt zeigten, und die zu verhindern, den Offizieren in solchen Fällen rein unmöglich war. Eine nach Blut und Beute lechzende Gier bemächtigte sich selbst derjenigen Soldaten, die sonst für die ruhigsten und besonnensten galten; erst wenn sie bis zur gänzlichen Erschöpfung ausgetobt hatten, gelang es, sie wieder der Stimme ihrer Vorgesetzten empfänglich zu machen."

— andererseits erfahren wir, daß allmonatlich einmal die Frankfurter Offiziere in Toledo oder Manzanares zusammenzukommen beschließen, um ihre heimathlichen Convivien (heute würde man in der deutschen Armee „Liebesmahle" sagen) zu feiern. Im Rapport vom 4. Mai 1811 beschreibt Fritsch ein solches Fest mit ausführlicher breiter Behaglichkeit; man merkt ihm an, daß die Fête etwas Außergewöhnliches war und etwas Interessanteres wie ein Scharmützel mit den Räubern. Erwähnt wird besonders, daß mit größter Begeisterung auf Seine Königliche Hoheit den Großherzog getrunken worden sei. — So leicht erkauften die Offiziere ihre Geselligkeit freilich nicht. Die Detachirten mußten sich zum Festlokal durch mindestens 50 Bajonette eskortiren lassen, und auf jedes Glas Wein, das im Kreise der Kameraden genossen wurde, darf wohl eine gut gemeinte Kugel gerechnet werden.

Den Großherzog überkam plötzlich eine sehnsüchtige Milde, ein überschwengliches Mitleid mit seinem braven Bataillon, das gegen den neuen „Reichsfeind" nun schon drei Jahre im Felde stand. Freilich war es nicht lange bemerkbar. Schillers Wort über Dalberg fand dabei ganz seine Bestätigung: „Der Mann ist ganz Feuer, das plötzlich losgeht, aber eben so schnell wieder verpufft". Der General v. Zweyer erhielt auf einmal Reskript auf Reskript, wie der Lage der Truppen in Spanien abzuhelfen sei; der ganze Vorrath der goldenen und silbernen Medaillen wurde ihnen geschickt, so daß in aller Eile sogar neue geprägt werden mußten, es wurde sogar dekretirt, daß die Defraudation des Officier payeur Hartmann keine üblen Folgen für das Offizierkorps haben dürfe. — Die zärtliche Stimmung dauerte aber, wie gesagt, nicht lange; wie wir bald sehen werden, verleugnete sie der Großherzog in einer Frage, die nicht weniger wie Alles für das Bataillon bedeutete.

Die französischen Offiziere in Toledo und Umgegend fanden das Beispiel ihrer deutschen Kameraden so nachahmenswerth, daß auch sie zu geselligen Vereinigungen schritten. Die Offizierkorps luden sich einander ein, und so entstand plötzlich in der trübseligen Mancha ein fröhliches Becherleben. Es war, als wäre die jugendkräftige Lebenslust es müde, sich nur von Bildern der Oede und des Grauens umgeben zu sehen, und als suche sie nach einer kräftigen Reaktion. Der General Lorge war so klug, dieser Fröhlichkeit keine Fesseln anzulegen — ja sein Haus in Toledo, wo elegante Französinnen selbst aus Madrid hinkamen, war ein Eldorado für die Kampagne-Offiziere, die aus der verräucherten Höhle ihres einsamen Forts plötzlich in die strahlende Helle eines Ballsaales traten. Dem modernen Soldaten mag dies etwas wunderlich erscheinen — die Napoleonischen Offiziere verzichteten aber in keinem ihrer Feldzüge auf die Begleitung ihrer muthigen, philosophisch denkenden Damen — und diese suchten wiederum das Feldlager nicht ungern auf, denn es war dort nicht schwer, als gefeierte Schönheit zu glänzen. Freilich war diese „weibliche Kampagne" nicht ungefährlich. Manche verwöhnte Pariserin hat unter den Dolchen der Spanier grauenvoll geendigt, manche in dem Eis des nordischen Winters ihr einsames Grab gefunden. — Es ist, als wäre mit dem Entschluß, das Elend des Lebens zu verachten, eine muntere Zuversicht in die Herzen der Krieger gefahren. So schreibt Fritsch noch im Mai: „Das Bataillon hatte zwar bisher viele Eskorten und durch den vermehrten Courier-Wechsel scharfen Dienst, wo bei eyner immer steigenden Hitze die Recidiven der Fieber häufiger und gefährlicher werden, auch sind die Feinde kühner und zahlreicher geworden, allein doch sind durch die schon getroffenen Maßregeln alle Besorgnisse erhoben, Verstärkungen eilen von allen Seiten nach Andalusien, und nach der allgemeinen Sage sieht man der Ankunft Seiner Majestät des Kaisers täglich entgegen, wo sicher die kühnen Absichten des Feindes mit einem Schlage vernichtet und sie in den Ocean gestürzt werden. Ich hoffe, daß die Division der Rheinischen Konföderation dabey nicht müßig und ihren alten Ruhm behaupten wird."

Was würden die Sanguiniker in Spanien gesagt haben, hätten sie in diesem Augenblick in der Seele des Cäsaren lesen können, der jetzt schon den Zug nach Rußland so gut wie beschlossen hatte. Auf allen Heerstraßen Deutschlands wälzten sich endlose Kolonnen nach den Sammelplätzen an den östlichen Grenzen, man wagte aber auch da kaum, sich in das Ohr zu raunen, was man von der soldatischen Völkerwanderung hielt. — Wehe der Zeitung, die nur ein Wort darüber zu schreiben gewagt hätte! So geschah das kaum Glaubliche. Der Aufmarsch einer gewaltigen französischen Armee vollzog sich schon im Jahre 1811 in Preußen, Polen und Litthauen, ohne daß selbst die Völker, welche die Heersäulen durchzogen hatten, etwas davon wußten.

Anfang Juni erhielten die Frankfurter zu ihren Garnisonen Manzanares und Almagro noch Ciudad Real, am Einfluß des Jabalon in die Guadiana. Die Besetzung vollzog sich nicht ohne Kampf. Die Brigands waren in der Stadt auf der Suche nach „Vivres,*) der Lieutenant

---

*) Die französischen Worte in den deutschen Rapporten häufen sich. Ihre Anwendung ist aber keine gesuchte.

Reimherr mit dreißig Bajonetten warf sie hinaus; vier Todte blieben liegen. Man hatte Mühe, Bürger zu requiriren, die sie beerdigten.

Den Truppen in Spanien blieb nicht verborgen, daß der Kaiser irgend etwas Welterschütterndes im Schilde führe. Immer mehr Truppenstämme für neu zu formirende Bataillone, sogenannte Kadres, gingen nach Frankreich und Deutschland zurück, theilweise auch geschlossene Regimenter wie die Garden, viele Kavallerie-Truppentheile. Während die Frankfurter keinen Mann nach Hause senden durften, löſten ſich von den Regimentern Nassau und Baden mehrere Kadres ab, um nach Deutschland zurückzukehren und dort den Stamm oder, sagen wir besser, den Rahmen für neue Truppentheile zu bilden. Napoleon hatte das Geheimniß einer schnellen und erfolgreichen Organisation in der Qualität der Kadres zu erkennen geglaubt und das mit Recht. Die Erfahrung lehrt, daß der Rekrut sich schnell nach seinen Lehrmeistern richtet; der Kaiser sorgte daher hauptsächlich dafür, daß in jeder Kompagnie, außer dem Chef, der für die Ausbildung speziell verantwortlich war, eine Anzahl vortrefflicher Unteroffiziere und alter Soldaten vorhanden war; letztere deshalb, weil der praktische Sinn des Kaisers erkannt hatte, daß die gewöhnlichen soldatischen Handgriffe sich von einem älteren Kameraden gleicher Charge besser und leichter erlernen lassen als von einem Vorgesetzten. Das Bewußtsein, dem jungen Nachwuchs als Vorbild zu dienen, gab den Veteranen den selbstbewußten Aplomb, die eigene sichere Werthschätzung, die den alten Napoleonischen Soldaten vor allen andern vortheilhaft auszeichnete. Als bei Lützen 1813 der Reitersturm der russisch-preußischen Kavallerie gegen die Karrees der jungen Konskribirten rasselte, da hörte man deutlich den Anruf der alten Routiniers: „tenez ferme, tenez ferme", und die blassen Knaben, ihre Schüler, hielten wirklich fest und schlugen sich heldenhaft wie die begeisterte preußische Jugend.

Durch den merkbaren Abzug so zahlreicher und erprobter Streitkräfte sank natürlich die Zuversicht der Zurückbleibenden und das um so mehr, als die sichere Nachricht nach Spanien kam, der Kaiser werde nicht nochmals in eigener Person die Führung der dortigen Kämpfe übernehmen. Die übermüthige Lebensluſt, die kurze Zeit in der Mancha geherrscht hatte, machte daher einer plötzlichen Niedergeschlagenheit Platz, die alle Verhältnisse grau in grau malte. Fritsch rapportirt unter dem 31. Juli:

„Jede Eskortirung nach Almagro und Ciudad Real ist ein Waagſtück; wo man sonſt mit fünfzig Bajonnetten genug hatte, ſind deren hundert kaum hinreichend. Bei der letzten Uebersendung der monatlichen

Löhnungsgelder ist die Eskorte unter Führung des Hauptmann Görtz im Hin- und Herwege von nur 70 Reitern ganz ungewöhnlich waghalsig und heftig attaquirt worden. Er schlug sie zwar zurück und hatte nur wenig Blessirte, aber nunmehro halten die Guerillas bey ihrer starken Vermehrung für gut, sich sogar Infanterie und Artillerie zuzulegen, und werden jetzt sogar den festen Plätzen gefährlich; man muß en colonnes mobiles gegen sie jetzt offensive werden. Bei einer dieser, welche gegen den spanischen General Murillo von Almagro ausging, der zu Puertollano sich mit 1000 Mann Infanterie und 600 Pferden verschanzt hatte, machten die Kompagnieen des Centrums (Füselire) meines Bataillons die Infanterie aus. Aber der Vogel war ausgeflogen, und wir hatten das Nachsehen. Die zweyte unter dem Obersten v. Kruse (Nassau) war so glücklich, bei Lezuza mit ihrer Avantgarde unter dem nassauischen Großmajor v. Rieneck*) auf eine andere Parthie zu stoßen, welche aus 400 Mann Infanterie bestand. Diese hatten sich auf einer steilen Höhe im Karree festgesetzt. Herr Großmajor v. Rieneck, der einen andern Weg mit seinen Pferden als unsere Infanterie genommen hatte und sie nicht abwarten konnte, chargirte sie sogleich mit seinen bei sich habenden 30 Pferden, sprengte das Karrée, ließ 40 Feinde auf der Stelle niederhauen, verfolgte die Flüchtigen und nahm in einem kleinen Thale unterm Berge 100 davon gefangen. Aber während dem Umreuten der Gefangenen, um sie zu sammeln, erhielt er von einem nahen Felsenkopfe, wohinter sich viele Versprengte versteckt hatten, mehrere Schüsse, wodurch er und sein Pferd auf der Stelle blieben. Sein Andenken bleibt jedem braven Militär würdig, denn er war der Vater seiner Untergebenen, der Beschützer der ruhigen Landbewohner, der Schrecken der Feinde. Mit Bedauern berichte ich einem hohen pp., daß die Krankheiten in den Truppen bey der excessiven Hitze und schnellen Abwechselungen anfangen überhand zu nehmen, wozu die schlechten Lebensmittel, welche öfters wochenlang aus gedörrtem Specke, wenig schaalen Wein, schlechten Brodt bestehen (das Gemüß mangelt völlig), wie der starke Durst viel beitragen. Ich kann meinen Kummer bey dem Eintritte eines Mannes ins Hospital, der öftere rocidifen**) erlitt, nie bergen, denn die Erfahrung lehrt, daß ich ihn nicht wiedersehe. Eben so aufrichtig muß ich klagen, daß wir Alle im nämlichen Verhältnisse sind. Keiner ist im Bataillon, der noch nie dem Clima unterlag und starke rocidifon hatte. So werden wir Alle nach und nach darniedergebrennt werden. Es sind nun drei

---

*) Der oben erwähnten reitenden Jäger.
**) Darunter versteht Fritsch offenbar Rückfälle eines schleichenden Fiebers.

Jahre und vier mörderische Kampagnen, so das Bataillon in Spanien rühmlichst ausharrte. Unmenschliche Fatiguen und Gefahren haben Officiers und Soldaten vor der Zeit mürbe gemacht. Deßhalb wäre eine Ablösung wohl im Sinne der Gerechtigkeit, wie auch andere Truppen der rheinischen Konföderation heim geholt werden, da nach allem Anschein der Krieg sich wohl noch mehrere Jahre hinausdehnen könnte und die Armeeen bis jetzt noch nicht mehr Land erobert haben, als nach der Schlacht von Ocanna und da während dieser Zeit mehreremal das Glück des Krieges so auf dem Spiele gestanden, daß, wenn die ausharrende Tapferkeit unsrerseits nicht entschieden hätte, auch diese Vortheile zum Theil hätten verloren gehen müssen. Soeben erhalte ich den Rapport des Bataillonchefs Vogt, worin er mir das brave Betragen seiner Truppe, sowohl in Ciudad Real und Almagro in den täglichen Gefechten mit den Briganda anrühmt, wobey ein besonderer Brief des Adjudant-sousofficier Boeßner*) mich benachrichtigt, daß Bataillonschef Vogt und Lieutenant Reimherr sehr krank und die andern Officiers beynahe alle unpäßlich seyen. Uns hier geht es nicht besser. Hauptmann Jäger, Damboer, Oberlieutenant Dielmann leiden ebenfalls an der spanischen Krankheit und ich selbsten kann nicht mehr zurecht kommen."

Zur event. Besetzung von Offizierstellen in den zwei Infanterie-Bataillonen, die der Großherzog auf Befehl Napoleons zu formiren im Begriff war,**) reichte Fritsch die geheimen Konduitenlisten ein. Dieselben sind ein werthvolles Altenstück aus jener Zeit, die sie in gewissem Sinne getreulich wiederspiegeln. Wir geben sie unverkürzt wieder:

1) Bataillonschef Franz Vogt. 27 Dienstjahre, 17 Kampagnen.

In der niedern wie höhern Taktik, in der Strategie, in der Geographie gut bewandert, in der französischen Sprache, um zu verstehen und sich verständlich zu machen, vor dem Feinde einsichtsvoll und brav, zur Führung eines eigenen Kommando völlig geeignet, sein Körper stark für Fatiguen, sein moralischer Character vortrefflich, geschätzt von allen Obern, geliebt von seinen Untergeordneten.

2) Kapitän-Adjutantmajor Johann Damboer, 14 Dienstjahre, 11 Kampagnen.

In der niedern wie höhern Taktik, in der Strategie***) und

*) War kurze Zeit vorher zum Offizier ernannt.
**) Dalberg hat auch nicht einen der in Spanien kämpfenden Offiziere, der nicht invalide wurde, nach Deutschland zurückberufen, um ja nicht in den Verdacht zu gerathen, sein dortiges Kontingent zu schwächen.
***) Napoleon wollte von diesem Namen nichts hören und nannte die Stra-

Geographie gut bewandert, spricht und schreibt die französische Sprache correct, vor dem Feinde einsichtsvoll und brav, zu allen militärischen Geschäften sehr brauchbar und zur Führung eines eigenen Kommando völlig geeignet, sein Körper stark für Fatiguen, sein moralischer Character vortrefflich.

3) Bataillons-Chirurg Heinrich Stößel. 18 Dienstjahre, 9 Kampagnen.

In seinem Fache, als der Arzenei- und Wund-Arzenei-Kunst sehr mittelmäßig, spricht keine fremden Sprachen, seine Körper- und Geisteskräfte geschwächt durch Alter, Fatiguen und Leidenschaft zum Trunk, so daß er im Felde seinem wichtigen Amte nicht mehr gehörig vorstehen kann, wiewohl er durch die letzten Ermahnungen doch so gebessert, daß er nicht mehr betrunken erschiene, übrigens sein moralischer Character gut, aber für jedermann ohne Vertrauen.

4) Unter Chirurg Laurenz Keller. 5 Dienstjahre, 5 Kampagnen.

In der Arzenei- und Wund-Arzenei-Kunst als sous aido mittelmäßig bewandert, spricht gut französisch, willig und mit hinlänglichen Talenten versehen, so daß diesem jungen Mann nichts fehlt, als einige Zeit medicinische Kollegien zu besuchen, um sich theoretische Kenntnissen (sic!) zu sammeln, sein moralischer Character untadelhaft.*)

5) Grenadir Kapitän Joh. Friedr. Karl Schiller. 23 Dienstjahre, 6 Kampagnen.

In der niedern und höhern Taktik erfahren, spricht und schreibt französisch, fleißig und verläßlich im Innern des Dienstes und in mehreren Fächern ein brauchbarer Officier, legte Proben seiner Unerschrockenheit vor dem Feinde ab, sein Körper stark für fatiguen, sein moralischer Character gut, nur wegen übel angewandter Strenge, wie wegen häufigen Strafens, zur Unzeit und nicht mit gehöriger Art angewendet, unbeliebt bei seinen Untergeordneten.

6) Voltigeur Kapitän Franz Jäger. 11 Dienstjahre, 4 Kampagnen.

Für die itzige Stelle sehr gut unterrichtet, spricht gut die franzö-

---

tegie „la grande tactique"; es ist bei dieser Nebeneinanderstellung anzunehmen, daß niedere Taktik die Kenntniß der Reglements, also die formelle Taktik, die höhere die Lehre von der Truppenführung im Gefecht, und Strategie die Wissenschaft der Bewegung größerer Heereskörper zum Gefecht hat bedeuten sollen.

*) Welchen Männern war sonach das Schicksal der Verwundeten und Kranken beim Bataillon anvertraut; ähnliche Verhältnisse herrschten in der ganzen Armee; es ist bekannt, daß die französischen Chirurgen mit Vorliebe selbst leicht verwundete Gliedmaßen amputirten, weil dann die Behandlung ihnen weniger Mühe machte.

fifche Sprache, fleißig und verläßlich im Innern des Dienstes, eifrig in seiner Vervollkommnung, brav und einsichtsvoll vorm Feinde, zur Führung eines eigenen Kommando völlig geeignet, sein Körper stark für fatiguen, sein moralischer Character sehr gut, geschätzt von seinen Obern, geliebt von seinen Untergebenen.

7) Kapitän Ferdinand Schuler. 12 Dienstjahre, 4 Kampagnen.

Von ihm gielt dasselbige wie von Kapitän Jäger.

8) Kapitän Jacob Schweitzer. 13 Dienstjahre, 5 Kampagnen.

Für seine itzige Stellung hinlänglich unterrichtet, spricht französisch, dem Trunk ergeben, wodurch er an Geistes Kräften merklich geschwächt, unverläßlich und nachläſſig im Innern des Dienstes, weßwegen ihm kein Posten allein anzuvertrauen, übrigens sein moralischer Character redlich, voll Ehrgefühl und brav vorm Feinde, sein Körper ebenfalls geschwächt, blöd von Geficht, geliebt von seinen Untergeordneten.

9) Kapitän Carl Deeken. 13 Dienstjahre, 4 Kampagnen.

In der Tactik, ohngeachtet aller Mühe, aber aus Mangel an Begriffen nicht gehörig erfahren, spricht französisch, ohne Nachdruck im Dienste, weßwegen seine Kompagnie am Weitesten zurück, das Kommando eines Postens oder eines Detachements unter eigener Führung ist ihm nicht anzuvertrauen, übrigens brav vorm Feinde, sein Körper stark, sein moralischer Character gut und deßwegen geliebt von seinen Untergeordneten.

10) Kapitän Valentin Görtz. 16 Dienstjahre, 12 Kampagnen.

Für seine Stellung hinlänglich unterrichtet, spricht keine fremden Sprachen, weßwegen ihm kein Posten allein kann gegeben werden, fleißig und verläßlich, brav vorm Feinde, hat sich in der Leidenschaft des Trunkes sehr gebessert, sein Körper durch fatiguen und vorige Lebensart sehr geschwächt, sein moralischer Character gut, geschätzt von seinen Obern, geliebt von seinen Untergebenen.

11) Oberlieutenant Peter Faust.

Hat fast genau dieselbe Konduite wie die Kapitäns Schuler und Jäger.

12) Oberlieutenant Wenzel Dielmann. 27 Dienstjahre, 13 Kampagnen.

In der Tactik hinlänglich unterrichtet, spricht keine fremden Sprachen, fleißig und verläßlich im Innern des Dienstes, sein Körper durch fatiguen und Alter geschwächt, sein moralischer Character sehr gut, deßwegen geliebt von seinen Untergeordneten.

13) Oberlieutenant Josef Rosenstengel. 20 Dienstjahre, 14 Kampagnen.

Für seine Stelle hinlänglich unterrichtet, spricht keine fremden Sprachen, fleißig und verläßlich, legte mehrere Proben seiner Unerschrockenheit vorm Feinde ab, sein Körper stark, sein moralischer Character untadelhaft &c.

14) Oberlieutenant Conrad Weber. 12 Dienstjahre, 7 Kampagnen. Wie ad 13. Nur bemerkt, daß „etwas unbewandert mit der Feder".

15) Oberlieutenant Gustav Schuler. Spricht gut französisch, sonst wie ad 13.

16) Oberlieutenant Damboer. 10 Dienstjahre, 5 Kampagnen. Wie ad 15.

17) Lieutenant Jacob John. 16 Dienstjahre, 8 Kampagnen. Desgleichen.

18) Lieutenant Peter Hartmann. 5 Dienstjahre, 5 Kampagnen.

Ist ganz besonders unternehmend vor dem Feinde und heiterer Gemüthsart.

19) Lieutenant Richard Krämer. 5 Dienstjahre, 4 Kampagnen.

20) Lieutenant Nicolaus Schütz. 21 Dienstjahre, 14 Kampagnen.

21) Lieutenant Wilhelm Reimherr. 4 Dienstjahre, 4 Kampagnen.

22) Lieutenant Georg Schell. 3 Dienstjahre, 2 Kampagnen.

23) Kadet adjudant sousofficier Sigismund Breßner. 3 Dienstjahre, 2 Kampagnen.

Sind sämmtlich für ihre Stelle gut unterrichtet, sprechen mit Ausnahme von Schütz leidlich französisch und suchen sich noch darin zu vervollkommnen, sind sehr brav vorm Feinde, eifrig und willig. Schütz ist zu alter Troupier und kann die Gewohnheiten des Unteroffizierstandes nicht ganz vergessen, ist aber von ganz besonderer Bravour.

24) Kadet Franz v. Welsch. 3 Dienstjahre, 3 Kampagnen.

25) Kadet Carl Eber. 3 Dienstjahre, 2 Kampagnen.

Sind brav, willig, unerschrocken, suchen mit Fleiß sich die französische Sprache zu eigen zu machen, ihre Körper gewinnen täglich an Konsistance.

gez. Großmajor und Kommandant Fritsch.

Diese Konduitenliste läßt tiefe Einblicke in die militärischen Verhältnisse der Napoleonischen Zeit thun. Das zunächst Auffallende ist die große Anzahl von Feldzügen, die die meisten der Offiziere schon hinter sich hatten, da ihrer noch vier furchtbare Kriege warteten. Mehrere, wie Vogt, Damboer, Schütz, hatten sämmtliche Rheinkampagnen von 1792 an, dann die Feldzüge in Italien unter Beaulieu, Melas, Erzherzog Karl, theilweise unter Suwarow, mit durchgefochten und schauten auf ein kriegerisches, freudearmes Leben zurück, wie Max Piccolomini:

> Denn dieses Lagers lärmendes Gewühl,
> Der Pferde Wiehern, der Trompete Schmettern,
> Des Dienstes immer gleich gestellte Uhr,
> Die Waffenübung, das Kommandowort —
> Dem Herzen giebt es Nichts, dem lechzenden.
> Die Seele fehlt dem nichtigen Geschäft —
> Es giebt ein andres Glück und andre Freuden.

Dann fällt uns auf, wie geringe Anforderungen an wissenschaftliche Ausbildung gestellt werden — man merkt, daß nach des Kaisers Maxime verfahren wurde: „un peu de mathématique et de latin — ça suffit." Von gesellschaftlichen Vorzügen ist nicht die Rede, noch zu welchen militärischen Stellungen sich einzelne Bevorzugte qualifiziren würden. Für den Offizier der kleinen Rheinbundstaaten gab es keine angenehmen Kommandos, keine lohnende Adjutantur, keine Ruhepause in dem aufreibenden Einerlei des Frontdienstes. Deshalb stockt das Avancement trotz der Opfer des Krieges in trauriger Weise — in jeder Charge finden sich abgelebte Greise, die theilweise im Trunk den Gram eines verfehlten Lebens zu vergessen streben — bedauernswürdige Unglückliche, für die keine Pension ruheverheißend winkte, denn die zu erwartende verbürgte nichts weiter wie Hunger und Elend. Anstatt über geistige Fähigkeiten sich auszulassen, die anscheinend durch die Kenntniß der französischen Sprache genügend ersetzt werden, spricht sich präcis der Bericht über die gesundheitlichen Verhältnisse aus und darüber, ob der betreffende Offizier bei seinen Soldaten beliebt sei. Herkulische Draufgänger, denen die Untergebenen jubelnd folgten, das war das Material, das der Kaiser brauchte. Da er sich sonst Generale genug zu erziehen wußte, die diese Berserker geschickt zu leiten wußten, da ferner die enorme Praxis des soldatischen Lebens dafür sorgte, daß die Theorie fast entbehrlich blieb, so kann man dem Kaiser es nicht verargen, wenn er seine Offizierkorps am liebsten aus dem Teige knetete, aus dem das Frankfurter bestand. Er hatte nicht zu fürchten, daß die einfachen, derben, tapfern und schlichten Krieger unter die „Ideologen", wie er, oder unter die „Raisonneurs", wie Friedrich der Große sich ausdrückte, gehen würden.

Eins finden wir allen Napoleonischen Offizieren gemeinsam — Muth und Unerschrockenheit vorm Feinde. Man kannte damals noch

nicht die feine Apologie der Feigheit durch „zerrüttete Nerven". An
Anlaß zu letzteren hätte es freilich kaum gefehlt.

Grausame und hartherzige Offiziere, die den Soldaten das schwere
Kampagneleben durch endlose Nörgeleien unerträglich machten, gab es
freilich auch. Fritsch ergänzt seine Konduitenliste sehr interessant durch
ein privates Schreiben an General Zweyer, in dem er z. B. über den
Hauptmann Schiller sich noch folgendermaßen ausläßt:

„Sowie er nach Spanien kam, blieb er seinem alten System treu,
fing an zu kritteln und zanken, nichts war ihm recht, was die Grenadiers
thaten, er gab häufig kleine Arreste, einen Theil der Kompagnie fand
ich in der Kaserne consignirt, der andere stak in der salle de police,
Einige gar im Cachot. Er ermüdete die Leute mit Bogen langen Befehlen, wie sie ihre Suppe kochen müßten; anstatt sie zu haranguiren,
hielte er ihnen ermüdende Reden, die ihnen sagten, daß sie nichts wüßten
und die Zweifel in ihre Tapferkeit setzten u. s. w."

Wir erfahren dabei mit Genugthuung, daß Fritsch die braven
Grenadiere vor der albernen Behandlung des sonst hervorragend tüchtigen
Offiziers zu schützen wußte. Ferner wird uns mitgetheilt, daß die
Kommandanten der kleinen Garnisonen außer Naturallieferungen 600
bis 800 Dukaten „appartes Traitement" bezogen, das die Gemeinden
aufbringen mußten. Man kann daraus schließen, wie die französischen
Armeen in Deutschland und Italien sich haben bezahlen lassen. Da
Fritsch mit beiden Elitekompagnien im Hauptquartier Manzanares bleiben
mußte, so erhielt er nichts, da der Divisionsgeneral alle Kontribution
für sich in Anspruch nahm — er verlangte daher für sich vom Großherzog eine Entschädigung von 1800 Francs, wie sie jeder französische
Bataillonskommandeur zu Repräsentationskosten bezog — Dalberg wehrte
sich aber gegen dergleichen Ausgaben mit hartnäckiger Zähigkeit und
Weisheitssprüchen wie: Gerechtigkeit ist des Regenten erste Pflicht oder
in magnis voluisse sat est, und der bedauernswürdige Fritsch mußte
weiter sehen, wie er mit seiner kargen Gage in dem theuren Spanien
haushalten konnte. Wenn dieser mißmuthig es beklagt, daß er nicht an
„gut rentirenden Kursen und Executions Kommandos" theilnehmen dürfe,
so läßt sich daraus der Schluß ziehen, wie unrecht die Truppen ihre
Feinde allein für Räuber, brigands, erklärten, während sie mit weit
größerem Recht diese Bezeichnung verdienten. Wir finden um diese Zeit
die ersten Merkmale eines Zweifels an dem endlichen glücklichen Erfolg
der französischen Waffen überhaupt; desgleichen wagen die deutschen
Truppen die stolzen Marschälle zu kritisiren, zu denen sie sonst nur

schüchtern aufzusehen wagten. Das Urtheil eines Generals, das früher als unanfechtbar gegolten hatte, bloß weil er Franzose war, wurde nun bespöttelt und mit einer gewissen Gehässigkeit bekrittelt. Es fällt dem Deutschen oft schwer, zwischen seiner Bewunderung und seiner Geringschätzung die richtige Mitte nüchterner Werthschätzung zu finden. Fritsch schreibt unter dem 10. August aus Manzanares:

„Noch vor kurzer Zeit stund ganz Spanien auf dem Spiel. — Die Armee von Portugal war durch die wenige Energie ihres Chefs*) aufgelöst, die Engländer ließen überall ihr siegreich Panner fliegen. Die Feste Olivenza ware gesprengt und verlassen, Badajoz belagert und so ganz Estremadura vom Feinde erobert. Die Schlacht von Albuera, das Gegenstück von der bei Talavera, entschiede nichts, nur die glückliche Vereinigung der ducs de Treviso et de Dalmatie**) befreite Badajoz; ersterer steht im Eingang von Portugal, das Hauptquartier in Elvas, der Andere ist nach Andalusien gegangen, wie man sagt, um dorten à portée zu sein, wenn die Engländer eine Landung bei Cartagena wagen sollten. Ich hoffe noch, daß die armée du contre nach der glücklichen Einnahme der Feste Tarragona — eine der wichtigsten in Spanien — nun bald eine Bewegung nach Valencia machen wird, wobei hoffentlich die Division der Konfoederirten; ich will den Augenblick segnen, wo wir aus der ungesunden la Mancha kommen. Hier sind wir eingekeilt zwischen zwei vom Feinde besetzte Provinzen Murcia und Estremadura; die Guerrillas vermehren sich wie die Pilsen.***) Man zählt itzt deren hier über 6000 und deren Chefs haben für gut befunden, sich Artillerie und Infanterie zuzueignen. Von Vittoria bis Madrid in Arragon, Catalonien, Estremadura sollen sie ebenso überhand nehmen, daß ohne Eskorte von 1000 Mannt) kein Convoy gehen kann. Andalusien ist wider alles Vermuthen die ruhigste Provinz. Die öffentlichen Blätter werden Ew. pp. von den zeither gelieferten Schlachten unterrichtet haben, welche alle unentschieden oder so weit zum Nachtheil der französischen Armeen waren, als die Vortheile davon nicht gehörig benutzt wurden; ein wahres Beispiel davon war die Schlacht von Almeida, die nach allen Augenzeugen gewonnen war und die der Unverstand des Führers verlor. — So sind wir noch, wo wir nach der Schlacht von Ocanna

---

*) Masséna.
**) Marmont und Soult.
***) Soll wohl Pilze heißen.
†) Es ist bezeichnend, wie rasch die Zahlen der nothwendigen Bedeckungsmannschaften steigen.

waren, und nach den Urtheilen jedes Militärs wird dieser Krieg, wenn nicht ein Genie zu dessen Beendigung mit Macht herbei eilt, sich noch ins Unendliche hinaus ziehen und bös endigen."

An Stelle des bisherigen Divisionskommandeurs, General Lorge, trat plötzlich General Treillard, da ersterer auf Napoleons Befehl in Frankreich ein Kommando erhalten und im nächsten Jahre den Feldzug nach Rußland mitmachen sollte. Die Grenabiere des Bataillons mußten ihn daher nach Madrid eskortiren und blieben etwa 4 Wochen von Manzanares abwesend. Ueberhaupt berief Napoleon schon jetzt viele tüchtige Generale zurück, um sie zur Hand zu haben, wenn er sie brauchte. Daß der Kaiser im August 1811 bereits bestimmt den Zug nach Rußland beschlossen hatte, werden wir seiner Zeit nachzuweisen versuchen. Wie wenig sicher selbst im Hauptquartier der Division die Offiziere waren, beschreibt Fritsch in seinem Rapport vom 18. August:

„Der Lieutenant Dambör hat eine schwere Verwundung durch einen Steinwurf am Auge erhalten und zwar bei den Feierlichkeiten am Napoleonstage, wo alle Officiers des Bataillons mit mir auf dem Balcon in Gesellschaft des Herrn Gouverneurs und mehrerer Damen waren, um das Stiergefecht*) (los torros) und nachdem das Feuerwerk abbrennen zu sehen. Hier kamen plötzlich mehrere Steine in der Form eines Eyes, durch Schleudern geworfen, auf den Balcon geflogen, wovon einer eine Dame am Arm und ein anderer Oberlieutenant Dambör am linken Auge töbtlich verwundete. Dieses lecke Benehmen wird den rachsüchtigen Character der Spanier und unsere tägliche Gefahr, dem Meuchelmorde zu unterliegen, hinlänglich schildern."

Der Lieutenant Dielmann unterlag in diesen Tagen den Einflüssen des spanischen Fiebers, das die Eingeborenen „die Pestilenz" nannten. Es scheint eine Abart des gelben Fiebers gewesen zu sein, das in diesem Jahre im südlichen Spanien furchtbare Verheerungen anrichtete. Grausamer als alles Andere war die Isolirung der Kranken. Man versah sie mit Lebensmitteln und Wasser, nagelte dann mit Brettern ihre Hütten zu und schrieb mit großen Lettern darauf: casa de epidemia. Diese Leben bergenden Särge wurden von der Umgebung dann angstvoll gemieden und selbst von den rohesten Soldaten bei der Plünderung verschont — manche bedrohte Familie fand auch durch das Vorgeben eines

---

*) Von dieser grausamen Belustigung haben die Spanier selbst in den größten Bedrängnissen nicht gelassen; selbst im belagerten Saragossa wurden diese Kampfspiele gefeiert; mit Recht führt man die Rohheit des spanischen Volkscharakters auf den Einfluß dieser abscheulichen Schlächtereien zurück.

14*

Fieberfalles eine erwünschte Sauvegarde, denn die Furcht vor Ansteckung verhütete eine sorgfältige Kontrole.

In dieser Noth ist es fast unbegreiflich, daß Fritsch es nicht dahin bringen konnte, den unfähigen Bataillonschirurgen Stößel nach Deutschland zurückzusenden und einen andern engagiren zu dürfen — ja wir lesen mit Erstaunen, daß er um eine Summe von zwei Louisdor betteln muß, die er als Douceur einem badischen Arzt hat geben müssen. So wenig lag das Wohl seiner armen Soldaten Dalberg wirklich am Herzen — so warm er sie auch zu Zeiten seiner Theilnahme versicherte.

Anfang September griffen die Guerrillas von Neuem den verstärkten Platz Ciudad Real an. Major Vogt hatte Mühe, die Eingedrungenen aus der Stadt zu werfen — große Blutlachen sollen von dem Verlust der Spanier gezeugt haben, der diesseitige Verlust war wie gewöhnlich gering. Man verlernte es, sich selbst über unbestreitbare Erfolge zu freuen.

Was wollten aber die Kämpfe gegen die Guerrillas bedeuten, wo das gelbe Fieber seinen tobbringenden Hauch immer vernichtender ausstrahlte. Die Deutschen kannten seine Erscheinungen gar nicht, ihre Aerzte wußten es nicht zu heilen. Schon am 7. September klagt Fritsch:

„Durch die eingerissene Sterblichkeit schmilzt mein braves Bataillon in diesem mörderischen Klima täglich mehr zusammen. Dieser Sommer war einer der heißesten und gefährlichsten und ist es noch. Durch die große Hitze geschwächt leiden wir alle an der Dyssenterie. Nichts ist vermögend sie zu stillen, und so entkräftet ist jeder bei dem geringsten Anfalle einer Krankheit verloren, da ich selten einen aus den Hospitälern zurückkehren sehe. In Almagro bekamen mehrere meiner Soldaten die Pestbeulen, welche Krankheit keiner unserer Feldscheerer zu behandeln wußte, welche aber ein spanischer Arzt sogleich erkannte und gut behandelte. Wenn einer das Glück hat, davon gerettet zu werden, so fällt das Fleisch an der Stelle, wo die Beulen waren, bey der Genesung in Stücken ab und ersetzt sich nicht mehr. Einer wird seine Augen dadurch verlieren. Dieses harte Schicksal erträgt jeder mit dem größten Muthe und kein Wörtchen des Mißmuthes erschallt, wiewohl jeder den Wunsch im Herzen nähren mag, je eher je lieber dieses mörderische Klima mit dem wohlthätigen unseres lieben deutschen Vaterlandes zu vertauschen. Und ich kann mich hier der Eröffnung meiner Empfindungen nicht enthalten — es ist Schade für dieses brave Bataillon, das durch seine Tapferkeit und gute Mannszucht in so hohem Grade Hochdero Wohlwollen und

Zufriedenheit sich zu erwerben wußte und während vier Feldzügen zwei Dritttheile seiner Mannschaft verlohr, sich in dieser Lage gänzlich auflösen zu sehen."

Der Minister, General von Zweyer (er war seit einigen Wochen zu ersterer Stellung befördert), fand sich darauf hin veranlaßt, dem Großherzog einen speziellen Vortrag zu halten, in welchem er die Gründe und zwar stichhaltige anführte, warum es nicht gerathen sei, das Bataillon in Spanien durch ein anderes Frankfurtisches ablösen zu lassen. Das neue hätte jedenfalls durch Klima und Ungewohntheit des Guerrillakrieges noch ungleich mehr gelitten, als das alte ausgewetterte, an die tödtliche Sonne Spaniens gewöhnte. Zweyer fügte aber dieser Schlußfolgerung hinzu, daß er glaube, daß, nachdem die westphälinger, würzburger und andere sächsische Truppen in ihre Garnisonen eingerückt seien, es dem Großherzog nur einen Brief an den Kaiser kosten würde, um dem „Subsidien-"*) Bataillon ebenfalls die Heimkehr zu bewirken. Dalberg setzte diesem Vorschlag ein absolutes Schweigen entgegen, das bei verschiedenen neuen Anläufen Zweyers in dieser Richtung sich hartnäckig wiederholte. Zweyer entschloß sich, unter Anführung seiner eigenen Gründe Fritsch die bittere Mittheilung zu machen, daß von einer Ablösung keine Rede sein könne; die Pille wurde versüßt durch die Bewilligung einer persönlichen Zulage oder vielmehr eines einmaligen Geschenks von 500 Gulden. In dem betreffenden Schreiben lesen wir:

„Hierauf möchten Sie nun selbst ermessen, daß eine Ablösung um so weniger stattfinden könne, da wir täglich einen Ausmarsch zur Armee nach Norden entgegen sehen, besonders weil die Bayern, Württemberger, Badener und Darmstädter bereits dahin marschirt sind."

Die großen Ereignisse warfen also ihren Schatten diesmal weit voraus, und die wiederholten Friedensversicherungen des Kaisers fanden wenig Glauben.

Die Klagen Fritschs könnten zu dem Glauben veranlaßt haben, derselbe sei geneigt gewesen, die Lage seiner Truppe in zu düsteren Farben zu schildern, um dadurch seine Lage irgendwie zu verbessern. Wir finden aber in dem Konzept eines Vortrages, den General Zweyer dem Großherzog persönlich hielt, folgenden Passus, der diese Ansicht als unhaltbar beseitigt:

„Bei dieser Gelegenheit finde ich mich verpflichtet, Eurer Königlichen

---

*) So hieß es wie lucus a non lucendo wahrscheinlich deßhalb, weil der Großherzog keine Subsidien dafür empfing.

Hoheit die wahre Lage des Subsidien-Bataillons so zu schildern, wie ich sie, nicht von Herrn Großmajor Fritsch selbst, sondern aus mehreren andern Privatbriefen erfahren habe, denn der Herr Großmajor, ein Mann von vieler Ambition, verschweigt oft in seinen Rapportschreiben die traurige Lage seines unterhabenden Bataillons. —

Abgesondert von der großen Armee steht es in der Provinz Mancha in drei Stationen vertheilt und kann keinen Theil an den Siegen über die kombinirte spanische und englische Armee nehmen. Umrungen von hinterlistigen Mördern, müssen die deutschen Truppen in dieser Provinz hinter Verschanzungen und Mauern unthätig liegen, um sich gegen Dolche und Vergiftungen zu schützen und dort den mörderischen Krank-heiten des Klimas unterliegend, dem unvermeidlichen Tode täglich ent-gegen sehen. Offiziere und Soldaten sehen aus wie die Leichen und schleichen nur noch als Schatten elend und lebenssatt umher; kömmt ein Mann ins Lazareth, so ist er verlohren, denn er stirbt sicher allborten. Die Brigands, welche sie umgeben und täglich auf ihren Ruin lauern, attaquiren sie nicht eher, als bis sie zwey oder dreymal stärker sind; reussiren sie nun, wie es ohnlängst gegen das Regiment Nassau geschah,*) so ist eine solche Niederlage ein Nachtheil für den Ruf der Truppe, welche in der Linie gegen einen regulirten Feind nur Ruhm erfochten haben würden. Ueberdieß ist die Lage des Großherzoglichen Bataillons, in drei Stationen vertheilt, sehr traurig, indem sie nicht vor- noch rück-wärts können und ihnen die über die Brigands erfochtenen Siege, bey welchen fast immer Leute verlohren werden, nie in rühmliche Anrechnung

---

*) Diesem war ein meilenlanger Convoi, den es eskortirte, von den Banden-führern Polier (genannt el Marquesito, der kleine Marquis) und Chaleco abge-nommen worden. Oberst Kruse rettete sein Regiment nur dadurch, daß er die zusammenlaufenden schleunigst Karree formiren ließ und sich geschlossen weiter be-wegte. Dennoch hatte er schwere Verluste, Leute im dritten Gliede wurden von Lanzen durchbohrt. Seine Kranken, die er auf Wagen mit sich führte, wurden erschlagen, mit Ausnahme des Grenadiers Peter Müller, der seinen Fuhrmann zwang, nach dem Karree zu fahren. Bald wurde er von etlichen zwanzig feind-lichen Kavalleristen umringt. Er aber, unerschrocken bei dem Anblick einer solchen Ueberlegenheit, schoß einen derselben vom Pferde und vertheidigte sich so lange mit dem Bajonett, bis er mit vierzehn schweren Wunden zusammenbrach und von den Feinden für todt liegen gelassen wurde. Er ward geheilt und erhielt die silberne Medaille. Von den unvergleichlichen nassauischen reitenden Jägern blieben Lieute-nant von Eschwege und neun Chasseurs todt, die Lieutenants v. Rettberg und v. Reichenau und fünfundzwanzig Chasseurs wurden verwundet. Von der nassaui-schen Infanterie blieben einige vierzig Mann. Der weggenommene Convoi hatte Getreide enthalten, die deutschen Truppen litten daher bald Mangel an Brot.

kommen. Ich bin ganz von diesem so ausgezeichnet braven Stabsoffizier wie auch von dem ganzen Bataillon fest überzeugt, daß sie nie an's Zurückgehen in ihr Vaterland denken würden, wenn sie bey der großen Armee stünden und theil an ihren Siegen nehmen könnten."

Ein Unglück kommt nie allein. Mit der Krankheit trafen das Bataillon mehrere schwere Schläge durch unvorsichtige Detachirung kleiner Abtheilungen, die nie wieder zurückkehrten, und durch Echecs, die es seitens der Guerrillas erlitt. Wir geben den Rapport von Fritsch (datirt Guadalaxara 11. November) wörtlich wieder, um ihm dadurch seine originelle Frische zu erhalten:

„Den 10. September erhielt ich Ordre, das Kommando des Platzes von Almagro zu übernehmen. Die Eliten-Kompagnien*) aber blieben in Manzanares. Der in dieser Gegend so zahlreiche Feind attaquirte fast täglich meine Eskorten und den Platz Ciudad Real, aber immer ohne Erfolg und mit merklichem Verluste, bey welchen Gefechten das Bataillon nur zwey leicht Blessirte hatte. Am 19. September mußte ich auf Ordre des Herrn General-Gouverneur einen Offizier, Herrn Ober-lieutenant Weber, mit 50 Bajonetts nach St. Cruze beordern, um die dortige Garnison zu verstärken. Hier verlor dieses Detachement in der Nacht auf den Vorposten durch einen feindlichen Ueberfall 2 Mann, welcher Posten, mit Nassau gemischt, unter Kommando eines Korporals von Nassau stand. Dieß sollte vermuthlich nur ein kleines Vorspiel zu größerem Unglück sein. Am 29. September Morgens 8 Uhr erschienen 30 feindliche Lanciers vor Almagro und sprengten in die Vorstadt. Ich ließ sogleich die Reserve ausrücken, um die retranchirten Straßen und Barrières zu besetzen, commandirte einen Capitain Herrn Hauptmann Schuler, ein Lieutenant von ci devant Holland**) und fünfzig Mann gemischt mit der bestimmten Ordre, weil meine Garnison sehr schwach war, nur den Feind zu eclairiren und aus der Vorstadt herauszuwerfen. Von diesen Maaßregeln unterrichtete ich den General Chassé, der durch curiose (sic) Verhältnisse sich den Aufenthalt in Almagro zu verschaffen wußte und dadurch als nöthige Folge das Obercommando über die Truppen hatte, und beritt mit Adjutantmajor Dambör in möglichster Eile die Barrières und Posten, um zu sehen, ob Alles gehörig besetzt und unterrichtet sey. Bei meiner Zurückkunft auf dem Marktplatz hörte

---

*) Also Grenadiere und Voltigeure.
**) Das Regiment Holland hatte seit der Einverleibung der Niederlande in das Kaiserreich aufgehört, als solches zu existiren.

ich vom Officier der Wache, daß General Chassé 16 Mann von derselben genommen und mit diesen zu Fuß zur Stadt hinaus sey, um
das Detachement des Hauptmann Schuler zu erreichen, welches den
Feind schon zur Stadt hinausgeworfen und im Zurückkehren begriffen war.

Bei seinem Eintreffen befahl der General den Feind zu verfolgen
und übernahm das Kommando. Nun wurde sogleich ein Lieutenant mit
30 Mann zum Plänkeln, ein Sergeantmajor, Farrenkopf, mit 14 Mann
rechts vorwärts auf die Straße nach Ciudad Real commandirt. Der
Feind wurde hitzig verfolgt, er wich überall auf 1000 Schritt und zog
sich nach Valenzuella zurück, eine anfangs offene, aber rückwärts buschigte
und bornirte*) Gegend. Als ich dies hörte, dachte ich nicht länger in
der Stadt bleiben zu können und engagirte daher den mit seinem Re-
gimentsdepot in Almagro liegenden Chef d'Escadron des 13. Dragoner-
Regiments, seine 2 Officiers und 5 Dragoner, welche zu Pferde auf
dem Platze hielten, mit mir hinaus zu reiten und den General aufzusuchen, welches bei 2000 Schritt vor der Stadt geschah. Bei meiner
Ankunft sagte ich sogleich: „Aber, Herr General, warum den Feind
so weit und in so gefährliche Gegend verfolgen? Sie sehen ja, daß die
Feinde nicht auf 1000 Schritt halten und mit so wenig Infanterie
werden wir doch die Kavallerie nicht erlaufen sollen." Dieses Nämliche
wiederholte ich mehr denn zwölf Mal und Kapitän Schuler machte
mehrmals die Bemerkung: „Aber, Herr General, die Tirailleurs sind
zu weit avancirt und ausgedehnt, ich werde das Zeichen zum Einziehen
geben lassen." Diesem bot er Arrest an und mir gab er nie Antwort.
So avancirte er unsinnig, bis wir in der Falle waren. — Von Weitem
sah ich mehrere Vedetten auf den Hügeln halten, worauf ich ihn ebenfalls aufmerksam machte, aber nun sah ich auch Staub hinter den
Hügeln rechts und links aufsteigen. In dem Augenblick sagte ich: „Aber
nun, General, ist es Zeit, die Tirailleurs einzuziehen, oder es ist Alles
verloren!" „Ja, das thun Sie!" Ich sprengte hin, denn sie waren
bey 1000 Schritt avancirt; beym Eintreffen kam mir mein Adjutantmajor
entgegen und sagte: „Es ist Alles verloren, fort! Der Befehl zum Zusammenziehen ist schon gegeben!" In diesem Augenblick waren die Tirailleurs
von 400 Pferden umgeben und abgeschnitten; alle Tirailleurs wurden
theils gefangen, theils niedergestochen und nur unsere guten Pferde und
Säbel retteten mich, den Adjutantmajor Dambör, den Chef d'Escadron,
1 Lieutenant und 1 Dragoner, 4 Dragoner wurden vom Pferde ge-

---

*) Schnurriger französirender Ausbruck für „unübersichtliche".

stochen. So kamen wir mit dem Schwarme der Kavallerie bey dem rückwärts stehenden Häufchen von 30 Mann, commandirt von Capitaine Schuler, an, der sich rechts in die Oliven geworfen hatte. Hier mußten wir deren Feuer mit aushalten, welches uns von unserer zahlreichen Begleitung ein wenig befreyte. Ich hatte kaum so viel Zeit, dem General zuzurufen: „Ich jage in die Stadt, um Renfort und die Kanone zu holen." Adjutantmajor Dambör und ich sprengten so eine Stunde weit fort, verfolgt auf beiden Seiten von einem Schwarm feindlicher Reuter und hinter uns viele mit eingelegten Lanzen. So kamen wir in die Stadt, wo sich 8 Lanciers in der graben Straße vor uns präsentirten, um uns anzunehmen, aber zum Glück war rechts noch eine kleine Straße, deren Ausgang zu einer Barrière führte. Diese schlugen wir ein und entkamen glücklich. Ich ließ sogleich die Kanone anspannen, deren Pferde ich schon vor dem Ausritte hatte anschirren lassen, sammelte alle Waffenfähigen, die ich ebenfalls zwei Tage vorher aus Vorsicht als Officier Burschen, Trainsoldaten, Artillerie hatte bewaffnen lassen und zog mit einer pièce à huit*) und mit 25 Mann Bedeckung, bestehend aus armirten Domestiquen, Reconvalescenten, Hospitalisten, Trainsoldaten, Dragoner zu Fuß und meinen Sappeurs zur Stadt hinaus, um das kleine brave Häufchen in den Oliven zu retten. Bei meinem Austritte standen links 160 Pferde, um mir in die flanque zu fallen und vor mir rechts 50 Pferde. Ich suchte daher im Sturmlauf eine kleine Promenade zu gewinnen, placirte die Kanone vor selbe auf eine kleine Erhöhung und begrüßte die links mit etwelchen Kugeln und die rechts mit etlichen Kartätschenschüssen, welche so gute Wirkung machten, daß beyde Partheien in Unordnung geriethen und auf mehrere weitere Kanonenschüsse ihr Heil in der Flucht suchten. Nun eilte ich meinem braven Capitaine Schuler zur Rettung zu, von dem ich während meines Feuers nichts hörte, also nicht wußte, ob er noch existire oder nicht. Aber voller Zuversicht auf ihn und meine Soldaten eilte ich immerfort und erreichte sie glücklich. Wir durchzogen das Schlachtfeld, um die Todten zu sammeln, wo wir denn mit vielem Verluste wieder in unsere Garnison zurückkehrten. Der Feind ließ 20 Todte auf dem Schlachtfeld liegen und führte viele schwer und leicht Blessirte durch Valenzuella mit sich fort.

Das Resultat dieser unüberlegten, unmilitärischen Handlung des General Chassé war, daß wir 3 Todte hatten und alle Tirailleurs,

---

*) 8 cm = Kaliber.

bestehend in 2 Officiers und 24 Unteroffizieren und Soldaten, meist schwer blessirt in die feindliche Gefangenschaft geriethen.*) Das Gefecht hätte die noch schlimmere Folge haben können, daß, wenn diese zahlreiche Kavallerie ihr Handwerk verstanden hätte, sie mich mit meinem canon sogleich genommen hätten, wodurch der Platz von Almagro und so noch am nämlichen Tage der von Ciudad Real hätte genommen werden können, indem diese Plätze nur für das Anprallen der Kavallerie befestigt sind, und so wäre ohne mein Verschulden — oh, ich darf noch nicht ohne Wuth und Schmerzen daran denken! — das ganze Centrum,**) der große und kleine Stab, der Train, Fourgons, Bagage und Cassa meines Bataillons in einem Nu verloren gewesen. Ich finde mich verpflichtet, die Namen einiger Tapferen alleruntertänigst vorzulegen und anzuempfehlen:

Herr Capitaine und Adjutantmajor Dambör zeichnete sich durch seine thätige Hülfeleistung, durch sein kaltes, tapferes Benehmen wie immer und Capitaine Schuler durch seine einstündige, gegen einen weit überlegenen Feind ausharrende Gegenwehr auf's Rhümlichste aus. Ferner meine Sappeurs als Caporaur Huck und Scheer, welche beyde schon, ersterer die silberne, der andere die goldene Medaille tragen, ferner Sappeur Steigerwald und Eisert, ferner Füselir Sergeant Nicolaus Ruland, Caporal Georg Heer und Soldat Joseph Kunkel."

Das aufregende kleine Gefecht ist in mehr als einer Hinsicht lehrreich. Es zeigt die Gleichgültigkeit der französischen Generale gegen Menschenverlust, eine hochfahrende Unzugänglichkeit gegen Untergebene und eine Unterschätzung des Gegners, die alle Vorsicht vergessen machte und dem Jahre lang gewohnten Glück viel zu sehr vertraute. — Taktisch interessant ist, daß die deutschen Offiziere alle ihre Sache verloren geben, sobald die schlechte feindliche Kavallerie die Ihrigen in aufgelöster Ordnung überrascht. Selbst gegen diese schlaffe Reiterei findet und sucht man nur Schutz im Karree. Die moderne Kriegführung wird infolge der unendlich verbesserten Feuerwaffen gegen die beste Kavallerie der Welt sich wohl hüten, athemlose Soldaten zu unbehülflichen Vier-

---

*) Fritsch nennt nicht die Namen der Offiziere; wir erfahren aus einem späteren Rapport, daß General Treillard den feindlichen Bandenführern eine sehr vortheilhafte Auswechselung der Gefangenen anbot. Sie nahmen diese indeß nicht an — auf einem Transport derselben nach Portugal wurde der Convoi von der Bande der Chaleco überfallen und alle Frankfurter ermordet.

**) Das heißt die vier Füsilier-Kompagnien; bei rangirtem Bataillon standen die Grenabiere auf dem rechten, die Voltigeurs auf dem linken Flügel.

ecken zusammenlaufen zu lassen, die die Feuerwirkung nur hemmen. Fritsch fährt in seinem Bericht fort:

„General Chassé schickte sogleich über dieses Gefecht eine Relation an den Generalgouverneur nach Manzanares ab, worin er sich, wie ich vermuthen mußte, schön gemacht haben wird. Ich fand es daher meiner Ehre und der der Truppe gemäß, auch die meinige einzusenden. Die seinige wurde von den Brigands aufgefangen und die meinige, ungeschminkt und allein der Wahrheit gemäß, kam, weil ich sie später abschickte, glücklich an. Der Herr Generalgouverneur ertheilte mir und dem Bataillon seine volle Zufriedenheit und viele Lobsprüche. Den General Chassé machten sie aber über die vielen Beschuldigungen verantwortlich.

Während dieser Unterhandlung bekam ich Ordre, mich mit meinen Elitecompagnien in Manzanares zu vereinigen. Die Garnison von Ciubad real marschirte daher den 8. October nach Almagro und ich mit dem ganzen Centro den 9. von da nach Manzanares ab, von wo wir ohne Rasttag in forcirten Märschen über Toledo nach Madrid marschiren mußten, um dort die weiteren Ordres zu empfangen. Hier wurde ich vom Divisionsgeneral Daultaune, chef d'état major des Königs und der Armee des Centrums, Generalgouverneur von Madrid, sehr artig empfangen und mein Bataillon mit vielen Lobsprüchen belegt. Ohnerachtet dessen konnte ich keinen Rasttag von ihm erhalten, sondern mußte den 17. über Alcala und den andern Tag nach Guadalajara marschiren, wo ich den 18. October ankam. Die elftägigen forcirten Märsche bei einer unmenschlichen Hitze, worin ich 112 Stunden zurücklegte,*) kostete mich beim Eintreffen allhier viele Kranke, über 600 Paar Schuhe und zwei Trainpferde; ohnerachtet aller getroffenen Vorsicht, da ich immer Nachts zwei Uhr abmarschirte, konnte ich der in dieser Jahreszeit ungewöhnlichen Hitze nicht entgehen, da sie schon von Morgens acht Uhr anfing, wüthend zu brennen. Diese forcirten Märsche verursachte der spanische Partheigänger Empecinado (vormals Kohlenbrenner), der die Provinz und schwache Besatzungen mit 4000 Mann Infanterie und Artillerie drängte. Hier, wo ich dachte mit dem Bataillon einige Erholung zu genießen, mußte ich sogleich unter Kommando des Bataillonchef Vogt

---

*) Aus einem uns vorliegenden Privatbrief ersehen wir, daß auf diesem Marsch die Soldaten auf den Gedanken verfielen, sich während der Rast auf den sonnendurchglühten Berghalden dadurch Schatten zu verschaffen, daß sie je vier Gewehre mit den Bajonetten in die Erde stießen und darüber ihre Mäntel hingen. Sie nannten diesen Schutz scherzhaft: „die je länger je lieber-Laube“.

300 Mann commandiren, um nach Pastranna zu marschiren und Lebensmittel zu nehmen. Nach deren Eintreffen wurde eine Kolonne, bestehend
aus dem ganzen Bataillon, dem königlich westfälischen Chevaulegers-
Regiment, 300 Pferde stark, einer Kompagnie vom 21. französischen
Linien-Regiment, zwei Piècen Artillerie und etwelchen Kompagnien
spanischer *) Regimenter, die aber mehr zum Ausfüllen als zum Verlassen
waren, detachirt. Der General Empecinado flüchtete sich aber bei ihrer
Annäherung nach Arragonien. Der Gouverneur der Provinz, Marquis
Rio de Milano, Kommandant der Kolonne, benützte diesen günstigen
Augenblick und suchte 1800 Maulthiere in den Gebürgen zu sammeln,
welche alle mit Frucht beladen hieher gebracht wurden. Dieser
Marsch dauerte wieder zwölf Tage durch die unwegsamsten Klippen
und Gebürge bey einem immerwährenden Regenwetter, wovon itzt die
Jahreszeit eingetroffen ist, und verursachte wieder viel Kranke.**)

---

*) Unter diesen war nur ein kleines Korps beherzter und gewandter Sol-
daten, die sogenannten „contraguerrillas", auf die sich König Joseph ganz verlassen
konnte. Ihre Anführer El Margo, Mesa, Morales und Andere dienten früher den
Kortes, wurden theils durch Versprechungen und Geld gewonnen, theils als Gefangene
unter der Bedingung, dem König fortan zu dienen, begnadigt. Sie waren natürlich
von ihren Landsleuten glühend gehaßt, denen sie empfindlichen Abbruch thaten.
Man kann ihre Dienste mutatis mutandis etwa mit der schwarzen Polizei in Australien
vergleichen, die auch mit dem Jagdeifer eines guten Hundes hinter Ihresgleichen
her ist. Ihre Treue war auf Selbsterhaltung basirt; denn wenn sie sich fangen
ließen, so war ihr Schicksal besiegelt.

**) In welche Hände diese Unglücklichen geriethen, kann man aus einem Privat-
brief Fritschs an General Zweyer entnehmen, worin er über den einzigen Arzt beim
Bataillon, Chirurg Stößel, schreibt:

„Er heuchelte bisher nur eine Besserung in seiner Leidenschaft des Trunkes
und betrog mich, indem er sich in jeder Nacht betrank, da er dies durch allabendliche
Visitirung des adjutant-sousofficier am Tage nicht konnte. Dies beweist erstens,
daß, da Oberlieutenant Dambör ihn Abends spät zur Verbindung seines verwundeten
Auges holen ließ, er ihm eine Bouteille scharfen Spiritus übers Gesicht goß, wodurch,
wenn er sich nicht geschwind gewendet hätte, er auch sein gesundes Auge hätte
verlieren können; zweitens, beim Abmarsche aus Manzanares nach Almagro ließ
ich ihn Abends mit Vorsatz visitiren, wo er noch bei Sinnen war; aber Morgens
drei Uhr war er so berauscht, daß es unmöglich war, ihn mitzunehmen. Drittens
betrank er sich auf den letzten Märschen dergestalten, daß er sein ganzes Gesicht zerfiel
und durch zwei Soldaten mußte fortgeschleppt werden."

Selbst auf diese Meldung hin wurde Stößel nicht zurückberufen, da, wie sich
Zweyer äußert, „die Hauptkrankheiten ja in den französischen Hospitälern behandelt
würden." Man scheute eben die Reisekosten für einen andern Chirurgen und ließ
wegen einiger hundert Franken eine Menge braver Soldaten verloren gehen.

Soeben erhalte ich die Ordre von Sr. Katholischen Majestät, morgen früh fünf Uhr nach Tarancon abzumarschiren; die große Bagage wird nach Madrid gehen, um mit nächster Gelegenheit zum Bataillon kommen zu können. Ich glaube, da dieß die gerade Route von Madrid nach Valencia ist, daß ich das Glück haben werde, Se. Majestät den König dahin zu begleiten."

Die bevorstehende Einnahme von Valencia durch Suchet war der Grund der intendirten Reise des unglücklichen Monarchen, der diesen Schimmer rückkehrenden Waffenglücks benutzte, um nach Art seines großen Bruders eine Ordre du jour zu erlassen, die den spanischen General Blake von seinen eigenen Leuten ermordet werden ließ und von dergleichen ungeheuerlichen Gerüchten wimmelte. Auf die detaillirten Schilderungen über die Lage des Bataillons erhielt Fritsch von General Zweyer den zweifelhaften Trost:

„Ich kann Ihnen daher nichts Anderes sagen, als Sie an jene Ausdauer zu erinnern, mit welcher Sie als Muster für Ihr unterhabendes Bataillon bisher zur Ehre des Dienstes alle Mühseligkeiten ausgehalten haben. Sagen Sie indessen dem ganzen Officierkorps recht viel Schönes in meinem Namen und geben Sie demselben sowie der Mannschaft meine vollkommenste Zufriedenheit zu erkennen."

Die Hoffnung Fritschs, den König nach dem schönen Valencia begleiten zu dürfen, ging nicht in Erfüllung. Vielmehr mußte das Bataillon von Guadalajara aus einen gänzlich erfolglosen, aber desto aufreibenderen Krieg gegen den älteren Mina in den Bergen der Sierra de Guadarama führen. Dieser Bandenführer trat erst in Aktion, als die Franzosen seinen Neffen, den jüngeren Mina, gefangen hatten — er war jedenfalls der kühnste und verwegenste, sowie der gewandteste aller spanischen Guerrillaführer. Er erfuhr immer acht bis vierzehn Tage voraus, wann einer der großen Convois von Madrid nach Bayonne eskortirt wurde, und lauerte dann meist in der schluchtenreichen Gegend von Mondragon auf seine Beute. Er war hauptsächlich deshalb so gefährlich, weil er sich an kein bestimmtes Operationsfeld band. Er war überall und nirgends, von den Bergen Biscayas und Navarras bis in die Mancha hinein. Die Eingeborenen sprachen zuletzt von ihm mit abergläubischer Furcht wie von einem Berggeist und wußten nicht recht, ob sie ihm einen Bund mit den guten Mächten oder mit dem Teufel andichten sollten. Gegen Mina konnte sich das Bataillon keine Lorbeeren holen; er entwich mit der Gewandtheit einer Gemse trotz der

eifrigſten Verfolgung ganzer Diviſionen. Unglücklicher war ſein Waffen-
gefährte Franci* quetti in der Mancha, der ſo oft auch einen Strauß
mit den Deutſchen beſtanden hatte. Die Badenſer fingen ihn endlich
bei Belmonte — ein franzöſiſcher Dragoneroffizier erſchoß feige den
ſchon gefangenen. Der General d'Armagnac war darüber ſehr aufgebracht,
ließ den Todten mit allen militäriſchen Ehrenbezeugungen beerdigen und
erwies ihm ſelbſt die Ehre ſeiner Begleitung.

Dieſe dem Todten erwieſene Achtung verſöhnte aber den Sohn des
berühmten Führers nicht, der ſich von da ab an die Spitze der Guerrilla
ſeines Vaters ſetzte und den Franzoſen bald weit furchtbarer ward, wie
dieſer es geweſen. Wir finden überhaupt in dieſem Kriege viele
Anklänge an die korſiſche Verpflichtung der Blutrache. Wie viele
Spanier treten erſt dann in die Reihen der unerbittlichen Rächer,
wenn ſie ein geliebtes Haupt zu beweinen hatten, das die Fremden
getödtet.

Die Einzelheiten über die Begegnungen, welche das Frankfurter
Bataillon mit Mina hatte, ſind leider verloren gegangen. Drei dies-
bezügliche Rapporte Fritſchs gelangten nicht an ihre Adreſſe. Entweder
ſind ſie dem Gegner ſelbſt oder dem ſchwarzen Kabinet Napoleons in
Bayonne zum Opfer gefallen. Da uns auch unſere ſonſtigen Quellen
für die Dauer von ſechs Wochen im Stich laſſen, ſo müſſen wir dieſe
Epoche unaufgeklärt laſſen und den Faden unſerer Erzählung erſt wieder
für den 21. Dezember 1811 aufnehmen.

Wenn bereits früher hervorgehoben werden mußte, daß in der
Uneinigkeit der franzöſiſchen Befehlshaber einer der Hauptgründe zu
ſuchen ſei, weshalb die Unterwerfung Spaniens nicht gelang, ſo erhält
dieſe Behauptung ihren unwiderleglichen Beweis durch die großen
Ereigniſſe, welche Ende 1811 den ſeit einem Jahre ſchleppend zu
nennenden Gang des Krieges zu raſcher und überſtürzender Eile brachten.
Die Franzoſen hätten ſich ſagen müſſen, daß ihr hauptſächlich zu fürchtender
Gegner das alliirte Heer unter Wellingtons vorſichtiger, aber energiſcher
Führung ſei. In der Beſiegung deſſelben lag allein die Anbahnung
des glücklichen Ausganges des Krieges. Die franzöſiſchen Marſchälle
hätten daher konzentriſch gegen ihn vorgehen müſſen mit aller irgend
verfügbaren Kraft, unter dem einheitlichen Oberbefehl Soults, mit
Aufgabe der Provinzen, ja wenn es ſein mußte, der Hauptſtadt und
alleiniger Sicherung der unentbehrlichſten Etappenſtraßen. War Wellington
geſchlagen und auf ſeine Schiffe gejagt, oder vielleicht gar von dieſen

abgeschnitten und vernichtet, dann fielen Städte und Provinzen wie reife Früchte dem Sieger in den Schooß, deren Erringung jetzt ein Meer von Blut kostete.

In träger Ruhe blieben dagegen die französischen Nord- und Süd-Armeen in Galizien und Andalusien stehen und sahen zu, wie die sogenannte Armee von Portugal unter Marmont einen belanglosen und hinhaltenden Krieg gegen Wellington führte, dabei aber weiter und weiter an den mittleren Tajo gedrängt wurde. Immer gefahrdrohender wurde für die isolirten Festungen Ciudad Rodrigo und Badajoz das Zurück-weichen der französischen Front. Ihre schwachen Besatzungen reichten nicht aus für die zähe Festhaltung dieser Punkte, deren Wichtigkeit bereits beleuchtet worden ist. Der Möglichkeit, ihnen schnell zu Hülfe kommen zu können, begab sich aber Marmont unbegreiflicher Weise durch die Detachirung dreier Divisionen, die unter Führung des General Montbrun*) nach Valencia zur Unterstützung Suchets im Dezember 1811 von Toledo aufbrachen. Der Letztere wäre, nachdem er Lerida, Tortosa und Tarragona genommen, wohl in der Lage gewesen, mit eigenen Kräften auch Valencia niederzuringen; sei es aber, daß die französischen Führer die Kraft des dort kommandirenden General Blake wirklich überschätzten, sei es, daß die zähe, hinhaltende, auf kein Wagniß sich einlassende Kriegführung Wellingtons sie zur Verzweiflung brachte, und sie in ihrer Ungeduld, wenigstens etwas thun zu wollen, das Falsche thaten — kurz, auch die Armeen du Nord und du Centre wurden in das allgemeine Vorgehen gegen Valencia mit hineingezogen. Von ersterer wurden die beiden Divisionen Reille und Caffarelli nach Teruel und Saragossa instradirt. Während dieser die Katalanen und die Hauptführer der Guerrillen niederhalten sollte, wurde dann Reille in Eilmärschen nach Valencia selbst gezogen, um dort bei der Belagerung der gleichnamigen Hauptstadt der Provinz mitzuwirken.

Von der Armée du contre wurde aber eine kombinirte starke Di-vision unter General d'Armagnac vom oberen Tajo auf der großen Heerstraße durch Neu-Kastilien gegen Valencia gesandt, um dort Suchet selbst die Hand zu reichen und auf ihrem Vormarsch die linke Flanke des General Montbrun zu decken.

Der Division d'Armagnac wurden auch die Frankfurter zugetheilt

---

— in ihr eintöniges Leben brachte der wilde, resultatlose und entbehrungsreiche, aber interessante Zug eine immerhin willkommene Abwechselung. So zog denn in fünf großen Kolonnen eine unverhältnißmäßig starke französische Armee gegen den Osten der weiten Halbinsel, den Rücken gegen den lauernden gefährlichsten Feind gewendet; dieser ließ den günstigen Moment nicht vorübergehen. Der Feldherr, der bisher ein Fabius Cunctator zu sein schien, wurde plötzlich ein Hannibal. Aus seinen geschützten Stellungen in Portugal hervorbrechend, berannte er im Januar das wichtige Cindab Rodrigo und brachte es bereits am 19. Januar zum Fall — befriedigt kehrte Wellington zunächst in seine Schlupfwinkel zurück, um bald darauf einen neuen Ausfall gegen Badajoz zu machen. Die starke Feste fiel am 9. April einer Eskaladirung zum Opfer, die mit beispielloser Tollkühnheit durchgeführt wurde.*) Zu spät und mit zu schwachen Kräften eilte Marmont zum Entsatz herbei — in der gewonnenen Stellung schöpfte sein großer Gegner Athem, um dann im Juli über ihn herzufallen. In der Ebene von Salamanca, bei den beiden Hügeln der Arapilen, ward die blutigste Schlacht des Feldzuges geschlagen. Marmont unterlag, und seine Armee wurde bis nach Navarra getrieben. Der Anfang vom Ende begann. Die Frankfurter wurden in die äußeren Ringe des kreisenden Strudels dieser entscheidenden Ereignisse mit hineingezogen. Wir begleiten sie indeß zunächst erst auf ihrem Zuge nach Valencia. In der Avantgarde der Division d'Armagnac erreichten sie am 21. Dezember 1811 Cañada del Ojo im Stromgebiet des Lucar und in der wildesten Gebirgsgegend der Provinz Cuenca. War der Sommer heiß gewesen, so war der Winter ungewöhnlich kalt.**) Die Bergpässe lagen so voll Schnee, daß weder Artillerie noch Bagage sie passiren konnten. Die vorgesandte Kavallerie mußte mit Schaufeln mühsam den Weg bahnen. Von dem Gebirgsknoten des San Felipe streichen, fast parallel gerichtet, mehrere mächtige Bergriegel nach Süden; auf den folgenden Märschen nach Gannetta und Moya mußte die Marschkolonne sie quer überschreiten. Der Weg, der eben mühsam die wollige Höhe erklommen, führt sofort wieder in abschüssige Tiefe, um das gleiche Spiel sofort zu wiederholen. So sah

---

*) In der Vertheidigung verblutete sich das wackere deutsche Regiment Hessen.
**) Die Offiziere quartierten sich daher in den Küchen ein, die allein Heizvorrichtungen besaßen. Der Eingeborene wohnt bei kaltem Wetter selbst am Herdfeuer; die Küche ist daher in diesen Gegenden mit Möbeln und Bildern ausgeziert und dient sogar der Dame des Hauses zum Empfangsalon.

das Ende der Division die Spitze auf dem Rand der gegenüberliegenden Berghalde in anscheinend greifbarer Nähe und doch waren sie 5 bis 6 Wegstunden von einander getrennt. In Gannetta wurde Hauptmann Schuler mit 100 Bajonetten zurückgelassen — ein wenig neidenswerther Posten. Rings waren die Einwohner bis auf den letzten geflohen — winterliche Todtenstille herrschte rings umher — stundenweit mußten kleine Detachements streifen, um in gefährlicher Einsamkeit einige Garben Getreide zu erbeuten. Von Moya aus ging General d'Armagnac mit dem Rest der Frankfurter, dem französischen 73. Linien-Regiment und etwas Kavallerie bis Taraguellas vor, um von dort mit dem Belagerungskorps Suchets Verbindung aufzusuchen. Es wurden mehrere Detachements deshalb in die Thäler des Guadalaviar und Magro bis Chelva und Utiel vorgetrieben, allein es fand sich, daß Suchet die Cernirung der Stadt Valencia bereits durchgeführt und seine Armee eng um deren Wälle konzentrirt habe. Um wenigstens etwas zu thun, ließ d'Armagnac die kleinen Gebirgsstädte durch Detachements durchsuchen, einige dort aufgefundene kleinere Magazine abführen und einige Druckereien der Junta von Valencia zerstören. Gegen eine feindliche Presse hatten die Truppen noch nicht zu kämpfen gehabt aus dem einfachen Grunde, weil nur sehr wenige Spanier der schwierigen Kunst des Lesens gewachsen waren; — gab es doch im ganzen Lande nur eine einzige — die Madrider — Zeitung auch vor der französischen Invasion. Da Suchet die direkte Theilnahme der Division d'Armagnac an der Belagerung der Stadt Valencia ablehnen zu müssen glaubte, so entschloß sich diese, in ihrer Erwartung getäuscht, zum Rückmarsch auf dem eben passirten Wege. Die gleichen Etappen wurden in den Tagen bis zum 28. Dezember zurückgelegt. Die Frankfurter finden wir in Cuenca wieder vereinigt. Fritsch schreibt: „Dieser cours war einer der mühsamsten wegen ungeheuren Gebürgen, schlechten Wegen, Witterung und forcirten Märschen durch Flüsse, steile Klippen und gänzlichen Mangel an Lebensmitteln." Am 29., einem Rasttage, erhielt er den willkommenen Befehl „unter die ordre du général de division, comte de Montbrun, général en chef du corps de l'expédition sur Valence, zu passiren." Montbrun brach erst am folgenden Tage von Tarancon (am oberen Tajo) auf und erreichte am 31. Belmonte, wo die Frankfurter, über Valverde und Alberca kommend, sich mit ihm vereinigten. Der Temperaturwechsel in diesen Tagen war ein überraschender. Fritsch meldet: „So schönes und ungewöhnlich warmes Wetter es am 30. Dezember war,

so geschwind änderte es sich desselbigen Abends, wo Regen und so häu-
figes Schneegestöber die Nacht durch einfiel, daß wir am folgenden Tage
ohne Spur eines Weges viele Stunden lang durch 2 Fuß hohen Schnee
waten mußten. Die Neujahrsnacht brachten die Offiziere mit denen
des 22. Dragoner- und 26. Chasseur-Regiments zu. Man hatte „du
vin chaud" in genügender Menge aufgetrieben, und so ließen sich die
grübelnden Gedanken verscheuchen, die, in Vergangenheit und Zukunft
schweifend, Nichts erblicken konnten, was in solcher Stunde das Herz
froh und heiter stimmen mag."

Achtes Kapitel

Feldzug in Spanien. 1812.

Der erste Tag dieses bedeutungsvollen Jahres war für unsere
Frankfurter ein Rasttag. — Der 2. Januar sah sie aber bereits wieder
auf dem Marsche in Schnee und Regen, was der Norddeutsche so bezeichnend „Schlackerwetter" nennt, über San Clemente nach Minaja.
Hier zeigten sich zum ersten Male wieder feindliche Reitertrupps; es
blieb indeß unentschieden, ob sie einer selbstständigen Guerrilla oder den
von Valencia abgeschnittenen Korps der spanischen Generale Bassecourt
und Freyre angehörten (letzterer war ein Bruder des 1809 von seinen
eigenen Leuten ermordeten Führers). Das französische 26. Chasseur-
Regiment, das an der Tête der Kolonne marschirte, griff den vor Minaja
aufmarschirten Feind in so tiefem Schnee an, daß die Pferde nur in
ruckweisen Lançaden sich durcharbeiten konnten. Die Spanier gingen
aber der Attacke aus dem Wege und zogen durch Minaja ab. Ihr
Ungeschick, bei Arrieregardengefechten mit einem Defilee im Rücken
dem Feinde gegenüber zu treten, strafte sich diesmal für sie empfindlich. Die Straßen waren glatt wie ein Spiegel, und die spanischen
Pferde, der Glätte ungewohnt und ohne scharfen Beschlag, stürzten
zu Dutzenden. Die nachfolgende Infanterie konnte sich hier noch einiger
Beutepferde versichern, eine Gelegenheit, die in dem pferdereichen Süden
Spaniens überhaupt in willkommener Weise des Oefteren wiederkehrte.
Nach einem abermaligen Rasttag ging es am 4. weiter nach la Roda,
immer auf dem Höhenrande des Gebirges, das das rechte Ufer des
Xucar begleitet. Die beiden Elite-Kompagnien des Bataillons wurden
unter Major Vogt noch weiter nach Gineta vorgeschoben — die Richtung des Marsches ließ hier bereits erkennen, daß man nicht nach Valencia sich wende, vielmehr die Richtung auf Murcia und Alicante
nehme. Vogt bildete mit seinen beiden Kompagnien in Gineta die
äußerste Vorhut der auf einer Straße sich vorbewegenden Kolonne

15*

Montbruns. Eine Wegstunde vor ihm an der großen Straße lag Albacete, eine vor dem Kriege reiche und blühende Stadt; jetzt war sie von den Einwohnern gänzlich verlassen, denn an der Grenze der Provinz Mancha gelegen, hatte sie oft zahlreichen Parteigängern als Zufluchtsort gedient, war mehrfach erstürmt und auch von deutschen Truppen (Badensern) geplündert worden. Auch jetzt barg sie eine starke berittene Guerrilla, die in der Nacht zum 5. die schwache Besatzung von Gineta zu überfallen beschloß. Es war kurz nach zwei Uhr, als plötzlich auf den Straßen, die nach Albacete und Jorquera führen, das Getrappel von Hunderten von Pferden hörbar wurde. Die Schildwachen an den Ausgängen der Stadt konnten in der Dunkelheit der Nacht nicht erkennen, was sich ihnen nähere, wurden auch durch die schnell herangaloppirenden Reiter so überrascht, daß sie entweder niedergehauen wurden oder durch einen Sprung in die tiefen Chausseegräben sich retten mußten. Indeß gaben sie alle noch ihre Alarmschüsse ab, und durch diese geweckt, vermochte Vogt seine besonnenen, alten Soldaten, die durch den Lärm ihre Kaltblütigkeit nicht verloren, in den beiden massiven Wachthäusern am Markt zu versammeln. Der Ueberfall der Spanier war nichts weniger als durchdacht — sie galoppirten schreiend und ihre Gewehre ins Blaue abfeuernd in den dunklen Straßen umher, ohne einen Feind zu sehen. Auf ihr wildes Rufen brachten die Einwohner Lichter an die Fenster, auch trieben einige Reisigfackeln auf, die sie triumphirend schwangen. Das Licht wurde ihnen aber verderblicher wie dem Feinde. — Als Vogt einen Zielpunkt für seine Gewehre erkennen konnte, scheuchte er mit einigen mörderischen Salven die Angreifer leicht zur Stadt hinaus. Fritsch läßt die Wachen den Feind „standesgemäß" empfangen und schließt seinen Bericht mit der Bemerkung: „Sowohl die Schildwache eines Einganges von den Voltigeurs als andere von den Grenadirs, erhielten mehrere Säbelhiebe über den Kopf und Lanzenstiche, wobey aber besonders ein Grenadier den Officier der feindlichen Lanciers, der es einmal darauf gesetzt hatte, ihn zu nehmen, mit dem Bajonett vom Pferde herunterhob und Mehreres von ihm erbeutete." Immerhin hatte der abgeschlagene Ueberfall acht Todte und Blessirte gekostet — der Feind hatte seine Verwundeten wie immer mit sich geschleppt. Am 6. Januar vereinigte sich das Bataillon in Albacete und hatte dort Revue vor General Montbrun. Dergleichen pflegten die französischen Heerführer oft vor entscheidenden Aktionen abzuhalten, oft aber auch, wenn sie in Verlegenheit waren, was sie thun sollten. Diesmal war das Letztere zutreffend. Suchet, der begreiflicher-

weise den Ruhm der Einnahme von Valencia mit Niemand theilen
wollte und daher schon den Beistand des Generals d'Armagnac abgelehnt hatte, war jetzt um so weniger geneigt, den des Grafen Montbrun
anzunehmen, als sich unzweideutige Anzeichen einer baldigen Kapitulation
der Festung bemerkbar machten. Montbrun fand daher vorläufig keine
andere Verwendung für einen großen Theil seiner Truppen, als sie
in colonnes mobiles aufzulösen und sie auf die Jagd der Guerrillas
in den Bergen Murcias auszusenden. In dieser Jahreszeit, wo
die großen Straßen kaum passirbar waren, hatte diese Bestimmung
wenig Verlockendes für die Truppen, die sich gefaßt machen mußten,
auf halsbrechenden Schleichpfaden, einer hinter dem anderen in Schnee
und Eis den Brigands nachzuklettern und im besten Fall einige Wenige
zu erhaschen. Das Frankfurter Bataillon wurde zu diesem Behufe
getheilt. Fritsch vereinigte drei Kompagnien mit dem französischen
3. Husaren-Regiment und marschirte als eine soi disant Avantgarde
vor einer größeren Kolonne des Heerestheils Montbruns her, Vogt
verband den Rest des Bataillons mit dem 22. Chasseur-Regiment und
cotoyirte den Marsch als rechtes Seitendetachement. Fritsch erreichte
am 6. Januar noch Corral Rubio. Auf dem Marsche dahin — es
dunkelte bereits — stieß er bei Petrola auf feindliche Kavallerie, die
sich wie gewöhnlich ungefährlich zeigte, da sie die herankommende Infanterie stehenden Fußes erwartete und sich in dem Moment mit dem
Bajonett angreifen ließ, wo sie durch das enge Defilee der Dorf-
straße abziehen mußte. Dasselbe unbegreifliche Manöver wiederholte sie
auch vor Corral Rubio, das sie als Nachtquartier den Frankfurtern
überlassen mußte. Durch den Fehler, im entscheidenden Moment einer
nahe herangerückten Infanterie den Rücken zu kehren, verlor der Feind
außer mehreren Todten und Blessirten nicht weniger als 60 Gefangene
und 20 Pferde. Diesseits war nur der Grenadier Winter durch den
Schenkel geschossen; wunderbarer Weise benutzte aber ein Frankfurter
Füsilier (Joh. Frank) diesen wenig günstigen Moment, um zum Feinde
überzulaufen. Die Spanier erriethen sein Vorhaben, als er unter dem
Kugelregen seiner eigenen Kameraden ihnen, mit einem Tuche winkend,
entgegenlief. An dem Schweif eines Pferdes sich haltend, sahen die
Deutschen ihn davon rennen. Der Anblick soll so drollig gewesen sein,
daß die Soldaten in ein lautes Gelächter ausbrachen. Durch die Gefangenen wurde konstatirt, daß man es nicht mit einer Guerrilla, sondern mit der Arrieregarde des spanischen Generals Freyre zu thun hatte.
Mit etwas mehr Vorsicht marschirte man daher am Morgen des fol-

genden Tages weiter über Monte Allegre nach Yecla. Die Nachtruhe hatte nur sehr kurz sein können, denn das Gesecht hatte bis in die Nacht 2 Uhr gewährt, und die achte Morgenstunde sah die Kolonne bereits wieder auf dem Marsch. In dem Bergterrain war für die französische Kavallerie keine Verwendung möglich, die Frankfurter hatten daher wie in den Tagen vorher die Vorhut. Der Feind wies an diesem Tage in mehreren Arrieregardenstellungen etwas besser die Zähne; Yecla selbst mußte wieder mit dem Bajonett erobert werden — doch blieben bei dem Angriff nur 2 Frankfurter liegen. Hier mußte die Kolonne Fritschs halten, da auf ihre Meldungen hin das Corps d'armée, das weit zurück in den Bergen steckte, erst aufschließen sollte, um dann energisch den General Freyre anzugreifen. Da aber hierzu zwei Tage erforderlich waren (9. und 10.), so konnte sich dieser dem drohenden Schlage entziehen. Er verschwand spurlos dem Auge seiner Verfolger — die französische Kavallerie verabsäumte es, mit ihm Fühlung zu halten.

Eine andere Kolonne des Korps Montbrun war mit diesem General selbst nach Almansa vorgegangen — dort wurde die Einnahme Valencias bekannt. Dieselbe war eine Waffenthat ersten Ranges*) und krönte die seitherigen, fast in eleganter Weise geführten Feldzüge Suchets mit strahlendem Ruhmeskranze. In Bezug auf kriegerischen Ruhm waren aber die napoleonischen Heerführer neidisch und eifersüchtig in einer Weise, daß ihnen in dem Bestreben, einem Rivalen es gleich zu thun, oft die gewöhnlichste Vorsicht abhanden kam. Montbrun beschloß daher, trotz des ironischen Abrathens Suchets einen Handstreich auf Alicante zu versuchen, diese wichtige am Meere gelegene Festung, die mit Carthagena zusammen eine stete Bedrohung der armée du centre in sich geschlossen hatte, da an einem der beiden Punkte seit Jahren eine Landung der Engländer erwartet worden war. Die Armee mußte zu dem Ende eine halbe Rechtsschwenkung machen. Die Frankfurter Kompagnien unter Fritsch bildeten gewissermaßen das Pivot und hatten daher am 11. nur einen kleinen Marsch nach Sax auszuführen; sie trafen zwar dort einen umherschwärmenden Reiterhaufen, warfen ihn aber nach üblich gewordenem Brauch zur Stadt hinaus, in der sie sich behaglich

---

*) Napoleon ehrte Suchet mit dem Titel eines Herzogs von Albufera und einer reichen Dotation liegender Güter in Spanien; letztere ließ freilich der Gang des Krieges kaum ein Jahr in seinen Händen.

für drei Ruhetage einrichten durften. In der That „behaglich". Denn seit der kurzen Zeit, daß die Deutschen die Provinzen Murcia und Valencia betreten hatten, glaubten sie in einem anderen Lande als bisher Krieg zu führen. Nicht mehr waren die Dörfer verlassen, geplündert, verheert — nicht mehr floh verstört die Einwohnerschaft bei ihrer Annäherung, nicht mehr lauerte hinter jeder Hecke ein mordlustiger, rachedürstender Bandit. Hier in diesen gesegneten Gefilden, an und für sich den reichsten ganz Spaniens, hatte der Krieg noch nicht getobt. Bevölkerte Dörfer mit Lebensmitteln in Ueberfluß nahmen die Ermüdeten auf, und was mehr war, freundliche Gesichter spendeten Speise und Trank. Als wenn der reiche Segen, den der Himmel über diese Provinzen ausgeschüttet hat, die spanische Verbissenheit und den hartnäckigen Trotz aus dem Charakter dieses Völkchens gestrichen hätte, waren die Valencianer, Murcianer und Andalusier die Einzigen, welche gegen die französische Oberherrschaft nur schwachen Widerstand geleistet hatten und jetzt mit ihr ganz ausgesöhnt schienen. Warfen doch die Bauern, wenn sich eine Kolonne ihrem Dorfe näherte, die Hüte in die Höhe und schrieen Viva Napoleon. Diesen Ruf hätte man im übrigen Spanien keinem Vagabonden, nimmermehr aber einem ehrlichen Mann entlockt. Unerklärlich bleibt es, daß die französischen Truppen Montbruns durch ihr grausames, brutales Auftreten oder sagen wir besser durch Mord, Brand und viehische Zügellosigkeit es über sich gewannen, dieses Paradies in dieselbe öde Wüste zu verwandeln wie das übrige Spanien, das sie durchzogen hatten. Als die deutschen Truppen nach einigen Wochen dieselben Landstriche der Provinz Murcia wieder durcheilten, — da fanden sie rauchende Ruinen, die Leichen geschändeter Weiber, erschlagener Kinder und Greise. In den Bergen aber knallten dafür die Büchsen der erbitterten Bauern in tausendfachem Echo, und von da an kämpfte kein Volksstamm mit so erbitterter Wuth, als die sanften Murcianer.

Am 15. Januar zog Montbruns ganzes Korps in mehreren Kolonnen von den Bergen herab in die blühende Ebene von Alicante, marschirte vor der Stadt auf und forderte ihre Ergebung. Die Festung war durch ihre Lage am Meere, durch ihre starken Retranchements und durch drei beherrschende, auf Felsen liegende Kastelle an sich stark. Dazu kam jedoch, daß sie mit vortrefflicher Artillerie armirt und von einer starken Garnison vertheidigt wurde; sie bestand aus den Truppen der spanischen Generale Mahi, Bassecourt und St. Cruz und einigen englischen Bataillonen unter General Roß. Das Ansinnen Montbruns wurde daher kühl abgelehnt, und als er 30 Feldgeschütze auffahren und die Stadt mit

Haubitzgranaten bewerfen*) ließ, antworteten ihm die schweren Kanonen auf den Wällen so nachdrücklich, daß er eiligst sich zurückziehen mußte. Eine schwere Bombe schlug in das Landhaus, in dem Montbrun sich mit seinem Stabe zu Tisch setzen wollte, und riß das leicht gebaute Fach- werk wie Spreu auseinander.**) Aergerlich mußte sich der General nach diesem verunglückten Theatercoup wieder in die schneeigen Berge zurückziehen. Auf seine Truppen hatte der Anblick der entzückenden Meeresküste einen tiefen Eindruck gemacht. Die Umgebungen von Alicante zeigten nicht eine Spur von Winter. Hauptmann Krieg schreibt:

„Myrthen, Datteln, Feigen, Pomeranzen, Citronen, Granat- und Mandelbäume standen in der Blüthe und hingen voller Früchte; es war ein reizender Anblick, sich aus dem Winter so schnell in das blühende Frühjahr und den fruchtreichen Sommer versetzt zu sehen."

Singt doch schon ein maurischer Dichter von der glücklichen Provinz:

„Je mehr, als ich Valencias gedenke,
Der hohen und der wunderschönen Sicht,
Je mehr das Zeugniß ihrer Schönheit
Mir überall ins Auge sticht,
Der Herr hat reiche Kleidung ihr verlieh'n,
So ihr das Thal sowohl, als wie das Meer anzieh'n.
So oft ich an Valencia gedenke,
Erscheint sie auf der Länder Höh'
Und ihre Schönheit wird so größer,
Je länger ich dieselbe seh,
Sie ist ein Kleid von reichem Stoff,
Die Franſen sind das Thal, die See."

Selbst unsern hausbackenen Fritsch packte der Zauber der wunder- herrlichen südlichen Natur. Er äußert seine Bewunderung aber in einer so originellen Mischung mit militärischem Behagen über den ungewohnten Anblick zahlreicher eigener Truppen, daß der Wortlaut seiner Beschrei- bung hier noch Platz finden möge:

„So stiegen wir herab in die gesegnete Gegend, wo immerwährender Frühling und Sommer herrscht, wo die Felder im Jänner grün sind und die erste Schur von Klee und grüner Frucht erlitten haben, wo die

---

*) Bombardements von festen Plätzen durch Feldgeschütze haben noch nie zum Ziele geführt, so oft man in der Kriegsgeschichte auch dieses Schreckmittel versucht hat, um eine Besatzung zu einer übereilten Kapitulation zu veranlassen. Die Beschießung von Toul im letzten deutsch-französischen Kriege gab dazu wieder eine treffende Illustration.
**) Riegel, der siebenjährige Kampf auf der pyrenäischen Halbinsel. III. 384.

beften Obftbäume, Orange und Palmyren Wälder voll von reifer Frucht
prangen. Welch überraschend wohlthätigen Anblick gewährte uns alles
dieses bey Deployirung von 10 000 Mann Infanterie und 3000 Mann
Kavallerie, da wir vorher die steilsten Gebürgsketten, bis an die Gürtel
im Schnee wadend, überstiegen und die reißendsten Gebürgsflüsse durchzogen
hatten. Der Anblick that wohl. Die Besatzung von Alicante verhielt sich bei
diesen Bewegungen sehr ruhig, weswegen der général en chef aus den bei
sich habenden Piècen die vorliegenden Werke mit etwelchen Schüssen
begrüßen ließ, worauf wir aber so prompt bedient wurden, daß in einem
Augenblick mehrere Pferde der deckenden Kavallerie todt auf dem Platze
blieben, mehrere Soldaten blessirt, ja einem Reitknecht im Gefolge des
Generals der Kopf durch eine Grenade hinweg geschlagen wurde. So
wurde die Blockade aufgehoben, besonders da Marschall Suchet dem
Grafen Montbrun den freundschaftlichen Rath dazu schickte, indem er sich
selbsten stark genug dazu fühle — und andern Tages abmarschirt."

Da der Letztere einsah, daß er in Valencia nur überflüssig sei, am
Tajo aber wahrscheinlich von Marschall Marmont bald werde schmerzlich
vermißt werden, so beschloß er, in Eilmärschen dahin zurückzukehren. Da
nach der Einnahme von Valencia den noch im Gebirge schweifenden
Schaaren des General Freyre und mehreren starken Guerrillas keine
Bedeutung mehr beigelegt wurde, so wurden die Divisionen in verschiedene
kleine Kolonnen getheilt, die sich, wie man mit Recht annahm, leichter
den Rückweg auf verschiedenen Nebenwegen bahnen würden, als wenn
sie alle hintereinander die große Heerstraße entlang gezogen wären.
Wir folgen für diesen Rückmarsch den Berichten Fritschs:

„Nachts vom 16. auf den 17. erhielt ich in Montforte die gewisse
Nachricht, daß der spanische General Freyre mit 2000 der besten Pferde
bei Elche campire. Ich berichtete dies sogleich dem Général en chef,
welcher aber dieser Nachricht wenig Glauben beymessen wollte. Ungeachtet dieses erhielt ich am 17. Januar die Ordre, mit meinen bey mir
habenden zwei Kompagnien (Grenadire und I. Füselir-Kompagnie) und
30 Pferden vom 26. Chasseur-Regiment, nach Elche zu marschiren, ohne
weitere Instruction, als den Feind anzugreifen und zu vertreiben. Um
zwölf Uhr Mittags marschirte ich von Montforte ab, ohne etwas Weiteres
zu wissen, als im Dunkel gehört zu haben, daß das 22. Dragoner-
Regiment, ungefähr 200 Pferde stark, ebenfalls dahin beordert sei; aber
von wo es und um welche Stunde es abmarschirt sei, konnte mir Niemand sagen. Da nun besonders nach allen, auch während des Marsches
eingezogenen Nachrichten die 2000 feindlichen Pferde sich immer be-

ftätigten und kein Wanderer nicht das Geringste vom 22. Dragoner-
Regiment wollte gesehen haben, da dachte ich: Lebe wohl, Welt! und
marschirte stracks auf die letzte Anhöhe vor Elche los, wo ich die erste
feindliche Feldwache von 30 Mann antraf. Diese gingen in vollem
Lauf nach der Stadt zurück; ich verfolgte sie rastlos, drang in die Stadt
ein und wurde mit einem Jubelgeschrei empfangen, wobey ich kaum das
Zurufen mehrerer Einwohner verstehen konnte, daß die französische
Kavallerie links vor der Stadt angekommen und im Begriff sey, den
Feind anzugreifen. Ich durchzog die Stadt aufs Geschwindeste und sah,
die Vorstadt erreichend, den Feind geworfen und verfolgt, worauf ich
mich hier an die äußersten Häuser zur Aufnahme unserer Kavallerie
aufstellte. Der Oberst dieses Regiments wußte bei seiner Ankunft in
der Nähe von Elche so wenig von mir, als ich von ihm; er faßte trotzdem sogleich den besten Entschluß, nämlich die in zwei Linien aufgestellte
Kavallerie sogleich mit aller Heftigkeit zu chargiren und seine brave
Elitenescabron war hinreichend, die erste Linie zu werfen. Die Fliehenden brachten auch das zweite Treffen in Unordnung. Der Feind versuchte einmal, auf der Flucht sich zu stellen, hatte aber abermal das
nämliche Schicksaal und wurde so mit dem Degen in den Lenden über
drei Leguas weit nach Orihuella hin verfolgt. Viele wurden auf der
Flucht darnieder gestreckt und 80 Gefangene mit vielen Beutepferden
eingebracht, worauf wir die Quartiere bezogen. Elche ist eine schöne
große Stadt, zwei Meilen vom Meer entlegen, wohin ein Kanal führt.
Die Einwohner empfingen uns nach dem Gefecht abermal mit besonderer
Freude und Verwunderung, daß so Wenige so Viele schlagen konnten,
und einem Vivat Rufen, das durch alle Straßen erscholl. Die Stadt
war die Nacht hindurch illuminirt und alles Militär sehr gut bewirthet.

Schade, daß an diesem schönen Orte, mit einem Walde von Obst-
bäumen, Oliven und Palmiren umgeben, die Pest im verwichenen Spät-
jahre mehr als 10 000 Menschen hinwegraffte, denn viele schöne und
große Häuser waren durch diese gefärliche Seuche völlig ausgestorben
und von der Justiz mit einem schwarzen Kreuze und Schrift an dem
Thore bezeichnet. Der Pestcordon wurde zwei Tage vorher durch den
spanischen General Freyre mit Gewalt gehoben, und es lagen auch
wirklich noch mehrere Einwohner an derselben krank. Zu bewundern
ist, daß von diesen 10 000 Menschen nur 1000 Weiber starben und
keine einzige in gesegneten Umständen. Diese Pest attaquirt die stärksten
Männer, verschont die Jugend, das weibliche Geschlecht und alle Kranke.
Jeder Behaftete ist in 24 Stunden unrettbar verlohren, wenn starke

Brechmittel und darauf häufige Dosis China nicht wirken. Zur größten Verwunderung hatte sie sich bis hierhin nicht in der Truppe gezeigt, und zum größten Glück bekamen wir in der Nacht Ordre zum Abmarsch und mußten, sowie vorher die Avantgarde, nun mit dem 22. Dragoner-Regiment die Arrieregarde bilden. Wir marschirten daher den 18. Januar nach Elda, den 19. nach Saxe, den 20. nach Yecla. Wir fanden auf dem Rückmarsche die Häuser, aus welchen uns die Einwohner zuvor mit Freude empfingen und Lebensmittel im Ueberfluß darbothen, nunmehr geplündert, verlassen und alle Meubles in Stücken geschlagen oder geraubt. Die Vorausgehenden müssen selbe auf barbarische Art behandelt haben, sonst würden diese Gutgesinnten nie ihr Eigenthum verlassen haben, denn wenn ich hier Thatsachen anführen wollte, die ich gesehen, man würde mir keinen Glauben beymessen wollen. Den 22. Januar kamen wir nach Monte Allegre. Diesen Ort, einen der wohlhabendsten, fanden wir ebenfalls verlassen und keine Subsistenz mehr, sodaß Herr Oberst Roza gezwungen war, die Direction der Arrieregarde zu verändern, weswegen wir den 24. nach Chinchilla marschirten; aber auch dieses, wiewohl von der Route eine Leguas entlegen, fanden wir völlig ver-lassen, geplündert und grauenvoll verwüstet. Nach dem Rapport des Herrn Chef de bataillon Vogt (vergl. S. 229) war derselbe den 7. Januar in Pozo de la Cañada, den 8. in Hellin, den 11. wieder zurück nach Pozo, den 14. in Untura, den 15. in Jumilla, den 16. in Monovar, den 17. in Novelda, den 18. zurück nach Jumilla, den 19. wieder in Hellin, den 22. in Pozo, den 23. in Alvacete. Bei seynem Detachement fiel nichts besonderes vor. Dieser Theil, welcher unsere rechte Flanke deckte, hatte zwar stets eine Abtheilung des Feindes vor sich, der sich aber immer bey Annäherung zurückzog und kein Gefecht einging. Dieses Detachement hatte ebenfalls das Schicksal, mehrere Städte und Gegenden zu passiren, wo die Pest auf gleich grausame Weise wüthete."

Auf dem weiteren Rückmarsch, der das Bataillon zunächst wieder vereinigte, kamen Begegnungen mit dem Feinde nicht vor. Die Truppe marschirte düsteren Sinnes ihre Straße; der Gedanke, hinter sich eine Wüste zu lassen, wo man ein Paradies angetroffen, und nun wieder in die Mancha hinabsteigen zu müssen, die man seit zwei Jahren zu verfluchen gelernt hatte, lastete auch auf dem stupidesten Gemüth. Kaum vereinigt, wurde das Bataillon, wenn auch auf kurze Zeit, wieder auseinander gerissen. Hauptmann Schuler erhielt den Befehl, mit der ersten und zweiten Füsilier-Kompagnie den General Montbrun nach Madrid zu escortiren, während Fritsch mit dem Rest unter Anschluß an das erste

Bataillon Baden die bekannten ausgenommenen Nester la Roda, Villa Robledo, Socuellamos und Campo de Criptane passirte. Dort erhielt er die Ordre, sich nach Manzanares zu begeben, dem Gefängniß der Jahre 1810 und 1811, und wieder unter das Kommando des General Treillard zu treten. Fritsch setzte es durch, sich wenigstens zuvörderst in Membrilla, eine halbe Leguas von Manzanares, einzuquartieren, um dem Bataillon die nothwendigste Erholung zu gönnen — denn diese war in dem wüsten Trümmerhaufen, in dem hohläugige Gestalten scheu wie herrenlose Hunde umherkrochen, am allerwenigsten zu finden gewesen. Die beiden Kompagnien des Hauptmann Schuler, die wochenlang zwischen Madrid, Toledo, Cavannas und Illescas hin- und hergeworfen wurden und nur durch energisches Auftreten des Brigadegenerals von Neuenstein in ihren alten Verband so zu sagen zurückgerettet werden konnten, wurden in dem benachbarten Consuegra installirt. Da war man wieder in der Mancha in derselben öden, verlassenen Gegend, in der jeder Steg und Weg wie ein alter Bekannter die Zurückgekehrten grüßte; aber nicht freundlich wie die Heimath, die der Reisende nach langer Abwesenheit mit einem Gefühl wohlthuender Wehmuth wiedersieht, sondern wie zwei Todfeinde, die das Leben auf kurze Zeit auseinander gerissen hat, und die sich nun, das Herz voll Haß und Groll, wieder Auge in Auge sehen. Hier sprach jeder Stein, jedes Wegekreuz, jede Schlucht, jede einsame Kapelle ihre stumme und doch unendlich beredte Sprache.

Die Berichte und Briefe, welche in den nächsten Monaten aus der Mancha nach der Heimath gesandt wurden, tragen insgesammt den Stempel einer finstern Resignation. Die Stimmung konnte durch die weitere Theilung des Bataillons keine bessere werden; am 12. Februar mußte Major Vogt mit der 3. und 4. Kompagnie nach Villa Rubio ziehen, um das Kommando dieses Platzes zu übernehmen, während Fritsch die traurige Bestimmung traf, mit den Voltigeurs und Grenadieren nun doch in die Trümmer von Manzanares hinein zu müssen; er löste dort das 123. französische Regiment ab (ci devant Hollande — es war streng verboten, seit der Annexion des Landes den früheren Namen zu brauchen). So stand das Bataillon auf 10 Meilen auseinandergezogen, den immer mehr anwachsenden Haufen der Guerrillas mehr denn je bloßgestellt. Die fortdauernde Zurückziehung französischer und polnischer Regimenter fachte in den Herzen der Gegner immer größere Zuversicht an, während auf französischer Seite das Zutrauen zu einem glücklichen Ausgang der Dinge so sehr schwand, daß der König Joseph dem spanischen Volke durch das Versprechen entgegenkommen

zu müssen glaubte, er werde die Cortes einberufen. Als man dies Zu-
geständniß für ein Zeichen der Schwäche ansah und belachte, suchte er
im Stillen mit den Cortes in Cadix Verhandlungen anzuknüpfen; als
dann diese ihn schnöde abwiesen, reiste er im Mai nach Paris, wollte
die Krone niederlegen und konnte nur dadurch von Napoleon zur Rückkehr nach Madrid bewogen werden, daß dieser ihm versprach, nach Beendigung des russischen Feldzuges persönlich mit ganzer Macht nach
Spanien kommen zu wollen, um seinen Thron endgültig zu befestigen.
Auf der Rückreise nach Frankreich passirte auch Victor, der stolze Herzog
von Belluno, der indeß einen Theil seiner Lorbeeren vor Cadix verloren
hatte, Manzanares. Fritsch glaubte in deutscher Treuherzigkeit, den ehemaligen Führer durch eine Parade der Garnison ehren zu müssen; on
grande tenue rückten die beiden schwachen Kompagnien der Voltigeurs
und Grenadiere aus. Der Marschall begrüßte sie gnädig und „erinnerte
sich mit vielem Vergnügen der Schlachten, worin das Bataillon mit
Ruhm unter seinem Kommando gefochten.“

Jedes Ding, das alltäglich den Geist der Menschen beschäftigt,
wird nach und nach an Eindruck verlieren — das anfängliche Interesse
wird einer gänzlichen Gleichgültigkeit Platz machen. So findet Fritsch
es jetzt nicht mehr der Mühe werth, die Kämpfe mit den Guerrillas
einer eingehenden Besprechung zu würdigen. Die täglichen Zusammen-
stöße werden summarisch abgefertigt, obgleich sie jetzt offenbar blutiger
und gefährlicher verliefen wie in früheren Jahren. Die Garnisonen in
den kleinen Städten der Mancha waren zahlreicher, dafür numerisch
desto schwächer geworden — die Guerrillas verdienten aber nicht mehr
den Namen von Banden, sondern von geordneten Heerhaufen, die durch
lange Uebung in ihrer Art, Krieg zu führen, es zu einer Art Virtuosität
gebracht hatten. Auch mit mehr Hartnäckigkeit und Ausdauer lernten
sie kämpfen, so daß immer häufiger die Schreckenskunden kamen, der
oder jener kleine Posten sei von ihnen überwältigt worden. So wurde
bei San Raphael eine Abtheilung Badenser niedergemacht und in der
Kapelle selbst ein Offizier mit 28 Mann einen Tag lang bedrängt, so
daß, als Ersatz kam, nur acht der Braven unverwundet blieben. Bei Lillo,
in Cavannas, bei Illescas, los Infantes fanden heiße und blutige Gefechte statt, in denen die Guerrillas der el Medico, Habuelo, Chalego mit
mehreren tausend Mann auftraten. Welchen Eindruck mußte in dieser
Lage die Nachricht von dem Fall der beiden wichtigen Festungen Ciudad
Rodrigo und Badajoz machen, nicht allein ihrer klar vor Augen liegenden
Bedeutung wegen, sondern weil die französischen Marschälle Marmont

und Soult sie sich so zu sagen vor der Nase hatten wegnehmen lassen — wie hoch mußte das Zutrauen zu Wellington steigen, der noch nie sich hatte überlisten lassen, dabei die Franzosen bald da, bald dort beunruhigte und ihnen jetzt das große Räthsel aufgab, ob er im Thale des Tajo oder der Guadiana seine Offensive fortsetzen werde. Dazu kam noch, daß englische Flotten aller Orten an den spanischen Küsten sich zeigten; bald sollten sie eine Landung in Santander, bald in Carthagena, bald in Cadix planen. Die Gerüchte hielten allein ganze französische Korps in Athem, die in dem Haschen nach einem Phantom ihre besten Kräfte vergeudeten. Der größte Feind, der den Deutschen aber in diesem Sommer erwuchs, war die Hungersnoth. — Fritsch rapportirt Ende März:

„Das Bataillon ist zwar itzt in der Mancha, dem Fruchtboden und Weinkeller Spaniens, aber es herrscht hier wie überall, theils wegen der vorigjährigen Dürre, theils wegen übler Haushaltung der Intendanz, theils wegen Habsucht der Einwohner und Duldung von Unterschleifen, welche vermuthlich sich sehr gut rentirt haben, größter Mangel und Hungersnoth. Dazu haben die Engländer das meiste Getreide heimlich aufgekauft, so daß hier täglich Menschen und in Madrid deren 15 bis 20 auf den Straßen am Tage umfallen, um den Hungertod zu sterben. Was wird dies bis Ende Juni geben! Denn bis dahin ist die Ernte wegen des harten Winters und rauhen Frühjahrs, dessen sich die ältesten Spanier nicht zu erinnern wissen, hinausgeschoben. Welche Unglücke, welche Epidemien werden daraus erfolgen. Schon seit einem Monate erhielt ich für die Dienstpferde des Bataillons weiter keine Fourage als Stroh, ebenso weder die Kavallerie- noch Artilleriepferde. Täglich fallen deren aus Hunger; ich habe bisher durch theuren Einkauf aller Sorten Getreide, gelber Rüben, Kartoffeln einen kleinen Vorrath an Futter gesammelt, um durch kärgliche Distribution die Pferde bis zum ersten Schnitt des Grases nur am Leben zu erhalten. Nächstens wird der Soldat auf halbe Ration Brodt müssen gesetzt werden, selbes ist itzt so schlecht, daß es für meine schwache Gesundheit ungenießbar ist. Dabei kostet das Pfund 1 Gulden 30 Kreuzer. Hieraus beliebe man auf die entsetzliche Theuerung und Hungersnoth zu schließen."

In einem Privatbrief an General Zweyer beklagt sich Fritsch bitter über die Härte und Grausamkeit der Franzosen und Italiener, die, anstatt die Einwohner zu beruhigen, sie nur immer mehr reizten; an ein erneutes Vorgehen in Murcia sei deshalb nicht zu denken. Wir lesen über dasselbe Thema in dem Briefe eines schweizerischen Offiziers:

„Man bemerkt, daß die Truppen der rheinischen Konföderation menschlich fühlen und von einem tiefen Heimweh ergriffen werden, die Italiener dagegen durch wahren Kannibalismus sich zu steigern suchen. Ihr ästhetischer Sinn entartet so weit, daß sie aus den Leichen, welche sie zurückließen, kunstreiche Figuren zusammensetzten, sich aus Knochen Sessel, aus Hirnschalen Trinkgefäße zubereiteten ꝛc." Wir lassen hier noch einen Passus aus dem oben erwähnten Briefe Fritschs folgen: „Bey unserm Abmarsch aus Murcia sah man dies Land als erobert und den Fall der beiden Festungen Alicante und Carthagena als nahe an; bis itzt konnten sie aber nicht berennet werden und die spanische ruinirte, versprengte Armee gewinnt Zeit, sich zu sammeln und zu organisiren. Das Land ist mehr wie je in Revolution. Die Festung Rodrigo ist inzwischen von den Engländern genommen worden, Badajoz ist sich selbsten überlassen und vermuthlich bedroht, die französischen Armeeen sind durch die vielen Fatiguen, gefährliches Klima und vielen Gefechte so geschmolzen, daß die Infanterie-Bataillons aus nicht mehr denn 2 bis 300 Bajonetts bestehen und mehrere Kavallerie-Regimenter nur aus 150 Pferden. Die Stärke meines Bataillons, wie das gute Aussehen wird als Wunder betrachtet, man ist daher schon lang eifersüchtig auf den Ruhm der Konföderirten. Ich muß bekennen, daß das Bataillon auf diesen Coursen durch meine Bemühungen Mehreres eroberte (!), was den Herrn Officiers und Soldaten für ihr Ausgestandenes eine kleine Vergeltung sein dürfte. Anstatt daß die französischen Obersten entweder Alles für sich behalten oder wenig an ihre Untergebenen ablassen, habe ich davon nie mehr als der jüngste Offizier angenommen, weil ich weiß, daß Nichts mehr als Habsucht der Obern die Unordnung befördert und ihnen das so nöthige Vertrauen benimmt; ich bin daher nicht reich wie jene — aber zufrieden ꝛc." Aus diesem naiven Eingeständniß läßt sich ermessen, welche Fortschritte das Raubsystem in dem unglücklichen Spanien gemacht hatte. Die französischen Generale überboten sich jetzt quasi vor Thoresschluß an Schamlosigkeit — als Marschall Soult endlich von Andalusien, wo er wie ein König geherrscht hatte, sich trennen mußte, schleppten kaum 100 Maulthiere den kostbaren Raub. Mina hatte es später auf sie abgesehen, allein zum allgemeinen Leidwesen der französischen Armee kamen die Schätze unangefochten über die Grenze. Kein Wunder, daß unter diesen Verhältnissen die Disziplin sich lockerte — die Desertion nahm überhand. Costa de Serda schreibt: „de nombreux embaucheurs, émissaires des Anglais, excitaient les troupes allemandes à la désertion, en faisant appel, soit à leur patriotisme, soit à leur intérêt. Une légion allemande, composée en majeure partie de Hanovriens et recrutée aussi au moyen de déserteurs servait dans l'armée britannique. Ce n'est pas un des faits les moins curieux de cette guerre, que de voir des troupes allemandes amenées par les hasards de la politique au centre de l'Espagne, et combattant dans les rangs des deux partis. Ces nombreux appels à la désertion n'étaient plus toujours infructueux; ainsi à la fin de mai 1812, un détachement badois, qui escortait un convoi de Tolède à Illescas, perdit, à lui seul, vingt deux déserteurs, qui allèrent grossir l'armée de Wellington."

Wenn die Frankfurter sich wieder auf einen jahrelangen Aufenthalt in der ihnen verhaßten Mancha gefaßt gemacht hatten, so sollte sie der Gang des Krieges schneller davon befreien, als sie es zu hoffen gewagt. Sie erhielten am 2. April Ordre, über Aranjuez nach Madrid zu marschiren, freilich mit der vorläufigen Aussicht, in Bälde ihre alten Quartiere wieder beziehen zu müssen; die Ereignisse machten dies aber, wie wir sehen werden, unmöglich. Der Marschbefehl hatte über die Bestimmung des Bataillons nichts verlauten lassen. Als in Consuegra die seit Monaten getrennten Kompagnien bei der Vereinigung des Bataillons sich wiedersahen, erscholl ein lauter Jubel. Die Waffenbrüderschaft, besonders wenn sie lange gewährt hat, ist ein eigenes mächtiges Band, das Männerherzen oft fester an einander kettet als Blutsverwandtschaft oder innigste Gemeinsamkeit der Lebensinteressen.

In Madrid angekommen, erfuhr Fritsch, daß König Joseph sich hier so wenig sicher fühle, daß er Truppen aus den Provinzen habe kommen lassen, um ihn innerhalb der Stadtmauern zu schützen. Wir lesen in dem Berichte vom 21. April:

„Bei meyner Ankunft hier (am 7.) war der Pöbel wegen Mangels an Brodt in Aufstand. Von Hunger getrieben stürmte er die Bäcker= läden und verlangte etwelche Köpfe. Die schwache Garnison war unter den Waffen, und mein Bataillon mußte die Straßen durchstreifen und mit dem Bajonett die Aufrührer zerstreuen. Der Aufruhr legte sich, und so blieben wir nur 2 Tage unter den Waffen. Bis hieher hatte ich 2 Todte, welche wegen plötzlich eingetretener Hitze von Manzanares aus auf der Route starben, obgleich ich die Vorsicht brauchte, Niemanden in der Erhitzung trinken zu lassen."*) — Ueber das Elend in Madrid

---

*) Deswegen werden die Betreffenden wohl gerade dem Hitzschlag erlegen sein. Jetzt hat man in allen europäischen Armeen von diesem Vorurtheil gelassen und bekämpft die Hitze durch das natürlichste Mittel, das Wasser.

referirt uns noch Major Krieg wie folgt: „Es starben dort täglich
150 bis 200 Menschen, sie wankten auf den Straßen wie Gespenster
umher, viele sanken entkräftet nieder und der Todten Wagen fuhr Straße
aus, Straße ein, und sammelte die Halbtodten, um sie zu beerbigen.
Vornehme bettelten um Brodt, und für Brodt war Alles zu haben.
Der Spanier, der früher gewohnt war, nur weißes Brodt zu essen und
das der Soldaten „Hundebrodt" genannt hatte, flehte, trotz seines angeborenen Stolzes, bemüthig um ein kleines Stück."

Am 9. Abends erhielt das Bataillon plötzlich den Befehl, mit dem westfälischen Chevauleger-Regiment vereint wieder einmal auf die Jagd seines
alten Bekannten Empecinado zu gehen, der seine Dreistigkeit jetzt so weit
trieb, Madrid selbst zu blockiren und französische Soldaten, besonders
aber französisch gesinnte Bürger, sogenannte afrancesados, dicht vor
den Thoren wegzufangen. Die Frankfurter machten sich dann den 10.
auf den wohlbekannten Weg in die Berge von Cuenca, durchstreiften
diese ganze Provinz, sowie die von Guadalaxara, ohne auch nur einen
Mann der feindlichen Bande gesehen zu haben. Dem Oberst der West-
fälinger schickte Empecinado nachträglich ein ironisches Schreiben, worin
er ihm mittheilte, daß er blöden Auges bei San Felipe an ihm vorbei-
marschirt sei. Kaum nach Madrid zurückgekehrt, wurde das Bataillon
nach Toledo gesandt, um dort Garnison zu halten. Gegen die elenden
Löcher der Mancha war die stolze Kirchenstadt immer ein annehmbarer
Tausch — auch sollte hier vorläufig das Bataillon zusammenbleiben.
In Toledo kam die Schreckenskunde von dem Fall von Badajoz und
Soults verfehltem Entsatzversuch. Diese Nachrichten erpreßten wohl
auch Fritsch den Stoßseufzer: „Es sieht itzt stürmischer und kriege-
rischer in Spanien als je aus; wir werden diesen Sommer in jeder
Hinsicht als einen sehr heißen bekommen, und nach der allgemeinen
Hungersnoth sieht Jedermann die Pest als unausbleibliche Folge an."

Am 25. April kam das Frankfurter Bataillon mit einem großen
Wagenzuge nach Talavera. Die wohlbekannte Gegend weckte keine freudigen Erinnerungen. Ein getreues Spiegelbild der Stimmung giebt
folgender Rapport Fritschs — der letzte, der seiner Feder entflossen.

„Bei Ankunft in Talavera übernahmen andere Truppen die weitere
Escortirung unseres Convois bis Almaraz. Der dortige Divisionsgeneral Foy bezeugte viel Lust, das Bataillon unter seinem Kommando
zu behalten. Ich bemühte mich daher sehr und ließ mich keine Anwendung verdrießen, von einem Ort wegzukommen, welcher mir eine so
traurige Erinnerung blutiger Scenen gab, wo keine Fourage auf dem

Felde mehr auf zwei Stunden in der Runde zu sehen und der Soldat auf ein Viertel Ration Zwieback und halbe Ration Fleisch gesetzt ist; — an Branntwein oder Wein ist nicht zu denken — und wo einem die Menschen wie Schatten entgegen wanken. Ich setzte daher mit meinen Bemühungen durch, andern Tags als den 26., mit vier Kompagnien abzumarschiren und ließ den chef de bataillon Vogt nur mit der 2. und den Voltigeurs zurück, um abgeladene Wagen nach Toledo zurückzubringen. Bei meinem Eintreffen in Zibolla, wo es wieder an Allem mangelte, nur an Wein nicht, detachirte ich andern Tages den Hauptmann Schuler mit der 2. und 3. Kompagnie nach Puebla de Montalban, um theils die Lebensmittel in kleineren Haufen leichter zu finden, theils um dorten den chef de bataillon mit den vielen leeren Wagen abzuwarten. Am 2. Mai hatte ich die Meinigen nach vielen Kreuz- und Querzügen glücklich alle wieder in Toledo, wo wir verhältnißmäßig am liebsten bleiben möchten. Während dieser Zwischenzeit traf Divisions-General d'Armagnac mit dem 75. Infanterie- und 13. Dragoner-Regiment hier ein, um ein corps d'expédition zu bilden, dessen Bestimmung war, die Sierra Morena zu passiren und zum Vortheil des Herrn maréchal Soult in Andalusien zu handeln. Dies Korps löste sich durch daher erhaltene gute Nachrichten auf, und nun hat besagter General Ordre zur Uebernahme der Provinz Talavera und zur Mitnahme dieses Korps bekommen, worunter nun unglücklicherweis mein Bataillon begriffen ist, weil General Foy einen Theil der portugiesischen Armee (Marmonts) ausmacht und zur Vereinigung mit selber abmarschiren wird, da selbe große Fortschritte in Portugal bereits soll gemacht haben. Diese traurige, unglückliche Bestimmung des Bataillons hat mich völlig pensiv gemacht und ich muß sie für ein eben so unglückliches Prognosticon für mich ansehen, als sie für das Großherzoglich hessische Regiment und das Regiment Preußen war; ersteres hat in dieser Gegend durch die ungesunde Lage selbsten, wie durch Mangel und Fatiguen die Hälfte seiner Mannschaft in den Hospitälern gelassen, worin mehr denn die Hälfte gestorben ist, der Ueberrest dieses braven Regiments ist bei der dreimaligen Bestürmung und letztlicher Uebersteigung von Badajoz theils unter den Festungswerken begraben und theils gefangen worden. Das Regiment Preußen*) hat sich durch Krankheiten, Hunger und dadurch erfolgte Desertion völlig aufgelöst. Um die traurige Lage Spaniens, wie die besonders von Talavera und Almaraz

---

*) Ein aus Ausländern geworbenes Bataillon, nicht Regiment.

getreu zu schildern, bitte ich mir zu erlauben, nur eine schreckliche Scene der Menschheit aufführen zu dürfen. Hier sieht man die Menschen dem Vieh gleich auf den Feldern grasen und Wurzeln auswühlen; zu dieser traurigen Nothwendigkeit mußte die Besatzung von Almaraz ebenfalls schreiten; ein Piquet von 72 Mann sammelte sich deren zum Kochen, aber unglücklicherweis waren viele giftige darunter und in nemlicher Nacht starben diese 72 Mann ohne Rettung unter den fürchterlichsten Convulsionen. Diesem Schicksal gehe ich itzt mit dem Bataillon entgegen, ohne Geld in der Cassa, wenn ich nicht durch meine Vermittelung und Kredit in Madrid über 13 000 Francs angeschafft hätte, um wenigstens Unteroffiziers und Soldaten täglich ihre Löhnung geben zu können. Ich habe diese Einrichtung absichtlich getroffen, daß jeder und besonders der üble Haushälter täglichen Zusatz zur Verbesserung seiner Lebsucht bei der geringen und schlechten Distribution in Händen habe. Alle Regimenter haben wie ich den Sold auf acht bis neun Monat rückständig. Ich werde auch ferner meine noch wenig übrigen Kräfte anstrengen, um meinem eisernen Schicksal entgegen zu streben und alle Mittel aufbiethen, um das Bataillon zu erhalten; aber bei Alledem schmelzt es täglich mehr und mehr zusammen, und ich fürchte daher, daß seine Schwäche einst sein Unglück machen wird, indem die feindlichen Partheygänger durch die Hungersnoth so ungeheuer anwachsen, daß jedes schwache Detachement, da bei Detachirungen jede Kompagnie oder Bataillon, seye es schwach oder stark, für sich geltet,*) auch bei der tapfersten Gegenwehr aufgerieben wird. Deßhalb bitte ich um einen baldmöglichen Renfort. Zu diesem Widrigen gesellt sich nun noch, daß ich seit November 1811 keinen weiteren Erlaß von Hochdenenselben erhalten habe, welches mich um so mehr in Verwunderung setzt, da öfters Privatbriefe eintreffen, welche mich versichern, daß das Großherzogliche Regiment, bestehend in zwei Bataillons, unter Kommando des Bataillonchefs Horadam ausmarschirt seye und dermalen in Lübeck und Travemünde garnisonire. Ich bitte daher ein hohes General-Kommando gehorsamst, die für mich daraus zu erwachsenden Nachtheile zu bedenken, daß, wenn das Regiment das Glück haben sollte, die Revue vor Sr. Majestät dem Kaiser zu passiren, Höchstderselbe nach Gewohnheit fragen würde: où est le colonel? er ist krank in Frankfurt zurück-

---

*) Es soll damit ausgedrückt werden, daß die französischen Generale keine Rücksicht auf die effektive Stärke eines Truppentheils nahmen, vielmehr, auch wenn dieser ganz geschwächt sein sollte, dasselbe von ihm verlangten, wie von einem vollzähligen.

16*

geblieben, er ist schon ein alter Mann!*) Höchstdieselben auf der Stelle sagen würden: Eh bien, vous êtes Colonel! und Niemand könnte ihm's mehr streitig machen."

Fritsch bittet daher, ihm das Kommando des Regiments im Norden Teutschlands zu übertragen; er sei dazu berechtigt, denn er habe 32 Dienstjahre hinter sich und 22 Kampagnen, in denen er seine Schuldigkeit gethan; die Bevorzugung eines Jüngeren würde ihn tief schmerzen, und er würde den Schlag nie verwinden können. Dennoch hielt es Dalberg für angezeigt, den Oberst Horadam an der Spitze des nach Rußland marschirenden Regiments zu lassen. Tief gekränkt brach Fritsch die Korrespondenz mit der Heimath ab — wir haben den Lesern seinen letzten Rapport vorgeführt. Der brave, pflichteifrige Soldat hat es sich bei der Abfassung seiner Berichte rechtschaffen sauer werden lassen. Oft merkt man den in einander geschachtelten Sätzen an, wie der Gedanke mühselig mit dem Ausdruck kämpft. Trotz aller Verstöße gegen Orthographie und Grammatik tritt doch überall der Sinn klar zu Tage, und wir danken dem loyalen, väterlich für seine Untergebenen sorgenden, vielleicht etwas philisterhaft denkenden, aber heldenmüthig braven Mann, daß er, ermüdet von Marsch und Gefecht, zum Schreibkiel griff, um der Nachwelt von dem Schicksale seiner Krieger eine Kunde zu erhalten. Für die weiteren Ereignisse in Spanien treten jetzt die Rapporte des Adjutanten Damboer und die Privatkorrespondenz einiger Offiziere als willkommene Quelle ein.

Wenn seit Beginn des Jahres 1810 bis in die Mitte des Jahres 1812, also volle 30 Monate, das Frankfurter Bataillon sich durch das Elend des scheußlichsten Parteigängerkrieges hatte aufreiben lassen müssen, so sollte es jetzt endlich wieder an den großen Operationen theilnehmen dürfen, freilich nicht, um wie im Jahre 1809 von Sieg zu Sieg zu fliegen, sondern um die blutigen und unglücklichen Kämpfe mit durchzufechten, die, noch volle zwei Jahre während, die französischen Adler unaufhaltsam nach den Pyrenäen zurückweichen sahen, um endlich auf französischem Boden ihren tragischen Abschluß zu finden.

Unsere Leser erinnern sich vielleicht noch aus der Beschreibung der Kämpfe am mittleren Tajo im Jahre 1809, welche Bedeutung die drei Brücken über diesen Strom bei Talavera, Arzobispo und Almaraz für die Kriegführung gehabt hatten. Hauptsächlich kamen schon damals die beiden letzteren zur Geltung, wo es sich um Victors Einfall und Er-

---

*) Damit ist Oberst v. Welsch gemeint.

oberung von Eſtremadura handelte, während die Brücke von Talavera, als weit rückwärts gelegen, nur ein ſekundäres Intereſſe beanſpruchte. Für die enge Brücke von Arzobiſpo, in deren Beſitz die Franzoſen ſeit drei Jahren ſich befanden, war nichts geſchehen — ſie blieb nach wie vor für Fahrzeuge ſehr ſchwer paſſirbar — an ihre Verbreiterung hatte Niemand gedacht. Die von den Spaniern geſprengte Brücke von Al= maraz hatte wegen der Höhe der gewaltigen ſteinernen Bogen nur noth= dürftig hergeſtellt werden können, doch hatte ein ſtarkes Balkengerüſt die über 100 Schritt breite klaffende Oeffnung überſpannt, ſo daß Ge= ſchütze und Trains bequem darüber weg rollen konnten. Wir vergegen= wärtigen uns nochmals, daß dieſe Brücke von Almaraz die einzige war, die Eſtremadura und Andaluſien mit den inneren Provinzen Spaniens verband, daß eine Zerſtörung derſelben mithin alle Verbindung zwiſchen den Heerestheilen Soults und Marmonts unterbrechen mußte. Darauf hin baute Wellington den Plan eines kühnen Handſtreichs, um ſeine beiden Hauptgegner endgültig zu trennen und dann über einen derſelben herzufallen. Der General Hill, unſtreitig ſein geſchickteſter und thaten= luſtigſter Unterfeldherr, erhielt daher den Auftrag, die Brücke von Al= maraz und die zu ihrem Schutz erbauten Werke zu zerſtören. Dieſe letzteren beſtanden auf dem rechten Ufer aus dem Fort Ragusa, welches den Brückenkopf auf der anderen Seite flankirte und überhöhte. Auf einer Felſenkuppe dicht am linken Ufer lag das Fort Napoleon, eine ſtarke vierſeitige Redoute, die die Brücke vollſtändig beherrſchte. Vor= wärts der letzteren war auf der Paßhöhe des Gebirges bei Mirabete noch ein Sperrfort mit Annexbatterieen errichtet, welches die große Straße nach Eſtremadura dem Gegner nach beiden Seiten hin ſtreitig machen konnte. Hill, welcher über Trurillo und Jarancejo gegen dieſe letzte Befeſtigung vorrückte und dagegen in geſchickteſter Weiſe demonſtrirte, umging in einer ſtürmiſchen Regennacht auf hals= brechenden Fußpfaden mit mehreren ſchottiſchen und engliſchen Regi= mentern die ſtarke Front des Feindes, überfiel bei Morgengrauen das Fort Napoleon und nahm es trotz verzweifelten Widerſtandes zweier darin befindlichen franzöſiſchen Bataillone vom 75. Regiment. Im Be= ſitz des dominirenden Werkes brachte er durch das eroberte ſchwere Geſchütz das gegenüberliegende Fort Ragusa zum Schweigen und zer= ſtörte dann die Brücke ſo nachhaltig, daß zu ihrer Wiederherſtellung mehrere Wochen, ja Monate vergehen mußten. So ſchnell wie er ge= kommen, verſchwand Hill nach dieſem meiſterhaft ausgeführten Hand= ſtreich, um zu Wellington zurückzukehren. Die Zerſtörung der Brücke hatte am 18. Mai stattgefunden. Der König Joseph, dem Napoleon ausnahmsweise für einige Zeit wieder das Kommando sämmtlicher französischer Armeen in Spanien übertragen hatte, war mit seinem Generalstabschef Jourdan, wie eine französische Quelle sagt, en grande perplexité gewesen, ob die Engländer über Ciudad Rodrigo oder über Badajoz ihren Vormarsch antreten würden. In solchen Momenten des Zweifels wird eine schwächliche Führung meist Alles defensiv decken wollen, um somit Nichts zu decken. Eine gemeinschaftliche Offensive Soults und Marmonts wäre noch jetzt das Gerathenste gewesen; statt dessen sammelte Joseph seine wenigen Divisionen bei Madrid, um Marmont event. als Rückhalt zu dienen, und begnügte sich, auf der am meisten bedrohten Straße des rechten Tajo-Ufers ein schwaches Detachement bis Talavera vorzuschieben. Zu diesem gehörte das Bataillon Frankfurt und mit ihm das Regiment Baden, zwei Bataillone des 75. Regiments, die 13. französischen Dragoner und die westfälischen Chevaulegers. Am 11. Mai hielt der größere Theil dieser Truppen unter Führung des General d'Armagnac seinen Einzug in Talavera. Kaum dort eingetroffen, erhielt General d'Armagnac die Schreckenskunde von der Annäherung der Engländer. Daß sie es auf die Brücke von Almaraz abgesehen hatten, ahnte Niemand; im Uebrigen hielt man die Festungswerke für so stark, daß sie selbst einer längeren Belagerung widerstehen könnten. General d'Armagnac glaubte daher etwas Uebriges zu thun, indem er das Bataillon Frankfurt, das noch etwa 400 Mann im Gliede zählte, zur Verstärkung nach Almaraz sandte. Fritsch setzte sich sogleich in Marsch und zog die aus dem Jahre 1809 so wohlbekannte Straße entlang. Das Land zu beiden Seiten bot das Bild grauenvollster Verwüstung — rings herrschte eine wahre Todtenstille, kaum ein Vogel ruderte mit matten Flügelschlägen durch die vor Hitze flimmernde Luft. Am 19. Mai sollte das Bataillon in Almaraz eintreffen. Dicht vor den Ruinen des Orts (das Ende der Kolonne hatte schon das benachbarte Navalmoral passirt) begegneten dem Bataillon die Flüchtlinge aus dem zerstörten Fort Ragusa — es stellte sich heraus, daß der Befehlshaber des Brückenkopfes auf dem linken Ufer durch den plötzlichen Ueberfall der Engländer so den Kopf verloren hatte, daß er mit wenigen Begleitern den Feinden insofern Vorschub leistete, als er selbst Feuer an die Brücke legte, noch ehe seine eigene Besatzung über dieselbe sich hatte retten können. Der Bedauernswerthe, der fast von Sinnen schien, wurde von Fritsch arretirt, später vor ein Kriegsgericht gestellt und erschossen. Eine qualmende Rauchwolke be-

zeichnete die Stelle, wo die Brücke noch brannte. — Englische Truppen
zeigten sich aber in so reichlicher Anzahl auf den Höhen des rechten
Ufers, daß die Frankfurter darauf verzichten mußten, die Stelle wiederzusehen, die ihnen schon im Jahre 1809 so hartnäckig das Ueberschreiten
des Stromes versagt hatte. Mit einigen hundert Flüchtlingen, die in
voller Panik das Weite suchen wollten und nur durch Drohungen, sie
niederzuschießen, wieder in taktische Ordnung zu bringen waren, zog
sich Fritsch zunächst nach Oropesa zurück — schwache feindliche Patrouillen
beobachteten seinen Abzug, um bald ganz zu verschwinden. Auf die
Meldung des Geschehenen erhielt das Bataillon den Befehl, schleunigst
auf Madrid zu marschiren, wo Joseph seine kleine Armee versammelte,
um Marmont zu Hülfe zu eilen.*) Da es sich herausgestellt hatte,
daß Wellington nicht über Badajoz, sondern über Ciudad Rodrigo an-
marschirt komme, so beschloß Marmont, bei Salamanca ihm den Weg
zu sperren, erlitt aber am 21. die entscheidendste Niederlage, die einen
französischen Feldherrn in Spanien betroffen hat. Da er selbst schwer
verwundet war, führte General Clauzel die Trümmer der Armee über
Valladolid bis in die Gegend von Burgos, aufs Hartnäckigste von
Wellington verfolgt. Der König wußte von dem Unheil nichts, da auch
nicht einer der vielen Kouriere, die Marmont absandte, das insurgirte
Land zu passiren vermochte. In quälender Ungewißheit beschloß der
König, bis Segovia zu marschiren und von dort zu versuchen, mit dem
Marschall in Verbindung zu treten. An dem Tage, wo die verhängniß-
volle Schlacht an den Arapilen geschlagen wurde, brach Joseph von
Madrid auf. Das Frankfurter Bataillon hatte es durch einen Gewalt-
marsch ohne Gleichen fertig gebracht, am Abend des 20. die Armee zu
erreichen. Dieselbe hatte nicht mehr die imposante Stärke, die vollen
Cadres, mit denen sonst die französischen Heerführer zu rechnen gewohnt
waren. Das buntscheckige Elend ihrer Zusammensetzung möge die
Ordre do bataille verdeutlichen.

 I. Korps des spanischen Generalkapitän Merlin:
Königliche Haustruppen,
1 Bataillon Garde-Grenadiere,
1 „ Garde-Voltigeurs,
1 „ Garde-Füsiliere,
1 „ Garde-Irländer,

---

*) In Consuegra wurden leider 300 Nassauer und der Frankfurter Lieute-
nant Schell mit den Kranken und Rekonvaleszenten zurückgelassen; sie fielen einem
Angriff des spanischen Generals Elio zum Opfer.

1 Bataillon Garde-Ausländer (royal étranger),
die Eliten der spanischen Regimenter Madrid und Castilien,
die Chevaulegers der Garde,
Westfälisches Chevauleger-Regiment,
1 Eskadron nassauischer Jäger zu Pferde.

II. Kavallerie-Division Treillard:

13., 18., 19., 22. französisches Dragoner-Regiment.

III. spanische Reiter-Brigade (General Alvaro):

Die Corps des Mauco ⎫
   "   "   " Morales ⎬ Contraguerrillas.
   "   "   " Meta ⎭
Jäger-Regiment Alvaro.

IV. Infanterie-Division d'Armagnac.

2 Bataillone des französischen 75. Infanterie-Regiments,
2   "   "   " 28.   "
2 Bataillone des badischen Infanterie-Reg. ⎫
1   "   Frankfurt   ⎬ General v. Neuenstein.

V. 4 Batterien à 4 Geschütze.

Summa 12 000 Mann zu Fuß, 2500 Pferde.

General v. Neuenstein erhielt den Befehl der Avantgarde mit Zutheilung einiger Kavallerie, darunter die Chevaulegers der Garde.

Der Hauptmann Riegel schreibt über diesen Marsch:

„Die Hitze war unausstehlich und daher die Labung mit frischem Wasser um so willkommener, welches die Einwohner der von uns berührten Dörfer in großen Gefäßen auf den Straßen bereit hielten. Undankbar bezeigte sich dagegen der rohe Soldatentroß durch Ausschweifungen aller Art. Zu Villacastin machte uns das Geschrei mehrerer Weiber aufmerksam. Wir treten vor das Haus, woraus es erscholl, und verlangen Einlaß; allein die Thür ist verrammelt, und Neapolitaner von der königlichen Garde zu Pferde drohen aus den Fenstern demjenigen mit gespanntem Hahn, der sich ihrem Beginnen widersetzen würde. Zu spät bahnen sich einige Grenadiere durchs Dach den Eingang; mit Entsetzen sehen wir drei geknebelte Mädchen und eine vor Schreck gestorbene Frau, deren todter Körper noch diesen Ungeheuern zur Sättigung ihrer Lust gedient zu haben schien. Schnell flog die Kunde dieser Schauerthat durch den Bezirk des Städtchens; vergrößert trug sie das Gerücht unserm Zuge voraus, in die Gegenden umher. Daher fanden wir alle Orte, durch die wir kamen, verlassen. Weiber, Kinder und Greise waren in die Gebirge geflüchtet, die waffenfähigen Männer zur feindlichen Armee gestoßen. Da übte der rohe Haufen seine Zerstörungslust an Habe und Haus, nicht scheuend die Gegenwart des Königs. Die eigene Garde gab das Beispiel zum Plündern und betrieb das Geschäft mit solchem Eifer, daß die nachfolgenden Truppen nichts mehr zu zerstören oder fortzuschleppen fanden."

Da auch von Segovia aus der König keine Nachrichten über Marmont erhalten konnte, beschloß er, seinen Marsch bis Arevalo fort-zusetzen. Noch war aber dieses Städtchen nicht erreicht, als den Truppen das verstörte Aussehen ihrer Generale und das fortwährende Umhersprengen der Adjutanten ahnen ließ, daß eine böse Kunde eingetroffen sei. Obgleich die Nachricht von der verlorenen Schlacht geheim gehalten werden sollte, so verbreitete sie sich doch mit Blitzesschnelle. Der König ließ die Armee sofort Kehrt machen und marschirte nach Segovia zurück — von da zog er sich, ohne einen Schlag gethan zu haben, nach seiner Residenz, die er nach dreizehntägiger Abwesenheit nur wiedersah, um sie sogleich wieder zu verlassen.

Noch hoffte er, Wellington werde seinem geschlagenen Gegner mit all seinen Kräften gegen Burgos folgen und ihm dadurch die Herrschaft über Kastilien belassen. Um die vormarschirenden Engländer zu beobachten, wurde die Brigade des General Neuenstein und die Kavallerie-Division Treillard in Segovia belassen. Sie hatte bald zu melden, daß der Haupttheil der feindlichen Armee von Valladolid südlich abgebogen sei und geraden Weges auf Madrid marschire — die große Heerstraße nach Bayonne, die Lebensader der französischen Etappen war also in Feindes Hand; zugleich aber machte sich das Erscheinen des englischen General Hill beim Escurial dicht westlich der Straße Segovia—Madrid fühlbar. Für die Armee des Königs sowohl, als hauptsächlich für seine Arriere-garde, wurde es nun hohe Zeit, abzuziehen, um nicht von Madrid und der Straße nach Valencia abgeschnitten zu werden. Unsere Frankfurter sahen als Nachhut bei dem Dörfchen Santa Maria di Nieva die englisch-portugiesische Armee in stolzen majestätischen Massen über die weite Ebene zwischen Duero und der Sierra Guadarama heranrücken. Der Marsch als Arrieregarde, umschwärmt von zahlreicher feindlicher Reiterei bei sengender Gluth, durch verödete Landstriche, war wieder ein harter Prüfstein für die betheiligten Truppen. Das Frankfurter Bataillon war jedoch durch seine unaufhörlichen Kreuz- und Querzüge so einmarschirt worden, daß es auch nicht einen Maroden zurückzulassen brauchte. Des Königs ganze Hoffnung beruhte nun auf der Armee Suchets; dieser hatte den wenigen Truppen des Monarchen die Division Palombini und zwei Kavallerie-Regimenter entgegengesandt, die die Arrieregarde bei Mostolles aufnahmen. Zwischen Treillards Reitern und der deutsch-englischen Kavallerie kam es auf diesem Rückzuge bis Madrid zu einer fortlaufenden Reihe wüthender Kämpfe, die aber nicht zu Ungunsten der Franzosen ausfielen, da sie geschickter ihre Massen anzusetzen verstanden wie der Feind. Da durch zwei gefangene Obersten dem König bestätigt wurde, daß Wellington mit ganzer Macht auf Madrid heranziehe und die Residenz nöthigenfalls mit Sturm zu nehmen Willens sei, so mußte Joseph sich wohl zu weiterem Rückzuge nach Valencia entschließen — zugleich aber ertheilte er dem Marschall Soult den unwillkommenen Befehl, Andalusien zu räumen und zu ihm zu stoßen. Von Valencia aus, mit Suchet und Soult vereinigt, durfte er dann hoffen, wenigstens die beiden Kastilien wieder zu gewinnen. In Madrid stieß das brave Regiment Nassau wieder zu der Brigade. Bei seinem Abzug aus Toledo war die alte Königsburg, der Alcazar, in Brand gerathen und hatte seinen nächtlichen Marsch wie eine ungeheure Fackel beleuchtet. Natürlich glaubten die Spanier an eine absichtliche Brandstiftung und ließen es die in Consuegra gefangenen Nassauer (vergl. S. 247) bitter büßen.

Obgleich in Madrid seit langer Zeit die königlich gesinnte Bevölkerung und das Beamtenheer sich auf eine Flucht vorbereitet hatte, so entstand doch, als die Räumung der Hauptstadt nun wirklich nothwendig wurde, eine unbeschreibliche Verwirrung. Gegen 20 000 Menschen rüsteten sich zur Abreise, eine Wagenburg von 3000 Gefährten jeglicher Art bedeckte die öffentlichen Plätze, wo sie in verschiedene Kolonnen eingetheilt wurden. Schreckensbleich schloß sich auch das eingewanderte Pariser Gesindel, Köche, Friseure, betrügerische Kaufleute, Schauspieler und lüderliche Dirnen, dem allgemeinen Auszug an. Der unermeßliche Train wurde in fünf Kolonnen geschieden, deren erste aus den Wagen des Königs und seines Hofstaates gebildet wurde; die zweite zählte die der Minister und Gesandten, die dritte die des Generalstabes und der französischen Armeebeamten, die vierte die der Artillerie, Marketender ꝛc. — die fünfte endlich begriff alle die Fahrzeuge in sich, auf welchen die Flüchtlinge, welche keiner der genannten Kategorien angehörten, sich zu retten suchten. Der König war so fest überzeugt, daß er in kurzer Zeit Madrid wieder erobern werde, daß er 1700 Mann Kerntruppen in dem schwach befestigten Retiro zurückließ, obgleich deren Kommandeur ihn inständig bat, ihn nicht der sichern Gefangenschaft auszusetzen. Die ganze Armee verurtheilte

diese Maßregel als grausam, die Offiziere nahmen von den Zurückbleibenden feierlichen Abschied. In der That bedurfte es nach dem
Einzuge Wellingtons nur eines Zeitraumes von vierundzwanzig Stunden,
um diese schwache Besatzung zur Kapitulation zu zwingen. Kaum hatte
die Armee Josephs der Hauptstadt den Rücken gekehrt, als der stolze
Guerrillenführer Empecinado in die Thore Madrids einzog. Wellington
folgte nach zwei Tagen. Der Jubel des Volkes war grenzenlos, der
Sieger durchzog eine von der Bedeutung des Augenblicks fast von Sinnen
gebrachte Menge — in seinem ehernen Antlitz war nicht die Spur einer
Erregung sichtbar; kalt wie Eis lüftete er von Zeit zu Zeit den Hut,
um das Volk zu grüßen, das er selbst nicht eines Blickes würdigte.

Der Rückzug der Josephinischen Armee ging zuvörderst auf Aranjuez
— die Division d'Armagnac hatte, wahrscheinlich weil die Deutschen
ihren Hauptbestandtheil bildeten, die schwere und aufreibende Aufgabe,
die Wagenkolonne als Arrieregarde zu decken. Es läßt sich leicht ermessen,
mit wie viel Aufenthalt und peinlichen Unterbrechungen dieser Marsch
verbunden war. Da die Wagen, selbst wenn sie dicht aufgeschlossen
fuhren, den Weg in der Länge von vier Wegstunden bedeckten, so war
die Spitze schon im Nachtquartier eingetroffen, wenn die Arrieregarde die
letzten Fahrzeuge eben erst in Marsch setzen konnte. So waren die
bedauernswerthen Truppen von früh bis in die sinkende Nacht gezwungen,
auf der staubigen, glühend heißen Heerstraße zu liegen, die die gänzlich
dürre und baumlose Hochfläche dieses Theiles von Kastilien in traurigster
Eintönigkeit durchzieht. Dabei waren die französischen Truppen, welche
der Division d'Armagnac zugetheilt waren, im Zustande der zügellosesten
Indisziplin, unter der die Deutschen mit zu leiden hatten. So waren
einige dieser Marodeurs in Valdemoro, der ersten Etappe, in Weinkeller
eingebrochen und hatten dann in trunkenem Zustande einen ihrer Generale
fast zu Tode geprügelt. Jourdan, der Majorgeneral des Königs, ließ
in seiner Entrüstung Generalmarsch schlagen und manövrirte mit der
Division drei Stunden lang in einer Weise, daß die Betrunkenen zwar
nüchtern wurden, aber mit den Andern vor Mattigkeit sich kaum auf
den Beinen halten konnten. Dazu kam, daß alle Truppen ihre Quartiere
verlassen und ohne Feuer biwakiren mußten. Am zweiten Marschtage
(den 13. August) erreichte die Arrieregarde bei Cuellar den Höhenrand,
welcher das rechte Ufer des Tajo begleitet. Ein Blick in das entzückende
Thal von Aranjuez labte die vor Hitze und Durst fast Verschmachtenden.
Ein deutscher Offizier schreibt, er habe sich vorher nie denken können,
daß der Anblick dickbelaubter, schattenreicher Bäume, eines schnellstrudelnden,

Kühlung verbreitenden Stromes ein solches Entzücken hervorrufen könne. Die Soldaten ließen sich von den Offizieren nicht mehr zurückhalten und stürzten sich zu Dutzenden mit Sack und Pack in die kalte Fluth. In dem wohlerhaltenen Parke von Aranjuez mit seinen verstohlenen Laubgängen, kunstreichen Grotten und plätschernden Springbrunnen bezog die Brigade Neuenstein ein Biwak, das sie wohl ungern mit dem besten Quartier vertauscht haben würde. Hauptmann Riegel schreibt:

„Die Offiziere fanden sich in fröhlichen Gruppen unter labendem Schatten ehrwürdiger Maronenbäume zusammen und verbrachten beim hellen Scheine unzähliger Bivouacfeuer und bei vollen Weinschläuchen oder sonstigem von Madrid mitgebrachten Mundbedarf eine so entzückende Nacht, wie keine vom Teutschen Himmel niedersteigt."

Nachdem die Brücken über den Tajo bei Aranjuez abgebrochen worden waren, konnte Joseph seinen weiteren Rückzug nach Valencia um so ungestörter fortsetzen, als Wellington kaum einige Kavallerie zu seiner Verfolgung nachgesendet hatte — nur Guerrillabanden umschwärmten die Armee, wie ein frecher Fliegenschwarm ein krankes Wild. Um die ärgste Hitze zu vermeiden, brachen die Truppen auf den folgenden Märschen bereits um Mitternacht auf. Die Hitze erhielt sich in ihrer vollen sengenden und verzehrenden Kraft; sie beförderte auch in erschreckender Weise die Verwesung der an der Heerstraße massenweise liegenden menschlichen und thierischen Kadaver. Die Armee marschirte fortwährend in einem pestilenzialischen Leichengeruch. Einer der Frankfurter Offiziere äußert sich brieflich: „Wir fühlten bei dieser Gelegenheit, wie ungerecht uns die Franzosen behandelten, indem billiger Weise die Regimenter mit der Arrieregarde hätten abwechseln sollen, um die Strapazen zu theilen. Bis Nachts neun Uhr waren wir meist auf dem Marsche; bei jedem Fuhrwerk, das zurückblieb, mußten wir halten und den convoi sichern, dabei war überall Mangel an Wasser, da in dieser Jahreszeit alle Bäche und Flüsse ausgetrocknet, die Brunnen von den Spaniern aber aus Rache mit Unrath und Leichen angefüllt waren. Die erbosten Soldaten rächten sich, indem sie die elenden Dörfer von Grund aus zerstörten. Da wir die letzten waren, so bekamen wir nur noch Trümmerhaufen zu sehen und zogen es vor, im Freien zu kampiren."

Den Memoiren eines Frankfurter Offiziers entnehmen wir noch folgenden Passus: „Unter den vielen Leuten, deren Verlust wir auf dem Rückzuge zu beklagen hatten, war auch ein alter Korporal Namens Bobius, ein Oesterreicher von Geburt, der nach dem Feldzuge 1805 in preußische Dienste getreten war und nach der Schlacht von Jena sich in Frankfurt hatte anwerben lassen. Bei meinem Diensteintritt wurde er mir von dem Hauptmanne der Kompagnie als eine Art Mentor beigegeben. Ohne ihn würde ich die langen und beschwerlichen Märsche durch Frankreich und Spanien bei meinen damals noch unentwickelten Körperkräften nicht ausgehalten haben. Er hatte zur Erleichterung meines Tornisters einen Theil meines Gepäcks in den seinigen aufgenommen, stundenlang trug er oft unterwegs mein Gewehr und in den Quartieren ruhte er nicht eher, als bis er alle meine Sachen in Stand gesetzt hatte. Oft hat er, bei dem häufigen Mangel und den härtesten Entbehrungen seinen letzten Bissen Brodt mit mir getheilt, in den Bivouaks, wenn ich vor Ermüdung außer Stande war, mir selbst zu helfen, für mich gesorgt, überhaupt mit einer väterlichen und aufopfernden Hingebung stets an mir gehandelt. Die Anstrengungen des Rückzuges hatten aber auch seine Kraft, sowie die so vieler Anderen gebrochen; er stürzte während des Marsches zusammen, und da die Versuche, ihn ins Leben zurückzurufen, fruchtlos waren, so blieb er auf dem Wege liegen, ein damals so gewöhnliches Ereigniß, daß ich erst einige Zeit nachher davon Kenntniß erhielt. Es haben mich in meinem späteren Leben wohl herbere Schicksalsschläge getroffen, aber bei keinem habe ich einen nachhaltigeren Schmerz empfunden, als bei dem Verluste dieses Mannes, dem ich so viel verdankte." Das Wasser wurde so selten, daß Kompagnien stundenweit seitwärts in die Berge geschickt werden mußten, um in Flaschen und Kochgeschirren das sonst so wenig geachtete köstliche Naß zu gewinnen. Die unglücklichen Spanier im Gefolge des Königs gaben oft ein Goldstück, um nur einige Schluck der schalen, lauen Flüssigkeit zu erhalten. Die Lage dieser bedauernswerthen Opfer war eine verzweifelte. Wenn sie sich von der Kolonne nur im Geringsten zu entfernen wagten, so harrte ihrer von Seiten ihrer rachsüchtigen Landsleute sicherer und qualvoller Tod. Dennoch überwanden Hunger und Durst zuletzt alle Bedenken. Wo in der Ferne, seitlich der Straße, ein Kirchthurm die Lage eines Dorfes anzeigte, dahin nahmen kleine Gruppen gierig ihren Weg — andere, die vor dem Wagniß zurückbebten, gaben sich selbst den Tod, und ihrer waren nicht wenige. Hier zeigte sich der Edelmuth deutscher Krieger in vortheilhaftem Lichte; sie theilten ihre Rationen mit den Unglücklichen und Sterbenden, während die Franzosen, vor Allem aber die Italiener sie mit gleichgültiger Grausamkeit verschmachten ließen oder sie gar noch beraubten. Einer unserer Gewährsmänner schreibt: „Mit einem Engelsblick und einer Thräne im seelenvollen Auge dankte uns die Gräfin Altamira, welche mit ihren drei Töchtern mitten unter uns bivuakirte, für ein unter der Asche schlecht gebackenes Brot und etwas Wein und die Herzogin v. Cotabilla spendete einem bärtigen Grenadier eine Handvoll Goldes für eine Schaale Hühnerbrühe, die er ihr wenig Minuten nach ihrer Entbindung durch den Kutschenschlag reichte. Doch der Krieger wies solchen Dank großmüthig zurück. Andere Frauen in gleicher Lage hatten noch weniger Beistand, ja nicht einmal Fuhrwerk oder Saumthiere; sie mußten sich daher, ihre eben geborenen Säuglinge auf den Armen, mit unsäglicher Mühe zu Fuß der Armee nachschleppen, ein Glück, wenn sich hier und da ein berittener Offizier ihrer sorgend annahm."

Am 16. August erreichte die Division d'Armagnac Corral de Almaguer. Das Regiment Nassau wurde in das Städtchen gesandt, um etwa noch aufzufindende Mundvorräthe und Wein mit Beschlag zu belegen. Vor den Kellerthüren wurden Doppelposten aufgestellt. Bald darauf rückte ein französisches Dragoner-Regiment, ohne die Erlaubniß dazu eingeholt zu haben, in die Stadt; als die Posten den ihnen zur Bewachung anvertrauten Wein vertheidigten, wurden mehrere von der berauschten Bande ohne Weiteres niedergeschossen. Auch der Oberstlt. v. Göbecke wurde durch einen Hieb schwer verwundet. Das Regiment Nassau war von allen deutschen Truppen unstreitig dasjenige, das die wildesten und trotzigsten Elemente in sich barg; die Wildfänge konnten selbst nur durch eine eiserne Disciplin im Zaum gehalten werden. Als sie die Leichen ihrer Kameraden sahen, liefen die Kompagnien von selbst zusammen; die Offiziere, um der Bewegung Herr zu bleiben, setzten sich an ihre Spitze, und in den von den Dragonern besetzten Kellern kam es zu einem blutigen Kampfe, so daß letztere mehrere Todte und nicht weniger als 35 schwer Blessirte verloren. Mit dem Bajonett wurde der Rest des französischen Regiments zu den Thoren hinausgetrieben. General d'Armagnac, der selbst von einigen Dragonern mit flachen Hieben bedient worden war, schäumte vor Wuth und ließ einen derselben, den es gelang vom Pferde zu reißen, sofort vor der Front des aufmarschirten Regiments Nassau erschießen. Dieser Zustand der Indisziplin, in dem sich hauptsächlich die national französischen Truppen befanden, war bei der gleichzeitigen Kampagne in Rußland der hauptsächlichste Grund der raschen Auflösung der Napoleonischen Armee.

Der Marsch nach Valencia vollzog sich ohne weitere Zwischenfälle. Wir übergehen die einzelnen Etappen mit dem Bemerken, daß nur am 22. August die Deutschen mit dem Feinde in Berührung geriethen, indem das kleine Felsenfort Chinchilla, das von den Spaniern besetzt war, den nächtlichen Vorbeimarsch der Truppen durch Leuchtkugeln und darauf folgende Bomben zu stören suchte. Die Spanier brachten es aber dabei nur zu einem artigen Feuerwerke, das ihre Gegner mehr belustigte als beunruhigte. Am 25. August wurde Almansa erreicht. Hier gewann die Division Fühlung mit der Armee Suchets; den 26. nahm sie als rechtes Seitendetachement bei Fuente de la Higuera Position, um den auf der großen Heeresstraße nach Valencia weiter eilenden Convoi gegen einen Handstreich der Spanier von Alicante aus zu sichern.*) Am 29. bezogen die Deutschen bei Cannales im schönen Valencia das gemein= schaftliche Lager mit der ganzen Josephinischen Armee.

Das Tagebuch eines Frankfurter Offiziers giebt von seinen Annehm= lichkeiten folgende Schilderung:

„Im September bezogen wir ein Lager bei Cannales, einem in der Nähe von St. Felipe de Xatival gelegenen Dorfe. Letztere Stadt, mitten in einem Orangen=Walde gelegen, in welchem auch die Dattelpalme, dieses charakteristische Zeichen des Südens, ihre Krone erhebt, ist einer der reizendsten Orte Spaniens. Nach den unsäglichen, während des erwähnten Rückzuges erduldeten Leiden hatten wir uns nun bei dem überaus geringen Preise der Lebensmittel und einer reichen Verpflegung eines wahren Ueberflusses zu erfreuen. Der stets heitere Himmel, die milde, durch die Winde des nahegelegenen Meeres abgekühlte Luft und die über alle Beschreibung reizende Umgebung wird einem Jeden unver= geßlich bleiben, der damals die veröbeten, wasserlosen Gegenden Kastiliens unter dem Brande der glühenden Augustsonne durchschritten hat, um in diesem irdischen Paradiese von den überstandenen Mühen auszuruhen. Für einen Theil des Paradieses, der sich vom Himmel losgerissen, hielten ja auch die Mauren die Ebene von Valencia. — Das Zusammen= strömen so vieler Regimenter, die nach jahrelanger Trennung sich hier wieder zusammen fanden, das Wiedersehen von Freunden und Waffen= gefährten, der Ueberfluß an Lebensmitteln und namentlich an Getränken machte das Lager zu dem lebensfrohesten Bilde des Krieges und ließ uns die überstandenen, sowie die noch bevorstehenden Mühseligkeiten leicht vergessen."

Wie im vergangenen Jahre, so verfehlte auch jetzt wieder der zau= berische Reiz der reichen, schönen Landschaft nicht, einen tiefen Eindruck

---

*) Ein französisches Regiment, das die Deutschen hier ablöste und nicht genug auf seiner Hut blieb, wurde von der Festung aus überfallen und auf= gehoben.

auf die Soldaten zu machen, besonders da, wie schon früher mehrfach angedeutet wurde, der Marschall Suchet in dieser Provinz allen Verheerungen vorzubeugen gewußt hatte. Hier gab es bebaute Felder und Weinberge, bewohnte Dörfer, zufriedene und glückliche Gesichter. Wir lesen in unsern Quellen wahrhaft poetisch gefühlte Schilderungen dieses herrlichen Landes, in denen mitten unter den Gräueln des Krieges sogar ein Anklang an die weichliche, süßliche Sentimentalität sich nicht leugnen läßt, die die deutschen Gemüther in der Heimath so fest umstrickte. Eine lange Schilderung dieses Edens schließt mit den Worten:

„Welche Wonne uns Alle bei dem Anblick dieses Zauberlandes faßte, kann keine Sprache schildern! Halb erstorben vor Hitze und Durst, abgezehrt von Mühe und Elend, des Hungers und der Ermattung Beute, traten wir in das Reich des Ueberflusses und der Erquickung ein, wie Selige in die Wohnungen des Himmels."

An der Grenze der Provinz kam Suchet mit einem glänzenden Stabe und an der Spitze der vollzähligen, gut genährten und gekleideten Division Harispe der Armee Josephs entgegen. Die Armeen boten ein deutliches Abbild der verschiedenen Kriegführung, die sie zu ertragen gehabt. Josephs Truppen sahen, um einen Ausdruck Friedrich des Großen zu brauchen, aus wie die „Grasteufel." Ihre langen Bärte, zerrissenen Uniformen, ausgemergelten Gestalten und hagern Gesichter machten sie eher einer großen Räuberbande, als einer regulären Armee ähnlich. Da sie auch ihr Morden, Sengen und Brennen in Valencia ausüben wollten, so belehrte Suchet, dem der König den Oberbefehl übertragen hatte, sie bald, daß er nicht gesonnen sei, aus seiner herrlichen Provinz eine Wüste machen zu lassen, wie er es im Jahr vorher bei dem Zuge Montbruns durch Murcia hatte mit ansehen müssen. Einige Marodeure wurden ohne Weiteres erschossen und einige hohe Offiziere, die offenkundig gestohlen hatten, schimpflich kassirt. Das wirkte zwar, aber die an Ausschreitungen aller Art gewöhnte Arméo du centre murrte laut und fügte sich nur unwillig in das ungewohnte Joch. Selbst bei den deutschen Offizieren läßt sich ein leichtes Mißvergnügen über des Marschalls Strenge nicht verkennen. Um so stolzer waren die Truppen Suchets auf ihre Mannszucht und auf ihren hochverehrten Führer. Waren sie doch vortrefflich gekleidet, auf den Tag richtig gelöhnt, mit Lebensmitteln reichlich versehen und hatten sie doch eine ununterbrochene Reihe von glänzenden Siegen in ihren Annalen zu verzeichnen. Sie nannten sich daher auch „die nie Besiegten" oder „die unüberwindliche Armee". Echt französisch ist es, daß dieser usurpirte

Titel die Offiziere der Armée du centro so reizte, daß das Offizier=
korps des 75. Regiments ein anderes der Armee Suchets Mann für
Mann forderte. Das Massenduell fand in San Felipe statt. Die
Unbesieglichen hatten am ersten Tage 7 Todte und 13 Schwerverwundete
— um die Fortsetzung des Streites zu verhindern, mußte Suchet einem
der Regimenter Marschbefehl nach Catalonien geben.

Am 17. September ließ der Marschall die Josephinische Armee
Revue passiren. Die Artillerie exerzirte im Feuer, die Division
d'Armagnac formirte das erste, die Division Palombini mit dem Rest
das zweite Treffen. Die Bewegungen gingen präcis und ernteten Lob.
In einer ordre du jour war aber Suchet offen genug, den Franzosen
und Italienern zu sagen, daß sie von den Deutschen lernen könnten.

Das mit Ende September eintretende Regenwetter ließ den Auf=
enthalt im Lager zu Canales nicht mehr zu. Die Truppen wurden in
den nächstgelegenen Ortschaften, eng genug untergebracht. Tägliches,
scharfes Exerziren, gute Verpflegung und strengste Disziplin hoben die
Armee in ganz unverkennbarer Weise wieder. Sie erwartete mit Unge=
duld den langsam heranrückenden Soult, um nach der Vereinigung mit
seinen Schaaren die Engländer wieder anzugreifen. Gegen diese herrschte
im ganzen Heere ein so tiefgewurzelter, glühender Haß, daß selbst die
kriegsmüden deutschen Bataillone vor Begierde brannten, ihnen die
Verluste von Talavera heimzuzahlen. — Langsam genug kam Soult
durch Andalusien und die Mancha herangezogen, es war, als könne sich
der Marschall nur schwer von dem schönen Süden der Iberischen Halb=
insel trennen, wo er wie ein König geherrscht hatte.

Die Anfangs 1810 unternommene Belagerung von Cabix mußte
aufgegeben, den Spaniern der ganze Artilleriepark überlassen werden;
nur der Unbotmäßigkeit des spanischen General Ballesteros, der sich den
Befehlen der Engländer nicht fügen wollte, hatte der Marschall es zu
danken, daß sein Rückzug leidlich ungestört sich vollziehen konnte. Als
er sich der Provinz Murcia näherte, entsandte der König die Kavallerie=
Division Treillard und die deutschen Regimenter, um die Verbindung so
rasch als möglich herzustellen. Letztere verließen ihre Quartiere bei
Almanza am 28. September und erreichten über Bonete Hellin, wo am
30. Marschall Soult eingetroffen war. Ein Theil seiner Armee ging
mit den Deutschen nach Almanza zurück — in dem kleinen Städtchen
lagen in den ersten Tagen des Oktober 20 000 Mann. Die Straßen
waren so gedrängt voll Menschen wie an einem Jahrmarkt — die
Häuser selbst aber blieben nach dem Abzug so kahl wie ein Fruchtfeld,

auf dem die Heuschrecken eingefallen waren. Soult selbst hielt in San Felipe mit Suchet und dem König einen Kriegsrath ab, worin beschlossen wurde, daß Suchet in Valencia bleiben und den englischen General Maitland in Alicante und Carthagena festzuhalten und womöglich diese festen Plätze einzunehmen suchen möge; Soult solle aber mit allen verfügbaren Truppen auf Madrid gehen, die Residenz wiedergewinnen, dann die geschlagene Armee Marmonts an sich ziehen und Wellingtons Hauptarmee dann entschlossen zu Leibe gehen. Der Plan war einfach und kühn erdacht und wurde energisch ausgeführt. Seine Konzeption beweist auch, welche Spannkraft die französischen Heerführer trotz aller widrigen Umstände sich zu erhalten gewußt hatten. Die Bewegung gegen den Tajo wurde so abgesprochen, daß Soult mit der Südarmee (armée du midi) durch die Mancha gegen Aranjuez, die Armée du centro unter Befehl des Grafen Erlon durch die Provinz Cuenca gegen Fuentebuenna operiren solle. Die neue Offensive eröffnete sich unter günstigen Auspicien. Die Bergfeste Chinchilla mußte sich nach fünftäger Beschießung an die Truppen Soults ergeben. So stand wissentlich die Armee vor einer der stürmischen und plötzlichen Offensivoperationen, an denen der spanische Krieg so reich ist. Den deutschen Truppen, die das Innere des Landes schon so oft durchkreuzt hatten, so daß sie es genauer wie die eigene Heimath kannten, stand ein Marsch von 100 Meilen bevor, wieder auf der bekannten, veröbeten Heerstraße durch das Berggewirr von Cuenca und dann über die kahlen Hochflächen beider Kastilien bis an die ferne portugiesische Grenze.

Am 8. Oktober, nachdem die Truppen durch längere Ruhequartiere und reichliche Verpflegung sich erholt, begann die große Vorwärtsbewegung, die nach aller menschlichen Berechnung eine schwerwiegende, vielleicht definitive Entscheidung bringen sollte. Allein der Himmel schien bereits durch unaufhörliche, schwere Regengüsse andeuten zu wollen, daß er dem menschlichen Streiten in diesem Jahre ein Ziel setzen wolle. Die lachenden Thäler Valencias, voller Reichthum und blühenden Lebens, machten bald den öden, starren Felsgebirgen Platz, deren spärlicher Anbau schon seit Jahren durch den Krieg vernichtet worden war. Riegel schreibt:

„Ungern schieden die Truppen von Valencias paradiesischem Himmel, der während ihres dortigen Aufenthalts so freundlich mild auf sie herniederstrahlte. Immer mehr und mehr schwand der Herrlichkeiten Fülle, je näher man der Grenze von der Huerta kam; der Gärten wohlgebaute Zier ergetzte nicht fürder den verwöhnten Blick, hinter der Armee lagen auf einmal die duftenden, schattigen Palmen, Pomeranzen und Aloehaine, bei denen

nur noch die Sehnsucht weilte, das Land ward allmählich höher, die
Luft kälter. Vorwärts dehnte sich die Kabrillas, eine dürre, wilde Ge-
birgskette — sie schien der Armee geradezu den Weg sperren zu wollen.
Die Felder und Dörfer wurden seltener, einige Johannisbrotbäume,
zwischen Felsenspalten hervorragend, waren die einzigen Gewächse, welche
das Auge noch erquickten."

Bei dem Städtchen Bunnol ward die Passage für Artillerie und
Train eine fast unmögliche. Die Häuser waren so in die tiefe Felsen-
schlucht eingepreßt, daß nur zwei schmale Saumpfade an ihnen entlang
führten. Auf einer Seite gähnte tiefer Abgrund — kein schwaches
Geländer spendete dem Schwindelnden eine lügnerische Sicherheit. Die
Kanonenräder schwebten theilweise geradezu in der Luft, einige Geschütze
stürzten auch den schaurigen Hang hinab, der Kampf der Pferde und
ihrer Reiter vor dem Hinabgleiten war ein verzweiflungsvoller. Mit
gellendem Schrei stürzten die Unglücklichen in die Tiefe, zehnfach an
Kanten und Vorsprüngen aufschlagend, bis unten die brodelnden Gewässer
eines Quellbaches des Magro die verstümmelten Leichen aufnahmen. Da
die Spitzen beider Armeen durchaus in gleicher Höhe bleiben sollten,
um nicht am Tajo vereinzelt anzukommen, so mußten die Tagesetappen
genau innegehalten werden, so sehr auch die Marschleistungen dabei
ungebührlich hoch gespannt wurden. Das Genie=Korps hatte oft weite
Sprengungen in den Felswänden vorzunehmen, um den Fahrzeugen nur
den nothwendigsten Platz zu verschaffen. — Die Kavalleriepferde schnaubten
vor Angst beim Anblick der gähnenden Abgründe und glitten auch vielfach
in trippelnder Hast von dem glatten Schneepfade in die Tiefe.*)

Nach unsäglichen Mühseligkeiten erreichten die Deutschen am 23.
Cuenca, um am folgenden Tage vor dem General Drouet, Grafen
von Erlon, dem neuen Befehlshaber der Armée du centre, Revue zu
passiren. Der hohe Herr blickte aber finster drein, und die Deutschen
wurden keines Wortes gewürdigt, so wenig wie die italienische Division
Palombini, die am andern Tag in die Stadt rückte. Die Deutschen
mußten ihren wenig beliebten Kampfgenossen Platz machen und nach
Chillaron ausquartieren, wodurch der versprochene Ruhetag verloren ging.
Am 25. Oktober setzte die ganze Armee ihren Vormarsch gegen den
Tajo weiter fort. Die Ordnung und Disziplin, die in Valencia geherrscht hatte, ging von dem ersten Tage des Marsches an vollständig

---

*) Die bequeme Heerstraße über Utiel und Valverde genügte nicht für die
tiefe Kolonne der ganzen Armee, die daher gezwungen war, die schlechten Gebirgs=
wege nach Cuenca zu benutzen.

verloren. Als wenn es sich von selbst verstände, trat das widerwärtige Raubsystem wieder in Kraft, sobald die Truppen dem Oberbefehl Suchets entronnen waren. Vergehen blieben vollkommen straflos, die Tags vorher mit einer Kugel geahndet worden wären. Dieser Um-schlag in der Stimmung, dem ganzen Habitus der Truppen ist ein außerordentlich auffallender. Ein Brief des Hauptmann Dambocr enthält folgende Stelle:

„Unsere gutmüthigen Leute, die soeben noch in des Landmanns friedlichen Hütten frohgelaunt mit den Kindern gescherzt, mit den Männern geraucht und freundlich Spanisch gerabebrecht, ihnen sogar auf den Feldern und in den Weinbergen sorglich an die Hand gegangen waren, wurden, als wir in die kalten und fürchterlichen Gebürge eintraten, finster und raublustig wie nur je zuvor in den unglücklichsten Tagen unseres Auf-enthalts in der Mancha. Sie nannten das Rauben „Privatisiren" und betrieben es gründlich, obwohl wenig mehr zu rauben war. Derselbe Mann aber, der noch so eben mit dem Bauern seinen Tabak getheilt, war nun im Stande, ein Kind grausam zu prügeln, damit es sage, wo der verborgene Keller des Hauses läge."

Riegel aber schildert den Aufenthalt in Cuenca mit noch büstereren Farben:

„Fast jede Straße trug das Bild der zügellosesten Verheerung. Brandstätten mit noch rauchenden oder bereits eingeäscherten Häuser-trümmern trafen, finstere Zeugen der Zerstörungswuth, den Blick des Beschauers; die freien Plätze, mit zahllosen Feuern umgeben und mit Truppen angefüllt, glichen großen Märkten, auf denen Räuber ihren Raub unter sich verkauften, tauschten oder vertheilten; hin und wieder zerstreute Leichen muthwillig hingewürgter Bürger bestätigten den Hohn, welchen die Wütheriche der Menschheit sprachen."

Am 29. Oktober erreichte die desorganisirte Armee, abgerissen und erschöpft, den Tajo. Der englische General Hill hatte hier die Brücken abgebrochen und sich eiligst nach Madrid abgezogen, das Wellington für seine Person bereits im September wieder verlassen hatte. Ohne den geringsten Widerstand zu finden, zogen die französischen Bataillone auf mehreren rasch geschlagenen Pontonbrücken über die mächtige Strom-barriere. Es war klar, daß den Engländern nichts an der Behauptung der Residenz lag; König Joseph konnte den dritten siegreichen Einzug in seine Thore halten. Von welch widerstreitenden Gefühlen mag der Monarch durchzittert worden sein bei diesen drei Anlässen — damals

als Murats Heer die leicht gewonnene Hauptstadt zuerst ihm öffnete, dann nach dem Rachezug des Kaisers selbst im Jahre 1808 und nun, wo er an der Spitze zerlumpter Räuberbanden sich traurig und gebeugt der Schmerzensstadt näherte. — Schon am 2. November besetzte diese die vorausgeeilte Division Vilatte, um die Einwohner zu Illuminationen, Feuerwerk und sonstigen Freudenbezeugungen zu zwingen und zugleich die französische Polizei zum Schutze des Königs wieder in ihren Wirkungskreis einzusetzen. Der gallische Stolz mußte sich selbst eine Farce vormachen und wenigstens den Schein einer via triumphalis dem König inmitten einer Bevölkerung zu bereiten suchen, die ihn entweder verlachte oder mit tödtlichem Hasse verfolgte. Die Bevölkerung einer Hauptstadt zeigt sich fremder Tyrannei gegenüber oft fügsam und willig und versteht sich zu einer Unterwerfung, die dem hausbackenen, aber gesunderen Sinne der Provinzen widerstrebt. Diesmal leisteten die Madrider den Anordnungen der französischen Behörden einen passiven, aber nicht zu überwindenden Widerstand. Die Straßen blieben finster, öde und leer; fast an allen Häusern waren die Läden geschlossen, nur einzelne scheue Gestalten, in Trauerkleider gehüllt, huschten die Häuser entlang, als die französischen Bataillone mit klingendem Spiel einzogen. Die Quartiere fielen dürftiger aus, denn je. Die Freunde Josephs, die Afrancesados, waren mit ihm ausgezogen, aber nicht wieder zurückgekehrt. Die Freunde der nationalen Sache aber, die beim Einzuge Wellingtons kein Hehl aus ihren Gesinnungen gemacht hatten, fürchteten die Rache des zurückkehrenden Monarchen mit den Rudeln seiner dienstbeflissenen Polizisten und hatten bei Zeiten der Stadt den Rücken gekehrt. So war nur der Pöbel zurückgeblieben und selbst dieser hatte für die Einziehenden nichts übrig als Verwünschungen und Hohn. Dreiste Burschen wetzten selbst vor den Augen des Königs ihre langen katalonischen Messer und stießen sie einer Puppe in die Rippen, der man eine französische Kapotte übergestreift hatte.

Die Deutschen, die über Villa Manrique und Valdemoro die Hauptstadt erreichten, hatten schlechte Ruhetage in den veröbeten Mauern und begrüßten deshalb den Befehl zur weiteren Verfolgung der englischen Armee ohne Bedauern. Soult war schon am 5. November auf der ausgezehrten Straße nach Salamanca aufgebrochen, die Deutschen folgten am 7., diesmal als Arrieregarde. Die spanischen Bandenführer oder wie man sie jetzt hätte nennen müssen, Generale fliegender Korps — Empecinabo, Mina, Vassecourt und das ganze Wirrsal der Guerrillen aus dem Süden — waren den Deutschen bei diesem Marsche auf den

Fersen — man wagte nicht einmal, eine französische Garnison in Madrid zurückzulassen.

Bei dem Durchzug durch die Sierra de Guadarama wurde das Andringen der Brigands im höchsten Grade lästig — oft sah man mehrere Tausende auf den die Heerstraße begleitenden Bergrücken aufgestellt — die Nachhut wurde in gleicher Weise gedrängt und gewissermaßen vorwärts getragen. Kein Marober wagte zurückzubleiben — wer vor Erschöpfung hinfiel, gab sich lieber selbst den Tod, als sich der Gnade der Spanier anzuvertrauen. Damboer, der mit der gesammten deutschen Jugend die Bewunderung Schillers theilte und ein Exemplar seiner Werke als treuen Begleiter während aller Feldzüge in Spanien mit sich führte, will auf diesem Marsche täglich an die Worte Raouls erinnert worden sein:

> „Als wir nun die Höhen
> Erreicht und in das Thal hinunter stiegen,
> Da stand in weiter Ebene vor uns der Feind
> Und Waffen blitzten, als wir rückwärts sah'n.
> Umrungen sah'n wir uns von beiden Heeren,
> Nicht Hoffnung war zu siegen, noch zu flieh'n;
> Da sank dem Tapfersten das Herz! —"

Die spanischen Guerrillas erwiesen sich indeß auch diesmal weniger furchtbar, wie ihr Anblick; einen energischen Angriff wagten sie nicht. Der Marsch, der diesmal nicht die bekannte Straße über Segovia einschlug, führte am 8. und 9. November über Galapagar und Guadarama. Diese Ortschaften waren nur noch ein Trümmerhaufen, da in der holzarmen Gegend die vorauf ziehende Armee Soults alles Gebälk der Häuser zu Biwakfeuern verbraucht hatte. Der Holzmangel wurde für die nachfolgenden deutschen Truppen um so empfindlicher, als ein eisiger Nordwind fortwährend die Glieder der Ruhenden erstarren machte. Die Einwohner waren sämmtlich geflohen. Es fiel auf, als in Fontiveros einige derselben angetroffen wurden. Ueber Pennaranda, wohin der König am 11. November sein Hauptquartier verlegte, erreichte die Avantgarde des französischen Heeres den Tormes und das Schlachtfeld der Arapilen, das wenige Monate vorher die französischen Waffen unter einem wahrhaft zerschmetternden Schlage hatte erliegen sehen. Auf denselben blutgetränkten Gefilden, in der Nähe des ehrwürdigen Salamanca, vereinigte sich jetzt die französische Armee von Portugal mit ihren Kameraden aus dem Innern und dem Süden Spaniens. König Joseph stand jetzt an der Spitze von vollen 85 000 Mann und konnte wohl einen Hauptschlag wagen.

Nachdem nämlich die bei den Arapilen geschlagene Armee bis über Burgos hinaus von den Engländern verfolgt worden war, fanden letztere in dieser Stadt ein Hemmniß ihres Siegeszuges, wie sie es schwerlich erwartet hatten. Der französische General Dubreton vertheidigte die schwachen Mauern, in denen bald fünf Breschen klafften, mit nur 2000 Mann so heldenmüthig, daß dadurch die Offensive des englischen Heerflügels durchaus erlahmte.*) General Clauzel, von Frankreich aus verstärkt, konnte aus dem Verfolgten der Verfolger werden und hatte nun dieselben englischen Heerhaufen bis an den Tormes zurückzutreiben, die ihn kurz vorher von da an fast bis zur französischen Grenze gejagt hatten. Auch hier sehen wir den wunderlichen, verblüffenden Wechsel der Kriegslage, der allen diesen Feldzügen ihr eigenthümliches Gepräge giebt. — Wellington zeigte keine Neigung, dem vereinigten, weit überlegenen feindlichen Heere die Spitze zu bieten. Eiliger wie gewöhnlich zog er in seine geschützten Stellungen innerhalb der Grenzen Portugals. Hill, der brave Führer seiner Nachhut, verdankte es nur dem unerklärlichen Zaudern Soults, daß er aus den schwierigen Defileen von Salamanca am 16. November mit heiler Haut entkam. Bei alledem war der Rückzug der Engländer mit einer solchen Ordnung durchgeführt worden, daß nach einem Ausdruck Soults sie kein Wagenrad liegen gelassen hatten. Bei Laumonnor, vorwärts Ciudad Rodrigo, war das letzte harte Arrieregardengefecht der Engländer. Strömender Regen war ihr Verbündeter — er hielt die französische Infanterie ab, rechtzeitig zur Stelle zu sein — auch die deutschen Regimenter eilten dem Kanonendonner nach, ohne den Kampfplatz erreichen zu können. — Englische Quellen geben an, Wellington habe an den Ufern des Tormes keine Entscheidungsschlacht angenommen, weil er erst den Mißerfolg Napoleons in Rußland, von dem er schon Nachricht erhalten, habe auf die feindliche Armee wirken lassen wollen; zudem sei ihm die Jahreszeit zu weit vorgerückt, Wetter und Wege zu schlecht gewesen, um seinen Truppen die wohlverdienten, behaglichen Winterquartiere in Portugal länger vorzuenthalten. War es für Wellington

---

*) Man wirft Wellington vielleicht mit Recht vor, er habe die Belagerung von Burgos nicht energisch genug betrieben. Mit diesem Platz wäre den Engländern der Hauptstapelplatz der Franzosen für Munition in die Hände gefallen — vielleicht wären sie dadurch schon in diesem Jahre gezwungen gewesen, die Halbinsel zu räumen — denn außer der Straße über Burgos stand ihnen keine weitere zur Verfügung, und das Meer war ihnen durch die feindliche Flotte gänzlich verschlossen.

daher klug, eine Schlacht zu vermeiden, so hätte Soult*) Alles thun
müssen, um sie herbeizuführen, nach dem militärischen Grundsatz, daß
man stets den Gegner zu dem zu veranlassen suchen muß, was er am
wenigsten geneigt ist, zu thun. Nachdem nun der günstige Moment,
die Engländer diesseits des Tormes zu stellen, vorüber war, konnte
Soult nicht daran denken, sie in ihren festen Stellungen anzugreifen,
besonders da die Eilmärsche der letzten Wochen die Schlagfertigkeit der
Armee geradezu in Frage gestellt hatten. Pferde und Maulthiere waren
aus Futtermangel in solcher Menge gefallen, daß viele Kanonen ver-
graben oder unbrauchbar gemacht, die Pulverwagen aber in die Luft
gesprengt werden mußten. Die Kavallerie-Regimenter waren auf das
Viertel ihrer etatsmäßigen Stärke gesunken. Mit der Verpflegung der
Menschen sah es nicht besser aus. Major Krieg schreibt: „Man hatte
seit dem Abmarsch von Madrid kein Brodt mehr gesehen; die wenigen
Ortschaften, die man diesseits der Sierra de Guadarama, wo das Land
im Gegensatz zu demjenigen jenseits des Gebirges sehr waldreich wird,
angetroffen hatte, waren von den Einwohnern gänzlich verlassen.
Vierzehn Tage lang bestand die Nahrung in Eicheln, die zwar weit
besser und nicht so bitter sind, wie die deutschen, aber den Hals so aus-
trockneten, daß man kein lautes Wort sprechen konnte. Der größte Theil
der Infanterie war barfuß, denn die Schuhe waren in den schlechten
Wegen stecken geblieben, es konnte nichts ausgebessert werden, da man
von früh bis in die späte Nacht auf dem Marsche war. Ein nasses
Feld, wo man in Koth und Wasser stand, war das Ruhelager; wegen
Regen und Sturm brannte kein Feuer, die Kleider wurden also nie
trocken, und das Elend war auf den höchsten Grad gestiegen." Unter
diesen Umständen mußte sich Soult wohl oder übel entschließen, die
Armee, wegen deren Vereinigung die furchtbaren Mühseligkeiten der
letzten Marschwochen den Truppen hatten auferlegt werden müssen,
resultatlos auseinandergehen zu lassen. Der Kriegsplan von San
Felipe mit seinen weitausschauenden Entwürfen scheiterte an dem Schmutz
der Heerstraßen und an der „Magenfrage", die hier ihre volle unbe-

---

*) Wenn auch der König dem Namen nach den Oberbefehl führte, so hatte
Soult doch in Wahrheit die Leitung der Operationen in der Hand. Wir lesen
über die äußere Erscheinung Peiber folgendes Urtheil: „Die angenehme Gesichts-
bildung des Königs, seine Höflichkeit und ungezwungene Herablassung gewannen
ihm die Herzen aller Unbefangenen. Der Marschall Soult hingegen vereinigte mit
einer martialischen Gestalt den stolzen Gang, die gebietende Stellung und den
strengen Ton, die man durch die Gewohnheit, immer zu befehlen, erwirbt."

ſtrittene Herrſchaft ausübte. Denn ſie verbot nicht allein den Fortgang
der Operationen, ſondern zwang ſogar gebieteriſch, das Heer ſo weit
und dünn zu vertheilen, daß an ein Zuſammenziehen ſobald nicht gedacht
werden konnte; den Guerrillas wurde dadurch die willkommene Gelegenheit geboten, die ſtolze Armee in ihrer Vereinzelung ſchwer zu ſchädigen,
der ſie vereinigt auch nicht von ferne hätten Widerſtand leiſten können.
Um dem Leſer einen Begriff zu geben, wie weit der Hunger die Armee
auseinander ſcheuchte, geben wir in allgemeinen Zügen die Vertheilung
der Kantonnementsquartiere: Soult beſetzte mit ſeiner ihm direkt unter-
ſtellten Südarmee die Provinzen Avila, Toledo, La Mancha, Cuenca,
Talavera und Gegend, die Armee von Portugal Salamanca und Leon,
die ihr von der ſogenannten Nordarmee zugewieſenen Truppen den
Diſtrikt von Burgos bis Olmedo, die Armée du midi Madrid, die
Provinz Segovia, Guadalazara, Aranjuez und die Gegend am oberen
Tajo. So lagen die Streitkräfte bald von der Sierra Morena bis zu
den Pyrenäen verſtreut.*)

Unſere Frankfurter begleiteten den König zunächſt nach Madrid,
wo die meiſten Diviſionsgenerale der Armee auch ihr Hauptquartier
aufſchlugen. Sie verließen dabei unbekümmert ihre Truppen. Wie
Krieg erzählt, „lebten ſie dort groß und verſchwenderiſch; glänzende Bälle
wurden abwechſelnd gegeben, wobei jedesmal König Joſeph erſchien;
dabei waren große Spielbanken aufgelegt, man ſah nur Gold, Karoline
und Quadrupeln.“ Sonſt war Madrid aber öde und ausgeſtorben;
ſein Anblick mit dem früherer Jahre nicht mehr zu vergleichen. Die
Lebensmittel waren nur noch zu unerſchwinglichen Preiſen zu haben —
koſtbarer als dieſe noch waren die engliſchen Zeitungen, nach denen die
Spanier mit haſtiger Begierde griffen. Die franzöſiſche Polizei konnte
den Vertrieb der Blätter trotz aller Anſtrengungen nicht hindern, hauptſächlich aber deshalb, weil die sergents de police mit ihnen ſelbſt
einen ſchwunghaften Handel betrieben. So hörten denn auch die Frankfurter von dem Unheil, das des Kaiſers große Armee in den Eiswüſten
von Rußland betroffen, von der zu erwartenden Erhebung Deutſchlands,
von dem bevorſtehenden Zuſammenbruch des ganzen Napoleoniſchen
Syſtems.

---

*) Da die einzelnen Regimenter ihre Kranken nur auf Eſeln transportiren
konnten, ſo ſtarben viele der Bemitleidenswerthen infolge der unnatürlichen
Strapazen. Die franzöſiſchen Regimenter büßten durchſchnittlich in dieſer Marſch-
periode je hundert Mann ein, das Regiment Naſſau auffallend wenig — vierzehn
Mann, die Frankfurter zwölf Mann.

Unendlich bezeichnend ist es, daß in keinem der Briefe, die uns aus dieser Zeit vorliegen, auch nur der Schimmer einer Hoffnung oder Befürchtung erkennbar wird, die englischen Zeitungen möchten Recht behalten. Treu ihrem soi disant Landesherrn und dessen großem Protektor, ist in den loyalen Herzen der deutschen Krieger auch in diesem Zeitpunkt noch nicht der Gedanke aufgestiegen, die französischen Waffen jemals als feindliche betrachten zu müssen. Im Gegentheil finden wir einen kalten Haß gegen die Engländer, einen mit Verachtung gemischten Abscheu gegen die Spanier, eine trotz aller stiefmütterlichen Behandlung hochgehaltene, warme Waffenbrüderschaft mit den Franzosen. Wir wissen nicht, sollen wir das dem deutschen Charakter als Ehre oder als Schmach anrechnen. Das eine beweist es wenigstens schlagend, daß der deutsch-nationale Gedanke in den Rheinbund-Truppen noch im Mindesten nicht sich geregt hatte, daß die große Aufgabe der Zeit nicht von einem Einzigen unter ihnen erfaßt war. Erst als am Schluß des folgenden Jahres die „Fürsten" des Rheinbundes sich für die heilige Allianz erklärten, verließen ihre Truppen in Spanien die französischen Adler, und auch dann, wie wir sehen werden, noch nicht einmal alle. In den Herzen der Krieger war der Napoleonismus damals bereits „zur Legende" geworden, deren Zauberkreis alle Gemüther zu bannen verstand. Sie waren nicht im Stande, sich „umzudenken"; mag man sie als Patrioten bemitleiden, als Soldaten ist man gehalten, sie zu bewundern.

Anfang Dezember vertauschten die Frankfurter Madrid mit Segovia, die Badenser blieben in der Residenz, das Regiment Nassau schlug sich den ganzen Winter über mit den Banditen der Sierra de Guadarama herum. So endete der fünfte Feldzug in Spanien, von dem Thiers in seiner Geschichte des Empire bezeichnend sagt:

„Telle fut la fin de cette triste campagne de 1812, dans laquelle les Anglais nous avaient pris les places importantes de Ciudad Rodrigo et de Badajoz, nous avaient gagné une bataille décisive, nous avaient un moment enlevé Madrid, nous avaient forcés à évacuer l'Andalousie, nous avaient bravés jusqu' à Burgos et, en revenant sains et saufs d'une pointe aussi hardie, avaient mis à nu toute la faiblesse de notre situation en Espagne."

Neuntes Kapitel

Feldzug in Spanien 1813.

Thiers hätte hinzusetzen können „et en France". Denn die Verhältnisse im Osten des Kaiserstaates waren offenbar noch bedenklicher
wie im Süden. In dem Winter von 1812/13 zog Napoleon noch
weitere 50000 Mann aus Spanien, meistens alte Soldaten, Unteroffiziere, die Säulen ihrer Truppentheile, um mit ihrer Hülfe das junge
ungefüge Menschenmaterial seiner jüngsten Aushebungen in kürzester Frist
zu Soldaten machen zu können. Wie sehr die spanische Armee unter
dieser exorbitanten Schwächung leiden mußte, war jedem Laien klar,
ebenso wie daß es für die französischen Waffen in Spanien nicht sowohl
darauf ankomme, das Verlorene wiederzugewinnen, als das Erhaltene
zu vertheidigen. Während das Regiment Baden starke Cadres nach der
Heimath sandte, erhielt das Regiment Nassau einen starken Ersatz. Der
Moniteur veröffentlichte die Depesche:

„LL. AA. SS. les duc et prince de Nassau ont à coeur de
dépasser l'effectif fixé pour leurs troupes employées en Espagne,
le chiffre de ces troupes ne leur ayant pas permis de faire
partir un contingent pour prendre part à la guerre que l'auguste
Protecteur de la confédération du Rhin soutient glorieusement
dans le Nord."

So erhielt das Regiment Nassau jetzt 300 vortrefflich ausgerüstete
Leute, und 600 weitere machten sich zu gleicher Zeit von Wiesbaden auf
den Weg, um es fernerhin mit seinem Schwesterregiment (ein anderes
Regiment Nassau focht von Anbeginn des Feldzuges unter Suchet) angemessen zu verstärken. Da die nassauer Fürsten freiwillig, avec un
certain empressement, wie die französischen Blätter sagten, sich zu
dieser neuen Blutsteuer verstanden, so beweist das, wie in den höchsten
Kreisen Süd- und Westdeutschlands der Glaube an die Unbesiegbarkeit
Napoleons noch unvermindert bestand. Allein keine wahre, aufrichtige
Freundschaft kettete diese kleinen Monarchen an den Kaiser; die in Zeiten
schwerer Noth zu außerordentlichen Opfern sich aufzuraffen geneigt ge-

wesen wäre — als im Verlauf des Jahres die Aussichten Napoleons auch in Deutschland sich verdüsterten, ließen dieselben Fürsten „avec un certain empressement" ihre Regimentsführer wissen, daß sie bei erster bester Gelegenheit zu den Engländern übergehen sollten.

Dalberg, der hinter dem benachbarten Nassau nicht zurückbleiben mochte, ließ seinen Truppen in Spanien mittheilen, auch sie sollten Cabres nach Frankfurt senden, um einen Renfort für sich zu holen. Der Befehl traf aber, wie wir sehen werden, zu einer Zeit ein, wo die sich überstürzenden Ereignisse die Absicht des Auftraggebers nicht mehr zur Ausführung kommen ließen.

Das Frankfurter Bataillon stand bis tief in den Frühling 1813 unbeweglich in Segovia — von dem Völkerfrühling, der erfrischend und hoffnungsstrahlend in Deutschland angebrochen, ward ihm hier auch nicht die geringste Kunde. Das ganze Elend der letzten Jahre, Krankheit, Hunger und Brigands hatte es wieder in überreichem Maße durch- zukosten. An Stelle der Francisquetti, Eroles, Abuelo waren aber die viel gefährlicheren Mina, Empecinado, Merino getreten. Am 12. Januar fing man einen „officier payeur" des Ersteren; durch ihn erfuhr man, daß der König der Berge sich eine Intendantur, ein Zahlmeisterbureau, mehrere Adjutanten und einen Generalstab halte; daß er ferner mehrere Pferdedepots, Lazarethe, Stapelplätze für Proviant und Munition besitze. So sehr war aber der Unternehmungsgeist der Truppen geschwunden, daß sie die Meldung nicht weitergaben, um nicht eine der bekannten fruchtlosen Hetzjagden hervorzurufen, die sie so oft schon als Verfolger ärger abgemattet hatten, wie ihre unfaßbaren Gegner. Dabei waren die stolzen Guerrillen jetzt numerisch so angewachsen, daß sie vielleicht gar nicht mehr geneigt gewesen wären, sich jagen zu lassen. Ein ernstes Gefecht ohne Noth hervorzurufen, dazu verspürten aber die Truppen keine Lust. Wie in jedem langandauernden Feldzuge hätten sie gern zwischen den entscheidenden Aktionen mit ihren Feinden eine Art von Waffenruhe gepflogen, wenn diese nur geneigt gewesen wären, darauf einzugehen. — Unser wackerer Großmajor v. Fritsch hatte dem wach- senden Elend nicht mehr widerstehen können und war gänzlich zusammen- gebrochen. Wir finden einen Brief von seiner Hand an das General- kommando (dat. Segovia 4. Febr. 1813):

„Der sechsjährige Feldzug in Spanien, dessen Klima wie Gefahren und ungeheure Fatiguen haben auf meinen durchs Alter und vieljährige Feldzüge ohnehin geschwächten Körper den widrigsten Eindruck gemacht. Seit Neujahrstag bin ich gezwungen, das Zimmer zu hüten; unheil-

bares Erbrechen, Dyssenterie, immerwärender Schwindel und herum-
ziehende Gicht sind die Uebel, so mich tödten werden."

Weiterhin meldet der würdige Veteran, daß, da er seit Jahr und
Tag keinen Erlaß mehr aus Frankfurt erhalten habe, er aber dem
Bataillon nicht das Geringste mehr nützen könne, er nunmehr auch ohne
ausdrückliche Genehmigung des Großherzogs einen Urlaub nach dem
südlichen Frankreich sich gestatten werde. — Den Befehl über das
Bataillon übernahm der chef de bataillon Major Vogt, nicht minder
bewährt wie seine beiden Vorgänger. In dieser Zeit lösten sich merklich
die so wohl gefügten Theile der französischen Armeeverwaltung, dieser
kunstvollen Maschine, welche man sonst so sicher und geräuschlos arbeiten
sah. Sold, Brot, Verpflegung, Neuequipirung der Truppen — alles
dies blieb im Rückstand, wurde im besten Falle mangelhaft und stückweise verabfolgt. Wo ein besonders energischer Gouverneur einer Provinz
vorstand, da wurde wohl durch Zwangsmaßregeln und grausam einge-
triebene Kontributionen noch so viel herausgepreßt, daß die betreffenden
Truppentheile nicht geradezu Noth litten — allein von einer regel- und
ordnungsmäßigen Vertheilung der nothwendigsten Bedürfnisse war keine
Rede mehr. Jeder raubte, wo er nur irgend konnte, vom General bis
zum Tambour herab; der Begriff des Strafbaren fehlte aber bei diesen
Freibentereien gänzlich.

Ende Januar kamen einzelne nassauische und Frankfurter Soldaten
aus der Gefangenschaft zurück, in der sie von den Spaniern seit dem
Jahre 1809 gehalten worden waren. Sie waren von Gefängniß zu
Gefängniß geschleppt und in kaum glaublicher Weise gemißhandelt worden.
Das Volk und nicht zum Mindesten die Frauen hatten ihnen jeden
Quartierwechsel zu einer wahren Marterreise werden lassen; zuletzt waren
sie nach der Felseninsel Cabrera transportirt und dort einem langsamen
Verschmachtungstod ausgesetzt worden. Neun Tage hatten sie einmal
ohne Nahrung zubringen müssen; von 7000 dort internirten Gefangenen
blieben bis zum Schluß des Feldzuges nur 2000 am Leben. Viele
Deutsche, Italiener und Polen zogen dem Elend den Eintritt in die
spanische Armee vor, der ihnen täglich in immer lockenderer Weise als
rasches Mittel zur Befreiung vorgehalten wurde.*) Viele der Gefangenen blieben trotzdem fest — die kleine Gruppe, die im Frühjahr 1813
nach Segovia zum Bataillon zurückkehrte, hatte mit Schmugglern Ver-

---

*) Napoleon hatte durch Dekret bestimmt, daß ohne Weiteres jeder ertappte
Ueberläufer mit dem Tode zu bestrafen sei.

binbung anzuknüpfen gewußt und in einer kleinen Barke die französische Küste angelaufen; von dort waren sie nach Bayonne transportirt und mit dem nächsten bataillon do marcho ihrem Truppentheil zugesandt worden. Ihr Führer, der nassauische Feldwebel Efftring, erhielt von seinem Souverän die goldene Medaille. Auch das Frankfurter Bataillon wählte zu dieser Zeit aus seiner Mitte einige Brave, um sie der Dekoration seitens ihres Großherzogs zu empfehlen. Die Eingabe gelangte noch an ihre Abresse — Dalberg gewann es aber in dieser Periode der Angst um die eigene Existenz nicht mehr über sich, die Vorschläge zu berücksichtigen. Trotzdem oder vielmehr gerade wegen dieser Vernachlässigung möge die kurze Liste hier wiedergegeben werden. Die sogenannte „Tapferkeits-Belohnungs-Kommission" schlägt vor:

1) für den Sergeantmajor der Grenabier-Kompagnie Andreas Becker die silberne Medaille, weil er in allen Schlachten und Gefechten während der fünf spanischen Feldzüge stets tapfer gefochten und zur Erhaltung guter Ordnung beigetragen habe; „verbindet mit diesen militärischen Tugenden die beste Aufführung, den größten Eifer im Dienst und einen sehr lobenswürdigen Ehrgeiz zur ferneren Bildung auf Beförderung;"*)

2) für den Caporal Christian Bauer die silberne Medaille mit der Motivirung: „wohnte allen Schlachten und Gefechten mit ausgezeichnetem Muth und Tapferkeit bei; in der Schlacht bei Talavera war er einer der Grenadiers, der den blessirten Grenabier Schellbach, welchem der Fuß abgeschossen wurde, aus dem feindlichen Feuer vorwärts liegend mit augenscheinlicher Gefahr rettete;"

3) für den Tambour Alois Bertinger desgleichen unter Anerkennung seiner Tapferkeit, Ausdauer und guten Führung;

4) für den Sapeur Conrad Eissert desgleichen: „bezeugte sich stets muthvoll und tapfer, aber besonders ausgezeichnet in dem Gefecht bei Almagro den 27. September 1811 gegen die 400 Pferde starke Bande des Chalego, wo Alles auf die geschwinde Herunterbringung einer hoch und gefährlich gestandenen Kanone zur Rettung des auf der Höhe von Balenzuella vom Feinde eingeschlossenen kleinen Detachements ankam. Hier war Er der Erste, der wirksame Hand anlegte, so bei Defilirung der Stadt,

---

*) Für den Stil der betreffenden Kommission mache man uns nicht verantwortlich.

der muthvoll und verwegen gegen die auf 100 Schritte aufgestellte feindliche Kavallerie vordrang und durch sein Anfeuern
Anderer, wie durch wirksame Schüsse, die Feinde zurückhielte,
um die Canone würksam zu machen;"

5) für den Sergeantmajor Franz Becker desgleichen, weil er sich
stets brav und tapfer gehalten habe, „aber besonders muthvoll
in der Belagerung von Merida, wo er bei schon angebrachter
Breche im stärksten Kugelregen den Abschnitt zu deren Deckung
an und vollführen half*) und dabei sich ausgezeichnet zur
Anfeuerung Anderer beitrug, welches ihm die Empfehlungen
des Fortskommandanten wie das der Artillerie erwarb. Uebrigens verbindet Er mit diesen Militärtugenden den besten moralischen Karacter und einen Eifer zur Vervollkommnung, der
Ihn fernerer Beförderung würdig macht;"

6) für den Sergeantmajor Georg Günter desgleichen. — Besonders hervorgehoben werden bei ihm die wesentlichen Dienste,
welche er in dem Gefecht bei Bolanos (?) dem Kapitän Görtz
bei Anführung der Tirailleure leistete;

7) für den Sergeant Niclaus Roland desgleichen: „Ware in der
Schlacht von Messa del Ibor, wo Er, blessirt und estropirt
nach Frankfurt geschickt wurde; kam mit dem Renfort nach
Spanien, avancirte wegen seiner bekannten Bravour, Dienst-
eifer und guten Conduite zum Sergeant, zeigte sich abermalen
sehr tapfer in dem Gefecht bei Almagro, wo er als Anführer
der Tirailleurs der ansprengenden überlegenen Kavallerie das
Bajonnett präsentirte, durch einen angebrachten Schuß seinen
Gegner vom Pferd schoß und so durch sein anfeurendes Beispiel die Umstehenden zu ähnlichen Thaten reizte und dem Feinde
Achtung für den kleinen Haufen einflößte;"

8) für den Sergeant Johann Staab desgleichen, der sich besonders
bei Villa Rubio auszeichnete, „wo 300 Pferde die Escorte von
80 Mann eines Convoi mit Geld rasch am Eingange eines
Defilée attaquirten und dessen Ausgang besetzt hatten. Hier
forcirte er mit 30 Mann dessen Ausgang wie den Uebergang
über die Ojos der Guadiana und bahnte so dem Convoi mitten
durch die Feinde den Weg. Derselbe wurde schon bei der

---

*) d. h. einen Erdaufwurf.

Schlacht von Talavera von dem heſſiſchen General von Schäfer wegen ſeiner Tapferkeit empfohlen;"

9) für den Füſilier Johann Braſch desgleichen. „Wohnte allen Schlachten und Gefechten ausgezeichnet tapfer bei, bei Villa rubio zeichnete Er ſich aber beſonders unter denen aus, ſo mit Sergeant Staab das obenerwähnte Defilée forcirten;"

10) für den Stabsfourier und Sekretär Jacob Rösler die g o l d e n e Medaille mit der Motivirung: „Ein 30jähriger,*) treuer, verläſſiger Diener, der in den fünfjährigen Feldzügen Spaniens dem Bataillon in allen Schlachten freiwillig folgte, wo er keine Heldenthaten, aber menſchenfreundliche Handlungen verrichten konnte. Er rettete mehrere Bleſſirte aus dem Feuer zum Verbinden, zwei Soldaten des Bataillons in dem Fluſſe Tietar**) und opferte ſeine Geſundheit nach den Tags Strapazen bei nächtlichen Faſſungen der vivres zum Beſten des Bataillons."

Am bemerkenswertheſten in dieſer Vorſchlagsliſte erſcheint die Willensmeinung des Bataillons, daß den Werken menſchlicher Mildherzigkeit der Vorrang gebühre vor den Thaten kriegeriſcher Entſchloſſenheit.

Wenn ſich in dieſer Auffaſſung eine gewiſſe Abſpannung, eine Art Blaſirtheit für Kriegsthaten kennzeichnet, ſo gewinnen wir den Eindruck der Erſchlaffung in ungleich höherem Grade bei der Betrachtung der großen Operationen. Wie in Preußens großartigſtem Heldenkampf, dem ſiebenjährigen Krieg, die letzten Feldzüge ſelbſt unter der Führung des großen Königs etwas Schleppendes, Mühſames haben, ſo vergehen die beiden letzten Jahre dieſes nicht minder blutigen Feldzuges in unverkennbarer Abnahme kriegeriſcher Initiative. Vor Allem bezeichnend iſt das lange Verweilen in den Winterquartieren bei Beginn eines Feldzuges, der, zuſammengehalten mit den Begebenheiten in Deutſchland, für die Zukunft der iberiſchen Halbinſel doch nothwendig entſcheidend werden mußte. Franzöſiſche Schriftſteller entſchuldigen das Zögern auf ihrer Seite durch die Abberufung Soults, den der Kaiſer in Deutſchland nicht miſſen zu können glaubte — die engliſchen wollen Wellington ſo lange mit der Reorganiſation ſeines Heeres beſchäftigt geweſen ſein laſſen.

Er ſammelte allerdings ein mächtiges Heer, um einen ſicheren und

---

*) Soll heißen: dreißig Jahre dienender.
**) Vergl. Seite 101.

entſcheidenden Schlag thun zu können. Nie hat dieſen kalt rechnenden
und bedächtigen Feldherrn die Ungeduld jemals verführt, eine unreife
Frucht des Sieges pflücken zu wollen — deshalb vollendete er faſt
gemächlich die Gliederung ſeiner Armee, um ein ganz wuchtiges und
ſchneidiges Werkzeug in der Hand zu haben. Von den Cortes in Cadix
zum Generaliſſimus aller Armeen in Spanien ernannt, vereinigte er
nunmehr 50 000 Deutſche und Engländer mit 25 000 Portugieſen und
30 000 Spaniern zu einer erdrückenden Offenſive. Immerhin hatte
König Joſeph noch 80 000 Mann dem entgegenzuſtellen, und er wäre
noch jetzt ſeinem großen Gegner überlegen geweſen, hätte er ſich entſchließen können, Valencia vorläufig ganz aufzugeben und das zahlreiche
und kriegsgeübte Korps Suchets an ſich zu ziehen. Der König, der an
Stelle des abberufenen Soult den Oberbefehl übernommen hatte, in der
That aber den Inſpirationen des General Drouet, Grafen von Erlon,
durchaus folgte, wollte ſich nicht entſchließen, ſeine Hauptſtadt Madrid
zu verlaſſen. Es bedurfte brutaler Drohungen ſeitens des Kaiſers, um
ihn zum Abzug zu bewegen. Er verließ endlich im März ſeine Reſidenz,
diesmal, um nicht wieder dahin zurückzukehren. Er begab ſich über
Segovia nach Valladolid — Kummer umnachtete ſein Gemüth — das
in Segovia in Parade aufgeſtellte Frankfurter Bataillon hatte den
liebenswürdigen und leutſeligen Monarchen noch nie ſo ernſt und in ſich
gekehrt geſehen. Die Evakuation der Kranken, Bleſſirten, der Magazine und Geſchützreſerven ꝛc. dauerte den ganzen Monat März hindurch
— die große Straße bis Bayonne war gänzlich mit Trains aller Art
gefüllt, und die Brigands hielten eine reiche Ernte. König Joſeph wollte
aber auch jetzt noch nicht Madrid vorzeitig in die Hände des Feindes
fallen laſſen. Die ſchwache Diviſion Leval ſollte ſo lange dort in Garniſon bleiben, bis die Offenſivbewegungen Wellingtons gebieteriſch die Aufgabe der Stadt erheiſchen würden. Seine Streitkräfte echelonnirte der König
in der Weiſe, daß die Armee von Portugal unter General Reille vorwärts
Palencia das ſpaniſche Heer in Galicien beobachten, die von Andaluſien unter
General Gazan am Tormes der Hauptarmee Wellingtons gegenüber bleiben
ſollte. Die Armée du centre beſetzte mit einer Diviſion Valladolid,
mit der Diviſion d'Armagnac, wobei unſere Deutſchen, die Gegend von
Segovia, um von dort dem General Leval im Fall des nothwendig
werdenden Rückzuges die Hand zu reichen. Infolge dieſer Vertheilung
oder ſagen wir lieber „Verſtreuung" des Heeres beſetzte am 1. April
das Regiment Naſſau Nava de Coca, Regiment Baden Olmedo und
Valdeſtillas, Bataillon Frankfurt Cuellar.

Der Monat März hatte der Brigade Neuenstein noch einen traurigen Dienst gebracht. Da es in den königlichen Kassen an Geld gebrach, so wurden Kontributionskommandos in alle Ortschaften gesendet,
in denen voraussichtlich auch nur das Geringste noch zu erpressen war.
Mit Gold und Silber, Altarkelchen und Kruzifixen, aber auch mit dem
Fluch einer bis aufs Letzte beraubten Bevölkerung beladen, kehrten die
Deutschen in ihre verödeten Kantonnements zurück. Die Pässe der
Sierra de Guadarama, die des Oefteren zu passiren gewesen, waren
so verschneit und die Kälte so groß, daß viele Leute erfroren. Ein
französischer Rekrutentransport von 160 Mann war dort gänzlich um-
gekommen, da die jungen Burschen sich an einem auf der Straße gefundenen
Faß Rum berauschten und dann im Schnee zur Ewigkeit hinüberschliefen.

In peinvoller Erwartung verging auch der Monat April 1813,
ohne kriegerische Ereignisse von Bedeutung zu bringen. Am 1. Mai
wurde indeß die Brigade nach Olmedo und Valdestillas zusammengezogen, da der Feind sich zu regen schien. In der That eröffnete
Wellington am 11. Mai seine klüglich berechnete Offensive. Der Grund-
gedanke seines ganzen Vorgehens war, den rechten französischen Flügel
zu bedrohen und dadurch von vorn herein die Straße nach Bayonne zu
gefährden — dadurch wurde König Joseph gezwungen, Alles, was südlich derselben stand, schleunigst an sich zu ziehen und nach rückwärts
einen Vereinigungspunkt für seine verzettelten Streitkräfte zu suchen.
Dadurch mußte Wellington eine weite Strecke Land zunächst ohne
Schwertstreich zufallen.

Am 11. Mai überschritt die englische Avantgarde die Esla, das
Gros der Armee ging am 20. auf die Linie am Tormes und speziell
Salamanca vor. Die französische Division Leval erhielt daher den
Befehl, schleunigst Madrid zu verlassen und nach Valladolid zu ziehen,
die anderen vorgeschobenen Truppen sollten aber nur langsam zurück-
weichen, um der Division Leval diesen gefährlichen Flankenmarsch überhaupt noch möglich zu machen. Die Division d'Armagnac mußte hingegen
vorwärts eilen und den General Reille verstärken, um diesen in Stand
zu setzen, den Feind gegebenen Falls aufhalten zu können. Seine Arrieregarde unter dem uns bekannten General Vilatte verlor bei Salamanca
trotz eiligsten Rückzuges all' ihr Geschütz und 200 Gefangene — ein
ähnlicher Verlust wiederholte sich an der Esla.

Der Rückzug nahm mit jedem Tage ein eiligeres Tempo an. Selbst
bei Valladolid glaubte der König nicht Stand halten zu können, sondern
beschloß, nach Burgos zurückzugehen, unter dem Vorwand, sich erst mit

der Armée du Nord vereinigen zu müssen, ehe er eine Schlacht an=
nehmen könne.

Da es sich bald herausstellte, daß diese nicht bei Burgos ihre Ver=
einigung mit der Hauptarmee vollziehen könne, so wurde der Rückzug
auf Vittoria beschlossen — so war man beinahe an den Pyrenäen an=
gelangt und hatte fast die ganze Halbinsel quer durchlaufen, ohne irgend
ein nennenswerthes Treffen zur Vertheidigung des Landes geschlagen zu
haben. In dieser Periode unaufhörlicher Märsche finden wir die Deutschen
am 4. Juni bei Palencia, am 6. bei Villa Ximena, am 7. bei Astubillo,
den 8. bei Castrozeriz, den 9. bei Celada, den 11. bei Estepar. Da
die Engländer immer ungestüm nachdrängten und scharfe Fühlung mit
der Arrieregarde des General Reille hielten, der die deutsche Brigade
konstant angehörte, so charakterisirte sich auch diese Periode für letztere
als eine überaus mühselige und verlustreiche. Am 12. kam sie aber
in eine noch ernstere Situation als bisher. Wir finden von einem
Mitkämpfer über das Gefecht am Rio Hormaza folgende anschauliche
Schilderung:

„Den 12. Juni rückten die Engländer in Celada ein; ihre Vor=
wachen recognoscirten bis Estepar; die Divisionen d'Armaguac und
Maucune der portugiesischen Armee sammt der leichten Kavallerie dieses
Corps standen auf den Anhöhen von Estepar, Regimenterweis mit ge=
schlossenen Kolonnen in Schlachtordnung; die leichte Kavallerie vorwärts
rechts, und ein Theil im Dorfe, um die Hauptstraße zu observiren, von
welcher aus man den Feind unter Kommando des General Hill schon
von ferne in dichten Kolonnen anrücken sah. Wir nahmen uns vor,
in dieser vortrefflich gewählten Stellung hartnäckigen Widerstand zu leisten
und den Feind mit einem lebhaften Feuer zu empfangen, als wir plötz=
lich Kanonendonner und Kleingewehrfeuer im Rücken unserer Position
vernahmen. Unsere rechte Flanke war umgangen, und wenig hätte ge=
fehlt, so wären wir sämmtlich gefangen gewesen. Alles mußte nun im
Sprunge zurück. „Allez, vite, vite!" schrieen die Adjutanten, die
Feldflaschen und Tornister tanzten auf dem Rücken der halb athemlosen
Soldaten, und Alles eilte nach Burgos zurück; die badische reitende Ar=
tillerie, die nassauer Jäger zu Pferde und das 28. Infanterie=Regiment
als Arrieregarde hatten zu wehren, die feindliche Kavallerie zurückzu=
weisen. Als wir bei Buniel das Arlanzonflüßchen passiren wollten,
hatte sich der Feind schon beinahe der Brücke bemeistert; wir marschirten
bei 2000 Schritt unter dem stärksten Kanonenfeuer an den Engländern
vorüber, welche längs der Berge zu unserer linken Seite stunden und

unſere Kolonne beſchoſſen. Ihre Kavallerie rückte zugleich an, um ein=
zuhauen, verſuchte auch den Angriff mehrmal auf das 28. Infanterie=
Regiment, wurde aber jedesmal durch das Quarréefeuer und durch die
badiſche Artillerie abgewieſen. Man ſah übrigens keinen Ernſt und be=
ſonderen Muth in dieſer ſchönen Kavallerie, denn wer hätte ihnen wider=
ſtanden, wenn ſie die Mitte der nur ſectionshohen Linie durchbrachen
und ſo auf die vom Laufen müde Infanterie eingehauen hätte; auf un=
ſere Reiterei durften wir uns nicht verlaſſen, dieſe ſprengte im Galopp
vorüber. Wir verloren bei dieſem Rückzug auch eine Kanone, welche
an einen Baum anprallte und dadurch die Prolonge zerriß. Der Kapitän und
die Artilleriſten hatten Mühe, ſich zu retten. Traurig hätte das Gefecht
enden können, wäre nicht durch Zufall ein kleiner Artillerie=Park bei der
Brücke des Arlanzon=Flüßchens aufgeſtellt geweſen; ein franzöſiſcher Ka=
pitän der Artillerie, der den Feind anrücken ſah, war kurz entſchloſſen,
führte ſeine noch brauchbaren drei Kanonen auf, gab Feuer und ver=
theidigte den Platz ſo lange, bis wir endlich ankamen. Nach und nach
paſſirten wir die Brücke und ſtellten uns jenſeits des Flüßchens auf. Die Ar=
tillerie wurde gleich ſo placiert, daß dieſelbe der Arrieregarde zum Soutien
dienen konnte — ſie fing auch ſogleich an, die engliſche Kavallerie ſo
vortrefflich zu beſchießen, daß ſie gleich verſchwand; die Arrieregarde
kam glücklich herüber. Indeſſen war der König, der ſich ſchon in Burgos
befand, herbeigeeilt; von allen Seiten kamen unſere Kolonnen zum Vor=
ſchein, beſetzten die Hügel und Berge; das Brückchen der Arlanzon
wurde in die Luft geſprengt, und bei finſterer Nacht zogen wir in Burgos
ein, wo die Unordnung ſogleich aufs Höchſte ſtieg. Alle Straßen waren
mit Fuhrwerk angefüllt, die Magazine wurden Preiß gegeben, viele Häuſer
aufgeſchlagen und geplündert.“

Bei dem betrunkenen Wirrwarr, der in dieſer Nacht in Burgos
herrſchte, kam es zu wüthenden Schlägereien unter den verſchiedenen
Nationalitäten. Die Deutſchen waren von dem Laufen und Fechten des
Tages ſo ermüdet, daß ſie ſich nicht an der allgemeinen Plünderung
betheiligen mochten. Die Stadt litt entſetzlich und doch ſollte ſie erſt
am nächſten Tage die ganze zerſtörende Wuth dieſes Krieges kennen
lernen. Das Kaſtell von Burgos wurde nämlich unterminirt und ſollte
am andern Tage in die Luft geſprengt werden. Die franzöſiſche Ar=
tillerie, die damit beauftragt war, hielt es aber nicht der Mühe für
werth, die ſcharfe Munition aus den Magazinen abzuführen, und ſo flogen
Hunderte von geladenen Bomben auf die Stadt, als es zur Sprengung
kam, zündeten und richteten überhaupt unſägliches Unheil an. Ein

Frankfurter Offizier, der erst im Jahre 1880 einige seiner Erinnerungen veröffentlichte,*) schildert den verderblichen Moment wie folgt:

„Am 13. Juni, dem Tage, an welchem die Sprengung des Kastells erfolgte, war unsere Division mit dem Frühesten aus dem Bivouac nahe bei Burgos aufgebrochen. In einer kurzen Entfernung von der Stadt hörten wir plötzlich während des Marsches ein donnerähnliches Getöse und fühlten gleichzeitig eine Erschütterung des Bodens, die einem Erdbeben glich. Wir konnten genau die Rauchsäule sehen, die sich langsam mit einem so furchtbaren Knalle in die Luft erhob, als würden tausend Geschütze gleichzeitig abgefeuert. Eine Masse von Bomben und Kugeln regneten dann förmlich auf die Stadt herab und wurden bis in unsere Nähe geschleudert. Wären wir eine Viertelstunde später aus dem Lager aufgebrochen, so würde die Explosion, die so vielen Menschen das Leben kostete, für uns gleich verderblich geworden sein."

Dieser Akt leichtsinnigen Vandalismus kostete 300 französischen Marodeurs das Leben, die in der brennenden Stadt umkamen, von Bomben zerschmettert oder von den zur Raserei gebrachten Bewohnern erdolcht wurden. Auch die Thürme der herrlichen Kathedrale stürzten ein, auf denen zuerst im Jahre 1808 die Fahnen des Aufstandes geflattert hatten — die schnell in die Stadt nachrückenden Spanier richteten sie aber auf den Trümmern wieder auf, und mitten im namenlosesten Elend, unter Flammen, Noth und Verwesung begrüßten die wenigen Bewohner von Burgos mit wahrhaft rührendem Enthusiasmus ihre einrückenden Befreier.

Am 14. Juni erreichte die Armee Briviesca, am 15. Poncorvo, am 16. Haro; das Hauptquartier etablirte sich in Miranda. Jourdan, der Chef des Generalstabes, hatte weniger Einfluß auf den König, als Drouet — Beider Ansichten waren sich schon deswegen meist entgegen, weil sie auf einander eifersüchtig waren. In Miranda ward ein neuer Kriegsrath gehalten; man sah, wie Friedrich der Große von jedem Kriegsrath sagt, „nichts wie die Difficultäten", und die Geister platzten arg aufeinander. Endlich entschied man sich zur Beibehaltung des ursprünglichen Planes, die Armee bei Vittoria zu sammeln und dort eine Entscheidungsschlacht anzunehmen. Am 19. waren denn auch die drei Heerestheile, die in Frage kamen, nämlich die Arméo de Portugal, Arméo du midi und Arméo du centre um diese Stadt vereinigt. Sie zählten acht Infanterie-Divisionen und eine zahlreiche Artillerie und

---

*) Frankfurter Hausblätter Seite 843.

Kavallerie. Unbegreiflicher Weise hatte der König die Division Foy mit einem allerdings kostbaren Convoi*) nach Bayonne voraus gesandt. Diese Division ging ihm verloren, und da die erwartete Verstärkung durch General Clauzel zu spät eintraf (er erreichte das Schlachtfeld erst am 22.), so mochte Josephs Armee nicht mehr denn 45 000 Mann zählen. Es ist nicht ersichtlich, warum König Joseph dem General Foy im entscheidendsten Augenblick den Befehl zum Abmarsch nach Frankreich gab, nachdem er ihm vorher Monate lang die Besetzung einiger unwichtigen Bezirke von Biscaya aufgetragen hatte — noch weniger zu rechtfertigen ist die Entsendung Clauzels nach Logroño am Ebro. Dem König scheint dabei eine Bedrohung der vormarschirenden Engländer durch eine Flankenstellung vorgeschwebt zu haben. Was sollten aber dergleichen strategische Kunststückchen, wo es sich einfach darum handeln mußte, auf der Straße nach Bayonne dem Feinde mit einem möglichst starken Heere in möglichst günstiger Stellung taktisch entgegenzutreten. Die von den französischen Heerführern gewählte Position war, um einen nicht zu harten Ausdruck zu gebrauchen, wie zu einer Niederlage gemacht. Die Armee sollte auf einer Front von kaum 5000 Schritt sich schlagen — tiefe, zahlreiche Gräben machten die Entwickelung der Kavallerie unmöglich, und die Artillerie hatte durch viele chaotisch durcheinander streichende Hügelwellen kaum auf die kürzesten Distanzen ein leibliches Schußfeld. Dabei stellte König Joseph, anstatt seine Armee in einer Bereitschaftsstellung zu konzentriren, die ihm gestattet hätte, dem Gegner da mit Massen entgegenzutreten, wo dieser selbst mit der Hauptmacht angriff — sein Heer in eine definitive Position auf. Wenn in solchem Fall der Angreifer nicht so höflich ist, da anzugreifen, wo der Vertheidiger selbst es wünscht, so ist die Sache des Letzteren meist verloren. Interessant ist es, daß die französischen Schriftsteller noch heute darüber uneins sind, wohin Wellington den Hauptaccent seines Angriffs gelegt habe. Wir folgen daher den englischen Berichten und würden diese Verhältnisse überhaupt nicht berührt haben, wenn ihre Erwähnung nicht für das Verständniß des Gefechts der deutschen Truppen unerläßlich geschienen hätte. Die französische Stellung hatte vor sich als Fronthinderniß die Zadorra, ein sumpfiges Flüßchen, das nicht zu

---

*) Derselbe enthielt einen Theil der Equipagen des Königs, sowie hauptsächlich die geraubten Madrider Kunstschätze — darunter der Spanier stolzeste Kriegstrophäe, das Schwert Franz' von Valois, das dieser in der Schlacht von Pavia 1525 an den Connetable von Bourbon als Gefangener hatte abgeben müssen.

durchwaten ist, dessen Brücken die Franzosen aber abzuwerfen unterlassen hatten. Dieses träge dahin schleichende Wässerchen läuft im Allgemeinen mit der großen Heerstraße nach Bayonne parallel, also von Nordost nach Südwest und bleibt von dieser in einer Entfernung von 200 bis 1000 Schritt. Hätten die Franzosen daher die Front nur nach dem Flüßchen behalten, so würde ihr linker Flügel seine Flanke genau der zu erwartenden Anmarschrichtung des Feindes zugewendet haben. Sie mußten diesen daher nach rückwärts biegen und verlängerten ihn auch bis zu den Höhen von Puebla de Arganzon. Die Armée du Centre führte hier ihren Namen mit Recht, denn sie hatte die Mitte der Schlachtstellung zu halten und stand somit zu beiden Seiten der Heerstraße nach Bayonne — die Deutschen nördlich, also der Zadorra am nächsten. Die Armee von Portugal unter Reille hielt den linken Flügel, machte aber den Fehler, daß sie ihren äußersten Stützpunkt, einen hohen, seine ganze Umgebung beherrschenden Berg, nur mit einem schwachen Bataillon besetzte. Den rechten Flügel nahmen die Divisionen unter General Gazan ein, auf dem linken Ufer der Zadorra bis über Vittoria hinaus sich erstreckend; diese Stadt war somit von der Armee halbkreisförmig umschlossen und hätte, da ihre engen Straßen unheilvolle Defilees für eine geschlagene Armee abgeben mußten, durchaus von allen überflüssigen Trains geräumt werden müssen. Statt dessen ließ die Oberleitung es zu, daß die Stadt voll von Menschen und Fuhrwerk blieb. Man sah dort den ganzen königlichen Hofstaat mit Frauen und Kindern, eine Schaar spanischer Flüchtlinge (der afrancesados), eine Unzahl französischer Militär- und Civilbeamten mit unglaublich schwerfälligen Gefährten, Marketender, Kaufleute, Juden. Unmittelbar nördlich Vittoria stand aber erst der eigentliche Train der Armee, mehrere Tausende von Fahrzeugen, und neben diesem kribbelnden Wirrwarr hielt die ganze französische Kavallerie, vor sich die engen Straßen der Stadt, also von vorn herein jeder Möglichkeit beraubt, rechtzeitig auf dem Schlachtfeld zu erscheinen. Südlich der Stadt parkirte aber die Hauptreserve der Artillerie, da sie in der Front keine ausreichenden Positionen finden konnte. Aus diesen Angaben lassen sich Schlüsse ziehen, wie es in der vollgepfropften Stadt ausgesehen haben muß.

Ganz unbegreiflich erscheint es, daß die Franzosen verabsäumt hatten, am Ebro Kavallerie zurückzulassen. Dort waren zwar die Brücken abgebrochen worden, aber der dort noch schmale Strom bot einer Ueberbrückung an und für sich kein Hinderniß — selbst wenn aber die Flußbarriere den Feind einige Tage hätte aufhalten können, so wäre es doch

bringend geboten gewesen, zu erfahren, wo dann der Gegner sie über=
schritten habe. So blieb König Joseph vollständig über die Anmarsch=
richtung Wellingtons im Unklaren. Mit wahrer Bestürzung empfing er
daher einen englischen Parlamentär, der ihm bereits am 20. Juni in
der Frühe die Aufforderung Wellingtons brachte, Spanien zu verlassen
— im Weigerungsfalle werde er am folgenden Tage angreifen. Die
Soldaten, die neugierig den feindlichen Offizier mit verbundenen Augen
hatten durch das Lager führen sehen, erzählten sich mit Kopfschütteln
eine in solchen Lagen leicht auftauchende Mär, daß nämlich die Armee
bereits von Bilbao aus von den Engländern umgangen und somit von
den Pyrenäen abgeschnitten sei. Nachdem der König die eigenthümliche
Zumuthung, die an ihn gestellt worden war, gebührend abgewiesen, hielt
er in seiner Rathlosigkeit einen neuen Kriegsrath, durch den nicht das
Geringste abgeändert wurde, da die Ansichten sich die Waage hielten.
Gegen die Ansicht Jourdans wurde beschlossen, in der eingenommenen
Position die Schlacht anzunehmen, in der vagen Hoffnung, General
Clauzel werde von Logroño aus noch rechtzeitig in die Schlacht ein=
greifen können. Daß aber auch jetzt noch nicht der König die Defileen
in seinem Rücken sich frei machte, auch jetzt noch nicht einen Theil seiner
sehr zahlreichen und guten Kavallerie vortrieb, um den Anmarsch des
Feindes zu beobachten, muß unerklärlich bleiben. Der 20. Juni verlief
für die Truppen in einer dumpfen Erwartung und jenem eigenen Gefühl
der Spannung, das einer sicher zu erwartenden Entscheidungsschlacht
stets vorherzugehen pflegt. Unmuthig äußert Major Krieg:

„Noch wäre es an der Zeit gewesen, auf andere Dispositionen zu
denken; doch andere Gegenstände schienen die Anführer zu beschäftigen.
Ihre Hauptangelegenheit schienen die ungeheuren Geldvorräthe zu sein,
die in den (obenbeschriebenen) fourgons verwahrt lagen; das allgemeine
Wohl wurde dem persönlichen Interesse nachgesetzt."

Der König ritt in seiner begreiflichen Unruhe den Rest des Tages
bei den Truppen herum und wechselte mit den ihm bekannten Offizieren
freundliche Worte. Aber die Lippen der Soldaten kräuselten sich bei
seinem Anblick — denn sie schätzten den stets wehmüthig freundlich aus=
sehenden Monarchen gering und wünschten statt seiner den Bruder an
ihrer Spitze zu haben. Wenig verschlug daher auch eine von Phrasen
überströmende Ordre du jour, die den Soldaten verlesen wurde; mehr
Eindruck machten im englischen Lager die kurzen, knappen Worte
Wellingtons:

„Gedenkt, Freunde, daß Ihr der Helden von Trafalgar Brüder seid und bei Salamanca siegtet."

Als der Morgen des 21. Juni graute, begab sich der König mit seinem Generalstab wieder ins Lager und hielt lange neben der Division d'Armagnac, da er an der Bayonner Straße den Hauptangriff des Feindes erwartete. Mit freundlich heiterer Stirn und gesuchtem Gleichmuth schien der König sich nicht bewußt zu sein, daß seine Krone in dem heutigen Kampfspiel der Einsatz sei. Keine französische Vedette krönte indeß die umliegenden Höhen, auch nicht die kleinste Patrouille wurde gegen den Ebro vorgetrieben; der uralte Fehler französischer Kriegführung, eine gewisse chevalereske Indolenz und Sorglosigkeit zeigte sich hier wieder auf das Auffallendste. Da der König den Feind nicht kommen sah, glaubte er mit der Philosophie des Vogel Strauß seine Annäherung überhaupt in Zweifel ziehen zu müssen. Ohne zu versuchen, sich darüber Gewißheit zu verschaffen, befahl er, daß jeder Truppentheil starke Kommandos nach Vittoria absenden solle, um in den dortigen bedeutenden Magazinen Getränke und Lebensmittel zu empfangen. So wurden denn etwa 6000 Mann in kleinen Trupps nach der Stadt detachirt, wo an den nicht genügend vorbereiteten Ausgabestellen bald die wüsteste Unordnung herrschte. Als um 11 Uhr die Kanonade begann, liefen diese Leute meist schon total berauscht in den Straßen herum, warfen ihre Waffen und die erhaltenen Vorräthe weg und begannen zu plündern, statt der Stimme der Ehre und Pflicht zu folgen. Die englische Armee erschien plötzlich wie aus dem Boden hervorgewachsen. Lange Artillerielinien demaskirten sich auf den das Thal von Vittoria umgebenden Höhen und eine imposante Infanteriemasse von 15000 Mann unter General Hill packte den linken französischen Flügel. Die Höhen von Puebla de Arganzon gingen sogleich verloren und waren trotz wahrhaft heroischer Anstrengungen der Franzosen nicht wieder zu gewinnen. Vergebens stellten sich Jourdan, der König selbst an die Spitzen der Stürmenden. Die englischen Bataillone erwarteten sie mit eisiger Ruhe, Gewehr im Arm, gaben ihnen in nächster Nähe einige tödtliche Salven und stürzten sie dann mit dem Bajonett die kaum erstiegenen Hänge wieder hinab.*) Hand in Hand mit diesem Angriff ging ein zweiter gegen den französischen rechten Flügel; um die Dörfer Gamara Major und Abechuco entspann sich ein verzweifelter

---

*) Napoleon fällte einmal das Urtheil: „La meilleure infanterie du monde est celle des Anglais — heureusement il n'y en a pas beaucoup."

Kampf. — Gaben hier die französischen Divisionen nach, so wurde der Haupttheil ihrer Armee von Vittoria abgeschnitten und ihr Schicksal damit besiegelt. Nachdem Wellington eine Stunde lang den Kampf auf beiden Flügeln mit aller Kraft genährt hatte, hielt er es an der Zeit, dem französischen Centrum einen zermalmenden Stoß zu versetzen. Er faßte dasselbe aber nicht in der Front, also nicht à cheval der Bayonner Straße, sondern in der rechten Flanke, etwa da, wo der Schnittpunkt des Winkels lag, den die Aufstellung der Franzosen bildete. An diesem stand die deutsche Brigade Neuenstein, und sie traf daher der feindliche Angriff in seiner vollen Wucht. Die Regimenter Nassau,*) Baden und das Bataillon Frankfurt standen in colonnes serrées par division mit der Front nach Süden an der großen Heerstraße — sie hatten letztere zur Linken, und standen die Frankfurter ihr zunächst. Wie bereits erwähnt, war das Gesichtsfeld ein äußerst beschränktes und reichte an dieser Stelle kaum 600 Schritt weit. So konnten die hier aufgestellten Truppen nichts vom Feinde bemerken, aber der auf beiden Seiten in mächtigen Wolken sich aufträuselnde Pulverdampf und eine Kanonade, die die Erde erbeben machte, bewiesen ihnen zur Genüge, daß es sich nicht um ein Gefecht, sondern um eine Entscheidungsschlacht handele. Die Bataillone standen schweigend Gewehr bei Fuß — die Soldaten unterhielten sich nur leise trotz des Lärms um sie her. Plötzlich riefen hundert Stimmen: „Dort kommt der Befehl zum Angriff!" und die ausgestreckten Hände wiesen auf einen Adjutanten, der mühsam sein keuchendes Pferd vorwärts stachelte. General Neuenstein sprengte ihm entgegen. — Die Brigade sah, wie der französische Offizier heftig gestikulirte und nach der Zaborra in der rechten Flanke hinwies; auch erscholl von dort in demselben Augenblick ein rollendes Feuer, das wegen seiner Nähe fast die Kommandoworte übertönte. Die Bataillone schwenkten in der Kolonne rechts und eilten im Laufschritt dem Feuer zu. Als sie die zunächst liegende Hügelkette erstiegen, sahen sie ein großartiges Schlachtenbild vor ihren Augen ausgebreitet. Die Engländer hatten die nicht abgebrochenen Brücken über die Zaborra bei dem Dorfe Trespuentes mit zwei Infanterie-Divisionen passirt — die Teten hatten den zunächst liegenden schwachen Höhenzug nicht überschritten, und so war es möglich gewesen, daß unter dem Schutze desselben mehrere englische Bataillone bereits aufmarschirt waren, ehe die jenseits dieser Höhen stehen-

---

*) Dieses hatte gerade am Morgen der Schlacht 300 Mann Ersatz aus der Heimath bekommen.

den französischen Regimenter (28 und 75) die Nähe des Feindes gewahr wurden. Auch hier hatten sich die Franzosen einer sträflichen Nachlässigkeit schuldig gemacht. Nicht eine einzige Gefechtspatrouille hatte die so wichtigen Brücken beobachtet. Als die Deutschen das Gefechtsfeld betraten, sahen sie die beiden genannten französischen Regimenter, die mit ihnen die Division b'Armagnac bildeten, in vollem Rückzuge; ihnen folgte eine imposante englische Infanterielinie fast auf dem Fuße. Hell leuchteten die rothen Waffenröcke und das blendend weiße Kreuzbandelier auf der Brust der Engländer, die stolz, ohne einen Schuß zu thun, das Gewehr im Arm, unaufhaltsam herannahten wie eine langrückige Welle des Ozeans. Wie aber die stumme Fluth plötzlich mit Brausen sich bricht, wenn ein Hinderniß sich ihrem zerschmetternden Schlag entgegenstellt, so spie auch die in unbeweglicher Ruhe vorrückende Linie jedes Mal ihre todbringenden Flammen aus, sobald die Franzosen sich wieder zu setzen wagten. Als die Deutschen ihre Waffenbrüder in dieser Noth sahen, marschirten sie fast instinktiv zur Bataillelinie auf. Die Frankfurter hatten dabei den linken Flügel — die badische Batterie gewann zwischen den beiden Bataillonen Nassau eine kleine Bodenerhebung, und ihre Kugeln rissen alsbald breite Lücken in die feindliche Front; allein diese schlossen sich sogleich wieder. Es lag etwas Majestätisches in diesem unverrückbaren Avanciren der Engländer, und mitten im Drang des Augenblickes konnte General v. Neuenstein sich nicht versagen, dem Bataillonschef Vogt laut zuzurufen: „Welch brave Bursche!" Ohne einen einzigen Tirailleur vor der Front zu haben, gelangten die Engländer so vor die schmale Front der Deutschen bis auf 150 Schritt. Dann blieben sie plötzlich halten — die schrillen Pfeifen und Dudelsäcke schwiegen, einige Kommandoworte ertönten, und ein Wald von Bajonetten streckte sich den Deutschen entgegen. Dann war es, als ob ein Krater sich öffne — eine geradezu vernichtende Salve schlug in die deutschen Reihen, und zugleich ertönte der betäubende Schlachtruf der mit dem Bajonett anbringenden Feinde. Da war kein Halten möglich — im Laufschritt gingen die Bataillone bis zu der nächsten Höhe zurück, die inzwischen die französischen Regimenter wieder besetzt hatten; allein nur zwei Drittel kamen dort an — die englische Salve war wahrhaft mörderisch gewesen. Vom Regiment Nassau lagen 200 Mann am Boden, das Frankfurter schwache Bataillon ließ deren achtzig liegen. An ein Mitschleppen der Verwundeten war nicht zu denken, sie waren unrettbar gefangen.

Auf der nächsten Hügelreihe angekommen, machten die Deutschen wieder Halt und gaben einige Dechargen auf die wieder von Neuem in Anmarsch befindliche Linie der Engländer, während die Franzosen in eine dritte Position, dicht südlich Vittoria, zurückgingen, um dort die deutsche Brigade wieder aufzunehmen. In diesem Augenblick kam General d'Armagnac herangejagt und frug mit heiserer Stimme den nassauischen Oberst Kruse: „Qui commande ici?" Da der General v. Neuenstein nicht zu sehen war,*) so erhielt er die lakonische Antwort: „Personne," worauf er hastig erwiderte: „Eh bien, je vous donne le commandement." Es war aber wenig mehr zu kommandiren, denn die Schlacht war offenbar unrettbar verloren.

Von allen Seiten stauten sich die flüchtigen Haufen der französischen Armee, deren linker Flügel total geschlagen war, unter den Mauern von Vittoria, ohne zu wissen, wohin sie sich weiter wenden sollten. Denn der immer lauter ertönende Kanonendonner im Norden der Stadt ließ es mehr als fraglich erscheinen, ob die dort engagirte Armée do Portugal den Engländern würde widerstehen können. In der That gelang es aber diesen nicht, ihre Gegner hier über den Haufen zu rennen, und vor dem Schlimmsten wurde somit das Heer König Josephs bewahrt; bald aber kam die Nachricht, daß ein detachirtes englisches Korps, weiter nördlich bei Monbragon, die Straße nach Bayonne besetzt habe. Somit blieb bloß die scharf östlich und über das Gebirge führende schlechte Straße auf Pamplona für den Rückzug übrig — wer sollte aber in der herrschenden Verwirrung den Truppen diese Richtung angeben. Als die deutschen Bataillone sich nach abermaligem schweren Verlust aus der zweiten und kurz darauf auch aus der dritten Position im Angesicht der Stadt geworfen sahen, geriethen sie in den großen französischen Artilleriepark, der sich vor dem südlichen Eingangsthore vollständig festgefahren hatte. Ein gebrochener Pulverwagen hatte zunächst die Straße gesperrt, und allerlei Fuhrwerk hatte sich bald auf ihm zu einem Berge gethürmt. Die sonst so vortrefflichen Armeegensdarmen waren hier nicht zur Stelle — es war ein Unglückstag, wo das Verhängniß unaufhaltsam seinen ehernen Schritt ging.

Von der gesammten französischen Artillerie ward nicht ein Geschütz gerettet, auch die brave badische Batterie verlor hier ihre vielfach erprobten und fast übermäßig gebrauchten Kanonen, die in sechs Feldzügen nie anders als zur Ehre deutschen Waffenruhms ihre hallende Stimme

---

*) Er war mit seinem verwundeten Pferde gestürzt, entkam aber den Engländern.

erhoben hatten. Wie vielleicht erinnerlich, standen mehrere französische Kavallerie-Divisionen nördlich Vittoria, vom Schlachtfelde durch die unpassirbaren Defileen der Stadt getrennt. Sie konnten oder wollten vielleicht nicht den Befehlen des Königs gehorchen, auf irgend welchem Wege die Stadt zu umgehen und durch eine allgemeine Attacke den Rückzug zu sichern.*) Die Kavallerie-Division Treillard, welche bei Beginn der Schlacht hinter die Infanterie des Centrums vorgezogen worden und also zur Hand war, behauptete auch nur theilweise ihren sonst bewährten Ruhm. König Joseph befand sich persönlich in der größten Gefahr, gefangen zu werden. Von englisch-deutschen Husaren verfolgt, stürzte er bei dem Sprunge über einen Graben. Ein französischer Chasseur half ihm zwar sogleich auf sein eigenes Pferd, aber trotzdem wäre der König nicht der Gefangenschaft entgangen, wenn nicht seine Garde-Chevaulegers ihn durch einen braven Angriff befreit hätten. Krieg erzählt: „Diese unter Obrist Rapatell, ungefähr 100 Pferde stark, schlugen die Verfolger des Königs in die Flucht und kamen mit Blut triefenden Schwertern zurück. Ruhig und gelassen ritt der König eine Zeitlang an der Seite des kleinen Haufens der Teutschen her. Weder Schmerz noch Verwirrung zeigten seine Gesichtszüge; er schien sein Unglück mit Muth zu ertragen. Marschall Jourdan warf in seiner Gegenwart den Hut auf die Erde und machte ihm Vorwürfe, daß er hier die Schlacht angenommen." Die nassauischen reitenden Jäger, sowie die französischen Dragoner-Regimenter Nr. 22 und 27, warfen sich auch dem Feinde mit gewohntem Ungestüm entgegen; aber ihr Anprall zerschellte wirkungslos an der ehernen Mauer der britischen Kavallerie, die bis auf dreißig Schritt an die flüchtende Masse der französischen Armee heransprengte und jeden nur irgend Zurückbleibenden sofort gefangen nahm. Mehrere französische Kavallerie-Regimenter ritten die Infanterie-Kolonnen entlang, als wollten sie dort Schutz suchen. General d'Armagnac kam mit dem Ausbruck kochender Wuth an das Regiment Nassau, das letzte in der Kolonne der auf die Straße nach Pamplona abgebogenen deutschen Brigade, herangesprengt und rief dem Obersten Kruse zu:

„Il n'y a rien qui puisse décider notre cavalerie à faire le coup de sabre. Allons, colonel, montrez, que vous êtes les anciens Nassaus, attaquez cette insolente cavalerie ennemie, qui s'empare de nos traineurs, jusque près de nos colonnes."

*) Also etwa das Manöver zu machen, das die französischen Kürassiere von Reichshoffen berühmt gemacht hat.

Der also Angerufene, ein Offizier von wahrhaft spartanischer Tapferkeit, war der Letzte, sich solchem Appell zu versagen. Sofort ließ er das Regiment Kehrt machen, das Bajonett fällen und stürzte sich auf die englische Kavallerie, die überrascht für den Augenblick zurückwich. Die Badener und Frankfurter schlossen sich dem heldenmüthigen Vorstoß ihrer braven Waffenbrüder sogleich an und brachen entschlossen mitten in die feindlichen Reitergeschwader hinein. Daß diese nicht sofort zur Attacke übergingen und die Bravade der deutschen Bataillone blutig straften, läßt sich nur durch die bereits eingebrochene Dunkelheit erklären.*) Letztere war aber auch Schuld, daß jeder Verband sich löste, die Bataillone, ja selbst einzelne Kompagnien ihren eignen Weg marschirten, meistentheils ohne zu wissen, wohin und weshalb. Die Befehlsertheilung hatte aufgehört — zum Glück für die französischen Waffen mit der Nacht auch die Verfolgung. Die englische Dogge wollte nach der harten Arbeit nun ihr Futter haben.

War schon außerhalb der Stadt inmitten der Truppen die Unordnung unbeschreiblich, so wurde sie doch durch die babylonische Verwirrung, die bei den nördlich Vittoria parkirenden Trains herrschte, weit überboten. Major Krieg schildert die dort sich abspielenden Scenen mit folgenden Worten:

„Während dieser Unordnung eilten mehrere hundert französische Soldaten nach den Kutschen und Geldwagen, wo schon Deutsche, Franzosen, Engländer, Spanier und Bürger aus der Stadt beschäftigt waren, der reichen Beute sich zu bemächtigen. Aller Haß war hier verschwunden, keiner sah sich nach dem andern um, jeder suchte mit den friedlichsten Gesinnungen sein Glück zu gründen; der Jammer und das Angstgeschrei der in den Kutschen befindlichen Frauen und spanischen Auswanderer war selbst im Schlachtgetümmel hörbar und empörend. Die Soldaten fielen wüthend über die Schätze her, Kugeln flogen von allen Seiten, die unglücklichen Familien zitterten vor Tod und Mißhandlung und verzweiflungsvoll sprangen sie bleich und händeringend umher, sich zu retten. Kinder irrten verlassen auf dem Schlachtfelde, und manche Mutter gebar hier in Schmerzen. Der Anblick erregte Erbarmen!"

Alle Trains mit Ausnahme der Wagen des Regiments Nassau fielen dem Feinde zur Beute; ferner sämmtliche Kassen, ein Theil des

---

*) Einige französische Reiter hatten sich indeß dieser improvisirten Attacke der Deutschen angeschlossen. Ein schöner Unteroffizier sprengte an Oberst Kruse heran, senkte den Säbel und sprach: „Permettez, Colonel, que je reste auprès de Vous; c'est aujourd'hui une honte d'être français."

Kronschatzes, über zwanzig Fourgons mit baarem Gold beladen, die geraubten Schätze aller französischen Generale, das Vermögen aller Afrancesados, d. h. der mit dem König geflüchteten Spanier, dann der unermeßliche Schwarm der Marketender, Kaufleute, Militär- und Civil-beamten. Dazu konnten sich die Engländer der Eroberung von 150 Kanonen rühmen. Der Privatschatz König Josephs, aus sechs mit Goldbublonen befrachteten Wagen bestehend, ging auch verloren. Der König war, wie er selbst sagte, vis-à-vis de rien und mußte sich, als er in Salvatierra die Wäsche wechseln wollte, von General Treillard ein Hemd borgen.

Mitten in der drangvollen Enge der Schlacht hatte der wackere Kommandeur der Frankfurter, Major Vogt, daran gedacht, die Wagen des Bataillons zu retten. Er ertheilte einem jungen Offizier den Auftrag, dieselben womöglich nach Pamplona zu bringen. Es ist dies der-selbe Anonymus, dessen spät niedergeschriebene Erinnerungen wir bereits einige Male geglaubt haben anziehen zu müssen. Derselbe schreibt über seine Erlebnisse bei Ausführung dieses Befehls:

„Während des Rückzuges wurde ich angewiesen, mit 50 Mann nach der Hauptstraße vorauszugehen, um die Bewachung der Wagen zu übernehmen und solche nachzuführen. An meinem Bestimmungsort ange-langt, fand ich Alles in der unbeschreiblichsten Verwirrung. Munition und Bagagewagen, Packthiere, Karren, Luxuswagen aller Art waren durcheinander gefahren oder umgestürzt; sich dem unentwirrbaren Knäuel zu entziehen, war unmöglich. Viele Fuhrwerke suchten die Chaussee*) zu verlassen, um querfeldein fortzukommen, wobei sie jedoch durch die vielen das Land durchschneidenden Gräben gehindert wurden. Obgleich ich die Unausführbarkeit des erhaltenen Auftrages unter den obwaltenden Um-ständen wohl einsah, so hielt ich es doch meiner Pflicht für angemessen, den Gang der Ereignisse abzuwarten.

Es dauerte auch nicht lange, so schlugen die Kugeln des immer näher rückenden Feindes in das Gedränge ein und steigerten die Ver-wirrung bis zum höchsten Grade. Die vornehmsten Beamten des Hofes und viele Spanier mit ihren Familien, die sich dem neuen Königthum angeschlossen hatten, waren genöthigt, ihre Wagen zu verlassen und nun zu Fuß oder zu Pferde, um der Gefangenschaft zu entgehen, querfeldein den fliehenden Truppen nachzueilen. Frauen und Kinder sah man ver-

---

*) Es ist anscheinend die große Straße von Vittoria nach Mondragon gemeint.

zweifelnd und um Hilfe flehend auf dem Felde herumirren, während
die feindlichen Kugeln den Schauplatz dieses Jammers immer dichter
überschütteten. So sehr auch die Menschlichkeit zur Hilfe ermahnte, so
mußten doch alle andern Rücksichten der Pflicht nachstehen, die mir
anvertrauten Mannschaften der drohenden Gefahr zu entziehen. An eine
Mitnahme der Wagen, die ich eskortiren sollte, war nicht zu denken.
Ich folgte daher der Richtung, die unsere Division bei ihrem Rückzuge
eingeschlagen hatte, und suchte meine bereits sehr erschöpften Leute dem
immer näher kommenden Feinde und dessen verfolgender Kavallerie zu
entziehen. Glücklicher Weise fand letztere an den vielen das Terrain
durchschneidenden Gräben schwer zu überwindende Hindernisse. Zu den
vielen Flüchtlingen, die wir auf unserm Wege antrafen, gehörte auch ein
Kapitän des 12. leichten Infanterie-Regiments, der, schwer am Arme
verwundet, sich mit aller Anstrengung fortzuschleppen suchte. Der Ausdruck der wildesten Verzweiflung zeigte sich in seinen von Schmerz und
Ermattung entstellten Zügen. Glücklicher Weise hatte sich mein Bursche
mit meinem Maulthiere während des Verweilens auf der Chaussee bei
mir eingefunden, ich ließ den verwundeten Offizier auf dasselbe heben,
und es gelang mir, mit ihm und meiner sämmtlichen Mannschaft spät
in der Nacht das Lager unserer Division zu erreichen.

Kaum hatte ich mich, von den Anstrengungen des Tages erschöpft,
niedergelegt, als der anrückende Feind uns aufs Neue zum eiligsten
Aufbruche nöthigte. Sämmtliche Geschütze waren, theils während der
Schlacht, theils während des Rückzuges verloren gegangen, und ohne
diese Waffe war, bei der großen Entmuthigung und Erschöpfung der
Truppen, eine Vertheidigung oder Behauptung unserer Stellung nicht
möglich. Der Rückzug mußte daher, mit Zurücklassung vieler verwundeten und ermatteten Soldaten bis unter die Wälle von Pamplona fortgesetzt werden. Wie es mir möglich geworden, diesen Schnelllauf vom
21. Morgens bis zum 24. Nachmittags fast ohne jede Nahrung, von
Durst und Hitze gequält, auszuhalten, läßt sich nur durch den Trieb
der Selbsterhaltung erklären, der Kräfte und Ausdauer verlieh, um den
ungeheuren Anstrengungen nicht zu unterliegen."

Für König Joseph war nach der verlorenen Schlacht die Frage
brennend geworden, wie er die Trümmer seines Heeres nach Frankreich
retten könne, da ja die Engländer die direkte Straße nach Bayonne inne
hatten, und auf sechs Meilen kein anderer Paß als der von Irun über
St. Jean de Luz den Kamm der Pyrenäen überstieg. So kopflos war
man im französischen Hauptquartier, daß der General Clauzel, der, wie

oben erwähnt, von Logroño nach Vittoria marschiren sollte, keine Be-
nachrichtigung von der erlittenen Niederlage erhielt und am 22. Juni
bei Vittoria anstatt auf seine Landsleute auf englische Feldwachen stieß.*)
Kaum gelang es ihm, sich durch eilige Flucht nach Saragossa zu retten,
wo er von Suchets Truppen aufgenommen wurde.

Der Feind drängte in den folgenden Tagen Josephs Heer ungestüm
gegen Pamplona. Unter den Mauern dieser vertheidigungsfähigen Stadt
kam die französische Armee endlich zum Stehen; die Division d'Armagnac hatte auf dem ganzen Marsch die Arrieregarde und noch am
24. ein hitziges Gefecht zu bestehen gehabt. Da auf dem Rückzuge die
zwei letzten Kanonen verloren gegangen waren, wurden aus Pamplona in
aller Eile zwei Geschütze vorgeholt, die allein den Kampf gegen die zahlreiche englische Artillerie aufnehmen sollten. Sie waren natürlich in
kurzer Zeit demontirt.

Aus dem Schlachtbericht des General Drouet erfahren wir, daß das
Frankfurter Bataillon bei Vittoria 17 Todte gehabt haben soll, das
Regiment Nassau nur 24. Von den Verwundeten, die gefangen in die
Hände der Feinde geriethen, ist nicht die Rede. Offenbar hat dem
französischen Führer daran gelegen, die Verluste geringer erscheinen zu
lassen, als sie in der That waren.**) Am 25. gelangte die Division
in das Lager der Armee bei Elizondo. Am 25. Juli theilte sich dieselbe in zwei Kolonnen. Der König ging mit dem Gros durch das seit
Rolands Zeiten bekannte Thal von Ronces Valles nach St. Jean Pied
de Port, einem kleinen Gebirgsfort auf französischem Boden. Die Straße,
die die geschlagenen französischen Bataillone betraten, hatte einst auch
Hannibal gedient, als er seinen unvergleichlichen Zug nach Italien
antrat.

Die Division d'Armagnac nahm ihren Weg weiter westlich über
unfahrbare Gebirgswege. Sie sollte hier dem Gros als linkes Seitendetachement dienen, da Wellington mit seinen Hauptkräften auf der
Straße nach Bayonne vorgegangen war. Die Belagerung dieser Stadt,
sowie der festen Plätze Pamplona und San Sebastian nahm sich Wellington als zunächst liegende Aufgabe vor, und die Einschließung der

---

*) Auch diesen General trifft indeß der Vorwurf, seine Kavallerie nicht zur
Aufklärung verwendet zu haben.

**) Das Regiment Nassau verlor nach eigener Angabe an Verwundeten
6 Offiziere, 276 Mannschaften; bei Pamplona 2 Offiziere, 78 Mannschaften. Der
Renfort von 300 Mann, der bei Vittoria angekommen, war also binnen vier Tagen
wieder geopfert.

letztgenannten kleinen Festungen vollzog sich auch in den ersten Tagen des Juli. Es ist bezeichnend für die Kriegführung des englischen Feldherrn, daß er auch diese kleinen Hindernisse sich aus dem Wege räumen wollte, ehe er den Krieg selbst auf französischen Boden trug — der Gedanke erschien selbst nach den großen Niederlagen der Franzosen damals noch beispiellos kühn; trugen doch die Mächte der heiligen Allianz noch am Ende des Jahres 1813 Bedenken, über den Rhein in das Herz von Frankreich zu bringen.

Unsere Deutschen erreichten, an das Klettern gewöhnt, am 25. Juni Lanz, den 26. Garzain, den 27. Pesaca, Vera 2c. Als Abschiedsgruß schossen die Basken von allen Bergen und leider hatten sie das Schießen gelernt — manch Braver sank noch Angesichts der Grenzpfähle getroffen nieder.

Wir übergehen die nun folgende Periode der Märsche und Kontremärsche und bemerken, daß Joseph sich entschließen mußte, den spanischen Boden ganz zu räumen. Am 6. Juli überschritten die Deutschen bei Sara die französische Grenze. Wunderbar — sie hielten den Boden unter ihren Füßen für ihr Vaterland! Viele warfen sich weinend nieder, umarmten und küßten ihn — ein Beginnen, dem die französischen Regimenter verwundert zuschauten. Die Armee bezog nun eine Position, die im Allgemeinen also gegliedert war: die frühere Armee von Andalusien unter Reille hatte den rechten Flügel und beobachtete die Straße über Yrun, Graf Gazan mit der ehemaligen Armee von Portugal schloß sich ihr an und dehnte sich aus bis Jean Pied de Port. Die schwachen Divisionen der einstigen Armée du centre hatten das Thal von Elizondo besetzt. Es kam jetzt eine Zeit der Ruhe oder sagen wir besser der Vorbereitung, der Rüstung für die letzten entscheidenden Kämpfe. König Joseph und sein stets unglücklicher General Jonrdan wurden von Napoleon abgerufen, und an ihre Stelle trat der kaum in Sachsen angekommene und nach einer kurzen Unterredung mit dem Kaiser wieder nach Spanien entsendete Marschall Soult. Am 12. Juli übernahm er das Kommando der gänzlich desorganisirten Armee. Allein das Gefühl, wieder unter einem bewährten Führer zu stehen, ließ diese förmlich aufathmen, die Entmuthigung, die sich französischer Truppen nach erlittenen Niederlagen so leicht bemächtigt, war wie mit einem Zauberschlage verschwunden; schon die nächsten Tage zeigten, welch anderer Geist in die Armee gefahren war. Soult ließ es sich zunächst angelegen sein, die Disziplin wieder herzustellen. Da überdies das Heer jetzt den geheiligten Boden Frankreichs betreten hatte, so mußte dem gewohnten Raubfystem energisch entgegengetreten werden, denn der französische Bauer liebte es nicht, durch den Krieg zu leiden, und lag jedem höheren Befehlshaber mit Klagen in den Ohren, wenn ihm auch nur ein Bündel Heu abhanden gekommen war. So wurde denn zunächst der unermeßliche Troß von Frauen und Kindern von der Armee entfernt. Alle Infanterieoffiziere, die nach dem Reglement kein Recht hatten, ein Reitpferd zu halten, mußten es abschaffen. Einige Soldaten, die sich aus den Gärten Gemüse geholt hatten, wurden erschossen; desgleichen ein französischer Kapitän, der der Plünderung eines Hauses ruhig zugesehen hatte. Ferner war Soult darauf bedacht, sein Heer möglichst zu verstärken; dies geschah am besten durch Entsendung einer Anzahl alter Offiziere, Unteroffiziere und Soldaten, also starker Kadres, die in den Depots junges Rekrutenmaterial, so schnell es irgend angehen wollte, unterrichteten und dann nach einigen Wochen den Regimentern zuführten. So verließ auch Major Vogt von den Frankfurtern mit den Kadres von 3 Kompagnien das Bataillon, um neuen Nachwuchs aus der Heimath zu holen. Der alte Held brummte bei seinem Abschied: „Es wird zu viel Wasser in den Wein gegossen", und er mochte darin Recht haben. Die Ereignisse in Deutschland haben seine Mission anders gestaltet, wie er es bei seinem Weggange vermuthete. Aus dem Rest der Frankfurter wurden nun 3 Kompagnien à 100 Mann formirt; das Kommando übernahm Kapitän Damboer. — Soult fand mit Recht die französische Aufstellung zu ausgedehnt, er eilte, sie an der Bidassoa, dem Grenzflusse, zu konzentriren. Dort nahm sie nunmehr kaum eine Front von zwei Meilen ein. Man fing an, den Deutschen zu mißtrauen, sehr mit Unrecht, denn sie hatten wahrlich bei Vittoria und Pamplona von Neuem bewiesen, wie fest sie noch zur Sache des Kaisers hielten. Sie, die stets auf den gefährlichsten Posten gestellt worden waren, wurden plötzlich in die Reserve verwiesen — der Marschall that dies nach den mündlich erhaltenen Direktiven des Kaisers. — Dieselbe, unter General Vilatte, bestand außer den Deutschen aus zwei Regimentern französischer Gendarmerie zu Fuß, dem Rest der spanischen Garde, zwei Regimentern Gardos Napolitaines, dem Ueberreste der Regimenter Royal étranger und der spanischen Jurados, zwei französischen Marschregimentern.

Die Kavallerie der Korps war in ähnlich buntscheckiger Weise zusammengesetzt. In Bayonne wurde an der Herstellung und Ausbesserung der Festungswerke fieberhaft gearbeitet, 8000 Rekruten unter General Thouvenot bildeten die Besatzung. Der Landsturm der Pyrenäen wurde auf-

geboten; jeder männliche Einwohner vom 17. bis 60. Lebensjahre mußte
zur Fahne eilen; die französischen Basken endlich wurden in 6 Kohorten
zu 1000 Mann eingetheilt und nach Art der spanischen Guerrillas in
ihre finsteren Bergwälder gesandt, um die soeben erst als verabscheuungs-
würdig gekennzeichneten Thaten eines Mina und Empecinado nachzuahmen. In der Stellung an der Bidassoa vereinigte Soult etwa
55 000 Mann (General Clauzel hatte sich von Saragossa wieder an
die Armee herangezogen). Die Deutschen kamen am 22. Juli ins Lager
auf den Berg Croix de Bouquet. Neben ihnen lagen spanische Truppen;
so sehr auch der Krieg den Egoismus großgezogen hatte, so regte sich
doch tiefes Mitleid bei den Deutschen mit diesen Unglücklichen, anscheinend für immer von ihrem Vaterland Vertriebenen. Düster und
starr saßen die Spanier in langen Reihen am Abend an den Feuern
und schauten nach ihrem Vaterland hinüber — ihr König hatte sie verlassen, sie waren mehr wie die Deutschen ein Gegenstand des Miß-
trauens, ja der Abneigung. Aus diesem Lager wurde General v. Neuenstein nach Deutschland berufen, das Regiment Baden bildete fortan nur
ein Bataillon, und Oberst v. Kruse kommandirte nunmehr die zusammengeschmolzene deutsche Brigade.

Nachdem Soult seine Armee wieder manövrirfähig gemacht hatte,
beschloß er, die beiden bedrohten Festungen, Pamplona und S. Sebastian,
und zwar zunächst die erstere zu entsetzen. In einem Tagesbefehl hatte
der Marschall geäußert, daß es ihn stolz machen würde, die früheren
Niederlagen in baldige Siege zu verwandeln. Wir wollen, so schloß
der Befehl, „den Feind auf das Schleunigste von den Grenzen unseres
Vaterlandes vertreiben, unsere Zelte wieder auf spanischem Boden auf-
schlagen und den Jahrestag des Kaisers in Vittoria feiern."

In Abweichung gegen frühere Feldzüge, wo die Fremden stets die
Ersten und Letzten am Feinde sein mußten, hielt es Soult diesmal gerathen, das Korps Vilatte an der untern Bidassao zur Beobachtung
der Straße nach Irun zurückzulassen. Mit der ganzen übrigen Armee
stürzte sich der Marschall wie ein reißender Bergstrom auf den Feind
— wer diese in der Panik von Vittoria gesehen hatte, konnte sie jetzt
kaum für die nämliche halten. Am 25. Juli wurde der englische General
Cole im Thale von Ronces Valles angegriffen und geschlagen, das
gleiche Schicksal hatte selbst Hill am nämlichen Tage bei Puerto de Maja.
In raschem Siegeslauf ging es fast bis vor die Mauern des bedrängten
Pamplona — aber dort zerschellte in der mehrtägigen Schlacht „an
den Pyrenäen", wie man diese Reihe von Kämpfen genannt hat, der

stürmische Andrang der Franzosen an der kaltblütigen, stiernackigen Bravour der Engländer. Ein Blutbad mehr hatte die iberische Halbinsel gesehen — ohne Erfolg, aber in geordnetem Rückzug, führte Soult seine Truppen hinter die Bidaſſoa zurück. Bald darauf fiel Pamplona — es erübrigte ihm nur noch, den Verſuch zu machen, S. Sebaſtian zu entſetzen. Hier wehte allein noch, mit einziger Ausnahme einiger feſten Plätze in Catalonien, die franzöſiſche Fahne auf ſpaniſchem Boden. Welche wunderbare Veränderung der Kriegslage innerhalb eines halben Jahres! — Soult erkannte, daß ſein Heer wieder längerer Ruhe bedürfe, um operationsfähig zu bleiben. Man wurde ſich des Unterſchieds gegen frühere Zeiten ſchmerzlich bewußt, wo die Regimenter Jahre lang faſt ohne Ruhetag kämpfen konnten und nie unterlagen. Jetzt waren die ſchneidigſten Kämpfer müde und verſchliſſen, von dem flaumbärtigen Rekrutenvolk ganz zu geſchweigen. —

Am 7. Auguſt verließ das Korps Vilatte ſeine bisherige Vorpoſtenſtellung an der Bidaſſoa und zog ſich über St. Jean de Luz in das Lager von Serres und Aſcain. In konſequenter Durchführung des Syſtems, die nicht franzöſiſchen Truppen nur am Tage einer Schlacht, im hinreißenden Moment des Vordringens, gegen den Feind zu verwenden, hatte Soult die fremden Hilfsvölker auch hier in die zweite Linie geſtellt. Beide Ufer der das Lager durchſtrömenden Nivelle waren mit Redouten garnirt worden — doch bildeten die Werke auf dem linken Ufer die ſchwächere Linie. Auf dem rechten Ufer und auf dem rechten Flügel der ganzen Aufſtellung ſtand das Bataillon Frankfurt; vor ſeinen Zelten war eine Pontonbrücke geſchlagen — eine Hauptverbindung mit den Schanzen des linken Ufers. Weiter links ſtand die italieniſche Brigade, dieſer folgte die ſpaniſche, alsdann die Regimenter Naſſau und Baden auf dem linken Ufer. Major Krieg ſchreibt:

„Die beiden Armeen lagen wie zur Zeit eines Waffenſtillſtandes von Andaia bis St. Jean Pied de Port den ganzen Monat Auguſt hindurch einander gegenüber in Ruhe und Frieden. Die beiderſeitigen Vorpoſten am Ufer der Bidaſſoa wurden am Ende ſo vertraulich, daß Offiziere und Soldaten mit einander ſprachen. Marſchall Soult gab indeß dagegen die ſtrengſten Befehle, und es unterblieb."

San Sebaſtian wurde in dieſer Zeit der Ruhe auf das Härteſte bedrängt — es fiel endlich durch Sturm am 8. September. Die ſpaniſchen Bewohner begrüßten ihre engliſchen Befreier mit Begeiſterung, Hunderte von Tüchern flatterten ihnen entgegen, als die franzöſiſche Beſatzung die hochgelegene Citadelle noch hielt. Hier befleckten die engliſchen Soldaten ihre Ehre durch unauslöschliche Schmach. Was irgend an Gräueln der spanische Krieg je gezeitigt hatte, hier wurden sie übertroffen — und all das zum Himmel schreiende Elend fügten die Engländer ihren Bundesgenossen zu. Wahrlich, so sehr man die Bataillone des eisernen Herzogs als Soldaten zu bewundern gehalten ist, so sehr muß man sie als Menschen verabscheuen.*) Warum Soult nicht, so lange es Zeit war, dem so tapfer vertheidigten Platz zu Hilfe kam, bleibt unaufgeklärt. Erst am Tage, wo die Breschen in den Mauern der Festung weithin klafften und die nächsten Tage ihr Schicksal besiegeln mußten, entschloß er sich zu einem Entsatzversuch.

Den Truppen wurde bereits am 28. August klar, daß eine Offensivbewegung beabsichtigt sein mußte; sie erhielten Patronen und für mehrere Tage Lebensmittel, Brückenmaterial rollte in langen Kolonnen gegen die Bidassoa und das Reservekorps Vilatte wurde bei Urogne in die erste Linie gezogen. Soult beabsichtigte, die feindliche Armee, welche auf dem linken Ufer des Flusses von Yrun und dem Meeresstrande an bis fast in die Höhe von St. Estevan die Uferberge besetzt hielt, auf der ganzen Linie anzugreifen und zu durchbrechen. Zu diesem Zweck sollte General Reille auf dem rechten Flügel mit drei Divisionen gerade auf Yrun losgehen, das Korps Vilatte sich ihm links anschließen, General Clauzel endlich mit vier Divisionen den Hauptangriff auf den linken Flügel machen. Angesichts der starken feindlichen Stellung über die angeschwollene Bidassoa gehen zu wollen, erschien als ein Wagniß, das wenig Aussicht auf Erfolg haben konnte. Am 29. August früh drei Uhr verließ die deutsche Brigade mit den übrigen Truppen des Korps Vilatte ihr Lager bei Ascain und Serres und marschirte in einem engen Thale zwischen Urogne und Croix de Bouquet auf. Am 30. August rekognoszirte der Marschall die feindliche Stellung; — es wurde ihm klar, daß er nicht siegen könne, allein, da er direkten Befehl vom Kaiser hatte, den Feind anzugreifen, so mußten wohl oder übel einige tausend Mann geopfert werden. Die Rekognoszirung ergab des Weiteren, daß die spanischen Truppen in erster Linie standen, die Engländer und Deutschen dahinter in Reserve; wenn es daher auch gelang, die ersteren von den beherrschenden Uferhöhen hinunter zu werfen, so war die Hauptarbeit

---

*) Einzelheiten dieser scheußlichen Scenen giebt Riegel „der siebenjährige Kampf auf der Pyrenäischen Halbinsel," III, 587. Auch nicht eine der dem Verfasser zugänglichen Quellen verschweigt den tiefen Abscheu, den die Bestialität der Engländer bei Freund und Feind hervorgerufen.

doch dann erst zu thun. Soult beschloß daher, wenigstens sein Centrum zurückzuhalten und mit ihm nur einen Scheinangriff zu machen, während die Flügel das Schlachtenglück versuchen sollten — ein glücklicher Zufall konnte ihnen vielleicht einen ungehofften Erfolg in den Schooß werfen. Von diesem Gesichtspunkt aus ist das folgende Gefecht der deutschen Brigade zu beurtheilen. Truppen, die man nur demonstriren lassen will, wird man von dieser Absicht nicht unterrichten, da ihr Angriff dann nur sehr lahm ausfallen dürfte — die deutschen Bataillone wurden daher in dem Wahne gelassen, daß sie den Hauptangriff zu übernehmen haben würden. Sie glaubten dies auch um so eher, als ihnen dieses Loos in allen größeren Schlachten zu Theil geworden war, die sie auf spanischem Boden hatten mitfechten helfen. In der Nacht vom 30. auf den 31. August wurde wenig geschlafen, die Regimenter saßen in ge-schlossenen Kolonnen, auf ihren Tornistern ruhend, die Gewehre vor sich haltend, und die Offiziere durchwachten die wenigen Stunden im fröh-lichen Zirkel. Schon frühe gegen ein Uhr bewegten sich die Kolonnen lautlos nach den verschiedenen Uebergangspunkten — die Deutschen marschirten wenig später hinter einen Berg mit dem eigenthümlichen Namen Louis XIV. Sie standen hier links der großen Straße nach Yrun und etwa eine halbe Stunde von der rothangestrichenen Holzbrücke entfernt, über welche sie vor nun beinahe fünf Jahren ihren Einmarsch in Spanien gehalten hatten. Jenseits der genannten Höhe rauschte die schäumende und hochangeschwollene Bidassoa dem biscayischen Meere zu. Sämmtliche Truppen hielten bereits die ihnen angewiesenen Stellungen, aber noch deckte die Nacht den Erdkreis — auf der feindlichen Front war Alles still, nur der scharfe, gellende Anruf der spanischen Schild-wachen ließ sich hören. Die französischen Sappeure und Pontonnier-Kompagnien begannen so lautlos als möglich einige Brücken zu schlagen, eine derselben begann unmittelbar vor der Front des Frankfurter Bataillons zu entstehen. Der erste Schimmer des anbrechenden Tages war das Signal zum allgemeinen Angriff — besonders vom linken Flügel rollte bald ein ununterbrochener Kanonendonner durch das enge Felsenthal der Bidassoa. Die Voltigeure der deutschen Bataillone unter dem Frankfurter Hauptmann Deeken wurden in einzelnen Pontons über den Fluß gesetzt, um den Bau der Brücke zu decken, weiter oberhalb gingen die der italienischen Brigade zu gleichem Zweck auf das linke Ufer. Sie gelangten aber beiderseits kaum bis an den Fuß der von den Spaniern besetzten Höhe — fürchterlich lichtete das Feuer ihre schwachen Linien, so daß, als gegen elf Uhr Vormittags die allzu leichten

Brücken den Uebergang über den Fluß noch immer nicht gestatteten, diese Elitetruppen fast ganz aufgerieben waren. Wir lassen jetzt den Rapport des Kapitän Damboer wörtlich in der Absicht folgen, den Geist der deutschen Truppen, ihr noch immer andauerndes, begeistertes Aushalten auf französischer Seite zu kennzeichnen. Nach diesem Bericht müssen sie sich noch mit wahrer Lust und einer Freudigkeit geschlagen haben, die weit verschieden war von dem mürrischen Ausharren bei einer verloren gegebenen oder gar verhaßten Sache. Damboer schreibt:

„Das Treffen engagirte sich um 5 Uhr Morgens auf unserm linken Flügel. Drei französische Divisionen passirten den Fluß 2 Stunden aufwärts gegen Vera und fingen an, den auf den Bergen verschanzten Feind zu schlagen. Das Gefecht soutenirte sich mit Vortheil für uns. S. Excellenz der Marschall Herzog von Dalmatien, welcher bei uns hielt, gab gegen 10 Uhr Befehl, die 4 deutschen Voltigeur Kompagnieen zur Avantgarde an den Fluß zu commandiren, um selben zu passiren. Dieß geschah. Die Voltigeur Kompagnie des Bataillons passirte zuerst. Herr Hauptmann Deeken, Oberlieutenant Hartmann an der Spitze der verwegensten Voltigeurs standen festen Fußes am jenseitigen Ufer und diese Braven zogen sich die Bewunderung des Herrn Marschalls und aller Truppen zu. Allein der Feind warf ihnen bey tausend Tirailleurs entgegen, worauf sich die Voltigeurs wieder in Ordnung vertheidigend zurückzogen. Während dem erhielt ich Ordre, rechts vorwärts auf eine Anhöhe zu marschiren. Hier fing ich an, mich mit dem auf der anderen Seite des Flusses postirten Feind leicht zu engagiren. Bald darauf wurden alle deutschen Grenadiers commandirt, über den Fluß zu setzen. Unsere Grenadiers gingen voran und ihnen folgte im nämlichen Augenblicke die ganze Brigade über den Fluß. Wir passirten im heftigsten Kugelregen aller feindlichen Regimenter. Der Herr General Vilatte gab mir den Befehl, rechts die Position der Feinde zu nehmen und fest zu halten, bis die Brücke über die Bidassoa ganz fertig sei.*)

Ich stand auf dem rechten Flügel der Brigade, vereinigte mich vor der feindlichen Position mit meinen Grenadiers und Voltigeurs und stürmte nun ohne Weiteres auf das spanische Regiment Benevent, das ich mit tausend Bayonnetts vor mir en ligne fand.

---

*) Demnach passirten die Truppen den Fluß watend, und es ist nicht recht einzusehen, warum, wenn dies überhaupt möglich war, man sich mit dem Bau der Brücke aufhielt.

Der Feind mußte sich eines solchen wüthenden Angriffs nicht versehen haben. Ich war zu Pferde — kein Stabsofficier außer dem Obersten von Kruse war es noch — und sprengte an die Position, um das Terrain zu sehen; das ganze spanische Regiment gab auf mich Feuer. Allein ich stand fest, rief meinen Leuten zu, mit dem Bayonnette auf den Feind Sturm zu laufen, ließ die Tambours Sturm schlagen, sprengte selbst vor dem Bataillon her, hieb mehrere Tirailleurs zusammen und das brave Bataillon drang unwiderstehlich mit gefälltem Bayonnette ein. Der Feind wankte und wandt' uns den Rücken. Aber nun ließ ich auch ein so fürchterliches Feuer unter sie machen, daß die englischen Cascets ihnen von den Köpfen flogen. Alles, was nicht zusammenstürzte, mußte den Reißaus vor uns nehmen. Das Bataillon rückte siegreich auf die Position. Der Feind hinterließ uns das Schlachtfeld, bedeckt von seinen Todten und blessirten. Wir machten außerdem noch 80 Gefangene.

Ich hielt nun die Position fest in meiner Gewalt, indem ich die ausdrückliche ordre hatte, nicht weiter vorzugehen. Die Brücke wurde hinter mir geschlagen. Allein der Feind wurde abgelöst, ein neues Regiment (gardo espagnolo) warf sich gegen mich und detachirte sogleich die Hälfte, um mich rechts zu umgehen. Kaum sah ich das Vorhaben des Feindes, als ich auch augenblicklich gegen das hinter mir unterdessen aufmarschirte Regiment Royal étranger zu sprengte und den Obersten ersuchte, meine rechte Flanke zu decken, welches er auch mit aller Bravour bewerkstelligte.

Ich schlug diesen und noch wenigstens 10 wiederholte heftige Angriffe des Feindes hartnäckig ab und so stand das Bataillon fest und unerschütterlich im heftigsten Feuer bis 5 Uhr Abends, wo ich auf Befehl des Herrn Maréchal von der Königlichen Voltigeur Garde abgelöst wurde. Ich vereinigte mich nun wieder mit der deutschen Brigade und formirte mich im 2ten Treffen; allein kaum war ich da angekommen, als ich auch sah, daß die Voltigeur Garde zurückwich. In dem Augenblick erhielten wir ordre, den Fluß zurückzupassiren. Wir wateten bis an die Brust durch die Bidassoa, welche bey Ankunft der Meeresfluth sehr angeschwollen und durch einen gerade eintretenden heftigen Gewitterregen noch höher als gewöhnlich angewachsen war. Ueber die Brücke zu gehen, hielt ich nicht. für gut, weil selbe schon durch Grenaden in der Mitte gesenkt war. Als wir wieder auf diesseitigem Ufer waren, so hörte ich, daß der linke Flügel der Armee nicht so glücklich gewesen und der Herr Maréchal deßwegen befohlen habe, uns wieder zurück zu ziehen.

Wir campirten am 31. August Nachts und den 1. September auf den diesseitigen Höhen der Bidassoa und rückten heute (den 2. September) wieder in unsere vorige Positionen und Feldlager. Unser Verlust besteht aus 55 Todten und Blessirten; Hauptmann Schweitzer wurde an der tête seiner braven Grenadiers durch den Schenkel geschossen und ist nach Bayonne transportirt worden. Das Bataillon hat durch seine Tapferkeit und Entschlossenheit neuerdings die Bewunderung des Herrn Maréchal, des General Villatte und aller anwesenden Generäle auf sich gezogen und seinen alten Ruhm ehrlich, aber theuer behauptet. Als ich vor der Position das Bayonnette fällen, Sturm schlagen ließ und so bergan stürmte, hat der Herr Maréchal sich zu seinem Generalstab gewendet und mit den Worten auf uns gedeutet: „Voilà les braves Allemands, comme ils enlèvent la position à la bayonnette." Seine Excellenz schickte sogleich einen aide de camp an die Brücke mit dem Befehl, daß alle meine Blessirten zuerst aufgeladen würden, was auch genau erfüllt wurde. Alle Herren officiers des Bataillons, alle Unterofficiere und Soldaten wetteiferten, Alles zu erfüllen, was in ihren Kräften lag. Kalter Muth, Tapferkeit und ernste Ruhe herrschte in den Gliedern. Man hörte jedes Kommando. Kein Mann wollte aus dem Gliede tretten, mit Mühe mußte man sie kommandiren, um die blessirten wegzubringen.

Wenn ich durch ein schnelles und kühnes Manoeuvre und 7stündige Behauptung der äußersten Position der armée gegen einen fünfmal stärkeren Feind, der mehrmals abgelöst wurde, die Aufmerksamkeit des Französischen Heerführers und der Generäle auf mich zog, so habe ich dieß blos jenen erprobten Kriegern zu verdanken, die keine Gefahr kennen, den Tod der Ehre als das höchste Ziel ihres Ruhmes mit Gelassenheit umfassen und das Commando ihres Chefs vertrauensvoll mit unüberwindlicher Tapferkeit exequiren. Allein es werden der Braven täglich weniger; vom innigsten Schmerz bewegt habe ich mich überzeugt, daß durch die Schwäche des Bataillons auch bey der höchsten Tapferkeit diese handvoll Helden ihr Ehrengrab finden müssen."

General Vilatte, vom Jahre 1809 mit dem Frankfurter Bataillon vertraut, ehrte die zusammengeschmolzene kleine Schaar (es waren noch 220 Mann unter dem Gewehr) am folgenden Tage durch einen persönlichen Besuch im Lager und dort gespendetes reiches Lob. Die Artigkeit und das chevalereske Wesen des gefeierten Führers verfehlten auch) diesmal nicht, ihren Eindruck auf die Gemüther der deutschen Soldaten zu machen. Diejenigen, die sich besonders ausgezeichnet hatten, wurden vor die Front gerufen, ihre Namen zusammengestellt, und der General machte sich anheischig, sie selbst beim Großherzog zur Dekorirung mit der goldenen oder silbernen Medaille vorzuschlagen. Wie so oft, blieb es auch diesmal bei dem Versprechen. Damboer reichte seinem Souverän die Liste der von ihm zur Dekoration Vorgeschlagenen gleichfalls ein, wir finden die Namen von achtzehn Individuen auf ihr verzeichnet; der Großherzog erhielt sie aber zu einer Zeit, in der seine eigene Existenz bereits auf dem Spiele stand, und das Schreiben Damboers blieb daher unbeantwortet. Wir müssen uns zu dem Geständniß herbeilassen, daß der Gefechtsbericht dieses Offiziers insofern nicht ganz der Wirklichkeit entspricht, als das Zurückgehen der deutschen Bataillone hinter die Bidassoa kein ganz freiwilliges war. Nach den Relationen mehrerer deutschen Offiziere gab zuerst das Regiment Royal étranger nach — sein Zurückgehen riß das am meisten exponirte Bataillon Frankfurt, dann die Regimenter Nassau und Baden mit sich fort; letzteres und die Voltigeur-Kompagnien bildeten die Nachhut. Wenn der Rückzug kein eiliger wurde, so war dies vornehmlich einem sündfluthähnlichen Gewitter= regen zu danken. Im kritischsten Augenblick strömte er in solcher Fülle herab, daß man nicht weiter wie drei Schritt sehen und nicht daran denken konnte, ein Gewehr abzufeuern. So vermochten die Deutschen in der Stille das Gefecht abzubrechen und, ungesehen vom Feinde, abzu= ziehen, ohne von ihm irgend gestört zu werden. Die Bidassoa war aber in dem Grade angeschwollen, daß unser mehrerwähnter Frankfurter Anonymus angiebt:

„Um der Gefangenschaft zu entgehen, blieb dem zurückgebliebenen kleinen Haufen (sc. der Voltigeure) nichts anderes als der Versuch übrig, sich durch Schwimmen zu retten.

Von denjenigen, die diesen Entschluß ausführten, kamen mehrere in den Fluthen, andere durch Kugeln der Feinde um; den Meisten gelang es jedoch, das jenseitige Ufer ungefährdet zu erreichen. Ich war so glücklich, zu diesen Letzteren zu gehören, und obgleich des Schwimmens unkundig, vermochte ich, indem ich von einem zu dem andern der im Flusse stehenden Pfähle zu gelangen suchte, wohlbehalten die andere Stromseite zu gewinnen.“

Die Nassauer und Badenser hatten nicht ganz so schwer gelitten,

wie die Frankfurter*), aber auch für sie war dies für den großen Gang
der Ereignisse ganz resultatlose Gefecht blutig genug gewesen. Auch ihre
Gefechtsberichte durchzieht noch eine siegesfreudige Begeisterung, die
Nachdenken und Erstaunen erregen muß. Es scheint, als hätten die
deutschen Krieger, seit lange eigenen politischen Denkens entwöhnt, das
Schlagen als Selbstzweck und nicht mehr als Mittel zu betrachten gelernt. Nach dem Elend des Guerrillakrieges, nach der Misère von
Vittoria war das schneidige Treffen immerhin für ein wackeres Sol-
datenherz erfreulich — die Gegenwart, das reiche Lob berühmter französischer Führer wirkte noch immer anfeuernd, wenn auch vielleicht nicht
mehr in dem Grade berauschend wie ehedem — endlich aber finden wir
wieder den alten militärischen Erfahrungssatz bestätigt, daß der Soldat
den ingrimmig hassen lernt, der ihm lange Zeit fechtend gegenüber steht,
daß dabei die sogenannte „gute Sache" auch nicht den geringsten Einfluß
hat, weil Jeder meint, dieselbe zu vertreten. Die Deutschen hatten so
oft mit den Spaniern gerauft, daß sie zuletzt ein besonderes Vorrecht zu
haben meinten, sie als ihre Todfeinde zu betrachten.

Nach diesem Treffen und dem Lob, das die französischen Generale
den deutschen Schaaren hatten spenden müssen, wäre es für Soult wohl
gerathener gewesen, diesen ein großherziges und ehrendes Vertrauen zu
schenken. Statt dessen wurden die Deutschen mit wachsendem Unmuthe
inne, daß man sie öffentlich zwar mit weit größerer Courtoisie behandelte, als sie es bisher gewohnt waren, dafür aber auch mit einem
immer auffälliger werdenden Mißtrauen beobachtete.

Selbst unmittelbar nach dem Gefecht wurde ihnen nicht gestattet,
ihre eigenen Vorposten auszusetzen, und unablässig umkreisten ihre Bataillone französische Adjutanten, die sich auffälliger Weise in jedes
Gespräch mischten, das die Offiziere halblaut und abseits ihrer Leute
führten.

Zwei Stunden nach dem Ueberschreiten der Bidassoa standen die
Truppen durchnäßt bis auf die Haut auf den Plätzen, wo sie des Morgens sich versammelt hatten. Die Armee hatte 4000 Mann verloren —
höhnend schien das Denkmal des heiligen Marcial die Franzosen zu
grüßen, das auf dem Bergrücken, wo die Schlacht hauptsächlich getobt
hatte, zur Erinnerung eines Sieges erbaut war, den Karl V. über

---

*) Es muß hierbei bemerkt werden, daß die Verlusttabellen der deutschen Truppen,
welche Costa de Serba wiedergiebt, für diese letzten Kämpfe durchaus unzu-
treffend sind.

Franz von Valois im Jahre 1522 erfochten. Es war der letzte Kampf, den seither französische Truppen auf spanischem Boden geschlagen.

Am 2. September kehrte die Armee in die alten Lager, die Deutschen in die Biwaks bei Ascain und Serres zurück. Am 8. September hörte sie die wüthende Kanonade, die dem Sturm der Engländer auf die Citadelle von S. Sebastian vorausging — als um Mittag Alles still ward, mußte ein Jeder, daß das Schicksal der tapfer vertheidigten Feste entschieden sein mußte. Der Monat September verfloß in einer fast beängstigenden Ruhe. Die beiden feindlichen Armeen übten sich in den Waffen und exerzirten so nahe aneinander, daß die Kritik der Bewegungen bei den gegnerischen Offizieren wachgerufen wurde.

So ungewohnt dieses Verhältniß anfänglich auch erscheinen mochte, so rasch gewöhnten sich die Truppen daran. Wenn schon im gewöhnlichen Leben die Gewohnheit „die Amme" des Menschen genannt wird, so verdient sie diese Bezeichnung noch mehr im Kriege. Schon nach dem Verlauf einer Woche waren die Soldaten und selbst die Vorposten so sorglos, als wäre der Janustempel für ewige Zeiten geschlossen worden. Um der Langeweile zu entgehen, versuchten die deutschen Soldaten, ihr Lager nach Kräften zu schmücken. Major Krieg erzählt:

„Die Hütten stunden in wohlgeordneten Reihen und so bequem als möglich eingerichtet im Lager der Deutschen; die Offiziere bauten sich kleine Häuser und unser Lager zeichnete sich durch seine Reinlichkeit vor jenen unserer Nachbarn, der Franzosen, Italiener und Spanier, vortheilhaft aus. Neben uns stand das französische Lager, welches in Hinsicht seines reinlichen Aussehens und seiner Ordnung dem unsrigen weit nachstund. Dann folgte das italienische und endlich das spanische, welch letztere durch die elende Bauart ihrer Hütten kennbar waren. Bei Nacht konnte man den Unterschied zwischen den verschiedenen Nationen, die dieses Lager bildeten, beobachten. Im deutschen Lager war es still und ruhig; nur Schildwachen und Patrouillen hörte man. Dagegen im französischen, italienischen und spanischen Lager nahm das Geplauder, der Lärm vor Mitternacht kein Ende, besonders bei den Italienern, wo Gesang und Geschrei ganze Nächte hindurch fortdauerten."

Die eingetretene Nachlässigkeit im Sicherheitsdienst auf französischer Seite benutzte Wellington am 8. Oktober insofern sehr geschickt, als er seine exerzirenden Bataillone plötzlich im Ernst gegen die französische Position bei Croix de Bouquet vorführte. Dieselbe bildete den Schlüsselpunkt der Stellung an der Bidassoa; die Besatzung wurde vollständig überrascht, lief ohne Waffen und halbnackt davon. Die Engländer schlugen, nachdem sie einmal auf dem rechten Ufer des Flusses Fuß gefaßt, in der Eile eine Anzahl Brücken und waren bald mit einer solchen Uebermacht aufmarschirt, daß Soult, der in allen Lagern schleunigst Generalmarsch schlagen und alle Truppen vorrücken ließ, die Stellung an der Bidassoa verloren fand. Er verzichtete auf einen Kampf und zog sich hinter die Nivelle, ein Parallelflüßchen der letzteren, zurück. Die nackten Hügel, die den kleinen Bergbach begleiten, wurden schnell mit Schanzen gekrönt; die nervigen Fäuste der Deutschen lernten hier zur Genüge Schaufel und Spitzhacke schwingen. Nach dem kühnen Handstreich verfiel Wellington wieder in seine starre Ruhe, die zu reichlicheren Konjekturen Anlaß gab, als es die fieberhafteste Thätigkeit vermocht hätte. Soult glaubte durch feurige Proklamationen den offenbar wieder tief gesunkenen Muth seiner Truppen heben zu müssen und zu können. Er erinnerte daran, daß jetzt der Feind auf dem geheiligten Boden Frankreichs stände und daß es Pflicht sei, ihn mit Kolbenstößen davon zu verjagen. Um den Begriff der Landesvertheidigung drastisch zu illustriren, waren auch einige Bataillone Nationalgarden des Landes, des Pyrénées, der Armee einverleibt worden. Aber diese Bürger und Bauern, die man ihrem friedlichen Berufe entrissen, brachten eher den Geist der kritisirenden Unzufriedenheit mit sich, als den des aufopfernden Patriotismus. Von der levée en masse, die man nach dem Muster von 1793 gegen die Invasion in Scene zu setzen versuchte, war vollends nichts zu spüren — desgleichen verhielten sich die Versuche der französischen Basken, die Thätigkeit der Guerrillas nachzuahmen, zu den Leistungen ihrer stammverwandten Muster, wie der weiche Griff einer Kinderhand zu dem quetschenden Druck einer Männerfaust.

In der neuen Stellung, deren Centralpunkt St. Jean de Luz war, glaubte Soult die deutschen Truppen wieder in erster Linie verwenden zu müssen, um seinen national-französischen Bataillonen vermehrte Ruhe geben zu können. Das Korps Vilatte bildete den äußersten linken Flügel der etwa fünf französische Lieues ausgedehnten Aufstellung. Die deutsche Brigade besetzte die äußersten Vorposten nach Sarre zu, wo die hannöversche Division unter Kommando des Generals von Alten stand.*) Oberst von Kruse hatte dort die ausgedehnten Schanzarbeiten zu leiten und hatte sich, um diesen möglichst nahe zu sein, in einem Bauernhause bei den äußersten Vorposten einquartiert. Ein englischer Offizier, der als Parlamentär die letzteren passirte, theilte dem General v. Alten mit,

---

*) Diese Truppe hatte offiziell den Namen der „englisch-deutschen Legion".

daß Oberst Kruse ihn gesprochen. Es stellte sich nun heraus, daß Jener Kruses Bataillonskommandeur gewesen war, und mehrere ehemalige Kameraden des Obersten begingen die Unvorsichtigkeit, ihn wiedersehen und sprechen zu wollen. Dies veranlaßte den Marschall Soult, der von diesem Ansinnen gehörte hatte, die deutsche Brigade sofort von ihrer vorgeschobenen Stellung abzuberufen und sie in seiner unmittelbaren Umgebung zu halten. Sie bildete fortan mit der italienischen Brigade, den Resten der spanischen Garden und 1000 Gendarmen zu Fuß eine Reserve, die stets im Hauptquartier blieb.

Der Marschall empfing die deutschen Offiziere, die ihm nach ihrem Einzug in St. Jean de Luz ihre Aufwartung machten, mit zu großer Aufmerksamkeit, als daß diese nicht hätte auffallen sollen. Er suchte ihnen den gerechten Verdruß über das gezeigte Mißtrauen dadurch zu versüßen, daß er ihnen sagte, er habe die Veteranen der Armee comme une colonne sacrée um sich versammeln wollen. Dabei entfuhr ihm aber, als ein nassauischer Offizier von Wiesbaden noch beim Regiment anlangte, der Ausruf: „Dieser Herr kommt zu spät."

Wieder begann eine Periode trügerischer Ruhe, wie sie in der Heerführung Wellingtons so charakteristisch ruckweise mit den Zeiten abwechselt, wo alle Kräfte zu verdoppelter Anstrengung eingesetzt werden. Unsere Deutschen hatten Muße, im Hauptquartier St. Jean de Luz die kunstvollen Manöver der englischen Fregatten sich anzusehen, die elegant wie Schwäne, aber gierig wie die Haifische vor der Außenrhede kreuzten. Als einst eine französische Fregatte sich hinaus wagte, war sie im Nu umringt und zerschossen — der Kapitän steckte das Schiff in Brand und rettete sich mit seinen Matrosen in den Booten. Das Fahrzeug flog bald mit Donnerkrachen in die Luft und bot dabei einen so schönen Anblick, daß die zahlreichen Zuschauer am Ufer in Ausrufe des Entzückens ausbrachen. Interessanter als Alles, was der Krieg an der spanischen Grenze bieten konnte, war indeß die Botschaft, die der nassauische Major v. Preen am 4. November Abends 10 Uhr seinen deutschen Kameraden in das Lager brachte. Er war der erste Träger der Kunde von der Schlacht bei Leipzig, hatte sie selbst mitgeschlagen und war Zeuge der unermeßlichen Niederlage Napoleons gewesen. In dichten Haufen umstanden die deutschen Offiziere den erzählenden Kameraden, wie die phantasiereichen, kindlichen Orientalen einen ihrer Märchenerzähler. Verwundert vernahm man, daß der große Kaiser selbst mit einer noch immer nach Hunderttausenden zählenden Armee in freiem Feld geschlagen sei und sogar über den Rhein werde flüchten müssen.

Man hörte von Bayerns Abfall und Wredes raschem Zug gegen den Main — man wußte nicht, was zu dem Allen sagen. Zuerst ertönten laute Verwünschungen über die Treulosigkeit der Bayern, und Dalberg wurde gepriesen, weil er ausgerufen haben sollte:

Victrix causa diis placuit, sed victa Catoni.

Dem Sieger waren die Götter hold, Cato dem Unterlegenen.

Diese Stimmung hielt aber nicht lange vor. Preen hatte ganze Bündel deutscher Zeitungen mitgebracht, die nicht mehr in der servilen Sprechweise Lügen stammelten, wie seit einem Decennium, sondern die in unermeßlichem Jubel, aufathmend wie nach der Befreiung von einer erdrückenden Last, den deutschen Völkerfrühling schilderten. Da waren die Lieder Arndts, Körners und aller der nationalen Sänger zu lesen, denen die große Zeit die Leier in die Hand gedrückt hatte. — Die englischen Zeitungen, die bisher den Deutschen ab und zu von den Ereignissen der großen Welt gesprochen hatten, waren in ihrem steif-leinenen Tone, in ihrer nüchternen Kälte nicht im Stande gewesen, das nationale Gefühl bei den Deutschen zu wecken. Aber jetzt! Diese Melodie klang ganz anders. Wie einem geraubten Kinde die Sanges-weise, die an seine Wiege geklungen, plötzlich wieder in den Sinn kommt und es mit geheimnißvollem Schauer erfaßt, so keimte in den deutschen Herzen wunderbar aus dem Nichts, aus der anscheinenden kalten, ausgebrannten Oede ihres Innern die Liebe zu einem deutschen Vaterlande fast über Nacht hervor. Und dieses Gefühl, das dem Ein-zelnen kaum zum Bewußtsein kam, gewann an Stärke und wuchs, als fänden seine Wurzeln einen lange vorbereiteten, wohl gedüngten Boden. Keiner wagte das anfänglich dem Anderen zu gestehen, aber der erste aufrichtige Gedankenaustausch, der die Gemeinsamkeit der politischen Anschauung an den Tag brachte, wurde mit stillem Jubel begrüßt — man fühlte jetzt erst, daß man die letzten Jahre einem ungeheuren Selbstbetruge zum Opfer gefallen, die Idee der Sklaverei so in Fleisch und Blut eingedrungen war, daß, so ungeheuerlich das klingen mochte, Niemand mehr die Fesseln sah und fühlte, die ihn umschlangen. Mit diesem erwachenden Bewußtsein waren aber die deutschen Krieger vor einen quälenden Zweifel, einen tragischen Konflikt gestellt. Sollten sie dem gemeinsamen Vaterlande jetzt als Feinde gegenüber stehen bleiben — jetzt, wo offenbar die einzige Gelegenheit sich bot, der fränkischen Suprematie ledig zu werden, oder sollten sie die Reihen der Feinde Napoleons verstärken, wie die Sachsen dies in offener Feldschlacht gethan hatten? Die tief dem deutschen Herzen innewohnende Treue sträubte sich gegen solch Beginnen. Die Loyalität gegen den Landesherrn erheischte, seine Politik nicht vorzeitig zu beeinflussen durch solch eigenmächtige That — die Meinungen klärten sich dahin, treu und brav unter dem französischen Adler so lange kämpfen zu wollen, bis der Ruf der deutschen Fürsten, ihrer engeren Landesherren, sie von der Seite ihrer bisherigen Waffenbrüder abriefe; Niemand solle aber von ihnen verlangen dürfen, gleich gegen diese selbst die Waffen zu ergreifen, denn, so unwahrscheinlich es klingen mag, die deutschen Opfer einer egoistischen fränkischen Politik hatten ihre Kriegsgenossen schätzen und in gewissem Sinne lieben gelernt. Hier finden wir einen auffallenden Unterschied der Gefühle mit denen, die in Norddeutschland alle Herzen beseelten. Dort der zehrende Haß, die zum Himmel auflodernde Begeisterung — hier ein ruhiges Besinnen, das nur zögernde sich Losreißen von bisher fesselnden Banden.

Für die Frankfurter kam eine neue inhaltschwere Kunde in den ersten Tagen des November. Der Großherzog war geflohen, die Verbündeten hatten sein Land in Besitz genommen und alle seine Kräfte gegen den Kaiser aufgeboten. Wem sollten sie nun dienen, wem ihre Kräfte weihen, da der Großherzog es verschmäht hatte, sie ihres Eides zu entbinden.

Die Herzöge von Nassau hatten ein Gefühl für diesen vorauszusehenden Konflikt der Waffenehre und des aufkeimenden deutschen Patriotismus gehabt und sie hatten ihn für ihre Truppen zu beseitigen versucht. Major v. Preen hatte einen geheimen Auftrag an Oberst v. Kruse erhalten, „das Regiment solle eine schickliche Gelegenheit benutzen, um zu den Engländern überzugehen. Indessen solle dies nicht eher geschehen, bis der Oberst durch gewisse Stichworte in sonst gleichgültigen Briefen das Signal hierzu erhalten haben würde".

Da Major Preen in sechs Tagen von Biebrich nach St. Jean de Luz gereist war, die erste Nachricht von der Schlacht bei Leipzig dem Marschall Soult überbracht hatte und in fortwährenden, heimlich flüsternden Gesprächen mit den deutschen Offizieren gesehen wurde, so stieg der Verdacht der Franzosen aufs Höchste. Oberst Kruse bemühte sich, ihn einzuschläfern; bei der ersten passenden Gelegenheit hielt er eine feurige Rede, die das Regiment zur Treue gegen den Souverän, zum Festhalten an beschworene Pflicht ermahnte. Tausende von Franzosen waren neugierige Zuhörer; — die den Wortlaut verstanden hatten, fühlten ihr Mißtrauen schwinden. So nahte der 10. November, der die Deutschen noch für französische Ehre ihr Blut vergießen sehen sollte.

Wellington griff an diesem Tage auf der ganzen Linie die Stellung Soults an. Lange wußte dieser nicht, wohin sein Gegner seinen Hauptangriff richten würde — endlich wurde es klar, daß Wellington diesmal das feindliche Centrum zu durchstoßen versuche. Im Sturm nahmen seine Kolonnen die Redouten von Serres und Annoa, freilich nachdem wiederum viel Blut geflossen — aber wo wäre das in diesem Feldzug sparsam vergossen worden. Von dort gingen die englischen Bataillone nach dem kleinen Städtchen St. Pé vor, überschritten dort die Nivelle und versuchten den rechten französischen Flügel von Bayonne abzudrängen. Grollend mußte Soult abermals weichen und neben Bayonne selbst die dritte Vertheidigungsposition beziehen, die er auf französischem Boden zu suchen gezwungen worden war. Lange hatte der Marschall neben den Deutschen gehalten — argwöhnische Blicke wechselten mit höflichen Redensarten. Als der Befehl zum Ueberschreiten der Nivelle kam, waren die Engländer den Deutschen auch auf dem Halse. Es gab einen kurzen Kampf an den Brücken — hier sanken die letzten deutschen Leichen in die brausende Fluth. In dunkler Nacht ging der Marsch nach Bayonne — der Regen goß in Strömen; im Biwak angekommen, langte die Nachricht an, daß in der Stadt kein Platz sei, die Truppen unterzubringen. Drei Tage und drei Nächte blieben diese der ärgsten Unbill des Wetters ausgesetzt — dann bezogen sie ein trauriges Lager in engen, in der Eile aufgeschlagenen Bretterhütten. In Bayonne herrschte wildes, wüstes Leben. Die fetten Bürger aber, die durch die fortwährenden Durchzüge der Armeen reich geworden waren, bewiesen sich hartherzig und grausam gegen Verwundete und Kranke. Ungehört verhallte deren Wimmern vor den festverschlossenen Häusern — selbst der kahle Hausflur blieb den Unglücklichen als Obdach verweigert.*)

Gegen Ende November erhielt Oberst Kruse das verabredete Zeichen, daß es nun an der Zeit sei, die nassauischen Truppen zu den Verbündeten überzuführen. Das Unternehmen war schwer auszuführen. Das Baracenlager der deutschen Bataillone lag auf dem Glacis von Bayonne, der Wohnung des französischen Generals Vilatte unmittelbar gegenüber. Nie hatten die Deutschen Gelegenheit, sich allein der Vorpostenlinie zu nähern — ihre Kräfte wurden jetzt für Schanzarbeiten in Anspruch genommen. Dennoch beschloß Kruse, in einer dunklen Nacht den

---

*) Der Kontrast gegen die Mildthätigkeit Frankfurts 1813 ist auffallend — um so ehrender aber für die letztere Stadt, als sie, arm und ausgesogen, die Feinde mit der Barmherzigkeit des Samariters gepflegt hat.

Abmarsch zu wagen. Dazu war indeß nothwendig, sich mit den Führern der Badenser und Frankfurter ins Einvernehmen zu setzen. Der Erstere gelobte Verschwiegenheit, behauptete aber, bei den Franzosen ausharren zu müssen, da ihm von seinem Souverän keine Aufforderung zu einem Uebergange zugekommen sei.

Der Kommandeur der Frankfurter, Kapitän Damboer, sagte hingegen seine Bereitwilligkeit, dem Oberst Kruse zu folgen, nach peinlichem Nachdenken zu, da seine jetzigen Souveräne Oesterreich und Deutschland seien, und alle alten frankfurtischen Lande sich rüsteten, gegen Napoleon zu fechten. Die ältesten Offiziere der genannten Bataillone wurden in gleicher Weise von dem Vorhaben in Kenntniß gesetzt — Weg und Steg wurden nun genau rekognoszirt — endlich beschloß, sich nöthigenfalls mit dem Bajonett durchzuschlagen. Dunkle Nächte mußten aber dazu erwartet werden; so kam der 10. Dezember heran, der das Vorhaben in anderer Weise, als beabsichtigt, zur Ausführung kommen lassen sollte.

Bereits am Tage vorher hatte Wellington in ähnlicher Weise wie einen Monat zuvor die französische Stellung angegriffen und die Vorposten zurückgedrückt. Soult beschloß, für den 10. eine energische Offensive zu ergreifen, und zog daher noch in der Nacht die gesammte Armee auf das linke Ufer des Adour.

Am 10., gegen 8 Uhr Morgens, wurde auch das Korps Vilatte in die Schlachtlinie vorgeholt und stand lange Stunden hinter der mit äußerster Anstrengung kämpfenden französischen 1. Division. Als Abends gegen 8 Uhr diese, erschöpft und zerschossen, nicht mehr im Stande war, sich gegen die Engländer zu behaupten, wurden die Deutschen ihr zu Hülfe gesandt. — General Vilatte, der besonders ihnen mißtraute, war verwundet worden — in seiner Gegenwart würde Oberst Kruse wohl schwerlich ohne Kampf sein Vorhaben haben ausführen können, das nun ohne Blutvergießen glücken zu sollen schien.

Die Deutschen, die sich in eine Lücke der französischen Schlachtordnung geklemmt hatten, hielten auf Befehl Kruses das Feuer der ihnen gegenüberstehenden braunschweigischen Tirailleurs aus, ohne es zu erwidern. Verwundert stellten auch diese ihr Schießen ein, als sie die ihnen wohlbekannten Stammesverwandten Gewehr bei Fuß stehen sahen. Diese wunderliche Pause im Gefecht wurde nicht bemerkt, da mit der eingebrochenen Dunkelheit das Feuer auf der ganzen Schlachtlinie allmälig erstarb. Ein nassauischer Unteroffizier mußte sich nun zu dem Feinde hinüberschleichen und den bevorstehenden Uebergang von drei deutschen Bataillonen anmelden. — Inzwischen traf der Befehl Soults ein, nach Bayonne zurück zu marschiren — der entscheidende Augenblick war da. Während das Bataillon Baden sich rückwärts wandte, kletterten die Nassauer und Frankfurter einzeln eine kleine, enge Schlucht hinab, die geradewegs zur englischen Stellung führte. Der Anfrage des zufällig herankommenden französischen Chefs des Generalstabes begegnete Kruse mit der Antwort, die Schlucht beschreibe einen Bogen, er habe sie betreten, um in zwei Kolonnen rascher das Feld zu räumen, als wenn er dem Bataillon Baden auf einer Straße gefolgt wäre. Der Franzose glaubte dieser Angabe und entfernte sich arglos. Plötzlich schien ein unvorhergesehenes Ereigniß doch einen Kampf herbeiführen zu wollen. Das 34. französische Regiment erschien von der linken Flanke her, und dessen Führer gab vor, Befehl erhalten zu haben, sich dem Regiment Nassau anzuschließen. Oberst Kruse versuchte, diesen zu überreden, einen andern Weg einzuschlagen, da das enge Defilee ihn lange aufhalten werde. Der Franzose wollte nichts davon hören und wetterte und fluchte; als aber in der That die noch zurückgebliebenen Kompagnien des Regiments Nassau nur ganz langsam und zu Einem sich in die Schlucht verloren, überkam ihn eine plötzliche Ungeduld, und er marschirte die große Straße — dem Bataillon Baden nach.*) Jetzt stand dem Uebergange nichts mehr im Wege. Unser mehrfach erwähnter Frankfurter Anonymus schreibt:

„Die Offiziere unseres Bataillons hatten auch nicht die entfernteste Ahnung, daß wir in wenigen Minuten denjenigen als Freunde zur Seite stehen würden, die wir noch an demselben Tage als unsere Gegner bekämpft hatten. Wir glaubten Alle, es sei auf einen Ueberfall der feindlichen Stellung abgesehen, und unser Erstaunen wuchs mit jedem Schritte, der uns den englischen Vorposten, die, ohne einen Schuß zu thun, unserem Anmarsch ruhig zusahen, näher brachte. Erst als wir uns inmitten eines englischen Lagers und von einer Menge von Offizieren und Soldaten umgeben sahen, die uns freudig begrüßten und die Hände schüttelten, hörte unsere Ungewißheit auf. Wir erfuhren nun durch eine Ansprache unseres Kommandeurs, Kapitän Damboers, daß er zwar ohne höheren Befehl und auf seine eigene Verantwortung, jedoch in der festen Ueberzeugung gehandelt habe, bei Jedem von uns die Billigung seines Schrittes zu finden, der sich auf die in Deutschland stattgefundene allgemeine Erhebung gründe und zum Zweck habe, uns

---

*) Nach Major Krieg hätten die Franzosen die Absicht der Deutschen gemerkt, sie aber entweder nicht hindern können oder wollen. Diese Annahme erscheint unwahrscheinlich.

auf das Baldigste dem Vaterlande zurückzugeben, um demselben in einer besseren Sache, als der bisher vertheidigten, nützlich werden zu können. Der laute Jubel, mit welchem diese Mittheilung, die eine so unerwartete Wendung unserer Lage verkündete, aufgenommen wurde, läßt sich schwer beschreiben. Es war gewiß Keiner unter uns, der sich trotz der großen Ermüdung während dieser Nacht der Ruhe hingegeben hätte, denn Alle beschäftigte der Gedanke an die ferne, so lange entbehrte Heimath, an das endliche Wiedersehen der Angehörigen und Freunde."

Als Soult nach der Schlacht in sein Hauptquartier Bayonne zurückkehrte, fand er durch ein merkwürdiges Zusammentreffen der Verhältnisse um einige Stunden zu spät die Depesche des Kriegsministers vor, wonach auf Befehl des Kaisers alle deutschen Truppen sofort zu entwaffnen und als Kriegsgefangene zu behandeln seien. Napoleon hatte die harte Maßregel mit den Worten erklärt: „Ce seront des fusils. en plus et des ennemis en moins."

Einen interessanten Beleg, wie auf französischer Seite der theilweise Uebergang der Deutschen aufgefaßt wurde, bildet folgender Bericht des Marschall Soult:

„Hier au soir, en quittant l'attaque de droite sur le plateau de Barouillet, je donnai l'ordre à M. le lieutenant général Gazan, chef de l'état major général, de faire partir, à la nuit tombante, la division de réserve, de laquelle la brigade allemande faisait partie, pour aller bivouaquer sur les hauteurs de Plaisance, et, ce matin, avant d'être instruit de ce qui était survenu, j'avais ordonné que cette division rentrât dans le camp retranché pour y continuer les travaux. Cette dernière disposition avait aussi pour but d'assurer l'exécution de l'ordre de votre Excellence,*) que j'avais reçu entre dix et onze heures du soir; mais les déserteurs ennemis, arrivés ce matin, m'ont appris, que le régiment de Nassau et le bataillon de Francfort venaient de se rendre aux ennemis. J'ai de suite envoyé ordre que l'on désarmât ce qui restait de cette troupe, ainsi que le bataillon et l'artillerie de Baden, ce qui a été exécuté. Voici comment cet événement m'a été rapporté: la division de réserve avait marché pendant une heure pour se rendre à la position, que j'avais indiquée, lorsque le colonel de Kruze, qui commandait la bri-

---

*) Berthier.

gado allemande, s'est arrêté; le 34ᵉ d'infanterie légère suivait
le mouvement; le major de ce corps a été lui dire que la troupe
se fatiguait inutilement et qu'il l'engageait à serrer sur la tête
de colonne.*) M. le Kruze lui a répondu que le chemin était
très mauvais; mais qu'il allait en prendre un autre pour dégager
la marche; effectivement, il s'est mis sur le côté et le 34ᵉ a
suivi dans la direction de la colonne; mais M. de Kruze, pro-
fitant de l'obscurité, a fait volte-face et a conduit son régiment
et le bataillon de Francfort aux ennemis, en passant par le
même chemin qu'il avait tenu en revenant du champ de bataille
et évitant les postes qui étaient sur la ligne. Les officiers de
Baden assurent, qu'il ne leur a rien été dit et qu'ils n'avaient
pas le moindre soupçon de cette trahison."

Als schnöde Verrätherei wurde den deutschen Truppen also der
Gehorsam gegen die Befehle ihrer Territorialfürsten ausgelegt. Die
Franzosen konnten von ihrem Standpunkt aus den Uebergang der Sachsen
und Württemberger bei Leipzig so nennen, mit größerem Rechte noch die
Konvention Yorks in Tauroggen — die Handlungsweise des Obersten
Kruse, der durch einen Parlamentär dem Marschall Soult sogleich die
Gründe seines Verhaltens melden ließ, darf nicht als Verbrechen gekennzeichnet werden. Wenig edel benahm sich der französische Heerführer,
indem er die Auslieferung der Bagage der deutschen Offiziere verwei-
gerte, undankbar und brutal aber durch die Art und Weise, wie er das
treugebliebene Bataillon Baden entwaffnen ließ. Als dieses arglos in
sein Lager gerückt war, sah es sich plötzlich von drei französischen In-
fanterie-Regimentern umstellt; auf der vierten freigebliebenen Seite drohte
eine Batterie mit Kartätschlagen; Kanoniere mit brennenden Lunten
standen an den Geschützen. General Vilatte, obwohl blessirt, ließ es
sich nicht nehmen, mit einigen Trostgründen an die betroffenen deutschen
Krieger das ungeheuerliche Ansinnen zu stellen, die Waffen zu strecken
und der Armee sich als Kriegsgefangene zu ergeben, inmitten deren sie
gestern noch treu gekämpft. Die gemeinen Soldaten verstanden erst gar
nicht, was man von ihnen wollte. Als der Sinn der Aufforderung
ihnen aber klar wurde, überkam sie ein gerechter Zorn und ein wilder
Schmerz. Heulend vor Wuth zerbrachen die Wackeren ihre Gewehre,
die so oft für französische „gloire" in heißem Kampf geblitzt hatten;
die Trümmer warfen sie ihren Häschern mit Verwünschungen vor die

---

*) D. h. dem abmarschirenden Bataillon Baden „aufzuschließen."

Füße. Die französischen Generale und Soldaten sahen düster drein; ihnen mochte nicht wohl sein bei der Ausübung des harten Befehls. Bis zum 14. Dezember verblieben die Badener und die kleinen zurückgebliebenen Depots der Nassauer und Frankfurter im Staatsgefängniß zu Bayonne. Sie wurden hart und grausam behandelt — dann wurden sie wie eine Heerde Sklaven, theilweise sogar gefesselt, in das Innere Frankreichs transportirt und genossen erst in Mortagne eine würdigere Behandlung.

Das war der Lohn Frankreichs für die Hekatomben von Kriegern, die Deutschland seinem Ruhm geopfert hatte. Wer aus der Geschichte zu lernen versteht, möge diese Lehre beherzigenswerth finden.

Wir müssen dem französischen Schriftsteller Costa de Serda, dem Einzigen, der die Thaten der Deutschen in Spanien einer freundlichen historischen Untersuchung gewürdigt hat, das Lob einer vorurtheilslosen Kritik spenden. Im Jahre 1874 schreibt er über den Uebergang der Deutschen:

„Quel jugement l'histoire portera-t-elle sur l'événement qui clôt ce récit? Sera-t-il qualifié trahison, comme n'hésite pas à le faire le maréchal Soult, ou n'y verra-t-on qu'une légitime manifestation du sentiment patriotique et lui appliquera-t-on ce que l'illustre historien du consulat et de l'Empire écrivait au sujet d'un fait analogue, la défection du corps prussien d'York en décembre 1812. „Pour moi, qui écris ces tristes récits, je suis Français et, je l'ose dire, Français profondément attaché à la grandeur de mon pays; et cependant je ne puis au nom même des sentiments que j'éprouve, exprimer un blâme pour ces patriotes allemands, qui, servant à contre coeur une cause qu'ils sentaient n'être pas la leur, revenaient à la cause qu'ils croyaient être celle de leur patrie." Que chacun apprécie et juge.*)

Wir stehen so gut wie am Ende des Berichts über die Thaten der uns lieb gewordenen deutschen Krieger in Spanien. Wir enthalten uns am Schluß dieses Theils unserer Darstellung aller Reflexionen, gerade

---

*) Was soll man aber von folgendem Zusatz denken:

„Sur quels champs de bataille de l'avenir verrons-nous encore ces contingents de l'Allemagne méridionale, qui, par sa position géographique, semble fatalement vouée à être entraînée tour à tour dans la sphère d'action des puissances voisines?"

weil sie in fast erbrückender Fülle uns bestürmen. Wir lassen nur noch einige Ziffern reden. Die Nassauer verloren von 1808—14 im Ganzen 4081 Mann an Todten, nämlich vom 1. Regiment 2702, vom zweiten 1282, von den Chasseuren 97. Das Regiment Baden hatte bis 1811 bereits einen Verlust von 1764, am Schlusse des Jahres 1813 einen solchen von fast 3000 Mann. Die Frankfurter hatten mit den verschiedenen Renforts 1368 Mann nach Spanien entsandt; höchstens 100 Mann waren als Kadres mit Major Vogt in die Heimath zurückgekehrt, das Bataillon, das zu den Engländern überging, war kaum 300 Mann stark. Wie viele mögen verwundet in die Heimath und aus der Gefangenschaft zurückgekehrt sein? Die sorgfältigsten Forschungen haben uns darüber keinen Aufschluß gegeben. Aber nehmen wir die Zahl dieser Geretteten hoch, sehr hoch auf 200 an, so ergiebt sich immer noch die erschreckende Verlustziffer von gegen 800 Mann. Kein Denkmal, kaum eine dunkle Kunde hat bisher von den Thaten dieser Braven gesprochen. Mögen diese Blätter ihnen ein bescheidenes Monument sein, so schlicht wie das Holzkreuz, das einst über ihren Grabhügeln sich erhob. —

Die deutschen Bataillone wurden, als sie durch das englische Lager zogen, mit Begeisterung begrüßt und auf das Herzlichste bewillkommnet. Viele früher in Gefangenschaft gerathene Soldaten hatten in der englischdeutschen Legion Dienste genommen und feierten nun ein freudiges, unvermuthetes Wiedersehen mit ihren Kameraden. Gegen seine Gewohnheit legte selbst Wellington eine außerordentliche Freundlichkeit gegen die neuen Ankömmlinge an den Tag. Vor ihrem Einzuge in St. Jean de Luz ritt er ihnen mit einer zahlreichen Suite entgegen und ehrte den Obersten Kruse durch einen herzhaften Handschlag. Da die Deutschen nicht gegen ihre bisherigen Waffenbrüder kämpfen wollten, so wurden sie bereits am 14. Dezember in Passages, einem bei St. Jean de Luz gelegenen kleinen Hafen, auf einigen Transportschiffen eingeladen, um die Ueberfahrt vorläufig nach England anzutreten.

Ein fürchterlicher Sturm schüttelte die Unglücklichen, die mit gemischten Gefühlen die spanische Küste in dem Abenddämmer hatten verschwinden sehen, auf das Aergste und zerstreute die kleine Flottille weithin. Nach zwanzigtägigem schweren Kampf mit Wind und Wellen kamen die Schiffe einzeln nach Plymouth. Eines davon, der „Arthur", legte im Hafen neben einem Gefängnißschiffe an — lautes Freudengeschrei ertönte von dem dortigen Bord, als die Retraite geblasen wurde. Es waren Kriegsgefangene aus dem spanischen Feldzuge, darunter so manche Nassauer,

Hessen, Badenser und Frankfurter — leider blieben die Schritte zu ihrer Freilassung erfolglos. Die englische Regierung entließ sie erst nach dem Frieden. Gegen die Mannschaften und Offiziere der kleinen eingelaufenen Flottille erwies sie sich jedoch insofern freigebig, als jeder Offizier zu seiner Equipirung 40 Pfund Sterling erhielt und allen ein fünfmonatlicher Sold ausgezahlt wurde. Unsere sämmtlichen Quellen sprechen es aus, daß das friedliche und großartige kommerzielle Treiben in der englischen Hafenstadt auf die Deutschen, die so lange nur Bilder des Krieges, der Zerstörung und Veröbung gesehen hatten, einen geradezu berauschenden, sinnverwirrenden Eindruck machte. Jeden Einzelnen aber drängte die Sehnsucht, wieder deutschen Boden zu betreten. Mit Freude wurde daher der Befehl begrüßt, sich am 28. Januar einzuschiffen, um vorläufig nach Holland transportirt zu werden. Die Ueberfahrt schien kurz und ungefährlich, und doch welch schweres Unheil sollte noch die schon so schwer geprüften deutschen Krieger treffen.

Wir folgen zunächst der Relation unseres Frankfurter Anonymus, welchen das Glück auf eines der Fahrzeuge geführt hatte, welche dem Untergange entrannen:

„Am Morgen nach unserer Abfahrt war das Schiff von einem dichten Nebel mit Schneegestöber eingehüllt, in Folge dessen es der Kapitän für nöthig hielt, so lange vom Lande entfernt und auf der hohen See zu bleiben, bis sich das Wetter aufgeklärt haben würde. Erst gegen Mittag des anderen Tages hatte sich der Nebel so weit verzogen, um der holländischen Küste zusteuern zu können, die in dunklen Umrissen vor uns lag. Wir waren Alle in der frohen Erwartung, nun bald das Land betreten zu können, auf dem Verdeck versammelt, als wir in geringer Entfernung von uns ein Schiff, auf welchem sich nassauische Truppen befanden, erblickten. Beim Näherkommen riefen wir es an und wünschten uns gegenseitig Glück, das Ziel der Reise nun bald erreicht zu haben. Der Kapitän unseres Schiffes, welcher den Lauf des anderen Fahrzeuges einige Zeit beobachtet hatte, äußerte sich gegen einige neben ihm stehende Offiziere, er fürchte, dasselbe segele in einem gefährlichen Fahrwasser. Leider war diese Besorgniß nur zu begründet, denn die Unglücklichen, die wir in der freudigen Erwartung eines baldigen Wiedersehens soeben begrüßt hatten, sollten wenige Stunden später in der Meerestiefe, ganz in der Nähe des so sehnsüchtig erwarteten Landes, ihr Grab finden. — Aber auch unserem Schiffe war die Gefahr, jedoch mit glücklicherem Ausgange, nahe getreten. In der Hoffnung, bald das Land, dem wir uns immer mehr näherten, zu erreichen,

waren wir, wie gesagt, Alle in der heitersten Stimmung auf dem Ver=
deck versammelt, als plötzlich mehrere aufeinander folgende Stöße Alles,
was auf den Beinen stand, zu Boden warfen. Das Schiff hatte sich
auf einer Sandbank festgefahren und wurde augenblicklich von den sich
an ihm brechenden Wellen überfluthet. Zu diesem Unfalle gesellte sich
bald darauf die Entdeckung, daß ein Leck entstanden sei und das Schiff
sich mit Wasser fülle. In diesen fürchterlichen Augenblicken verloren
weder der Kapitän noch die Matrosen die Geistesgegenwart und Kalt=
blütigkeit. Vor Allem kam es darauf an, unter unsern Soldaten Ruhe
und Gehorsam aufrecht zu erhalten. Einige eindringliche Worte unseres
Kommandeurs waren hinreichend, die Leute von dieser Nothwendigkeit
zu überzeugen. Um das in das Schiff eingedrungene Wasser zu
vermindern, wurden sofort alle Pumpen in Bewegung gesetzt, Offi=
ziere und Soldaten bei denselben vertheilt und mehrere Stunden lang
mit äußerster Anstrengung gearbeitet. Alles dieses würde jedoch unfern
Untergang nicht aufgehalten haben, wäre das Schiff in feiner festen
Lage den sich an ihm brechenden Wellen noch längere Zeit ausgesetzt
geblieben, da auch trotz unserer Nothschüsse sich weit und breit keine
Hülfe blicken ließ. Durch die stärkeren Strömungen der eingetretenen
Fluth fing das Schiff an, allmälig sich zu heben und dem Steuer wieder
zu gehorchen. Sofort ließ der Kapitän alle Segel beisetzen, und nach
mehreren in Todesangst verbrachten Stunden konnten wir uns endlich
als gerettet ansehen."

Die braven Nassauer sind so oft in diesen Blättern an der Seite
ihrer Frankfurter Kameraden genannt worden, daß wir uns nicht ent=
halten können, ihr Schicksal genauer zu verfolgen, als dies unsere engere
Aufgabe zu gebieten scheint.

Wir lassen einen der geretteten Nassauischen Offiziere erzählen:*)

„Gegen 2 Uhr in der Nacht stieß das Schiff plötzlich auf. Meh=
rere heftige Stöße, die schnell aufeinander folgten, weckten uns aus dem
Schlafe. Ein Unglück ahnend stürzten wir Alle schleunigst auf das
Verdeck und erkannten sogleich, welches traurige Schicksal uns bevor=
stehe. Im Mondschein erblickten wir in geringer Entfernung das an=
dere Schiff, auf dem Hauptmann von Berninger Truppen-Kommandant
war, und forderten unseren Schiffs-Kapitän auf, das große Boot herab=

---

*) Ueber diese Ueberfahrt siehe Genaueres: Hergenhahn, Antheil der herzoglich
nassauischen Truppen am spanischen Kriege, Germania III, 417. Bernhard, der
deutsche Soldat II, 191.

zulaſſen und uns dahin zu führen. Auf deſſen Verſicherung jedoch, daß jenes Schiff gleiches Loos mit uns theile, ſtanden wir von dem Vor= haben ab.

Unter mancherlei Entwürfen und Berathſchlagungen, was zur Errettung aus dieſer fürchterlichen Lage zu thun ſei, brach der Tag an. Das andere Schiff war verſchwunden, und die Menge um uns herum treibender Trümmer bezeugte uns zu deutlich ſeinen Untergang. Da= gegen durchzuckte uns ein Strahl von Hoffnung, als wir in der Ent= fernung von zwei bis drei Stunden Land und die Maſtbäume einer nicht unbedeutenden Flotte erblickten. Um zu verſuchen, ob das Schiff durch eine Erleichterung mit eintretender Fluth wieder flott gemacht werden könne, ließ der Kapitän den Hintermaſt kappen. In ſeiner Ver= wirrung und Angſt hatte er jedoch vergeſſen, gleich anfangs die Segel reſſen zu laſſen, wodurch das Schiff unter beſtändigem Aufſtoßen immer höher auf die Sandbank getrieben worden war und endlich ganz feſt ſaß. Die Fluth, auf welche wir bis jetzt unſere Hoffnung geſetzt hatten, trat nun ein; ſtatt aber unſere hülfloſe Lage zu verbeſſern, beſchleunigte ſie vielmehr unſer Verderben. Das Schiff hatte ſich ſo feſt in den Sand gebohrt, daß es nicht von der Stelle weichen konnte. Haushohe Wellen brachen ſich an demſelben und ſtürzten mit furchtbarer Gewalt über das Verdeck hinweg. Der innere Schiffsraum war bereits voll Waſſer. Die auf das Verdeck geflüchtete Mannſchaft wurde von jeder Woge überſchüttet und konnte ſich nur durch feſtes Anklammern vor der Gefahr ſchützen, über Bord geſchleudert zu werden. Um wenigſtens dieſem Ungemach zu entgehen und um das Leben ſo lange als möglich zu erhalten, machte Oberlieutenant Reim mehreren Offizieren den Vor= ſchlag, auf den noch ſtehenden Vordermaſt zu ſteigen. Hauptmann v. Müller, Oberlieutenant Groß und Wieder, auf keine Rettung hoffend, lehnten den Antrag ab; letzterer ging mit den Worten: „Ich gehe in den ewigen Schlaf" in die bereits vom Waſſer überſchwemmte Kajüte hin= unter und kam nie wieder. Die andern Offiziere folgten, auch Ober= lieutenant Wernicke, der hinter der Küche Schutz geſucht hatte. Als dieſe zu wanken begann, ergriff er ſchnell ein Tau und in demſelben Augenblick warf eine Woge die Küche, einen Theil der Galerie und etwa 50 Mann, die ſich daran feſtgehalten hatten, in die See. Kaum hatten die Offiziere den Maſt zu erſteigen begonnen, als ihnen die Soldaten folgten, ſo daß in einem Augenblick der Maſtkorb und die Maſtleitern dicht mit Leuten beſetzt waren. Von hier aus mußten wir nun die ſchrecklichſten Scenen mit anſehen. Hauptmann v. Müller und

Oberlieutenant Groß, die sich umschlungen an einem noch stehenden Theil der Galerie des Schiffes nächst der Kajüte festhielten, fielen mehrmals von Kälte und Nässe erstarrt und von den Wellen niedergeworfen, rückwärts auf das Verdeck und erhoben sich nur mit großer Mühe und unter immer zunehmenden Anstrengungen, um ihren früheren Standpunkt wieder zu erreichen, bis endlich eine mächtige Welle den Ersteren über Bord und den Letzteren rückwärts zwischen Balken warf. Müller machte noch mehrere Anstrengungen, um sich über dem Wasser zu erhalten und suchte den in der Nähe schwimmenden gekappten Mast zu erreichen, doch vergebens, seine Kraft war dahin, er sank unter und verschwand vor unserm Augen. Sergeant Dietz ließ sich mit dem Ausruf: „ich muß meinen Hauptmann retten" an einem Seile auf das Verdeck hinab. Leider wurde diesem Braven das Vollbringen seines edlen und muthvollen Vorhabens nicht gewährt. Beschäftigt, das kleine, am Hintertheil des Schiffes befestigte Boot hinabzulassen, wurde er von einer Welle ergriffen und weit hinaus geschleudert ins Meer, wo er gleich dem Hauptmann sein Grab fand. Auch der Bursche des Hauptmann Müller, Wilhelm Schwarz, war seinem Herrn sogleich nachgesprungen, um ihn zu retten, er konnte ihn jedoch nicht erreichen und sank ebenfalls unter. Oberlieutenant Groß, zwischen Trümmern und Balken liegend, die von den Wogen hin und her geworfen wurden, hatte keine Kraft mehr, sich zu erheben. Er wurde von diesem schweren Holzwerk zermalmt und gab vor unsern Augen unter den schrecklichsten Zuckungen den Geist auf. Lieutenant v. Krist, der weder auf dem Maste noch auf den Leitern einen Platz finden konnte, hatte sich längere Zeit an einem herabhängenden Seile in der Luft schwebend gehalten. Erstarrt von Kälte und diese mühsame, peinliche Lage nicht länger zu ertragen im Stande, sprang er herab aufs Verdeck und von da sogleich unter dem Zuruf: „Lebt wohl!" ins Meer, das sich über ihm auf ewig schloß. — Matt und entkräftet hatte sich Lieutenant Gödecke gegen Abend auf die zum Lichten der Anker bestimmte, unter dem Vordermast befindliche Walze gelegt, wo er höchst wahrscheinlich in der Nacht erstarrte und von den Wellen weggeschwemmt wurde; wir sahen ihn nie wieder. Während der erzählten Vorfälle wurden sehr oft bald hier, bald dort, einer oder auch gleichzeitig mehrere Leute, die auf dem Maste keinen Platz mehr hatten finden können, durch die Gewalt der Wellen, die häufig bis zum Mastkorb spritzten, ins Meer geschleudert. Einige dieser Unglücklichen verwickelten sich im Fall mit den Beinen und Füßen in dem Tauwerk und zerbrachen durch den gewaltsamen Sturz die Glieder, sodaß die Knochen hervorstanden und blieben mit dem Kopf nach unten oder im Wasser an der Außenseite des Schiffes hängen. Unter diesen Gräuel- und Jammer- scenen, wo die Aussicht zur Rettung immer mehr schwand, begann der Tag zu sinken, als wir plötzlich zu unserer unbeschreiblichen Freude ein Segelboot in gerader Richtung auf uns zusteuern sahen. Es kam näher und näher und als es auf Sprachweite angekommen, wurde in franzö- sischer Sprache gefragt: „Wo wir hergekommen und was das Schiff geladen habe". Auf unsere Antwort, daß wir aus England kämen, und daß deutsche Truppen an Bord seien, wurde erwidert, à revoir jusqu'à domain! Unser inständiges Bitten, unser Flehen um Rettung, Alles war umsonst, das Boot verschwand gleich einem neckenden Gespenste in dem aufsteigenden Nebel und mit ihm die Aussicht auf Rettung. Viele waren bei der Ankunft des Bootes an dem Mastkorb herunter aufs Verdeck gestiegen. Ein Soldat stieß, als er wieder hinaufkletterte, den Kopf an eine Stange. Er erreichte zwar den Mastkorb, verfiel aber bald in Delirien und gab endlich unter schrecklichem Toben und Rasen den Geist auf. Die noch Lebenden rückten nun in dem Mastkorb und auf den Leitern dicht zusammen, um die eingebrochene Nacht vorüber gehen zu lassen. Außer den Klagetönen der an Kälte, Hunger und Durst Leidenden, vernahm man in der unendlich langen Nacht keinen mensch- lichen Laut. Alle schienen in Gedanken an den nahen Tod versunken zu sein, an den man von Zeit zu Zeit mit Schaudern durch den dumpfen Fall der durch Erstarrung und Ermattung hinabstürzenden Unglücks- gefährten erinnert wurde. Mit dem Grauen des Tages waren unsere sehnsüchtigen Blicke starr nach dem Lande gerichtet, von wo wir Hülfe und Rettung erwarteten. Um diese schneller herbeizuführen und um den Bewohnern der vor uns liegenden Küste zu zeigen, daß noch Lebende sich in den Trümmern des Schiffes befänden, befestigte ein Matrose mehrere Tücher an die höchste Spitze des Mastes, die von Zeit zu Zeit ganz abgenommen oder verändert wieder aufgesteckt wurden. Ein Theil des Morgens war inzwischen bereits verstrichen und noch immer keine Hülfe zu erblicken. Das Meer war ruhiger geworden und bei der ein- getretenen Ebbe wurde das Verdeck des Schiffes nicht mehr von den Wogen überströmt. Wir stiegen nun hinab, um mittelst Haken in dem mit Wasser ganz angefüllten inneren Raum des Schiffes nach Nahrungs- mitteln zu suchen. Glücklicher Weise gelang es, ein Fäßchen mit Mehl und ein anderes mit süßem Wasser heraus zu ziehen. In einem Trink- blech wurde das Mehl mit Wasser angerührt und verzehrt; der Rest des Mehles wurde vertheilt und dasselbe kauend nach und nach genossen.

Es wurde nun, da die vorhandenen Boote theils zertrümmert, theils ganz unbrauchbar geworden waren, der Plan entworfen, mit Hülfe der Matrosen ein Floß zu erbauen. Das Werk wurde rasch begonnen und bis zur Zeit der Fluth mit möglichstem Eifer fortgesetzt; diese hemmte jedoch nicht allein die Arbeit, sondern die das Verdeck überströmenden Wellen nöthigten uns auch alsbald, unsere früheren Plätze auf dem Maste wieder einzunehmen unter der traurigen Aussicht, die herannahende Nacht abermals dort zubringen zu müssen. Auch diese lange, lange Nacht ging vorüber, jedoch nicht ohne vermehrte Sorgen, denn es stellten sich große Eismassen ein, die mit Heftigkeit an das Schiff stießen und dasselbe jeden Augenblick zu zertrümmern drohten. Mit noch größerer, höher gespannter Sehnsucht wandten, bei dem Anbruch des dritten Tages unseres Unglücks, die Blicke sich nach dem Lande und dem uns sichtbaren Mastenwalde, doch weit und breit war kein Rettungszeichen zu erspähen, keine Hülfe nahte! Mit eingetretener Ebbe wurde daher der Bau des Floßes fortgesetzt. Viele konnten jedoch nicht mehr arbeiten, die Kräfte fehlten, ihre Glieder waren erstarrt, sie mußten auf dem Maste sitzen bleiben. Des Nachmittags schrie einer der Matrosen plötzlich mit jauchzender Stimme: „ein Boot, ein Boot". Wie durch Zauber gelähmt, standen sogleich alle Hände der Arbeitenden stille, aller Augen suchten die nahende Hülfe zu erspähen und nochmals erfolgte jenes Matrosen beglückender Ruf und er fügte hinzu, daß noch drei bis vier andere Boote folgten, und daß sie in gerader Richtung auf uns zusegelten. Die auf dem Mast Zurückgebliebenen verließen nun denselben; die Meisten nur mit der größten Anstrengung und unter schrecklichen Schmerzen. . . . .
. . . .
Wir segelten unweit des Helders vorbei, wo Vice-Admiral Graf Verhuel die französische Flotte kommandirte. Am ersten Tage des Schiffbruches hatte er jenes Boot zu uns geschickt, aber gegen alles menschliche Gefühl, zu seiner ewigen Schande, die uns verheißene Hülfe zuzusenden unterlassen. Wir landeten in einer Bucht der Insel Texel in der Nähe des Dorfes Horn, wohin wir uns nur mit der größten Anstrengung und unter den heftigsten Schmerzen langsam schleppten. Dort empfingen uns die Bewohner mit der größten Freude und Gastfreundschaft. Gerettet waren 3 Offiziere und 40 Mann, in den Wellen umgekommen 12 Offiziere, 3 Feldwebel, 33 Unteroffiziere, 182 Mannschaften."

Welch verhängnißvolles Schicksal! Keine der Schlachten auf Spa-

niens blutgetränktem Boden hatte dem Regiment einen gleichen Verluft
an Todten gekoftet. Aber auch die wenigen Geretteten follten fo bald
die heißerfehnte Heimath nicht fehen. Die Refte des naffauifchen Regiments wurden in Holland gehalten, bildeten den Stamm eines naffau-
oranifchen Regiments und kehrten erft im Jahre 1820 nach zwölfjähriger
Abwefenheit in ihr Vaterland zurück.

Glücklicher waren die Frankfurter. Ihre geringe Anzahl ließ es
nicht angemeffen erfcheinen, fie als einheitlichen taktifchen Körper in dem
noch andauernden Feldzuge von 1814 zu verwenden. Sie erhielten
daher den Befehl, vorläufig nach Frankfurt zu marfchiren. Sie trafen
dafelbft gegen Ende Februar ein. Der Marfch war kein freudiger ge-
wefen. So fehr die Bevölkerung an beiden Ufern des Rheins vor
Napoleon im Staube gelegen hatte, fo hart und im beften Falle gleichgültig zeigte fie fich gegen die, welche bis vor Kurzem tapfer unter
feinen Fahnen gefochten hatten. — Wie oft hatten die Krieger, die jetzt
trüb und ftumm durch die deutfchen Lande zogen, im fernen Spanien
unter heißer Sonne der fernen Heimath in tieffter Sehnfucht gedacht;
jetzt brannten Zorn und Scham in den wackeren Herzen fchmerzlicher,
als damals die Strahlen der fpanifchen Sonne auf ihren gebeugten
Häuptern. Als fie fich der engeren Heimath und fpeziell der Stadt
Frankfurt näherten, hofften fie, dort als Landeskinder eine freundlichere
Aufnahme zu finden. Sie follten fich aber bitter getäufcht haben. Keine
frohbewegte Menge drängte fich bei ihrem Einzug in den Straßen, kein
wehendes Tuch, kein froher Zuruf ehrte die Braven. Gleichgültig ging
die Bevölkerung ihren Gefchäften nach, und wenn irgend ein Gefühl in
den Gefichtern zu lefen war, fo war es das einer matten Neugierde.
Die Heimkehrenden mußten mit den fchlechteften Quartieren in Sachfenhaufen vorlieb nehmen, und die „Frankfurter Zeitung" hatte für fie nur
die Bemerkung:

„Geftern kehrten 240 Mann des in Spanien geftandenen Frankfurter Bataillons zurück. Ihr kriegerifches Ausfehen, die Präcifion ihrer
Griffe erregte die Bewunderung der Umftehenden."

Das war Alles! Kein Wort der Anerkennung, des Mitgefühls,
der Freude, wenigftens einige von Denen zurückgekehrt zu fehen, die
fechs Jahre lang Tag und Nacht fich gefchlagen für nichts weiter als für
Pflicht und Ehre. Mit beißender Ironie fchrieb Kapitän Damboer in
fein Tagebuch:

„O fchöner Tag, wenn endlich der Soldat
In's Leben heimkehrt, in die Menfchlichkeit,

Zum frohen Zug die Fahnen sich entfalten,
Und heimwärts schlägt der sanfte Friedensmarsch,
Wenn alle Hüte sich und Helme schmücken
Mit grünen Mai'n, dem letzten Raub der Felder.
Von Menschen sind die Wälle rings erfüllt,
Von friedlichen, die in die Lüfte grüßen —
Hell klingt von allen Thürmen das Geläut,
Des blut'gen Tages frohe Vesper schlagend.
Aus Dörfern und aus Städten wimmelnd strömt
Ein jauchzend Volk, mit liebend emsiger
Zudringlichkeit des Heeres Fortzug hindernd. —
Da schüttelt, froh des noch erlebten Tags,
Dem heimgekehrten Sohn der Greis die Hände,
Und schamhaft tritt als Jungfrau ihm entgegen,
Die er einst an der Amme Brust verließ.
O! glücklich, wem dann auch sich eine Thüre,
Sich zarte Arme sanft umschlingend öffnen. —

Unsere Braven sollten aber bald noch Bittereres erfahren, als Un-
dank und Gleichgültigkeit. Die in Frankfurt garnisonirenden österreichischen Truppen, und zwar Mannschaften sowohl wie Offiziere, bezeugten
den Zurückgekehrten in gesuchter und auffälliger Weise ihre Abneigung,
ja ihren Haß! Es war ja damals spottleicht in Frankfurt, deutscher
Patriot zu sein, besonders auf Unkosten der unglücklichen Opfer jener
engherzigen Politik der Rheinbundfürsten, die so lange als Quintessenz
landesväterlicher Weisheit gegolten hatte. Die täglichen Reibungen und
Zwistigkeiten führten nach und nach zu einer solchen Erbitterung, daß
fast kein Tag verging, an dem nicht blutige Schlägereien die neue deutsche
Einigkeit traurig illustrirt hätten. Die Folgen dieser unangenehmen
Händel für die Folge zu vermeiden, hielt es der Generalgouverneur
Prinz Reuß für gerathen, die Frankfurter ihrem Regiment nachzusenden,
das jetzt unter preußisch-österreichischer Fahne im südlichen Frankreich
stand. Unter allen andern Umständen hätten die wetterharten Krieger
den Marschbefehl mit Freuden begrüßt, denn das einförmige Garnison-
leben sagte ihren, an reichen Wechsel und wilde Aufregung gewöhnten
Herzen wenig zu. Allein sie in den alten, abgerissenen, nach französischem Schnitt gefertigten, in Eile in einigen spanischen Städten zu-
sammengestoppelten Monturen wieder ins Feld zu senden, erschien ihnen
unbillig und ungerecht. Die Uniformen hingen ihnen geradezu in Fetzen
vom Leibe, viele hatten keine Schuhe, eine Anzahl keine Hemden mehr,
und bei dem Allen war ihnen die karge Löhnung noch für mehrere
Monate rückständig. Trotz aller Vorstellungen des Hauptmanns Damboer

war weder für Einkleidung noch für Bewaffnung noch für Verabreichung
des Soldes das Geringste geschehen — man begnügte sich, seinen bitteren
Klagen eine beleidigende Passivität entgegenzusetzen, mit der Ver-
sprechung, das Erforderliche werde den Mannschaften nach ihrer Ankunft
bei dem Regiment zugehen. Die Folgen dieser unwürdigen Vernachlässigung zeigten sich am Tage des befohlenen Abmarsches. Die hierzu
bestimmten Mannschaften, etwa 200 an der Zahl, waren auf dem Roß-
markt aufgestellt, um dort vor dem Generalgouverneur Revue zu passiren.
Derselbe hatte sein Erscheinen zugesagt, um etwaigen Exzessen vorzubeugen; er schien letztere aber durch seine Anwesenheit hervorgerufen zu
haben. Denn nachdem er die Front mit einer glänzenden Suite ab-
geritten und in längerer Rede die Soldaten auf ihre Pflicht, Ordnung
und Gehorsam hingewiesen hatte und dann den Befehl zum Abmarsch
gab, wurde dem Kommando keine Folge geleistet. Dafür traten drei
der besten und anerkannt tapfersten Soldaten, von denen zwei die goldene
Medaille trugen, vor und erklärten in ruhigem aber bestimmtem Tone
im Namen ihrer Kameraden, daß sie Frankfurt nicht eher verlassen
würden, als bis ihnen die zuständige Montur und Löhnung ausgehändigt
worden sei. Die armen Verblendeten waren von ihrem Recht und der
Verpflichtung, es geltend zu machen, so überzeugt, wie etwa die zungen-
fertigen Ambosaten eines Fähnlein Landsknechte, die nach den Kriegs-
artikeln des 16. Jahrhunderts das Recht hatten, den Weiterzug zu ver-
weigern, wenn der bedungene Sold nicht gezahlt war.

Der Generalgouverneur ließ sich zunächst zu gütlichen Vorstellungen
herab und versuchte, die Soldaten, die eine drohende Haltung an-
nahmen, zu ihrer Pflicht zurückzuführen. Die Drohung, die Meuterer
sofort kriegsrechtlich erschießen zu lassen, brachte zwar drei Viertel der
Soldaten zu mürrischem Abmarsch, ein Viertel aber (und es waren die
besten und tüchtigsten Veteranen unter ihnen) blieben bei ihrer Weigerung,
die Stadt zu verlassen. Sie wurden natürlich bald gefangen und in
Eisen gelegt. Das Kriegsgericht verurtheilte die drei Sprecher zum
Tode. Muthig und gelassen betraten sie den verhängnißvollen Sandhügel — wie oft hatten sie dem Tode ins Auge geschaut, wie manchen
Spanier auch in ähnlicher Lage wie einen Helden sterben sehen. Man
ließ sie alle Todesangst reichlich kosten. Die Salve krachte, aber aus
blindgeladenen Gewehren — nach dem wurde den Delinquenten die Be-
gnadigung zu längerer Baugefangenschaft mitgetheilt. Einer von ihnen
konnte den plötzlichen Wechsel von sicher erwartetem Tod zum Leben
nicht ertragen — er schwankte wie geistesabwesend im Kreise umher.

Die lange Haft wurde den Begnadigten wie ihren übrigen Kameraden später gekürzt — sie sahen aber noch als Gefangene in Ketten am 7. Juli 1814 ihr Regiment in Frankfurt einziehen.

Wenn einer der deutschen Offiziere bei der Schlußbetrachtung über den von ihm durchlebten spanischen Feldzug schreibt: „Uebrigens hatten die Jahre troz all des erlittenen Ungemachs uns auch wieder manchen Genuß gereicht. Wir hatten Vieles und Lehrreiches gesehen, Nationen und Länder, den kleinen und großen Kriegesdienst kennen gelernt", — so möchten wir der deutschen Nation stets so wackere, so bescheidene, so treuherzige und unverzagte Kriegerherzen wünschen, wie der Schreiber der angeführten Zeilen es besessen haben muß.

Zehntes Kapitel

Stimmungsbilder aus den Jahren 1810—1812.
Napoleon als Souverän, Paris als Hauptstadt des Rheinbundes.

Als Napoleon nach dem Siege von Wagram nach Paris oder, wie er sich auszudrücken beliebte, dem „großen Babylon" zurückkehrte, und ihm der Sprecher des Corps Legislatif, Fontanes, in dithyrambischem Schwunge die unbegrenzte Dankbarkeit der bewundernden Nation aussprach, da antwortete ihm der Kaiser in sichtbarem Vollgefühl der Herrschaft mit folgenden Sätzen:

„Frankreich wächst unter dem Hasse seiner Feinde; wie Herkules wird es durch seine Kämpfe nur immer stärker und energischer. Meine Adler flogen von Lissabon nach Wien. Mit der Hülfe Gottes und der standhaften Liebe meiner Völker werde ich Alles überwältigen, was sich meinen großen Entwürfen entgegenstellen könnte. Ich wünsche noch 30 Jahre zu leben, um dieses große Reich zu befestigen."

Nach diesen Worten, die von Zuversicht und Siegesfreude durchtränkt waren, brach die Versammlung in brausenden Jubel aus, der so ganz aus innerstem Herzen zu kommen schien, daß selbst des Kaisers eherne Stirn sich vor Vergnügen röthete, und er lächelnd sagte: „Es ist schwer, die Franzosen zu verhindern, der Fahne des Ruhmes zu folgen."

Wer Napoleon in diesem und den folgenden Jahren inmitten des strahlenden Glanzes einer schimmernden Hofhaltung, eines reichen Volkes, einer unbesiegten, riesenhaft angewachsenen Armee sah, der mußte Herrscher und Unterthanen wohl für glücklich und zufrieden halten. Und doch hat niemals der Schein mehr getrogen. Zwar erhoben sich in allen Städten des Landes auf des Kaisers Befehl die reichsten Kunstbauten, sodaß die Reisen des Staatsoberhauptes in die Provinz fast in Begleitung der Musen vor sich zu gehen schienen, aber wie manche Gemeinde seufzte schwer, wenn das Machtgebot des Herrschers ihr den Bau einer kostbaren Brücke, einer Kirche, eines Museums auferlegte, und die nothwendigsten Abhülfen lang empfundener Uebelstände deshalb unterbleiben

21*

mußten. Napoleon war es genug, zu wissen, daß mit seinem Erscheinen das scheinbar Unmögliche möglich, das in nebelhafte Zukunft Verwiesene plötzlich der Gegenwart geschenkt wurde. Die alljährlichen Budgets des Kaiserreichs wiesen in ihren Zahlengruppirungen die günstigste Finanz= lage auf — die Ueberschüsse zählten nach vielen Millionen. Allein wenn die beraubten Völker die französischen Staatskassen füllen mußten, so lag Handel und Kredit nichts desto weniger darnieder, und das eigentliche Volk fühlte von dem gepriesenen Ueberflusse nichts. Be= zeichnend hierfür war die lange Reihe von Bankerotten, die bereits im Jahre 1805 der Kriegserklärung gefolgt war, der Geldmangel, der sich selbst den begütertsten Familien plötzlich peinlich fühlbar machte, die Angst und Bestürzung, die selbst in diesem glänzendsten Kriegsjahr Napoleons die gesammte industrielle und Handelswelt Frankreichs gepackt hielt. Seit dieser Zeit war die Kontinentalsperre dazu gekommen, die den über= seeischen Handel gänzlich vernichtete und viele der gesichertsten Existenzen untergrub. Es erregte deshalb keine staunende Verwunderung, daß der Kaiser triumphirend in seinen Rechnungsabschlüssen nachwies, die Nation könne 700 bis 800 Millionen jährlich ausgeben, ohne ihre Steuern erhöht zu sehen; man sagte sich achselzuckend, daß die besiegten Völker und die fast ebenso behandelten Bundesgenossen endlich einmal nichts mehr würden herzugeben haben, und daß Frankreich schwerlich den erpreßten Raub straflos werde behalten können — und dann! was nutzte es der Nation, wenn ihr drückende Geldabgaben erspart blieben, ihr aber die furcht= barste Blutsteuer aufgelegt wurde, unter der je ein Volk geseufzt hatte. Wenn zwar der Kaiser vom Senat und dem Corps législatif eine neue Aushebung von Rekruten verlangte und dabei immer weiter in jüngere Jahrgänge vorgreifen mußte, so votirte ihm noch eine zitternde Depu= tation der Repräsentanten der Nation eine schwülstige Dankesadresse — aber in dem Schooße der Familien klagten die Mütter und die Bräute und beweinten ihre theuren Todten. Napoleon hat sich später selbst über den Haß verwundert, den er erregt hat. Eine französische Mutter spricht sich mit den treffenden Worten dahin aus:

„Konnte man ihm eine so schmerzensreiche und langdauernde Zeit der Angst verzeihen, so viele vergossene Thränen, schlaflose Nächte, qual= volle Tage der Beklemmung? Wenn er hätte die Augen öffnen wollen, er hätte sehen müssen, daß er nicht eines unserer heiligsten Gefühle un= gekränkt gelassen hat."*) — Unwillig wies die Nation die Erklärung

*) Welcher Belgier erinnerte sich hierbei nicht des erschreckenden, furchtbar schönen Bildes unseres Meisters Wirtz in Bruxelles.

des Kaisers zurück, weshalb er nach einer gewonnenen Schlacht keine Verfolgung habe eintreten lassen — „am Ende werden einige Thränen weniger vergossen werden." — Heimlich wagte man eine andere Bemerkung des Kaisers sich wieder zu erzählen, die den wahren Grund angab:

C'est que je jouais au vingt et un et je me suis tenu à vingt. —

So zogen denn die Rekruten nicht in jugendlichem Uebermuthe zur Fahne, sondern stumm und traurig. „Als im Jahre 1808 die ausgehobene junge Mannschaft des Rhein- und Moseldepartements fortzog", erzählt Herr von Stromberg, „sah man am Ende der Kolonne gebeugte Väter, die mit ihren Söhnen wehmüthig leise redeten, wie Geistliche mit Delinquenten, die dem Tode entgegen gehen. Es ist noch keiner wiedergekommen, entgegnete ein Vater dem Mitleidigen, der ihn mit Aussicht auf die Rückkehr des Sohnes trösten wollte." Der Kaiser zwang die Pfarrer, ihre Gemeinden von der Kanzel auf das Eindringlichste zu ermahnen, die Kriegsdienste gern und willig zu tragen; im französischen Katechismus, der auch im gesammten Territorium des Rheinbundes obligatorisch war, finden sich die Sätze:

„Die Christen sind Napoleon dem Ersten, unserm Kaiser, Liebe, Ehrfurcht, Gehorsam, Treue, Kriegsdienste und die zur Erhaltung und Vertheidigung des Reiches und seines Thrones eingeführten Auflagen schuldig. Der Kaiser hat uns die öffentliche Ordnung wiedergegeben und dieselbe durch seine tiefe und thätige Weisheit erhalten; er vertheidigt den Staat durch seinen mächtigen Arm. Gott hat unserm Kaiser große Gaben verliehen, ihn zu unserm Herrscher, zum Diener seiner Macht und zu seinem Ebenbilde auf Erden gemacht. Unsern Kaiser ehren und ihm dienen ist folglich so viel, als Gott selbst ehren und ihm dienen; diejenigen, welche ihre Pflicht gegen den Kaiser aus den Augen setzen könnten, würden der von Gott selbst eingeführten Ordnung widerstreben und sich der ewigen Verdammniß schuldig machen."

Wenn in den Theatern von Paris ein neuer Sieg bekannt wurde, und eine lorbeergeschmückte Schauspielerin als Personifikation Frankreichs dem athemlosen Publikum das betreffende Bulletin vorlas, dann wollten sich immer weniger Hände zum Applaus regen. Eine Stimme antwortete einmal sogar auf eine dieser Deklamationen in Gegenwart des Kaisers selbst:

„La guerre, toujours la guerre, voilà donc où nous sommes réduits —" und erregte dadurch den furchtbarsten Zorn des Gewaltigen, der seiner Umgebung zuherrschte, die Pariser könnten ihn nicht leiden, weil er am 13. Vendemiaire sie habe mit Kartätschen niederschmettern lassen — dennoch aber fühlte er wohl, daß jene Stimme die Gefühle des Volkes ausdrückte. Als er nach dem Frieden von Tilsit nach Paris zurückgekehrt war, hatte er schon geäußert: „Kriegerischer Ruhm hält bei den modernen Völkern nicht lange vor. Der Sieg in 50 Schlachten will nicht mehr besagen als der von fünf oder sechs."

Als der spanische Feldzug eine Armee nach der andern aufrieb, der Krieg mit England einen immer hartnäckigeren Charakter annahm, der Feldzug 1809 gegen Oesterreich neue Hekatomben gefordert hatte, da bemächtigte sich des französischen Volkes eine tiefe Kriegsmüdigkeit, die bei aller Eitelkeit fernere Erfolge mehr fürchtete als herbeisehnte. Denn man wußte, daß jeder gewonnene Feldzug den Kaiser zu neuen, noch viel ungeheuerlicheren Unternehmungen reizen würde — daß sein Ehrgeiz der Flamme glich, die durch reichliche Nahrung nicht gesättigt, sondern zu immer wilderer Gluth gesteigert wird. Ein Zeitgenosse sagt: „Man fühlte, daß die Sucht nach dem Ungeheuerlichen in ihm wuchs, und seither mußte die Begeisterung in Frankreich befohlen werden." Dieses Gefühl der Bellemmung, des geheimen Bangens ließ auch die Künste nicht aufblühen, so sehr sich der Kaiser auch bemühte, sie zu fröhlicher Entwickelung zu bringen — freilich nur in der Absicht, daß sie zu seiner Verherrlichung dienen möchten.

In den weiten Sälen des Louvre waren die geraubten Kunstschätze aller besiegten Nationen vor den geblendeten Augen der Pariser ausgebreitet. Keine herzliche, lautere Freude an dem glänzenden Besitz wollte aber aufkommen; wenn das französische Volk es sich auch nicht eingestand, so fühlte es doch aus allen den herrlichen Bildern, Statuen, Kleinodien einen stillen Vorwurf herausblicken und eine stumme Drohung, daß die rechtmäßigen Besitzer dereinst mit den Waffen ihr Eigenthum wieder holen könnten. Auf Befehl schufen die französischen Maler ihre Schlachtenbilder zur Verherrlichung der französischen oder vielmehr der Napoleonischen Gloire. Der Jakobiner David, der einst Ludwig XVI. zu malen sich geweigert hatte, weil sein Pinsel zu gut sei, um die Züge eines Tyrannen wiederzugeben, hat stumm und zitternd seine Kunst wie ein Sklave an Napoleon verdingt. Gerard, Girodet, Gros, Guérin, Isabey — sie Alle zogen an dem Siegeswagen des großen Triumphators und machten sich theilhaftig an seinem Lügensystem, das er wie zum Hohn der Menschheit ins Gesicht schleuderte. Girodet malte den Kaiser auf einem Schlachtfelde mitten unter Todten — sein Blick ist zum Himmel gerichtet mit unsäglich reinem und schmerzhaftem Ausdruck, als wenn er sagen wollte: Warum, o großer Gott, wählst Du mich als Werkzeug, dies unschuldige Blut vergießen zu müssen?*) Und das konnte gemalt werden zur Verherrlichung - des Mannes, der lachend sagen durfte, er habe täglich 1000 Mann zu verzehren, der nach dem Feldzug 1812 gleichgültig versichern konnte, es verschlage ihm nichts, noch eine Million Menschen zu opfern, der selbst auf dem grausigsten Schlachtfeld nie auch nur eine Spur von Theilnahme für die Verstümmelten geäußert hat.**) Hier ist wohl der Platz, daran zu erinnern, daß nach der Ermordung des Herzogs von Enghien der Kaiser heiser lachend einer bleichen Hofdame zurufen konnte, warum sie vergessen habe, sich zu schminken, und daß er Talleyrand, der ihn nach einem Trauerfall in der Familie aufforderte, ein wenig ernst auszusehen, barsch erwiderte: „Ich liebe nicht, an die Todten zu denken; ich bin kein Mensch wie die anderen, und die Gesetze der Moral und der Schicklichkeit können für mich keine Geltung haben." — Also Alles, was in dämmernder Tiefe des Menschenherzens ruhen soll an warmem Gefühl — das schleuderte der Kaiser höhnisch von sich, ein göttliches Gesetz so wenig anerkennend, wie ein menschliches. Dieser Gigant mit einem Herzen von Stein konnte wohl die Kräfte des Verstandes sich dienstbar machen, aber nimmermehr die seelische Harmonie hervorrufen, die den künstlerischen Schaffensdrang erwecken, der Kunst die tiefsten Geheimnisse fröhlich ablauschen und jubelnd in Form, Farbe und Ton der Welt wiedererzählen läßt. — Kümmerliches Dasein ward somit auch das Schicksal der Musik. Hier nur ein, aber um so schlagenderes Argument, in einem Brief des Kaisers selbst enthalten:

„Monsieur Fouché, je vous prie de me faire connaitre ce que c'est qu'une pièce de Don Juan, qu'on veut donner à l'opéra, et pour laquelle on m'a demandé l'autorisation de la

---

*) Dazu paßt die Aeußerung, die man dem Kaiser in den Mund legte:
„Ce spectacle est fait pour inspirer aus princes l'amour de la paix."
**) General Boediker (Beiheft des „Preußischen Militär-Wochenblatt" 1880) erzählt ein Beispiel dieser Hartherzigkeit aus der Schlacht von Borodino: „Aus der großen russischen Schanze, bei der wir vorbeikamen, waren die Todten und Verwundeten in den Graben geworfen, so daß letztere, besonders die unten lagen, laut jammerten. Dabei ging Napoleon in der Schanze auf und nieder und pfiff, so daß ich mich über die unbeschreibliche Gleichgültigkeit jenes Mannes nicht genug wundern konnte."

dépeuse. Je désire connaitre votre opinion sur cette pièce sous le point de vue de l'esprit public."

Man rühmte die Werke der Baukunst, die unter der Herrschaft des Kaisers entstanden. Wer hat aber je für diese monotone frostige Anhäufung von Säulen, Façaden, Triumphbögen mit ihrer plumpen Nachahmung römischen Baustils je einen Anflug wahrer Bewunderung empfinden können? Sie imponirten vielleicht durch die Wucht ihrer Masse, ästhetische Befriedigung brachten sie so wenig wie der Anblick der kaiserlichen Kasernen und Gefängnisse, denen sie in gewisser Hinsicht glichen. Was sollen wir von der Poesie sagen? Einige scharfe Schlaglichter mögen genügen. Der Kaiser wünschte, daß sich an seinem Hofe, wie einst an dem Ludwigs XIV., eine vaterländische Dichterschule entwickele. Aber in dem Streben, daß diese allein ihm zum Ruhme gereiche, fesselte er die Geister und drückte ihren Werken den Stempel seiner Tyrannei auf, indem er jeden freien Flug der Phantasie untersagte. Die Leute, die sich Dichter zu nennen wagten, überboten sich nur in dem traurigen Wettstreit, geschmacklose und schwülstige Lobeshymnen auf ihren grollenden Beschützer zu singen — die Furcht versagte dem Genie die erste Grundbedingung jeder dichterischen Leistung — die frohe, ungebundene Freiheit der Empfindungen. Nicht die Regel der Kunst blieb das Beschränkende, sondern die ängstliche Erwägung, was zu singen wohl erlaubt sei. Nicht mehr die stolze Kraft des Gedankens durfte gelten, sondern die Subtilität des Ausdrucks, die Feinheit, öfter auch die Derbheit der Schmeichelei und mit ihr geschmacklose Trivialität. Vergebens versuchte der Kaiser die Dichter anzufeuern, indem er selbst, ungeduldig über das Versmaß stolpernd, Alexandriner des Corneille seinem Hofstaate vorlas; vergebens setzte er Geldpreise auf eine Tragödie, die ihm gefallen würde; vergeblich endlich schrieb er zornige Briefe an seinen Minister des Innern, der dafür zu sorgen habe, daß eine französische Literatur entstünde. Das sagte derselbe Monarch, der die Staël vertrieben hatte, „weil sie denen denken lehrte, die es sonst unterlassen oder ganz vergessen hätten." Wenn aber schon die Tragiker in dieser unermeßlich ernsten Zeit ihre Rechnung nicht fanden, so war es den Lyrikern zu verzeihen, wenn sie in wirklich banausische Flachheit verfielen. Schäfergedichtchen, die an Geßners Idyllen und an die süßlichsten Erzeugnisse seiner Zeitgenossen erinnern, wuchsen in der Zeit des Pulverdampfes und der Bajonette zu Hunderten hervor — es war, als wenn das erschreckte Volk von einem Extrem zum andern sich flüchten wollte. Wer endlich sollte ein Epos schreiben wollen in der Zeit, wo es nur einen allmächtigen Helden gab, der noch dazu erklärte, die „Iliade" sei ein langweiliges Machwerk, das er überhaupt nicht verstünde.*)

Wenn die exakten Wissenschaften unter Napoleon Alles galten, so wurden die historischen desto stiefmütterlicher behandelt. Wer sollte wagen, wahrheitsgetreue Geschichte vorzutragen, freie theologische und philosophische Vorlesungen zu halten? — Schweigende, zitternde Furcht oder elende Schmeichelei herrschten auch in den Lyceen und den Sälen der Universitäten — es war, als wenn auch die Geister in Uniformen gesteckt worden wären und schweigend im Gliede ständen, um vor dem Furchtbaren zu präsentiren. Das Tollste aber war, daß man sich der „prudente médiocrité" erfreute.

In dieser unpoetischen und despotischen Zeit, die es gefährlich erscheinen ließ, Shakespeare für einen großen Dichter zu erklären, weil er der verhaßten Nation der Engländer angehörte, konnte nur die nüchternste Prosa ihr Recht behaupten. Man bewunderte das geschickte Plaidoyer eines Advokaten, die Deklamationen eines beliebten Kanzelredners mit der Aufrichtigkeit und Wärme des Gefühls, die man in besseren Zeiten nur den großen Geistern der Nation entgegengebracht hatte. Vor Allen aber glänzte Fontanes, der Sprecher des Corps législatif, der Held der nüchternsten, abgemessensten Rede, deren scharf gegliederte, gehackte Satzform sonderbar kontrastirte mit dem leidenschaftlichen Uebermaß sklavischer Schmeichelei.**) Charakteristisch und überaus bemerkenswerth ist die römisch antike Färbung, in der sich die Staatsreden jener Zeit gefielen. Napoleon selbst hat vom Anfang seiner Laufbahn an mit Vorliebe römisches Wesen, römische Diktion, römische Erinnerungen gepflegt. Keine Schmeichelei war ihm willkommener als der Vergleich seines Kopfes mit dem Cäsars. Welche Rolle haben zur Zeit des Konsulats noch die Brutus, Cassius, Cinna, die Gracchen gespielt. Das römische Kaiserreich deutscher Nation auf sich zu übertragen, war der Lieblingstraum seines reiferen Alters; die Beraubung des Papstes, der Titel seines Sohnes „König von Rom" würden dies

---

*) Wunderbar erscheint bei dem Allen die Vorliebe Napoleons für die dunklen, träumerischen Gesänge des Ossian, die seiner analysirenden, nüchternen Natur durchaus fremd zu sein schienen.

**) Als Fontanes einst den Kaiser nach glücklicher Rückkehr von einem Feldzuge begeistert pries, ohne seine Feinde zu verunglimpfen, hielt man diese weise Beschränkung für einen Akt des Muthes; bis zu dem Grade war die Unterwürfigkeit gelangt.

schon beweisen, auch wenn Napoleon selbst nicht offen gestanden hätte, er betrachte sich als Nachfolger Karls des Großen. Am 21. April 1810 sagte er dem Corps législatif: „Ich habe das Erbgut der Cäsaren (den Kirchenstaat) und Karls des Großen mit dem französischen Reich vereinigt. Die Geschichte veranlaßte, die Politik rieth, das Genie beschloß es. Dadurch sind nun die nur zu lange getrennt gewesenen Theile des occidentalischen Reichs wieder vereinigt."

Als der Kaiser mit einer zweiten Heirath umging, war nur von einer Tochter „der Cäsaren" die Rede. Welche Rolle spielten damals das Kapitol, das Forum, der Campus Martius, der Janustempel in allen Reden. Ergötzlich ist es oft, wie die oberflächliche Kenntniß der Antike die schwülstigen Redner über die lächerlichsten Irrthümer stolpern ließ, wie die Vergleiche mit römischem Wesen oft an den Haaren herbeigezogen werden mußten. Ließ sich doch der große deutsche Gelehrte, Johannes v. Müller, als er in des Kaisers Dienste trat, zu der Phrase verleiten: „Wie Ganymed nach dem Sitze der Götter, bin ich vom Adler nach Fontainebleau entführt worden, um Jupiter zu dienen." Hand in Hand damit ging die Vorliebe für römische Citate — auf der Lehne von Napoleons Thron stand der bezeichnende Satz: ego sum, qui sum. Wenn in diesem römischen Gewande Fontanes es verstand, mit eiserner Stirn die Wahrheit zu verleugnen, so ist es erklärlich, daß der Epigone beim Lesen dieser einst so angestaunten „discours" ein Gefühl, gemischt aus Ekel und Lachen, nicht überwinden kann. Bis zu welcher Entstellung der Wahrheit man sich hinreißen ließ, dafür nur ein Beispiel. Eine Deputation des Senats fühlte sich veranlaßt, Napoleon mit den Worten anzureden:

„Welcher Herrscher hat je eine größere Friedensliebe an den Tag gelegt. Wäre es möglich, die Geschichte der Verhandlungen von der der Thaten zu trennen, man würde glauben, in der Lebensbeschreibung Eurer Majestät die eines friedfertigen Beamten wiederzuerkennen, der sich nur damit abgegeben hat, die Ruhe aufrecht zu erhalten."*)

---

*) Eine Zeit, die so auf literarischen Stelzen ging, konnte die geheimnißvolle Tiefe kerndeutscher Poesie durchaus nicht verstehen. Als Bürgers Leonore bekannt wurde, enthielt das „Journal de l'Empire" eine Kritik mit dem Schlußsatz: „Werden nun die Liebhaber der deutschen Literatur noch die Behauptung wagen, es sei nöthig, die Originalsprache zu kennen, um solche Monstrositäten würdigen zu lernen? Und wenn man eine ganze Nation sieht, welche sich mit Wollust an diesen burlesken Narrheiten weidet, diese Träume eines Kranken für erhaben, diese vagen Karikaturen einer regellosen Einbildungskraft für Genie hält, kann man dann

Seitdem Napoleon den Kaiserthron bestiegen, hatte er sich mit allem Glanz und aller Starrheit einer byzantinischen Etiquette umgeben. Als sein Hofmarschall M. de Remusat ihm den ersten Entwurf überreichte, zerriß er diesen mit den Worten: „il n'y a pas là assez de pompe. Tout cela ne jetterait point de poudre aux yeux." Somit wurde denn ein Hofstaat ins Leben gerufen, der an Pracht den von Ludwig XIV. überstrahlen sollte. Großwürdenträger wie Cambacérès, Lebrun, Talleyrand erhielten Gehälter, die einem fürstlichen Einkommen gleich kamen. Die Unzahl der Kammerherren, Hofdamen und aller erdenklichen Hofchargen wurde ins Unendliche vermehrt durch die hohen Militärs, qui faisaient la cour à leur maitre. Ueberaus bemerkenswerth ist es, daß der Kaiser seinen Marschällen nicht gestattete, in Uniform an seinem Hofe zu erscheinen. Die Sieger der Schlachten sollten nicht als solche ihre Verdienste zur Schau tragen dürfen, sondern als bescheidene Höflinge in seiner Umgebung bleiben. So mußten die brüsken, grob zugeschnittenen Soldaten sich bequemen, in gestickte Hofkleider und Schuhe mit rothen Absätzen zu schlüpfen, und ihr Schlachtschwert mit einem Galanteriedegen vertauschen. Schadenfroh sahen die an die Hofluft Gewöhnten die ungeleckten Bären sich linkisch und unbehaglich in ihrem neuen Putz fühlen, und nicht am letzten lachte der Kaiser über ihre Manieren, die die Kaserne und das Wachtfeuer nicht verleugnen konnten.*) Ein neuer Glanz erwuchs dem jungen Hofe durch das Herbeiströmen des alten französischen Adels, der die Hoffnung aufgegeben zu haben schien, die Bourbonen je wieder zurückkehren zu sehen. Für die Mehrzahl dieser charakterlosen Leute hatte die Annahme des „Kaisertitels" genügt, um ihrem monarchischen Gewissen gegenüber die Gegenwart bei Hofe zu rechtfertigen. Und dann hatte die Hofluft von jeher für sie des Verführerischen zu viel gehabt, um ihren Lockungen länger widerstehen zu können. Napoleon sagte mit beißendem Hohn, die Hauskatzen kämen wieder, sie hingen nicht an den Bewohnern der Tuilerien sondern an dem Hause selbst. Das schloß nicht aus, daß den Damen Montmorency, Chevreuse und Montesquiou die größten Ehren erwiesen wurden, denn ihre Gegenwart schmeichelte immerhin dem

nicht voraussehen, daß die Literatur ohne ein Wunder unmöglich sich aus dieser ekelhaften Verderbtheit erheben kann?"

*) Viele der hochgestelltesten Generale waren aus der Hefe des Volkes hervorgegangen und hatten so gut wie keine Erziehung genossen.

unerfättlichen Stolz des Kaisers. Mehr noch als durch die Repräsen=
tanten des alten Adels erhielt Napoleons Machtfülle ihre Illustration
durch die Anwesenheit ausländischer und meist deutscher gekrönter Häupter
und ihrer Hofstaaten. Die zur Schau getragene Bewunderung dieser
Vasallen über Alles, was sie im Louvre oder in den Tuilerien oder
einem der kaiserlichen Paläste zu sehen bekamen, war eine so intensive
und verließ so sehr den Boden guter Erziehung und männlicher Selbst=
achtung, daß diese fremden Größen nur mit spöttischen Blicken angeschaut
wurden.

Der Großherzog von Frankfurt war nicht der Letzte, der sich durch
den Glanz des Pariser Hofes blenden ließ — ja der greise Herr
fühlte in der berauschenden Luft sich selbst veranlaßt, die französische
Galanterie mit ihrer Leichtigkeit der Unterhaltung, ihrem Witz und ihrer
Kühnheit nachzuahmen — ein Bestreben, das ihm herzlich wenig ge=
lingen wollte. — Da der Kaiser den Luxus und die Pracht seiner
Umgebung als ein Zeichen ihrer Loyalität auffassen zu wollen erklärt
hatte, spottete bald der Reichthum der Hofkleider, der Kleinodien, der
Karossen und aller der Aeußerlichkeiten, die der Mode unterworfen waren,
jeder Beschreibung. Bald war der Hofstaat tief verschuldet und hing
ganz von der Gnade des Kaisers ab, der dies mit unverhohlener Be=
friedigung zu erkennen gab. Wer an einem der großen Feste die reich=
geschmückte Versammlung, den entzückenden Kranz schöner Frauen, die
farbenreichen, an orientalische Pracht gemahnenden Kostüme, die Herr=
lichkeit der gediegenen goldenen und silbernen Geschirre, der Porzellane
und Krystalle, die Pracht der Bilder und kostbaren Statuen, und das
Alles in einem Meer von Licht, hundertfach wiederholt durch riesige
Spiegel, anschauen durfte, den mußte ein solcher Anblick verwirren und
blenden; mit Recht schien der Kaiser sagen zu dürfen, sein Hof sei glän=
zender wie der des großen Ludwig, dessen Ceremonien man mühsam aus
den großen Folianten der früheren königlichen Bibliothek herausstudirt
und äffisch nachgeahmt hatte. Aber auch hier trog der Schein, und mehr
noch als irgend wo anders im weiten Kaiserreiche. Wo war die un=
nachahmliche Grazie des siècle Louis XIV, die nisance, der esprit
— alle die urfranzösischen liebenswürdigen Eigenschaften, für die eine
andere Sprache keinen Ausdruck hat — wo die bonmots, die wie
Mücken in der königlichen Hofluft umherschwirrten, die man sich, von
Herzen lachend, im oeil de boeuf erzählte, und deren keiner seinen Stachel
selbst für die heutige Zeit seinen Kitzel nicht verloren hat. Nichts von
all dem gallischen Frohsinn, der Leichtherzigkeit, der selbst in ihren Aus=

wüchſen noch anmuthigen Frivolität. An Napoleons Hofe herrſchte bleiche Furcht, düſteres Schweigen, lähmendes Mißtrauen.

Talleyrand ſagte einſt bei einem Hoffeſt zu einer Schaar ſchüchtern in einer Ecke ſtehender Damen mit ſeiner feinen Ironie: Der Kaiſer ſpaße nicht, er habe befohlen, man ſolle ſich amüſiren, und werde die beſtrafen, die dieſem Befehle nicht nachkämen. Zum Hofmarſchall ſagte er aber lachend:

„Il vous faut amuser l'inamusable.“

Wir leſen in den Memoiren einer Hofdame:*)

„Das Ceremoniell vollzog ſich, als wenn ein Trommelwirbel dazu die Signale gäbe; man that Alles im Geſchwindſchritt. Dieſe Art der Ueberſtürzung, die ewige Furcht, die er einflößte, verbunden mit dem Mangel an geſellſchaftlichem Geſchick, verlieh ſeinem Hofe einen mehr traurigen als würdigen Anſtrich und gab allen Geſichtern den Ausdruck einer Beklemmung, die ſich auch inmitten der glänzendſten, ewig wieder= holten Feſte nie verleugnete.“

Das Prinzip des Kaiſers und zwar das offen ausgeſprochene war, nicht durch die guten, ſondern durch die ſchlechten Eigenſchaften der Menſchen über ſie zu herrſchen.**) So wollte er von ſeinen Unter= gebenen kein herzliches Vertrauen, ſondern ſklaviſche Furcht. „Il faut tous tenir en haleine“, ſagte er oft mit ſeinem heiſeren Lachen, und von der freundlichen und zu Herzen gehenden Leutſeligkeit eines Heinrich des Vierten hielt er ſo wenig, daß, als einmal die Rede auf dieſen Fürſten kam, er unwillig ſagte: „Ihm fehlte der Ernſt. Es iſt albern, wenn ein Souverän leutſelig ſein will. Was bezweckt er damit? Will er ſeine Umgebung daran erinnern, daß er ein Menſch iſt wie die anderen? Welcher Widerſpruch. Sobald ein Menſch die Krone trägt, ſteht er hoch über Allen. Ich habe immer den Inſtinkt richtiger Politik

---

*) Dieſe nannte man wegen ihres eiligen Laufes ſpottweiſe die postillons du palais. Sie durften auch keine Schleppen tragen.

**) Ein feiner Beobachter bei Hofe ſagte:

„Bonaparte a l'idée funeste que la vertu n'existe nulle part et n'est qu'une ruse ou qu'une affection de plus. Il ne pardonnait à la vertu que lorsqu'il avait pu l'attendre par le ridicule.“

Talleyrand hatte Bonaparte vor ſeinem erſten Feldzuge in Italien 1796 100 000 Franks geborgt. Der Kaiſer fragte ihn ſpäter, was er dabei beabſichtigt habe. Als Talleyrand erwiderte, er habe es gethan, weil er ſeinem Herzen nahe geſtanden habe, antwortete er trocken: „Dans ce cas et si c'était réellement sans prévision, vous faisiez une action de dupe.“

in der Idee Alexanders gefunden, der von einem Gotte abstammen wollte." — Wunderbar kontrastirte mit dieser Auffassung die Benutzung jeder Gelegenheit, die sich darbot, um seiner Umgebung klar zu machen, wie er aus dem Niedrigen, freilich durch eigene kolossische Kraft, emporgestiegen sei. Wie oft hat Napoleon gekrönten Häuptern mit grimmigem Vergnügen von der Zeit erzählt, wo er noch simpler Artillerielieutenant war; wie höhnte er seine eitlen Schwestern, die immer neue Ehren für sich in Anspruch nahmen: „En vérité; à voir vos prétontions, mesdames, on croirait que nous tenons la couronne des mains du feu notre père." Und diese Krone, wie gerne rühmte er sich, sie auf dem Boden liegend gefunden und mit der Spitze seines Degens aufgehoben zu haben.

Wenn in der heiligen Schrift die Worte zu lesen sind: „Die Liebe treibet die Furcht aus", so gilt wohl auch die Umkehr des Satzes: „Die Furcht tödtet die Liebe."

Man hat Napoleon bis zuletzt gehorcht, aber im Innern hat man ihn gehaßt und verabscheut. Dafür nur ein Beispiel. Niemand hat dem Kaiser treuer gedient, als Caulaincourt. Im Feldzug 1813, als eine Granate neben jenem sich in den Boden wühlte, deckte dieser den Gebieter mit seinem Körper. Am Abend dieses Tages fühlte er sich aber veranlaßt, zu sagen: „Immerhin! Ich würde an keinen Gott glauben, wenn er diesen Menschen auf dem Throne sterben ließe."

Der Kaiser hat aber nicht nur durch Furcht sich der unbedingten Herrschaft über seine Umgebung zu versichern gewußt, sondern durch viel gemeinere Mittel. Er mußte zunächst Jedermann Mißtrauen gegen seine besten und erprobtesten Freunde einzuflößen. Geradezu vergiftend hat das niederträchtige Spionirsystem Fouchés und Savarys gewirkt, die jede unschuldige Aeußerung, jeden unvorsichtigen Brief auffingen, um ihn ihrem Meister zu überbringen. Angstvoll forschte man daher in seinen Mienen, ob er wohl etwas Ungünstiges gehört habe — die kleinsten Nüancen seines Ausdrucks waren der Gegenstand ernstester Kommentare. Daher entstand denn jene naïveté de principes, die den Freund, die Ehre, Alles opferte, nur um in absoluter Blindheit dem Mächtigen zu gehorchen. So wollte dieser auch, daß man ihm diene; sagte er doch mit Befriedigung: „Wenn ich von Savary verlangte, er solle mir Frau und Kinder opfern, er würde sich keinen Augenblick besinnen." Der bis zur Verzweiflung trockene, verschlossene Duroc, der stets unverdrossene Berthier, der nie über den Grund eines Befehls nachdachte, sondern nur über die Mittel, ihn auszuführen — dies waren die Persönlichkeiten, denen Napoleon einen Schimmer von Wohlwollen entgegenbringen zu dürfen glaubte. Und doch war Berthier der Ersten einer, die ihn verließen, und Durocs Todesstunde traf den Kaiser mit dem aufrichtigen Fluch eines Herzens, das endlich sagen darf, was es fühlte.

Trotz aller rauschenden Festlichkeiten war die Signatur des kaiserlichen Hofes eine mit Grandezza ängstlich ertragene Langeweile. Wir sagen „ängstlich" ertragene, denn die Frage des Hofes war: „A-t-il ri, a-t-il parlé, a-t-il grondé?" Bis daß der Kaiser in den Saal trat, war Jeder mit seinen eigenen Gedanken beschäftigt; manch ernstes Examen, manch stille Einkehr in sich selbst wurde da vorgenommen, nur daß nicht Gott der Richter war, sondern Napoleon. Bei den Theateraufführungen in St. Cloud, La Malmaison ꝛc. kam es oft vor, daß das gedankenschwere Haupt des Cäsaren sich neigte und in Träumereien verfiel, bei denen man nicht wußte, ob der Geist im Zustand des Wachens oder des Schlafens sich befand. Dann herrschte Todtenstille in der glänzenden Gesellschaft — die Schauspieler selbst mäßigten den Klang ihrer Stimmen, und Hunderte von Augen versuchten in den marmornen Zügen zu lesen, ob eine gütige Fee mit freundlicher Hand die Runzeln der Stirn glätten möchte, oder ob düstere Gespenster der Vergangenheit ihm die Brauen zusammenziehen ließen. Begrüßte man doch jede Regung rein menschlichen Gefühls bei dem Kaiser wie einen Sieg der Menschheit überhaupt. Welch wunderbares Schauspiel — diese Zuschauer vor der Szene! Die Damen vergaßen das lockende Spiel ihrer Augen, den Schlag ihres Fächers und schauten so stumm und starr vor sich hin, wie die Männer, denen die französische Galanterie ein Fremdwort geworden zu sein schien, deren einziger Gedanke darauf hinaus ging, dem Herrscher so zu dienen, „pour ne manquer pas sa fortune." Wenn dann der Kaiser aus seinen Träumereien erwachte und mit einem hastigen Zucken emporschnellte, um wie geistesabwesend auf die Bühne zu starren, dann ging ein leises Schauern durch die glänzenden Reihen, ein Neigen und sich Erheben, wie wenn ein Windstoß über ein Kornfeld fegt — die Schauspieler erhoben ihre Stimmen und spielten ihre Rolle so, wie sie glaubten, „Ihm" zu gefallen. Wortlos verließ dann der Kaiser den Saal — geräuschlos leerte sich dieser unmittelbar nach seinem Verschwinden. — Jeder Einzelne athmete auf in dem Bewußtsein, sich wieder selbst anzugehören. Napoleon hat nie geduldet, daß die Weiber auch nur im Entferntesten Einfluß auf seine Entschließungen gewönnen — seine Umgebung hat automatisch ihm auch hierin nachgeahmt. Die Tradition, daß in Paris ein schönes Auge mehr gelte, wie eine hohe Stirn, litt hier Schiffbruch — die Frauenwelt am Napoleonischen Hofe ist nie etwas Anderes gewesen, wie eine schöne Staffage, eine Theatercoulisse, die um so weniger zu bedeuten hat, je größer die Acteurs sind, denen sie ihr Relief zu geben berufen ist.

Eine geistreiche Dame jener Zeit fühlte sich einst veranlaßt, zu sagen: „Die Tyrannei ist ein scharfer Hobel." Darin lag ausgesprochen, daß keine Originalität, keine sich frei entwickelnde Größe, keine Spezialität von irgend welcher Bedeutung am Napoleonischen Hofe Platz zur Entfaltung finden konnte. Die Sichel der kaiserlichen Autorität fuhr darüber hin, als wenn sie Rasen unter kurzer Scheere halten wollte — wenn daher einer ein Schlagwort brauchen wollte, um die Fähigkeiten der Napoleonischen Diener zu kennzeichnen, so würde er sagen müssen, sie waren von „beschränkter Mittelmäßigkeit". Es kann das kein Tadel für die Zeit selber sein, denn man kann auch keinem Baum den Vorwurf machen, daß er nicht wächst, wenn man ihm Licht und Luft vorenthält. Der Kaiser selbst wollte keine Talente um sich leiden, um mit seinem Genie desto unumschränkter zu herrschen. Daher aber auch seine Verachtung, die er selbst seinen höchsten Staatsdienern entgegentrug. Schon im Jahre 1806 äußerte er über seine Marschälle:

„Davoust ist ein Mann, der nie den Ruhm wird tragen können, den ich ihm zubillige; Ney hat etwas Undankbares und etwas vom Verschwörer in sich. Wenn ich von der Hand eines Marschalls sterben sollte, so könnte ich wetten, daß es von der seinigen wäre. Moncey, Brune, Bessières, Victor, Oudinot sind mittelmäßige Menschen, die nur das Vorrecht haben, „soldats en titre" zu sein."

Frau v. Remusat setzt hinzu:*)

„Man sah, daß der Kaiser eifersüchtig auf Masséna gewesen war. Soult beunruhigte ihn zuweilen. Geschickt, grob, ehrgeizig, kämpfte er mit seinem Meister und wagte es, Bedingungen zu stellen. Der Kaiser mußte Augerau zu imponiren, welcher mehr durch bäuerische Derbheit als durch Festigkeit des Charakters sich hervorthat. Er kannte und verletzte ungestraft die eitlen Ansprüche ebenso wie die fortwährend üble Laune Macdonalds, Lannes war sein intimer Freund in früheren Zeiten gewesen; zuweilen wollte der Marschall sich darauf stützen, wurde aber dann bedeutet, er habe das nunmehr zu vergessen. Wie wenig Napoleon seine Feldherren achtete, geht am besten

---

*) Mémoires de madame de Remusat II, 370.

aus der Art und Weise hervor, wie er ihre Verdienste um das Vaterland der Nation zur Kenntniß brachte. Er hatte sich einen eigenen
Ausdruck angewöhnt, um zu bezeichnen, wen er berühmt machen wollte;
er sagte: „je veux donner de la gloire à tel et tel." Dann las der
Betreffende plötzlich zu seinem Erstaunen in einem der Kaiserlichen
Bulletins, daß er diese oder jene heroische That begangen, oder einen
sublimen Einfall gehabt habe, der den Sieg gewonnen. Andrerseits
wurden die hervorragendsten Thaten mit Stillschweigen übergangen, wenn
der Kaiser nicht gewillt war, ihrer Erwähnung zu thun. So ist die
Kriegsgeschichte der Napoleonischen Feldzüge mit Fälschungen der Wahrheit geradezu durchtränkt. In dem engen Kreise einer Division, eines
Armeekorps wurde wohl die Wahrheit bekannt, und der französische
Charakter war mehr als geneigt, seine Glossen darüber zu machen. Im
Ganzen und Großen ist es aber Napoleon gelungen, seine Zeitgenossen
den Gang der Ereignisse in dem Lichte erblicken zu lassen, das er zu
seinem eigenen Ruhme für passend hielt — nie ist einer der Marschälle
deshalb in die Lage gekommen, seinen Herrn und Meister auf kriegerischen
Ruhm eifersüchtig zu machen. Frau v. Remusat erinnert sich, den Kaiser
sogar haben sagen zu hören: „Je n'aime à donner de la gloire qu'à
ceux, qui ne peuvent la porter." Hand in Hand damit ging die
Aeußerung über seine beiden größten Generale: „On ne sait pas ce
que c'est que d'avoir à tenir deux hommes comme Soult et Ney."*)
— Seine Kriegsgenossen durften daher bloß den Sockel abgeben, auf
dem seine eigene Größe riesenmäßig sich abhob. Einem befreundeten
Journalisten hatte er einst gesagt, als er 1796 nach Italien zog: „Denken
Sie daran, in den Berichten über unsere Siege nur mich zu erwähnen,
nur mich! Verstehen Sie?" So schrieb er einst eigenhändig mit seiner
schweren, unleserlichen Handschrift in eines seiner Bulletins: „Man kann
mit zwei Worten das Lob der Armee aussprechen. Sie ist würdig
ihres Führers." — Was der Kaiser von der Moral seiner Paladine
hielt, beweist wohl am besten seine Ermahnung, sie sollten künftighin
(1806) in den eroberten Ländern nicht mehr rauben; er wolle ihnen
mehr geben, als sie rauben könnten. Nur uneble Motive konnten es

---

*) Er hat nur Todte gerühmt — Desaix — Kleber. Von Turenne sagte er:
„Celui je l'aurais battu." Tiefe Bewunderung hegte er indeß vor Friedrich dem
Großen. Dem Erzherzog Karl hatte er einen Ehrendegen zugedacht; nach einer
Unterredung mit ihm 1805 sagte er aber zu seinem Hofmarschall, der ihm den
Degen überreichte: „Laissez moi — c'est un imbécile." Er wurde aber von diesem
imbécile vier Jahre darauf bei Aspern zum ersten Mal geschlagen.

daher sein, die diese an ihren Herrn banden — der Kaiser bezeichnete ihre Anhänglichkeit am besten mit den Worten: „Ich habe sie zu Mitschuldigen gemacht", und er konnte das sagen, seit diese es über sich gewonnen, dem Kaiser zur Ermordung des Herzogs von Enghien in feierlicher Auffahrt Glück zu wünschen. Sagte doch auch der Kaiser von ihnen: „Sie werden nie so schnell laufen, daß ich sie nicht einholen könnte." — Wessen aber diese hohen Würdenträger ihren Meister für fähig hielten, lehren uns die Befürchtungen Lannes, der bei einem Unwohlsein 1805 es laut aussprach, er glaube, der Kaiser habe ihn vergiftet. Wie oft hat auch der mächtige Monarch in stiller Nacht seinen verschwiegenen Arzt Corvisart rufen lassen und, schreckensbleich und die Stirn von kaltem Schweiß überdeckt, ihn gefragt, ob seine Magenschmerzen keine Symptome einer Vergiftung seien. Man möchte ausrufen: „Welch unermeßlich unglückliches Dasein." Wunderbar erscheint es, daß die Armee nie verlernte, den Kaiser wie einen Halbgott zu verehren. Napoleon ist es stets gelungen, seine Regimenter trotz der blutigsten Verluste, der herbsten Entbehrungen in beinahe kindlicher Liebe an seine Person zu fesseln. Eine Erklärung mag in dem Umstand liegen, daß die rasche Folge der Kriege die Armee kaum zur Besinnung kommen ließ, daß der Rausch des Ruhmes, der Ehre, der gewonnenen Beute gar nicht Zeit hatte zu verfliegen. Ein französischer Schriftsteller sagt sehr richtig:

„Seine Eroberungspolitik zwang ihn, immer kriegsbereit zu bleiben; übrigens mußte er die Armee stets weit vom heimischen Herde halten, um sich ein ganz gefügiges Werkzeug aus ihr zu schaffen. Es gelang ihm, sie ganz ihrer ursprünglichen Gesinnungen zu entkleiden, so daß sie ihm ohne Vorbehalt blind angehörte, die nationale Erinnerung verlor und von nichts mehr wissen wollte, als von ihrem Kriegsherrn, dem Siege und der Sehnsucht nach dem Raube, welcher alle Gefahren in verklärtem Lichte erscheinen ließ."

Wohl kaum ein anderes Volk, wie das französische, würde einen Mann, wie Napoleon, so lange ertragen haben, ohne zu murren, ja ohne auch nur im Geringsten ein Gefühl sichtbar werden zu lassen, daß es das aufgelegte Joch empfinde. Dem Kaiser kam zu Statten, daß seine Unterthanen der Phrase, dem Scheine, zugänglich waren und sich geschmeichelt fühlten in dem Glauben, daß sie es wären, die den Erdball beherrschten. Wie ein Magister seinen Schülern, konnte der Kaiser ihnen daher zurufen: „Franzosen! Ich bin mit Euch zufrieden, Ihr seid ein gutes und großes Volk." So wenig lauter waren die Worte des

Herrschers, daß Talleyrand Frankreich ein Parterre nannte, vor dem der Kaiser seine Vorstellungen gäbe. Einen Köder warf der kluge Tyrann der in Banden gehaltenen Nation hin und er hat sie lange damit zu bethören gewußt, mit der so oft in den Himmel erhobenen und gepriesenen „Gleich=heit" jedes Bürgers vor dem Gesetz. Mit diesem Schlagwort der Republik glaubte Napoleon allen Verpflichtungen, die er seiner Vergangenheit schuldete, gerecht zu werden. Wie oft wurde überwundenen Völkern diese „égalité" an Stelle der verlorenen Selbstständigkeit wie ein Geschenk der Götter gerühmt. Nie aber hat ein Monarch weniger sich selbst durch die Gesetze gebunden gehalten, wie einer sie willkürlicher verletzt. Er war nicht, wie Friedrich der Große, der erste Diener des Staates, sondern dieser mußte ihm sklavisch dienen. Er glaubte auch, daß diese Unterdrückung nie dem französischen Volke fühlbar werden würde, wenn seine Sklaverei nur eine glänzende bliebe. Dadurch wird aber auch sein Bestreben erklärlich und nothwendig, durch immer neuen kriegerischen Ruhm das Volk am Nachdenken zu verhindern, es gewisser=maßen nicht zu sich selbst kommen zu lassen. Deshalb hat auch später Napoleon nie zu rechter Zeit Frieden schließen können (man denke an Dresden 1813, Chatillon 1814), denn er fühlte wohl, daß er unrettbar an dem Tage verloren sei, wo sein Prestige in den Augen seines Volkes gelitten habe. Unbegreiflich bleibt es, daß der Kaiser dies Geheimniß seiner Herrscherkunst oft unverhohlen aussprach. So sagte er einst: „Glanz und Ruhm haben nie verfehlt, die Franzosen trunken zu machen." Ein ander Mal: „Es ist bequem, die Franzosen bei der Eitelkeit zu packen."

Daher denn auch bei aller Verachtung der Menschheit eine bleibende Furcht vor einer plötzlichen Erhebung des Volkes. Bei allen Gelegenheiten, die seine Armee mit den breiten Schichten des eigentlichen Volkes in Berührung brachten, war seine erste Frage: „Bürgt Ihr dafür, daß das Volk sich nicht erhebt?" Selbst eine harmlose Schlägerei seiner Soldaten mit Handwerkern und Bauern war ihm peinlich, und er verlegte sofort den Truppentheil, der sich irgend mißliebig gemacht hatte. Selbst wenn das Recht ganz auf Seite seiner Sol-baten war, bestrafte er die Schuldigen nicht, sondern wußte erstere durch Geldgeschenke zu besänftigen. Wohlverstanden wurde dieses Ver-fahren nur im eigentlichen Frankreich und besonders in Paris beliebt — in den eroberten Ländern durfte die Soldateska thun und lassen, was sie wollte. Wunderbar bleibt diese Scheu bei dem ehernen Manne, der kaltblütig die Pariser am 13. Vendemiaire hatte niederkartätschen lassen

22*

und diese Maßregel mit den trockenen Worten rechtfertigte: „Je voyais des gens en veste attaquer des hommes en uniforme et cela me choquait." — Der Haß, den der Kaiser jeder freiheitlichen Regung entgegentrug, fand eine beinahe komische Illustration in der Art und Weise, wie er die englische Verfassung und die freie Presse dieses Landes beurtheilte. Man muß lächeln, wenn man die von ihm inspirirten Artikel des „Moniteur" liest, welche die Majorität im Parlament eine unerträgliche Thrannei einer gewissenlosen „Oligarchie" nennen — der die gerechte Demokratie des französischen Staatslebens rühmend gegenüber gehalten wird. Man war sogar ungeschickt genug, den eng-lischen Minister mit Marat zu vergleichen. Mit Zittern und Zagen sah der Napoleonische Hof ein Paket englischer Zeitungen in das Kabinet des Kaisers tragen — denn die ärgsten Wuthausbrüche waren stets die unausbleibliche Folge dieser Lektüre. Vernichtend für die Ehrlichkeit der Napoleonischen Diener sind aber die Worte Talleyrands, die dieser zum allgemeinen Erstaunen einst auszusprechen wagte, als die Hoffnung laut wurde, Irland gegen die Engländer zu insurgiren: „Zittert, Ihr Thoren, vor einem Siege des Kaisers über die Engländer. Wenn deren Ver-fassung vernichtet ist, dann seid fest versichert, daß die Civilisation der Welt bis in ihre Grundfesten erschüttert wird." Eine widerwillige aber hohe Anerkennung hat Napoleon den Engländern dadurch widerfahren lassen, daß er einst ausrief: „Es giebt nur zwei Nationen — Franzosen und Engländer" — (Le reste n'est rien).

Der skeptische Sinn der Pariser, ihr unbesiegbarer Hang, das Er-habene durch ihren Straßenwitz in den Staub zu ziehen, ihre natürliche Vertrautheit mit den Schwächen und Skandalszenen des kaiserlichen Hofes hatten es zu Stande gebracht, daß der Kaiser nie ganz Herr ihrer Gemüther wurde. Selbst die tönenden Phrasen seiner Bulletins machten keinen Eindruck in der nervösen und feinfühligen Metropole, die sich weniger um die ausposaunten Siege kümmerte, als es sich angelegen sein ließ, in den Worten des Kaisers nach stylistischen Schwächen und grammatikalischen Inkorrektheiten zu spüren. Wie oft haben Pariser quatrains „den Italiener", wie man Napoleon zu seinem Aerger nannte, verhöhnt, wie oft fand er die verhaßten Zettel mit den beißenden Versen im Innern seiner abgeschlossensten Gemächer. Die Pariser sowohl wie der Kaiser konnten eine gewisse Befangenheit nicht überwinden, wenn sie sich gegenseitig nahe wußten, und Paris athmete sichtlich auf, wenn der bekannte, mit acht Hengsten bespannte grüne Reisewagen in donnerndem Galopp zu seinen Thoren hinausgerollt war. Deshalb hat der Kaiser sich nach dem Applaus in den Theatern gesehnt wie ein Schauspieler, der das Lampenfieber hat; Fouché aber wußte, daß er eine Claque für den großen Acteur bringend brauchte, wenn er herben Vorwürfen über die Illoyalität der Pariser sich entziehen wollte. Ganz unverständlich blieb es daher Napoleon, daß die Wiener nach Austerlitz und die Berliner nach Jena sich nach der Rückkehr ihrer geliebten Landesväter sehnten. In Wien brauchte er die Worte: „Schnurriges Volk! Wenn ich so nach Paris zurückkäme, sie gäben mir gewiß bittere Pillen zu schlucken." So mußte sich denn der Kaiser darauf beschränken, seine Pariser durch befriedigte Neugierde zu gewinnen. Ein Tagebuch aus jenen Tagen sagt denn auch: „Man gewöhnte sich daran, unaufhörlich irgend welche Neuig= keit zu wünschen und zu erwarten; seitdem hat der Kaiser es verstanden, fortwährend das Gefühl persönlichen und nationalen Ehrgeizes wach zu halten, welches mit Neugier und Wünschen verquickt war; es war dies nicht der am wenigsten glückliche Einfall, um seine Herrschaft zu sichern."

Durch die merkwürdige Eigenschaft der französischen Nation, sich gern und willig unter der gewaltigen Faust eines genialen Herrschers zu beugen, ist es Napoleon gelungen, ihr jahrelang Opfer zuzumuthen, wie nie ein Volk größere gebracht hat. Sie wurden aber zuletzt doch ängstlich, mürrisch oder unter lauten Verwünschungen gebracht. Vielleicht wäre es dem Kaiser gelungen, die anfängliche „Opferfreudigkeit" seines Volkes sich zu erhalten, wenn sein Charakter und seine Umgangsformen den Franzosen hätten sympathischer sein können. Ein langjähriger Diener des Kaisers will bemerkt haben, daß er in seiner Jugend ein Träumer, später ein Melancholiker wurde und in den letzten Jahren seiner Herr= schaft sich von einer fortwährenden schlechten, galligen Laune bemeistern ließ. Für solche Gemüthsrichtungen hat aber der Franzose nie Ver= ständniß gehabt. In der Jugend hatte in der That Meeresrauschen und leises Flüstern des Windes, die monotone Klimperei italienischer Musiker den Feuergeist in einen Zustand der Träumerei zu versetzen gewußt, der ihn der Erde fast entrückte. Eine eigenthümliche abergläu= bische Richtung hatte ihn die Geheimnisse der Dämmerstunde, das ge= dämpfte Licht einer verhängten Lampe schätzen gelehrt, um den Schauer des Kindes zu empfinden, das sich an Gespenstergeschichten weidet und sie zugleich fürchtet. Dann war eine Zeit gekommen, in der Napoleon, wenn er sich unbeachtet glaubte, einen Weltschmerz zur Schau trug, der an deutsche Sentimentalität, wenn auch nur von ferne, erinnert. Dann entschlüpften ihm Worte, wie: „Glück! Ach, wie kann in diesem Jahr=

hundert davon die Rede sein." oder: „Leider! Ich bin nicht zum Vergnügen geschaffen."

Diese Gemüthsstimmung änderte sich, seit die Scheidung von Josephine
in der Luft schwebte, und machte einer eisigen Kälte Platz, die seine Umgebung geradezu erstarrte. Dieser Umschwung datirte von dem Frieden
von Tilsit, und man gestand sich bei Hofe, daß ein Jeder seit dieser Zeit
sein Joch schwerer werden fühle.

Talleyrand rief einst prophetisch aus:

„Wenn eine Prinzessin von Geblüt hierher kommt, dann bricht der
Kaiser mit dem ganzen Hof, und wir Alle werden zermalmt werden."

Die wachsende Herbigkeit des Kaisers sprach sich am offenbarsten
in seinen Gesprächen bei den glänzenden Hoffesten aus. Früher hatte
Napoleon oft ein Wort des Scherzes für Den oder Jenen gehabt, wenn
es auch beißend genug war — jetzt durchschritt er meist finster die Reihen
der sich tief vor ihm Verneigenden und fragte diese oder jene Persönlichkeit nur kurz und trocken nach ihrem Namen. Selbst auf den Revüen
seiner Regimenter unterließ er es mehr und mehr, einzelne dekorirte
Soldaten mit freundlichen Fragen zu beehren, wo sie sich ihre Aus-
zeichnungen verdient. Mochten seine Armeen zu groß oder die alten
Kriegskameraden, vor Allem die Aegyptier immer weniger werden —
der Kaiser zeigte auch seinen Soldaten nur selten noch ein freundliches
Gesicht, vielmehr schritt er düster die langen glitzernden Reihen entlang,
die schmalen Lippen auf einander gepreßt und Blitze aus seinen Augen
sendend. Erleichtert athmeten die auf, an denen sein forschender Blick
ohne Tadel vorübergeglitten. Wenn Napoleon auch in seiner frühesten
Jugend nie der Menschheit Vertrauen geschenkt hat, so kannte doch sein
Argwohn in den letzten Jahren seiner Regierung keine Grenzen mehr.
Persönlichkeiten, die er so eben erst erhoben, wurden ihm verdächtig; er
erschrak vor den Rechten, der Bedeutung seiner eigenen Schöpfungen und
hob diese selber auf, indem er, Stück für Stück, ihnen die Möglichkeit
der Existenz beschnitt. Man hörte ihn oft sagen, daß er wohl verstehe,
die unabhängig gewordenen Großen seines Reiches zu verhindern, undankbar zu sein — und doch hat er gerade hierin am schwersten geirrt.
Nichts war in Folge dessen dem Kaiser verhaßter, als das Einverständniß
oder gar die Freundschaft irgend welcher Persönlichkeiten. Er hatte im
Felde zu oft das „divide et impera" auszuführen gesucht, um diesen
Satz nicht auch auf sein politisches Leben übertragen zu wollen. So
säete er mit Absicht Mißtrauen, Verleumdung, Argwohn in jedes einzelne

Herz — er wollte jeden Einzelnen seiner Umgebung vereinsamen und von sich allein abhängig machen — er allein wollte die Sonne sein, in der alle Strahlen ihren Mittelpunkt und ihren Ausgang fänden. Wie oft hat man ihn sinnend die Sonne, das Symbol der Macht Ludwigs des Vierzehnten, betrachten sehen und die Inschrift mit bebenden Lippen wiederholen: „nec pluribus impar". Welch unermeßliche Oede muß darum im Herzen des großen Imperators trotz aller Ruhmesfülle, trotz der beispiellosesten Triumphe geherrscht haben. Erklärlich wird es aber, daß bei der eisigen Menschenverachtung, die ihn mehr und mehr über- kam, der befriedigte Ehrgeiz allein seine Seele zu fesseln wußte. Man sah ihn deshalb bei den großen Hoffesten sich wie einen Tiger auf seinen Thron stürzen und das langsam abgemessene, würdige Einherschreiten, das er früher von dem Schauspieler Talma zu lernen versucht hatte, als etwas Ueberflüssiges und Lästiges bei Seite lassen. Unbeschreiblich soll der Ausdruck gewesen sein, wenn er eine auf sammetnem Kissen ihm gereichte Krone ergriff und auf seine Stirne drückte. Von dem Mund, der selbst den Wohllaut des Italienischen durch die rauhe heisere Aus- sprache vernichtete, klangen die Worte wie ein zermalmender Hammer- schlag: „Je lo veux!"

Einen solchen Charakter konnte das Glück nie heiter oder gar dankbar stimmen. Als Napoleon nach Wagram 1809 in Paris erwartet wurde, sagte seufzend die Kaiserin: „Der Kaiser ist so von Glück ver- folgt worden, daß er sicherlich viel schelten wird." Das maßlose grobe Schimpfen, die heftigen brutalen Szenen, die sich aber in der That bald darauf abspielten, bei denen der Kaiser wie ein betrunkener Hand- werker mit einem Stock die Möbel seiner Zimmer in Stücke schlug, entlockten dem sardonischen Mund Talleyrands die Worte: „Wie schade, daß ein so großer Mann eine so schlechte Erziehung erhalten hat." — Der Frohsinn, der Witz, die gute Laune, die Sicherheit, die bereit- willige und dankbare Pflichterfüllung waren vom französischen Hofe ganz gewichen und hatten einer scheuen, gedrückten, sklavischen Stim- mung Platz gemacht, in der die unlautersten Leidenschaften üppig wie Giftpflanzen wucherten. Von Leuten, die mit dem Kaiser nicht in nähere Berührung kamen, mag er bis zuletzt verehrt und geliebt worden sein — Alle, die ihn kannten, haben ihn fürchten und Viele hassen gelernt. Napoleon, in unverständlicher Offenheit, ließ sich einst dazu hinreißen, dem geheimen Gefühl seiner Umgebung Ausdruck mit den Worten zu verleihen:

„L'homme vraiment heureux est celui qui se cache de moi

au fond d'une province et, quand je mourrai, l'univers sera un
grand „ouf"."

Fast scheint es unmöglich, daß in einem Menschen so viel Niedrig-
keit mit so viel erhabener Größe sich habe verschwistern können. Unwillig
möchte man die Flecken von der Erscheinung wegwischen, die riesengroß
und reckenhaft aus dem Nichts hervorgegangen, von Natur aus die
Sympathie aller ringenden und strebenden Erdenbewohner sich sichern zu
müssen schien. Umsonst — die Flecken haften fest, und unvertilgbar hat
sie jener große Geist gemacht durch das System beispielloser Lüge, das
er noch als Verbannter in St. Helena beizubehalten für gut fand. —
Selbst die Worte, die er sterbend hauchte, waren nur die Konsequenz
dieser in Fleisch und Blut übergegangenen Unwahrhaftigkeit; der große
Kaiser ist in sein Grab gestiegen, weniger bekümmert um die Unsterblich-
keit seiner Seele als um die seines Namens, und uneingedenk des von
ihm selbst so oft angeführten Spruchs: „Memento — quia pulvis es."

Diese Charakteristik des Napoleonischen Hofes und seines Mittel-
punktes könnte überflüssig erscheinen, wenn der Ausfluß der geschilderten
Stimmungen und Verhältnisse sich nicht in den abhängigen Rheinbunds-
staaten auf das Intensivste geltend gemacht hätte. Paris war nicht
allein die Hauptstadt Frankreichs, sondern auch des Rheinbundes, ja
aller von Napoleon irgendwie abhängigen Staaten. Wie sehr der Kaiser
diese Auffassung als die maßgebende betrachtete, beweist sein naives Verlangen, daß in Zukunft jeder europäische Fürst sein Hotel in Paris haben
und sich alljährlich einige Zeit an seinem Hofe aufhalten müsse. Englische Blätter äußerten auch bereits im Jahre 1810 ihre Befürchtungen
vor diesem Föderativsystem, das Frankreich binnen Kurzem zum Schieds-
richter des Kontinents machen müsse. Wenn im 17. Jahrhundert die
Persönlichkeit Ludwigs des Vierzehnten und seine Hofhaltung in Deutschland oft in lächerlicher Weise nachgeahmt worden war, so versuchten
jetzt Viele der kleineren Rheinbundfürsten, ihre Staaten und sich selbst
nach den großen französischen Mustern zu formen. In diesen Bestrebungen mochte vielleicht der Herzog von Anhalt allen Uebrigen voran-
gehen — den zweiten Preis in diesem Wettlauf dürfte indeß unstreitig
Dalberg verdienen. Während er noch als Fürst Primas alle Ueber-
stürzung gescheut und mit schonender Hand versucht hatte, Gesetz und
Verwaltung nach neuem Muster allmälig zu gestalten, fiel auch er jetzt
in seiner nivellirenden Reorganisation des Großherzogthums in hastige,
schonungslose Eile, und hart und rauh legte sich seine früher so milde
Hand auf das ihm anvertraute Land. Bei aller Verblendung, die Dal-

bergs Urtheil über Napoleon getrübt hat, war er doch zu klug, um nicht zu sehen, wie der Kaiser die interregna nur liebte, um desto sicherer zu einem Endziel zu gelangen. Dies war offenbar die Französirung des Rheinbundes und seine endliche Einverleibung in das Kaiserreich — was dann kommen mochte, lag im Zeitenschooße freilich noch verborgen.

Mit geheimem Grauen bemerkte Dalberg ein immerwährendes Vorrücken der französischen Prinzen nach Osten. Jerome hatte seine Herrschaft bis an die Elbe vortreiben dürfen, in Mitteldeutschland sollte Beauharnais folgen. Die oranischen, hessischen, welfischen, oldenburgischen Fürstenhäuser waren vertrieben. — Wer wollte sagen, daß der jetzige Besitz der Uebrigen gesichert war, wenn sie auch nur im Mindesten ein Stein des Anstoßes in der sogenannten „natürlichen Entwickelung" der Napoleonischen Weltherrschaft zu sein wagten? Da galt es, mit Wort und That seinen guten Willen zu bekunden, durch ein Uebermaß von Unterwerfung den möglichen Sturm bei Zeiten zu beschwören. Nichts Aussichtsloseres gab es daher in Frankfurt, als eine Beschwerde gegen eine französische Maßregel oder gar eine Behörde oder angesehene Persönlichkeit. Herr v. Beaulieu erzählt uns folgenden Beleg für die damals herrschenden Zustände:

Im Jahre 1812 waren die Lasten des Großherzogthums zu einer solchen Höhe gestiegen, daß das Volk in Unruhen auszubrechen drohte.

Eine Deputation suchte Dalberg in Fulda auf und bat um Abstellung der schreiendsten Mißbräuche, nämlich um Abschaffung der neuen und überflüssigen Beamten,*) des Enregistrements**) und der Nationalgarde. Der Großherzog gerieth über diese Forderungen in Zorn, äußerte ihn aber auf wirklich komische Art. Er ließ die Deputation vor sich kommen und las ihr folgende, selbst geschriebenen Sätze vor:

„Angriffe gegen Grundverfassungen sind Empörungen und Beleidigungen gegen den Souverän, der die Verfassung gegründet hat. Wir sind dem Großherzogthum schuldig, solchen Anmaßungen Schranken zu setzen, und sind dem rheinischen Bunde schuldig, als Souverän unsere eigene Würde zu behaupten. Sollten künftighin solche Schritte gewagt werden, so bleibt uns nichts übrig, als in solchem Falle den Allerhöchsten Protektor um Untersuchung ehrerbietigst anzusprechen. Ob in solchem

---

*) Der Frankfurter Hof zählte allein 208 Bedienstete.

**) Das heißt: der Selbsteinschätzungssteuer, die sehr hohe Sätze normirte, den Kaufleuten den Kredit schmälerte und noch so viele andere Nachtheile hatte, daß sie nicht einmal in Westfalen eingeführt worden war

Falle der Untersuchung der erhabene Monarch zur Befestigung der Eintracht und Ordnung die Einführung einer kaiserlich französischen Garnison
hier in Fulda*) für zweckmäßig erachtet, dieses wird alsdann seinem
Allerhöchsten Ermessen ehrerbietigst unterworfen."

Nach dieser Philippika, die wir hier nur abgekürzt wiedergeben,
drehte der Großherzog der Deputation den Rücken und würdigte sie
weiter keines Wortes. In seiner Gutmüthigkeit lud er sie indeß zu
seiner Tafel, sprach sie aber dort nicht an, um seine Drohworte nicht
abzuschwächen. — Welch schnurriges Gemisch der widerstrebendsten Seelen-
stimmungen.

Die Einführung rein französischer Verwaltung, Gesetzes, Maßes,
Gewichts und vor Allem der französischen Sprache erscheint nur als
Konsequenz dieser willenlosen Unterwerfung unter das Szepter des halb
verehrten, aber doppelt gefürchteten Gewalthabers, der nicht duldete, daß
nur ein Hauch der einst feierlich gewährleisteten Souveränetät den rheinischen Bundesfürsten bliebe. Wie Napoleon den Gehorsam seiner
Vasallen verstanden wissen wollte, hatte ein Vorgang mit Murat gelehrt.
Als dieser in seiner Eigenschaft als König von Neapel einst zu betre-
tiren wagte, die in seinem Dienst stehenden Franzosen sollten als Neapolitaner naturalisirt werden, zwang ihn Napoleon zum förmlichen
Widerruf und besetzte, bis dieser erfolgt war, die Festung Gaëta mit
französischen Truppen.

Begreiflich ist es, daß in der Presse aller Rheinbundstaaten sich
nur Stimmen vernehmen lassen durften, welche den Kaiser mit Lob und
Preis überschütteten. Leider haben aber nicht allein die bezahlten oder
verschüchterten und gemaßregelten Zeitungsschreiber dieses Lied gesungen,
sondern ein großer Theil der gebildeten Klassen hat sich freiwillig zu
Mitschuldigen dieser unwürdigen Speichelleckereien gemacht. Nicht am
wenigsten sündigten die Professoren der Universitäten an dem nationalen
Ehrgefühl — der Fluth von Broschüren nicht zu gedenken, welche der
unausrottbare Drang nach literarischer Thätigkeit ans Licht lockte. Es
berührt noch jetzt schmerzlich, die Schilderung des Enthusiasmus zu
lesen, den die Worte Napoleons an eine Deputation aus Münster hervorriefen:

„Sie waren ohne Vaterland; die Vorsehung, welche wollte, daß ich
Karls des Großen Thron wiederherstellen sollte, hat Sie der Natur
gemäß dem Schooße des Reichs wieder einverleibt."

---

*) In Frankfurt standen schon seit Jahren 4000 Mann.

Wir schweigen von den Bedrückungen, welche die deutsche Presse und den deutschen Buchhandel geknebelt hielten. Trotz Alledem hat sich in den niederen Schichten des Volkes ohne jede Anregung zuerst ein gesunderes, deutscheres Denken entwickelt — in den Rheinbundstaaten haben später nicht die Regierungen das Volk geführt, sondern das Volk hat die Fürsten, die der Sturm nicht sogleich wegfegte, und die oberen Klassen theilweise wider ihren Willen vorwärts geschoben. Dieses urwüchsig richtige Urtheil des Volkes verdient um so mehr Anerkennung, als ihm ja Napoleon und seine Herrschaft nie in dem Lichte dargestellt wurde, in dem diese jetzt klar zu Tage liegen, sondern in dem bengalischen Feuer, das die journalistische Lüge zu diesem Zwecke anzünden mußte. Unwillkürlich fragen wir uns aber, wie tief die Verzweiflung eines echten klarsehenden Patrioten in jenen Jahren gewesen sein muß, die die Napoleonische Herrschaft wie auf Granit gegründet erscheinen ließen. Nannte man ihn doch damals schon „den Großen", und gab es viele Leute, die diese Bezeichnung noch für viel zu gering erklärten. Welche Gefühle mußte es aber erregen, wenn Dalberg den anderen Rheinbundfürsten gar emphatisch zurief, sie zeigten nicht genug Eifer für die gemeinsamen Angelegenheiten des Vaterlandes! —

Wie die Dinge lagen, war es natürlich, daß die feile Presse mit allen Kräften die stille aber fühlbare Arbeit des „Tugendbundes" mit Ausdrücken einer schulmeisterlichen Indignation verwarf; man gerieth sogar auf die sonderbare Idee, den geheimen Verbindungen als Palliativ einen deutschen Gelehrtenorden entgegen zu setzen, und beabsichtigte, diesem Uniform, Dekorationen, Pensionen 2c. zuzubilligen.*) Im Jahre 1811 erschien eine Broschüre unter dem Titel: Dürfen wir uns schämen, Deutsche zu sein? Das wunderliche Machwerk, das die erniedrigende Gegenwart pries und die Deutschen über die verlorene Ehre mit dem Ruhme vieler Erfindungen trösten wollte, wurde von der „Augsburger Zeitung" mit den Worten empfohlen:

„In diesen Tagen, wo Kleinmüthige durch den Untergang alter herkömmlicher Formen sich so weit vergessen, das deutsche Vaterland zu schmähen, ist es gut, wenn echte deutsche Männer unser Selbstgefühl erwecken, unsere Zuversicht beleben und uns daran erinnern, was Deutsche waren und sind."

Der letzte Rest nationaler Selbstachtung schien aber trotz dieser hochtönenden Phrasen den Deutschen abhanden gekommen zu sein, als Napoleon

---

*) Freiherr v. Ardenne: Deutsche Presse zur Zeit Napoleons I.

1811 von seiner zweiten Gemahlin Marie Louise von Oesterreich mit einem Sohne beschenkt wurde, dem er bereits vor seiner Geburt den Titel: „König von Rom" beigelegt hatte. Die Geschmacklosigkeit der gereimten und ungereimten Schmeicheleien, der Anreden, der Toaste, der Zeitungsartikel, der Predigten, der Inschriften spotteten jeder Beschreibung. Der Unfug wurde so arg, daß man an der Wiege des kaiserlichen Prinzen eines Morgens den gutgemeinten quatrain angeheftet fand:

> „Sire! votre sort est bien doux,
> vous devez régner sur la France
> et vous n'avez pas connaissance
> des mauvais vers, qu'on fait pour vous." *)

Wie wurden nun in allen rheinbündlerischen Zeitungen die Feste zur Feier der Taufe, die dort entfaltete Pracht der Toiletten, die Wiegen des Neugeborenen und all der Pomp, den das große Ereigniß hervorrief, einer gravitätischen und doch begeisterten Besprechung unterzogen. Der Einfall der Luftschifferin Blanchart, in ihrem Ballon emporzusteigen, sobald der 22. Kanonenschuß die Geburt eines Prinzen angezeigt hatte, und über ganz Frankreich Zettel mit der frohen Nachricht auszustreuen, rief einen solchen Zeitungsjubel hervor, wie ihn sonst nur eine errettende That in schwerer Bedrängniß zu erzeugen pflegt. Drollig nehmen sich aber die Nachrichten aus Spanien aus. Nach den Zeitungen zu urtheilen, herrschte dort über die Sicherung der Napoleonischen Dynastie eine bacchantische Fröhlichkeit — der Bürger lief mit dem französischen Soldaten Arm in Arm und schrie Vivat, illuminirte, trank und, um einen bezeichnenden deutschen Ausdruck zu brauchen, „verbrüderte sich". Eine deutsche Zeitung fühlt sich berufen, hinzuzusetzen: „Also nehmen jetzt die Spanier, durch dieses Zeichen des Himmels zurecht gewiesen, Vernunft an." Was hätte der brave Philister, der dies geschrieben, gesagt, wenn ihm in dieser Zeit eines der Dekrete Minas hätte zu Gesicht kommen können. Dalberg empfand es schmerzlich, daß der Kaiser ihm versagte, seinen Sohn zu taufen — um so mehr ließ er es sich

---

*) Wir können uns nicht versagen, hier eine Anekdote wiederzugeben. Als der Schauspieler Talma einst zum Kaiser befohlen wurde, fand er diesen beschäftigt, dem kleinen König von Rom sanfte Schläge zu verabreichen. „Talma", sagt Napoleon, „dites-moi ce que je fais là." Als Talma verlegen schwieg, sagt der Kaiser: „Vous ne le voyez pas? je fouette un roi!" Talma war ein Jugendgespiele des Kaisers und hatte, als dieser Lieutenant war, in einem Zimmer mit ihm gewohnt.

angelegen sein, sich der Gnade des Gewaltigen erneut zu versichern, als dieser gegen Ende des Jahres 1811 Holland und die rheinischen Provinzen bereiste und dabei auch nach Mainz kam. Es war für ihn schwer, die Schmeicheleien zu überbieten, die der Kaiser bereits angehört hatte. Der Bürgermeister von Maarßen hatte z. B. gesagt: „Zu den Zeiten großer Landplagen, wenn ein ganzes Volk seine Hände gen Himmel hebt, zu solch trostlosen Zeiten geschieht es, daß die Vorsehung große Männer schickt. Möge der Schöpfer, der Ew. Majestät eingab, dieses Land zu retten, das nahe daran war, in den Schooß der Meere zurückzusinken, Ew. Majestät segnen ꝛc." Der Rotterdamer Magistrat meinte sogar bei dem Erscheinen des Kaisers, es beginne für die Stadt eine neue Zeitrechnung, und die Düsseldorfer hatten die unglaubliche Geschmacklosigkeit, die Gründung der benachbarten Pfalz Kaiserswerth durch Friedrich Barbarossa mit dem Erscheinen Napoleons und natürlich zu Gunsten des letzteren zu vergleichen. Ein Präfekt hatte folgendes Rundschreiben an die Ortsbehörden erlassen:

„Sie werden die Züge des mächtigsten, des geliebtesten aller Monarchen, des ersten Helden, den die Geschichte kennt, und der Alexander, Cäsar, Titus und Karl den Großen weit hinter sich läßt, sehen. Nehmen Sie nach ihrer Klugheit alle nöthigen Maßregeln, damit dieser für unsere Gegend merkwürdige Zeitpunkt durch keine Unordnung gestört werde. Städte, Flecken, Dörfer müssen überall Triumphbogen, Blumengehänge, Sinnbilder und Inschriften darbieten und aus den allein liegenden einzelnen Häusern die ungekünstelten Ausdrücke süßen Mitgefühls und sanfter Empfindung zu lesen sein."

Nach diesen Proben wird man sich unschwer einen Begriff davon machen können, wie äußerlich glänzend der Empfang des Kaisers war. Jede noch so leise Gelegenheit zum Tadel wurde ihm sorglichst aus dem Wege geräumt; ja, man ging so weit, den Hinterbliebenen der in Napoleonischen Feldzügen Gefallenen für die Zeit der Anwesenheit des Kaisers das Tragen von Trauerkleidern zu verbieten. Kein Wunder, wenn Napoleon das deutsche Volk des Rheinbundes fest an sich gekettet glaubte und auf seinen Glücksstern mehr vertraute denn jemals. Welch neue gigantische Plane damals bereits in seinem Hirn festen Fuß gefaßt hatten, davon gab seine träumerische Antwort auf eine lange Ansprache Zeugniß: c'est qu'il faut être l'homme de sa destinée. Qui se sent appelé par elle, ne peut guère lui résister. Wir haben indeß einen noch ungleich schwerwiegenderen Beweis, daß der Kaiser bereits in jenen Tagen ungetrübten Familienglücks, wo kaum ein Grund zu irgend welchen politischen Differenzen vorlag, die Völkerwanderung nach Rußland fest beschlossen hatte. Der Biograph des Fürsten Wrede, Generalmajor Heilmann, erzählt, daß im Juli des Jahres 1811 der Fürst zu einer Jagd in Fontainebleau berufen worden sei und bei einem Treiben einen Platz neben dem Kaiser angewiesen erhalten habe. Derselbe habe sogleich ein politisches Gespräch begonnen und gefragt, was er (Wrede) von einem Kriege gegen Rußland halte. Als dieser seine Bedenken zu äußern gewagt, habe der Kaiser ihn unterbrochen und gesagt: er sei wohl des Krieges satt, gleich aber, indem er mit der Peitsche in der Erde wühlte, hinzugefügt: „encore trois ans et je serai le maître de l'univers. Wrede habe bei Berthier und Clarke den gleichen Fatalismus wie beim Kaiser angetroffen — dieser habe ihn aber seit jener Zeit mit eisiger Kälte behandelt. Nach einer anderen Lesart soll sogar Napoleon drohend die Peitsche gegen Wrede erhoben und dieser an den Hirschfänger gegriffen haben — bei dem Mangel jeder Selbstbeherrschung, den der Kaiser an den Tag legte, hat diese Version sehr viel Wahrscheinliches. Die Völker wiegten sich aber im Jahre 1811 trotz des großen Kometen, der am Himmel stand und die Abergläubischen schreckte, in einem wahren Friedenstaumel. Hier nur ein Beispiel, wie die Zeitungen darüber schrieben: „In Berlin", sagten die Miscellen über die neueste Weltgeschichte im August 1811, „herrscht jetzt über die politische Lage des Kontinents nur eine Stimme. Alles glaubt an den Frieden, und die bedenklichsten Politiker sind überzeugt worden, daß von keinen Spannungen zwischen dem Norden und Süden die Rede sein kann. Daran denken die Schwarzseher nicht, daß der Schöpfer des Kontinentalsystems alle Vorsicht anwenden muß, um es nicht durch eine englische Landung gefährdet zu sehen. Es kostet viel Beredtsamkeit, jene thatenschwangeren Wesen hiervon zu überzeugen; das beste Argument, worauf man Leute der Art hinweisen kann — ist die Zeit."

Die Armee sah damals klarer als die Civilbevölkerung. Die Bewegungen so riesiger Heeresmassen, wie sie Ende 1811 und Anfangs des folgenden Jahres nach dem Osten in Szene gesetzt wurden, ließen nur den einen und natürlichen Schluß zu. Hier muß aber ein tiefgehender Unterschied konstatirt werden zwischen dem lärmenden und renommistischen Enthusiasmus der Berufssoldaten und der traurigen Ergebung, welche die Konskribirten zur Schau trugen. Am lautesten jubelten von allen Rheinbundtruppen die Sachsen über den zu erwartenden Feldzug, ihnen standen die Frankfurter wenig nach — am zurückhaltendsten zeigten sich

die Bayern, obwohl sie sich später vortrefflich schlugen. Zur allgemeinen
Beurtheilung muß festgehalten werden, was weiter oben schon angedeutet wurde: die ganze Armee Napoleons war entnationalisirt
und ihrer engeren Heimath entfremdet. Im Kaiser erblickte sie
allein ihr Heil; er war ihr Gott, und unendlich fester wußte der gewaltige
Mann ihre Geschicke mit den seinigen zu verketten, als dies etwa ein
Wallenstein oder irgend einer der berühmten Kriegshelden früherer Zeiten
jemals verstanden hatte.

Elftes Kapitel.

Theilnahme des Regiments Frankfurt und der Division princière am Zuge gegen Rußland 1812.

Die gute Stadt Frankfurt hatte schwere Tage, als der Zug der großen Armee nach dem Osten begann. Die Hälfte der letzteren wird ihre Straßen durchzogen haben, und die Einquartierungslasten und sonstigen Bedrückungen nahmen kein Ende. Um einem landläufigen Irrthum vorzubeugen, sei hier erwähnt, daß bei Friedensmärschen im eigenen Land die französischen Truppen in strengster Disziplin gehalten wurden; als in einem Dorfe des Departements Hanau wegen militärischer Fuhren Streitigkeiten entstanden, wirbelte die an und für sich ganz gleichgültige Angelegenheit so viel Staub auf, daß man sich verwundert fragt, warum die Leute damals über dem wuchtigen Gang der großen Ereignisse nicht ihre kleinlichen Egoismen vergessen konnten. — Daß eine endgiltige und entscheidende Auseinandersetzung über die Herrschaft Europas sich vorbereitete, mußte zuletzt selbst dem Beschränktesten klar werden. Das Kriegsheer, das Napoleon nach Osten wälzte, schien aber so mächtig und gewaltig zu sein, daß über den Ausgang des Feldzuges nur wenige Leute zweifelhaft waren. Dennoch erinnerten einige der Letzteren an Karl XII., und die an antiken Mustern Geschmack Findenden fabelten von Römerzügen gegen Parther und Scythen. Ganz vereinzelt tauchen einige Bedenken auf, daß die ungeheure Weite des russischen Reiches der größte Feind Napoleons sein werde. Diese klugen Propheten wurden verlacht — man sagte, Rußland habe nach Austerlitz und Friedland Frieden schließen müssen, und beide Schlachten seien im russischen Winter geschehen — warum sollte jetzt nicht das Glück mit Napoleon sein, wo er dreimal so stark war wie damals. — Zu alledem schien die Organisation seines Heeres eine ganz ausgezeichnete zu sein.*) Alles schien vorgesehen, für Alles schien gesorgt. Die Ausrüstung dieses Heeres

---

*) Vergleiche Neujahrsblatt der Feuerwerker-Gesellschaft für Zürich, 1872.

schien darauf berechnet, durch die Wüsten Asiens bis nach Ostindien hin auszureichen. Ungeheure Vorräthe aller Art, unabsehbare Züge von Schlachtvieh schienen diese Armee gegen jeden Gedanken eines Mangels zu sichern. Als eine sehr glückliche Erfindung bewunderte man lange Kolonnen von eigenthümlich gebauten, mit Lebensmitteln befrachteten und von Ochsen gezogenen Wagen. Da, sagte man, werden zuerst die Lebensmittel aufgezehrt, dann der Ochs geschlachtet und der Wagen als Feuerung zum Kochen und Braten des Ochsen verwendet. Es geschah aber umgekehrt, daß der Ochs zuerst krepirte, der Wagen im Morast versank und die Lebensmittel auf demselben verdarben. Andere Wagenzüge führten Werkzeuge aller Art und neben Mobilien namentlich Oefen, auch Baumaterial, fertige Theile von Holzwänden mit Fenstern, zerlegte Windmühlen — dazu gab es ganze Bataillone von Handwerkern, nicht nur Bäcker, Fleischer, Schneider, Schuster, sondern auch Maurer, Zimmerleute, Gärtner. Als wenn man den Brand von Moskau vorhergesehen hätte, rollten hinter den Geschützparks zahlreiche Feuerspritzen. Es gab aber auch Schattenseiten, die selbst dem militärischen Laien auffielen. Die unverhältnißmäßig große Anzahl von unbärtigen Neulingen, die schlechten Pferde der national-französischen Kavallerie und ganze Wagen blutjunger Burschen, die als Deserteurs in Fesseln geschlagen waren. Die mitleidigen Zurufe der Zuschauer beantworteten sie mit lautem Weinen.

Mit stummem Erstaunen sahen die Frankfurter Bürger diesen schier endlosen Heereszug an sich vorüberziehen. Die Ordnung, die meisterhafte Instradirung aller dieser Truppen und Kolonnen flößte allgemeine Bewunderung ein. Nach der ihm ad oculos demonstrirten Machtfülle des Kaisers war auch Dalberg mehr denn je davon überzeugt, daß Napoleon zum Herrscher des Weltalls berufen sei, und in den beiden folgenden Jahren hat sein „guter Wille", dem großen Protektor zu dienen, in der That keine Grenzen mehr gekannt. Die Probe davon zu liefern, bot ihm der Anfang des Jahres 1812 Gelegenheit. Plötzlich, wie seither immer, traf in Frankfurt der Befehl des Kaisers ein, 2214 Mann Infanterie zu stellen. Diese sollten, in zwei Bataillone formirt, am 15. Februar mit kriegsmäßiger Ausrüstung in Fulda weiterer Befehle gewärtig stehen. Der Befehl, der am 12. Januar eintraf, ließ einen Monat Zeit. Der verfügbare Bestand an Soldaten bezifferte sich dermalen auf 1237 Köpfe, die Kranken, Verwundeten, sowie die Offiziere mit einbegriffen. Fast 400 Mann erwiesen sich als momentan

felbbienſtunfähig. Bedenkt man, daß das vertragspflichtige Kontingent
für Frankfurt nur 2800 Mann betragen ſollte, daß etwa 1400 Mann
ſucceſſive nach Spanien geſandt worden waren, ſo ergab ſich eine ganz
ungebührliche Mehrbelaſtung des kleinen Staates. General von Zweyer
ſowie Oberſt von Rabenhauſen haben dem Großherzog darüber Vor-
ſtellungen gemacht und ihn im Intereſſe des Landes gebeten, gegen die
vertragswidrige Zumuthung zu proteſtiren. Dergleichen war aber nicht
nach dem Geſchmack Dalbergs — er erklärte vielmehr unaufgefordert
den franzöſiſchen Behörden, daß er das verlangte Kontingent nicht nur
ſtellen, ſondern auch in ſeiner vollen Zahl ſtets komplet erhalten werde,
falls es ſich durch Krankheit, Deſertion oder Verluſte vor dem Feinde
vermindern ſollte. Die genannten höheren Militärs hatten indeß den
klugen Einfall, dem Marſchall Berthier plauſibel zu machen, daß in den
genannten 2214 Mann die Depot-Kompagnien mit enthalten ſein müßten
— um dieſen einen mobileren Anſtrich zu geben, wurden ſie „Marſch-
Kompagnien" genannt. So reduzirte ſich die Anzahl der zunächſt Ausmarſchirenden auf 1710 Köpfe. Immerhin war die nothwendige Aushebung der Rekruten eine ſehr bedeutende und für die einzelnen
Departements höchſt drückende. Dieſe ließen es indeß an paſſivem
Widerſtand nicht fehlen und brauchten zunächſt die Liſt, eine große Anzahl von Leuten mit offenbaren Gebrechen, ja Lahme, Einäugige und
Krüppel nach den Sammelpunkten zu ſenden. Uns liegt ein donnernder
Brief Dalbergs vor, der ſich bitter darüber beſchwert, daß ſeine Hauptſtadt, die doch über 40 000 Einwohner zähle, ſtatt 109 Rekruten nur
deren 50 ſtellen zu können vorgebe. Bei Dalberg konnte man immer
ſagen: „Kühn war das Wort, weil es die That nicht war." Bei allem
guten Willen und flammendem Eifer wäre er mit der Organiſation ſeines
Regiments nicht zu Ende gekommen, wenn nicht der franzöſiſche Bevoll-
mächtigte, Graf v. Hedouville, dieſelbe mehr in die Hand genommen
hätte, als mit der vielgeprieſenen Souveränetät Dalbergs vereinbar erſchien. Durch immerwährendes Drängen und Treiben, durch ganz unglaubliche Drohungen wurde dann der Rekrutenzug ſo weit in Gang
gebracht, daß bis auf 119 Mann die beiden Feldbataillone vollzählig
wurden. Die Ausrüſtung ließ aber faſt Alles zu wünſchen übrig. Die
Gewehre waren noch von dem alten öſterreichiſchen Syſtem, bei dem
3. Bataillon ohne Flintenſteine. Die Munitionskarren waren leer,
an Kochgeſchirren fehlten 500, ebenſoviel Mäntel — an Schuhen hatten
die Mannſchaften nur ein bis zwei Paar, während für dieſen Feldzug
deren vier erfordert wurden ꝛc. Die Ausbildung der zur guten Hälfte

aus ganz rohen Rekruten bestehenden Mannschaft war vorläufig den
Anforderungen eines Feldzuges natürlich nicht entsprechend, und der
interimistische Kommandeur, Oberstlieutenant Horabam, hatte Recht, sich
über die Qualität der ihm unterstellten Truppe bitter zu beklagen. Die
Besetzung der Offizierstellen hatte dem Großherzog mehr wie alles Andere
Kopfzerbrechen gemacht.

Der aus Spanien verwundet und krank zurückgekehrte Oberst
v. Welsch war nicht im Stande, einem neuen Feldzug sich zu unterziehen
— der Großmajor von Fritsch in Spanien konnte erst in sechs Monaten
nach abgegangenem Befehl in Frankfurt eintreffen. Einen neuen Regi-
mentskommandeur zu ernennen, dagegen sträubte sich trotz vielfacher drin-
gender Vorstellungen seiner Minister die Sparsamkeit Dalbergs. Horabam
marschirte als Bataillonskommandeur aus und sollte die Regiments-
führung nebenbei besorgen. Als jedoch ein durch Frankfurt durchreisender
Brigadekommandeur auf das Unzuträgliche dieser Stellung aufmerksam
machte, war Dalberg der Erste, der Horabam zum Oberst mit seinem
chargenmäßigen Gehalt ernannte (siehe unten). Einen tieferen Schatten
auf den Charakter des Großherzogs wirft die Rücksichtslosigkeit gegen die
verwundeten und kranken Offiziere, die aus Spanien zurückgekommen
waren. Nach Zweyers Vorschlag sollten diese bei den Depot-Kompagnien
verwendet werden, aber natürlich nach der Anciennetät ihres Patents
avanciren. Dalberg schlug das wiederholte Gesuch mit den harten
Worten ab: „Wer nicht marschiren kann, soll auch nicht avanciren."
So wurde unter Anderen auch der brave bei Talavera blessirte Kapitän
v. Tannstein übergangen. (Uns liegt ein Trostbrief Zweyers an den Bedauernswerthen vor.) Damit aber nicht genug. Der Großherzog drang
darauf, daß der schwer Leidende und bis zum Skelet Abgemagerte
„Wachtdienst" thue, denn dafür beziehe er seine „appointements".

Der Ausmarsch der Feldbataillone aus Frankfurt gestaltete sich zu
einer volksthümlichen Demonstration. Man hatte die Truppen gehegt
und gepflegt wie Gladiatoren vor ihrem letzten Gange — wir wissen
nicht, in welcher Absicht Zweyer dem Großherzoge meldete, daß viele
angesehene Bürger ihrer Einquartierung einen vollen Tagemarsch das
Geleit gegeben hätten. Wenn wir seine devoten offiziellen Schreiben an
seinen Souverän und dann die Privatbriefe an einzelne Offiziere vergleichen, so kommen wir zu dem Schluß, daß er seinen Dienst nur noch
ungern verrichtete und seinen Herrn nichts weniger wie hoch schätzte.

Am 16. Februar marschirte das Regiment von Frankfurt ab und

23*

zunächst über Kassel, dann weiter durch das Königreich Westfalen, Hannover, die Lüneburger Haide nach Hamburg. Auf diesem Marsche mehrte sich die Desertion in bedenklichem Grade; schon in den ersten Tagen liefen 35 Mann davon, so daß der Großherzog bei dem Empfang der Nachricht an Horabam die schriftliche Ermächtigung gelangen ließ, selbstständige Kriegsgerichte zusammenzuberufen und die Deserteurs zum Tode zu verurtheilen, nur müsse er dem französischen Divisionskommandeur Carra St. Chr das Urtheil zur Bestätigung vorlegen. Daß gerade von den Frankfurtern so viele Mannschaften desertirten, mag seinen Grund darin haben, daß die Departements alles Gesindel, dessen sie hatten habhaft werden können, zur Fahne geschickt hatten. Als dieses davongelaufen war, hörte die Desertion wie mit einem Schlage auf. Andere deutsche Regimenter, wie Würzburger, Thüringer, die zu gleichem Zweck den weiten Marsch nach Hamburg antraten, hatten nicht einen einzigen Desertionsfall zu verzeichnen.

Horabam nennt in einem Schreiben Mitte März die Stimmung der Mannschaft eine auffallend gute trotz abscheulichen Wetters, elender Wege und schlechter Quartiere. In Westfalen waren dieselben noch leidlich gewesen; sowie man aber die neufranzösische Grenze (die annektirten Länder vom 10. Dezember 1810 — man gewinnt sie, wenn man auf der Karte etwa eine Linie von Düsseldorf nach Lübeck zieht) überschritten hatte, zeigten sich die Bewohner von mürrischer Kargheit — ob dieselben schon den Stolz der grande nation zeigen zu müssen glaubten, oder ob sie die Truppen schlecht verpflegten, weil sie für Napoleon ins Feld zogen, mag dahin gestellt bleiben. Zum größten Schrecken Dalbergs lief am 10. März von einem westfälischen Präfekten, Baron v. Ompteda, an den Minister v. Eberstein ein Schreiben ein, die Frankfurter Truppen hätten in dem Dorfe Haimbach arge Exzesse verübt, indem sie den Einwohnern zwangsweise Fuhren abgenöthigt hätten. Es stellte sich bei der sofort angestellten Untersuchung heraus, daß die Einwohner von Haimbach in größtem Frieden von ihren militärischen Gästen geschieden waren. Der an und für sich ganz gleichgültige Vorfall ist aber bemerkenswerth durch den unglaublichen Zorn und die harten Verfügungen Dalbergs — dann aber auch, daß die beiden deutschen Beamten ihre Korrespondenz französisch zu führen sich bestrebten, wobei man der Struktur der Sätze anmerkte, wie schwer den Verfassern die Sache wurde. In Hamburg erfuhren die Frankfurter erst, welche Bestimmung sie hätten und welchem Truppentheil sie künftig angehören sollten. Es war dies die sogenannte Division princière, die aus den

Kontingenten der kleinsten Rheinbundstaaten bunt genug zusammengewürfelt war:

ein Regiment Würzburger
und das Regiment Frankfurt } bildeten die 1. Brigade,

das Regiment Herzoge zu Sachsen bestand aus:

1100 Mann Gotha-Altenburg
800 ⸱ Weimar-Eisenach
300 ⸱ Meiningen
200 ⸱ Hildburghausen } 4. Regiment,

das 5. Regiment bestand aus:

378 Mann Anhalt-Dessau
259 ⸱ Bernburg
226 ⸱ Köthen } 1. Bataillon,

Kontingente der Fürsten Lippe 2. Bataillon,

das 6. Regiment bestand aus:

325 Mann Schwarzburg-Sondershausen
475 ⸱ Schwarzburg-Rudolstadt } 1. Bataillon,

Kontingente der Fürstenthümer Waldeck und
der verschiedenen Reuß . . . . . . 2. Bataillon.

Wir haben diese Ordre de bataille nicht ohne Mühe zusammengestellt, um darzuthun, wie buntscheckig diese Division Carra St. Cyr aussah. Da jedes Kontingent andere Kragen, passepoils, Knöpfe, Czakos hatte, so ist dies „buntscheckig" auch vom äußeren Anblick zu verstehen.

Horabam, der ein Mann von eiserner Energie war, wußte bereits auf dem Marsche nach Hamburg seinen Rekruten so viel militärische Haltung einzuflößen, daß sie der gesammten Division einen guten Eindruck machten. Als Carra St. Cyr am 23. März eine Musterung abhielt, muß er die Frankfurter besonders gelobt haben, denn der General Zweyer schreibt unter dem 30. April an den Großherzog:

„Es war mir sehr angenehm, aus diesem Schreiben und aus der gleichfalls angebogenen Ordre du jour des Herrn Divisionskommandeurs zu ersehen, mit welchem Beifall die beiden Bataillons zu Hamburg die Revue passirt sind."

Um die Truppen möglichst bald in kriegsfähigen Zustand zu ver-

setzen, ließ der General ihnen zunächst durchweg neue Gewehre einhän-
digen, die Patronentaschen und Munitionskasten wurden gefüllt und, was
in damaliger Zeit sehr viel sagen will, feldmäßig ajustirt nach der
Scheibe geschossen. Dazu bekam jeder Mann vier Paar Schuhe und
einen sogenannten Kampirsack, in den er bei kaltem Wetter im Biwak
hineinschlüpfen sollte. Diese Neuerung erregte anfänglich viel Gelächter
— in Rußland hat man sie später gesegnet. Zugleich wurde jedes Re=
giment mit 14 zweispännigen Fourgons versehen ꝛc.

Täglich wurde früh und Nachmittag vor den Thoren Hamburgs
scharf exerzirt, tiraillirt ꝛc., so daß das Unglaubliche geschah, daß nach
wenig Wochen äußerlich die Regimenter alten Truppen wenig nach=
gaben. Die Zeit in Hamburg bot insofern einige Abwechselung, als
die Soldaten in dreister Weise zu schmuggeln anfingen. Da der Exerzir=
platz auf dem Heiligengeistfelde außerhalb der Zollgrenze lag, so füllten
ihnen dänische Kaufleute vor dem Heimmarsch in die Stadt die Flinten=
läufe mit Kaffeebohnen, Zimmt und dergleichen. Die Offiziere schwiegen
Anfangs zu diesem Unfug. Als er entdeckt wurde, verfielen die Sol=
daten darauf, in thönernen Büsten, die den Kaiser darstellten, Kolonial=
waaren einzupaschen. Die Kontinentalsperre war so verhaßt, daß in
dieser gesetzwidrigen Handlungsweise die Soldaten von keiner Seite ge=
hindert wurden.

Es traf Anfang April der Befehl ein, daß die Division princiére
nicht der großen Armee folgen, sondern vorläufig die Nord= und Ostsee=
lüste gegen eine Landung der Engländer schützen helfen sollte. Dies
Schreckgespenst hat allen französischen Generalen, die in Deutschland garni=
sonirt haben, mit wenig Recht bis zum Jahre 1813 vorgeschwebt.
Die Frankfurter zogen daher nach Bremen und Varel am Jahdebusen,
wurden dort in viele kleine Detachements an der Küste aufgelöst und
hatten gegen die fortwährend sich zeigenden englischen Kriegsschiffe einen
überaus aufreibenden und undankbaren Wachtdienst. Wenn die Briten
auch stets nur mit einzelnen Schaluppen zu landen wagten und zu Ueber=
fällen wenig Lust verspürten, so nahmen die französischen Befehlshaber
die „Besudelung des geheiligten vaterländischen Bodens“*) doch sehr übel.
Besonders that sich darin der Brigadegeneral Anthing, ein geborener
Gothaer, hervor, der jetzt als französischer General durch brüskes Wesen
und Grobheit seinen früheren Landsleuten imponiren zu müssen glaubte.

---

*) „Sol sacré“ wurden die deutschen Küsten, seit sie französisch waren, mit
allem Ernst genannt.

Dieser Herr war das Charakterbild einer ganzen Kategorie von Renegaten.

Eine Fülle kleiner Engagements und Scharmützel*) hielt die Truppe in Athem — zugleich wurde aber bei dem ausgedehnten Posten- und Patrouillendienst diesen so viel Gelegenheit zu desertiren gegeben, daß der Großherzog sich bitter beklagte und Horabam die Weisung gab, Alles zu thun, um von der See wegzukommen. Dieser Auftrag war natürlich leichter zu ertheilen, als auszuführen, und Horabam hat auf diese Insinuationen auch nie geantwortet. Dalberg glaubte aber unter diesen Umständen ein besonderes Zeichen seiner Bundestreue geben zu müssen und ließ daher noch durch weitere 300 Mann sein Regiment verstärken, so daß es trotz Desertionen und Krankheiten überkomplet blieb. Um zu zeigen, aus welch fragwürdigen Elementen theilweise die Offizierkorps der kleinen rheinischen Bundesstaaten bestanden, möge hier ein Schreiben Horabams Platz finden. Den Grund desselben bildete die Entdeckung, daß der Kommandeur des 3. Bataillons, Hauptmann Dracke, einige hundert Gulden der Kompagniekasse veruntreut hatte. Es heißt in demselben:

„Daß Kapitän Dracke ferner das Bataillon nicht mehr kommandiren kann, ist keinem Zweifel unterworfen, ebenso wenig darf man ihm das Geld und Rechnungswesen einer Kompagnie überlassen, wenn er auch bei Allem, was heilig ist, verspricht, ferner den Eigenthum der Soldaten nicht mehr zu betasten, da er meiner Ueberzeugung nach alles Ehrgefühl mitsammt seiner Frau im Brandwein ersäuft hat. Indessen weiß ich keinen Andern im Regiment zum Bataillons-Kommandanten vorzuschlagen, als den ehrlichen Kapitän Unkelhäuser, der dem Schwarm von unbrauchbaren Subjekten, dem Reste der ehemals kurhessischen Offiziere, die nirgendswo deßwegen ankamen und darum bei der so geringen Pension 4 Jahre lang schmachteten, leiter (sic!) der ancienneté wegen als capitaine II Klasse nachstehen mußte. Er ist ehrlich, treu, thätig und klug und wird das Innere des Dienstes bestmöglichst im Stande halten, nur ist er zu ängstlich, Alles recht zu thun, weßwegen er sich öfter in zu langes Peroriren verwickelt; dann ist er ohne sein Ver-

---

*) Am 18. Juni bezeugt das General-Kommando dem Oberst Horabam seine Zufriedenheit mit der Entschlossenheit und dem Muth, mit welchem die Carabinier-Kompagnie des 2. Bataillons bei Ritzebüttel die Equipage eines französischen Kapers gerettet habe. — Die Carabiniers waren hier an die Stelle der Grenadiere getreten. Eine drollig klingende Erlaubniß gestattete gleich ihnen den Füsilieren, fortan Schnurrbärte zu tragen.

schulden etwas zu alt zu dieser Charge und kann sich zu Pferde nicht produciren.

Indessen bleibt er der einzige in beiden Bataillons, dem ich das Kommando eines derselben ohnmaßgäblich anvertrauen mögte. Kapitän Böbeker, dessen bürgerlicher Karacter untatelhaft ist, ist ein abgenuzter alter Mann, der aus Mangel an Känntniß und energie in Sechs Wochen die drei seinem Com^{do} überlassen gewesenen Compagnieen zu Varel zerlumben ließ, und er wird nie die, selbst seiner charge nöthigen Känntnisse im Dienst und Exerziren erlangen.

Seelig war nie ein guter Artillerist und lernt in seinem Leben bei seinem alten unbehülflichen Körper den Infanteriedienst nicht mehr. Tippel war von jeher der Faulheit wegen berühmt und hat sich bis izt weder in diesen als in anderen Euer Excellenco leiter selbst bekannten Dingen zu seinem Vortheil geändert. Selbst aus denen jüngeren kann keiner das Com^{do} eines Bataillons führen, weil nur einige darunter mittelmäßige Kapitäne sind, worüber ich oft vor Schmerz vergehen mögte, wenn ich mit dem besten Willen nicht zu jenem erwünschten Ziele kommen kann. Selbst das häufige Dessertiren, glaube ich, könnte durch klügere capitaines vermindert werden, wenn sie die richtige Behandlung ihrer Leute könnten und zu Zeiten ein vertrauliches, vernünftiges Wort mit ihnen redeten, ohngeachtet bisher nur von Hauß aus böse Buben und meist Lumben wegliefen zc."

Man sieht, Horadam nahm kein Blatt vor den Mund. Wunderbarer, als sein Bericht, bleibt aber die Thatsache, daß der Inkulpat Dracke im Dienst verblieb und dann erst weggejagt werden sollte, wenn durch monatlichen Abzug von 25 Gulden von seiner Gage die veruntreuten Gelder der Staatskasse wieder zugeführt worden seien. Dies erinnert doch an die Weisheit der Schildaer Rathsherren. Bei der vernichtenden Kritik Horadams über sein Offizierkorps erscheint das Bataillon in Spanien in verklärtem Lichte.

Nach dem Vorschlag Horadams ward Unkelhäuser im Jahre 1812 interimistischer Bataillonskommandeur, zu seiner Ablösung wurde Voigt aus Spanien berufen; ehe dieser aber eintraf, war der Feldzug längst zu Ende.

Charakteristisch ist folgender Vorfall, welcher beweist, wie willkürlich die französischen Generale die ihnen unterstellten Rheinbund-Truppen behandelten. Ein Frankfurter Deserteur war durch ein Kriegsgericht zu zweijähriger Zuchthausstrafe verurtheilt worden. General Carra St. Cyr annullirte das Urtheil, setzte ein Spezialgericht ein, das den Unglück=

lichen, einen jungen Rekruten, zum Tode verurtheilte. Horadam verwandte sich vergebens beim Großherzog um seine Fürsprache bezw. die ihm rechtlich zustehende Reklamation. Dalberg ließ der Strafvollstreckung freien Lauf, und Horadam erntete noch scharfen Tadel, daß er das Urtheil nicht vorher dem französischen General unterbreitet habe.

Der französische General von der Osten, der die 1. Brigade der Division princière führte, fand Gelegenheit, Dalberg den erhaltenen peinlichen Eindruck durch ein sehr verbindliches Schreiben vergessen zu machen, worin der Frankfurter Truppen auf das Rühmendste gedacht wird. Dieser Brief (vom 1. September) enthielt zugleich die Nachricht, daß die Division Marschbefehl nach dem Osten erhalten habe. Am 5. September sollten die Frankfurter aus ihren bisherigen Standorten aufbrechen und über Hamburg, Lübeck, Stralsund nach Danzig marschiren.

Die lange Ruhezeit war den Truppen zu ihrer Ausbildung zwar äußerst bienlich gewesen, hatte aber ihre Geduld und ihr vielfach vorhandenes kriegerisches Feuer auf eine schwere Probe gestellt. So wurde der Marschbefehl mit Jubel begrüßt. Um einen festeren Anhalt zu geben, welche Stimmung unter den Truppen herrschte, möge hier eine Stelle aus dem Tagebuch eines jungen Offiziers folgen:*)

„Auf dem Marsche verlebten wir viele angenehme Stunden. Dahin gehörte die Zeit des sog. rendez-vous, wenn die nach verschiedenen Orten detachirt gewesenen Kompagnieen am Morgen sich auf dem Sammelplatze wieder einfanden und dann Jeder erzählte, wie es ihm ergangen sei. Diese Augenblicke gehören mit zu den schönsten Situationen im Soldatenleben. Bei solchen Gelegenheiten wird alles Ungemach rein vergessen und der Zukunft das bessere Loos anheimgestellt. Munterer Scherz und frohe Laune würzten alsdann unser unter freiem Himmel gehaltenes Frühstück und da zur damaligen Zeit alle Truppen, welche unter Napoleons Scepter dienten, im blinden Eifer für Ruhm und Ehre lebten, so muß eingestanden werden, daß auch uns dieser Schwindel ergriffen hatte und auch in unsern Köpfen große Hoffnungen und Pläne spukten. Die großartigen Züge eines Alexander, Hannibal, Julius Cäsar waren unsere Vorbilder und begeisterten Offiziere wie Soldaten. Wir hatten Rußland schon erobert, wir marschirten nach der Türkei, wir befanden uns in Griechenland, wir berührten schon im Geiste denselben Boden, wo die Helden und Staatsmänner der grauen Vorzeit einst gewandelt hatten, kurz auch wir hofften Theil an dem Ruhm zu nehmen,

---

*) Lippesches Hausmagazin 1837, Seite 280.

die siegreichen Adler Napoleons bis an das Ende der Welt aufgepflanzt zu haben."

Die Phantasien in den jugendlichen Köpfen konnte man nicht thöricht nennen nach dem, was der Kaiser selbst beabsichtigte. Seine Macht in diesen Augenblicken schien grenzenlos; das Lob derselben durften die sonst lakonischen Zeitungen mit vollen Backen ausposaunen, und sie thaten es anscheinend von Herzen gern. Bei ihrer Lektüre gewinnt man den Eindruck, man habe es mit einem „verzückten" Zeitalter zu thun. Hauptsächlich waren die Spalten mit Berichten von Napoleons Aufenthalt in Dresden erfüllt, wo er seinen Vasallen*) ein Rendezvous gab, ehe er zur Armee abreiste.

Schon die Reise nach Dresden ähnelte mehr einem Triumphzug als einem Kriegsmarsch. Der zeitläufige Apparat von Ehrenbezeugungen fand sich in tollster Uebertreibung wiederholt — das Wörterbuch der adulatorischen Phrasen, das sich nachgerade durch langjährigen Gebrauch gebildet hatte, reichte aber nicht aus, um den Helden des Jahrtausends, wie man sagte, zu feiern. Man überbot sich in kurzen lateinischen Inschriften — so strahlte dem Kaiser in Würzburg ein „Victori perpetuo" in Flammenschrift entgegen. Jeden Andern hätte dieser Taumel vor einem ernsten Kampf stutzig gemacht — so aber war er ganz nach Napoleons Geschmack. In Dresden, wo der Kaiser am 16. Mai ankam, wußte der Hof vor Eifer, dem hohen Gaste zu gefallen, kaum, was er anfangen sollte. Die Feste jagten sich. Die Kaiserin Marie Louise, die ihrem Gemahl nach Dresden gefolgt war, gefiel sich darin, als Französin zu erscheinen und ihre jugendliche Stiefmutter durch den Glanz ihrer Brillanten zu überstrahlen. Die Rheinbundfürsten wetteiferten, dem Gewaltigen zu huldigen — als im Hoftheater am Schluß einer Vorstellung im Brillantfeuer der Spruch zu sehen war: di lui men grande ed men chiaro il sole (die Sonne ist weniger groß und glänzend wie er) erscholl ihr frenetischer Jubel und stürmischer Applaus. Die Deutschen konnten diese Erinnerungen unschwer verwinden — daß aber Goethe bald nachher der Kaiserin Marie Luise ein Huldigungsgedicht überreichte, in dem z. B. der Vers sich findet:

> „Ein Jeder fühlt sein Herz gesichert schlagen,
> Und staunet nur, denn Alles ist vollbracht!
> Was Tausende verwirrten, löst der Eine.

---

*) Es fiel damals auf, daß der König von Bayern gewagt hatte, der Einladung Napoleons nicht zu folgen.

Worüber trüb Jahrhunderte gesonnen,
Er übersieht's im hellsten Geisteslicht.
Das Kleinliche ist alles weggenommen,
Neu steht das Reich gesichert . . . . 2c. 2c.

das läßt einen untilgbaren Flecken auf jener knechtischen Zeit. —
Von den Dresdener Festen flogen die Zeitungsartikel zum Niemen, wo
der Kaiser am 14. Juni, dem Jahrestage der Schlacht von Friedland,
jene berühmte Heeresschau vor dem Einmarsch in Rußland abhielt, die
das glänzendste militärische Schauspiel sein dürfte, welches die moderne
Welt je gesehen hat. Fast ist es spaßhaft anzusehen, wie die Sprach-
weise der Journalisten, die damals sicherlich nicht der Parade beigewohnt
hatten, in dichterischen Vergleichungen der allerschwülstigsten Art sich
ergeht. Die Küraffiere machen vor allen Dingen die Einbildungskraft
rege. In vier Zeitungen, die uns vorliegen, werden sie dem „flüssigen
Feuer", einer „wandelnden Citadelle", einem „Lavastrom" und dem
„wuchtigen Anlauf vorweltlicher Riesenthiere" verglichen. Wie die
Anrede Napoleons an die Armee kommentirt wurde, läßt sich darnach
ermessen. Sie hatte den gewohnten Vorzug, kurz und bündig zu sein,
und lautete:

„Soldaten, Rußland bricht seine Schwüre. Ein unvermeidliches
Fatum reißt es fort. Des Schicksals Wille erfülle sich. Vorwärts
denn über den Niemen. Der zweite polnische Krieg wird für unsere
Waffen glorreich wie der erste sein, und der ihm folgende Frieden wird
Rußlands Einfluß in Europa ein Ziel setzen."

Mit dem Einmarsch in Rußland hatte denn die Weisheit der
Zeitungen ihr Ende erreicht. Wie eine Parforcejagd mit lautem Tosen
sich in einem Wald verliert und leiser, immer leiser der Lärm
zurückklingt, um endlich ganz zu ersterben, so war die große Armee
jauchzend in die Einöden Rußlands eingebrochen, der Donner ihrer
Schlachten verlor sich aber in immer endloserer Ferne. Der Gedanke durchzuckte die Völker, daß dies Napoleons letzter Krieg sein müsse, denn
wenn er Europa unterworfen, welcher Feind sollte dann ihm widerstehen
wollen? Gelehrte schwärmten schon von einer „Pasigraphie" einer gemeinsamen Sprache aller Völker, und Jünglinge eilten, um vor der zu erwartenden langen Friedensepoche noch ein wenig kriegerischen Ruhm sich
zu holen. An einen unglücklichen Ausgang des riesenhaften Unter-
nehmens glaubten wohl nur sehr Wenige, und die es glaubten, hüteten
sich, ihre Gedanken laut werden zu lassen.

In dieser Stimmung marschirten die Regimenter der Division principière in lang auseinander gezogenen Echelons nach Danzig.*)

Ueber ihre Bestimmung waren sie durchaus im Unklaren; wir erfahren durch ein Schreiben Horabams vom 11. Oktober, daß die Truppen glaubten, zur Belagerung von Riga verwendet werden zu sollen, zugleich, daß die Formirung von 100 Kohorten französischer Nationalgarden, à 1000 Mann, die Grenzen des Reichs und die Seeküsten zu schirmen, bestimmt worden sei, um alle Linientruppen für den Feldkrieg verfügbar zu machen. So mußten denn auch in den Hansestädten die Nationalgarden jetzt die Strandwachen gegen die Engländer beziehen. Im Bremer Stadttheater wurde vor dem Abmarsch der Truppen mit Schillers Versen denselben eine Ovation gebracht. Als ein Schauspieler mit erhobener Stimme deklamirte:

„Euch öffnen sich des Glückes gold'ne Thore,
Mit Euch will ich den mächt'gen Feind bezwingen.
Moskwa ist reich an Gütern; unermeßlich
An Gold und Edelsteinen ist sein Schatz
Der Czaren; meine Freunde kann ich königlich
Belohnen und ich will's! Wenn ich als Herr
Und Sieger einzieh' auf dem Kreml, dann, ich schwör's,
Soll sich der Aermste unter Euch, der mir
Dahin gefolgt, in Sammt und Zobel kleiden,
An Gold und Silbergeld und Bankozebbeln weiden."

da jubelten die Offiziere, und die Civilbevölkerung verharrte in beredtem Schweigen. Diese Stimmung der norddeutschen Stämme fiel den Rheinbund-Truppen in noch viel verstärkterem Grade auf, als sie durch Mecklenburg, Pommern und Preußen marschirten. Wenn in den Hansestädten eine schwermüthig buldende Haltung die vorwiegende war, bei der sich erkennen ließ, daß die Bevölkerung wohl wußte, was sie

---

*) General St. Cyr hatte noch Gelegenheit gehabt, die einzelnen Regimenter zu mustern. Er fühlt sich dadurch bewogen, Dalberg ein Schreiben zukommen zu lassen, in dem wir folgenden Passus lesen:

„Je m'empresse de vous faire part, Monseigneur, que j'ai trouvé dans l'état le plus satisfaisant l'instruction, la discipline et la tenue du régiment de votre Altesse Royale, dont la bonne conduite ne s'est pas démentie un seul instant; c'est vraiment une troupe d'élite et je ne doute pas, que dans l'occasion elle ne se conduise avec distinction."

Dalberg war darüber so erfreut, daß er den Brief an Zweyer mit der Aufschrift sandte: „Herrn General en chef zur angenehmen Nachricht und als ein ehrenvolles Zeugniß aufzubewahren.			Karl."

nicht wollte, nicht aber, was sie wollte — so zeigten die Bewohner der
Ostseeküsten eine verbissene, kaum zurückzuhaltende Wuth und die offen
ausgesprochene Absicht, über die Franzosen herzufallen, sobald nur der
König es ihnen gestatten würde. Erstaunt waren die süddeutschen
Truppen auch darüber, daß in diesen Gegenden die Erinnerung an den
tollkühnen Zug Schills in Aller Herzen lebte, daß man ihn wie das
Vorzeichen einer allgemeinen Erhebung betrachtete. In Pommern wehte
eine so entschieden altpreußische Luft, daß die Rheinbündler eine gewisse
Beklemmung nicht zu unterdrücken vermochten. In Stettin, wo die
Frankfurter mit dem Regiment Herzoge zu Sachsen zusammentrafen,
ziert den Friedrichsplatz eine weißmarmorne Statue Friedrichs des
Großen mit der Inschrift: Friderico Magno Pommerania. Einer
der sächsischen Offiziere, Lieutenant von Schweinitz, wollte bei einem
Spaziergang nicht über diesen Platz gehen und, nach der Ursache befragt,
sagte er: „Ich mag dem alten Fritze nicht vorbeigehen, er sieht mich so
strafend an, als wenn er sagen wollte: „Hundsfott, wie kömmst Du
hierher!"" Auch in Pasewalk hatten die Truppen einen besonders aus-
gesprochenen Patriotismus angetroffen — eine glühende Verachtung gegen
den preußischen General Bila, der 1806 in der Nähe der Stadt kapi-
tulirte und eine bei den bedächtigen Norddeutschen ganz auffallende Begeisterung für die Generale York und Blücher, die in demselben Jahre
dem Feinde so wacker die Zähne gezeigt hatten. Dabei erzählten die
braven Bürger, die bei alledem ihre Einquartierung nach Kräften verpflegten, noch viel von den Zeiten des Obersten von Belling, der während des siebenjährigen Krieges in Pommern allein gegen die Schweden
Krieg geführt, auch vom alten Derfflinger, der 100 Jahre früher sie
über das Eis gejagt habe. Die Frankfurter, die kein Vaterland mit
ruhmreicher Geschichte ihr eigen nennen konnten, hörten diese Reden
mit Staunen, als etwas Absonderliches. Der tiefe Sinn, der aus ihnen
zu entnehmen war, blieb ihnen indeß verborgen. — Das dem weiten
Marsch anfänglich günstige Herbstwetter verwandelte sich nach dem Ausmarsch von Stettin in strömenden Regen. Chausseen gab es damals in Pommern und Preußen nur sehr wenige, die Truppen benutzten daher die einzig
vorhandene große Straße über Naugard, Plate, Körlin, Köslin, Stolp,
Schlawe, Lauenburg, Neustadt, und trafen die Frankfurter am 6. Oktober
in Danzig ein. Auf den genannten Etappen sahen die Söhne des
reichen Südens mit Staunen, wie arm und ausgesogen diese Landstriche
waren. Selbst die Honoratioren-Familien der kleinen Städte waren
oft nicht im Stande, ihrer Einquartierung das Geringste vorzusetzen —

vielmehr gab letztere gutwillig einen Theil ihrer Magazinverpflegung der Hausfrau in die Küche. Hier hatte General Daru, der große Aussauger des Preußenlandes, recht nach Willkür wirthschaften können, und sein Werk war ihm trefflich gelungen. In Stolp zeigte eine einst wohlhabende Bürgerfamilie dem Obersten Horadam den Schlüssel zu einer silbernen Zuckerdose. Er war der Rest ihres Silbergeschirrs; um die Kriegsschuld zu bezahlen, waren die Büttel nach dem Frieden von Tilsit von Haus zu Haus gezogen und hatten patriotische Spenden eingesammelt — das Silber der Familie war geopfert worden; das Töchterchen des Hauses schlich weinend dem Manne nach, der die schönen Sachen in einem großen Sack wegschleppte. Da reichte dieser gerührt den Schlüssel dem Kinde, und er wurde seit dieser Zeit als ein Familienkleinod aufbewahrt.

In Danzig sah man die ersten russischen Kriegsgefangenen, 10 000 an der Zahl — ruppig und struppig, verthiert und um Branntwein bettelnd. Man begriff nicht, wie Kaiser Alexander mit solchen Leuten versuchen konnte, einem Napoleon Widerstand zu leisten. — Auffallend aber war den Truppen nicht minder der Mangel an Nachrichten von der großen Armee. Auf dem Marsche waren ab und zu kirchliche Feierlichkeiten befohlen worden, um Siege über die Russen zu verherrlichen. Unter welchen Umständen und mit welchen Erfolgen diese aber errungen seien, blieb gänzlich unbekannt. Man wußte kaum, ob der Kaiser sich mit seinen Hauptkräften gegen Petersburg oder gegen Moskau gewendet habe. Nach drei Ruhetagen erhielt die in Danzig aufgeschlossene Division princière den Befehl, nach Königsberg zu marschiren. Diesmal geschlossen, wurden die Etappen Dirschau-Marienburg-Elbing-Braunsberg-Brandenburg passirt und am 20. Oktober Königsberg erreicht. Bei dem Marsch durch Preußen zeigten sich genau dieselben Symptome einer verzweifelten kriegerischen Stimmung der Bewohner wie in Pommern. Westpreußen war noch mehr ausgesogen wie dieses — wer die vielen geschlossenen oder verlassenen Höfe sah, die unter dem Sequester standen, konnte sich eines rechtschaffenen Mitleids nicht erwehren. Auffallend war auch das brutale Benehmen der nationalfranzösischen Truppen in den preußischen Landen — es war als ob sie ihre Todfeinde für das künftige Jahr ahnten. Vielfache Mordanfälle der Bauern auf einzelne französische Soldaten und Gendarmen schürten diese Erbitterung. In einem Schreiben vom 1. November schildert Horadam seine Eindrücke, die in dem Ausdruck gipfeln: „Hier fehlen nur die Berge, um Guerrillas zu schaffen."

Am 22. Oktober wurde Königsberg erreicht. Es wimmelte dort von Truppen. Der Befehl wurde bekannt, daß hier ein Reservekorps von 20 000 Mann sich bilden solle, das dann vereint der großen Armee nachzurücken habe. Wirklich trafen in den folgenden Tagen eine Menge verschiedener Truppen ein. Die sogenannte 34. Division unter General Loison setzte sich nun aus folgenden Truppenkörpern zusammen, die wir nur anführen, um von Neuem die Willkür zu kennzeichnen, mit welcher das kaiserliche Regime bei der Bildung der Truppenverbände verfuhr:

4 Bataillone des französischen Infanterie=Regiments 129,
2   ,   ,   =   =   113,
1   ,   =   ,   =   3,
1   =   ,   ,   =   105,
2   ,   , Regiments Frankfurt,
3   ,   ,   , Herzoge zu Sachsen,
2   =   , 5. ⎫
2   ,   = 6. ⎭ Regiments der Division princière (s. S. 357)

Summa 17 Bataillone mit etwa 14 000 Mann.

General Loison ließ diese bunte Phalanx am 1. November vor sich Revue passiren, und wenn man seinen Worten trauen soll, war er von ihrer trefflichen Haltung entzückt. Der Tag des weiteren Abmarsches war nicht bekannt gegeben, ebensowenig, ob die Division nach Kurland oder nach Moskau marschiren sollte. Der Gouverneur von Königsberg verwandte die Regimenter daher zum Garnison= und Patrouillendienst. Bei letzterem geriethen die damit betrauten Offiziere und Mannschaften in blutigen Konflikt mit Soldaten der Neapolitanischen Garde zu Pferde, die sich hauptsächlich in den Wirthshäusern und Bordellen breit machten. Bei einem dieser Renkontres wurden zwei deutsche Soldaten verwundet und fünf Italiener getödtet. Die Mißstimmung gegen letztere sowie einige national=französische Truppentheile wuchs, man konnte nicht sagen warum, bis zu ausgesprochener Feindschaft, und die Reibereien nahmen immer mehr zu.

Dem Hader machte der Befehl, nach Smolensk zu marschiren, ein Ende.

Die bisherige Marschperiode hatte von den Frankfurtern etwa ein Neuntel ihrer Stärke in den Lazarethen zurückgehalten — ein Ver=hältniß, das, verglichen mit andern Truppentheilen, sehr günstig genannt werden mußte. Die alten Soldaten hatten die Strapazen spielend ertragen; bei den jungen hatte der enthousiasme du départ nicht lange vorgehalten. Das 6. Rheinbund-Regiment blieb vorläufig in Königsberg zurück; die andern setzten sich regimenterweise in Marsch. Die Wege bis Tilsit, der ersten größeren Etappe, waren bodenlos; mühsam schleppten sich die Soldaten durch den tiefen Lehm; die Quartiere waren die denkbar traurigsten und für Geld nichts mehr zu erkaufen. Auffallend waren die vielen französischen Offiziere, die einzeln auf kleinen lithauischen Pferden den Kolonnen begegneten und auf die Frage: woher sie kämen, die sonderbare Antwort gaben, sie könnten das kalte Klima in Rußland nicht vertragen und gingen deshalb mit Erlaubniß des Kaisers zur Armee nach Spanien. In Tilsit hatten die Truppen Gelegenheit, sich die Stelle im Niemen zeigen zu lassen, wo am 25. Juni 1807 die beiden jetzt gegen einander Krieg führenden Kaiser, Alexander und Napoleon, in einem eigens dazu hergerichteten prächtigen Pavillon und ohne alles Ceremoniell Europa das Schauspiel einer zu innigen Freundschaft gaben, als daß sie hätte echt sein können. Hier war es, wo Alexander dem etwas früher angelangten Napoleon voll Herzlichkeit zurief: „Sie sind zwar früher da als ich, aber mein Herz war schon bei Ihnen." An diesem Schauspiel, denn etwas Anderes war es nicht, und von den beiden Akteurs hatte Alexander am geschick-testen seine Rolle durchgeführt, hatte auch der damals von Rußland verlassene König von Preußen und seine Gemahlin theilnehmen müssen. Den preußischen Erklärern merkte man die Wuth an, wenn sie an die Beleidigungen dachten, die ihr Königshaus bei dieser Gelegenheit betroffen.

Rührend vor Allem war das treue Angedenken, das die schlichten Leute ihrer so früh dahingegangenen Königin Louise bewahrten.*) Wenn auch in den uns vorliegenden Briefen und Tagebüchern aus jener Zeit nirgends sich eine Spur findet, daß die Schreiber derselben durch diese Volkstreue zu der Ansicht kamen, was ein alt angestammtes Fürstenhaus zu bedeuten habe, so ist es doch kaum anders möglich, als daß der Eindruck sich ihnen von selbst aufnöthigte. Von Tilsit marschirte die Division am 14. November bei einer plötzlich eingetretenen schneidenden Winterkälte ab. In einer einzigen Nacht war der Niemen so fest ge-froren, daß Lastwagen ihn passiren konnten. Diese Erscheinung ist aber

---

*) Napoleon schrieb aus Tilsit am 8. Juli 1807 an Josephine:

„La reine de Prusse a été réellement charmante; elle est pleine de co-quetterie pour moi; mais n'en sois point jalouse, je suis une toile cirée, sur la-quelle tout cela ne fait que glisser. Il m'en coûterait trop cher pour faire le galant.

in jenen Gegenden nichts Ungewöhnliches; die oft ausgesprochene Meinung
ist auch irrig, als sei der Winter 1812 ein für Rußland besonders strenger
gewesen.*) In Tilsit kam wieder ein russischer Gefangenentransport
den deutschen Truppen zu Gesicht, 1500 Mann, die der bayerische
General Wrede bei Polosczk gefangen genommen hatte. Wie in Stettin
betrachtete man die ungewohnten Feinde neugierig, war aber versucht, mit
Friedrich dem Großen zu sagen: „Mit solchem Gesindel muß ich mich
herumschlagen!"

Das nächste größere Marschziel war Kowno, das am 18. November
erreicht werden sollte. Die Kälte, durch einen scharfen Nordostwind
verstärkt, war fast unerträglich; dazu kam ein dicker Staub, der bei dem
Mangel an Schnee thurmhoch aufwirbelte und die Marschirenden fast
zu ersticken drohte. Fuhrpark-Kolonnen, mit Lebensmitteln beladen, welche
von Königsberg aus mitgenommen worden waren, konnten bereits auf
diesen Märschen den Truppen nicht folgen und verschwanden spurlos.
Bekanntlich vernichtet nichts mehr den kriegerischen Enthusiasmus als
Kälte und Hunger. So marschirte denn die Truppe jetzt in mürrischem
Schweigen dahin, und mit der Begeisterung war es vorbei. Die auf
den Exerzirplätzen erlangte Fertigkeit im Manövriren, das von den
französischen Generalen erlangte Lob erwies sich nicht stichhaltig gegen
die Ungunst der Elemente. Die Truppe ermangelte eben eines festen
Kernes, der in Spanien bei ungleich härteren Prüfungen sich glänzend
bei dem dortigen Frankfurter Bataillon bewährt hatte. Die grenzenlose
Auflösung, die in der folgenden Zeit die Division princière vernichtete,
ehe sie kaum mit dem Feinde in Berührung kam, läßt sich nicht allein
durch Kälte und Hunger erklären — sie war vielmehr die Folge der
übereilten Zusammensetzung, des Vorwiegens junger ungeübter Elemente,
und könnte deshalb wohl für alle Zeiten als Lehre dienen, wenn die
Menschen geneigt wären, aus der Geschichte zu lernen. Die Eindrücke,
die die Truppen auf dem Marsch durch Lithauen empfingen, schildert
uns Hauptmann v. Soden mit Folgendem: „Von Tilsit aus wurden
die Quartiere immer schlechter, immer mehr rückkehrende französische
Offiziere trafen wir an, die eben wie die vorigen nach Spanien gehen
wollten. Wir erreichten Johannisburg, eine lithauische Stadt, die aber
diesen Namen keineswegs verdient, indem die Häuser aus schlechten
Lehmhütten bestehen. Diese mit Stroh gedeckten Häuser gewähren schon
von außen keinen angenehmen Anblick, aber weit unangenehmer wird

---

*) In Petersburg gab es sogar am 13. Dezember das erste Eis.

man überrascht, sobald man ihre Schwelle betritt. Vor dem Eintritt in das Wohnzimmer passirt man den Viehstall, und den Willkommen geben junge Schweine, die mit Hühnern und Gänsen gemeinschaftlich unter dem großen Backofen hausen. Tische und Bänke sind schlecht und müssen, ehe man sich ihrer bedient, gereinigt werden. An Betten ist nicht zu denken; denn alte Leute schlafen gewöhnlich mit dem Vieh im Stalle, und die Kinder bringen die Nächte auf dem Ofen zu. An der Ecke des Ofens steht ein von Lehm aufgebauter Herd, auf dem gekocht wird. — In einem Winkel der Stube hängt an einem Stricke, der an der Decke befestigt ist, ein hölzerner Kasten, der bei näherer Untersuchung die Stelle der Wiege vertritt, in dem ein Kind liegt, das durch ein anhaltendes Schaukeln endlich eingeschläfert wird. Die Beleuchtung der Stube besteht aus einem Span von Kienholz, der durch seine harzigen Bestandtheile unangenehme Düfte verbreitet. So unreinlich, wie die Hütten, sind auch deren Bewohner, und ihr häßlicher Anzug vollendet noch die Schilderung dieses schmutzigen Gemäldes. Der Anzug der Männer besteht in einem langen Pelze, der um den Leib mit einem Strick befestigt ist, an den Füßen tragen sie Schuhe von Bast; lange fliegende Haare und ein gräulicher Bart schmücken das häßliche Haupt. Von diesem Anzuge unterscheidet sich jener der Weiber bloß dadurch, daß ihre Haare in Flechten gebunden sind, sonst sehen sie wie die Männer aus."

Kowno, die erste russische Stadt, berühmt durch die glänzende Heerschau Napoleons im Juni dieses Jahres, bot den einmarschirenden Truppen nicht die gehoffte Erholung. Verstummt waren die Glocken der zahlreichen Klöster und Kirchen, vereinsamt die Straßen, verlassen die Häuser. Die Bewohner schienen weniger aus Russen als aus französischen Soldaten zu bestehen, die aus irgend welchem Grunde dort eine bleibende Wohnstätte gesucht hatten. Aus einem einzigen Hause brüllte eine Stimme: „Vive l'empereur, vivent les Allemands" — einen weiteren Empfang hatten die Deutschen hier nicht zu verzeichnen. Die Frankfurter wurden wie alle vorausgegangenen und nachfolgenden Regimenter in ein an der Straße nach Wilna und etwa eine halbe Stunde vor der Stadt gelegenes weitläufiges Kloster einquartiert. Fenster und Thüren und ein Theil der Dielen waren von früher durch-marschirenden Truppen bereits verbrannt worden. Eisig kalt wehte der Sturm durch die langen hallenden Korridore und die engen Zellen, sie halb mit feinem Schnee füllend, der aus Nadelspitzen zu bestehen schien. An Ruhe war in solchem Quartier kaum zu denken. Die Soldaten,

die für den folgenden Marsch nach Wilna auf vier Tage Brot und
Branntwein erhalten hatten, verbrauchten diese Rationen meist in dieser
einen Nacht. In der Stadt Kowno selbst waren Tausende von Verwundeten übel untergebracht, die Lazarethe waren für diese Unglücklichen
nichts weiter als ein sicheres Mittel, bald zu sterben. Lange Züge von
Wagen, mit nackten, gefrorenen Leichnamen gefüllt, eilten alltäglich zum
Niemen, um in die Löcher, die in das Eis gehauen waren, die Todten
zu stürzen und ihnen so ein Grab in den kalten Fluthen zu bereiten.
In Kowno trafen an diesem Tage mehrere Trupps leicht verwundeter
französischer Soldaten ein, von denen sich viele selbst verstümmelt haben
mochten, denn sie hatten meist nur leichte Schußwunden an der linken
Hand. Ein Offizier vom 92. Regiment, der sie führte, erzählte zuerst
von dem Brande von Moskau und von dem begonnenen Rückzuge der
großen Armee. Viel Anderes war aus dem mürrischen, wortkargen
Manne nicht heraus zu bekommen. Der Eindruck, den diese Nachricht
machte, war nicht der erschütternde und deprimirende, wie man hätte
meinen sollen. Der Glaube an Napoleons Glücksstern stand zu fest, um
ihn ohne Weiteres erschüttern zu können; man nahm an, daß der Kaiser,
nachdem zufällig Moskau in Brand gerathen, das Heer in die gesicherten
Winterquartiere nach Polen zurückführe, um sie dort ruhen zu lassen
und zu verstärken — im nächsten Frühjahr würden dann leicht die
Früchte der diesjährigen Kampagne zu ernten sein. Man war geneigt,
zu bedauern, daß man in diesem Jahre keinen Antheil am Ruhm mehr
haben werde, freute sich aber andrerseits auf die Ruhequartiere in Polen,
die man sich so vorstellte, als ob ein Jeder bei einem Prinzen Radziwill,
Sulkowski oder Sapieha einquartiert werden würde. Der Weg am
20. November führte über Zismoroni und Evie nach Wilna. Die
Division marschirte geschlossen, die neapolitanische Kavallerie an der Tête.
Dichter Schnee, den ein eisiger Ostwind vor sich herjagte, verfinsterte
die Luft, so daß man keinen Schritt weit vor sich sehen konnte. Die
Augen fast ganz geschlossen und den Kopf gebeugt, stolperten die Leute
schweigend hintereinander her. Die Neapolitaner, die Schnee und
Glätte so wenig kannten als ihre Pferde und letztere daher nicht scharf
zu beschlagen verstanden, litten noch mehr wie die Infanterie. Da ihre
Offiziere nicht auf das sehr einfache Mittel verfielen, die Pferde vorläufig führen zu lassen, so stürzten diese auf dem spiegelglatten Wege
zu Dutzenden. Wüstes Geschrei der Reiter, die ungeschickt und grausam
an den versteiften Thieren zerrten und ihnen nach den Augen schlugen,
ergrimmte die deutschen Herzen so, daß sie solchen Wichten im Vorbei-

24*

gehen gehörige Kolbenstöße versetzten. Kein traurigeres Bild ließ sich
denken, als diese bei solchem Schneesturm durch die endlosen düsteren
Föhrenwälder Lithauens marschirende Kolonne. Eine noch trübere
Staffage erhielt sie aber durch die Jammergestalten, die einzeln schon
hier an ihr vorüberwankten und sich „Isolirte" nannten, ein Kunstaus-
druck, der sich in diesem Jahre für alle die ausgebildet hatte, die von
ihren Truppentheilen abgekommen waren. Schweigsam, stieren Auges,
als wenn sie immer in weite Ferne sähen, schlichen die Unglücklichen an
ihren Waffenbrüdern vorbei, denen sie wie Gespenster erschienen. Einige
von ihnen waren amputirt und hatten sich plumpe Stelzbeine in den
Lazarethen selbst verfertigt, nur um aus diesen Höhlen des Grauens
entkommen zu können. An den Straßen lagen in Massen todte, von
Schnee halb überdeckte Pferde, und unzählige kleine Hügel deuteten an,
daß die fallenden Flocken dort zum Leichentuch geworden waren. Die
Dörfer, die der Marsch berührte, waren gänzlich ausgezehrt und verlassen, viele ganz oder halb verbrannt. Die Biwaksfeuer wurden mit
dem Holz des stehen gebliebenen Restes genährt. Ueberall Tod und
Verwüstung. Um die Truppen nothdürftig unter Dach zu bringen, war
man gezwungen, sie weit ab von der Heerstraße sich stehen gebliebene
Hütten zur Unterkunft selbst suchen zu lassen. Da die Märsche stark
und die Tage kurz waren, von Karten, Führern, Wegweisern nicht die
Rede sein konnte, so verirrten sich ganze Korporalschaften, kamen am
andern Morgen nicht zum Versammlungsort und blieben für immer ver-
schollen. Es war nur natürlich, daß die Disziplin und der innerliche
Halt der Regimenter schon in diesen Tagen schwer erschüttert wurden;
das Beispiel der Isolirten war ein ungemein ansteckendes und wurde es
noch viel mehr, als die Truppen die Reste der großen Armee erreichten.

Am Abend des 22. November stieg die Division den Hohlweg von
Ponary hinab und erreichte die weite Ebene von Wilna. Lieutenant
Jacobs schreibt: „Eine dicke Schneedecke lag über ihr ausgebreitet, kein
Dorf, kein Landhaus verkündete, daß man sich der Hauptstadt Lithauens
näherte, bloß das Knarren des Schnees unter den Füßen der Soldaten
unterbrach die todtenähnliche Stille, die auf der weiten Flur herrschte.
Endlich zwischen sieben und acht Uhr Abends ertönte ganz nahe der Ton
der Glocken, die Division machte Halt, denn sie war an den Thoren
von Wilna angekommen. Die Nachricht, daß Alles förmlich durch
Billets einquartiert werde, verbreitete allgemeine Freude, und der Anblick
der wohlerleuchteten Stadt mit ihren zum Theil sehr ansehnlichen und
breiten Straßen trug nicht wenig dazu bei, diese zu erhöhen. Leider

wurde die Freude wieder getrübt, da die Billets noch nicht fertig waren und es bis lange nach zehn Uhr dauerte, bevor sie ausgegeben werden konnten; als sie nun endlich vertheilt wurden, fand es sich, daß sie in polnischer Sprache verfaßt und so für die Soldaten unleserlich waren. Der größte Theil fand erst am andern Morgen die ihm bestimmten Quartiere, die wenigstens warm waren."

Wilna bot zu dieser Zeit einen eigenthümlichen Anblick — selten mögen Glanz und Mangel, Ueppigkeit und Elend, Stolz und Niedergeschlagenheit so nahe an einander gewohnt haben, wie in dieser damals überfüllten Stadt. Das ganze am Napoleonischen Hofe akkreditirte diplomatische Korps war mit wenigen Ausnahmen hier versammelt — der Herzog von Bassano machte ihm die Honneurs. Da von irgend welchen Niederlagen des Kaisers nichts bekannt war oder vielmehr nicht bekannt sein sollte, so gab sich die glänzende Gesellschaft den Anschein der gewohnten Sorglosigkeit und der so oft zur Schau getragenen Bewunderung der kaiserlichen Größe. Glänzende Feste folgten in raschem Wechsel — erstaunt sahen die abgerissenen und erfrorenen Truppen prächtige Equipagen mit reich geschmückten Insassen an sich vorbei sausen, die ganz das verwöhnte und etwas blasirte Aussehen hatten, das der diplomatischen Welt eigenthümlich zu sein scheint. Der Gouverneur der Stadt, General Hogendorp, machte gleichfalls ein großes Haus — die deutschen Offiziere fanden zu ihrer Verwunderung Einladung zu Bällen und Diners vor und sahen sich plötzlich in hell erleuchtete Säle versetzt, in denen französischer Glanz und lukullische Verpflegung an den Pariser Hof erinnerten. Am 2. Dezember war zur Feier des Napoleonstages Parade, Kanonendonner, Glockengeläute, Illumination befohlen.*) In tiefem Schnee marschirte die Division princière auf — der Gouverneur ritt mit glänzender Suite die Fronten ab und ließ dann die Regimenter defiliren. Der Mann aber, dem alle diese Ehren galten, war an diesem Tage kaum dem gänzlichen Verderben an der Beresina entgangen und floh vor seinem aufgelösten, verzweifelten Heere, in Pelze gehüllt, auf sausendem Schlitten diesem selben Wilna zu, das mit seinen Vorräthen und frischen Truppen seinen letzten Hoffnungsanker bildete.**)

---

*) Das am Stadthause angebrachte große N mit der Kaiserkrone darüber, das in Hunderten von Lampen strahlte, fiel plötzlich herab und zerschellte. Man betrachtete den Vorfall als ein böses Omen. In Kriegszeiten treibt der Aberglaube stets üppige Blüthen.

**) Horabam erließ auf einige dunkle Gerüchte der Art folgenden Tagesbefehl: „Die Herren Offiziere werden Sorge tragen, ihre Soldaten aufzumuntern

— In der That waren in Wilna unermeßliche Magazine aufgehäuft, aber schon in diesen Tagen zeigte sich der Schematismus, zum Theil aber auch die Liederlichkeit der französischen Intendantur als der Lage nicht gewachsen. Den deutschen Truppen wurde die ihnen zustehende Verpflegung vorenthalten, so daß die Kommandeure sich veranlaßt sahen, durch bewaffnete Kommandos die Brotböden und Branntweinniederlagen stürmen zu lassen. Mit national-französischen Truppen, die die Intendanten zu Hülfe riefen, kam es dabei zu blutigen Kollisionen — das Ansehen des Gouverneurs erwies sich aber gegen die Tücke der „Mehlwürmer", wie die Soldaten die Intendanten nannten, als machtlos. Im Uebrigen bot Wilna das Bild eines ungeheuren Lazareths. Mehr Verwundete und Kranke bewohnten die Stadt als Gesunde — der Ersteren wurden aber täglich mehr. Lange Züge bayerischer Verwundeter namentlich kamen in den letzten Tagen des November an. Das Elend in den Hospitälern war grauenhaft und die Gefühllosigkeit des geringen, überarbeiteten ärztlichen Personals am Ende natürlich und doch empörend. Die Todten wurden Nachts aus den Häusern auf die Straße geworfen, und Leichenkarren sammelten die steifgefrorenen Leiber am Morgen auf. Die mit diesem traurigen Geschäft betrauten Leute verriethen dabei eine wahrhaft bestialische Rohheit. In früheren Perioden des Feldzuges hatte in Wilna eine ständige Gerichtskommission ihren Sitz, die Nachzügler und Marodeure mit drakonischer Strenge aburtheilen sollte. Wie der Blutrath zu Zeiten Albas fällte diese Kommission an manchen Tagen ein Dutzend Todesurtheile. Auf besondern Befehl des Kaisers mußten die Delinquenten ihr Grab selbst graben. Bei der Masse der Maroden und Isolirten, die seit Anfang November Wilna durchströmten, hatte diese wenig beneidenswerthe Kommission ihre Thätigkeit einstellen müssen; dennoch waren noch die Erschießungen wegen verübter Exzesse, Raub und Plünderung sehr zahlreich — oft auch knallten einzelne Schüsse als traurige Zeichen, daß Noth und Elend ein Menschenherz zum letzten verzweiflungsvollen Schritt gezwungen hatten.

Am 4. Dezember, nach elftägiger Rast in Wilna, marschirte die Division princièro, noch etwa 10 000 Mann stark, auf der großen Straße nach Smolensk der Armee entgegen, von deren Zustand man

---

daß sie das elende Geschwätz der übelgesinnten oder unerfahrenen Leute nicht als baare Münze aufnehmen und sich bestreben, in dem gegenwärtigen Drang der Umstände die Beschwerden gut zu ertragen, und von dem großen Talent Seiner Majestät des Kaisers Napoleon nur die beste Folge erwarten."

so wenig eine Ahnung hatte wie von ihrer Nähe.*) Man fabelte im Gegentheil von einem großen Siege, den Oudinot bei Borissow erfochten haben sollte. Zudem hatte ja der Herzog von Bassano eine Proklamation erlassen, wonach „der Kaiser, nachdem er in Smolensk eine starke Besatzung zurückgelassen, sich an die Spitze der Armeen an der Beresina gestellt und die Russen überall besiegt habe und nach der Vernichtung der Armee Tschitschaloffs in Wilna einziehen und in Lithauen Winterquartiere beziehen werde." Offiziell sollte die Division nur eine Fouragirungs-Expedition machen. Der 4. Dezember zeigte anfänglich keine zu strenge Kälte, so daß der erste Etappenort Miednicki ohne fühlbare Verluste erreicht wurde. Wenn auch die Fourgons mit Lebensmitteln in Wilna zurückgehalten worden waren, so hatte man doch jedem Soldaten 16 Unzen Zwieback und 10 Pfund Mehl mitgegeben. Der Tornister wog mit dieser Belastung 34 Pfund und erschwerte den Marsch beträchtlich. Außerdem trug aber der Soldat noch in seinem Kampirsack zwei dreipfündige Brote — sein ganzes Gepäck wog 58 Pfund. — Auf dem Marsche begegneten der Division die ersten Wagen von Verwundeten und viele Isolirte zu Fuß und zu Pferde, welche die Nachricht von dem Unheil an der Beresina brachten. Die dortigen grausigen Szenen wurden mit leicht erklärlicher Uebertreibung noch ausgeschmückt, so daß sie das Maß des Glaublichen zu weit überschritten, um nicht ihren Eindruck zu verfehlen. Der kleine halb zerstörte Flecken Miednicki gewährte der Division keine genügende Unterkunft, und sahen sich die Regimenter daher genöthigt, die Nacht im Freien zuzubringen. Die Kälte stieg aber plötzlich zu der furchtbaren Höhe von 20 Grad und machte jeden Schlaf unmöglich. Selbst an den mächtigen Feuern, die überall emporflammten, vermochten die Soldaten sich nicht zu erwärmen, obgleich sie haufenweise zusammenkrochen. Eine solche Pyramide menschlicher Leiber sprang dann plötzlich wie besessen auf und rannte um die Feuer herum. Während dieser Biwaks dauerte der Zug der Flüchtenden ununterbrochen fort. Zuweilen kam eine solche Jammergestalt gespenstisch zu den Feuern geschlichen, hockte dort nieder und starrte

---

*) Der General Loison war krank. General Gratien führte die Division. Dieselbe hatte, wie erwähnt, drei Bataillone des 5. und 6. Regiments bereits in Kowno zurückgelassen und sandte nun ebendahin ihre Kriegskasse mit dem Bataillon Schwarzburg. Die Frankfurter zählten beim Abmarsch noch 1300—1400 Mann, das Regiment Herzoge zu Sachsen noch etwa 1600, die übrigen Regimenter dem entsprechend.

theilnahmlos in die Flammen. Die Soldaten gaben den Bedauernswerthen reichlich Brot von ihren Vorräthen, das sie heißhungrig ver-
schlangen, ohne zu danken. Es war ein gräßlicher Beweis, wie rasch
das Thierische im Menschen die Oberhand gewinnt. Trotz der Kälte
schliefen einige Soldaten vor Erschöpfung oder weil sie zuviel Branntwein getrunken hatten, ein. Doktor Geißler erzählt in seinen Memoiren*):
„Am folgenden Morgen wurden mehrere Erfrorene gefunden, die so hart
und spröde, fast mumienartig gefroren waren, daß, wenn man die
Glieder eines solchen Unglücklichen aufhob und wieder fallen ließ, solche
wie Glas von einander sprangen." Als am 5. Dezember am späten
Morgen die Division zum weiteren Vormarsch aufbrach, standen von
Miednicki nur noch einige ausgebrannte Mauern. In den ersten Morgen-
stunden lag dichter Nebel auf der eintönigen Schneefläche — als die
Sonne durchbrach, erreichte die Kälte eine fast unerträgliche Höhe; zudem
warfen die Schneefelder ihre Strahlen so intensiv zurück, daß die Augen
den grellen Glanz kaum zu ertragen vermochten. Nachmittag 4 Uhr
hatte die Division einen Marsch von stark vier Meilen hinter sich; sie
erreichte unter auffallend geringem Verlust Oszmiana, ein aus einigen
hundert hölzernen Häusern bestehendes Städtchen. Die Bewohner, zum
großen Theil Juden, waren fast alle geflohen — in den Häusern sah
es wüst aus, aber sie boten wenigstens Schutz vor der Kälte, um so
mehr, als das Städtchen in einem flach eingeschnittenen Thale lag, das
der Ostwind nicht zu durchstreichen vermochte. Der General Gratien
hatte während des Marsches Kolonne formiren und die Bajonette auf-
pflanzen lassen, eine Maßregel, die allgemeines Erstaunen erregte, denn
wo sollte hier ein Feind herkommen, welchen nach dem allgemeinen
Glauben die große Armee mindestens zwanzig deutsche Meilen von
Wilna entfernt hielt. Die Sorglosigkeit nahm auch wieder überhand,
als in Oszmiana keine Vorposten ausgesetzt und den Truppen überlassen
wurde, da unterzukriechen, wo sie gerade Platz fanden. Es sollten Lebensmittel, an denen es hier merkwürdiger Weise nicht fehlte (man fand
die Schweineställe noch gefüllt, sowie einige Stücken Rindvieh), empfangen
werden; die Truppen waren mit dem Anzünden ihrer Feuer beschäftigt,
als plötzlich viele Schüsse knallten, es wurde Generalmarsch geschlagen,
und der hier zum ersten Mal gehörte Schreckensruf „Kosaken, Kosaken!"
erscholl aus hundert Kehlen. Eine Abtheilung von 80 Mann dieser
Steppenreiter mit zwei kleinen auf Schlitten ruhenden Kanonen, dem

---

*) 1840 erschienen zu Eisenach.

Korps des unermüdlichen Hetman Seslawin*) angehörig, war ungesehen durch einige unbesetzte Nebengassen in Oßmiana eingedrungen. Der Zufall hatte es gewollt, daß sie zuerst das Gehöft besetzten, in welchem General Gratien sein Quartier aufgeschlagen hatte. Diesem gelang es noch rechtzeitig, durch die Vorderthür des Hauses sich zu einer Kompagnie des Regiments „Herzoge zu Sachsen" zu retten, welche als Wache des Hauptquartiers geschlossen geblieben und vor dem Hause aufmarschirt war. Diese eröffnete nun sogleich auf die Kosaken ein heftiges, wenn auch ungeregeltes Feuer, was diese indeß so wenig verblüffte, daß sie, kaum wenige Schritte entfernt, mit Ruhe ihre Pistolen abfeuerten, ehe sie im Galopp verschwanden — außerhalb des Dorfes gaben sie noch mehrere Kartätschladungen aus ihren Schlittengeschützen ab und verwundeten und tödteten dadurch nicht weniger wie 60 Mann, die unvorsichtig den davoneilenden Reitern nachgelaufen waren. Die Kosaken hatten einige Todte, aber keine Verwundete zurückgelassen, die man hätte ausfragen können. — Die Folge des Ueberfalls war, daß General Gratien sehr unnöthiger Weise die Truppen aus den Häusern herauszog und auf den Straßen und in den Gärten der Stadt biwakiren ließ. Die eben erlebten Vorfälle ließen eine traurige Schlußfolgerung zu, wie es mit der großen Armee stehen müsse; während man an den Feuern noch lebhaft hierüber debattirte, verbreitete sich plötzlich das Gerücht, Marschall Lefebvre, Chef der alten Garde, sei in Oßmiana angekommen. Zugleich ging die Rede, der Kaiser selbst werde ihm auf dem Fuße folgen. Die wunderliche Nachricht erwies sich als wahr. Napoleon hatte am 4. Dezember Abends in Smorgoni die Armee verlassen, deren Oberbefehl er Murat anvertraute. Um 10 Uhr Abends traf er in Oßmiana ein, von einer schwachen Eskadron polnischer Lanciers eskortirt. Er fuhr in einem mit Pelz ausgeschlagenen, von 6 lithauischen Hengsten gezogenen Wagen; Coulaincourt war ihm zur Seite; auf dem Bock saßen der Mameluck Rustan und der Dolmetscher Hauptmann Bukasowitsch von der Garde. In einem zweiten Schlitten folgten Duroc und Mouton. Doktor Geißler schildert den interessanten Moment wie folgt: „Napoleon trug einen grünen, mit Goldquästchen besetzten Pelz und eine dergleichen Kappe. Er sah ernst, aber sehr wohl aus. Wir betrachteten diesen mächtigen Sterblichen in der Entfernung weniger

---

*) Seslawin zeichnete sich 1814 durch beispiellos kühne Rekognoszirungen aus. Nach Blüchers Uebergang über den Rhein ging er mit seinem Pull allein bis Orleans vor und sandte von dort Meldungen.

Schritte, während die Generale Gratien und Vivier mit den Obersten der Regimenter sich im Halbkreis um den Kutschenschlag aufgestellt hatten. Es war die Rede von der großen Kälte und dem eben stattgehabten Ueberfall, der den Kaiser, welcher vielleicht glaubte, seine Abreise sei dem Feinde schon bekannt, unangenehm zu berühren schien. — Die Persön-lichkeit dieses außerordentlichen Mannes, die anziehendste neuerer Zeit, seine Gesichtszüge mit dem Stempel großartigster Originalität gezeichnet, die Erinnerung an die mächtigen Thaten, womit er seine Zeit bewegte, rissen uns zu unwillkürlicher Bewunderung hin. War die Stimme, die wir hörten, nicht dieselbe, deren geringster Ton in ganz Europa wieder-hallte, Kriege erklärte, Schlachten entschied, das Geschick der Reiche be-stimmte und den Ruhm so Vieler erhob oder vernichtete?" Die Truppen wollten den Kaiser, als sie seiner ansichtig wurden, mit dem gewohnten und sorgfältig eingelernten vive l'empereur begrüßen. Es wurde ihnen aber bedeutet, daß der Kaiser unerkannt reisen wolle, und so unterblieb die sonst natürliche Ovation. Wirklich hatte Napoleon die nicht recht begreifliche Idee gehabt, in den Eiswüsten Rußlands unter dem Namen eines Herrn von Rayneval, damaligen Gesandschaftssekretärs Coulain-courts, zu reisen. Der von Berthier ausgestellte Reisepaß lautete für den nach Paris reisenden Herzog von Vicenza (Coulaincourt). Der Ueberfall der Kosaken in Oszmiana hatte den Kaiser insofern stutzig ge-macht, daß er die Neapolitanischen Schwadronen zu seiner Eskorte nach Wilna und Kowno mit sich nahm. Auf diesem eiligen Marsch kamen diese Truppen bis auf einen ganz geringen Rest um. Die hastige Rück-reise des Kaisers verfehlte nicht, auf die Truppen momentan einen ent-muthigenden Eindruck zu machen.*) Wenn Oberst von Toll in seinen „Denkwürdigkeiten" erzählt, ein französischer Oberst Lapie habe zu einer Ermordung des Kaisers in Oszmiana gerathen mit den Worten: Main-tenant, messieurs, serait le moment, und Hauptmann von S. vom

---

*) Hinter Wilna, im Dorfe Riconti, traf Napoleon am folgenden Tage das 6. Regiment der Division princière, das von Kowno nach Wilna nachgezogen wurde. Die Offiziere waren am Abend in einem Schuppen vereinigt, als ein kleiner Mann in grünem Pelz an das dort brennende Feuer trat mit der herrischen Frage: „Quelles sont ces troupes?" Hauptmann Wiedburg, der bemerkte, daß er es mit einem höheren Offizier zu thun habe, beantwortete ihm diese und einige andere Fragen und wollte eben den eingeschlafenen Oberst v. Heringen wecken. Der kleine Mann verbot dies aber mit den Worten: „Non, camarade, ne le dérangez pas." Er verließ die Hütte, setzte sich in den mit frischen Pferden bespannten Schlitten und fuhr ohne Gruß in der Richtung nach Kowno weiter.

4. Regiment der Division princière habe mit seiner Kompagnie die schurkische That vollbringen sollen, aber mit der Ausführung unschlüssig gezögert, so ist dies sicher ein grober Irrthum. Dem Autor liegen nicht weniger wie fünf Berichte von Augenzeugen vor, die das Zusammentreffen Napoleons in Oßmiana mit der Division princière schildern; alle sagen übereinstimmend aus, die Persönlichkeit Napoleons habe wie gewöhnlich ihren gewaltigen Zauber ausgeübt. Von einer Verschwörung ist nirgends die Rede — deutsche Soldaten würden sich auch schwerlich zu einem solch feigen Morde haben bewegen lassen.*) — Die Nacht vom 5. zum 6. Dezember war so kalt, daß die Gesichter der im Freien Befindlichen von dem in zackigen Stücken fallenden Eis wie zerschnitten und von einer gefrorenen Blutkruste überzogen waren. Die geschwollenen Lippen konnten kaum etwas Anderes hervorbringen wie unverständliche Laute. Schon in der Nacht begann der Durchzug der großen Armee, die freilich diesen Namen jetzt nicht mehr verdiente, mit allen den Schrecken, die noch heutzutage in den Erzählungen des Volkes sich erhalten haben. Der Anblick dieses gehäuften Elends wirkte sinnverwirrend. Bis zur Beresina hatte der Rückzug des Heeres wenigstens das Zusammenhalten kleiner Trupps als Regel gesehen; seit dem großen Verderben des 29. November hatten sich auch diese aufgelöst, alle Waffen waren weggeworfen, und eine Heerde halb irrsinnig gewordener Flüchtlinge, nur

---

*) In Warschau hatte der Kaiser eine längere Unterredung mit seinem Ge-sandten de Prabt. Der Bericht des Letzteren ist sehr wenig bekannt, allein so be-zeichnend für den Charakter des Kaisers, daß er hier wohl Platz finden kann:

„Il (l'empereur) vanta l'excellence de sa santé; dit que les Russes n'étaient plus les soldats d'Eylau et de Friedland, qu'en toute rencontre il les avait battus; qu'ils n'osaient pas tenir devant son armée; qu'elle était superbe et tiendrait à Vilna; que, néanmoins, il allait chercher trois cent mille hommes, parce qu'il aurait deux ou trois batailles à livrer aux Russes sur l'Oder, mais que, dans six mois, il serait encore sur le Niémen. C'était se contredire. Il ne s'en aperçut pas. Il avoua même qu'il avait fait de grandes pertes; „mais", ajouta-t-il, „tout ce qui arrive n'est rien; c'est un malheur, c'est l'effet du climat; l'ennemi n'y est pour rien; je l'ai battu partout.... je ne peux pas empêcher qu'il gèle en Russie;" et à tout cela il mêla des façons de proverbes: „du sublime au ridicule il n'y a qu'un pas; qui ne hasarde rien, n'a rien," et d'affreuses plaisanteries sur les chevaux, sur les hommes qui ne résistaient pas à plus de neuf degrés de glace. „Je vis dans l'agitation" dit-il encore trivialement; „plus je tracasse, mieux je vaux; il n'y a que les rois fainéants qui engraissent dans leurs palais; moi c'est à cheval et dans les camps," et, derechef, il vanta sa force, sa santé; puis par une contradiction nouvelle, il fit l'éloge des Russes et eut même des paroles d'ad-miration pour l'incendie de Moscou."

von dem kraffesten Egoismus der Selbsterhaltung beseelt, wälzte sich an den erstaunten, von diesem Anblick wie gelähmten deutschen Regimentern vorüber. Das Mitleid der germanischen Race verleugnete sich nicht in diesen Momenten. Die Soldaten warfen in einer Art samaritischer Hast ihren Brot- und Mehlvorrath den Hungernden in die abgezehrten Hände — schon am Morgen des 6. hatten die Mannschaften sich der Mittel zur eigenen Erhaltung durch ihre Großherzigkeit fast vollständig beraubt. Uebereinstimmend finden wir als das Widerlichste den Eindruck geschildert, daß die Beschenkten keine Freude, keine Dankbarkeit in den abgehärmten Gesichtszügen verriethen, sondern wie in einem traumähnlichen Zustande und mechanisch die Brotrinden hinunterschlangen und sich dann wortlos entfernten. Da die Korps von Oudinot und Victor, die sich an der Beresina noch so wacker geschlagen hatten, ebenfalls vollkommen aufgelöst und in die allgemeine Unordnung hineingerissen waren, so erkannte die Division princière, daß sie jetzt die einzige bewaffnete Truppe der Armee sei, und daß die Rettung der flüchtenden Trümmer zum großen Theil von ihrer Haltung abhängen werde. Da die Russen unmittelbar folgen sollten, so wurden am Morgen des 6. Dezember Detachements aller Regimenter, zusammen in der Stärke von 600 Mann, auf Vorposten geschickt. Die Kälte war so furchtbar, daß die Posten alle Viertelstunden abgelöst werden mußten; und doch stürzten sie nach der Rückkehr halb erstarrt am Biwakfeuer nieder. An diesem Tage zeigte sich außer einigen Kosakenpatrouillen von den Russen noch nichts; es war, als hätte auch ihnen die Kälte ein Halt zugerufen. Um Mitternacht wurden die Vorposten plötzlich eingezogen. Der Befehl war angelangt, daß die Division nach Wilna zurückmarschiren solle. Oßmiana gerieth in Brand und leuchtete den Bataillonen, die stumm und düster auf ihren Alarmplätzen antraten. Der letzte Akt der großen Tragödie hatte seinen Anfang genommen.

Der Marsch begann. Das Regiment Herzoge zu Sachsen und die einzige Batterie der Division bildeten die Nachhut. Mühsam schleppten die ausgehungerten Pferde die Geschütze eine Strecke weit auf der glatten Straße — sie stolperten, stürzten; die Soldaten versuchten die Räder vorwärts zu drücken, gaben aber bald ihre Bemühungen auf. Die Batterie blieb stehen und den Russen überlassen. Lange Lunten wurden in die Pulverkarren gesteckt, damit sie vielleicht explodirten, wenn die Russen sich um sie versammelt hätten. — Die Truppe war bis jetzt gut genährt und vortrefflich disziplinirt gewesen, vor ganz kurzer Zeit hatte sie noch Begeisterung empfunden. Aller Halt schien aber jetzt auf einmal aus ihr gewichen. Stumm schlichen sich viele Leute aus den Gliedern, setzten sich in den Schnee und waren in wenig Minuten erstarrt. Anderen wurde mitten in der Agonie, die ihnen die Augen schon halb geschlossen, das Verzweiflungsvolle ihrer Lage klar. Sie sprangen mit einem plötzlichen Schrei auf, taumelten einige Schritte und brachen dann stöhnend zusammen. Unbegreiflich blieb die gänzliche Gleichgültigkeit der Ueberlebenden. Dieselben Leute, die gestern noch mitleidig ihr letztes Stück Brot mit den Unglücklichen fremder Nationen getheilt, sahen theilnahmlos ihre besten Kameraden straucheln, stürzen und dem sicheren Tod zur Beute fallen. Die Gewohnheit des Marschirens, des Aufbleibens auf den Vordermann war es allein, die an diesem Tage die Bataillone noch zusammenhielt. Mechanisch schritten die Füße weiter und legten Meile auf Meile zurück. So sehr aber hatte dieser einzige Marsch alle Disziplin gelockert, daß beim Anblick von Biwakfeuern in der Nähe von Miednicki Hunderte dorthin eilten, um sich zu wärmen, und durch Nichts bewogen werden konnten, den Marsch fortzusetzen. General von Heilmann*) erzählt, daß ebenfalls das bayerische Korps des Fürsten Wrede die volle Hälfte seines Bestandes verloren habe, sobald es mit der flüchtenden Armee (bei Smorgoni) in Berührung kam: „Der Anblick dieses ungeheuren Elends wirkte augenblicklich ansteckend auf unsere Leute, die, von einem so jammervollen Zustande von Napoleons Heer nichts ahnend, im Gegentheil in der Vereinigung mit ihm ein Ende ihrer Leiden und Entbehrungen zu finden gehofft hatten. Umsonst machte Wrede, machten seine Unterbefehlshaber alle Anstrengungen, um die Auflösung des Korps zu verhindern. In den drei oder vier Stunden, welche sein Korps im Geleit der aufgelösten französischen Armee zurückgelegt hatte, war seine Zahl auf die Hälfte zusammengeschmolzen, 6 Kanonen waren stehen geblieben."

Am Mittag des 6. Dezember erreichte die Division nach einem Marsch von vier Meilen Miednicki. Die Verluste, die er gekostet, waren bereits so groß wie die einer blutigen Schlacht, und doch hatte man nur die Silhouetten einiger Kosaken am fernen Horizont vorüberstreichen sehen. Die Truppe hatte noch Brot, allein die Kälte machte es ungenießbar, denn es war steinhart gefroren und trotzte dem Biß der schärfsten Zähne. Die Soldaten spießten die Brotstücke endlich auf ihre Bajonette und hielten sie in die Flammen. Die verkohlten Stücke wurden dann heißhungrig verschlungen. Die Ordnung innerhalb der

---

*) Feldmarschall Fürst Wrede, Seite 234.

Division löste sich unglaublicher Weise bereits am Abend dieses ersten
Tages wirklich ernster Prüfung. Wilna — Wilna! riefen die
Soldaten heulend und verlangten, dorthin geführt zu werden, weil sie
dort Wärme und Nahrung zu finden hofften. Truppweise zogen die
Kompagnien und Bataillone ab — wenige Hauptleute konnten ihre Leute
um sich versammelt halten. In der Nacht vom 6. zum 7. Dezember
verließ bereits ein großer Theil der Division Miednicki. General Gratien
ward nirgends gesehen, er hatte auch kein Ansehen bei den Regimentern.
Wohl aber schritt eine bekannte in kurzen Pelzrock gehüllte Heldengestalt
zu Fuß mit den Truppen, sie in gebrochenem Deutsch anfeuernd. Es
war der Marschall Ney, der Bravste der Braven, wie Napoleon ihn
seither nannte. Aber auch die Gegenwart dieses hervorragenden Führers
erwies sich nicht mehr stichhaltig, um den Truppen einen Rest von
moralischer Kraft einzuflößen. Kälte und Hunger und eine stupide Verzweiflung hatten alle Spannkraft ihnen geraubt. Es wird dem Epigonen
wirklich schwer, sich in diesen grauenvollen Zustand hineinzudenken.
Nichts wäre müßiger, als den Truppen einen Vorwurf machen zu wollen,
denn das Hereinbrechen dieses plötzlichen, unermeßlichen Elends ging
offenbar über alle menschlichen Kräfte. Man hat die Scenen dieses
Rückzuges so oft beschrieben gelesen, daß wir uns beschränken, eine
charakteristische Schilderung des Marsches am 7. Dezember von einem
Augenzeugen zu geben:

„Halb erstarrt und anscheinend gelähmt wankten die Soldaten
unsicheren Schrittes hin und her, wobei ihre Gesichter so roth und aufgetrieben aussahen, als hätte sich alles Blut dahin gezogen. Sichtlich
entging ihnen die Kraft, das Gewehr zu halten, es entglitt ihren Händen;
ihre Kniee bogen sich, und in ohnmächtigen Anstrengungen sich erschöpfend,
sanken sie endlich hin und gingen so von dieser lethargischen Erstarrung
schnell zum wirklichen Tode über. Thränen netzten in diesen Momenten
ihre außerordentlich rothen Augen, ja oft drang Blut aus dem das
Innere des Augenlids bedeckenden Häutchen und aus dem Munde. —
Zuweilen sprangen diese Unglücklichen noch einmal auf, blickten, erstaunt
und wild aussehend, ihre Umgebung starr an, waren aber schon ganz
besinnungslos, und das gewaltsame Spiel ihrer Gesichtsmuskeln zeigte,
daß sie große Schmerzen empfanden; auch vernahm man selten noch
andere als unverständliche Laute. Aber nicht alle durch die Kälte Ge-
tödteten endeten auf diese Weise; Manche, die es fühlten, daß ihre Kräfte
nicht weiter ausreichten, nahmen anscheinend ganz ruhig von ihren
Kameraden Abschied, legten, den Tornister unter dem Kopf, sich an der

Straße nieder, in völliger Resignation ihr Ende erwartend; andere, dem Ansehen nach noch bei Kräften, aber durch die Wuth des Frostes und gewaltige innere Schmerzen gepeinigt, waren wie wüthend, verwünschten, schauderhaft grinsend und zähnefletschend, mit schrecklichem Fluchen und Schimpfen ihr Schicksal, dem sie in kurzer Zeit erlagen. Noch andere, wohl schon Tags vorher durch die Kälte verletzt und unvorsichtig dem Feuer zu nahe gekommen, litten am Brande, taumelten aber so lange bewußtlos fort, bis auch sie auf der eisigen Bahn niedersanken. Sehr treffend nannten deswegen einige Franzosen die 28 Werst betragende Strecke von Miednicki bis Wilna „die lange Beresinabrücke."" Mitten in dem Taumel dieser entsetzlichen Stunden fuhren mehrere Schlitten mit Fässern beladen der allgemeinen Marschrichtung entgegen. Sie waren etwa bis zur Mitte der aufgelösten Division gelangt, als es einem Major Wagner zufällig in den Sinn kam, nach ihrem Zweck zu fragen. Auf die Antwort der Trainsoldaten: „Der Arrieregarde ent-gegen, um dieser einige Fässer Zwieback zuzuführen", fielen die Soldaten sofort über diese her, zerschlugen sie, und es entspann sich ein kurzer wilder Kampf um die hartgefrorenen Zwiebackbrocken. Vergebens ver-suchten die, welche ein Stück zu erhaschen vermocht hatten, dasselbe zu erbeißen. Dennoch hatte die Begegnung eine vorübergehend günstige Wirkung — die Unglücklichen hatten das Gefühl gewonnen, daß sich noch Jemand um sie kümmere. Am Abend des 7. Dezember trafen von den Regimentern der Division princière lockere Schwärme in Wilna ein. Auf dem Markte und den Straßen wurden Biwakfeuer ange-zündet — wer noch starke Fäuste hatte, erkämpfte sich eine Schlafstelle in irgend welchem Hause. An diesem Abend war die Auflösung eine Regel, die kaum Ausnahmen hatte. Nur 500 Mann aller Truppen hielten zusammen und waren noch bewaffnet, es waren dies die Reste der Division, die noch in der Stärke von 10 000 Mann vor kaum 48 Stunden Ozmiana verlassen hatte.

In letzterem Flecken hatte Maret (Herzog von Bassano) bei dem von uns geschilderten Halt des Kaisers diesem von den in Wilna auf-gehäuften Vorräthen eine so günstige Schilderung gemacht, daß dieser erfreut befohlen hatte, die Armee solle dort acht Tage der Ruhe pflegen und sich reorganisiren.*) Zu gleicher Zeit hatte er herben Tadel über

---

*) In Wilna befanden sich für 100 000 Mann auf vierzig Tage Brot, Zwieback und Mehl, ohne das aus Samogitien kommende Getreide zu rechnen. Fleisch für 36 Tage, und zwar von lebendem Vieh! Bier, Branntwein in noch größerem

seine Intendantur ausgesprochen, die seine Befehle nicht erfüllt habe. Dieselbe, an das wohlfeile und bequeme Requisitionssystem der früheren Napoleonischen Feldzüge gewöhnt, hatte allerdings sich einer schweren Pflichtversäumniß schuldig gemacht. Hier in Wilna hatte sie aber in der That kolossale Vorräthe aufgehäuft; es zeigte sich aber nun, daß die ordnungsmäßige und wirksame Vertheilung derselben an der Wildheit und Ordnungslosigkeit der militärischen Flüchtlinge scheiterte. Wenn man die Soldaten sammeln und in Ordnung einem Magazin zuführen wollte, antworteten sie mit wildem Lachen. Ein höherer französischer Offizier, der einem tobenden Haufen mit den Worten Ruhe gebieten wollte: „Entendez-moi, jo suis général" — erhielt die Antwort: „Il n'y a plus des généraux, il n'y a quo des malheureux." So blieb denn nichts Anderes übrig, als Brot und Mehlsäcke durch die Luken der Magazine unter die erregte Menge zu werfen, die sich unten um diese Schätze schlug und balgte wie ein Kinderschwarm, unter den man Pfennige geworfen. Bald aber ließ sich der hungrige Haufen nicht mehr vor den Magazinen halten, sondern stürmte sie und bemächtigte sich der Vorräthe. Dabei gingen drei Viertel derselben verloren, die Lagerhäuser geriethen in Brand. Am grauenhaftesten waren die Scenen, die sich in den Branntweinniederlagen abspielten. Stupide Trunkenheit, rohes Gejohle, ein betäubender Geruch der eklen verschütteten Flüssigkeit zeigten sich schon vor den Thoren der Gebäude. Im Innern aber erschien die menschliche Natur in ihrer gräßlichsten Verworfenheit — wir unterlassen es, eine uns überkommene Schilderung eines Frankfurter Offiziers wiederzugeben. Zuletzt gingen diese Häuser, da die Fässer vielfach zerschlagen wurden, und betrunkene Rotten innerhalb der Gebäude selbst sich Feuer anzündeten, meistentheils in Flammen auf, und Viele, die dort einen sinnlosen Rausch ausschliefen, wurden eine Beute derselben.

Bei Alledem fand sich die Division princière doch in Wilna einigermaßen wieder zusammen; sei es, daß in den warmen Häusern, wie ein Offizier sagte, die „eingefrorene Disziplin wieder aufthaute," sei es, daß die Mannschaften einsahen, daß sie nur in geschlossenem Truppen-

Verhältniß, ingleichen Gemüse und Fourage. 42 000 Paar Schuhe lagerten hier und enorme Vorräthe an Uniformen, besonders an Mänteln, Sätteln, Geschirren; ferner 34 000 Flinten, große Vorräthe an Munition, selbst ein zahlreiches Pferdedepot unter General Boercier. Das Alles wurde kopflos verlassen, ohne der Armee meist auch nur bekannt zu werden.

verbaube die noch zehn deutsche Meilen entfernte Grenze erreichen konnten. Dort meinte der allgemeine Glaube der Armee sogleich ein sicheres Asyl zu finden, als wenn die Russen vor den schwarz-weißen Grenzpfählen erstaunt stehen bleiben würden. Merkwürdig ist es, daß im ganzen Feldzug 1812 die Armee mit Vorliebe sich ähnlichen Täuschungen hingab. Erst war Moskau das Ziel aller Anstrengungen — auf dem Rückzuge zuerst Smolensk, dann Wilna — Kowno — und endlich Königsberg und Danzig. Wäre der Kaiser in den Tagen vom 5. bis 10. Dezember in Wilna geblieben, so ist sicher anzunehmen, daß er mit seiner Autorität Ordnung in das Chaos gebracht, die Armee leidlich geordnet und geschlossen zur Grenze geführt haben würde. Seine Marschälle bewiesen sich diesen Schwierigkeiten gegenüber als traurige Vertreter der prudente médiocrité und haben in Wilna Nichts zu leisten vermocht. Hier zeigte sich auch der Fluch des bis aufs Aeußerste getriebenen Centralisationssystems — das „moi, toujours moi“ fehlte hier, und es gab dafür keinen Ersatz.

Am 8. und 9. Dezember fanden sich die Regimenter der Division princière wohl oder übel zusammen. Vom Regiment Herzoge zu Sachsen standen am Abend des 9. wieder etwa 1000 Mann in Reih und Glied, von den Frankfurtern 800. Davon waren aber nur höchstens ein Drittel dienstfähig — die anderen waren durch Frost und Hunger so erschöpft, daß sie sich nur wie eine Schafheerde treiben ließen. Von den beiden Regimentern waren je 600 Individuen etwa in den beiden letzten Marschtagen todt geblieben. Bei den übrigen Regimentern der Division war das Verhältniß theilweise noch ungünstiger. Hier in Wilna stieß endlich der General Loison zu seiner Division — er fand, daß er noch etwa 3000 Bewaffnete zu kommandiren hatte. Ueberaus peinlich war der Mangel aller und jeder Nachricht über den Feind. Es gab keine Kavallerie mehr, die diesen hätte rekognosziren können. Nur 60 berittene Chevaulegers hatte der bayerische General Wrede noch bei sich, das waren die Reste der 40 000 Pferde zählenden Kavallerie, mit der Napoleon den Feldzug eröffnet — Vorposten wurden gleichfalls nicht ausgestellt, denn kein Soldat war dazu zu bewegen, seinen Platz am Feuer zu verlassen. Wilna selbst bot einen ganz anderen Anblick als acht Tage zuvor. Die glänzenden Restaurants, wo französische Köche für sehr theures Geld ihre gekünstelten Speisen verkauft hatten, waren leer, das diplomatische Korps geflohen. Die Straßen wimmelten zwar wie bei einem Jahrmarkt, aber der Eindruck des wirren Durcheinanders läßt sich nach dem bisher Gesagten leicht ermessen. Der König von Neapel, der Vizekönig von Italien, die Marschälle Berthier, Davoust, Ney, Victor, St. Cyr, Mortier, Bessières waren in der Stadt, aber sie Alle, außer Ney, machten keinen Versuch, Herren der traurigen Situation zu werden. Das Thermometer zeigte in diesen Tagen 27 Grad unter dem Gefrierpunkt.

Die Rast der Armee in Wilna hatte den Russen, welche vorher die Fühlung mit ihr verloren hatten, die Möglichkeit gegeben, sie wieder zu gewinnen. Schon am Abend des 9. Dezember umschwärmten Kosaken die Stadt — eine unheimliche Röthe am östlichen Himmel deutete auf die Nähe des verfolgenden russischen Heeres unter Kutusow. Unter diesen Umständen schien es nicht möglich, Wilna länger zu halten — der weitere Rückzug auf Kowno mußte angetreten werden. Niemand wußte, wer dazu den Befehl gegeben hatte. Wie von selbst ordneten sich in der Nacht die schwachen Bataillone der Division Loison — die Masse der „Isolirten" hatte, der Hauptsache nach, die Stadt in den Tagen vorher bereits verlassen. Die Division wurde vor ihrem Aufbruch in drei Brigaden getheilt — sie hatte Gelegenheit, am Abend des 9. noch die Reste der tapferen Bayern in Wilna einrücken zu sehen, die sich seit Wochen wie die Löwen mit der Armee Wittgensteins herumgeschlagen hatten. Die Beweise und Ausbrüche begeisterter Waffenbrüderschaft, die bei dergleichen Gelegenheiten sonst nie zu fehlen pflegen, blieben indeß hier aus. Die Truppen sollten von Wilna aus noch auf vier Tage Lebensmittel fassen, da einige Magazine der Plünderung entgangen waren. Es ist kaum glaublich, daß die französischen Intendanturbeamten auch jetzt noch sich nicht bereit finden ließen, ihre Brotvorräthe den Truppen zu überliefern. Zwischen einem Bataillon „alter Garde" und den zur Abholung der Brote bestimmten deutschen Kommandos kam es auf einem Brotboden zu einem förmlichen Gefecht, bei welchem auf beiden Seiten mehrere Todte blieben.*) Die Nacht vor dem Abmarsch schildert Lieutenant Jacobs folgendermaßen:

„Auf dem Marktplatz wurde das Brodt vertheilt, aber es war so gefroren, daß es durchaus nicht zu genießen war; um alle Bivuakfeuer herum saßen die Soldaten und suchten es an dem Feuer aufzuthauen, aber oft mißglückte dieses Experiment und das Eis wurde Kohle. —

---

*) Am 7. Dezember war in Raconiti bei Wilna ein Soldat des lippeschen Bataillons von Franzosen erschlagen worden. Seine Kameraden nahmen eine fürchterliche Rache, indem sie Alles niederschlugen, was nicht deutsch verstand. In diesen Tagen offenbarte sich deutlich der Antagonismus der germanischen und romanischen Rassen. Lippesches Magazin, 1838, Seite 293 und folgende.

Rund um uns herum lagen Todte und Sterbende, saßen Menschen mit erfrorenen Gliedmaßen, in denen schon der Brand war, hörte man das Aechzen, Stöhnen und wohl auch die Verwünschungen der Sterbenden; es war eine Nacht des Entsetzens und nur die schon bei Allen eingetretene Abstumpfung alles menschlichen Gefühls machte es möglich, das Schreckliche mit einiger Ruhe zu betrachten. Mitleid und Erbarmen waren in den meisten Theilnehmern dieser Schauberscenen schon verstummt, und wenn ein Unglücklicher, wie es oft geschah, am Feuer todt niederfiel, so setzten sich die, welche vorher im Schnee lagerten, sogleich auf den Leichnam, um einen weniger kalten Sitz zu haben."

Die ewig lange Nacht verging endlich auch — die Division Loison sah sich unter den Befehl des Marschalls Ney gestellt, der standhaft in Wilna ausgehalten und selbst die Proposition des General Wrede, ihn nach Kowno zu geleiten, kaltblütig ausgeschlagen hatte. Man erzählte sich am Morgen des 10. von einer wunderbaren Unterredung zwischen beiden Heerführern — als aber Ney sich den Biwakfeuern näherte, brachte es die kriegerische Begeisterung bis zu einem schwachen „vivat". Als die deutschen Offiziere ihre Mannschaft zu wecken und zu ordnen suchten, waren sie erstaunt und bestürzt über die Menge derjenigen, die sich nicht mehr erhoben. Von den Frankfurtern zeigten sich nur noch 600 Mann marschfähig, von den Sachsen 700. Die Reste vieler Regimenter, nur noch aus einigen Offizieren und Mannschaften bestehend, ihren Adler in der Mitte, schlossen sich dem Rückzuge an — diese Wackeren waren recht eigentlich die crême de l'armée française.*)

Mit Tagesanbruch war die Division unter das Gewehr getreten, allein es dauerte noch eine volle Stunde, ehe der Marsch angetreten wurde. Die Kosaken sprengten schon in kleinen Trupps in die Stadt hinein, welche, obgleich flüchtig verpallisadirt, doch durch keine Thorwachen mehr gehütet wurde. Hier und da knallten Pistolenschüsse, erscholl das Jammergeschrei eines Unglücklichen, dem die Steppensöhne die Spitzen ihrer Lanzen einbohrten. Endlich brach die Kolonne auf — mit unbegreiflicher Starrheit hatte Ney bis Morgens zehn Uhr Wilna halten zu müssen geglaubt. Da das westliche Stadtthor mit Fahrzeugen aller Art total gesperrt war, mußten die Bataillone durch kleine Nebengassen

---

*) Als Ney am Morgen des 10. sah, wie ein einziger russischer Kartätschschuß den Rest eines Regiments niederriß, entäußerte er sich dieser Eliten und sandte sie eiligst nach Königsberg voraus, um der Armee dieses kostbare Material zu erhalten.

die Hauptstraße nach Kowno gewinnen. Das Frankfurter Regiment bildete hier die äußerste Nachhut. Auf freiem Felde angelangt, fanden die Truppen die Straße von Flüchtlingen aller Art noch dicht gesperrt — bedenklicher als dieses Hinderniß waren aber dichte Kosakenschwärme in der Stärke von mehreren tausend Pferden (Lanskoi, Seslawin, Tettenborn und Andere), die seitwärts der Chaussee aufmarschirt standen und vier Geschütze, auf Schlitten ruhend, auf einem kleinen Hügel dicht vor der Stadt in Position gebracht hatten.*) Die Regimenter der Division Loison glaubten, nur in dichter Kolonne marschiren zu sollen, um sich etwaiger Kavallerie-Attacken erwehren zu können. Diese Vorsicht, einem solchen Feind gegenüber wohl nicht gebieterisch nothwendig, gab den russischen Geschützen ein nicht zu fehlendes Ziel. Vernichtend schlugen die Kartätschlagen in rascher Folge in die dicht gedrängten Haufen — bald folgten auch einzelne russische Geschütze der Spitze der Nachhut unmittelbar und bestrichen die Straße ihrer ganzen Länge nach. Reihenweise stürzten die Soldaten zusammen, und besonders das Regiment Frankfurt erlitt hier die schwersten Verluste. Eine Wegstunde westlich Wilna liegt das Dörfchen Ponary — dort hat die Straße eine plötzliche sehr. starke Steigung. Bei der herrschenden Glätte konnten die Fuhrwerke der Division und besonders ein sehr bedeutender Convoi von Wagen, mit Geldfässern beladen, die Böschung nicht überwinden. Hier steigerten sich die Schrecknisse dieses Rückzuges zur größtmöglichen Höhe. General Loison war auf die Idee gekommen, einen Rückzug en échiquier auszuführen — eine Bewegung, bei welcher die Bataillone, in mehreren Treffen rangirt, sich schachbrettförmig durch die Intervalle der hinteren Linie hindurchziehen. Dieses Manöver, mit geordneten unerschütterten Truppen unter gewöhnlichen Verhältnissen sehr praktisch, erwies sich hier begreiflicher Weise als verfehlt. Die Bataillone der rückwärtigen Treffen warteten den Durchzug der vorderen nicht ab — die Reihen lösten sich, und bald lief die so eben noch wohlgeordnete Division auseinander. Einzelne Karrees wurden dabei von den Kosaken blitzschnell und im geeigneten Moment angegriffen, überritten und zusammengestochen. Als Marschall Ney an dem erwähnten Engpaß von Ponary die vergeblichen Anstrengungen der Fahrzeuge sah, sich den glatten Hügel hinaufzuarbeiten, gab er den Befehl, die Gepäckwagen zu verbrennen, die Geldfässer aber aufzuschlagen und den Inhalt an die Truppen zu vertheilen. Die Gier, sich zu bereichern, erstickte selbst in diesen schreck-

---

*) In Wilna selbst machten die Russen noch 15 000 Gefangene.

lichen Momenten alle andern Rücksichten. Die Soldaten bepackten sich so schwer mit Goldstücken und Fünffrankenthalern, daß sie bald nicht weiter vorwärts konnten und eine kostbare Beute für die Russen abgaben. Letztere hatten aber auch bald den Inhalt der Wagen herausgewittert und, so unerhört das scheinen mag, bald sah man Freund und Feind anscheinend friedlich und gemeinsam dieselben plündern. Die Truppenfahrzeuge der Division princière gingen bei dieser Gelegenheit sämmtlich verloren, der Engpaß von Ponary wurde auch bald von brennenden Fourgons so verstopft, daß die Truppen, was sie am besten gleich gethan hätten, ihn südlich umgingen. Auf der jenseitigen Hochfläche angekommen, hatten die aufgelösten Bataillone noch einen Angriff von russischen Kürassieren und Kosaken auszuhalten — diesmal verscheuchte diese aber ein wenn auch regelloses, aber gut wirkendes Feuer. Bei dem verbrannten Dorfe Mikiti kamen die Trümmer der Division am Abend des 10. Dezember an. Die braven Bayern unter Wrede, an deren Biwak man vorbeigezogen war, übernahmen an diesem Abend die Vorposten und für die folgenden Tage die Nachhut — bis zuletzt von allen Napoleonischen Truppen die unerschütterlichste Bravour zeigend. Marschall Ney begab sich von jetzt ab auch in ihre Mitte. Am Morgen des 11. Dezember rückte er mit ihnen in Zizmory ein, von wo soeben Berthier aufzubrechen im Begriff stand. Betroffen über die Schnelligkeit des Rückzuges machte dieser Ney eine barsche Bemerkung, die der Bayard der Armee mit der Erklärung beantwortete, er werde sich nicht weiter zurückziehen, bis er von einer bedeutenden Uebermacht gedrängt werde. Damit war das Schicksal der braven Bayern besiegelt. Sie schlugen sich fast bis auf den letzten Mann in Schnee und Eis, bis sie alle Patronen verschossen hatten. Deutsche Truppen waren es also, die dem französischen Marschall die Ehre einbrachten, von allen seinen Genossen am längsten bei diesem Rückzuge der Kälte und den Russen Widerstand geleistet zu haben. 20 Mann — wir schreiben zwanzig Mann — rettete Wrede aus diesem Verderben von seiner ehemals 12 000 Mann starken Division, und auch diese hatten noch ihre Gewehre in Händen, als sie den Grenzfluß bei Kowno überschritten. Ehre für immer diesen Tapfern! Die Aufopferung der Bayern ermöglichte dem Rest der Division Loison, in einiger Ruhe den weiteren Rückmarsch fortzusetzen. In Ewe wurde in der Kirche des Dorfes ein Mehl- und Kleienmagazin entdeckt. Auf dem Kirchhof wurden sogleich Feuer angezündet, das Mehl mit Schneewasser verrührt und gekocht und möglichst heiß verschlungen. Die Grabkreuze gaben den Flammen dabei die nöthige

Nahrung. Diese Mahlzeit störten russische Stückkugeln, die zugleich mit den Resten der rückwärts gedrängten Bayern in Ewe eindrangen. Mit diesen vereint vertheidigten sie die Stätte ihrer Henkersmahlzeit so lange als möglich — denn viele fanden hier den erlösenden Tod. Von einer geordneten Tagesetappe war bei diesen Märschen nicht mehr die Rede — Jeder ruhte, wenn er nicht mehr weiter konnte, wo er sich gerade befand — wer dann noch die Kraft besaß aufzuspringen und wieder vorwärts zu taumeln, der that es, unbekümmert, ob es Tages- oder Nachtzeit war. Dennoch fanden sich am Abend des 11. Dezember größere Reste der Division Loison bei Rumszisky unweit Kowno zu- sammen. Das dort stehende, von Wilna seiner Zeit zurückgesendete Bataillon Anhalt (5. Regiments) nahm die Fliehenden auf und war stark genug, die bis hierhin vorgeworfenen Kosakenschwärme in Respekt zu halten. In Kowno sah es aber an diesem Abend entsetzlich aus. Die in Wilna abgespielten Scenen wiederholten sich hier in noch ungleich gesteigerter Potenz,*) als am 12. Dezember die Reste der Division in einem kaum zu beschreibenden Zustand einrückten. Das 6. deutsche Regiment, das wie erinnerlich von Königsberg nach Kowno später nach- gezogen und von dort gegen Wilna vorgeschoben war, hatte den schwierigen Auftrag bekommen, den Kriegsschatz der großen Armee nach Königsberg zu retten. Mit dem größten Theil der Wagen war dies gelungen, 25 Millionen Franks wurden später an Murat in Königsberg abgeliefert — der schwierige Transport hatte nur glücken können, weil er vor der großen Retirade einige Märsche Vorsprung hatte. An einigen Fourgons waren aber die Pferde gefallen — in Kowno selbst waren zwei derselben stehen geblieben, es kam bei der Vertheilung des Inhalts zu blutigen Schlägereien zwischen Deutschen, Franzosen und Italienern. Einige Gardetruppen lehnten das Theilen mit den stolzen Worten ab: „Die Garde bestiehlt ihren Kaiser nicht". In Kowno hatte Ney mit gewohnter Energie alle waffenfähigen Mannschaften der Division princièro gesammelt und sie um den Kern des dort stehen gebliebenen Bataillons Lippe vereinigt. Mit einigen hundert Mann besetzte er ein schwaches, verpallisadirtes Erdwerk an dem nach Wilna zu gelegenen Thore. In demselben stand noch ein Geschütz, das anfänglich gute Dienste that, dann aber von der Schlittenartillerie der Russen bald

---

*) Trotz des Jammers konnten die deutschen Offiziere des Lächelns sich nicht enthalten, wenn sie von den Franzosen immer und immer wieder die Frage hörten: „Où est la porte pour aller en France?"

demontirt wurde. Die kleine Redoute wurde bald von einem solchen
Hagel von Geschossen überschüttet, daß die Mannschaften, die keine
Deckung vorfanden, zu Dutzenden niederstürzten. Die deutschen Offiziere
wollten abziehen, Ney aber rief aus: „Un bon grenadier se doit
faire tuer sur son poste". Bald schmetterte eine Granate auch den
Hauptmann Barkhausen nieder, indem sie ihm beide Beine wegriß.
Der Schwerverwundete zog ein Pistol, rief mit fester Stimme:
„Maréchal, voyez comme un grenadier allemand meurt à son
poste" und schoß sich durch den Kopf. Der Anblick veranlaßte
Ney, den Rückzug zu befehlen. Er rief noch einem deutschen
Kapitän (Wiedburg) zu: „Vions camarade — vous êtes tous
braves garçons".*) Mit der Räumung der Schanze fiel Kowno am
13. Dezember den Russen in die Hände. Eine nach Tausenden zählende
Menge von Gefangenen, der ganze Rest der bis hierher geretteten
Wagen ward hier ihre Beute. Erst der Rückzug von Wilna nach
Kowno hat die französische große Armee ins Herz, in das eigentliche
Lebensmark getroffen.

So hatten alle Verhältnisse zum Nachtheil der Napoleonischen Sache
sich gewandt — um das Unglück voll zu machen, gerieth Kowno am
12. Dezember in Brand — die Straßen verstopften sich, und Hunderte
von Menschen kamen in den Flammen um;**) auch hier hatte die Er-
stürmung der Branntweinmagazine den fürchterlichsten Einfluß. Bei
Kowno theilt sich die Heerstraße. Der eine Arm führt nach Tilsit, der
andere nach Königsberg. Der Strom der Flüchtlinge wälzte sich in
seiner Hauptsache nach letzterer Stadt. Ney hatte den einzelnen Korps
Sammelpunkte dadurch angeben lassen, daß er an die Straßenecken von
Kowno Tafeln mit den betreffenden Direktiven anschlagen ließ. Viele
der Isolirten zogen aber lieber unstät durch das Land und theilweise
nach ihrer Heimath, als daß sie wieder sich an geordnete Truppentheile
angeschlossen hätten. Ueberhaupt hatte sich ein Geist landsknechtischer
Zuchtlosigkeit und Rohheit der Gemüther bemächtigt, der nicht nur die

*) Thiers hat in seiner Geschichte des Kaiserreichs das Andenken des braven
Barkhausen in unverantwortlicher Weise geschändet.
**) Allein 400 Mann in einer Kirche, in der sich ein Magazin von 40 000
Gewehren befand. Das Bataillon Lippe zündete sie auf Befehl des General
Bertrand an. Die Soldaten drängten sich in das brennende Gebäude, um sich zu
wärmen; trotz aller Bemühungen waren sie später nicht dazu zu bringen, den
warmen Platz zu verlassen, auch als die Kuppel und das Dach einstürzten. Sie
wollten lieber so enden, als sich der erstarrenden Kälte wieder preisgeben.

soldatische Disziplin, sondern auch alle sonstigen menschlich guten Gefühle vernichtet zu haben schien. Hierfür zwei Beispiele. Eine ansehnliche Gruppe Soldaten hatte kurz, ehe Kowno geräumt wurde, auf dem Marktplatz ein großes Feuer angezündet und hockte um dieses herum im Schnee.*) Ein Lippescher Offizier erzählt Folgendes: „Mitten unter diesem Troß sahen wir einen westfälischen Obristen, der ein kleines irdenes Töpfchen mit Schnee gefüllt an das Feuer stellte. Er hatte etwas gemahlenen Kaffee hineingeschüttet, der zu Wasser gewordene Schnee fing schon an, im Töpfchen zu sieden, eben wollte er dasselbe ergreifen und den erquickenden Trank ausleeren, als eine Masse Soldaten sich so nahe zum Feuer drängte, daß der arme Obrist auf das Gesicht fiel und das Kaffeetöpfchen umschüttete. „Mein Gott! auch das noch!" rief er aus. Diese wenigen, wahrlich im höchsten Schmerz gesprochenen Worte konnte ich lange nicht vergessen. Die meisten Soldaten lachten aber über den Unfall und meinten, der Herr Obrist brauche keinen Kaffee zu trinken, sie tränken auch keinen." Ein anderer Vorfall ist noch weit bezeichnender. Die vom 6. Regiment nach Königsberg eskortirten Geldwagen wurden von einem französischen Kavallerie-Detachement, das ihnen entgegengeschickt worden war, angefallen, weil die Leute vorgaben, sie hätten seit Monaten keinen Sold erhalten. Der den Convoi befehligende Oberst Heeringen mußte um die Wagen Karree formiren lassen und die angreifenden Reiter mit Salven empfangen. In demselben Augenblick kam Murat angejagt und brachte seine tollen Landsleute mühsam zur Ordnung.**) Der Marsch oder vielmehr die Flucht von Kowno nach Königsberg wurde von den Russen nicht gestört, da diese an der Grenze ihres Reiches einen kurzen Halt machen mußten, theils um sich selbst etwas zu erholen, theils weil die Politik ihres Kaisers sich noch nicht dafür entschieden hatte, den Krieg weiter fortzusetzen. Dennoch kostete die Kälte und der Mangel, mehr aber noch der

---

*) Wer von französischen Soldaten herankam, wurde mit Fäusten vertrieben, da die Franzosen die Deutschen in gleicher Weise behandelt hatten.

**) Auch dieses 6. Regiment, das überhaupt keinen Feind gesehen hatte, langte in Königsberg nur in der Stärke von 300 Mann wieder an. Berthier und sein Adjutant trafen auf dem Marsche dahin einen der stehen gebliebenen Wagen und herrschten den dabei gebliebenen Offizier mit den gemeinsten Schimpfworten an. Es fielen sogar die Worte: „Allons en prison avec ce Jean f..... d'Allemand, avec ce traitre." Wie die Franzosen dazu kamen, die Deutschen in dieser Zeit Verräther zu nennen, läßt sich nur aus dem Gefühl erklären, daß sie an Stelle der malträtirten Deutschen Verräther geworden wären.

mit furchtbarer Wuth ausbrechende Typhus noch ungezählte Opfer. Ein Faktum verdient aber hervorgehoben zu werden. So sehr die Preußen die Franzosen haßten, so sehr sie hofften, bald ihnen im Kampf gegenüber zu stehen, so wenig verleugneten sie den waffenlosen, erbarmungswürdigen Flüchtlingen gegenüber eine werkthätige, christliche Barmherzigkeit. Die Trümmer der Division Loison sollten sich nach Ney's Befehl in Königsberg sammeln. Die schwachen Reste besichtigte am 28. Dezember der König von Neapel an derselben Stelle, an welcher am 1. November die Division, damals noch 14 000 Mann stark gemustert worden war. Jetzt zählte sie kaum 2000 Mann. Von allen Regimentern hatten die Frankfurter weitaus am meisten gelitten. Dennoch marschirten sie mit einem vive l'empereur an Murat vorbei, das 5. und 6. Rheinbunds-Regiment dagegen schwiegen.

Oberst Horadam gelangte erst am 3. Januar dazu, einen lückenhaften Bericht über die Ereignisse der letzten Wochen abzusenden. Man merkt diesem die tiefe Erschöpfung des Schreibers an — dazu ist er ganz flüchtig, theilweise ungenau — ganz gleichgültige Sachen werden erwähnt, die wichtigsten übergangen. Er giebt aber ein treffliches Stimmungsbild und möge daher hier folgen:

Der Großherzoglich Frankfurtische Major und Kontingents-Kommandant Horadam

an

Se. Excellenz den Herrn Minister der Kriegs-Administration Baron von Eberstein.

„Seit meinem letzten Rapportschreiben, in welchem ich Euer Excellenz von dem Marsche des Contingents nach Wilna zu benachrichtigen die Ehre hatte, habe ich die härteste Zeit meines Daseins verlebt. Fatigue und Kälte haben mir bis Wilna eine Menge Menschen und 11 Train Pferde getödtet, das schlechte Logis, die geringe vivers und die halbe fourage Rationen alborten schwächten die Uebriggebliebenen noch vollends ab, wodurch die Kranke sich mit jedem Tage merklich anhäuften, für welche an keine Aufnahme in Hospitäler zu denken war, es starben vielmehr jede Nacht einige unter den Gesunden in den Quartieren, die man des Morgens auf die Straaße warf. In diesem Zustande erhielt ich am 2ten d. die Ordres, am 4ten in der Division über Mikidi auf der Straaße nach Minsk der sich zurückziehenden Armee entgegen zu gehen. Der General Grassien führte uns an und wir kamen bis Osmiana,

7 Meilen von Wilna, wo wir schon schwärmende Kosaken antrafen und des andern Morgens die Avantgarde der Armee ankommen sahen, welche im schrecklichsten Zustande verelendet und größtentheils ohne Waffen, ohne Kavallerie und Artillerie stets von Kosaken verfolgt diesen ungeheuren Rückzug machte. In der empfindlichsten Kälte traten wir, nachdem der größte Theil der Armee und selbst Se. Majestät der Kaiser in der Nacht am 5ten durchpassirt war, in der Nacht vom 6ten auf den 7ten den Rückweg nach Willna an, wo wir nach ausgehaltenen vielen Leiden des Abends 9 Uhr ankamen und die alten Quartiere bezogen. Auf diesem mir ewig unvergeßlichen Marsche blieben meine besten Leute todt auf der Straße, deren Zahl ich des Nachtmarsches wegen, bey welchem den Menschen die Augen zufrohren — nicht angeben kann; die Hälfte des Regiments hatte dabey Hände und Füße, auch die Nasen erfroren, welche Unglückliche ich größten Theils in Wilna zurückließ, als wir am 10ten den Rückweg über Kovno weiter antraten. Den Officier payeur Herren Ober Lieutenant Melzer schickte ich am 6ten mit dem Kassawagen nach Königsberg, um für das Regiment Geld zu empfangen, die übrigen fourcons musten auf höheren Ordres in Wilna zurückbleiben und durften erst am 9ten in der Nacht mit jenen der übrigen Regimenter abgeschickt werden, mit welchen und denen Equipagen vieler Generals sie gleiches Schicksal hatten, am anderen Morgen in einem Defillé stecken zu bleiben und durch die vorbey ziehende Armee geplündert zu werden, wobey das höchste Aerarium den größten Theil der Monturen des letzten Quartals, was ich nicht schon hatte austheilen lassen — und die Offiziers ihre ganze Bagage verlohren. — Nur 50 Louis d'ors hatte ich zur Nothdurft aus der Kasse zurückbehalten, die dabey entkamen, andere Regimenter sahen wir hingegen sich in ihre gefüllten Kassen theilen und selbst Wagen des Kaiserlichen Schatzes und alle Caleechen der Generals blieben nicht verschont, wovon wir etwas später noch Augenzeugen warden. Ich verlohr dabey mein Packpferd mit den besten Effekten und allen Papieren.

Am 10ten Morgens nachdem wir abermal die ganze Nacht bivouaquirt hatten, zogen wir aus Wilna und die zu ⅓ geschmolzene Division machte die Arrier Garde. Schon in der Stadt sprengten die Kosacken von allen Seiten gegen uns an, eine halbe Stunde vor derselben suchten uns aber einige Tausend derselben, die 4 Kanonen auf Schlitten mit sich führten, mit welchen sie ein mörterisches Kartätschen-Feuer auf die gegen die Kavallerie nöthige geschlossene Colonne machten, (um) uns das weiter marschieren zu verwehren, oder auch die noch unter den

Waffen stehende Trupp zu zernichten, wogegen wir ohne Kanonen, nur mit Gewehr im Arm weiter ziehen konnten, und acht haben mußten, die Lücken auszufüllen, daß die nach uns lüsterne Kosacken nicht in die jedesmal gegen ihre Angriffe formirte Quarrés eindrangen. So begleiteten uns diese bis an den Abend, tödteten und verwundeten uns eine Menge Offiziers und Soldaten, und das Regiment Frankfurt litt am meisten. Ich selbst erhielt eine heftige Contusion am linken Knie, die mich zwang, das Regiment zu verlassen.

Obrist=Lieutenant Corneli, Capit: Büssor und Lieut: v. Ringelmann wurden schwehr verwundet und mußten zurückgelassen werden, wahrscheinlich sind sie alle drey todt, was jedoch ohngeachtet es mehrere behaupten wollen, nicht bestimmt angegeben werden kann.

Capitaine Unkelhaeuser's Pferd ward erschossen, durch dessen Sturz er ein Bein zerquetschte und eine Rippe brach. Capit. Breidenbach, Boediker und Henning wurden leicht verwundet. Lieut: Baumort und Wunsch wurden in Wilna, die Capit: Seelig und Drach, dann der Lieut: Schaefer auf dem Marsch gefangen.

Fast alle Offiziers des Regiments sind von fatigue krank und abgemattet, von den Capitainen ist Tippel allein noch unter den Waffen, ich selbst kann mich bey meiner sonst so festen gesunden Constitution noch nicht erholen, fühle mich vielmehr an allen Gliedern gelähmt und durch den ganzen Körper geschwächt, ohngeachtet ich kein Glied merklich erfrohr.

Meine besten Unteroffiziers besonders solche, die in der Folge zu Officiers Brauchbarkeit verriethen, habe ich verlohren, und hier sehe ich an jenen, welche noch von Wilna hieher sich mit Mühe schleppten, einen ungeheuren Gräuel, indem die Chirurgen ihnen täglich Finger und Fußzehen abschneiden. 285 Mann sind gegenwärtig hier, davon aber kaum 100 noch Waffenfähig. General Devillier kommandirt die Brigade und General Marchand die Division, in der alle Regimenter gleiches Schicksal hatten und nicht mehr 2000 Streitbare Männer aufbringen. Seit gestern trift das Macdonalsche Corps von Riga hier ein, dessen Stärke ich nicht kenne; indessen geht viel willkührlich hier durch und wir haben Ordres, stündlich zum Abmarsch in Bereitschaft zu seyn. Was von denen Erfrorenen noch gehen konnte, habe ich bereits gegen Danzig abgeschickt, werde aber noch eine bedeutende Anzahl hier ihrem Schicksal überlassen müssen. Was aus dem dabey gestandenen Preußischen Corps geworden ist, kann niemand mit Gewißheit angeben,

eben so wenig, wo der Feind steht und welche Bewegungen er mache, wovon jedoch tausenderley Nachrichten im Publikum einlaufen.

Auf dem Weege hieher giengen die meisten Train-Pferde noch ver- lohren. Herr Ober Lieut. Molzer, der mit dem Kassewagen nach Danzig gieng, hat deren 6 bey sich, auch hier sind 3 Stück. So sind alle Feld- und Kochgeräthschaften durch die flüchtige Soldaten weggeworfen worden, um ihr Fortkommen zu erleichtern. Am meisten schmerzt mich der Verlust der schönen theuren Gewehre, die zu ⅔ durch die blesirte und Gefangne zu Grunde gingen.

Hier hatte ich noch ein kleines Dépôt von etlichen 100 Paar or- donance Hosen gelassen, zu deren Fortbringung mir in dem Drang der Umstände nicht das geringste Mittel zu Gebot stand, um also nicht auch diese noch ganz zurücklassen zu müssen, folgte ich dem Beyspiel andrer Regimenter und verkaufte sie, nachdem ich einige ausgeplünderte bekleidet hatte, um 350 Thaler an einen hiesigen Juden.

In dem Augenblick, wo ich frische Munition für die Waffenfähige Mannschaft und auf acht Tage Zwieback empfing, sehe ich mich in der neämlichen Lage wie zu Wilna und erwarte stündlich die Ordres zum Abmarsch, wobey wir wahrscheinlich bei der Arrier Garde seyn werden, eine ausführlichere Relation ist mir unmöglich.

Königsberg den 3ten Januar
1813. Horadam."

Die Befürchtung Horadams vor einem baldigen Abmarsch bestätigte sich noch am 3. Januar selbst. Der Abfall des Yorkschen Korps wurde bekannt, der Rückzug Macdonalds, die Verfolgung der Russen unter General Wittgenstein. Der Bewohner von Königsberg bemächtigte sich bei diesen Nachrichten die stürmischste, patriotische Freude. Dichte Gruppen auf den Straßen steckten die Köpfe zusammen und unterbrachen ihre eifrigen Gespräche nur durch die lauten Vivatrufe auf den König, auf York, die russische Armee. Horadam äußert sich über diese „üble" Ge- sinnung betroffen und verstimmt.

Am Abend des 3. Januar mußte die Division Loison in Naffegarten bei Königsberg biwakiren und am 4. nach Danzig aufbrechen. Die Eile, mit der die folgenden Märsche ausgeführt wurden, war eine eben so ungerechtfertigte, wie schädliche. Am ersten Tag auf dem Marsch nach Braunsberg waren die Truppen 16 Stunden unterwegs. Welche Folgen diese Mühseligkeiten für die Schwachen, Kranken, Erfrorenen haben mußten, in denen meist schon der Keim zum Typhus saß, läßt

sich leicht ermessen. Horabam gelangte am 12. Januar mit 21 Offizieren
und 127 Mann seines Regiments nach Danzig, von diesen waren aber
nur 40 noch im Stande, Waffen zu tragen. Nur 4 Offiziere, darunter
der officior payeur mit der Kriegskasse, und einige 30 Soldaten hatten
sich auf verschiedenen Wegen nach der Heimath gerettet. Den schwachen,
verkommenen und verzweifelten Resten des Frankfurter Regiments stand
nun aber eine einjährige Belagerung bevor, die an Schrecken und Verlusten von kaum einer zweiten übertroffen worden ist. Ueber die Verluste der französischen Armee äußert sich Menzel wie folgt:

„Nach der Berechnung von Clausewitz betrugen sämmtliche Truppen
des unter Murat zurückgeführten Centrums und der unter Macdonald
und Schwarzenberg noch erhaltenen Flügel der großen französischen
Armee zusammen in der Mitte des Dezember nur noch 58 000 Mann
mit 18 000 Pferden und 120 Kanonen. Zieht man diese nun ab von
den 610 000 Mann mit 182 000 Pferden und 1372 Kanonen, welche
nach Chambry's Berechnung unter Napoleons Fahnen in Rußland einmarschirt oder nachgeschickt worden sind, so blieben todt oder gefangen
in Rußland zurück 552 000 Mann mit 164 000 Pferden und 1252
Kanonen. Der Gefangenen war eine verhältnißmäßig geringe Zahl, und
die meisten gingen in den Spitälern vollends zu Grunde. Man darf
mithin die Zahl der Todten zu einer halben Million Menschen an-
nehmen, welche Napoleon um so weniger wieder zu ersetzen im Stande war,
als sich seine ältesten und besten Kerntruppen darunter befunden hatten,
und sein Reich, so wie die von ihm abhängigen Vasallenstaaten bereits
durch die Konskription über die Gebühr erschöpft waren. Noch in keinem
seiner Kriege hatte er so viele Menschen und so nutzlos geopfert, und
weil er hier wie jede Menschlichkeit, so auch jede Vorsicht und staats-
männische Klugheit verabsäumte, glaubte man, der Dämon des Krieges
selber sei in ihn gefahren, und eine wahnsinnige Lust habe ihn fortge-
rissen, Alles zu zerstören, Alles todt zu machen, wie Rostopschin zuerst
ihm vorgeworfen hatte und Murat es jammernd in Gumbinnen wiederholte."

Zwölftes Kapitel.

Die Reste der Division princière während der Belagerung von Danzig.

In einer Zeit allgemeiner Entmuthigung, widerwilligen Dienstes hat der Vertheidiger von Danzig, General Rapp, es verstanden, die Sache seines Kaisers hoch zu halten, die widerstrebendsten Elemente zu heroischer Aufopferung zu vereinigen und der ganzen Welt ein glänzendes Zeugniß soldatischer Treue zu geben. Rapp war Elsässer und liebte die deutschen Truppen, denen er stets ein väterlicher Freund war. Deutsche Gewissenhaftigkeit war ihm selbst eigen — der Kaiser hatte mit gewohntem Scharfblick dies wohl erkannt und war ihm geneigter, als vielen seiner übermüthigen Marschälle. Rapp genoß überall eines ausgezeichneten Rufes. Hédouville schreibt an den Frankfurter Minister, Eberstein, unter dem 30. Januar 1813:

„Dantzigk est approvisionnée pour un an, a 30 000 hommes de bonnes troupes, de bons généraux et pour gouverneur un officier, qu'il suffit de nommer — le général Rapp."

Drei widrige Umstände haben ihm die Vertheidigung hauptsächlich erschwert: der Typhus — es starben bis zum Mai nicht weniger als 16 000 Mann der Garnison; der Mangel, hauptsächlich herbeigeführt durch die abscheulichen Unterschleife der französischen Generale und Intendanten; die heterogene Zusammensetzung seiner Truppen. Die beiden ersten Uebel zu beseitigen, ist dem wackeren General nicht gelungen, das letztere hat er dagegen ganz überwunden und seiner Besatzung einen so einheitlichen Charakter, einen so gleichmäßigen Ehrgeiz und Todesmuth einzuhauchen gewußt, daß sie sich so brav bis ans Ende benommen hat, als kommandirte der Kaiser in Person seine alten erprobten Garde-Regimenter. Wir geben die bunte Musterkarte der Regimentsreste, die Rapp bei Beginn der Belagerung zu Gebote standen, ausführlich — denn sie giebt nach mehr als einer Richtung hin zu denken:*)

---

*) Das Personal der höheren Stäbe ist dabei unerwähnt geblieben.

	Offiziere	Mann	
13. bayerisches Regiment . . .	42	959	7. Division
1. westfälisches , . . .	46	888	Grandjean;
10. polnisches , . . .	83	1609	hatte den großenRückzug
5. , = . . .	80	1497	nicht mitge-
11. , , . . .	70	1680	macht.
4. Bat. des 2. französ. Regiments	22	748	
, , 4. , ,	18	577	
, = 17. , =	21	618	
, , 16. , ,	20	416	
, = 21. , ,	18	671	Marsch - Ba-
, , 23. , ,	17	606	taillone, wäh- renb des Som-
, , 8. , ,	17	562	mers 1812 aus
, , 14. , ,	18	597	ben verschiebe-
, , 94. , ,	17	500	nen Depots
, , 24. , ,	22	503	Frankreichs nach Danzig
, , 45. , ,	20	639	gezogen, bil-
, = 59. , ,	19	500	beten die 30.
, = 54. , ,	19	479	Division unter
, , 88. , ,	21	395	General Graf
, , 95. , ,	21	402	Heubelet.
, , 6. leichten Regiments	19	530	
= , 25. , ,	19	436	
, , 39. , ,	19	704	
Garde royale napolitaine. . .	1	58	
(in Rußland gewesen)			33. Division
5. régiment napolitain	33	1055	unter General
6. , , ...	33	1059	Detrés.
7. , , ...	21	861	
22. leichtes französisches Regiment	12	152	
(in Rußland gewesen)			34. Division
4. Bataillon des 3. franz. Regiments	6	73	(ehemals prin- cière) unter
29. französisches Regiment . . .	38	367	General
(in Rußland gewesen)			Franceschi.
4. Bat. des 105. franz. Regiments	4	54	
, , 113. = ,	21	272	

	Offiziere	Mann	
Regiment Frankfurt	28	181 *)	
(in Rußland gewesen)			
» Herzoge zu Sachsen . .	27	280	34. Division (ehemals princière) unter General Franceschi.
(in Rußland gewesen)			
» Lippe und Anhalt . .	32	536	
(in Rußland gewesen)			
» Schwarzburg, Walded, Reuß	22	363	
(in Rußland gewesen).			

Von Kavallerie waren in der Festung Reste des 2., 5., 12., 13., 14., 17., 19., 20., 28. Dragoner-, 3., 6., 8. Kürassier-, 3., 7., 11., 19., 23., 24., 25. Chasseur-, 7., 8. Husaren-, 9. polnischen Lancier-Regiments mit zusammen 1700 Pferden. Die Artillerie war in ähnlicher Weise gemischt, dazu traten sächsische, bayerische, polnische, spanische, illyrische Pioniere, Trainsoldaten, Marine-Kompagnien, Arbeiter-Abtheilungen.

Es herrschte eine babylonische Sprachverwirrung; ohne das Alle verbindende französische Idiom wäre eine Befehlsertheilung unmöglich geworden. Die Stadt enthielt 120000 neue Gewehre, Getreide im Werthe von 10 Millionen, Uniformen im Werth von 15 Millionen und 12 Millionen baares Geld. Napoleon konnte diese Schätze nicht im Stich lassen, aber ebenso wenig sie durch schnelle Evacuation retten, da die Russen die Stadt bereits am 14. Januar cernirt hatten. Es ist also müßig, dem Kaiser den Vorwurf zu machen, er habe hier 30000 Mann seiner Truppen unnütz einschließen lassen, die er weit besser bei der Feldarmee verwendet hätte.**) Die Festungswerke von Danzig waren seit der letzten Belagerung 1807 bedeutend verstärkt worden. Indeß gab es nicht ein einziges bombensicheres Magazin. Außer der fertig ausgebauten starken Enceinte waren viele vorgeschobene Werke gegen Westen hauptsächlich in der Linie der Dörfer Zigankenberg

---

*) Einige Nachzügler hatten sich noch eingefunden und diese Zahl erreicht. Am Schluß der Belagerung waren noch 60 Mann übrig.

**) Ueberdem glaubte der Kaiser damals noch nicht an den Abfall Preußens und hoffte bald wieder an der Weichsel stehen zu können. Er sagte in Danzig selbst: „Quand les Prussiens me sauront arrivé à Paris à la tête de la nation et de douze cent mille hommes que j'organiserai, ils y regarderont à deux fois avant de me faire la guerre.“

— Schiblitz — Stolzenberg — Altschottland erbaut worden. Diese waren allerdings Anfang Januar 1813 noch schwach armirt, und mit einem herzhaften Sturm hätten die Russen die meisten derselben wohl einnehmen können; allein wie so oft bei Beginn langwieriger Belagerungen ging der günstige Moment ungenutzt vorüber. Weichselmünde und Neufahrwasser, an der See gelegen, bildeten den Abschluß der langgestreckten Befestigungslinie — das Fort Napoleon an der Weichsel gab ein Verbindungsglied zwischen diesen und der Stadtbefestigung ab. Da es in diesen Blättern nicht auf eine Geschichte der Belagerung von Danzig abgesehen sein kann, sondern es sich hier lediglich darum handelt, die Schicksale der dort eingeschlossenen deutschen Krieger zu verfolgen, so muß von einer detaillirten Beschreibung der Festungswerke, der Belagerungsarbeiten, des Terrains und dergleichen abgesehen werden. — Die deutschen Truppen standen in den Tagen vom 12. bis 18. Januar auf Vorposten, die der General Rapp möglichst weit vorgeschoben hatte, um unter ihrem Schutze den zwischen ihnen und der Festung liegenden Landstrich auszufouragiren. Die Festung enthielt zwar große Vorräthe an Mehl, aber Schlachtvieh, Gemüse, Salz, Stroh, Hafer und Heu nur in sehr beschränkter Menge. Die Russen, die sehr wohl wußten, daß sie sich nicht auf eine förmliche Belagerung vorläufig würden einlassen können, beeilten sich, die Cernirung wenigstens möglichst bald zu vollenden. Am 14. Januar drängten daher die Avantgarden der russischen Generale Steinheil und Platow die Vorposten zurück — man sah am Abend wieder am Horizont die düstere Röthe brennender Dörfer — die schwachen Schwärme der Kosaken verstärkten sich bald und erwiesen sich als gefolgt von Infanterie — am 18. Januar sah sich Danzig eingeschlossen, von aller Verbindung mit Deutschland und Frankreich abgeschnitten und ausschließlich auf die eigene Kraft angewiesen. In der grenzenlosen Verwirrung, die in der Stadt herrschte, bewies der Gouverneur zum ersten Male seine mächtige Thatkraft. Er sonderte die Gesunden von den Kranken und formirte von den ersteren taktische Körper, die ihrer Stärke nach wenigstens einigermaßen die Bezeichnung verdienten, welche sie trugen. So wurden die deutschen Truppen vorläufig in zwei Regimenter, das 5. und 6., formirt, die Frankfurter konnten dazu freilich zunächst nur 17 Offiziere und 40 Mann stellen, der Rest lag in den Spitälern. Die Ordnung des Sanitätswesens suchte Rapp dadurch anzubahnen, daß er jedem Regiment oder Brigade ein besonderes Lazareth anwies — so lagen die Nationen wenigstens bei einander, und die Kranken wurden von ihren Landsleuten verpflegt.

Da es an Medikamenten und Aerzten fehlte, so wurden den Kranken
um so gewissenhafter ihre Rationen zugetheilt und für Luft und Licht
in ihren Schmerzenshäusern gesorgt. Alle Isolirten und Marodeure
wurden neu equipirt und bestimmten Truppentheilen zugewiesen, Waffen
und Munition an letztere ausgetheilt; der Gouverneur zeigte sich überall
an den bedrohtesten Punkten, der schüchternste Rekrut fühlte durch seine
Gegenwart sich muthig und dreist werden. Einigen Exzedenten, die in
der Stadt nach bisher gewohnter Manier plündern und sengen wollten,
blieb die Kugel nicht erspart. An den Böschungen der Werke arbeiteten
Hunderte von Arbeitern, Kanonen wurden in Batterie gebracht, Blockhäuser und Pallisaden gebaut — andere Hunderte arbeiteten daran,
das Eis der Festungsgräben und der Weichsel zu durchhauen, um die
Werke sturmfrei zu halten. So oft auch der furchtbare Frost die gewonnenen Spalten wieder schloß — immer wieder kämpfte die menschliche Energie gegen die Gewalt der Naturkräfte und besiegte sie endlich.
Das Unglaubliche geschah — im Zeitraum von 8 Tagen hatte der
Gouverneur das komplizirte Uhrwerk des weitschichtigen Dienstes so geordnet, daß es mit peinlicher Genauigkeit funktionirte. — Die Truppen
waren wieder disziplinirt, wohlbewaffnet und, was mehr sagen wollte,
stolz und hoffnungsreich. Alle Einwohner, die nicht nachweisen konnten,
daß sie auf ein Jahr mit Lebensmitteln versorgt seien, wurden aus der
Stadt verwiesen.*) Die Schauspielergesellschaft des Direktors Hurray,
welche eben auswandern wollte, wurde zurückgehalten, um durch ihre
Kunst die Gemüther von dem Traurigen und Ernsten möglichst abzuziehen.

Am 21. kamen die beiden deutschen Regimenter, die kaum 1000
Mann in Reih und Glied zählten, wieder auf Vorposten bei Ohra und
Stolzenberg — die Pikets mußten bei strengster Kälte je 48 Stunden
im Freien kampiren. Die Zahl der Kranken wurde um so größer, als
die Russen die Radaune abgeleitet hatten, die die Stadt mit Trinkwasser
versorgte. So blieb nur das stehende Wasser der Mottlau übrig, in
welche alle Kanäle der Stadt ihren Abfluß hatten. Die Typhusepidemie
wurde von den ersten Tagen der Belagerung ab so entsetzlich, daß die
Soldaten nicht über die Straßen gingen, ohne sich ein mit Essig an-
gefeuchtetes Tuch vor den Mund zu binden, das, wie sie meinten, den
Gifthauch der Ansteckung ihnen fernhielt. Da Rapp trotz reicher Versprechungen unter der Einwohnerschaft von Danzig keine Spione ge-

*) Anfänglich ließen die Russen sie gutwillig passiren, später trieben sie sie
in die Stadt zurück.

winnen konnte, so war er gezwungen, von den Vorpostendetachements fast täglich kleine Vorstöße und Rekognoszirungen vornehmen zu lassen. Durch die unbesonnene Tapferkeit des die deutsche Brigade befehligenden Oberst von Heeringen erlitt dieselbe am 4. Februar einen schweren Verlust. An diesem Tage früh 9 Uhr sollten 2 Kolonnen, die eine aus Neapolitanern bestehend, über Langfuhr nach Silberhammer, die andere aus Deutschen über Schiblitz nach Wonneberg rekognoszirend vorgehen. Die Italiener liefen bei der ersten Begegnung mit dem Feinde davon; der Oberst Heeringen aber, der die deutsche Kolonne führen sollte, erhielt den betreffenden Befehl erst um 12 Uhr, mußte also auf einen wachsamen und alarmirten Feind mit seinen schwachen Kräften stoßen. Heeringen hatte in Königsberg von Murat ungerechtfertigte Vorwürfe erhalten; der stolze und persönlich sehr brave Offizier gedachte, jetzt die Gelegenheit benutzen zu müssen, sich auszuzeichnen. — Er hatte, als obiger Befehl ihn erreichte, 256 Mann aller deutschen Kontingente bei sich — ein ebenso starker Trupp stand vorwärts Zigankenberg — ihm sandte der Oberst den Befehl, sich rechts rückwärts von ihm zu halten, jedoch den Feind anzugreifen, sobald er selbst mit ihm handgemein werden sollte. Die Soldaten hatten die Nacht unter dem Gewehr gestanden und waren überhaupt schon 48 Stunden auf Vorposten — sie waren so matt, daß sie kaum die Gewehre halten und in dem tiefen Schnee sich fortschleppen konnten. Heeringen passirte zuerst das Dorf Wonneberg, schwenkte aber von der ihm befohlenen nordwestlichen Richtung fast rechtwinklig ab, durchstieß beim Dorf Schönfeld die feindliche Vorpostenlinie, schwenkte dann wieder rechts und begann diese von der Flanke her aufzurollen. Er verwickelte sich dabei in die zahllosen Schluchten des dortigen Berglandes, die, tief verschneit, ihn kaum mehr Terrain gewinnen ließen. Hauptmann v. Düring erzählt die folgende Katastrophe also: „Einen bestimmten Plan konnte der Oberst nicht haben, es ging nur immer vorwärts ohne alle Rücksicht, und dabei marschirte er so rasch, daß es den Leuten unmöglich wurde, geschlossen zu folgen. Er selbst war immer in den Reihen der vorgeschickten Plänkler, die etwa vierzig Schritt vor seinen nun in Linie marschirenden Kolonnen hergingen. Inmittelst hatte der Feind eine bedeutende Anzahl Kavallerie in den Engpässen der Berge aufgestellt, mit welcher er sich ganz ruhig verhielt; jetzt sollte die Kolonne einen hohen Berg, dem Feinde gegenüber, ersteigen. Die Leute sanken bis an den Leib in den Schnee und waren trotz aller Bemühungen der Offiziere nicht geschlossen zu halten, da der Oberst fortfuhr, immer beinahe im

26*

Sturmschritt vorzugehen. Die Plänkler erreichten die Höhe und gingen weiter vorwärts gegen den jenseitigen Abhang; diesen Zeitpunkt benutzte der Feind, wüthend brachen alle seine Abtheilungen zugleich in gestrecktem Galopp auf die Plänkler ein; diese versuchten sich nach der Kolonne zurückzuziehen, welche aber vor ihnen schon von der feindlichen Reuterei erreicht, umzingelt, gefangen und niedergehauen wurde in dem Augenblicke, da sie die Höhe erreichte. Vergebens versuchten Officiere und Leute ein quarré zu bilden, die Gewehre gingen zum Theil nicht los, da den ganzen Tag ein heftiges Schneegestöber herrschte und so war in weniger als 5 Minuten Alles gefangen oder zusammen gehauen. Nur der Frankfurter Oberstlieutenant Horadam entkam auf seinem schnellen Pferde, so viele Kosaken ihm auch auf den Fersen waren. Zugleich mit Heringen, welcher durch mehrere Lanzenstiche und Säbelhiebe tödtlich verwundet fiel,*) wurden 28, meist ausgezeichnet brave Officiere gefangen. Inmittelst hatte das vor Zigankenberg stehende Detachement den Oberst Heringen bei seinem Avanciren gänzlich aus den Augen verloren und ward seiner auf der Bergkuppe erst ansichtig, als er bereits vom Feinde umringt und gefangen wurde. Es ging daher in die Vorpostenstellung zurück und besetzte nothdürftig das Dorf Schiedlitz."

— Rechts von der Aufstellung wurde das Feuer wieder lebendig, da die braven Westfalen die Feigheit der Neapolitaner durch einen neuen Angriff wieder gut machen mußten. Am späten Abend erst wurde die deutsche Brigade durch ein vollzähliges französisches Bataillon von Vorposten abgelöst und kehrte in die Stadt zurück. Den Gefangenen wurde von den Russen die Alternative gestellt, entweder in der sogenannten russisch-deutschen Legion Dienste zu nehmen oder nach Sibirien transportirt zu werden. Die Meisten entschlossen sich zu dem Ersteren, wurden nach Stargard dirigirt, entsprangen aber vielfach auf diesem Marsche und fanden den Weg in die Heimath.

Nach diesem Unfall war die Eintheilung der deutschen Truppen in zwei Regimenter nicht mehr haltbar. Dieselben zählten etwa noch 1300 Mann, von denen aber Ende Februar etwa 800 in den Lazarethen sich befanden. Die dienstfähigen Reste der früheren stolzen Division princière wurden nun in ein einziges Bataillon zusammengezogen. Da einzelne versprengte Württemberger und Mecklenburger in seine Reihen mit eingestellt wurden, vereinigte es Truppen von 23 deutschen Souveränen, nämlich von dem König von Württemberg, den Großherzögen

---

*) Er starb wenige Tage darauf in Königsberg.

von Frankfurt, Baden, Hessen, den fünf Herzögen von Sachsen, den drei Herzögen von Anhalt, den zwei Fürsten von Schwarzburg, den zwei Fürsten von Lippe, den vier Fürsten von Reuß, dem Fürsten von Waldeck und den zwei Herzögen von Mecklenburg und hieß deshalb scherzweise das Bataillon Europa. Der frühere Kommandeur des 4. deutschen Regiments, Oberst v. Eglofffstein, wurde sein Chef und der anhaltinische Oberstlieutenant Hoppe der Kommandeur. Das schloß nicht aus, daß von dem neu kreirten Bataillon zu Zeiten die Dienste einer Brigade gefordert wurden. —

Am 8. machten die Polen einen glänzenden Ausfall. Als sie pulvergeschwärzt und stolz zurückkamen ließ ihnen Rapp eine Auf- forderung der Russen vorlesen, die sie zum Abfall von der Sache Napoleons aufforderte. Die Polen antworteten mit einem grimmigen vive l'empereur und schwuren diesem von Neuem ewige Treue. Dies Schauspiel sah fast die ganze Garnison mit an, und es verfehlte nicht, auch auf die Deutschen einen tiefen Eindruck zu machen. —

Thauwetter, Ueberschwemmung,*) Typhus, Verkürzung der Rationen, Vorpostendienst und kleine Ausfallgefechte füllten den Monat Februar aus, der für die Belagerten wenigstens den Vortheil mit sich brachte, sie von der Befürchtung eines gewaltsamen Angriffs zu be- freien.**) Dafür hatten sich aber auch die Russen beträchtlich verstärkt, und ihre bisherige Unthätigkeit nahm ein jähes Ende. Eine Prokla- mation des russischen Generals Platow fand sich zunächst plötzlich bei den Danziger Bürgern verbreitet, die diese sowie den Magistrat veran- lassen sollten, die Kapitulation zu erzwingen. Sie hatte selbstredend keinen Erfolg, so gern auch die Danziger ihrer Beschützer ledig geworden wären. Am 4. März zeigte sich lebhafte Bewegung im russischen Lager; es hieß, nach der Kapitulation von Pillau sei das dortige Belagerungs- korps nunmehr zu dem von Danzig gestoßen. Da die Russen im Gefecht

---

*) Der Eisgang war so gewaltig, daß die Deiche barsten und alle niedrig gelegenen Stadttheile unter Wasser gesetzt wurden. Viele vorgeschobene Posten wurden vom Wasser überrascht und kamen um, andere blieben tagelang auf Bäumen oder Dächern, bis Hülfe sie erreichen konnte. Die Pallisabirungen wurden fast sämmtlich weggeführt, und die Erdwerke in bedenklicher Weise unterwaschen. Da auch die bâtardeaux mit weggerissen wurden, so konnte die Inundation, als die Wasser der Weichsel sich verlaufen hatten, nicht angestaut werden.

**) Die Neapolitaner brachten es fertig, einen tollen Karneval zu feiern und dabei in einem maskirten Zug die Russen auf das Aergste zu verspotten. Letztere erfuhren dies und haben bis zur Beendigung der Belagerung die Söhne des Südens ihre Rache fühlen lassen, wenn sie sie irgend ausüben konnten.

vom 4. Februar das Dorf Langfuhr genommen hatten, das nur eine Wegstunde nordwestlich Danzig liegt, so erwartete Rapp von daher einen demnächstigen Angriff und stellte eine starke Reserve am Olivaer Thor auf, in welches die Straße von Langfuhr mündet. Die Vorpostenkette in ihrer ganzen Ausdehnung nahm fast 5000 Mann in Anspruch. Am 5. März früh 4¼ Uhr geschah ein russischer Angriff auf der ganzen langen Vorpostenlinie von Langfuhr bis Altschottland in einer Stärke und einem Ungestüm, daß alle die Dörfer innerhalb dieser Chaine den Russen zunächst in die Hände fielen — selbst die Stellungen bei Neufahrwasser und im Inundationsgebiet, soweit sie angreifbar waren, wurden vom Feinde bedrängt. Die beiden 24-Pfünder, welche das Gouvernement auf dem Walle am Jakobsthore zu Allarmzwecken aufgestellt hatte, ließen bald ihre Weckerstimme ertönen; die Garnison war aber so gewohnt, sie zu hören, daß ihre Eile, auf den Allarmplätzen zu erscheinen, nicht größer war als bei einer Friedensübung — erst das scharfe Geknatter bei den Vorposten belehrte sie, daß heute etwas Ernsteres im Werke sei. — „Es war eine grausenvolle Nacht", schreibt ein lippescher Feldwebel, „stockfinster, der Sturm heulte und trieb uns den Schnee gerade ins Gesicht. Der größte Theil der Besatzung hatte wegen des schrecklichen Sturmwindes die Lärmkanonen nicht gehört und kam erst spät und vereinzelt auf den Allarmplatz; unsere sämmtlichen Vorposten waren bis an die Barrieren zurückgetrieben und hatten sich selbst schon unter die Kanonen der Stadtwälle geflüchtet. So wie man daher nur eine Anzahl von 20 bis 30 Mann auf dem Allarmplatz zusammen bringen konnte, wurden sie unter das Kommando eines Offiziers gestellt und Hals über Kopf aus den Thoren auf die Kampfplätze geschickt."

Von einer ordnungsmäßigen Leitung des Gefechts konnte daher keine Rede sein. Das deutsche Bataillon sah sich nach den Vorstädten Altschottland-Stadtgebiet und Ohra gesendet, welche in stundenweiter Ausdehnung die große Straße nach Dirschau begleiten. Hier reihten sich Villen und Landhäuser, Stallungen, Höfe und Gärten in ununterbrochener Folge aneinander. Rapp hatte sich nicht entschließen können, diese ausgedehnten Anlagen rasiren zu lassen, es hatte ihm wohl auch die Zeit dazu gefehlt — jetzt war es aber außerordentlich schwierig, den Feind der sich dort fest eingenistet hatte, zu vertreiben. Alle Häuser waren von ihm besetzt, besonders stark aber die, welche die lange Straße enfilirten. Nur das Licht der aufblitzenden Schüsse erleuchtete die unheimliche Kampfesscene. Auf der chaussirten und theilweise gepflasterten Straße und an den massiven Häusern prallten die Kugeln ab, ricochettirten und trafen durch ihre krausen Flugbahnen auch die, welche hinter sicheren Deckungen zu stehen vermeinten. Die Truppen der Garnison, die hier bunt durcheinander gewürfelt waren, kamen nur langsam vorwärts, mußten Haus für Haus nehmen, wurden daraus wieder vertrieben und verloren das mühsam gewonnene Terrain. Als der Morgen endlich anbrach, wurden von der Stadt aus mehrere Geschütze auf die Straße der Vorstadt gebracht und diese fegten mit ihren Kartätschlagen dieselbe bald rein. Die Kugeln durchschlugen auch die Häuser, welche quer davor standen, so daß diese bald ganz durchlöchert wurden und krachend zusammenbrachen. Dadurch erhielten die Truppen der Garnison um so eher Luft, als in dieser Periode der Belagerung die Russen noch nicht mit Geschützen versehen waren. Trotzdem ergriffen letztere noch dreimal die Offensive, und die verlorene Vorstadt Ohra wurde jedesmal von ihnen wieder genommen. Wenn ihre Gegner dann wieder verdrangen, fielen ihnen russische Trupps, die in den Nebenstraßen gleichgültig stehen geblieben waren, mit brüllendem Hurrah in die Flanke — es entstand dann ein kurzes Gemetzel, das nicht eher endigte, als bis der gerade schwächere Theil bis auf den letzten Mann niedergeschlagen war. Während bei Langfuhr und Schidlitz die Russen nach Mittag endgültig zurückgeschlagen worden waren, hielten sie Ohra hartnäckig besetzt; der französische General Bacheln sammelte daher aus Truppen aller Nationen eine kleine Reserve, marschirte über Stolzenberg um die Vorstadt herum und gelangte, so wunderbar dies klingen mag, ohne vom Feinde beachtet zu werden, in den Rücken der kämpfenden Russen. Trotzdem diese nun zwischen zwei Feuer geriethen, schlugen sie sich doch mit glänzendem Muthe weiter und würden bei alledem Ohra wohl gehalten haben, wären sie nicht einem andern Feind — dem Branntwein, unterlegen. Ihre Soldaten hatten in den zahlreichen Wirthshäusern und Brennereien den „Lieblingstrank ihrer Nation" in reichen Vorräthen gefunden und sich so berauscht, daß die Sieger ihrer mehrere Hundert in todtenähnlichem Schlaf vorfanden. So endete der Tag, der für die Besatzung von Danzig eine schwere Gefahr mit sich brachte, wider Erwarten günstig; kostbar war auch für sie die Erfahrung, wie sie ihre Reserven künftighin verwenden müsse. Von der Garnison waren 40 Offiziere und 400 Mann nach den offiziellen Rapporten todt oder verwundet geblieben; diese Ziffer erreicht aber die Wirklichkeit schwerlich, denn das deutsche Bataillon hatte allein einen Verlust von 8 Offizieren und 98 Mann erlitten.*)

---

*) Oberst von Egloffstein und Horadam waren verwundet.

Das mit ihm kämpfende 29. Regiment, das 15 Offiziere zählte, verlor von diesen 13. — Die Russen ließen an Todten allein 400 Mann liegen und gegen 400 unverletzte Gefangene in den Händen der Ausfall= truppen, welche noch am Abend ihre frühere Vorpostenstellung wieder zu beziehen eilten.*) Wie man damals Gefechtsberichte abzufassen ver= stand, davon eine kurze Probe. „Die Russen rückten," nach ihrer Angabe, „nach dem Zurückdrängen der feindlichen Vorposten bis unter die Be= festigungen vor, von welchen ein mehrstündiges aber erfolgloses Kanonen= feuer gemacht wurde. Die allarmirte Garnison rückte größtentheils aus, und es kam zu einem heftigen Scharmützel und Handgemenge, in welchem die Russen bekanntlich immer Sieger sind. Nachdem der kommandirende General alles Nöthige übersehen hatte, befahl er den Truppen, ihre vorige Position wieder zu besetzen. Der Verlust russischerseits besteht nur in einigen Todten und einigen 60 Verwundeten. Der Feind ließ über 800 Todte auf dem Platz, die meist bajonettirt waren; 10 Offiziere und gegen 1400 Gemeine, Franzosen, Neapolitaner, Deutsche und Polen wurden gefangen." — Rapp blieb im Uebertreiben hinter seinen Gegnern nicht zurück — er schob ihnen einen Verlust von 5000 Mann zu und ließ eine Relation in die Danziger Zeitung rücken, die mit folgendem Satze schloß:

„L'ennemi débusqué de tout côté évacue les faubourgs, et la garnison s'élançant à sa poursuite en pleine campagne, les repousse sur les hauteurs voisines; mais la nuit survient, la fureur du combat s'appaise par degrès, la canonade cesse, la garnison victorieuse rentre dans la place et bientôt aux fracas de cette honorable journée succède le silence, qui dans la ville et les alentours n'était interrompu que par le qui vive! des sentinelles et des vedettes."

Der Hauptgewinn des ganzen Tages für Rapp war die Gewiß= heit, daß alle seine Truppen, mit Ausnahme der Neapolitaner, sich brav schlagen und an Tapferkeit mit einander wetteifern würden. Je länger

*) Vom deutschen Bataillon waren 28 Mann gefangen. Ein russischer General herrschte sie mit den Worten an: „Wie könnt Ihr Euch als Deutsche unterstehen, gegen uns zu fechten! Wißt Ihr nicht, daß Preußen und Oesterreich mit uns ver= bunden sind, und daß wir gestern den General Reynier gänzlich geschlagen haben?" Ein schwarzburger Korporal trat vor die Front und erwiderte: „Herr General! Wir können in der Festung nicht wissen, was außerhalb derselben vorgeht. Uebri= gens sind wir Soldaten und müssen befolgen, wozu wir kommandirt werden." (Schüler, Geschichte des schwarzburgischen Kontingents von 1807—1815.)

die Belagerung dauerte, desto mehr wuchsen die heterogenen Bestandtheile der Garnison zusammen. Selbst die Italiener wurden nach und nach brauchbarer, und am Ende zeigte die belagerte Armee sich aus ganz einheitlichem Guß. Dieser Erfolg ist allein Rapp zuzuschreiben. Hauptmann v. Düring sagt von ihm: „Alle, die unter Rapp in dieser Belagerung dienten, werden einmüthig sich nie einen besseren, tapferen und gerechteren Chef wünschen können; er zog keine Truppen aus Vorliebe den anderen vor, der tapferste war ihm der liebste, er war freundlich gegen den gemeinsten Soldaten und besaß überdem eine ausgezeichnete und allbekannte persönliche Bravour. Dieses zusammen genommen mit dem Gefühle, so ganz von der übrigen Welt abgeschnitten zu sein, wo keine andere Wahl war, als die zwischen schimpflicher Feigheit, verachtet von Jedem seines Gleichen, oder Ausdauer und festem Muthe, bewirkten, daß der regste Wetteifer in der Garnison erhalten blieb."

Rapp ließ es sich nach den Erfahrungen des 5. März angelegen sein, seinen Vorposten durch befestigte Häuser und Reduits mehr Halt zu geben. Selbst die Feldwachen wurden in kleine Pallisadentambours untergebracht, um sie vor den Angriffen der blitzschnell erscheinenden und verschwindenden Kosaken zu sichern. Um den Russen aber zu beweisen, daß der Unternehmungsgeist der Garnison nicht gelitten habe, mußte letztere am 8. und 18. März größere Ausfälle unternehmen. Die Bayern und Westfalen waren die Helden des Tages gewesen, das Bataillon Europa hatte diesmal einen Scheinangriff nach entgegengesetzter Richtung mitmachen müssen. Bei diesen Gefechten hatte der Gouverneur den Hauptzweck verfolgt, das eroberte Terrain gründlich ausfouragiren zu lassen. Die Russen hatten aber fast alle Vorräthe schon weggeschleppt, so daß nur etwa 100 Stück Vieh und wenige Wagen Fourage nach der Festung gebracht werden konnten. Ein Beispiel von der Kühnheit der Kosaken sahen die Truppen bei ihrem Rückmarsch. Eine Hammelheerde marschirte zwischen den Bataillonen und hatte die Vorstadt Ohra bereits erreicht, als eine Schaar von etwa 30 Kosaken aus einer Terrainfalte vorbrach und mit Hülfe einiger zottigen Köter es wirklich fertig brachte, die Hammel ihrer Eskorte abzunehmen. Das Bild soll ein so lustiges gewesen sein, daß die Soldaten vor Lachen meist in die Luft schossen. Mangel und Krankheit ließen aber sonst keine Heiterkeit aufkommen. Der Typhus raffte Ende März täglich 200—300 Menschen dahin (auch von der Einwohnerschaft starben bis Anfang Mai nicht weniger wie 10 000). Zudem war die Agonie der Sterbenden eine wahrhaft entsetzliche. Wilde Delirien und Rasereien begleiteten sie; der Anblick, den die

Hospitäler boten, soll die Schrecken des Danteschen Inferno übertroffen haben. Der Gouverneur befahl, daß keine Leichenfeierlichkeiten (pompe funèbre) mehr stattfinden sollten, um durch den traurigen Anblick und den Klang der gedämpften Trommeln die Gemüther nicht noch mehr zu verdüstern.*) Der Mangel an Lebensmitteln war schon Anfangs April so groß, daß die Soldaten nichts weiter erhielten, als 1½ Pfund Brot und etwas Pferdefleisch. Um den Soldaten den Ekel gegen den Genuß des letzteren zu nehmen, durchschritt der Gouverneur bei einer Parade alle Regimenter und fragte lächelnd: „Nun, Kameraden! Wie schmeckt Euch das Pferdefleisch? Ich esse ebenfalls davon, und mir schmeckt es recht gut." Wir lesen in einem Tagebuche: „Einstimmig versicherten wir und alle anderen Truppen, daß das Pferdefleisch ganz vortrefflich schmecke, und brachten dem Herrn Gouverneur ein tausendstimmiges Lebehoch." Bei eben dieser Parade hielt Rapp den französischen Marsch-Bataillonen, die aus lauter jungen Konskribirten bestanden, eine kurze Rede, worin er sagte, sie hätten sich brav geschlagen, und die älteren Truppen nähmen sie nun als gleichberechtigt in ihre Mitte auf. Der Eindruck dieser Worte war ein geradezu wunderbarer.

So verstand es der seltene Mann vortrefflich, von seinen Truppen jede Entmuthigung fern zu halten. Er war aber auch zu sehr Franzose, um nicht zur Erreichung dieses Zweckes zuweilen wahre Gaukelspiele vorzunehmen. So wurden im Lauf der Belagerung oft jämmerliche Geschütze, hölzerne Mörser vor seiner Wohnung aufgefahren und versichert, sie seien den Russen abgenommen, deren sämmtliche Artillerie so traurig aussähe. Um die feindlichen Vorposten zu täuschen, mußten einzelne Abtheilungen im Kreise herumlaufen, so daß an einer bestimmten Stelle die Russen immerfort marschirende Truppen erblickten. Die Kosaken glotzten das Schauspiel aber meist an, ohne sich zu rühren, weil sie wahrscheinlich das Manöver durchschauten. Gerade als der Typhus am höchsten gestiegen war, beschloß Rapp, dicht vor den russischen Vorposten eine glänzende Heerschau zu halten. 6000 Mann marschirten am ersten Ostertage (18. April) über Langfuhr auf das Strießer Feld, also über die eigenen Vorposten weit hinaus. Das russische Lager ge-

---

*) Als der Divisionsgeneral der Deutschen, Franceschi, starb, wurde General Devillier sein Nachfolger. Von ihm sagt Hauptmann v. Soden: „Er machte eine Ausnahme von seiner Nation, und ob er gleich ein geborener Franzose war, so gab ihm doch sein sanfter und ruhiger Charakter und die Vorliebe für unsere Sprache den Anstrich eines Deutschen, und er wurde deshalb von uns Allen sehr geschätzt und geliebt"

rieth sogleich in Alarm, betrachtete aber bald mit Verwunderung die friedliche Haltung seiner Gegner. Die Truppen hatten den Befehl, die Russen, wenn sie angreifen sollten, mit dem Bajonett zu empfangen; kein Gewehr war geladen. Alle nicht eingetheilten Offiziere folgten der Parade zu Pferde und zu Fuß und verstärkten durch die Verschiedenheit ihrer Uniformen das überaus bunte, militärische Schauspiel. Rapp ritt die Fronten ab und ließ dann die Bataillone abschwenken und defiliren. Jedes Einzelne ließ ein schallendes vive l'empereur ertönen, wenn der Gouverneur die Fahne begrüßte. Polnische Ulanen sicherten, in Flanqueurkette aufgelöst, die wunderliche Radomontade. Einer ihrer Offiziere, der sich ein wenig zu weit vorwagte, erhielt durch einen Kosakenschwarm 15 Lanzenstiche; gesenkten Hauptes und im Sattel gestützt, wurde er an den Truppen vorbeigeführt, starb aber bereits am folgenden Tage. — Bei Alledem erkannte Rapp sehr wohl das Mißliche seiner Lage. Als ein dänisches Fahrzeug den Hafen gewann, versuchte er, es durch die englischen Kreuzer nach Stettin hindurchzubringen, um dort Nachricht von seiner Bedrängniß zu geben. Das Schiff gewann auch das hohe Meer, aber widrige Winde trieben es nach mehrtägigen Anstrengungen in den Hafen. Als es dort unverrichteter Sache ankam, bemächtigte sich zum ersten Male eine gewisse Entmuthigung der Personen, die um die Absicht gewußt hatten.

Die Preise der Lebensmittel im April waren schon enorm. Es kostete:

1 Pfund schlechtes Rindfleisch	1 Thaler,	
1 = Butter	3 = ,	
1 = Pferdefleisch . .	14 Groschen,	
1 Zwiebel	4 ,	
20 Kartoffeln	13 = ,	
1 Pfund Salz	1 Thaler 5 Groschen,	
1 Ei	3 Groschen.	

Diese Verhältnisse zwangen den Gouverneur, durch eine größere Unternehmung zu versuchen, die russischen Linien zu durchbrechen, mehrere Meilen weit vorzudringen und den eroberten Landstrich in aller Eile auszufouragiren. Das Unternehmen war sehr gewagt, aber seine baldige Ausführung um so nothwendiger, als nach Nachrichten von Ueberläufern der Prinz von Württemberg, Oheim des Kaisers Alexander, das Kommando des Belagerungskorps übernommen hatte, und sich unschwer vorhersehen ließ, daß die Cernirungslinie sich bald enger und fester schließen würde. Der Ausfall wurde in der Nacht vom 26./27. Mai von

1200 Mann Infanterie (Franzosen, Polen, Bayern, Westfalen) und 350 Dragonern unter Kommando des Generals Bachelu begonnen und zwar in der Richtung der reichen Danziger Nehrung. Die russischen Posten (bei Heubude — Krakau) wurden nach hitzigem Gefecht überrannt, und es gelang dem Ausfallkorps, bis 4½ Meilen von Danzig vorzubringen, vier Tage lang sich in der okkupirten Gegend zu halten und 500 Stück Rindvieh, 400 Schafe und Schweine, 6000 Centner Heu, 4000 Centner Stroh und 1500 Centner Hafer in die Festung zu bringen. Da auf allen anderen Punkten der Cernirungslinie zu gleicher Zeit demonstrirt wurde, so waren die Russen wie festgebannt und mußten dem kühnen Beginnen thatenlos zusehen. So hatte der Prinz von Württemberg Recht behalten, der einige Tage vorher bei Heubude gesagt hatte: „Wenn Rapp uns hier noch einen Tag in Ruhe läßt und plündert die Nehrung nicht, so ist er kein Soldat."

Charakteristisch für die Zeit war es, daß die Bürger von Elbing sich zusammenrotteten, um die Franzosen in die Festung zurückzutreiben. Ihre mit Piken bewaffneten Schaaren kamen zu ihrem eigenen Glück zu spät. Die gewonnene Beute hätte die Festung auf drei Monate mit Fleisch versehen, wenn nicht von den französischen Befehlshabern und Kriegskommissären die größten Unterschleife geschehen wären. An den Thoren standen zwar Douaniers, die den rückkehrenden Soldaten jedes geraubte Huhn abnahmen, um, wie sie sagten, es den Magazinen zu überliefern — diese konfiszirten Schätze wanderten aber in Privatküchen oder auf den öffentlichen Markt. Thatsache ist, daß die Vertheilung von Pferdefleisch an die Soldaten nur auf wenige Tage unterbrochen wurde, daß aber dafür viele hochgestellte französische Offiziere einen Handel mit allen möglichen Lebensmitteln betrieben. Am frechsten betrieb ihn der Kommandant, Oberst Laurinet. Wie lukrativ das Geschäft aber gewesen sein muß, beweisen die Preise am Ende der Belagerung. Ein Pfund Butter z. B. wurde mit 36 Francs, 1 Pfund Fleisch mit 6 Francs bezahlt — nach der Kapitulation zeigte es sich, daß diese Herren noch ganze Magazine zu ihrer Verfügung hatten. Rapp fragte oft die Offiziere und Soldaten, wie es ihnen erginge. Hörte er die gewünschte Antwort: „sehr gut", so verklärte sich sein Gesicht. Als einst ein deutscher Stabsoffizier zu antworten wagte: „sehr schlecht", wurde des Gouverneurs Antlitz finster, und er entfernte sich wortlos. So ist denn anzunehmen, daß er von den ungeheuren Unterschleifen nichts erfuhr, nicht aber, daß er nicht gewagt hätte, in das Wespennest zu greifen; denn als ein französischer Kommissär von der sogenannten Fleischregie einst überwiesen wurde, heimlich Rindvieh verkauft zu haben, ließ er ihm eine Tafel an die Brust heften mit der Inschrift: „Betrüger des Kaisers, Betrüger der Soldaten". Mit dieser Verzierung wurde er auf eine Kuh gesetzt und eines Sonntags durch die zur Parade ausgerückten Truppen geführt. Dieses „an den Pranger Stellen" eines Einzelnen hielt die hochgestellten Gauner aber nicht ab, ihr einträgliches Gewerbe weiter zu treiben.*) Anfang Juni wurde das Belagerungsheer auf etwa 40 000 Mann verstärkt, darunter 8000 Mann ostpreußischer Landwehr unter Graf Dohna. Rapp verbreitete das Gerücht, es seien dies Theile der von Napoleon geschlagenen feindlichen Hauptarmee, die sich schon nach der Weichsel habe flüchten müssen.

Die Belagerung schien in eine neue Phase treten zu sollen. Allnächtlich geschahen von Seiten der Russen Allarmirungen, zahlreiche Batterien (allerdings nur von Feldgeschützen) warfen ihre Projektile auf die vorgeschobenen Werke, und bei den fast täglich sich entspinnenden Gefechten wurden die Vorposten der Belagerten sichtlich zurückgedrängt. Außerdem hatte ein starkes englisches Geschwader sich bei Neufahrwasser vor Anker gelegt und fing an, die dortigen Festungswerke mit schwerem Geschütz zu bombardiren. General Rapp beschloß, dieser „Zudringlichkeit" des Feindes, wie er sagte, ein rasches Ende zu machen und deshalb einen allgemeinen Ausfall — diesmal nach Westen über Pitzkendorf, Wonneberg, Schönfeld — zu unternehmen. Bei dieser Gelegenheit sollte alles grüne Getreide abgemäht und nach der Festung gebracht werden. Zur Ausführung wurde der 9. Juni bestimmt.**) Der Plan wurde in der Stadt bekannt, und vom ersten Morgengrauen bedeckten Hunderte von Neugierigen die Wälle, wie denn trotz aller Drangsale die Danziger bei keiner Gelegenheit es sich nehmen ließen, Zeugen kriegerischer Schauspiele zu sein.

Rapp traf seine Dispositionen zu dem Ausfall dahin, daß General Grandjean mit den Bayern, Westfalen und Polen den rechten Flügel bilden, Langfuhr, Heiligenbrunn und das Plateau vorwärts Zigankenberg besetzen, sich sonst aber in der Defensive halten sollte. General Devillier

---

*) Einem Bauern, der auf die Polen geschimpft hatte, ließ Rapp gleichfalls auf der Parade vom Henker den Kopf kahl scheeren.

**) In diesen Tagen ließ Rapp alle Weinvorräthe konfisziren und legte den Einwohnern unerhörter Weise eine Steuer von drei Millionen auf. Zu deren Eintreibung wurden 28 der angesehensten Bürger verhaftet. Entgegen seiner sonstigen Gutherzigkeit soll Rapp geäußert haben, er wolle sein Geld wieder, das er in Danzig bereits ausgegeben habe.

mit der 34. Division, worunter das deutsche Bataillon, sollte die Gegend bei Dreilinden östlich Pitzkendorf gleichfalls defensiv besetzen. Der Angriff fiel dem linken Flügel unter General Heudelet zu (30. und 33. Division), auf der Front Schieblitz — Ohra sollte er energisch angreifen, dann die linke Schulter vornehmen und versuchen, die feindliche Stellung aufzurollen. Das ganze Gefecht sollte sich also als eine allgemeine Halbrechts= schwenkung gestalten. Die ganze Intendantur war auf den Beinen und folgte mit Hunderten von Wagen den Truppen, um hinter ihrem Rücken den Klee und das Getreide sogleich abzuernten. Um 11 Uhr hatten die Truppen die ihnen angewiesenen Stellungen eingenommen. Das hügelige Terrain hatte dem Feind die Bewegungen entzogen, friedlich weideten in naher Distanz die Pferde der Kosaken auf den Kleefeldern, die heute eine so blutige Rolle spielen sollten. Als dann plötzlich die ganze imposante französische Schlachtlinie sich gleichzeitig in Bewegung setzte, wurde der Feind Anfangs überrascht — allein seine aufflammen= den Fanale und Allarmschüsse riefen seine Truppen bald zusammen, und es begann nun ein überaus hartnäckiges Gefecht. Natürlich litt der angreifende französische Flügel am meisten, er gewann nur mühsam Terrain — andererseits wurde ein Vorstoß von fünf russischen und preußischen Bataillonen in der Richtung von Wonneberg auf Ohra durch eine sächsische und eine polnische Batterie aus nächster Nähe so mit Kartätschen begrüßt, daß an dieser Stelle wahre Leichenhaufen sich auf= thürmten. Ohne uns auf den Gang des Treffens einzulassen, das übrigens bald zu einem frontalen Stillstand kam, während dessen die Felder abgeerntet wurden (ein eigenthümlicher Kontrast zwischen den Werken des Mars und der Ceres, wie einer der Berichte sagt), lassen wir die Bemerkungen folgen, die Horadam in seinem Tagebuch nieder= gelegt hat:

„Wir standen von 11 Uhr ab vorwärts Schieblitz in einer tiefen Schlucht, woselbst der Feind uns ohnmöglich gewahr werden konnte — dennoch flogen wie von Ungefähr eine Menge matter Kugeln über den Berg und klapperten gegen die Bajonette, so daß Alle meinten, sie würden bald getroffen sein. Die Burschen verlangten denn auch bald vorwärts geführt zu werden, weil sie sich nicht auf dem Fleck todt schießen lassen wollten. Sie lernten das Raisonniren von denen franzö= sischen Bataillons, die immer nicht still stehen mochten und die Zeit nicht abwarten konnten. So mochte es etwan 1 Uhr geworden sein, als von dem Hügel, der gerade vor uns lag, ein Schwarm Neapolitanischer Flüchtlinge herunter eilte und ein lautes Geschrei ausstieß. Da ließ der General Devillier uns eilig das Gewehr in Arm nehmen und gab mir die Tirailleurs zu führen, mit denen ich schnell den Kamm des Hügels besetzte. Hier war Eile noth gewesen, denn preußische Landwehr war dicht bei uns, wir erkannten sie an den leinenen Hosen und langen blauen Röcken. Sie sahen ganz beschmutzt aus und einer, den wir fingen, gab an, er sei vom Bataillon Aschenbach und hätten schon sechs Meilen gelaufen, um an das Feuer zu kommen. Wir schossen Viele nieder, da sie aus Tapferkeit oder Mattigkeit nicht weichen mochten — endlich mußten sie aber doch zurück, und unsere Leute waren nicht zu halten und liefen ihnen theilweis nach, bis die aides de camp sie hinwiederum herauf zu uns holten. Wir hatten uns alle zu Boden hingestreckt und schossen in das Thal, allwo die Russen eine neue Attacke vorbereiteten; da erscholl auf einmal von links her ein brausendes Vivat. Wir sahen den Gouverneur mit der Suite die ganze Schlachtlinie herab reiten, und wie er an uns heran war, rief er: „Liebe Deutsche; ich habe es für gewiß erhalten, daß der Kaiser in der Nähe von Dresden zwei Hauptschlachten gewonnen und bis an die Oder avancirt ist; das kann Frieden geben." Da schrieen wir alle auch Vivat — das die Russen und Preußen zu beantworten schienen, denn sie brüllten auch aus Leibeskräften. So hielten wir lange Stunden aus und verfeuerten viele tausend Schuß, so daß einer von den Kleewagen zweimal vor uns Munition holen mußte — aber auch der Feind stand mauerfest und war nichts an ihm zu rühren. Da als es schon Abend werden wollte und die Läufe der Flinten so heiß waren, daß die Leute sie nicht mehr anfassen mochten, entstand des Plötzlichen ein großes Gewimmel bei dem Feinde und eine große Anzahl Baschkiren und Kosaken kam den Berg heraufgejagt mit viel Geschrei; sie schossen Pfeile und Pistolenkugeln ab, thaten uns aber keinen Schaden. Wir hatten Quarré formirt, wie die Franzosen neben uns. Wir hörten, wie dort die alten Unteroffiziere riefen: „tonez ferme — tonez ferme!" das hatte bei unsern Leuten keine Noth. Sie ließen die Russen in guten Schußbereich kommen und gaben ihnen dann drei Salven, daß ihrer Viele liegen blieben. So groß war aber die Noth bei uns, daß die Leute sogleich aus den Gliedern sprangen und sich über die todten Pferde hermachten, um die besten Stücke aus ihnen herauszuschneiden. Wir haben aber viel Blut an dem Tage lassen müssen, und das Bataillon ist kaum mehr 400 Mann stark."

Erst um neun Uhr Abends war das Gefecht zu Ende, beide Theile nahmen ihre früheren Positionen wieder ein. Eine Anzahl Fouragewagen war zwar beladen in die Festung hineingelangt, aber theuer war

der Klee bezahlt. Diesseits waren 6 Offiziere 210 Mann todt, 19 Offiziere 408 Mann verwundet, die Russen geben an 500, die Preußen
1300 Mann verloren zu haben. Diese Ziffern sind nicht genau, Russen
und Franzosen mögen wohl weit größere Verluste gehabt haben. Wir
finden noch in Horadams Tagebuch den Vers, den er vielleicht nicht
selbst gedichtet, sondern von einem Anderen gehört haben mag, der aber
ein Licht auf die Beurtheilung dieses Gefechts seitens der Truppen wirft:

> „Kleeblumen brachten wir nach Haus,
> Viel tausend wohl — heut Morgen weiß,
> Heut Abend roth — manch Mütterlein
> Wird weinen einst; des Sieges Preis
> Hat nicht gelohnt des Kampfes Graus.
> Manch Braver klagt und stirbt allein.
> Den Klee, den theuer er erkauft,
> Hat er mit Herzblut roth getauft.“

Am anderen Tage stellte es sich heraus, daß der ganze Kampf vermieden worden wäre, wenn der von Napoleon abgeschlossene Waffenstillstand rechtzeitig hätte bekannt werden können. Schon seit 11 Uhr Morgens hatte der Feind auf mehreren Punkten zu parlamentiren versucht,
wurde aber stets abgewiesen, da der Gouverneur jede Kommunikation
mit dem Feinde abgebrochen wissen wollte. Endlich, nachdem feindliche
Offiziere bestimmt erklärt hatten, es sei ein Courier Napoleons mit
wichtigen Depeschen angelangt, erhielt der Gouverneur Meldung und ertheilte Befehl zur Annahme. Mit der Schnelligkeit eines Flugfeuers
war das Gerücht von der Ankunft eines Friedensboten überall hinge-
drungen. Die ganze Bevölkerung von Danzig eilte zum Thore von
Oliva hinaus und sah denn auch gegen vier Uhr den französischen
Husarenkapitän Plantat unter starker Eskorte einziehen, gefolgt von
mehreren russischen und preußischen Offizieren.

Mittlerweile ritt auch der feindliche General, Prinz von Württemberg, mit zahlreichem Gefolge durch Langfuhr und Strieß und wurde
dort von Rapp empfangen — eine übermäßige Fülle von Höflichkeiten
wurde bei dieser Begegnung ausgetauscht. In der Stadt standen überall
lesende Gruppen in den Straßen. Des Kaisers Sendbote hatte ganze
Ballen sächsischer und französischer Zeitungen unter das Volk geworfen,
das sich nun beeilte, die Geschichte der letzten sechs Monate von Europa
eiligst nachzulesen. Wenn auch unermeßlich viel Lüge und Uebertreibung
in den erhaltenen Nachrichten sich breit machen mochte, so stand doch das
Eine fest, daß der Kaiser mit einer neugebildeten starken Armee in

raschem Siegeslaufe die Oder wieder gewonnen und durch seine Erfolge seinen Feinden die Nothwendigkeit auferlegt habe, um einen Waffenstillstand zu bitten. Desgleichen wurde klar, daß Oesterreich noch nicht der Allianz beigetreten sei, ebenso daß alle Rheinbundstaaten dem Kaiser treu geblieben waren. Da die russischen Proklamationen stets das Gegentheil von dem Allen behauptet hatten, so wurden sie fortan mit dem größten Mißtrauen gelesen; die Entdeckung ihrer Unwahrheiten trug viel dazu bei, die Danziger Besatzung fortan fest an die Sache des Kaisers zu ketten.

An dem Abschluß baldigen Friedens wurde nicht gezweifelt; man hielt den Fehler des Kaisers für unmöglich, dem Feinde nach so viel Niederlagen eine kostbare Rast zu gönnen, wenn der Friede nicht ganz gesichert sei. Wenn daher die durchweg deutsch patriotisch gesinnte Bevölkerung Danzigs auch schmerzlich sich gestand, daß sie nun wohl bei Frankreich bleiben werde, so überwog doch alle Bedenken der unsäglich wohlthuende Gedanke baldiger Befreiung von den Gräueln der Belagerung. Die Besatzung gab sich gleicherweise dem frohen Gefühl der Sicherheit hin, und man sah an diesem und den folgenden Tagen nur frohe Gesichter, geputzte Menschen und ein Fraternisiren von Civil und Militär, das sonderbar abstach gegen den Haß und das Mißtrauen der Tage vorher. Eine erste Ernüchterung dieser vertrauensseligen Stimmung trat ein, als die Bedingungen bekannt wurden, welche Danzig den Waffenstillstand gebracht hatten. Nach ihnen sollten die annoch von französischen Truppen besetzten Oder- und Weichselfestungen Danzig, Modlin, Zamosk, Stettin und Küstrin nach dem jeweiligen Stande ihrer Besatzung von den Belagerungskorps verproviantirt werden und zwar in fünftägigen Lieferungen. Zwischen den Vorposten sollte ein neutrales Gebiet von einer Stunde Breite bestehen — von einer Verproviantirung der Einwohner war aber nichts gesagt, und es war klar, daß bei etwaigem Wiederausbruch der Feindseligkeiten diese am schlechtesten fahren müßten. Ueber die Zahl der von den Russen zu liefernden Rationen, sowie über die Ausdehnung des neutralen Gebietes kam es auch bald zu unerquicklichen Streitigkeiten. Die Besatzung focht das Alles aber wenig an; sie befand sich in einem wahren Taumel der Begeisterung für den Kaiser, und Jeder wäre verlacht worden, der an dem Gelingen seiner ungeheuren Unternehmungen jetzt nur im Geringsten zu zweifeln gewagt hätte. Napoleon hatte überdies dem Gouverneur das große Band des Reunionsordens gesandt mit den stolzen Worten, er möge nur ruhig ausharren; wenn seine Feinde nicht Frieden machten, werde er innerhalb vier Wochen nach Wiederausbruch der Feindseligkeiten Danzig entsetzen. Für die

Truppen waren 10 Offizier= und 100 Ritterkreuze der Ehrenlegion mit
eingetroffen, die Rapp nach Verdienst und Würdigkeit vertheilen sollte —
zugleich war ihm die Beförderung bis zum Kapitän überlassen worden.
Wie viele Glückliche konnte der Gouverneur daher schaffen; er war der
Mann, der Verleihung seiner Gaben auch das nöthige Relief zu ver=
leihen. — Am 11. war daher große Parade der Garnison, 100 Kanonen=
schüsse geschahen zur Feier der Schlachten von Lützen und Bautzen, die
in dem gegnerischen Lager wunderbarer Weise beantwortet wurden. Rapp
rief die zu Dekorirenden vor die Front der Regimenter; während die
Truppen präsentirten und die Trommeln wirbelten, ging er selbst, strah=
lend vor Stolz und in voller Männerschönheit, die Reihen hinab und
theilte die Kreuze an die Glücklichen aus. Viele weinten Thränen der
Freude und leisteten im Innern einen erneuten Schwur, solcher Aus=
zeichnung sich würdig zu zeigen. Napoleon mag die Menschen verachtet
haben, allein er kannte sie und wußte alle ihre Gefühle zu seinem Vor=
theil zu benutzen. Oberst v. Egloffstein, Oberstlieutenant Hoppe und
Horadam waren unter den Neudekorirten — Rapp erwähnte sie in seinem
Bericht an den Kaiser lobend neben den Generalen Bachelu, Grandjean,
Cavaignac, Heudelet. Es verdient, konstatirt zu werden, daß aus den
mannigfachen militärischen Tagebüchern jener Zeit, die uns vorliegen,
auch nicht eins politische Betrachtungen irgend welcher Art anzustellen
wagt, so daß es unmöglich ist, zu behaupten, daß irgend welche groß=
deutschen Ideen in den Gemüthern der deutschen Truppen Einlaß gefunden
hätten. Alle Anzeichen sprechen sogar dafür, diese Annahme zu verneinen.
Eine französische Quelle mag die herrschenden Gedanken korrekt mit den
Worten ausgedrückt haben:

„Et si la gloire immortelle, dont venaient de se couvrir les
troupes de la grande armée dans les plaines de Lützen et
Bautzen, faisait regretter aux défenseurs de Dantzig de n'avoir
pas participé à ces mémorables victoires, au moins trouvaient=
ils quelques sujets de consolation dans la pensée que, sur un
théâtre moins vaste et moins brillant, ils avaient aussi mérité
de la patrie."

Eine so feste und freudige Zuversicht Rapp auch öffentlich zur Schau
trug, so wenig verhehlte er sich selbst, wie gefährlich seine Lage bald sich
gestalten müsse, wenn der Friede dem Waffenstillstand nicht folge.
Napoleon hatte ihn durch Berthier wissen lassen, er erwarte von ihm,
daß er sich bis zum 1. Mai 1814 in der Festung halte. Rapp setzte
in einem meisterhaft klaren Bericht auseinander, daß, wenn die Sterb=

lichkeit der Garnison auf dem jetzigen, verhältnißmäßig günstigen Prozentsatz von 1000 Mann monatlich beschränkt bliebe, ihm an dem festgesetzten Zeitpunkt nur 8000 Mann übrig geblieben sein würden, mit denen er unmöglich die ausgedehnte Festung vertheidigen könne; Geld brauche er bringend nöthig, denn von der der Stadt Danzig auferlegten Kontribution habe er mit den härtesten Mitteln kaum die Hälfte eintreiben können; Lebensmittel seien den Einwohnern fast keine geblieben — man solle sich erinnern, daß man vor zwei Jahren in Danzig 600 000 Centner Getreide erpreßt und alle Kornböden geleert habe. Nach einer Beschreibung der neuerbauten oder verstärkten Festungswerke schließt das merkwürdige Aktenstück mit den Worten:

„Je supplie de bien examiner la position fâcheuse, dans laquelle nous nous trouverons, si on ne vient pas à notre aide. Après tout, ce qui reste de la garnison est excellent et l'on peut compter sur un dévouement sans bornes; elle fera tout ce qu'on peut attendre des meilleurs soldats.“

Die Summe der täglich zu liefernden Portionen wurde nach langen Debatten auf 21 793, die der Rationen für die Pferde auf 3000 festgesetzt. Die Lieferungen verzögerten sich jedoch oft oder blieben unvollständig, weil das umliegende Land zu sehr ausgesogen sein sollte — und dem mochte wohl so sein. Mit der Abreise des Couriers, Kapitän Plantat, begann für Danzig wieder die Zeit vollkommener Abgeschlossenheit und langer Weile. Zwar zog alle Sonntag die lärmende Parade auf, geputzte Menschen füllten die Straße, am Johannis- und Napoleonstage ergötzten Feuerwerk und Illumination die Zuschauer, und im Theater drängte sich allabendlich eine bunte, glänzende Menge — allein was sollten diese ärmlichen Schauspiele einer reichen, betriebsamen Stadt für Ersatz bieten für ihre brennende Noth und klägliche Vereinsamung. Im Theater war überdies ein Lärm, daß die deutschredenden Schauspieler kaum verstanden werden konnten. Die Franzosen schrieen: „En français! En français!“, die Neapolitaner „In italiano!“ und die Polen „Pa polsko!“ und jede Nation suchte durch größeren Lärm ihren Stolz zu beweisen. Auf Befehl des Gouverneurs durften die gefangenen russischen Offiziere frei herumgehen und das Theater auch besuchen — sie waren dort der Gegenstand fast übertriebener Artigkeit, ebenso wie diejenigen, welche vom Belagerungskorps mit ihren Damen nach der Stadt kamen, um die Langeweile des Feldlagers mit der der Stadt zu vertauschen. Oft auch waren diese Herrschaften Gäste des Gouverneurs, in dessen Hause an solchen Tagen sybaritischer Luxus herrschte. Preußische

Offiziere sah man niemals in der Stadt, wie denn von dieser Nation
während der ganzen Belagerung nur ein einziger Deserteur sich meldete.
Der Uebermuth der französischen Offiziere kannte in dieser Zeit keine
Grenzen, und sie unterhielten sich laut darüber, wie wohl ihr Kaiser nunmehr Preußen theilen werde; politische Gespräche zum Nachtheil der französischen Waffen waren indeß streng verboten; ein deutscher Chirurg, der
einem Schwachkopf die unschuldige Ente aufgebunden hatte, die englischen
Vorposten stünden vor Paris, hatte sich deshalb vor einem Kriegsgericht
zu verantworten. Da der Prozentsatz der vorhandenen Offiziere zu dem
der Mannschaften sich immer höher stellte, so wurde aus den überzähligen
ein Regiment zu zwei Bataillonen à 400 Mann gebildet. Generale
führten diese letzteren, Oberste und Majors thaten den Dienst als Kapitäns, Hauptleute und Lieutenants traten als Gemeine mit Gewehr und
Tornister in die Reihen. Diese buntscheckige Truppe hat Vorzügliches
geleistet. Sie rangirte bei den großen Paraden auf dem rechten Flügel,
über der Garde. Um die überzähligen Intendanturbeamten, Zahlmeister,
Kommissäre zu beschäftigen, bildete Rapp aus ihnen noch ein drittes
Bataillon, das der Soldatenwitz „riz-pain-sel" nannte. Da auf ihrer
Uniform vier große N angebracht wurden, so sagten die Deutschen, dies
solle heißen: „Nur Nicht Nach Norden". Die Reihe der Neuformationen
beschloß die Errichtung einer compagnie franche unter dem einarmigen
Kapitän Chambure, einem Dämon an Tollkühnheit und Wildheit. Es
zeigte die bis zum Ueberdruß hervortretende Vorliebe der Zeit für Vergleiche mit der antiken Welt, daß man diese Bande, die einem Abellino
Ehre gemacht haben würde, die Phalanx der Macedonier oder gar die
heilige Schaar von Theben nannte. — Das frisch pulsirende Leben der
militärischen Kreise kontrastirte auffallend mit der bleichen Verzweiflung,
welche der Mangel schon während des Waffenstillstandes bei der Bevölkerung hervorrief. Die Lebensmittel hatten so unerschwinglich hohe
Preise erreicht, daß es sich nicht lohnt, sie anzuführen, da sie nur beweisen, daß ebenso wenig Leute da waren, die etwas kaufen, als solche,
die etwas verkaufen konnten. Vergeblich versuchten die Bauern der Umgegend einen Schmuggelhandel mit Fleisch, Butter und Brot zu beginnen; ihre List vermochte selten die Wachsamkeit der russischen und
preußischen Posten zu täuschen, die Jeden mit Kugeln begrüßten, der
ihre Linie durchbrechen wollte. Als einst ein Bäuerlein eine Quantität
Butter in einem Sarge zu Markte brachte, wodurch er, Dank der Pietät
der Feinde, seinen Eingang in die Stadt gewonnen, war er Held des
Tages. Man fand den Einfall délicieux und lachte darüber, wie über

die feine Pointe einer pikanten Hofgeschichte. Rapp sah die Vorräthe der Stadt so schnell schwinden, daß er sich zu dem grausamen Befehl entschloß, alle subsistenzlosen Bewohner der Stadt, sowie die 300 Waisenkinder, die im sogenannten Spendehause wohnten, zu vertreiben. Diese Unglücklichen, mehrere Tausend an der Zahl, wurden Anfang August über die Vorposten hinausgeschafft und dort ihrem Schicksal überlassen. Da die Russen sie nicht passiren, und die eigenen Truppen sie nicht zurückkehren ließen, so irrten die Aermsten wochenlang in der neutralen Zone herum, nährten sich von Baumblättern, Wurzeln, unreifen Kartoffeln und starben meist in unglaublichem Elend. Die letzten Hunderte entschloß sich Rapp endlich wieder aufzunehmen, aber Wenige haben das Ende der Belagerung erlebt. Während die russischen und französischen Offiziere ein gutes Einvernehmen an den Tag legten, behandelten sich die Soldaten beider Nationen mit frostiger Abneigung. Die Preußen, deren Offiziere selbst an der Tafel des Gouverneurs nicht frechen Beleidigungen entgangen waren, zeigten den Rheinbündlern, die sie zu besuchen kamen, unverhohlene Verachtung. Die beiderseitige Erbitterung stieg daher von Tag zu Tag — ein eigenthümlicher Zwischenfall drohte sie zu heller Gluth anzufachen. Dem Prinzen von Württemberg war der Ueberfall des Lützowschen Freikorps bekannt geworden; er sah darin einen Bruch des Waffenstillstandes seitens Napoleons und zeigte daher Rapp in einem lakonischen Schreiben an, er werde die Festung fürderhin nicht mehr verproviantiren. Rapp antwortete, er werde dann sofort die Feindseligkeiten wieder eröffnen. Zur Bekräftigung seiner Absicht wurden alle Vorposten verstärkt, an den neuangelegten Werken mit fieberhafter Eile gearbeitet, Generalmarsch geschlagen ꝛc. Die Wolken verzogen sich zwar wiederum, aber trotz der dreimal wiederholten Verlängerung des Waffenstillstandes, der somit bis zum 24. August reichte, fühlte doch ein Jeder nach und nach seine Friedenshoffnungen schwinden. Obgleich nicht die Spur einer Nachricht über die Friedensverhandlungen hierher nach Danzig gelangte, so gab es, wie Horabam sagt, „ein bestimmtes Vorgefühl, das in der Luft zu schweben schien und nach Pulver roch" — man fabelte auch von einer englischen mächtigen Flotte, die durch ein Bombardement von Danzig für den Ueberfall der Lützower Rache nehmen würde.

Am 24. August um Mittag donnerten auf beiden Seiten je 24 Kanonenschüsse zum Zeichen, daß die Feindseligkeiten wieder begonnen hätten. Der zweite Theil der Belagerung von Danzig unterscheidet sich von dem ersten dadurch, daß er die Periode der förmlichen Belagerung

in sich schließt. In jener waren Typhus und Ueberschwemmung die Hauptgegner gewesen. Wassersnoth blieb auch der zweiten Periode nicht erspart;
an Stelle der Krankheiten traten aber die Leiden des Bombardements,
Feuer und eine fürchterliche Hungersnoth. Wie sehr sich die ganze Sachlage geändert habe, zeigte schon der 25. und 26. August. Ueberall waren
die Belagerer die Angreifer und drängten die Vorposten ungestüm zurück.
Die vorgeschobenen Werke bei Stolzenberg und Zigankenberg wurden
auf das Heftigste bombardirt; zischend fuhren congrevische Raketen durch
die Luft und erfüllten durch die Neuheit ihrer Erfindung und das infer-
nalische Geräusch, das sie verursachten, die Gemüther mit Schrecken.*)
Eine russische und englische Flotte kreuzten vor Neufahrwasser und
Weichselmünde, und krachend spieen ihre Breitseiten einen Hagel von Geschossen über die Forts an der Küste.

Vom 26. bis 28. August wurde auf der ganzen Linie heftig gekämpft, die Polen schlugen sich an diesen und den folgenden Tagen mit
solch glänzender Bravour, daß ihnen zu Ehren der Gouverneur und sein
Stab von jetzt ab nur noch in polnischer Uniform erschienen (sie war
allerdings auch die kleidsamste). Dennoch ging schon jetzt ein Theil der
Vorstadt Ohra verloren. Am 29. August wiederholten die Belagerer
ihren Sturm auf allen Seiten — es war diesmal hauptsächlich auf ein
Zurückdrücken des rechten französischen Flügels bei Langfuhr abgesehen,
da eine dort liegende Anhöhe genommen werden sollte, von wo aus man
die Stadt selbst durch Artilleriefeuer erreichen zu können hoffte. Da der
Lärm und das Krachen des Gewehrfeuers immer ärger wurden, so wurde
gegen zehn Uhr die ganze Garnison allarmirt.

Zwei polnische Regimenter, die Bayern und Westfalen kämpften um
Langfuhr und die bortigen Höhen mit einer Bravour ohne Gleichen —
hier stand das wogende Gefecht bis tief in die Nacht unentschieden, und
die blutgetränkten Hügel wurden wohl zehnmal gewonnen und verloren.
Um seinen hier kämpfenden Truppen Luft zu machen — ließ Rapp
sechzehn schwere Geschütze bei Zigankenberg auffahren und die nach
Langfuhr ziehenden russischen Kolonnen erfolgreich beschießen. Zugleich
wurden zwei weitere polnische Regimenter gegen Diwellau aufgestellt —

---

*) Ihre Flugbahn war ungenau und kurz bemessen, ihre Sprengwirkung sehr
gering, ihr artilleristischer Werth daher fast gleich Null. Dennoch wirkten sie durch
das Ungewohnte ihrer Erscheinung äußerst deprimirend. In der Stadt trug man
die leeren Blechhülsen der ausgebrannten Raketen mit einer „abergläubischen Neugierde" herum.

links von diesen gegen Pitzkendorf die 34. Division (darunter unsere Deutschen), die von nun ab General Bachelu führte — zwischen beiden einige Schwadronen unter General Cavaignac — weiter links bei Schiblitz entspann sich nur ein geringes Gefecht, aber von Ohra her, wo die Preußen angriffen, erscholl das Getöse eines wüthenden, erbitterten Kampfes. Wir folgen den Erlebnissen der Deutschen nach dem Bericht Horabams:

„Gegen 12 Uhr rückten wir in einen Engpaß südlich der Gehöfte von Dreilinden ein. Von Morgens ab hatte es in Strömen geregnet, so daß wir bis auf die Haut naß waren und nur wenige hundert Schritt weit sehen konnten. In dem Hohlwege liefen bald eine Menge entstehender Bäche zusammen, so daß unsere Leute bis an die Knöchel im Wasser standen. Das hinderte sie aber nicht, mit den französischen Kavalleristen, die rechts von uns standen und sich vielfach unter sie mischten, zu scherzen und zu prahlen, wie denn immer der Geist der Truppen am besten zu sein scheint, wenn zwei oder mehrere Nationen zusammen fechten, wo dann der Ehrgeiz einer jeden sie Besonderes zu leisten heißt. So erscholl denn bald lautes Gelächter und Lärm; Kanonendonner, sowie Sturm und Regen wurden schier nicht beachtet. Mich suchte hier der Lieutenant Centurionne vom 8. Husaren-Regiment auf, ein lieber Jüngling von 18 Jahren, dessen Eltern ich wohl kannte. Am Abend fand ich ihn todt in einer russischen Redoute liegen, die er als Erster zu Pferde gestürmt hatte. Nachmittags, die Zeit kann ich nicht mehr angeben, griffen einige Polnische Bataillone zu den Waffen, die rechts von der Kavallerie standen, und warfen sich in die Richtung von Diwellau — die Hügel und Schluchten entzogen sie uns bald — doch sahen wir sie, nach einem mörderischen Musketenfeuer im Thale, am anderen Höhenrande im Regen von Neuem verschwinden. Nicht lange darauf kam aber ein Adjutant des General Bachelu angejagt und erzählte uns athemlos, daß das 10. und 11. Polnische Regiment, dieselben, die wir eben gesehen, 2 Russische Schanzen nordwestlich Pitzkendorf mit dem Bajonnett enlevirt hätten — zugleich brachte er uns den Befehl, auf zwei feindliche Redouten, die auf etwa 800 Schritt vor uns lagen, loszugehen und sie zu nehmen. Nie habe ich unsere Leute williger und entschlossener vorgehen sehen. Wir gingen von Anfang an im pas de charge vor, der Oberst von E.*) zu Pferde weit voraus, Niemand dachte daran, Tirailleurs vorzunehmen; so blieben wir in der colonne serrée par division. Als

---

*) Egloffstein.

wir den Hohlweg verlassen, sahen wir, wie dicke Russische Kolonnen soeben auch die Schanzen verließen und uns entgegen kamen; das war
glückliches Zusammentreffen, denn so schwiegen die Geschütze in den
Schanzen, um ihre eigenen Leute nicht zu treffen. Alles rannte nun
vorwärts und schrie à la bayonnette, und als die Trommeln anschlugen,
riefen unsere Leute, den Klang nachahmend: Ruff — Ruff — Ruff. Des
Plötzlichen hörten wir aber hinter uns und seitwärts Pferdegetrappel,
und sahen etwa 300 Französische Reiter unter dem mir wohlbekannten
General Farine in vollem Jagen an uns vorbeieilen. Da war es recht
deutlich, was gut geführte und entschlossene Kavallerie vermag. So rasch
wir liefen, so war sie doch weit eher am Feinde, ritt ihn über und folgte
mit ihm dicht vermischt durch die Gräben und die escarpen hinauf in
die Schanzen, die im Nu erobert waren. Bald waren wir auch darin
und schlug Alles auf einander los, bis wir unsern Willen hatten und
den Feind gänzlich daraus verdrängt hatten. Die Häuser von Dreilinden, die dicht neben uns lagen, gingen dabei in Flammen auf und
verbreiteten einen solchen Rauch, der gerade über uns wegstrich, daß wir
kaum sehen konnten. Die Kavallerie eilte noch weiter und soll noch ein
Bataillon Russischer Landwehr jenseits Pitzlendorf niedergeworfen haben.
Wir selbst warfen uns auf die Wälle und hinter die Kehlpallisadirung,
und kämpften en débandade noch lange Stunden gegen ein Russisches
Jägerregiment, das uns beschoß. Es kamen aber weiter keine Verluste
vor, denn die Flinten wollten kaum mehr losgehen. Das Bataillon
hatte aber schwere Verluste. Lieutenant Tirpel von den Anhaltern war
todt, und Oberst E. hatte einen Prellschuß auf der Brust, Hauptmann
Herba und mehrere andere Officiers waren blessirt und 36 Mannschaften.
So hielten wir die Schanze bis zum Abend, allwo wir als die letzten
von der Division sie wieder räumen mußten — der Oberstlieutenant
Hoppe hatte an dem Tage das Kommando. Der Abend in der Stadt
wird mir unvergeßlich sein, als das 10. Polnische Regiment einrückte,
das 23 Officiere hatte liegen lassen. Viele Officiere umarmten und
küßten sich, und dem braven Major Schembeck beschlossen die Officiere
der ganzen Garnison einen Ehrensäbel zu überreichen."

Das blutige Gefecht, das der Garnison nach geringster Schätzung
600 Mann kostete, hatte trotz der großen errungenen taktischen Vortheile
doch keinen nachhaltigen Erfolg. Durch einen nächtlichen Sturm setzten
sich die Russen mit nicht genug anzuerkennender Energie doch in den
Besitz des lang umstrittenen Johannisberg bei Langfuhr, und die übrigen
von den Polen, Deutschen und Franzosen eroberten Stellungen mußten

schon deshalb geräumt werden, weil jede Erweiterung der Vorposten aus
Mangel an Truppen vermieden werden mußte. Der Verlust an Offizieren war im Treffen vom 29. so groß gewesen, daß Rapp befahl, daß
künftig nur diejenigen, die bei den Mannschaften eingetheilt wären, sich
bei den Gefechten betheiligen dürften. Die Zuwiderhandelnden sollten
mit sechs Wochen Arrest bestraft werden. Auch mußten alle Offiziere
die Mäntel der Mannschaften von da ab anlegen, um den feindlichen
Schützen weniger kenntlich zu werden.

Am 30. arbeitete der Feind auf der eroberten Position bei Langfuhr am Bau von Schanzen und Batterien, diesseits errichtete man
Gegenwerke. Das Gewehrfeuer währte den ganzen Tag. Gegen Abend
löste die feindliche Flotte und einige Batterien der Landarmee Freuden-
schüsse, da ihnen Nachricht von der Schlacht an der Katzbach zugegangen
war. Am 31. begann die Flotte ein neues Bombardement, und auf der
Landseite überfielen die Russen den Theil von Langfuhr, der noch in
diesseitigem Besitz war, ferner Strieß, Neuschottland, Schellmühl und
drängten die Vorposten kraftvoll zurück. Die genannten Ortschaften,
sowie Zigankenberg, Stolzenberg und ein Theil von Ohra wurden von
den Russen und Preußen hierauf in Brand gesteckt, so daß in weitem
Halbkreis eine der tragischen Feuersbrünste zu sehen war, wie sie nur
ein Krieg mit sich bringen kann. Den Feind leitete dabei offenbar die
Absicht, das Terrain rings um die Stadt frei zu legen, um diese selbst
dann bequemer beschießen zu können. In Langfuhr hatten die Reste der
Bayern und Westfalen sich in zwei Blockhäuser gezogen, die kürzlich dort
errichtet waren. Der Feind ging an ihnen vorbei — als er Feuer von
dort bekam, stürmte er stundenlang diese schwachen Werke, bis ein Berg
von Leichen vor ihnen aufgethürmt war — das Feuer umschloß endlich
die wackeren Vertheidiger von allen Seiten; in Danzig gab man sie verloren, und ihre höheren Führer meldeten offiziell ihren Untergang. Nach
zwölfstündigem Kampfe, während dessen die Besatzung weder einen
Tropfen Wasser noch einen Bissen Brot hatte, wurde das eine der
Blockhäuser durch eine Batterie von vier Geschützen nach einstündiger
Beschießung demolirt, endlich gestürmt und die Insassen niedergemacht.
Die Besatzung des anderen hatte diese Scene mit angesehen — als die
Decke ihres Blockhauses den Kugeln wich, die Pallisaden in Brand ge-
riethen, und längeres Bleiben unmöglich war — entschlossen sich diese
Helden einmüthig, einen Weg sich mit dem Bajonette zu bahnen.
Mühsam wurde die Thür der Verpallisadirung geöffnet, da dichte Leichen-
haufen davor lagen; der kühne Ausfall gelang wirklich, wenn auch mit

großen Verlusten — ein von „aller Engel" und Kabrun herbeieilendes Detachement nahm die Erschöpften auf. Der bayerische Hauptmann Fahrbeck und Lieutenant Joseph Faber waren die Helden des 2. September, wie die Polen die des 29. August. Rapp erließ aus diesem Anlaß einen Tagesbefehl, an dessen Schluß es heißt: „Diese Vertheidigung, die zwölf Stunden ununterbrochen dauerte, gehört unter die schönsten der Kriegsgeschichte. Es ist sehr rühmlich für die Garnison, daß, da der Zufall in diesen Häusern Truppen von verschiedenen Nationen*) vereinigte, man an Eifer und Tapferkeit wetteiferte und endlich den rühmlichsten und ehrenvollsten Erfolg davon trug." Die Bayern und Westfalen waren bei Beginn des Gefechts 280 Mann stark gewesen, zurück kehrten ihrer nur 100. Ihre Verwundeten in den Blockhäusern kamen in den Flammen um.**) Das Bataillon Europa hatte an diesem Tage die Wachen im Innern der Stadt gehabt. Rapp befahl, daß es fortab 200 Mann nach dem Fort Neufahrwasser, ebensoviel auf Arbeit und 30 Mann auf die Stadthauptwache zu geben habe. Damit war seine Betheiligung an den größeren Gefechten von selbst ausgeschlossen. Der Gouverneur sah sich aber in der Lage, auch für die übrigen Truppen weitere Ausfälle zu vermeiden, da die Gefechte vom 26. August bis 2. September überaus mörderisch gewesen waren. Langfuhr war am 3. September ganz in den Händen der Feinde, ebenso Ohra. So auf beiden Flanken gestützt, vermochten diese nunmehr auf den Hügeln von Langfuhr — Stolzenberg — Schidlitz eine Reihe von schweren Belagerungsbatterien zu etabliren, die vom 4. September ab das Bombardement der Stadt beginnen konnten. Damit trat die Belagerung in ein neues Stadium. Die erste Parallele wurde seitens der Belagerer eröffnet, und es begann nun der merkwürdige Kampf der beiderseitigen Ingenieure und der Artillerie, welcher die Belagerung von Danzig, wie alle anderen Umstände, die sie begleitet haben, zu einer so besonders merkwürdigen machen. Wir übergehen selbstverständlich dieses vielbesprochene Ringen, da die deutschen Truppen nur mittelbar daran betheiligt waren.

Allnächtlich röthete sich der Himmel von furchtbaren Feuersbrünsten, die theils in der Stadt selbst, theils in den Vorstädten ausbrachen.

---

*) Bayern und Westfalen werden hier anscheinend absichtlich nicht mit dem Gesammtbegriff „Deutsche" bezeichnet.

**) Ein bayerischer Major Bauer wurde wegen dieses Gefechts noch von Ludwig Philipp dekorirt.

Das Theater mußte geschlossen werden, da eine Bombe das Dach durch-schlagen und das Innere ganz zerschmettert hatte.*) Aber nicht das Feuer war es, was in diesen ersten Tagen des Bombardements besonders furchtbar sich erwies, sondern das Wasser. Die Regengüsse des August hatten die Weichsel bereits in so bedenklicher Weise steigen lassen, daß die Pontonbrücken hatten abgefahren werden müssen. Vom 5. September ab wuchsen die Fluthen aber fast stündlich bis zum 7. Mit ungeheurer Wucht wälzten sich die trüben Wassermassen heran, Dämme und Schleusen brachen vor ihrem Druck wie Glas — die ganze Niederung war schon am 5. ein großer See. In den folgenden Tagen waren selbst die höher gelegenen Stadttheile, der Kneiphof, Langgarten, unter Wasser gesetzt, am 8. bespülten die Wellen die Wälle am Langfuhrer Thor. Die Noth der Bevölkerung in diesen Tagen spottete jeder Beschreibung. Auf den Dächern, die aus den gelben, wirbelnden Fluthen emporragten, saßen die unglücklichen Bewohner und riefen vergeblich um Hülfe. Viele Leichen, oft im Todeskampf sich noch umschlungen haltend, trieben auf den zerstörenden Wellen in das weite Meer. Auch an den Festungs-werken nagte das Wasser mit gierigem Zahn — erst am 10. September trat die Weichsel in ihre Ufer zurück. Der einzige Vortheil, den ihr zerstörendes Wachsen gebracht hatte, bestand in einer ungeheuren Menge von Fischen, besonders Hechten, die sie den Hungrigen zuführte. Zwei Wochen aß man in Danzig nichts Anderes als diese Fastenspeise. Das Gericht, das vorher mehrere Thaler gekostet hatte, war nun für zwei bis drei Groschen zu haben.

Am 16. September war das zufällig in Neufahrwasser versammelte Bataillon Europa Zeuge einer großartigen Beschießung der Uferschanzen durch die vereinigte russische und englische Flotte. Mehr als 10 000 Schuß geschahen von Seiten der Schiffe; wenn aber auch die Häuser von Neu-fahrwasser und Weichselmünde fast sämmtlich zerstört wurden, so erlitten die Festungswerke doch wenig Schaden. Ein russisches Kanonenboot flog dabei mit betäubendem Krachen in die Luft. Da eine Landung des

---

*) Ein lippescher Feldwebel schreibt:

„Zum Ersatz für diesen Verlust nahmen die deutschen Soldaten in dem Stadt-quartier, worin wir lagen, ein von dem Eigenthümer verlassenes Haus in Besitz, wo die Hautboisten vom Kontingent Schwarzburg und Waldeck sich wöchentlich einige Mal einfanden und den Unteroffizieren und Soldaten der kleinen deutschen Bundeskontingente eins aufspielten. Mochten die Bomben in der Luft sausen und bei ihrem Niederfallen mit einem furchtbaren Getöse auseinander springen, so lange das Tanzhaus unversehrt blieb, wurde toll darauf losgegeigt und gesprungen."

Feindes vermuthet wurde, so blieben die Truppen den Tag über unter dem Gewehr. Es zeigte sich aber, daß der Feind zu diesem Unternehmen sich nicht stark genug glaubte, und daß der alte Erfahrungssatz Recht behielt, daß gut bediente Strandbatterien einer angreifenden Flotte überlegen sind.*) Am anderen Tage machten sich die deutschen Soldaten auf, Kugeln zu suchen. Da die Danziger Geschütze das gleiche Kaliber hatten, so erhielten die Sammler eine reiche Entschädigung vom Gouvernement. Die Truppen hatten nicht vergessen, daß der Kaiser ihnen versprochen hatte, vier Wochen nach Ablauf des Waffenstillstandes wolle er kommen und sie entsetzen. Mit rührender Beharrlichkeit hielten sie den Glauben an diese Befreiung fest. Eine Quelle aus jener Zeit sagt: „Jede kleine Staubwolke schien dann seine Ankunft zu verkünden, und bei Nacht horchten die armen Betrogenen, hingestreckt auf dem kühlen Boden, ob sie nicht schon den annähernden Donner von Napoleons Kanonen hören könnten, die nach seinem und seiner Schmeichler Ausdruck „jusqu'au bout de l'univers" hörbar werden sollten." Rapp selbst unterstützte das Vertrauen der Soldaten durch die laut ausgesprochene Meinung, die Anstrengungen der Gegner seien so krampfhaft, weil sie wüßten, der Kaiser nahe heran — als er das Ende Moreaus erfuhr, sagte er laut, der Himmel habe offenbar den Verrath an Frankreich durch seinen Tod strafen wollen, und die Garnison theilte seine Ansicht. Als das Bombardement das von den russischen Gefangenen angefüllte Haus anzündete, und einige derselben verbrannten, die Uebrigen aber nur mit Mühe gerettet werden konnten, wollte man auch hierin den Finger Gottes sehen.

Um diese Zeit war es (sagt Blech in seiner Leidensgeschichte Danzigs), daß man Menschen an Muscheln und Schwämmen nagend, und Todte mit Häcksel und Stroh im Munde fand; wo man Roggenkleie zum Verkauf mit Sägespähnen, Mehl mit Sand gemischt hatte, und wo Leute verhaftet wurden, die gekochtes Menschenfleisch verkauft hatten. Ein Vorsteher des Kinderhauses hatte den General d'Héricourt flehentlich um einige Scheffel Korn für seine Kleinen gebeten, wurde aber mit der Drohung, die Kinder zur Stadt hinaus zu schicken, abgewiesen. Auf die Vorstellung, daß siebzehn Säuglinge alsdann an den Vorposten elend umkommen würden, versetzte der General mit Kälte: „Desto besser".

---

*) Ein französisches Kanonenboot flog am 17. gleichfalls in die Luft, 200 Mann der Besatzung kamen dabei ums Leben.

Ein Scheffel Roggen kostete jetzt bereits 50 Thaler. Die Soldaten erhielten täglich 1½ Pfund Brot und einige Loth Pferdefleisch ohne jede Zuthat. Das erstere war aber kaum zu genießen, da es zur Hälfte aus Kleie, Sand und dergleichen bestand. Man hielt die Noth für so groß, daß sie einer Steigerung nicht mehr fähig sei. Dennoch sollten die Leidenden bald eines Schlimmeren belehrt werden. Die Vorräthe der Festung an Getreide und Mehl, sowie die sorgfältig gehüteten Reste von Speck und Pökelfleisch waren fast sämmtlich auf der sogenannten Speicherinsel untergebracht, einem mitten in der Stadt gelegenen, von beiden Armen der Motlau eingeschlossenen Eiland. Die mächtigen Lagerhäuser, die hier reihenweise mit thurmhohen Stockwerken nebeneinander standen, hatten in glücklicheren Zeiten die reichen Güter der Handelsstadt umschlossen. Jetzt waren sie fast ausschließlich mit Proviant, Munition und Holzvorräthen gefüllt; — ein Brand, der bereits im August dort ausgebrochen war und zwei Tage währte, hätte den Gouverneur wohl veranlassen können, die unentbehrlichen Subsistenzmittel der Garnison an gesicherterer Stelle aufzubewahren, oder die Dächer der massiven Speicher mit Erde beschütten zu lassen. Dies war verabsäumt — ohne diesen Umstand würde Danzig sich zwei Monate länger haben halten können. Als Anfang Oktober der Hauptangriff von Oliva her sich vorzubereiten schien, wurden sogar noch viele Vorräthe nach der Speicherinsel geschafft, die bisher noch nicht dort gewesen waren.

Am 16. Oktober hatten die Belagerer alle ihre Bombardements-Batterien armirt und richteten ihre Geschütze zum großen Theil von Anfang an gegen die Speicherinsel. Es war offenbar, daß ihre Bedeutung verrathen war. Bereits am 19. entstand daselbst ein großer Brand, der indeß, trotzdem er ein Hanfmagazin und eine Tannenholzniederlage ergriffen hatte, durch riesenhafte Anstrengungen der Garnison nach 36 Stunden gelöscht war. Seit dieser Zeit ward die Speicherinsel täglich mit glühenden Kugeln und Brandraketen überschüttet. Am 21. Oktober wiederholte sich die Feuersbrunst — ein in Brand gerathenes Strohmagazin spottete bald aller Löschversuche.

In dem Tagebuch des mehrfach erwähnten lippeschen Feldwebels lesen wir:

„Mit reißender Schnelligkeit griff die Flamme um sich, alle Truppen wurden zum Löschen der Gebäude und zum Retten der Lebensmittel herbeigetrommelt, und wir Deutschen hatten bei diesem fürchterlichen Brande die gefährliche Ehre, in der Nähe eines Pulverthurmes, der mitten in dem Flammenmeere lag, postirt zu werden, um darauf zu achten, daß von dem rettenden Perſonale keine Lebensvorräthe verſchleppt und geſtohlen würden. Allein, da wir es vor Hitze bald nicht mehr aus-halten konnten, und an weiteres Löſchen nicht zu denken war, wurden wir von unſerem Poſten abberufen und marſchirten über die Brücke, welche über die Motlau führt und den ſogenannten Langenmarkt mit dem Stadtquartier Langgarten verbindet, zurück und ſtellten uns an der Brücke auf. Hier hatten wir das gräßliche Schauſpiel einer verheerenden Feuersbrunſt in ſeiner ganzen Ausdehnung vor Augen. Die brennenden Magazine lagen in der vollen Breite vor uns. Speckſeiten flogen wie feurige Drachen, und Korn und Hanfflocken wie Millionen Johannis-würmchen über die ganze Stadt. Niemand anderes, als ein Augenzeuge, kann ſich einen Begriff von dieſer pompöſen, ſchauderhaften Feuersbrunſt machen. Als wir aus Danzig ſpäter ausmarſchirten, hörten wir unter-wegs, daß man 30 Stunden weit den gerötheten Himmel habe ſehen können. Bei dem Retten der Lebensmittel waren wir Deutſchen nicht beſchäftigt, ſondern mußten am Ende der Brücke nebſt mehreren alten franzöſiſchen Garden auf die Paſſanten achten und darnach ſehen, daß die geretteten Sachen jedesmal unter einer Bedeckung von Gensdarmen in Sicherheit gebracht wurden. Ein junger franzöſiſcher Infanteriſt hatte aber doch nicht unterlaſſen können, aus den brennenden Speichern eine ganze Tracht langer irdener Pfeifen zu entwenden, womit er eben über die Brücke eilen wollte. Bei uns erregte dieſe winzige Beute helles Gelächter, bei einem alten Gardiſten empörte ſich aber der Stolz, und vor ſeinen Augen mußte der junge Infanteriſt, indem er denſelben hart anfuhr und fragte, ob er ein franzöſiſcher Soldat ſei, die Pfeifen ins Waſſer werfen. Uebrigens wurde gerettet, was nur irgend gerettet werden konnte und wir ſahen, wie Soldaten in den ſchon brennenden Häuſern oben aus den Fenſtern, in der ſchrecklichſten Gefahr ſchwebend, Kornſäcke und Zwiebackstonnen in die vorbeifließende Motlau ſtürzten und wie Andere bemüht waren, dieſe Koſtbarkeiten wieder aufzufiſchen."

Als die feindlichen Batterien den Brand nach Wunſch aufflammen ſahen, richteten ſie alle ihre Geſchütze nach dieſer Stadtgegend, um das Löſchen möglichſt zu verhindern. Die Speicher ſtürzten, von den Bomben ge-troffen und auseinander geriſſen, oft vorzeitig zuſammen und begruben eine Menge braver Soldaten unter ihren Trümmern; einige Pulver-magazine flogen krachend in die Luft und zerſchmetterten, was in ihrer Nähe ſtand. Die Hitze ward auf der Brandſtätte bald ſo arg, daß die Spritzen ihr ohnmächtiges Werk einſtellen und nach anderen Stadttheilen ſich wenden mußten, wo die überall hin irrenden Funken gezündet hatten.

Die Flammen, die nun ungestört waren, vereinigten sich bald zu einer einzigen rothglühenden Mauer, die thurmhoch mit unheimlichem Zischen und Brausen emporstieg. Es war eine gräßliche Nacht, die trotz ihrer Schrecken von einem Theil der Besatzung mit innerlicher Genugthuung begrüßt wurde. Denn man mußte sich sagen, dies sei der Anfang vom Ende.

Es sollen bei diesem Brande verloren gegangen sein:

24 299	Metercentner	Getreide,
108	"	Mehl,
53	"	Reis,
228	"	Salz,
404 880	Rationen	Zwieback.

Daraus ist zu ermessen, wie viel länger die Stadt ohne diesen Unfall sich würde haben halten können. Der Feuerschein in der nächsten Umgebung der Stadt verbreitete eine so blendende Helle, daß man die feindlichen Truppen deutlich sah, wie sie in anscheinender Erstarrung dem furchtbaren Schauspiel zuschauten. Die Gelegenheit für diese, die Verwirrung in der Stadt zur Wegnahme einiger Außenwerke zu benutzen, war zu günstig, als daß sie nicht hätten versuchen sollen, sie zu benutzen. So entstand bald auf der ganzen Front ein lebhaftes Gewehrfeuer, in das sich mit verdoppelter Wuth die beiderseitige Artillerie mischte.*) Die Russen und Preußen nahmen im ersten Anlaufe mehrere Blockhäuser und Redouten, so z. B. die von Friaul, in welcher sich die 50 Mann starke Besatzung nicht ergab, sondern ihren Posten bis auf den letzten Mann mit heroischer Aufopferung vertheidigte. Als das Feuer in der Stadt hörbar wurde, sandte Rapp sogleich gegen Ohra—Schidlitz und Langfuhr Offensivkolonnen, die mit einer, selbst in dieser denkwürdigen Zeit fast beispiellosen Tapferkeit den Russen alle Erfolge wieder entrissen und sie blutig zurückschlugen. Die Bayern fochten besonders heldenmüthig. Der Kapitän Fahrbeck, berühmt durch die Vertheidigung der Blockhäuser am 2. September, zeichnete sich hier besonders wieder aus. Der Tagesbefehl nannte neben ihnen in erster Reihe wieder die Polen und die compagnie franche. In diesen Tagen schien es, um einen anscheinend trivialen Ausdruck zu gebrauchen, „Sport" geworden zu sein, wie ein Held den Tod zu suchen. Die Gefechte, die seit Beginn der Beschießung täglich geschlagen worden waren und in täglich

---

*) Aus Danzig geschahen in dieser Nacht 4000 Schuß.

wachſender Progreſſion den Monat November noch ausfüllten, ſchienen
den Beweis zu liefern, daß eine Truppe nicht gut genährt zu ſein
brauche, um ſich löwenbrav zu ſchlagen. Man ſchien ſich zu ſagen, daß
je größer die Noth, beſto größer die Ehre ſei, ſie zu ertragen; ein franzöſiſcher Offizier ſprach in Aller Sinn mit den Worten: „Il faut que
rien ne manque aux infortunes des assiégés et que leur misère
soit complète afin que la gloire de leur défense soit entière.“
Die Hungersnoth überſtieg nach dem Brande der Speicher jede Beſchreibung. Es waren kaum 4000 Centner Getreide durch die Energie
des chef d'escadron Türkheim den Flammen entriſſen worden, und von
dieſen ſollte die Garniſon leben. Die tägliche Ration wurde auf drei-
viertel Pfund Brot ſchlechteſter Qualität herabgeſetzt; in den rauchenden
Trümmern der Brandſtätte ſah man Hunderte von Perſonen gierig
wühlen, um einen nicht ganz verbrannten Fetzen Fleiſch oder einige
Körner durch Rauch und Waſſer brandig ſchmeckenden Getreides zu
finden. Ein franzöſiſcher Bericht ſpricht ſich über das Elend folgendermaßen aus:

„La famine exténuait en même temps la garnison et les
citoyens; les plus vils, les plus dégoûtants alimens étaient payés
aux prix de l'or et dévorés avec avidité. Tous les matins on
faisait enlever dans les rues et charger sur des civières plus
de vingt personnes mortes d'inanition. Mais sans tracer ici les
hideux tableaux du désespoir, causés par l'excès du besoin, il
suffira de dire, qu'on arrêta deux femmes, qui vendaient de la
chair humaine, dont elles avaient fait des saucisses; aussi pour-
rait-on ajouter, qu'après un combat on se hâta d'ensevelir les
cadavres, pour les soustraire à la voracité des assiégés, qui
eussent ambitionné cette exécrable pâture.“

Wir müſſen uns vergegenwärtigen, daß um dieſe Zeit die Schlacht
von Leipzig geſchlagen — Deutſchland bis zum Rhein vom Feinde frei
war, die Bayern unter Wrede bereits am 30. Oktober bei Hanau mit
Ingrimm ſich Napoleon in den Weg geworfen hatten, daß die Schwaben
und Sachſen in offener Feldſchlacht zu den Alliirten übergelaufen waren,
um uns zu verwundern über das treue Aushalten der deutſchen Krieger
hier in Danzig bei den von Gott und der Welt verlaſſenen kaiſerlichen
Fahnen. Es war den Soldaten nicht unbekannt geblieben, welchen Lauf
die Ereigniſſe in Deutſchland genommen hatten. So ſchreibt unſer
lippeſcher Bürge: „Die Ruſſen verkündigten durch Artillerieſalven täglich
neue Siege der Verbündeten. Offizielle Berichte und Nachrichten, Zei-

tungsblätter ꝛc., die durch vertraute Leute eingeschmuggelt wurden, und die ich nebst mehreren meiner Kameraden im Keller der Börsenhalle von bürgerlichen Gästen, die uns ihr Vertrauen geschenkt hatten, heimlich zu lesen bekam, schilderten umständlich die Folgen dieser Siege und machten es deutlich, daß Danzigs Besatzung kein anderes Schicksal als Tod oder Gefangenschaft zu gewärtigen habe." An jeden der in der Festung einge= schlossenen deutschen Truppentheile ließen die Belagerer Proklamationen durch die Kosaken in der Weise gelangen, daß, wenn jene auf Vorposten waren, einige der letzteren blitzschnell herangaloppirten und Lanzen in die Erde stießen, an deren oberem Ende die betreffenden Schriften sich befanden. So erhielten die Bayern eine Aufforderung, die mit den Worten begann:

„Bayern! Eure kriegerischen Vorfahren haben ihr Leben der Gerechtigkeit und Freiheit unter dem Panier ihrer Fürsten gewidmet. Ein eben so edler Zweck verlangt jetzt gleiche Anstrengungen von Euch. Indem der jüngere Sohn des Königs mitten in den Linien der Truppen für die gute Sache ficht, will der Kronerbe sich an die Spitze der Armeen des Vaterlandes stellen, zu welchen sich die Edelsten der Nation um seine Fahnen sammeln ꝛc."

Als der Abfall Bayerns dem Gouverneur offiziell bekannt wurde, versammelte er die Reste der bayerischen Truppen um sich, theilte ihnen das Faktum mit und stellte es ihnen frei, mit allen Ehren die Festung zu verlassen. Da geschah das Unerhörte, daß trotz der entsetzlichen Noth, in der sie sich befanden, trotz der traurigen Zukunft, die dieser Schritt für die Offiziere mit sich bringen mußte, Alle einstimmig erklärten, sie wollten bei ihren französischen Waffenbrüdern ausharren bis ans Ende. Das Gleiche thaten die Westfalen, die sächsische Ar= tillerie und das Bataillon Europa. Man mag über diese Handlungs= weise mit Recht in politischer und nationaler Hinsicht den Stab brechen — eines bewies sie: „die deutsche Treue", so groß und rein, wie sie der grimme Hagen im Nibelungenliede*) zeigte, die uneigennützig aus= harrte, ohne Belohnung, ohne Dank, ohne Rettung erwarten zu können. Am 5. November schrieb Rapp einen Bericht an den Kaiser über seine Lage, der mit den Worten begann:

---

*) Ein Poëm, was Franzosen nie verstehen werden. Interessant waren die Beurtheilungen neuester französischer Kritiker in dieser Richtung, die aus dieser Dichtung den „Barbarismus" des deutschen Volkes ableiten wollten.

„Notre position, Siro, est des plus affligeantes, et si vos armes ne vous mettent en état de faire lever bientôt le siège, la seule perspective de cette garnison qui s'est immortalisée par de longs et continuels succès, est de terminer, par la captivité, une défense aussi glorieuse etc."

In dem Stärkenachweis der Garnison figurirten noch 1500 Deutsche aller Waffen. Während der Kampf auf der ganzen Belagerungsfront krampfartig weiter pulsirte, wie das entschwindende Leben in dem Körper eines Sterbenden, erhielt der Befehlshaber der Bayern, Oberst von Buttler, einen Brief des Herzogs von Württemberg, worin dieser ihm anzeigte, daß, da der König von Bayern sich der Sache der Verbündeten angeschlossen habe, er alle seine Unterthanen, die fortführen, auf der Seite seiner Feinde zu kämpfen, als Rebellen betrachten müsse. Auch auf dieses Schreiben hin verließen die Bayern die französischen Fahnen nicht, sondern bedangen sich nur aus, so lange nicht auf Vorposten kommandirt zu werden, bis ein direkter Befehl ihres Königs sie aus ihrer qualvollen moralischen Lage erlösen würde. An die Bayern schlossen sich die anderen deutschen Stämme an — sie waren hier der Kern der deutschen Nationalität. Rapp zog daher nicht mehr die deutschen Kontingente zum Dienst heran — die Mannschaften ließen aber jetzt erst die Köpfe hängen und schlichen still und stumm herum. Sie fühlten einen Vorwurf in ihren braven Herzen, wenn Franzosen und Polen in die vom feindlichen Feuer überschütteten Bastione zogen und sie in träger Ruhe das kostbare Brot verzehren mußten. Sie liefen aber nicht als Deserteure davon, wie die Holländer und Rheinländer vom linken Ufer, die einen Theil der französischen Regimenter 45, 54 und 94 ausmachten, und deshalb ist ihnen die volle Achtung aller ihrer Waffenbrüder bis zuletzt bewahrt geblieben. Wir eilen zum Ende.

Rapp schloß am 25. November eine Kapitulation, wonach die Festung übergeben, die Besatzung aber nach Frankreich abziehen solle mit dem Versprechen, binnen Jahr und Tag nicht gegen die Verbündeten zu fechten. Am 27. schwieg plötzlich das Bombardement, und tiefe Stille herrschte an Stelle des früheren Getöses. Die ungewohnte Ruhe verursachte dieselbe Folge, wie der Lärm des Bombardements — sie verscheuchte den Schlaf.

Die Einwohner konnten kaum an die glückliche Veränderung ihrer Lage glauben. Man sah sie, bleich und entstellt, aus den tiefen Verstecken hervorkriechen, wo sie Zuflucht gesucht hatten. Mit einer gewissen Befangenheit stiegen sie aus ihren feuchten und finsteren Kellern empor.

Viele fanden ihre Häuser und ihre ganze Habe zerstört und überließen
sich der wildesten Verzweiflung; aber diese Aeußerungen des Jammers
verhallten spurlos in einer freudig erregten Menge, die mit Wonne
wieder reine Luft athmete. Die Garnison theilte zuvörderst in gleicher
Weise das Entzücken, ihrem Elend entronnen zu sein. Erst als bekannt
wurde, Kaiser Alexander habe die Bedingungen der Kapitulation nicht
ratifizirt, vielmehr beschlossen, die Franzosen der Garnison Danzig sollten
kriegsgefangen nach Rußland abgeführt werden,*) traten die bittersten
Verwünschungen an Stelle der heiteren Worte. Nur der Ruhe und Be-
sonnenheit Rapps war es zu danken, daß der Vorschlag Chambures, die
Stadt zu plündern und anzuzünden und sich dann durch die Feinde
durchzuschlagen, nicht zur Ausführung kam. Der Abschied der aus-
ziehenden deutschen Krieger von ihren bisherigen Waffengefährten war
ein überaus herzlicher, ja rührender. Wir lesen in einem französischen
Tagebuch:

„Leurs adieux furent touchants; ces braves se jurèrent une
estime éternelle, une amitié à l'épreuve des conjunctures poli-
tiques et des dissensions européennes; tous s'embrassèrent et
plusieurs même changèrent d'épées. A la tête des Bavarois pa-
raissait M. le colonel Buttler, dont le coeur était le foyer de
toutes les vertus militaires de la Germanie. Ainsi se quittaient
tant de vaillants guerriers dignes de s'apprécier et de s'aimer
mutuellement; ils se quittaient, et fidèles à la voix de leurs rois,
ils allaient avec soumission combattre ceux qu'ils avaient
servis."

Von den Frankfurtern zogen an diesem denkwürdigen 11. Dezember
17 Offiziere und 60 Mann aus den Thoren Danzigs, das waren die
Reste des kriegsstarken Regiments, das vor zwei Jahren so hoffnungsreich in den Kampf geeilt war. Als die Deutschen die letzten französischen Linien passirt hatten, brachen sie in Jubelrufe aus. Welcher
Wechsel der Stimmung. So eben noch hatten sie mit Thränen von
ihren Waffenbrüdern Abschied genommen. Der bange Zauber, der die
Herzen so lange gefangen gehalten hatte, löste sich schnell. Als im folgenden Jahre diese Soldaten gegen die Franzosen geführt wurden,
fochten sie brav und ohne Tadel — die Liebe zu einem deutschen Vater-

---

*) Napoleon hatte die Besatzung von Thorn, die unter gleichen Bedingungen
kapitulirt hatte, wie die von Danzig, gezwungen, gegen ihr Versprechen wieder vorzeitig an den Feindseligkeiten theilzunehmen; daher die Härte Alexanders.

lande brach durch die starre Decke jahrelangen Druckes wie die Frühlingsblumen durch den Schnee. Der Marsch durch Preußen ließ sie schnell wachsen. Hauptmann v. Soben schreibt in seinem ersten Quartier (Klein-Martau, 28. Dezember): „Der Haß der Preußen gegen die Franzosen ist grenzenlos, und ihr Patriotismus und die Liebe für ihren König kaum zu beschreiben. Die Frau unseres Hauses sagte heute zu uns: Meine Herren, ich habe drei Söhne, und jeder stellte sich freiwillig zum Kampfe fürs Vaterland, und wenn sie sämmtlich den Tod in demselben finden, so würde ich mich zu trösten wissen; da rollten ihr die Thränen von den Wangen, eine feierliche Stille herrschte in diesem Augenblick in der Gesellschaft, und Achtung und Ehrfurcht vor dieser deutschen Frau ergriff alle Gemüther."

In Preußen allein glühte der echte, heilige Zorn beleidigter Völkerehre so heiß und kochend, daß die anderen deutschen Stämme alle sich daran wärmen konnten. Dies sollte nie in Deutschland vergessen werden können.

Dreizehntes Kapitel.

1813. Das letzte Jahr der Fremdherrschaft.

Es ist unentschieden, wann die erste bestimmte Kunde von dem Untergange der großen Armee in Frankfurt und dem westlichen Deutschland eintraf. Es ist nicht anders möglich, als daß dieser in der Weltgeschichte unerhörte Vorgang auf diejenigen einen wahrhaft niederschmetternden Eindruck machen mußte, die mit Napoleons Schicksal eng verknüpft waren. Am 15. Januar schrieb Dalberg an Eberstein die ihrem Sinn nach fast unverständlichen Worte:

„Das Zersprengen zweier Bataillone ist von der Art, daß man mit Behutsamkeit zu Werke gehen muß, um die Ehre des Dienstes zu schonen."

Das Eine aber ist sicher, daß Dalberg einer der Allererften war, die sich von dem betäubenden Schlage erholten; mit zur Schau getragener Emsigkeit, die echter Treue ihr äußeres Kleid gestohlen hatte, suchte er dann den erneuten Anforderungen an Menschen und an Geld zu genügen, die der Kaiser an das kleine Land stellte. Der brüste, harte Ton der kaiserlichen Dekrete, weit entfernt, sich in der jetzigen Zeit zu mildern, hatte eher noch an Herbigkeit zugenommen. Fast instinktiv formte sich Dalberg nach seinem großen Muster; der wankelmüthige, gutherzige, furchtsame Fürst gefiel sich plötzlich in drakonischer Strenge. Mit Freuden begrüßte er die Truppen des französischen General Souham, die ihm die Garantie gaben, daß die leichte Erregung seiner Unterthanen niedergehalten werden würde; ein gewisser Robertson, eine mehr als fragwürdige Gestalt, die nach einem schimpflich geführten Leben dem Großherzoge nur wegen ihrer Rücksichtslosigkeit im jetzigen Moment sympathisch sein konnte, erhielt die Bestallung als Polizeiminister. Eine drückende Accisesteuer in Dörfern sowohl wie Städten spannte die Steuerkraft des Landes auf das alleräußerste Maß an. Lieferte doch der Staat, der kaum 300 000 Einwohner zählte, in den zehn ersten Monaten des Jahres 1813 noch fast acht Millionen Gulden zum Unterhalt der fremden Kriegsvölker, verpflegte doch die Stadt Frankfurt in dem gedachten Zeitraum allein 340 000 durchmarschirende Krieger, unterhielt ein Hospital von 6000 Kranken und sah sich dessen ungeachtet genöthigt, den durchreisenden Marschällen und Generalen Tafelgelder nach dem Tarif zu zahlen, den fränkischer Uebermuth zur Demüthigung gänzlich besiegter Völkerschaften ersonnen hatte. Klang es in dieser Zeit schwerster Heimsuchung nicht wie Hohn, wenn der Großherzog die Accisesteuer dadurch erträglicher zu machen suchte, daß er den Bürgern mittheilte, er freue sich, diese Last auch auf seine Civilliste mit vertheilt zu sehen — gern gebe er mit seiner Opferwilligkeit ein gutes Beispiel.*) Gerade jetzt aber, wo Männer von echtem Schrot und Korn am meisten noth gethan hätten, zeigte sich, daß das Napoleonische System deren keine großzuziehen vermocht hatte. Görres hatte schon 1811 gegen dieses Aufwuchern von Durchschnittsmenschen mit den Worten geeifert:

„Ein und dasselbe Maß, mit welchem Alles gemessen wird, eine Monotonie in Allem zum Verzweifeln. Jener alte französische Gartengeschmack, der aus Bäumen Menschen schnitt, schneidet jetzt Menschen zu Wänden und Hecken; sie haben das kleinste Maß von Menschen als Grundmaß angenommen; Alles, um das Andere größer sind, wird abgehauen, und so werden die Rasenplätze glatt geschoren und gleich gewalzt." —

Wir können nicht umhin, dem Großherzog in diesen erschütternden Zeiten bei all seiner Salbung eine gewisse Frivolität vorzuwerfen. Er erinnert ein wenig an den Mann au cœur léger im Jahre 1870. Als das entsetzliche Unglück des Frankfurter Regiments in Rußland bekannt wurde und sogar noch in der übertriebenen Fassung zu Dalbergs Ohren kam, daß im Ganzen nur 5 Offiziere und 34 Mann dem Verderben entgangen seien, fügte er dem Dekret, das die Einberufung von Milizoffizieren befahl, eigenhändig die Worte zu: „Neue Besen kehren gut." Ein anderes Dekret gefiel sich andererseits wieder in dem gewohnten Pathos. Die Eingangsworte lauteten: „Freiheit des Handels, Selbsterhaltung der Staaten des rheinischen Bundes und ihrer wohlthätigen inneren Einrichtung sind Zweck des gegenwärtigen Kriegs. Anstrengung aller Kräfte ist in solchen Verhältnissen Pflicht." Wunderbar kontrastirt dagegen die polizeiliche Drohung: „Würde sich Jemand gegen besseres Erwarten unterstehen oder beigehen lassen, französische Militärpersonen zu beleidigen, sich bei entstehenden Irrungen mit solchen durch

---

*) Beaulieu-Marconnay II, 251.

Thätlichkeiten selbst Recht zu nehmen, oder gar sich an dem kaiserlichen Eigenthum zu vergreifen — so würde ein solch muthwilliger Thor es sich selbst zuzuschreiben haben, wenn er vor ein Kriegsgericht gestellt und militärisch auf das Schärfste bestraft werden würde."

Dalberg hat es damals zu Wege gebracht, daß in seinem Lande kaum eine Spur der Begeisterung bemerklich wurde, die, in mächtigen Wellen vom Osten ausgehend, in die verborgensten Winkel des ehemaligen deutschen Reiches hineinschlug, wenn auch theilweise nur mit leisem Plätschern. Der Mann aber, der es besser verstand, wie ein König Jerome von Napoleons Gnaden oder wie ein Augereau und Davoust, den deutschen Nacken gebeugt zu halten, gerieth in dieser Zeit vor Freuden außer sich über den Abschluß eines Konkordats zwischen Kaiser und Papst — ja er gab seiner Freude durch die Stiftung eines Ordens Ausdruck, dessen Symbol zwei über einem Stern verschlungene Hände bildeten.

Welch seelisches Chamäleon! Welch unerquickliche Mischung von fratzenhafter Sentimentalität, kindischer Schwäche, tyrannischer Willkür.

Wenn noch etwas diesem Bilde einen bezeichnenden Schatten hinzufügen könnte, so wäre es die Wahl einer Persönlichkeit, die Dalberg im Frühling 1813 traf, um literarisch der Fluth von Broschüren, Liedern und Spottgedichten entgegen zu treten, die die wiedererrungene Preßfreiheit in Deutschland und Oesterreich gezeitigt hatte. Napoleon hatte Dalberg aufgefordert, ihm einen deutschen Publizisten zu bezeichnen, der nach seinem Programm eine zweckmäßige Entgegnung schreiben könne. Dalberg verfiel auf den Professor Crome in Gießen, eine, wie Menzel sagt, „jener ledernen Professornaturen, an denen es auf deutschen Universitäten nie gefehlt hat, die sich zu Allem dehnen und strecken und von der Macht jedweden Stempel aufdrücken lassen". Crome brachte die Schrift „Deutschlands Krise und Rettung" zu Stande, die deshalb merkwürdig war, weil sie nach einem von Napoleon selbst französisch geschriebenen Entwurf ausgeführt wurde und auch noch in den langweiligen Perioden des Gießener Professors den Scharfsinn Napoleons verrieth. Allein obgleich man die Schweißtropfen zu sehen glaubt, die dem Professor auf der Stirn standen, als er sich bemühte, die fernere Dauer der Napoleonischen Herrschaft den Deutschen als etwas Besseres anzupreisen als den Sieg der Koalition, so mißlang ihm das doch völlig, und sein Buch blieb wie billig verachtet.

In der eisig kalten und egoistischen Natur des Kaisers galt bei Beginn des neuen Feldzuges in Bezug auf die Rheinbundstaaten nur

der Grundsatz, ihnen so viel Geld und Menschen abzupressen, als sie
nur irgend aufzubringen im Stande waren; dann aber die fertigen Regimenter in den Schlachten zu verbrauchen, um seine Franzosen*) möglichst zu schonen und, wenn der Erfolg nicht mit ihm sein sollte, den
Abfall der Rheinbundfürsten möglichst irrelevant zu gestalten. Bis auf
die Bayern hat Napoleon dieses jesuitische Programm auch so ziemlich
durchzuführen vermocht.

Nach dem bekannten Styl „nous pp. avons décrété et décré-
tons" erging denn auch an Dalberg bereits im Januar 1813 der Befehl, sein Kontingent wieder auf 2800 Mann zu bringen. Der Großherzog wagte keine Vorstellungen, bestellte sogleich 2000 neue Uniformen
und Gewehre und wiederholte die Worte des französischen Senats:

„Que les malheurs de la France étaient une cause nouvelle
d'admirer le plus auguste caractère, le génie tutélaire de la
France qui avait su prévenir les effets de pertes imprévues et
en faire l'occasion d'une gloire nouvelle."

Es beweist die blinde Verehrung Dalbergs für Napoleon, daß er
die vom Kaiser erfundene Redewendung: „qu'il s'agissait de venger
l'honneur de la France" vielfach wiederholte, ja sich zu der Aeußerung hinreißen ließ, die Russen hätten das edle Herz des Kaisers nicht
verstanden. Dalberg war weder im Stande, aus den französischen Fa-
briken Gewehre zu erhalten, noch Menschen zu Rekruten, noch brauch-
bare Offiziere. Er sah den Nutzen der letzteren nicht recht ein, denn

---

*) Die Anstrengungen, die er Frankreich zumuthete, waren gleichwohl unge-
heuer. Die im Jahre 1812 aufgestellten 100 000 Mann Nationalgarde, die nicht
außer Landes dienen sollten, wurden plötzlich den Linientruppen einverleibt.
100 000 Rekruten wurden aus den bereits so schwer heimgesuchten Jahrgängen
1809—1812 noch konskribirt und überdies 150 000 Mann vorzeitig aus dem von
1814. Außerdem mußten die Städte und Kommunen, durch die Präfekten gedrückt,
freiwillig 16 000 Reiter anbieten. Napoleon ließ sich anscheinend um die Annahme
dieser Opfer bitten. So brachte er 350 000 Mann neue Truppen auf die Beine.
Ein alter Republikaner bemerkte spöttisch: „Après avoir gaspillé les vieilles légions
de la République, il est réduit à appeler les conscrits à dix-huit ans." Ney aber
sagte zornig: „Einst hatten wir alte Soldaten und junge Generale, jetzt führen
Greise Kinder an." In jener Senatssitzung, die Napoleon die letzten Kräfte der
Nation in die Hände gab, donnerte dieser gegen den Freiheitsgedanken der Völker
mit den Worten:

„C'est à l'idéologie, à cette ténébreuse métaphysique, qui en recherchant
avec subtilité les causes premières, veut sur ces bases fonder la législation des
peuples ... qu'il faut attribuer tous les malheurs de la France."

aus seiner langen Korrespondenz mit Eberstein und Zweyer geht hervor, daß er nur solche Individuen als Offiziere haben wolle, die er gleich nach dem Kriege entlassen könne, damit, wenn Danzig beblockirt wäre, und Horabam mit den dort eingeschlossenen Offizieren zurückkehren sollte, der Staatskasse durch überkomplete Offiziere kein Nachtheil erwüchse. Das hieß in schlimmer Zeit allerdings zu weise handeln. Als die Rekruten sich nicht einstellen wollten, und z. B. aus dem Departement Hanau statt der verlangten 209 Mann deren nur neun*) auf dem Gestellungsplatz eintrafen, brauste der Zorn des Fürsten auf; die Präfekten und Maires erhielten Schreiben, welche Wuthausbrüchen gleichen. Gewann es doch Dalberg über sich, am 27. März an seine Minister, als diese vorstellig wurden, daß die vorhandenen Gewehre nicht brauchbar seien, Folgendes zu schreiben:

„Ich habe mein Wort verbürgt, daß das Großherzogliche Bataillon den 1. April unfehlbar nach Würzburg abmarschiren werde. Mein Fürstenwort ist nun gegeben. Als Primas bin ich dem Fürsten= bunde verpflichtet, und unter schwerer Verantwortlichkeit bestehe ich auf Befolgung. Alte oder neue Flinten ist gleichviel; sie müssen hin. Ich verlange es als Pflicht; die alten treffen auch, und wenn sie nicht treffen, so steckt man Bajonnette drauf und greift den Feind damit an. Ernstlich erkläre ich hiermit, daß Sie Beide**) mit Napoleon und mit mir zu thun bekommen, wenn das Bataillon nicht den 1. April ausmarschirt."

Diese Drohung wirkte denn auch in so weit, daß ein Bataillon Frankfurter Truppen, 863 Mann stark, am genannten Tage ins Feld marschirte. Die Qualität desselben hielt aber einen Vergleich mit den früheren Kontingenten nicht aus. Kommandeur war der alte brave Major Unkelhäuser, der, in Rußland schwer blessirt, zufällig nicht nach Danzig, sondern in die Heimath transportirt worden war. Einige aus Spanien krank und verwundet zurückgekehrte Offiziere bildeten, unvollkommen geheilt, die Elite des Offizierkorps, das sich im Uebrigen aus ganz abgelebten Greisen, Unteroffizieren,***) oder ganz unerfahrenen Individuen der Landmiliz gebildet hatte. Diese Herren sollten nun in

*) Eberstein schreibt unter dem 2. Februar an den Großherzog, daß das Departement zur Strafe nun besser 400 Mann stellen solle, da „Unterthanen" geäußert hätten, sie wollten nunmehr keinen Mann mehr stellen.

**) Eberstein und Zweyer.

***) Zur Charakteristik. Zweyer schreibt unter dem 7. März an Dalberg: „Für das Avancement des Kanonier Hagen (zum Offizier) habe ich nicht

allerkürzester Zeit, ohne den Halt eines altgedienten Unteroffizierkorps
zu haben, eine Heerde widerwillig zusammengetriebener Menschen zu
Soldaten machen, eine Aufgabe, die um so unmöglicher erscheinen mußte,
als die jungen Rekruten kein Zutrauen zu ihren Waffen gewinnen
konnten, da die matten Schlösser ihrer Gewehre „oft erst nach zehn-
maligem Versuch ein Abfeuern gestatteten". Wenn diese Truppe sich
nachher bei Lützen doch brav und ohne Tadel schlug, so müssen wir dies
wiederum allein auf die faszinirende Gegenwart des Kaisers zurückführen, die das Unmögliche so oft möglich gemacht hat. Kaum war
unter Unkelhäuser das Bataillon abmarschirt, so trieb Dalberg zur Errichtung eines zweiten, bei dessen Bildung er den aus Spanien zurück-
erwarteten Major Vogt und etliche Kadres (vergleiche Seite 291) zu
verwenden hoffte. Damit aber noch nicht genug. Am 22. April erging
das Dekret, noch 900 Rekruten auszuheben, um das Bataillon in Spanien zu ergänzen und in Frankfurt für alle Kontingente Depot-Kompagnien zu errichten; als aber von diesen die Meisten davonliefen, wurden
am 21. Juli 1813 noch weitere 700 Mann zusammengetrieben, und
zwar nachdem das 2. Bataillon zur großen Armee vollzählig abmarschirt war. Es wurden somit 1813 ins Feld gestellt:

2 Bataillone je 860 Mann . . . . . =	1720 Mann,
Rekrutenaushebung für die Depots und die	
Ergänzung in Spanien . . . . . . =	1600 "
	3320 Mann,
Nach Spanien waren gezogen am 27. August	
1808 . . . . =	868 "
Renforts in 4 Abtheilungen . . =	500 "
Nach Rußland 1812 . . . . =	1706 "
Renforts in 3 Abtheilungen ꝛc. . =	300 "
Summe der vom Primatischen Staat an	
Napoleon gelieferten Streitkräfte . . . =	6694 Mann.

Die Offiziere, die dem zweiten zu errichtenden Bataillon zugewiesen
wurden, waren entweder aus der Landmiliz oder ganz abgelebte Greise.
Sie waren zum Feldbienst kaum brauchbar. Zwei mußten wieder zur
Disposition gestellt werden, weil sie, wie Zweyer an den Großherzog
schrieb, „mit der größten Anstrengung kaum gehen konnten." Die Disziplin dieser Truppe konnte keine große sein, noch weniger die Kampflust.

---

stimmen können, indem solcher in seiner Bittschrift selbst sagt, daß er nichts erlernt
hat und zufolge eingezogener Nachricht er ein äußerst stupider Mensch seyn soll."

Am ersten Marschtage liefen schon sieben Mann davon. General Zweyer richtete an Dalberg sehr ernste Vorstellungen, daß die Formation eines weiteren Bataillons unter diesen Umständen wenigstens hinausgeschoben werden müsse, erhielt aber nur die Antwort:

„So wichtig Ihre Gründe sind und in besseren ruhigen Zeiten ihre volle Wirksamkeit nicht verfehlen würden bei Fassung einer Entschließung, so bleibt unter dem Drang der Umstände doch auch wahr „Noth bricht Eisen"."

So wurde denn die Formation eines zweiten Bataillons eifrig fortgesetzt, obgleich nur fünf dienstfähige Unteroffiziere in den Depots verfügbar waren. In dem Register der dazu bestimmten Offiziere finden wir unter Anderem folgende Bemerkungen, die darthun mögen, auf welchem Niveau diese neuen Rüstungen sich befanden:

Hauptmann Küster — alt und Leibschaden,
  » Böbicker — blessirt,
  » Schweizer — liegt schon 3 Jahr zu Bett,
  » Bott — grumm (sic!) und lahm,
  » Kayser — blessirt,
  » Gehren — Zehrung,
  » Rochlitz — doppelter Leibschaden,
  » v. Tannstein — blessirt und noch nicht geheilt,
Oberlieut. Wacker — lahm ⎱ Landmiliz,
  » Faust — zu alt ⎰
  » Sternickel — ⎱ zu alt, pensionirt, Landmiliz.
  » Böhm — ⎰

Man glaubt, bei dieser Musterung die Streitkräfte Falstaffs vor sich zu sehen.

Der Bestallungsurkunde dieser Offiziere fügte Dalberg die charakteristische Bemerkung hinzu:

„Unsere und viele andere Kadres der Württemberger, Bayern, Sachsen fielen in die Mausfallen der belagerten Stadt Danzig und der Russischen Gefangenschaft. Der Zeitpunkt ist dringend; der Beruf des Primas ist, Beispiel zu geben — es koste, was es wolle."

Dabei schmeichelte sich der Großherzog mit der Hoffnung, diese Landmilizen dereinst durch Konskribirte ablösen zu können; er wollte dann jedem Manne einen Reichsthaler schenken (Würzburger Archiv, Schreiben datirt: Aschaffenburg, 4. April 1813). Dieses Landmiliz-Bataillon sammelte sich Mitte April in Frankfurt. Der dort durchreisende Kaiser sah die Anstrengungen des kleinen Primatischen Staats

und sagte zu Dalberg, er habe ihn zu Dank verpflichtet. Diese Worte
waren ein reicher Lohn. Der Geist, der in diesen gepreßten Leuten
herrschte, scheint kein guter gewesen zu sein, denn unter dem 11. April
schreibt Dalberg: „Traurig ist es, daß der böse Geist in den Unteroffizieren der Landmilizen sich eingenistet hat. Ich hatte dieses Unheil
nicht vermuthet und wünsche ich, die Veranlassung zu vernehmen."

Am 12. April erging für das zweite Bataillon der Befehl
zum Abmarsch nach dem Sammelpunkt Würzburg. Diese Soldaten
waren fast sämmtlich bejahrte Leute und Familienväter. Der Minister
Eberstein äußerte selbst die Befürchtung, daß „der Ackerbau nun mit
ihrem Scheiden zu Grunde gehen möchte." Mit diesem Abmarsch war
die sofortige Bildung des neuen Depot-Bataillons verbunden,
und wurde hiermit die Konskription eine geradezu verzweiflungsvolle
Noth der Bevölkerung. Die Departements lieferten auch keine Rekruten
mehr, so sehr der Großherzog sie auch bitten oder ihnen drohen mochte.
Der Geist der Unbotmäßigkeit steigerte sich bis zur direkten Verweige-
rung des Gehorsams auch seitens der Verwaltungsbehörden — der
Maire von Frankfurt erklärte sogar, nur neun Rekruten stellen zu können
— nur im Departement Aschaffenburg funktionirte die Staatsmaschine
weiter nach Wunsch.

Am 18. April kam die Nachricht nach Frankfurt, daß das Miliz-
Bataillon als Festungsbesatzung in Würzburg bleiben werde. Dieser
Befehl wurde indessen wieder geändert, das Bataillon marschirte zur
großen Armee, verlor aber durch Desertion bald eine solche Menge
Leute, daß es am 14. Mai, ohne in einem Treffen gewesen zu sein, nur
noch 320 Mann zählte.

So reichlich die Quellen vorlagen, welche uns gestatteten, den Primatischen Truppen fast Tag für Tag in den spanischen Feldzügen, in
Rußland, während der Belagerung von Danzig zu folgen, desto spärlicher
fließen sie für den Feldzug von 1813. Major Unkelhäuser hat
17 Rapporte über die Thätigkeit des ihm unterstellten Bataillons bis
zum 15. August an Dalberg gesandt, der sich während des Sommers
dieses Jahres in Aschaffenburg befand. Bei der späteren Auflösung des
Primatischen Staates sind diese Aktenstücke verloren gegangen. Wir
erfahren nur durch folgende Bitte genannten Offiziers, ihm und einigen
seiner Kameraden die Ehrenlegion zu verschaffen, daß das zuerst abmarschirte Bataillon, das die Nummer II.*) offiziell trug, bei dem Kampf

---

*) Das in Spanien befindliche trug die Nummer I.

von Lützen betheiligt gewesen ist. Das in mancher Hinsicht bemerkens-
werthe Schreiben lautet:

17. Juli 1813.

„Le Lieutenant Colonel Unkelhäuser, Commandant du
Contingent de Francfort à Monsieur le comte Marchand,
Général de Division, Grand Croix de la Légion d'honneur etc.

Erst dieser Tage erhielt ich die Nachricht, daß die bisher im Felde
stehenden Bataillone aufgefordert waren, die Eingaben jener Individuen
vorzulegen, welche sich der Dekoration der Ehrenlegion in der diesjährigen
Kampagne würdig gemacht haben. Ich verfehle demnach nicht, Ihnen,
mein Herr General, anliegend ein Verzeichniß jener Offiziere meines
unterhabenden Bataillons einzureichen, welche sich in allen Gelegenheiten
vor dem Feinde besonders ausgezeichnet haben. Ich schmeichle mir,
von dem Augenblicke an, wo ich mit meinem Bataillon unter dem
Kommando des Herrn Divisionsgeneral zu stehen die Ehre hatte, Ihre
hohe Zufriedenheit erworben zu haben; es wird Ihnen nicht unbekannt
sein, daß ich mit meinem Bataillon am 27. April unter dem Befehl
des Herrn Generals Spizenberg, auf dessen Zeugniß wir uns beziehen
können, den Feind aus Jena vertrieb, wobei sich Kapitän Harrach und
Oberlieutenant v. Dreßler vorzüglich auszeichneten. In der Schlacht
von Lützen hat das Bataillon bei der Vertheidigung des Dorfes Mücheln
Beweise seiner Bravour gegeben, und die in dem Verzeichnisse benannten
Offiziere trugen durch ihre Unerschrockenheit und kaltes Blut das meiste
dazu bei, daß wir unsere Stellung behaupteten. Durch die Umstände
wurden wir in der Folge von der Division des Herrn Generals zu
meinem größten Leidwesen getrennt. Wir mußten erst einige Tage in
Leipzig zur Vertheidigung der Stadt gegen umherschwärmende Feinde
bleiben, und als ich endlich durch den Befehl, nach Torgau zu marschiren,
die Hoffnung erhielt, mich wieder mit der Division zu vereinigen, wurde
diese durch die Ordre, bis auf weiteren Befehl daselbst zu bleiben, wieder
vereitelt; der Herr Gouverneur, Graf v. Lauer, übergab mir das damals
wegen dem sich täglich nähernden Feinde wichtige Kommando im Brückenkopf, wo ich bis zum 22. v. M. in rastloser Wachtsamkeit die Absichten
des Feindes vereitelte, der mehrmal auf Flintenschuß-Nähe anrückte, und
wo bei jeder Gelegenheit die bezeichneten Offiziere stets am thätigsten
gegen den Feind wirkten, worüber der Herr Gouverneur, Graf v. Lauer,
stets seine größte Zufriedenheit ausdrückte. Wollen hiebei der Herr
Divisionsgeneral noch geneigtest berücksichtigen, daß alle diese Offiziere
bereits schon mehrere Kampagnen für den Dienst Seiner Majestät des

Kaisers und Königs in Spanien oder den verflossenen russischen Feldzug ehrenvoll mitgemacht und dabei in mehreren Wunden ihr Blut für den Ruhm Seiner Majestät und das Wohl Frankreichs und seiner Verbündeten vergossen haben, so zweifle ich nicht, Dieselben werden die Gnade haben, die gebetenen Dekorationen der Ehrenlegion zu erwirken. Dieser Beweis Ihres Wohlwollens wird, indem er eine Belohnung der erworbenen Verdienste der bemerkten Offiziere ist, zugleich ein neuer Grund für uns sein, uns mit gänzlicher Aufopferung künftig der höchsten Gnade Seiner Majestät des Kaisers immer mehr zu würdigen. Unter Ihren Augen, mein Herr General, noch fernere Beweise unserer Bravour geben zu können, ist mein und des ganzen Bataillons eifriger Wunsch, und wir sehnen uns sehr nach dem Augenblick, wo es uns vergönnt sein wird, wieder zu Ihrer unterhabenden Division zu stoßen."

Diese Bitte um die französische Dekoration hat Unkelhäuser noch zweimal wiederholt. Als sie nichts fruchtete, hat er später von Glogau aus in fast kläglicher Weise seinen Souverän um die Verleihung des von ihm gestifteten Konkordienordens angefleht. Diese an und für sich ganz gleichgültige Thatsache wird hier nur angeführt, weil sie beweist, daß den Frankfurter Offizieren die Bedeutung der großen Zeit, in der sie lebten, im Geringsten nicht klar geworden war.

Aus der Eingabe Unkelhäusers ersehen wir, wie gesagt, daß sein Bataillon an der Schlacht von Lützen theilnahm. Nicht im Entferntesten gleicht aber die Spannkraft, die Leistung, die Tüchtigkeit der Truppen der Vortrefflichkeit, die etwa das Frankfurter Bataillon in Spanien bis zuletzt bewies — auch mit dem zähen Ausharren der Danziger Besatzung läßt sich das Verhalten der Frankfurter Feldbataillone im Jahre 1813 gar nicht vergleichen.

Die vertrauensselige Auffassung der Dinge hatte einer vagen Bangigkeit Platz gemacht. Wir werden unwillkürlich an den Ausspruch einer französischen Dame erinnert:

„Erst sah man die Dinge durch einen goldenen Schleier, der alles heiter und glänzend erscheinen ließ. Nach und nach wurde er aber trübe und zuletzt fast schwarz." Man fühlte, daß man einer verlorenen Sache diene.

Dazu trat das unheimliche Gefühl, von allen patriotischdenkenden Deutschen verachtet zu werden, weil man die Waffen für den Unterdrücker weiter zu führen wagte. Lesen wir doch selbst in dem Briefwechsel eines Franzosen die Worte:

„Es war hart, die allgemeine Verachtung gegen den Souverän, dem man diente, mit ertragen zu müssen." Alle diese Gefühle mußten klarer und präziser werden, sobald das Glück der Waffen dem Kaiser den Rücken kehrte, sobald er nicht mehr erschien als der angestaunte protégé par le dieu des armées.

Bei alledem bleibt nicht ausgeschlossen, daß die Gegenwart des Kaisers den altgewohnten, himmelanstürmenden Eindruck auf die Truppen machte — sobald er aber nicht persönlich bei ihnen war, war ihre Spannkraft dahin. So sehen wir die Frankfurter nach der Schlacht von Lützen in Gegenwart des Kaisers wieder sich fast als Franzosen fühlen, den errungenen Sieg als den ihrigen betrachten — dieser Eindruck verstärkt sich nach der Schlacht von Bautzen — bei Hoyerswerda kämpfte das Frankfurter Bataillon energisch gegen das preußische Leib-Regiment, die Elite des Dorckschen Korps, des eigentlichen Trägers der deutschen Volksbewegung. Nach Abschluß des Waffenstillstandes dagegen, wo die Frankfurter Bataillone fern vom Kaiser in eine Festung gesperrt sind, reißt die Desertion wie eine epidemische Krankheit ein. Wir sehen Dalberg klagen, daß 90 Deserteure im Departement Hanau allein zu ihrer friedlichen Beschäftigung zurückgekehrt sind, ohne an den peinlichen code pénal militairo nur zu denken. Eine Reihe von Privatbriefen aus dem Felde liegen uns vor. Sie sind nüchtern gehalten, beinahe ledern und athmen nicht den Geist der Zeit, in der sie geschrieben sind. Wir gewinnen den Eindruck, daß die Anhänglichkeit an den Bonapartismus zwar nachgelassen hat, daß aber in den Herzen der armen, beklagens-werthen Rheinbündler so wenig ein patriotisch glühender und schaffender Enthusiasmus sich regen konnte, wie auf hart getretenem Weg ein Weizenkorn keimen und gedeihen kann.

Von dem dritten Bataillon Frankfurter, das unter dem Kommando des Grafen Heusenstamm der großen Armee gefolgt war, liegen uns bis zum Abschluß des Waffenstillstandes gar keine Nachrichten vor, da seine Rapporte wie die Unkelhäusers verloren gegangen sind. Wir er-kennen nur aus einem vom 10. Juni datirten Schreiben Zweyers an den Großherzog, daß es nicht gerade kriegerische Lorbeeren geerntet hat. Wir finden den Passus, „daß es sehr auffallend ist, daß Graf Heusen-stamm mit 350 Mann sich von 200 Kosaken hat cerniren lassen, ferner der unglaubliche Waffenstillstand von einer Stunde ɔc." Heusenstamm scheint sich trotz der geringen Erfolge seiner Truppe des Vertrauens des Marschall Oudinot erfreut zu haben. Wir lesen in einem Brief Dalbergs an Zweyer:

„Es ist mir lieb, daß der Bataillonschef Vogt bald ankommt. Ob Herr Marschall Oudinot den Grafen Heusenstamm standhaft in Berlin anstellen werde, zweifle ich sehr; zum Zeitungsschreiber wenigstens scheint er sich nicht zu schicken. An seine Gattin schreibt er zärtliche Briefe, hat auch manche guten Eigenschaften, aber freilich ist auch mancher Schatten neben dem Lichte."

Wir erfahren durch diese Zeilen, daß man im Französischen Lager die Besitznahme von Berlin als etwas unmittelbar Bevorstehendes be- trachtete.

Während des Waffenstillstandes, der bekanntlich vom 10. Juni bis 16. August reichte, marschirten beide Frankfurter Bataillone nach Glogau, wo sie einen Theil der buntscheckigen Besatzung bilden sollten. Letztere, etwa 9000 Mann stark, bestand nur zur Hälfte aus Franzosen; den Rest bildeten Kroaten, Sachsen, Spanier und Frankfurter. Am letzten Tage des Waffenstillstandes traf der brave Major Vogt mit 2 Offizieren und etwa 400 Mann als Renfort in Glogau ein.*) Wie erinnerlich, war dieser vortreffliche Offizier mit 9 Offizieren und einigen 80 Mann aus Spanien nach Frankfurt beordert worden, um dort ein neues Bataillon mit den ihn begleitenden Kadres zu bilden und darauf nach Spanien zurückzukehren. Mitte Juni war der kleine Haufe dieser wetterharten, vortrefflichen Soldaten in Frankfurt angekommen. Ihr militärischer Aplomb, ihre stolze Haltung stach wunderbar ab von der mürrischen Gedrücktheit der neu einberufenen Rekruten. Dalberg benutzte sie eifrig als Instrukteure, da ihm der Französische Gesandte, Graf Hedouville, gesagt hatte, nach Ansicht des Kaisers könnten gute Kadres in zwei Monaten eine neue Truppe schlagfertig machen. Dalberg ver- suchte daher in aller Eile, sowohl das neue Spanische Bataillon als den erwähnten Renfort für Glogau zu bilden. Vogt mußte daher mit 400 Rekruten und 2 alten, abgelebten Offizieren der Landmiliz den Marsch nach Glogau allein antreten und seine erprobten Waffengefährten im Depot zurücklassen. Dalberg verspürte solche kriegerischen Gelüste, daß er in diesen Zeiten sogar daran ging, eine Batterie, eine Kompagnie Jäger zu Fuß und eine Eskadron Husaren zu formiren. Diese Neu- organisationen gelangten aber über die Anfangsstadien nicht hinaus und kamen später den Alliirten zugute. Vogt wurde unmittelbar nach seinem

---

*) Ein weiterer Renfort von 190 Mann unter Lieutenant Massing gelangte nicht mehr nach Glogau, wurde vielmehr von den Franzosen in Torgau festgehalten und machte die dortige Belagerung mit.

Einmarsch in Glogau cernirt, so daß er die beiden Milizoffiziere, die nur den Transport bis dorthin mitmachen und dann wieder entlassen werden sollten, nicht einmal zurücksenden konnte.

General Blumenstein hatte zur Belagerung von Glogau nur eine Anzahl preußischer und russischer Landwehr-Bataillone und wenige schlechte Geschütze zur Verfügung, mit denen er die zahlreichere, wohlbewaffnete Besatzung kaum nothdürftig einschließen, aber nicht förmlich belagern konnte. So oft die Angreifer in den letzten Monaten der Belagerung, die sich bis in den April 1814 hinzog, einige Geschütze in Batterie zu bringen versuchten, wurden diese von der zahlreichen und vortrefflich bedienten französischen Artillerie demontirt oder durch einen Ausfall genommen und vernagelt. So beschränkten sich die Russen und Preußen zuletzt darauf, die Fouragirkommandos der Besatzung abzufangen und ihnen ihre Beute wegzunehmen und eine wahre Fülle von Zeitungen und Proklamationen in die Festung gelangen zu lassen, um die nicht französischen Truppentheile zur Desertion zu veranlassen — ein Bestreben, das nach der Schlacht von Leipzig vortrefflichen Erfolg zu haben begann. Militärisch ist daher die Belagerung von Glogau wenig interessant — als Stimmungsbild aus damaliger Zeit wollen wir jedoch das Fragment eines Tagebuchs (wahrscheinlich von Unkelhäuser geführt) hier mittheilen, weil es das Hoffen und Fürchten der Besatzung, die tausendfältigen halb wahren, halb erlogenen Gerüchte wiedergiebt, welche damals die Gemüther der Menschen beschäftigten.

16. Sept. gingen die Sagen, zwischen Leipzig und Jena sei eine große Schlacht vorgefallen, die französische Armee sei geschlagen, die Feinde streiften schon in das Fuldische — Mainz hätten die Oesterreicher besetzt; in Bayern soll der Vize-König von Italien die Oesterreicher zweimal geschlagen haben — General Blücher habe Dresden dreimal vergeblich bestürmt, General Kleist es nachher erobert — früher sagte man, die Franzosen seien in Prag. Auch war früher schon die Sage, Napoleons Hauptquartier sei bereits in Frankfurt a. M. Das ganze Armeekorps des Marschalls Ney soll gefangen und aufgerieben sein; der Marschall allein ist entkommen. General Vandamme nebst zwei Brigade-Generalen und 18 000 Mann ist gefangen — General Jomini, Chef d'etat major des Ney'schen Armeekorps, ist zu den Russen übergegangen. Eine Dame, unweit Glogau wohnhaft, hat ihn in Breslau in russischer Uniform gesehen und gesprochen und will es Jedem behaupten. Moreau ist bei der russischen Armee nach einigen als kommandirender General, nach anderen als Flügeladjutant des russischen

Kaisers. Ponte Corvo kommandirt Schweden und Preußen nach früheren Sagen, er hätte gleich nach Aufkündigung des Waffenstillstandes mit 50 000 Mann sich durch Napoleon bis in die Nähe von Berlin zurück drücken lassen, ihn dann dort, wo er noch 80 000 Mann hatte, in die Falle gebracht, geschlagen und den Franzosen alle Kanonen abgenommen. Die preußische Landwehr ist bei Dresden in das Wasser gesprengt worden. Schlachten sind an der Katzbach und auf dem Geiersberg an der böhmischen Grenze zum Nachtheil der Franzosen vorgefallen. In der Nacht vom 13. auf den 14. wollen viele der Garnison, welche auf Außenwerken waren, eine anhaltende Kanonade von 2 bis Morgens 8 Uhr gehört haben. Der größte Theil von Sachsen ist durch die Oesterreicher besetzt, ungeheure Armeen beiderseits sind in Sachsen gegen einander — Torgau ist durch die Russen und Preußen nach einer 48stündigen Kanonade genommen — Danzig ist übergeben aus Mangel an Lebensmitteln. — Lübeck ist mit Kapitulation übergeben. Die Baadner Truppen, welche ehemals in Glogau waren, sind mit dem Oberst Brand bei einer Schlacht in Gefangenschaft gerathen. Ein französischer Artillerie-Train von 103 Kanonen mit einer ganzen Wagenburg ist im Rücken der französischen Armee genommen. Eine russische Armee steht in Polen, um dies Land ruhig zu erhalten. — Gestern sprach man viel von nahem Frieden, heute wenig mehr. In Preußen soll in allen Kirchen nächsten Sonntag ein Dankfest wegen den erfochtenen Siegen gefeiert werden (diese Sage soll Grund haben), der Text der Predigt soll das 94. Cap. D. (?) sein. Sicher ist es, daß seit mehreren Tagen in einer Entfernung von 3 bis 4 Stunden Weges von Glogau diesseits der Oder kein Feind gesehen ist. — Jenseits sollen 4000 Mann stehen — 30 bis 40 feindliche Reiter ließen sich diesen Nachmittag vor dem Brückenkopf sehen. — Landleute, welche heute einpassirten, sagen aus, daß sie gestern aus der Gegend von Beuten kanoniren hörten, auch daß die preußische Landwehr wirklich so auseinander gesprengt sei, daß sie in zerstreuten Haufen mit und ohne Waffen nach Hause kämen.

17. Sept. Nachricht, daß die ganze preußische und russische Armee noch bei Görlitz stehe. — Sage, die Kaiserin von Frankreich marschire selbst an der Spitze von 200 000 Mann gegen Oestreich, um ihren Vater zum Frieden zu bewegen. Der Zustand Glogaus von Außen und Innen ist derselbe. Die Besorgniß wegen bevorstehendem Holzmangel und Klagen der Einwohner über zweckwidrige Maßregeln desfalls werden allgemeiner. — Ein Bataillonschef vom 1. Bataillon des

in Garnison liegenden 151. Regiments wurde heute Nachmittag vor
dem Brückenkopf, wo er umherritt, von feindlichen Reitern überfallen
und nebst seinem Bedienten gefangen. Die vor einigen Tagen in Um-
lauf gekommenen Friedensgerüchte werden von den hiesigen Einwohnern
als geflissentliche Ausstreuungen des hiesigen Gouvernements angesehen
und belächelt; allgemeiner Glaube der Einwohner ist, die Preußen
und Russen hätten bereits 5 Feldschlachten gewonnen.

18. und 19. Sept. Die gestrige Sage von der Gefangennehmung
des Bataillonschefs vom 1. Bataillon des 151. Regiments war falsch.
Die Gerüchte von fortgesetzten Unterhandlungen zwischen den krieg-
führenden Mächten erhalten sich. Die französische Armee steht hinter
der Elbe und hat Dresden besetzt, welches nun auch von den hiesigen
Einwohnern geglaubt wird. — Torgau ist noch in französischen Händen.
— Aus einer gehörten Kanonade schließt man auf eine vorgefallene
Schlacht. — Kalmücken sollen jenseits der Oder angekommen sein, wo
überhaupt die feindlichen Truppen sich sehr vermehrt hätten. Das
Corps der Feinde, welches zwischen Glogau und Bunzlau stand, soll
zurückgegangen sein. In Glogau ist übrigens alles ruhig. Die Einwohner glauben sicher, daß Dresden in preußischen Händen sei. Der
rechte Flügel der französischen Armee soll bei Torgau, der linke bei
Magdeburg stehen. —

19. Sept. Diesen Nachmittag wurde eine Rekognoszirung vom
Dohm auf das rechte Oder-Ufer mit beiläufig 400 Mann gemacht, bei
einem Dorfe rechts kam es zu einer unbedeutenden Plänkelei, und bei
dem Rückzug der ausgerückten Mannschaft geschahen auch einige Kanonenschüsse auf die nachfolgenden Kosaken, deren etwa in allem, was aus
den 2 nächstliegenden Dörfern zusammen gekommen war, 200 bis 220
sein mochte. Der Herr Gouverneur hat heute Nachricht, daß Kaiser
Napoleon die Russen und Preußen bei Pirna (unweit Dresden auf dem
linken Elbufer) in der Nacht überfallen, gänzlich geschlagen und zerstreut
habe; morgen soll der Sieg mit großer Parade und 25 Kanonenschüssen
gefeiert werden. — Das preußische Dankfest, welches heute in Schlesien
gehalten werden sollte, ist verschoben. Sage, der Vizekönig sei durch
die Oestreicher gedrückt. — Napoleon ist nach der Schlacht bei Pirna
nach Bayern abgegangen, um die Oestreicher anzugreifen. Der
Thüringer Wald ist in Brand gesteckt.

20. Sept. Heute wurde das Siegesfest über die Schlachten von
Königstein und Pirna durch große Parade (wobei alle Truppen nach
dem Beispiele des Gouverneurs: vive l'empereur riefen) und durch

29*

30 Kanonenschüsse gefeiert. — Abends war Tafel bei dem Gouverneur. Das preußische Dankfest, welches schon vor acht Tagen in Berlin statt-fand, wurde gestern in Schlesien durch Gottesdienst gefeiert. — Die Einwohner glauben auch an den Sieg der Franzosen bei Pirna. — Die Oder wächst wieder.

21. Sept. Die feindlichen Reiter zeigen sich auf der rechten Oberseite häufiger; auch glaubt man, daß etwas Infanterie in den nächsten Dörfern angekommen sei. — Sage: Fiume und ganz Illyrien sei durch die Oestreicher besetzt.

22. Sept. Sage, 15 Holländer vom 151. Regiment seien diesen Morgen vom Dohm zu den Feinden übergegangen. Infanterie ließ sich morgens auf dem Sandhügel sehen; einige Plänkeleien fielen vor, auch geschahen verschiedene Kanonenschüsse vom Dohm aus. Nachmittags um 3 Uhr nahm der Gouverneur mit beiläufig 400 Mann Infanterie (wobei 138 von den diesseitigen Eliten-Kompagnien und der Rest Kroaten und Franzosen) eine Rekognoszirung gegen den Sandhügel und das Dorf rechts vor, eine Kanone und eine Haubize gingen mit; die Feinde verließen gleich den Sandhügel und zogen sich gegen das Dorf hin, dort sammelte sich schnell ihre Infanterie [nach Angabe verschiedener unserer Offiziere 3 Bataillone, jedes beiläufig 300 Mann (nach jenem sogenannten Bataillon zu urtheilen, welches ich selbst aufmarschiren sah, dürfte man die Stärke kaum auf 200 Mann rechnen)], drang wieder vor, besetzte den Sandhügel aufs neue und hielt unsere Truppe, welche rechts auf dem Damm vorgerückt war, durch Flanken-Bewegungen und ein starkes Musketen-Feuer in Respekt. Die Aktion war sehr lebhaft und dauerte bis gegen 6 Uhr des Abends, ohne daß ein Theil wich, um diese Zeit wurden unsere Truppen zurückberufen, worauf die Feinde ebenfalls zurück gingen. Die Kanone, welche die linke Flanke deckte, schoß verschiedenemal, soviel man bemerken konnte, mit guter Wirkung auf die gegenüberstehende Kavallerie; die Haubiz-Granaten, welche aus der nicht weit von der äußersten Batterie postirten Haubize geworfen wurden, sowie jene von dem Cavalier des Dohms hatten theils wegen zu großer Entfernung, theils weil mehrere im Wasser niederfielen, weniger Wirkung; gegen halb 5 Uhr wurde noch ein Peloton Spanier, etwa 40 Mann und ein bo. Kroaten beiläufig 30 Mann zum Soutien auf den Damm detachirt. Unerachtet des äußerst lebhaften Feuers hatte die Garnison nur 25 Blessirte, wovon 11 von der diesseitigen Truppe. Zwei Offiziere wurden leicht verwundet, worunter der Chef vom Etat major (Martin) am Kopfe. Todte, welche auf dem Felde liegen blieben, zählte man höchstens 5 bis 6; die Frankfurter hatten keine. Die französischen Truppen, welche bei der Affaire waren, hatten die ganze Zeit über die Deckung der vorbemerkten Kanone auf dem linken Flügel, plänkelten gegen die feindlichen Reiter und hatten weder Blessirte noch Todte. Der Verlust des Feindes kann nicht bestimmt werden; da derselbe aber in dichteren Haufen weniger gedeckt stand als die Unserigen, so glaubt jeder, er möge bedeutender sein, als dießseits; viele von der preußischen Infanterie waren in schlechten grauen und verschiedenen Röcken, woraus man schließt, daß der größere Theil von der Landwehr sei.

Sage: Die französische Armee steht 15 — nach anderen nur 10 Stunden von hier. Marschall Ney hat Bunzlau mit Sturm weggenommen, die Preußen und Russen sind in voller Retirade. Gewiß soll es sein, daß gestern Nachmittag französische Husaren-Patrouillen in .... 12 Stunden von hier waren; eingebrachte Bäckerburschen, welche desertiren wollten und nicht durchkamen, sollen aussagen, daß die beiderseitigen Armeen 7 Meilen von hier stünden und sich täglich schlügen, auch will man gestern eine Kanonade gehört haben.

23. Sept. Heute in der Frühe vor Tages Anbruch rückten beiläufig 400 Mann Frankfurter und 300 Franzosen aus; letztere nahmen ihre Richtung vom preußischen Thore westwärts, gingen auf 2 Stunden Wegs, kamen aber Mittags gegen 3 Uhr wieder zurück, ohne ihre Bestimmung, rückständige Natural- und Geld-Contributionen einzutreiben, erfüllt zu haben, indem die Annäherung der Feinde sie daran hinderte. Erstere aber kamen gegen 5 Uhr des Abends mit 12 Wagen mit Getreide und beiläufig 3000 frcs. in Gelde zurück und hatten unterwegs nur wenige Feinde in der Entfernung gesehen; die Einwohner der Orte, wohin sie kamen, waren sehr erstaunt, diesseitige Truppen zu sehen, da man ihnen den Tag vorher gesagt hatte, sie würden nun keine Franzosen mehr sehen als Gefangene. Eine Stunde nach dem Einrücken derselben kam preußische Infanterie gegen Rauschwitz; ein Theil der in jene Gegend gerückten Reserve zog sich fechtend zurück gegen die Glacis der Festung; der Feind ging bis Lindenruh vor, von der Festung geschahen mehrere Kanonenschüsse nach ihm und zwar noch des Abends nach 9 Uhr; einige Franzosen wurden verwundet; der Feind hatte mehrere Todte und Blessirte; man schätzte die Zahl der vorgerückten Infanterie auf 2000. Auf der rechten Oderseite zeigten sich morgens bis 200 Reiter am Sandhügel; die Infanterie-Pikets wechselten einige Flintenschüsse, sonst blieb alles ruhig. Die detachirte Mannschaft unserer Truppen

hatte von 7 bis 12 Uhr des Morgens eine starke Kanonade und sogar
Flintenschüsse gehört. Auch am Abend hörte man während der Kanonade von der Festung starke Schüsse aus einer Entfernung von höchstens
6 Stunden Wegs, wie es schien; der Glaube, daß die feindliche Armee
retirire und die Franzosen im Anmarsche seien, wurde dadurch allgemeiner selbst unter den Einwohnern. Sage: Ganze feindliche Regimenter
sind aufgerieben; Marschall Davoust marschirt gerade nach der Oder
in der Direktion von Posen. Die Feinde haben Brücken geschlagen,
um den Fluß zu passiren. In Hermsdorf sind 12 feindliche Piecen
angekommen; Oestreicher waren gestern daselbst, die heute vor der
Festung angekommenen Preußen haben 50 Kanonen bei sich. Die in
der Entfernung gehörten Kanonaden sind vom Exerzitium der Preußen;
diese und die Russen haben die Schlacht gewonnen, deren Sieg die
hiesige Garnison feierte; sie nahmen den Franzosen die 15 000 Gefangene
und 50 Kanonen, welche letztere schon erobert hatten, wieder ab; die
Feinde auf dem linken Oderufer sind ein aus Polen frisch angekommenes
Corps.

24. Sept. Die Nacht blieb ruhig. Am Morgen sah man die
feindlichen Vedetten und Pikelen rings auf den Anhöhen. Gegen
10 Uhr führten sie 4 Kanonen auf der Anhöhe rechts von Rauschwitz
auf; die Bedeckung mochte ungefähr 200 Mann stark sein; vom Thurm
beobachtete man in allen Hohlwegen feindliche Truppen, welche sich verborgen hielten. Die äußeren Gatter der Festung blieben heute zum
erstenmal geschlossen; niemand durfte aus- noch einpassiren; das Dorf
Brustau hatte der Feind diesen Morgen nicht besetzt. — Sage, es sei
ein neuer Waffenstillstand geschlossen. — Die Meinungen über das
feindliche Korps vor der Festung sind sehr getheilt. Viele wanken in
dem Glauben an die Retirade der Feinde, weil derselbe Kanonen auf-
führt. Auf der rechten Oderseite haben sie sich sehr vermindert; zwei
Meilen von hier sollen sie eine Brücke geschlagen haben; das ganze
feindliche Corps soll von der Landwehr sein. Viele hatten bei der
gestrigen Attake Jagdhunde bei sich. — Am Abend geschahen einige
Kanonenschüsse auf annähernde Feinde, welche, wie einige behaupten,
auch von ihnen erwidert wurden; andere sagen, die geworfenen und
draußen gesprungenen Granaten hätten diesen Irrthum veranlaßt. —
Man will abermal diesen Nachmittag in der Ferne kanoniren gehört
haben. —

25. Sept. Die Nacht war ruhig. — Einige Landleute kamen
den Morgen von Jetschau und sagten, daß keine Preußen mehr bei ihnen

seien. — Inzwischen waren diese auf den Anhöhen noch in ihren gestrigen Stellungen; einige Jäger zu Fuß kamen der Festung so nahe, daß vom äußeren Piket zwei Flintenschüsse auf sie geschahen, welche sie erwiderten. Nachmittag um 3 Uhr nahm der Gouverneur eine Rekognoszirung mit 13 bis 14 hundert Mann und zwei Piecen gegen Rauschwiz und Brustau vor; der Zweck derselben — die Stärke des Feindes zu sehen — wurde erreicht. Der Feind hatte Rauschwiz mit Jägern und Cavallerie besetzt, welche mit unsern Tirailleurs blänkelten. Auf der Anhöhe zwischen diesem Dorf und Brustau formirten sich 4 Colonnen desselben, welche nach und nach langsam in die Ebene gegen Brustau hin vorrückten. Von Roschwiz und dem ostwärts zunächst liegenden Dorfe kam eine andere Kolonne, die sich in verschiedene Pelotons theilte und dann in der Entfernung von beiläufig einer Stunde Wegs in der Richtung gegen die Sternschanze während der ganzen Dauer der Affaire ruhig blieb. Nach meiner Beobachtung und Beurtheilung mochte dessen ganze sichtbare Stärke zusammen 3000 Mann betragen, da seine Colonnen keine Tiefe hatten und er an manchen Orten sogar nur in zwei Gliedern aufmarschirt zu sein schien, andere schätzten ihn auf 4000 Mann. Einige behaupteten, er habe Geschütz bei sich; ich konnte keines entdecken und da er keinen Schuß that, welches er doch zum Nachtheil der Unsrigen wohl hätte thun können und, wenn jene recht gesehen hatten, auch keine Absicht haben konnte, sein Geschütz zu verbergen und er es sichtbar mit den Colonnen aufgeführt hätte, so ist es mir wahrscheinlich, daß er nicht damit versehen war, wenigstens keins zum Vorschein kam. Um $1/_{16}$ Uhr rückte die Truppe wieder ein; man hatte den Feind während der Aktion allenthalben, wo man ihn erreichen zu können glaubte, aus den mitgenommenen Piecen und von der Festung aus beschossen — dessen Verlust läßt sich nicht bestimmen. Unsrer Seits hatten wir 10 bis 12 leicht Blessirte, worunter der Oberst des 151. Regiments (in den Arm). Die großherz. frankfurtischen Truppen waren die Reserve des ausgerückten Corps und hatten keinen Blessirten. Todt blieb nichts. Jenseits der Oder war alles ruhig, nur einzelne Reiter zeigten sich hie und da; man glaubt, daß das nun diesseits der Oder postirte feindliche Observations-Corps jenes sei, welches bisher jenseits gestanden und über die Oder gegangen wäre, um die Gegend gegen die Ausfälle der Garnison zu decken, indem jenseits durch die Ueberschwemmungen ohnehin die Operationen gegen das Land gehindert werden. Der Feind zeigte übrigens in seinen Bewegungen viel Ordnung und Vorsicht, mit der man auch unsrer Seits zu Werke ging.

26. Sept. In der Nacht um 2 Uhr geschah 1 Schuß aus einer Haubize gegen Rauschwiz. Am Tage wurden einige Flintenschüsse gegen annähernde feindliche Reiter gethan. Sonst blieb alles ruhig.

27. Sept. Die Nacht blieb ruhig. Einige Bauernweiber kamen von der rechten Oberseite in die Stadt, nach deren Aussage daselbst nur sehr wenig Truppen sind. Auf der linken Seite wagten sich diesen Morgen bei Gelegenheit eines Begräbnisses 5 bis 6 Reiter auf Pistolenschuß-Nähe an die Pallisaden der Festung, nach einigen Flinten-schüssen kehrten sie wieder um. Nachmittags gegen 5 Uhr geschahen 2 Kanonenschüsse auf einen Trupp Feinde, der sich nahe dem Galgen versammelt hatte. Sage: Neun Armeekorps (wobei auch Türken) stehen gegen Frankreich im Felde, die zusammen über eine Million Soldaten ausmachen. Glogau soll mit Sturm erobert werden; nächsten Sonntag wollen die Preußen hier Revue halten. Auf dem rechten Oberufer (welches wirklich beinahe ganz leer ist) ist starke Einquartierung ange-sagt und ein großer Artillerietrain nicht weit von hier angekommen. Napoleon drang zwar von Rumberg gegen Bauzen und auf der anderen Seite gegen Meißen vor, allein die russische Reserve-Armee unter Bennigsen nahm inzwischen am 19. oder 20. Dresden weg, so daß Napoleon kaum noch an einem anderen Orte über die Elbe retiriren konnte. In der Nacht vom 26ten auf den 27ten schnitten die Preußen die Bronnen-Röhren der Springbronnen ab, so daß diese heute kein Wasser mehr geben. Die Pompen gehen nach wie vor.

28. Sept. Die Nacht blieb ruhig. Mehrere Landleute kamen vom rechten Oberufer in die Stadt, unter denen auch verschiedene vom linken, welche sich anderwärts hatten übersetzen lassen. Noch sind keine neuen Truppen jenseits angekommen. — Mit Niederreißung der Häuser eines kleinen Dörfchens jenseits der Oder links von der Festung (womit man gestern den Anfang gemacht hatte) wird heute fortgefahren. Es bestätigt sich, daß die Stärke sämmtlicher die Festung umgebenden Feinde höchstens 4000 Mann beträgt, die 4 kleine Kanonen bei sich haben. Nachmittag erschien ein Parlamentair; nach der allgemeinen Versicherung hatte seine Sendung das Ansuchen um die Erlaubniß zum Eintritt in die Stadt für einen beim Schluß derselben auswärts gewesenen evan-gelischen Pfarrer, dessen Familie hier ist, zum Zweck. — Sage: Vor einigen Tagen sagte der Gouverneur den arbeitenden Soldaten, sie möchten nur noch einige Tage Geduld haben, Marschall Ney werde bald hier sein. Dieser aber nebst Marschall Davoust und General Vandamme sollen längst nach Sibirien transportirt sein.

29. Sept. Die Nacht war außer einigen Flintenschüssen ruhig. Am Morgen kamen wieder mehrere Landleute in die Stadt. Verschiedene Erdaufwürfe, welche man schon gestern diesseits der Oder bemerkt hatte, erkannte man heute deutlicher; es scheinen nur Brustwehren für die feindliche Infanterie zu sein. Uebrigens sah man keine weitere Bewegung des Feindes.

30. Sept. Am Morgen bemerkte man jenseits der Oder ein Peloton Infanterie; Nachmittags wurde verschiedenemal nach dem Sandhügel kanonirt, weil man feindliche Truppen daselbst bemerkte. Die Arbeiten am Dom werden eifrig fortgesetzt; auch fährt man mit Niederreißung des Dörfchens links fort. Die Sagen erhalten sich, daß die beiderseitigen Armeen zwischen der Oder und Elbe in starken Positionen stehen, woselbst täglich blutige Gefechte vorfallen. Die Franzosen sollen Bautzen innehaben. Am 29ten Morgens meldete ein bei den Arbeitern kommandirter Offizier, daß man in der Ferne kanoniren höre. Ein Anderer wollte sogar den Pulverdampf gesehen haben. Heute Nachmittag will man wieder in der Ferne eine Kanonade gehört haben. Es geschehen Wettungen, daß Glogau binnen 8 Tagen diesseits entsetzt sei. In Italien und Bayern sollen die Franzosen Fortschritte machen. Gegen Abend geschahen noch 2 Kanonenschüsse auf feindliche Reiter diesseits nächst der Galgenhöhe, einen sah man sogleich vom Sattel stürzen, und das Pferd lief davon. Einige Bauernweiber von der rechten Seite waren diesen Morgen wieder in die Stadt gekommen. In der Nacht setzt der Feind die Arbeiten an seinen Erdaufwürfen fort. Bei einer Beobachtung vom Thurm aus entdeckte man am Nachmittag diesseits der Oder eine starke Colonne unbewaffneter Leute, an deren Spitze und Ende bewaffnete Commandos gingen. Man hielt sie für preußische Rekruten, welche zur Armee gingen, andere für Gefangene, die man transportirte; die letzterer Meinung waren, schätzten ihre Anzahl auf 4000. Ein Spion soll heute auch die Nachricht gebracht haben, daß die französische Armee bereits bis Bunzlau vorgedrungen sei; man schöpft daraus Hoffnung auf baldigen Entsatz.

1. Oktbr. In der Nacht entwichen 21 Croaten aus dem bedeckten Wege zum Feind, und 2 Holländer. Heute Nachmittag desertirten auch 7 Soldaten von den diesseitigen Frankfurter Truppen von der Arbeit jenseits der Oder zum Feinde, und zwar 5 vom 3ten und 2 vom 2ten Bataillon. Die feindlichen Verschanzungen diesseits der Oder, wo man nun auch vor Brustau deren bemerkte, werden fortgesetzt. — Sage: Die französische Armee steht jenseits der Elbe, die preußische bei Bautzen.

Die Oestreicher haben München in Bayern nach einer freundschaftlichen Uebereinkunft besetzt. — Dem General Moreau sind beide Beine abgeschossen; er starb an diesen Wunden. Die Franzosen haben einen neuen Versuch gewagt, nach Berlin vorzubringen, der für sie aber eben so übel abgelaufen ist, wie der erste. Jenseits der Oder vermehrt sich die feindliche Reiterei. Nur wenige Bauernweiber kamen diesen Morgen in die Stadt.

2. Oktbr. In der Nacht desertirten 2 Holländer und 1 Kroat. Feindliche Patrouillen waren bis an die Pallisaden der Glacis gekommen und hatten den Croaten in ihrer Sprache zugerufen, sie sollten zu ihnen kommen. Am Morgen plänkelte der Feind gegen die Arbeiter jenseits der Oder vom diesseitigen Ufer aus. Man beschoß daher denselben aus den Batterien der Festung mit Kanonen und Haubizen mit guter Wirkung. Gegen Mittag hörte die Kanonade auf. Der Feind, welcher die Arbeiten diesseits an seinen Redouten fortsetzt, hat noch keine Kanone sehen lassen. Sage: Torgau hat kapitulirt, der französische Kommandant und die Stabsoffiziere sind in Chaisen weggebracht worden, die Garnison hat auf dem Glacis das Gewehr gestreckt und ist kriegsgefangen. Marschall Ney hat sein Hauptquartier in Torgau, Kaiser Napoleon sucht durch Böhmen vorzubringen. Die französische Armee ist in Dresden eingeschlossen und wird ausgehungert.

Hiermit bricht das Tagebuch leider ab. Die weiteren Schicksale der Frankfurter Truppen, welche noch 1200 Mann stark waren, ersehen wir zum Theil aus den aphoristischen Berichten des General Laplace, Gouverneurs der Festung.*)

Da der Winter nahte, und das Holzmagazin in Brand gerathen war, wurden im Laufe des Oktober eine Reihe von Scharmützeln geschlagen, um Holz zu requiriren. Das Dorf Gröbitz wurde dabei gänzlich zerstört.

Am 28. Oktober feierten die Belagerer die Siege der Verbündeten bei Leipzig. Nach ihren Proklamationen sollten 300 Kanonen und 60 000 Mann die Beute dieses Erfolges sein, unter letzteren 27 Marschälle; ferner sollte Marschall St. Cyr in Dresden mit 30 000 Mann eingeschlossen sein, der Kaiser den Rückzug nach Erfurt angetreten, die Sachsen, Westfalen und Bayern aber seine Sache verlassen haben. Französische Plakate an den Straßenecken machten diese Nachrichten, die ja auf Wahrheit beruhten, lächerlich. Die Einwohner rissen sie ab,

---

*) Archiv des Kriegsministeriums zu Paris.

traten sie mit Füßen; es gab Schlägereien mit den Französischen Soldaten, die Bürger wurden entwaffnet und viele von ihnen eingekerkert. Allein die Bewegung konnte nicht mehr unterdrückt werden — die Kroaten und Frankfurter wurden sichtlich nachdenklicher, und ihr Eifer nahm ab. Der Gouverneur beschloß daher, durch einen Ausfall ihre kriegerische Theilnahme wieder anzufeuern, da er wohl wußte, daß ein taktischer Erfolg unter allen Umständen den Soldaten gewinnt. Der Bericht über das blutige Treffen lautet:

„A cette époque l'ennemi se hasarda à entreprendre le siège de la place, quoiqu'il n'eût avec son artillerie de campagne que quelques pièces de douze, quatre obusiers et quatre mortiers. Dans la nuit du 7/8 novembre il ouvre la tranchée sur tout le partour de la place du côté de la rive gauche*) et il déloge nos postes avancés de Zerbau. Mais la garnison paraît rassurée en voyant ses généraux tranquilles et à midi 2400 hommes se portent rapidement, tête baissée dans les tranchées, en débusquent promptement l'ennemi, lui tuent beaucoup de monde et comblent la parallèle et les boyaux. Nous eûmes un officier et dix hommes tués; 11 officiers et 150 hommes furent blessés. L'ennemi ne se rebuta pas; il répara et continua pendant la nuit ses travaux. De notre côté nous tirâmes vivement dessus. La nuit du 9/10 l'assiégeant perfectionna ses travaux; mais nos troupes, qu'on a laissé reposer la veille, brûlant du désir de se mesurer de nouveau avec lui, le chassent à huit heures du matin de tous ceux qu'il a faits et on les détruit complètement. L'ennemi fait plusieurs charges très hardies, reprend pour un moment quelques parties de ses tranchées; il en est bientôt repoussé à coup de baïonnettes, et laissant 300 hommes tués et 80 prisonniers, il se jette dans les canaux de Weidlich, où 400—500 hommes se noyent.**) Il ne restait plus que les ouvrages du centre à raser: cette expédition est arrêtée pour l'aprèsmidi. Elle réussit d'autant mieux que l'ennemi ne s'attendait pas à deux attaques dans le même jour. On le surprend et avant qu'il ait pu conduire de l'artillerie et réunir son monde, on a achevé la besogne. Cette journée qui fut des plus brillantes pour la garnison, coûta 1200 hommes aux Prussiens,

---

*) Der Oder.
**) Arg übertrieben; es ertrank nicht der zehnte Theil.

nous eûmes pour notre part 60 morts et 500 blessés, y compris 14 officiers, parmi lesquels les deux chefs de bataillon du régiment de Francfort MM. Vogt et Unkelhäuser." — Mit der Verwundung dieser beiden Stützen der Disziplin und des inneren Haltes des Regiments datirt die zunehmende Unbotmäßigkeit des letzteren, welche zunächst um so auffallender erscheint, als es sich in dem Gefecht vortrefflich geschlagen hatte. Bei dem Sturm auf eine preußische Redoute waren Freiwillige vorgerufen worden — das ganze Bataillon Unkelhäuser hatte einstimmig sich gemeldet und den Angriff auf das Schneidigste durchgeführt. Der jetzt eintretende Mangel an Lebensmitteln, wenn auch nicht annähernd so fühlbar wie in Danzig, und neue Nachrichten über weitere Fortschritte der Alliirten nährten diesen Geist der Unzufriedenheit, den der Gouverneur Laplace nicht wie der heldenmüthige Rapp zu bannen, ja in tobesmuthige Opferfreudigkeit umzuwandeln wußte. Die Zeitungen ließen Napoleon bei Erfurt 15 000, bei Hanau 12 000 Mann verloren haben — der Rhein sollte von den Alliirten bereits überschritten, Holland und die Schweiz von ihnen besetzt sein, Dresden, Medlin, Zamoscz, Danzig, Stettin kapitulirt haben ꝛc. ꝛc. Waren diese Nachrichten an und für sich geeignet, die Besatzung stutzig zu machen, so mußte die Forderung des preußischen Generals, die Kroaten, Spanier, Sachsen und Frankfurter aus dem Verbande der französischen Armee zu entlassen, weil ihre Souveräne an Napoleon den Krieg erklärt resp. die Regierung niedergelegt hätten, entscheidend wirken. Zunächst liefen die Soldaten in ganzen Schwärmen zum Feinde über, auch Major Graf Heusenstamm gewann es über sich, zu desertiren. So mußte General Laplace durch seine Franzosen den ganzen Wachtdienst allein thun lassen; er konnte sich aber noch nicht entschließen, die fremden Truppen ziehen zu lassen, auch dann noch nicht, als ihm die Frankfurter Offiziere durch eine Deputation folgendes Schreiben zustellen ließen (7. Januar 1814):

„Der Herr General sind überzeugt, daß wir bisher in allen Gelegenheiten unsere Pflicht im Dienste so erfüllt haben, wie es braven Truppen und Alliirten zukömmt, wir schätzen es uns zur Ehre, unter dero Kommando zu stehen, und schmeicheln uns, die Zufriedenheit des Herrn General-Gouverneurs erworben zu haben. War diese bisherige Dienstleistung unsere Pflicht, so lange die Rheinischen Bundesstaaten mit Frankreich in Allianz waren, so hört sie von dem Augenblick an auf, wo diese von der Allianz abgingen und mit den alliirten Mächten von Oestreich, Rußland und Preußen in Verbindung traten. Daß dieses wirklich geschehen, der Rheinische Bund aufgelöst, ganz Deutschland mit obigen Mächten im Bunde und bereits alle deutschen Truppen mit den Alliirten vereinigt seien, scheint keinem Zweifel mehr unterworfen und wird stets mehr bestätigt. Es ist uns insbesondere bekannt geworden, daß unser General en Chef einen großherzogl. Offizier eigens an das Blokade-Corps-Commando auf dem linken Oderufer abgesendet hat, um durch letzteren das Regiment Frankfurt von hier ab und in sein Vaterland zu berufen. Auch die Antwort des k. pr. Blokade-Corps-Commandanten vom 5. ds. auf das an ihn ergangene Schreiben des Herrn Generals, welche uns zu Handen gekommen ist, besagt ausdrücklich, daß unsere bisherige Verbindung mit Frankreich aufgehört hat. Eine neue Pflicht ist uns demnach auferlegt, unsere Bestimmung ist geändert, und wir würden sträflich sein, wenn wir dem Herrn General nicht unsere unterthänigste Bitte um Entlassung des Regiments aus dero Befehlen und Erlaubniß zur Rückkehr in unser Vaterland vorlegten.

Es entgeht der Weisheit des Herrn Generals nicht, daß wir als Unterthanen und Soldaten dem Rufe des Vaterlands folgen müssen und uns der schwersten Verantwortung aussetzen würden, wenn wir in Verbindungen gegen dasselbe verharrten, und die bekannten gerechten und loyalen Gesinnungen des Herrn Generals lassen uns nicht an der Gewährung unserer Bitte zweifeln, deren Erfüllung unter den dermaligen Umständen unser lebhaftester Wunsch sein muß."

Der Gouverneur antwortete am 8. Januar auf den Brief, daß sich das Gesuch um Entlassung auf falsche Gerüchte über die Besetzung des Großherzogthums durch die kombinirten Armeen stütze, daß die ihm vorgelegten Aktenstücke des authentischen Charakters entbehrten und daher keinen Glauben verdienten; und wenn wirklich ein Offizier von Frankfurt sich bei Herrn v. Blumenstein befände, mit dem vorgeblichen Auftrage des Generals, sie zur Verlassung ihres Postens aufzufordern, müßten sie denselben nicht als einen Vaterlandsverräther ansehen, der die Sache seines Fürsten verlassen habe, wie es der General Thielmann in dem letzten Feldzuge gemacht? Sie möchten sich daher den Schritt, bei dem es sich um ihre Ehre und das Opfer aller ihrer militärischen Vortheile handle, reiflich überlegen. Nach dem Befehle des Kaisers und des Großherzogs bilde das Regiment Frankfurt einen Theil der Garnison von Glogau, und nur auf dieselben Befehle könne er es von hier abgehen lassen; bis diese Befehle einträfen, rechne er auf ihren stets bewiesenen Eifer und auf die Gesinnungen der Ehre, welche sie charakterisiren.

Die Frankfurter Offiziere konnten sich nicht entschließen, fahnen-flüchtig zu werden, und setzten daher ihre Korrespondenz mit dem Gouverneur in ehrerbietiger und loyaler Form fort. Derselbe suchte sie hinzuhalten und ihren Geist dadurch zu bessern, daß er ihnen einen Theil des rückständigen Soldes auszahlen ließ, damit sie durch den Mangel nicht übellauniger würden. Sie blieben so bis Ende Januar im Unterhandeln, und vielleicht würde es dem Gouverneur gelungen sein, sie bis zum Ende der Belagerung an sich zu fesseln, wenn er nicht plötzlich selbst ihre schleunige Entfernung betreiben zu müssen geglaubt hätte. Es war nämlich auffallend gewesen, daß die Desertion bei den Kroaten plötzlich aufhörte — aufmerksam gemacht, hatte man unter ihnen eine Verschwörung entdeckt, die nichts Geringeres im Schilde führte, als die Franzosen zu überfallen und sich in den Besitz der Festung zu setzen. Da fast zu vermuthen stand, daß unter den deutschen Soldaten ähnliche Gelüste vorwalteten, so entschloß sich der Gouverneur am 22. Januar, alle fremden Truppen aus der Festung zu entlassen. Unter den Soldaten hatte aber der Geist der Meuterei große Fortschritte gemacht. Sie versammelten sich zu Hunderten bewaffnet vor dem Hause des Gouverneurs und verlangten erst ihren rückständigen Sold. Laplace behauptet, seine Kassen seien leer gewesen, und er habe der an und für sich gerechten Forderung nicht entsprechen können. Der Augenblick war für ihn sehr kritisch; warum seine Gegner seine Lage nicht zu einem allgemeinen Angriff benutzt haben, ist unerfindlich. Laplace ließ große Mengen Pulver auf das Stadthaus tragen und drohte, dieses in die Luft sprengen und ganz Glogau anzünden zu lassen, wenn die Soldaten nicht sogleich die Festung räumten. Diese Drohung wirkte gegen alles Erwarten — am 26. Januar rückten die Frankfurter, Kroaten, Spanier, Sachsen ꝛc. aus der Festung, welche 4000 Franzosen noch bis zum April dieses Jahres energisch zu vertheidigen mußten. Ueber den Rück-marsch der Bataillone wissen wir nichts.*) Ein einziger Brief aus jener Zeit schildert uns das wunderbare Gefühl, Deutschland sich selbst wiedergegeben zu finden. Wir enthalten uns, Betrachtungen darüber anzustellen, welche Gedankenfluth die Männer bemeistern mußte, die

---

*) Die Frankfurter Zeitung schreibt am 1. März 1814: „Gestern sind die Großherzoglich Frankfurtischen Truppen aus Glogau unter Major Vogt hier ein-getroffen. Das Vergnügen, unsere Landsleute wiederzusehen, wurde aber durch die über die Hälfte verringerte Anzahl sehr getrübt."

Vom Detachement in Torgau kehrten auch nur 3 Offiziere und 43 Mann zurück.

bisher jahrelang in Napoleon fast ihren Gott erblickt und mit Begeisterung oder wenigstens mit voller Hingabe ihm gedient hatten. Jetzt galt es, sich umzudenken. Die große damalige Zeit, das allgemeine Aufathmen wie nach Befreiung von einem beengenden Druck, die freien deutschen Worte, die jetzt überall gesprochen werden durften, erleichterten den Ehrenmännern den jähen Wechsel ihrer Lage. Als wenn ihnen eine Binde von den Augen genommen worden wäre, erkannten sie mit verwundertem Staunen, wie tief der fränkische Druck sie in geistige Fesseln verstrickt habe. Ein männlicher Zorn über die jahrelange Erniedrigung, über den Mißbrauch, den man mit ihrem Blute getrieben, ließ alle Dinge jetzt wie in anderem Lichte sehen. Die Rekruten, die Dalberg in den letzten Monaten trotz seines code pénal militaire nicht mehr hatte zusammentreiben können, strömten nun in Massen zu den Fahnen. Man wollte im ganzen Lande versuchen, es den Preußen nachzuthun. Das ehemalige Großherzogthum Frankfurt zeigte einen heiligen, patriotischen Eifer. Es stellte gegen Napoleon im Zeitraum eines Vierteljahres ins Feld: 3 Bataillone Linieninfanterie, 3 Bataillone Landwehr, zwei Kompagnien Jäger zu Fuß und eine zu Pferde.

Wir begleiten diese braven, jungen Truppen, in deren Reihen die Veteranen aus Spanien standen, nicht zu den Belagerungen von Grenoble und Belfort, welche sie durchführen halfen.

Uns erübrigt nur noch, einen Blick zu thun auf das Ende der Dalbergschen Regierung und auf die Umstände, unter welchen der Primatische Staat sich auflöste.

Nachdem während des Waffenstillstandes endlose Kolonnen neuformirter französischer Regimenter Stadt und Land Frankfurt durchzogen, hatte sich Dalbergs Seele wieder die bestimmte Hoffnung bemächtigt, Napoleon werde seine Feinde niederwerfen. Hatte er doch bisher auch die Preußen und Russen bei Lützen und Bautzen geschlagen. Diese Siege hatten aber die französischen Zeitungen, aus denen Dalberg seine Nachrichten schöpfte, arg übertrieben und sie dargestellt als Erfolge, die das Andenken von Jena und Austerlitz überstrahlten; daß Napoleon nach Lützen ärgerlich ausgerufen hatte: „diese Leute, die Preußen, lassen mir ja keinen Nagel zum Aufheben zurück", war natürlich verschwiegen worden. Ueber die wahre Sachlage bei den Armeen schwebte daher das westliche Deutschland in dem gewohnten Dunkel, das ihm die Ereignisse bisher stets verschleiert hatte. So erfuhr denn auch Dalberg nicht das Geringste von den Friedensverhandlungen, die Napoleon mit den Koalitionsmächten während des Waffenstillstandes angeknüpft hatte. Der

Kaiser hütete sich, ihn das Geringste durch seinen Gesandten Hedouville wissen zu lassen — die anderen Mächte und besonders Oesterreich machten aber nicht den geringsten Versuch, Dalberg zu sich zu ziehen, da seine fanatische Begeisterung für Napoleon sattsam bekannt war.

Als die Feindseligkeiten wieder begannen, machte der Beitritt Oesterreichs den Großherzog zwar kurze Zeit beklommen und nachdenklich; als aber die Nachricht von der gewonnenen Schlacht bei Dresden eintraf und mit dem üblichen Pomp bekannt gemacht wurde, da klatschte er freudig in die Hände und rief in einem Anfall kriegerischer Begeisterung den Vers der Aeneis:

Forte citi ferrum, date tela, scandito muros:
Hostis adest, eia!

Als dann die Hiobsposten über Großbeeren und Dennewitz, Katzbach und Kulm eintrafen, schloß Dalberg vor der herannahenden Gefahr krampfhaft und absichtlich die Augen. Als Albini durch einen vertrauten Boten (den Domäneninspektor Leonhard) den Großherzog um die Erlaubniß bitten ließ, in das feindliche Hauptquartier reisen zu dürfen, um dort bei Zeiten auf die Erhaltung des Großherzogthums hinzuwirken, falls Napoleons Stern weiter sänke, wies Dalberg diesen Vorschlag als sonderbar ab. Leonhard*) erzählt über seine Unterredung mit dem Fürsten folgende ungemein charakteristische Episode, die den Schlüssel bietet für die schier räthselhafte Haltung Dalbergs in allen politischen Fragen:

„Es war in Aschaffenburg, wo die neuesten Tagesereignisse zur Sprache kamen. Ohne Scheu äußerte ich Zweifel darüber, daß Napoleons Panier noch zu vielen Siegen wehen werde. Der Großherzog sah mich mit zweifelhaften Augen an; er faßte mich mit seinen Blicken, als wolle er mir die verborgensten Gedanken aus der Seele lesen. Eine minutenlange Pause, die das Gefühl eines ganzen Zeitraums ausdrückte. „Auch Sie haben übertriebene Befürchtnisse, auch Sie erliegen dem Wahn, auch Sie sind der Meinung verfallen, es werde der Stern des Riesengeistes untergehen! Sein baldiger Sturz scheint Ihnen sogar gewiß. Muß ich wieder solche unglückliche Worte, solche unheilbringende Reden hören!" So sagte der Fürst mit mißbilligendem Kopfschütteln, indem er auf einen Augenblick sich wegwendete; sodann, in der wunderlichen Reizbarkeit seines beweglichen Gemüthes, heftig, gleichsam angstvoll:

*) Nach Beaulieu II. 253.

„Ich denke nicht so, ich nicht!" Ich bat um geneigtes Gehör und
wollte versuchen, Besorgnisse und Gefühle anzudeuten, die jene Aeußerung
heraufbeschworen hatten. Aber mein gnädigster Herr unterbrach mich:
„Nichts davon! Nein, nein, nein! Ich sage Ihnen nein! Ich will nichts
davon hören. In meinem Glauben an's Schicksal bin ich fast — ein
Türke. Aller dieser voreiligen unnützen Sorgen wollen wir uns ent-
schlagen. — Ich glaube Ihnen nicht, so wahr ich Karl heiße."

Mit dieser zur Schau getragenen Zuversicht stand einigermaßen
die Hast und Aengstlichkeit in Widerspruch, mit der Dalberg allen seinen
Behörden, auch den Landgendarmen einschärfte, ihm von jeder Annäherung
des Feindes, ja überhaupt, was von letzterem in der Bevölkerung erzählt würde, sogleich zu rapportiren. Als Mitte September ein feindliches Streifkorps (Thielemann) bis nach Westfalen, ja bis in die
Gegend von Kassel gekommen war und auf kurze Zeit den König
Jerome in Schrecken gesetzt hatte, gerieth Dalberg über die Dreistigkeit
des Gegners in ungerechtfertigte Wuth, mehr aber noch über die
Lässigkeit seiner Behörden, die ihn nicht rechtzeitig von dem blitzschnellen
Auftauchen und Wiederverschwinden dieser feindlichen Reiterschaar unterrichtet hätten. Es ergingen nochmals die verschärftesten Befehle an alle
Beamten — es waren die letzten, die Dalberg als Regent überhaupt
erließ. Plötzlich und unvermittelt tauchte bei ihm der Gedanke auf,
das Land zu verlassen. Das Staatsministerium erhielt am 1. Oktober
die verblüffende Mittheilung, daß der Großherzog sich selbst auf längere
Zeit nach Constanz beurlaube und seinen Ministern die vorläufige Regierung des Landes übertrage. Zu diesem Zweck sollten sie alle Sams-
tage eine Zusammenkunft halten und beschließen, „was zum Besten des
Großherzogthums im gegenwärtigen Zusammenhange der Umstände zu
thun sei." — Ein Fürst, der in solcher Prüfungszeit sein Land verläßt,
giebt sich selbst auf und kann sich nicht wundern, wenn auch das Land
ihn verläßt. Der Kriegsminister von Zweyer fand es auch gerathen,
auf Urlaub zu gehen — eine Zeit dumpfer Betäubung, ahnungsvoller
Spannung wie vor einem schweren Gewitter lastete auf dem arg
heimgesuchten Lande. Das Unwetter entlud sich bekanntlich auf den
Ebenen Leipzigs in den denkwürdigen Tagen vom 14. bis 19. Oktober
in schauerlicher Majestät. Aber das Grollen dieses Riesenkampfes, der
Wiederhall dieses Kanonendonners, der auf 30 Meilen in der Runde
den Erdboden erzittern ließ, drang nicht bis nach Frankfurt, das von
der Ankunft des Kaisers Napoleon als Flüchtling fast ebenso überrascht
wurde wie im Jahre zuvor. Es ist unendlich bezeichnend für die Preß-

verhältniffe jener Zeit, daß das Frankfurter Journal feinen Lefern nicht
eher Kunde von der Leipziger Schlacht gebracht hat, als nach dem Ein=
zug der allürten Fürften. Am 27. Oktober, wo fchon taufend Gerüchte
über den entfcheidenden Zufammenftoß umliefen, wo fchon Kofaten an
den Thoren fich zeigten — die Kolonnen Wredes fchon nach Hanau
zogen, um dort dem flüchtenden Kaifer den Weg zu fperren — brachte
es das arme gemaßregelte Blättchen fertig, feinen Lefern nichts wie eine
lange Befchreibung einer Ausgrabung in Pompeji zu bringen. Am 28.
erfchien eine ganz im franzöfifchen Sinne gehaltene Beleuchtung der Er=
eigniffe bis zum 15. Oktober — am 29. gar keine Nachricht, am 30.
endlich machte der Kanonendonner von Hanau jeden weiteren Kommentar
überflüffig. Das Blatt war aber fo in der Furcht des Herrn erzogen,
daß es die baldige Ankunft Napoleons anzeigte, ohne jeden Kommentar,
als handele es fich um nichts wie eine friedliche Durchreife.*) Am
31. Oktober wälzte fich der Strom der franzöfifchen Flüchtlinge durch
die Stadt; Entfetzen und Jammer begleiteten ihren Weg. Sachfenhaufen
war bereits von bayerifchen und ruffifchen Truppen befetzt — über den
Wafferfpiegel des Main tanzten die Kanonenkugeln von hüben und
drüben. Angftvoll fragte fich die Einwohnerfchaft, ob Napoleon fich etwa
in der Stadt halten wolle. Viele wollten davon wiffen; das Gerücht
wurde geglaubt, weil es fo unwahrfcheinlich war. Als am 2. November
die baldige Ankunft Napoleons gemeldet wurde, eilte ihm der Oberft=
lieutenant des 2. Bataillons der Bürgerwache, Bernhard Aubin, ent=
gegen, um womöglich Gutes für die Stadt zu erwirken. Der Kaifer
befahl ihm barfch, ihn nach dem Landhaufe des Bankiers von Bethmann
zu bringen. Abfichtlich wählte der Führer einen Seitenweg, welcher
ihn an der Barackenftadt vorbeiführte, welche Frankfurt zur Pflege von
10 000 kranken und verwundeten Franzofen auf der Pfingftweide erbaut
hatte. Napoleon fragte nach der Beftimmung diefer Gebäude und trabte
nach erhaltener Antwort mit den Worten davon: „Ich bin Euer
Schuldner." Vielleicht um feine Dankbarkeit zu beweifen, gab er ftrengen
Befehl, daß keine Flüchtlinge mehr in die Stadt gelaffen würden,
vielleicht fürchtete er auch, daß diefe die bequemen Quartiere nicht wieder
würden verlaffen wollen. Als Napoleon das Bethmannfche Haus am

*) Dalberg verfiel nach der Schlacht von Leipzig auf den unglaublichen Ge=
danken, zu Gunften Eugène Beauharnais' abdanken zu wollen, und machte dem
König von Bayern davon offizielle Mittheilung. Die ganze politifche Kurzfichtigkeit
des Fürften fpiegelt fich wahrhaft vernichtend in diefem fonderbaren Schritte
wieder.

andern Tage verließ, sagte er seinem Wirthe, der ihm einige Gnaden=
beweise für die Stadt entlockt hatte, mit festen Blicken: „Mais con-
duisez-vous bien." Bethmann sagte, er habe herausgefühlt, der unge=
beugte, ungeheure Mann habe in diesen Augenblicken an nichts Anderes
gedacht, als an seine baldige Rückkehr nach Frankfurt an der Spitze
eines noch zahlreicheren und mächtigeren Heeres, als er es jemals über
den Rhein geführt habe. Fast gleichzeitig mit dem Verlassen der
Franzosen geschah der Einmarsch der Koalitionstruppen in die Stadt.

Bekanntlich hat in diesem großen Befreiungskampf oft das öster=
reichische Sonderinteresse die großen Entscheidungen verzögert oder abge=
schwächt. So hatte Schwarzenberg als Generalissimus aller Armeen
eine Marschroute auf Frankfurt ausgearbeitet, die der Blücherschen
Armee, welche nach der Schlacht bei Leipzig Napoleon allein energisch
verfolgte, plötzlich einen weiten Umweg über den Vogelsberg, Gießen
und Wetzlar zumuthete und sie dadurch verhinderte, auf dem Schlacht=
felde von Hanau rechtzeitig einzutreffen, wo Napoleon dann wahrscheinlich
vernichtet worden wäre. Der eigentliche Grund dieser eigenthümlichen
Maßregel war die Absicht Schwarzenbergs, seine Oesterreicher auf die
kürzeste Straße nach Frankfurt zu setzen, damit sein Souverän, Kaiser
Franz, als Erster an der Spitze seiner Truppen in die Mauern der
alten Krönungsstadt einziehen könne. Als Kaiser Alexander indeß diesen
Plan durchschaute, ließ er die russische Kavallerie Gewaltmärsche machen,
sodaß einige hundert Pferde liegen blieben, um wenigstens mit einigen
russischen Truppen gleichzeitig einmarschiren zu können. „Denn," sagte er,
„ich habe nichts dagegen, daß Kaiser Franz und ich zusammen in Frank=
furt einziehen, voraus soll er aber nicht." So zog Alexander sogar
noch einen Tag früher wie Franz in Frankfurt ein und freute sich des
erstaunten Gesichts Schwarzenbergs, der scheel genug dazu sah, die
Russen und einige preußische Kavallerie=Regimenter bereits hier vorzu=
finden. Wie viel Phrasen die Frankfurter Bürger unter Napoleonischem
Regime zu machen gelernt hatten, bewies eine Ansprache, die die Bürger=
Kapitäne Kaiser Franz zu Füßen legten. Zur Charakteristik der da=
maligen offiziellen Rhetorik mag sie hier Platz finden:

„Eurer Apostolischen Majestät legt die ganze Bürgerschaft die
allerunterthänigsten Huldigungen zu Füßen. Die Bürgerkapitäne, ihre
Abgesandten waren es, die vor 21 verhängnißvollen Jahren bei Eurer
Majestät Krönungsfeier das Glück genossen, Empfindungen auszusprechen,
die, in jedem Wechsel der Zeit fortlebend, sich heute in eine Fluth von
Gefühlen auflösen, die kein Wort begreifen, kein Ausdruck auffassen,

30*

keine Darstellung in ihrer Lebhaftigkeit wiedergeben kann. Die Sonne ist aufgegangen, das Heil ist erschienen, die Morgenröthe schöner Tage des Friedens und des Bürgerglücks glänzt über der alten Wahl- und Krönungsstadt Eurer Apostolischen Majestät, in welcher schon Allerhöchstdero erhabener Ahnherr, weiland Kaiser Rudolph von Habsburg glorwürdigsten Andenkens, die höchste Zierde des Reichs vor mehr wie fünf Jahrhunderten annahm. Eure 2c. geruhen, Frankfurts Mauern wiederzusehen und Allerhöchstsich von der alten angeborenen, unvertilgbaren Liebe und Anhänglichkeit der vormals so glücklichen Reichsbürger an Eure Majestät sowohl wie an das gesammte Allerdurchlauchtigste Kaiserhaus allergnädigst zu überzeugen. Allerhöchstdieselben sendeten den ersten Boten des Friedens — den Sieg vor sich her, womit der Allmächtige die Kaiserlichen und die Waffen der Allerhöchsten Verbündeten in dem heiligen Kampfe für Gott (sic) und Vaterland, für Wahrheit und Recht segnend belohnte. Möchten schon itzt die Segnungen des Friedens in dem Gefolge Eurer Apostolischen Majestät glänzen, möge das siegreiche Schwert, mit dem Lorbeer umwunden, zum Besten der gesammten Menschheit auf dem beglückenden Oelzweige bald, sehr bald wohlthätig und lange ruhen. . . . . —
Frankfurts Bürger finden ihr größtes Glück, ihren schönsten Lohn darin, daß ihre Augen Deutschlands Kaiser wiedergesehen haben, diesen erhabenen Monarchen wieder in der Herrlichkeit der allerglorreichsten Siege, über welche die Mitwelt frohlockt, die Nachwelt staunen und die Schrift verlegen werden muß, Ereignisse aufzuzeichnen, die in nicht ganz drei Monaten zwanzigjährige Anstrengungen wie mit einem Zauberschlage umgestalteten und der ganzen Weltgeschichte eine andere Richtung schöpferisch anwiesen 2c."

In diesem Tone geht die Ansprache noch eine Weile fort. Die guten Frankfurter machten den Kaiser Franz flugs wieder zum deutschen Kaiser, als wenn seine Verzichtleistung von 1806 nicht zu Recht bestände. Kaiser Franz gab sich den Anschein, diesen Passus überhört zu haben, und antwortete wohlwollend aber ausweichend. Die Verwaltung des bisherigen Großherzogthums übernahm vorläufig der preußische Minister v. Stein, durch ein Dekret vom 23. Dezember 1813 wurde indeß das Schicksal dieses Territoriums bereits dahin geregelt, daß das Departement Hanau an den Kurfürsten von Hessen, Frankfurt aber mit seinem Gebiet zu einer freien Stadt erhoben wurde.

Der Primatische Staat hatte aufgehört zu sein.

Der depossedirte Großherzog fand sich leichter, als zu erwarten war,

in die Rolle eines armen Privatmannes. Die Vorzüge seines menschlichen Charakters konnten jetzt wieder zur Geltung kommen, nachdem er
als Fürst schwer gefehlt und seinem Namen ein unauslöschliches Brandmal
aufgedrückt hatte. Er hat später schriftstellerische Lobredner gefunden,
allein die Achtung der Mitwelt hat er in der kurzen Lebensfrist, die ihm
noch gegönnt war, sich nicht wiederzuerringen vermocht. Wir stehen am
Ende unserer historischen Studie. Wie ein wüster Traum war das
Napoleonische Zeitalter an dem deutschen Volke vorübergezogen. Görres
legte im „Rheinischen Merkur" 1814 (Nr. 54) Napoleon die Betrachtung
in den Mund:

„Nur meine Netze durfte ich den Deutschen stellen, und sie liefen
mir wie scheues Wild von selbst hinein. Ihre Ehre habe ich ihnen
weggenommen, und der meinen sind sie darauf treuherzig nachgelaufen.
Aberglauben haben sie mit mir getrieben und, als ich sie unter meinem
Fuße zertrat, mit verhaßter Gemüthlichkeit mich als ihren Abgott verehrt. Als ich sie mit Peitschen schlug und ihr Land zum Tummelplatz
des ewigen Krieges gemacht, haben ihre Dichter als den Friedensstifter
mich besungen. Ihr müßig gelehrtes Volk hat alle seine hohlen Ge-
spinnste in mich hineingetragen und bald als das ewige Schicksal, bald
als den Weltbeglücker aus Herzensgrunde mich verehrt. Nachdem ich
sie hundert Mal betrogen, haben sie mir ihr Köstlichstes in Verwahr
gegeben. Nachdem ich ihnen Teufel und Gift gewesen, haben sie in
ihrer Einfalt mich sogar liebenswürdig gefunden."

Wer sollte wagen, diesen schneidenden Worten des Hohns ihre
geschichtliche Berechtigung abzusprechen?

Wollte doch das deutsche Volk zu seiner jetzigen Machtfülle, seiner
nationalen Größe, seiner äußeren Ruhe, kurz allen den gewaltigen Errungenschaften seiner kaiserlichen Herrlichkeit auch den inneren Frieden
zu finden wissen und dankbar der Gottheit dafür danken, daß sie es
geführt hat

„durch Nacht zum Licht."